UMWELTKOMPENDIUM
FÜR DEN PRIVATEN HAUSHALT IN DER SCHWEIZ

VERLAG UMWELTKOMPENDIUM/LENOS

Verlag Umweltkompendium, Basel /
Lenos Verlag, Basel

Verantwortlicher Herausgeber und Redaktor
Clemens Schäublin

*MitarbeiterInnen der Redaktion
bei einzelnen Kapiteln*
Gaby Attinger, Susanne Attinger,
Nadia Breger, Urs Bruderer, Ursula Degen,
Peter Haber, Rolf Herzog, Ruth Jahn,
Stefan Laur, Ursula Seiler, Bea Thönen,
Gerhard Wittmer, Peter Ziegler

Photographien
Urs Bruderer, Reto Gisin, Peter Haber,
Lilli Kehl
Bildmaterial von ProdukteherstellerInnen
ist nicht speziell gekennzeichnet.

Satz und Gestaltung
Scriptum, Corinne Ringgenberg Schoop

Umschlaggestaltung
Markus Hodel

Produktion
Carina Baier, Clemens Schäublin,
Susanne Vogt

Copyright© 1990 by
Stiftung für das Umweltkompendium, Basel
ISBN 3-85787-199-7

Vorwort

Das Umweltkompendium ist nur ein Nachschlagewerk.

Fassen Sie dieses Buch bitte nicht als eine Sammlung von Vorschriften auf. Das würde unweigerlich dazu führen, dass Sie sich überfordert fühlen.

Verwenden Sie das Umweltkompendium als Ratgeber, wenn Sie in einem bestimmten Bereich etwas für die Umwelt tun möchten.

Die Formulierung «du musst», auf die Sie in unzähligen Abschnitten stossen, ist nicht als Befehl gemeint. Sie bedeutet vielmehr, dass es auf bestimmte Fragen nur eine einzelne bestimmte Antwort gibt und bei vielen Problemen nur eine einzige Lösung.

Lassen Sie sich die nötige Zeit.

Versuchen Sie nicht, in Ihrem privaten Leben allzu viel aufs Mal zu ändern, auch wenn die Umweltprobleme drängen und uns unter Druck setzen.

Uns umweltschonend zu verhalten, ist nicht nur ein technisches Problem. Unser Gefühl muss mit den Änderungen auch mitkommen.

Es ist auch nicht selbstverständlich, dass alle MitbewohnerInnen eines Haushalts mit einer Neuerung sofort einverstanden sind.

Die Erfahrung zeigt, dass es Jahre dauern kann, bis ein privater Haushalt alle Möglichkeiten ausschöpft, die Umwelt zu schonen.

Die Erfahrung zeigt auch: Das gemeinsame Lernen und das Umstellen können je länger je mehr Spass machen. Umweltschutz kann sich zu einem (gemeinsamen) spannenden Abenteuer entwickeln.

Viel Arbeit speziell für Frauen

Da Frauen nach wie vor den grössten Teil der täglichen Hausarbeit leisten, fällt ihnen – je nach Familie – auch die Arbeit zu, die meisten umweltschonenden Änderungen einzuführen.

Sind Sie in dieser Situation und bleibt der Umweltschutz im Haushalt in erster Linie an Ihnen hängen? Dann kommt es erst recht darauf an, dass Sie sich nicht zuviel auf einmal vornehmen.

Sind Sie heute schon überlastet, zum Beispiel weil Sie einen kranken Menschen pflegen? Dann tun Sie für die Umwelt nichts, was Sie zusätzlich täglich belastet und unter Druck setzt.

Wählen Sie zuerst umweltschonende Massnahmen, bei denen Sie Arbeit sparen. Zum Beispiel: Lüften Sie Kleider wieder mehr (das können die andern MitbewohnerInnen auch selber tun) und waschen Sie dafür weniger oft. Bügeln Sie nur die Kleidungsstücke, bei denen das unbedingt nötig ist.

Viele kleine, wenig grosse Massnahmen

Leider gibt es im privaten Haushalt nur wenige einzelne Massnahmen, die die Umwelt deutlich und stark entlasten. Heizen und Fahren sind Bereiche, wo Sie mit einzelnen Änderungen viel aufs Mal erreichen.

Im übrigen bringen die meisten Massnahmen entmutigend wenig.

Die Summe aller kleinen Änderungen kann jedoch erstaunlich sein.

Schöpfen Sie zum Beispiel alle Möglichkeiten aus, Strom zu sparen, dann kommen Sie – je nach Ihrer Startsituation – mit einem Drittel oder mit der Hälfte des Strom aus, den Sie heute verbrauchen. Wohlverstanden: Praktisch ohne Komfort zu verlieren.

In diesem Buch kommt die Umwelt vor allem Anderen.

Vielleicht werden Sie im Umweltkompendium gewisse Informationen vermissen.

Darüber, wie sich bestimmte Produkte auf Ihre Gesundheit auswirken, finden Sie zum Beispiel kaum Angaben. Das liegt zum einen daran, dass wir von diesen Fragen zu wenig verstehen. Ein zweiter Grund ist, dass es leider zahlreiche Produkte gibt, die für ihre VerwenderInnen gesund sind, der Umwelt jedoch unnötig schaden.

Interessieren Sie sich speziell für eine gesunde Lebensführung, dann finden Sie in Bibliotheken und im Buchhandel zahlreiche Werke zu Ihrer Information.

Auf die Frage, ob Sie für umweltschonende Produkte und Dienstleitungen mehr oder weniger bezahlen, ist eine allgemeine Antwort unmöglich. Der Preis für den Umweltschutz hängt von Ihren persönlichen finanziellen Möglichkeiten, Bedürfnissen und Ansprüchen ab.

Warum wir Sie in diesem Buch duzen.

Wir möchten weder unhöflich sein, noch unangenehm vertraulich.

Die Du-Form hat uns das Schreiben erleichtert. Wir können Sie damit direkt ansprechen. Die Sprache bleibt dabei etwas einfacher als in der Sie-Form.

Funktioniert ein Ratschlag nicht?

Stellt sich beim Ausprobieren heraus, dass ein Ratschlag aus diesem Buch nicht funktioniert oder dass eine andere Lösung einfacher und wirksamer wäre, dann schreiben Sie uns doch bitte.

INHALTSVERZEICHNIS

INHALTSVERZEICHNIS

INHALTSVERZEICHNIS

Nach welchen Gesichtspunkten du die Produkte auswählen kannst.

Für die Umwelt kommt es beim Essen und Trinken vermutlich am meisten auf folgende Punkte an (in dieser Reihenfolge):

1. Aus welcher Region kommen die Produkte zu uns? Kommen sie per Bahn oder Camion zu uns oder sind sie eingeflogen?
2. Ist bei uns jetzt Saison für das Produkt? Diese Frage hängt mit der Frage nach der Herkunft zusammen.
3. Stammt das Nahrungsmittel aus biologischem, aus integriertem oder aus herkömmlichem Anbau?
4. Wieviel Kulturland beansprucht das Nahrungsmittel für seine Produktion?
5. Wie ist es verpackt? Soviel wie nötig oder unnötig aufwendig?
6. Wie ist das Produkt verarbeitet?

Essen einkaufen und kochen mit Rücksicht auf die Umwelt ist am Anfang nicht einfach

Essen und Getränke so einkaufen, dass deine Wahl die Umwelt schont, bringt dir zunächst einige Mühe und Arbeit.

- Du siehst Äpfeln, Brot, Eiern, Koteletts, Spaghetti oder Reis nicht an, ob ihre Produktion die Umwelt belastet hat oder nicht.
- Du siehst einer Verpackung nicht auf den ersten Blick an, ob sie das notwendige Minimum oder unnötig aufwendig ist.

- Längst nicht alle Geschäfte führen alle umweltschonenden Produkte, die es schon gibt.
- Einige umweltschonende Produkte, zum Beispiel biologisch angebautes Gemüse, sind deutlich teurer als die entsprechenden herkömmlichen Produkte.
- Einzelne Produkte geben beim Kochen mehr Arbeit: Kaufst du offene Rohmilch, musst du sie vor dem Trinken erhitzen und die Pfanne

und die Milchflasche auswaschen.
- Schliesslich fällt es den meisten von uns schwer, unseren Geschmack und unsere Essgewohnheiten umzustellen.

Das bedeutet:

Willst du beim Essen Einkaufen und beim Kochen etwas für die Umwelt tun, musst du vielleicht noch

- einiges über die Produkte lernen,
- die Geschäfte finden, wo du umweltschonend hergestellte Produkte bekommst,
- je nach Menu mehr Zeit fürs Einkaufen und Kochen einsetzen,
- die Familie dazu bringen, dir zu helfen,
- und eventuell sogar in anderen Bereichen sparen.

Seid ihr eine ganze Familie, erlebst du möglicherweise einigen Widerstand gegen Menuänderungen und gegen die Hilfe, die du brauchst.

Wir wollen dich mit dieser Einleitung nicht entmutigen. Weisst du jedoch, was dich erwartet, bist du weniger enttäuscht, wenn dir nicht alles Neue sofort gelingt, und du gibst (hoffentlich) nicht gleich auf.

Verhalten rund um das Einkaufen

Fahr möglichst wenig mit dem Auto einkaufen.

Kannst du etwas in einem Geschäft kaufen, das du zu Fuss erreichst, so bevorzuge, wenn immer möglich, dieses Geschäft.

Nur weil du ab und zu Grosseinkäufe machst, brauchst du kein eigenes Auto zu besitzen.

Du kannst mit den öffentlichen Verkehrsmitteln zu den Geschäften fahren und mit den Einkäufen im Taxi heim. Das schont die Umwelt und kostet dich weniger.

Mach keine Einkaufsausflüge mit dem Auto zu Einkaufszentren auf der grünen Wiese.

Berücksichtige Dorf- und Quartierläden.

Kaufst du (und deine NachbarInnen) in den Dorf- und Quartierläden in der Nähe ein, so haben diese Geschäfte eine grössere Chance, weiterzubestehen. Was du in diesen Geschäften für gewisse Produkte mehr bezahlst, sparst du beim Autofahren ein.

Ist ein Dorf- oder Quartierladen einmal verschwunden, so bist du möglicherweise von dann an gezwungen, mit dem Auto einkaufen zu fahren.

Wohnst du weit entfernt von den Geschäften

und steht dir weder Bus, Bahn noch Tram zur Verfügung oder bist du gebrechlich, so wirst du ohne Auto kaum einkaufen können.

Du kannst auch in dieser Situation noch Einkaufsfahrten einsparen: Plane möglichst grosse Einkäufe und setz dich nicht wegen einem vergessenen Liter Milch ins Auto. Kaufst du biologisches Gemüse, Obst und Eier direkt vom Bauernhof oder Bio-Produkte in einem weit entfernten Laden, so tu dich dafür mit andern KäuferInnen zusammen. Kauft möglichst viel aufs Mal. Fahrt Ihr wegen wenigen Kilo Gemüse extra mit dem Wagen übers Land, schadet ihr der Umwelt mehr, als die Bäuerin und der Bauer sie geschont haben.

Geh nie ohne Einkaufstasche aus.

Jeden Tag landen Millionen von Plastik- und Papiersäcken im Abfall.

Gewöhn dir an, eine Leinen- oder Baumwolltasche mitzunehmen, wenn du tagsüber fortgehst.

Musst du im Laden Wegwerftaschen nehmen:

Die Plastiktaschen belasten die Umwelt weniger als Papiertaschen. Verwende sie mehrmals. Wirf keine fort, solange sie noch hält.

Lass dir von der Familie beim Einkaufen helfen.

Dieser Abschnitt richtet sich an die Hausfrauen (und an die wenigen Hausmänner, die es heute gibt).

Kannst du umweltschonende Produkte nur in Geschäften kaufen, die weit entfernt sind? Musst du für umweltschonende Produkte in mehreren Läden einkaufen statt wie vorher nur in einem oder zwei?

Verlang von deinem Mann (oder deiner Frau) und von den grösseren Kindern, dass sie dir beim Einkaufen helfen.

In vielen Familien hat jedes Mitglied die Möglichkeit, auf dem Heimweg von der Schule und vom Geschäft etwas für den Haushalt einzukaufen.

Alle zusammen können dich so entlasten, dass das umweltschonende Einkaufen dir keine zusätzliche Arbeit macht.

Leisten nicht alle in der Familie ihren Beitrag, kann umweltschonend einkaufen und kochen recht mühsam sein.

1. Woher kommen die Produkte?

Mit dem, was die Bauern, Bäuerinnen, GärtnerInnen und TierzüchterInnen in unserer Nähe produzieren, können wir uns gesund, abwechslungsreich und nach unserem gewohnten Geschmack ernähren.

Als nahe betrachten wir

natürlich die Schweiz.

Dazu Italien, Frankreich und Spanien und die Grenzgebiete von Deutschland und Österreich.

Italienische und spanische Bauern sind zum Teil recht weit von uns entfernt. Jedoch: Weil

ihr natürliches Klima wärmer ist als das im Norden, verbrauchen sie weniger Heizöl für das künstliche Klima in Treibhäusern als die ProduzentInnen im Norden.

Mit Fischen und anderen Meeresfrüchten können uns die FischerInnen und VerarbeiterInnen entlang den europäischen Küsten wenigstens teilweise noch versorgen.

Leider sind viele europäische Küstengebiete heute überfischt und verschmutzt. Immer mehr Meerestiere stammen deshalb aus weit entfernten Meeren. Kaufst du sie, belastest du die

Umwelt mit dem weiten Transport.

Als weit entfernt

betrachten wir Orte, von denen die Produkte nur per Schiff oder Flugzeug zu uns gelangen können.

Dazu gehören bereits alle Mittelmeerländer ausser Italien, Frankreich und Spanien.

Dazu gehören der Nahe und Mittlere Osten, Afrika, Asien, Nord- und Südamerika, Neuseeland und Australien.

Die Nähe hat Vorteile für die Umwelt:

Weniger Transport

Produkte aus der Nähe gelangen mit einem halbwegs vernünftigen Aufwand per Bahn oder Camion zu uns.

Besonders unsinnig ist jeder Transport von Produkten, die es das ganze Jahr auch aus einheimischer Produktion gibt: zum Beispiel Mineralwasser, Bier und andere Getränke.

Die Nähe ermöglicht eine Kontrolle über die Art des Anbaus und über seine Folgen.

Von Produkten aus der Nähe können wir erfahren, wie sie angebaut sind: ob biologisch, integriert oder anders. Auch der herkömmliche Landbau spart bei uns bereits an Kunstdüngern und an Schädlingsbekämpfungsmitteln.

Bei Produkten, die von weit kommen, ist die rücksichtslose Ausbeutung von Natur und Menschen die Regel. Sonst könnten die Produkte ja nicht trotz des langen Transports so billig sein.

Die PlantagenbesitzerInnen lassen massiv Chemikalien gegen Schädlinge und Unkraut spritzen. Viele LandarbeiterInnen ruinieren ihre Gesundheit, weil sie mit den Chemikalien nicht richtig umgehen können (oder dürfen).

Die Chemikalien und Produktionsabfälle verschmutzen an vielen Orten Flüsse, Seen und Küstengewässer. Sie vergiften die Fische und andere Meerestiere und zerstören damit einen Teil der Nahrung dort ansässiger Völker.

Würden Früchte und Gemüse vor unseren Augen so angebaut, wie es in vielen Entwicklungsländern üblich ist: wir würden uns weigern, davon zu essen.

Es nützt den Menschen in der dritten Welt nichts, wenn wir von ihnen Lebensmittel kaufen.

Damit, dass wir Nahrungsmittel nur in der Nähe kaufen, sind die internationalen GrosshändlerInnen natürlich nicht einverstanden.

Sie setzen uns gern mit dem Argument unter Druck, dass wir den Entwicklungsländern eine Einnahmequelle verschliessen.

Lass dich davon nicht beeindrucken. Meistens ist das Gegenteil wahr.

Dass die Menschen in der dritten Welt Nahrungsmittel für uns anbauen, ist gerade einer der Gründe, warum es ihnen so elend geht.

Nur die Nähe ermöglicht Mehrwegverpackungen.

Was von weit weg zu uns kommt, ist praktisch immer in Schachteln, Kisten, Fässer und Säcke verpackt, die wir hier verbrennen müssen.

Bei Produkten aus der Nähe können Bauern, BäuerInnen und der Handel die Umwelt durch Mehrwegverpackungen entlasten (und tun es tatsächlich immer mehr).

Meistens arbeiten sie für Hungerlöhne, damit wir unsere Bäuche billig füllen können.

Meistens können und dürfen sie nicht einmal soviel eigenen Boden bepflanzen, dass sie genug zu essen haben.

Sie sind mit Gewalt oder Überlistung enteignet worden.

Ihre ganze Lebens- und Arbeitskraft geht in der Arbeit für die Export-Lebensmittel drauf.

Die EinkäuferInnen, die in unserem Namen die Produkte kaufen, kaufen immer dort, wo es am billigsten ist. Bekommen sie (und schliesslich wir) die Früchte oder das Gemüse an einem andern Ort günstiger, bleibt eine Region, die von uns abhängig geworden ist, auf ihren Produkten sitzen.

Die Agrokulturen vieler Völker, die es verstanden, auch in den Randgebieten von Wüsten und Trockenzonen zu überleben, sind zerstört oder von der endgültigen Zerstörung bedroht. Ihr reiches Wissen, ihr Netz von Beziehungen untereinander, zu ihren Tieren,

zu einheimischen Pflanzen, zu Boden und Klima sind verloren. Dafür sind ihnen landwirtschaftliche Techniken aufgezwungen, die sich für diese Gebiete nicht eignen. Viele werden von einer dauernden Hunger- und Entwicklungshilfe abhängig gehalten.

Fast mit jeder Kiste Gemüse oder Früchte, die wir aus der dritten Welt kaufen, unterstützen wir solche lebensfeindlichen Systeme.

Biologische Produkte aus der dritten Welt?

Für viele Regionen in Entwicklungsländern ist ein biologischer Anbau ihres Essens sinnvoll. Sie sparen Geld für den Kauf von Kunstdüngern und Schädlingsbekämpfungsmitteln. Sie schonen ihre Böden und ihr Wasser.

Dass wir sie jedoch dazu bringen, zur Befriedigung unserer Luxusansprüche biologische Produkte anzubauen, und dass wir diese Produkte zu uns transportieren lassen: das ist so menschen- und umweltfeindlich wie bei den nicht-biologischen Produkten.

Wie erkennst du die Herkunft?

Bei Obst und Gemüse

schreiben immer mehr Geschäfte die Herkunft deutlich an.

Eigentlich ist das ganz einfach: Die Geschäfte wissen genau, aus welchen Ländern ihre Ware kommt. Ob sie das Herkunftsland anschreiben oder nicht, ist nur eine Frage des guten Willens.

Das Land kann

• bei abgepackter Ware auf der Preisetikette stehen,

• bei offener Ware am Kistchen oder darüber angeschrieben sein.

Es genügt sicher nicht, wenn ein Produkt nur mit «Ausland» bezeichnet ist.

«Ausländische» Äpfel können aus Chile stammen. Dann haben sie gute 10'000 Kilometer Transport hinter sich und pro Kilo mindestens 4 Liter Dieselöl nur für den Transport verbraucht.

Schweizer Gemüse ist manchmal mit dem Signet des «grünen Hasen» bezeichnet. Der grüne Hase gibt nur die Herkunft an, nicht die Produktionsweise.

Wir schlagen dir vor: Bevorzuge Geschäfte, die bei Früchten und Gemüsen das Herkunftsland deutlich anschreiben.

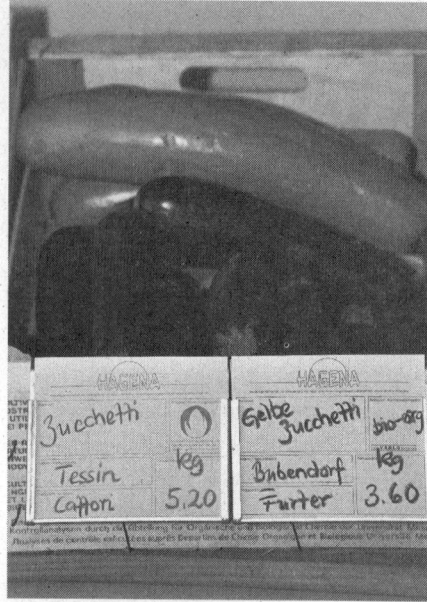

Hier ist alles angeschrieben: Herkunftsregion, Anbauweise und die Namen der Produzent-Innen.

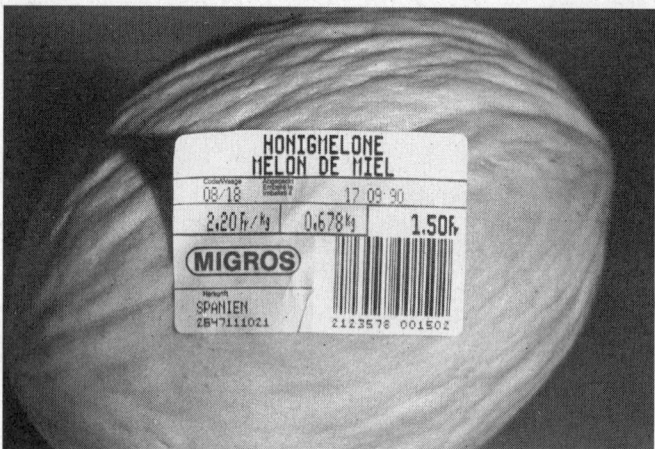

Das Herkunftsland (Spanien) ist angeschrieben.

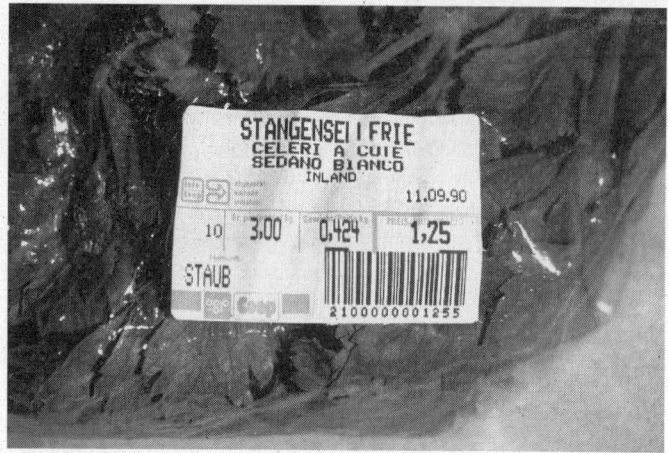

Das Herkunftsland (Inland) und der Produzent (Staub) sind angeschrieben.

Bezeichnungen wie «Import» oder «Ausland» genügen nicht. Das Produkt kann von sehr weit her stammen.

Zum Beispiel stammen diese mit «Import» angeschriebenen Kiwis aus Neuseeland.

1.4

Bei Konservendosen

ist die Herkunft oft allein schon durch den Inhalt klar: Ananas und Lichees stammen nicht aus unserer Nähe.

Manchmal steht das Herkunftsland auf der Dose, wenn auch auf englisch.

Bei Getränken steht die Herkunft praktisch immer auf der Dose oder Flasche.

Produkte, bei denen du die Herkunft kaum erfährst.

• Getreide:

Bei Getreide (wie Reis, Hafer, Hirse, Gerste etc.) findest du die Herkunft nur selten einmal auf den Packungen angegeben.

Diese Angaben sind bei Getreide oft auch kaum möglich. Die grossen GetreideproduzentInnen und -händlerInnen schieben ihre Produkte auf der ganzen Welt herum.

Für die DetailhändlerInnen ist die Herkunft meist nicht mehr feststellbar.

• Zucker:

Der in der Schweiz verkaufte Zucker stammt meistens aus eigenem Anbau oder aus Europa. Ist Zucker dabei, der aus einem Drittweltland stammt, so siehst du ihm das hier nicht mehr an.

• Öle und Fette:

Eine Wahl hast du nur beim Öl: Du kannst Schweizer Rapsöl und Olivenöl aus Frankreich und Italien kaufen.

Woher die Fette und Öle stammen, die in verarbeiteten Nahrungsmitteln enthalten sind, können wir mit einem vernünftigen Aufwand nicht herausfinden. Riesige Mengen stammen jedoch aus den Entwicklungsländern.

Produkte, die nie in unserer Nähe wachsen.

• Erdnussöl und Distelöl stammen nicht aus der Nähe.

• Kaffee und Kakao:

Diese zwei Produkte wachsen nur in Tropenländern. Sie sind seit Jahrhunderten und heute noch mit allem Elend der Kolonialwaren verbunden.

Weitere Angaben zum Thema «Herkunftsort»

findest du in den Kapiteln «Getränke», «Obst und Gemüse», «Fleisch», «Eier» und «Milch».

2. Wann ist die natürliche Saison der Produkte?

Bei Früchten und Gemüsen

Willst du beim Essen etwas für die Umwelt tun, so kauf frische Früchte und Gemüse nur in der Zeit, in der sie bei uns oder in Italien, Frankreich und Spanien von Natur aus wachsen. Oder wenn sie in unserer Nähe gewachsen und eingelagert worden sind.

Findest du im Winter Erdbeeren, Spargeln oder andere frische Produkte, die im Winter weder in unserer Nähe wachsen noch sich frisch lagern lassen,

• so haben die ProduzentInnen sie entweder mit grossem Aufwand an Heizöl oder Strom in Treibhäusern gezogen,

• oder sie haben sie mit einem grossen Aufwand an Diesel oder Flugbenzin um die halbe Welt transportiert.

In vielen Fällen steht hinter diesen Lieferungen wieder die rücksichtslose Ausbeutung von Menschen in Entwicklungsländern.

Du findest im Kapitel «Obst und Gemüse» Listen, welche Produkte bei uns wann ihre natürliche Saison haben.

Andere Produkte, die eine Saison haben:

Von manchen Produkten wissen wir hierzulande gar nicht mehr, dass auch sie von der Natur aus nicht das ganze Jahr zu haben wären:

Eier: Hühner stellen im Winter das Legen praktisch ganz ein. Nur mit einem recht grossen Aufwand an Licht, Wärme und Spezialfutter können die ProduzentInnen das Eier-Jahr künstlich verlängern. Bestehen wir im Winter darauf, frische Eier zu essen, geht das nur auf Kosten der Umwelt.

Freilandpoulets, Natura Beef und Lammfleisch: Die natürliche Saison würde bei uns etwa vom Sommer bis in den Spätherbst dauern.

3. Wie sind die Produkte angebaut?

Du bekommst heute Getreide, Gemüse und Obst aus

• biologischem Landbau,
• integrierter Produktion
• und herkömmlicher Produktion.

Die gemeinsamen Ziele

von biologischem und integriertem Landbau sind (sehr zusammenfassend gesagt):

Der Landbau soll mit der einheimischen Umwelt – Boden, Klima, Pflanzen, Tiere, Menschen – ein System bilden, in dem möglichst viele natürliche Regelmechanismen wirksam sind.

Landbau und Umwelt sollen sich gegenseitig schützen, ihre Vielfalt respektieren und bewahren (oder wo nötig und möglich wiederherstellen).

Die Höfe sollen mit möglichst wenigen betriebsfremden Hilfsmitteln auskommen.

Sie sollen dem Boden möglichst viele Nährstoffe, die sie ihm entnehmen, aus eigenen Mitteln wieder zurückgeben. Sie sollen seine Fruchtbarkeit bewahren.

Die Unterschiede sind

(auch zusammenfassend und sehr vereinfacht gesagt):

Der biologische Landbau schont die Umwelt am konsequentesten. Die Bäuerinnen und Bauern verwenden keine synthetischen Pflanzenschutzmittel und keine leichtlöslichen Dünger. Ihr Arbeitsaufwand ist grösser als in der herkömmlichen Landwirtschaft.

Die integrierte Produktion setzt Pflanzenschutzmittel nur beschränkt ein, verzichtet jedoch nicht ganz auf sie. Die Bauern und Bäuerinnen sichern sich dadurch bestimmte minimale Erträge. Der Arbeitsaufwand im integrierten Anbau ist etwas geringer als im biologischen Landbau.

Die herkömmliche Landwirtschaft schränkt das Spritzen am wenigsten ein. Ihre Arbeit ist am stärksten rationalisiert.

Der biologische (ökologische) Landbau

In der Schweiz stellt die VSBLO die einheitlichen Richtlinien für den biologischen Landbau auf.

Bäuerinnen und Bauern, die diese Richtlinien auf ihrem gesamten Betrieb einhalten und sich der Kontrolle der VSBLO unterstellen, dürfen ihre Produkte mit der Schutzmarke der Knospe auszeichnen.

Die VSBLO und ihre Mitglieder

In der Vereinigung schweizerischer biologischer Landbau-Organisationen (VSBLO) haben sich 1982 das Forschungsinstitut für biologischen Landbau in Oberwil/BL und mehrere Bauern- und -Bäuerinnen-, Verarbeitungs- und Vermarktungsorganisationen des biologischen Landbaus zusammengeschlossen.

Mitglieder der VSBLO sind heute:

• die Schweizerische Stiftung zur Förderung des biologischen Landbaus mit Forschungsinstitut und Beratungsdienst (FIBL)
• der Produzentenverein für biologisch-dynamische Wirtschaftsweise,
• die Schweizerische Gesellschaft für biologischen Landbau,
• die Biofarm-Genossenschaft
• die Anbau- und Verwertungsgenossenschaft für Bio-Gemüse,
• die Produits Garantis Naturels Progana,
• die Associazione Agricoltura Ecologica della Svizzera Italiana.

Der VSBLO sind einzelne Verarbeitungsbetriebe auch direkt angeschlossen.

Insgesamt vereinigt die VSBLO etwa 700 Betriebe.

Die VSBLO anerkennt in der Schweiz zwei Methoden des biologischen Landbaus:

• die organisch-biologische Richtung und
• die biologisch-dynamische Richtung.

Die Ziele der VSBLO-Mitglieder:

Auf den Betrieben sollen möglichst viele verschiedene Pflanzen- und Tierarten leben. Zwischen Pflanzen und Tieren, zwischen Schädlingen und Nützlingen soll ein Gleichgewicht bestehen.

Die Betriebe streben möglichst geschlossene Kreisläufe an:

• Sie geben dem Boden soviel organische Substanz zurück, wie sie ihm entnehmen.
• Sie halten nur so viele Tiere, dass sie das Futter weitgehend selber anbauen können. Sie produzieren nicht mehr Mist und Gülle, als sie selber als Dünger einsetzen können.
• Sie verwerten alle organischen Abfälle des Hofes als Kompost oder Mulch.

Sie erhalten die Fruchtbarkeit des Bodens.

Sie erzeugen hochwertige Nahrungsmittel ohne Rückstände, die die Gesundheit von Menschen oder Tieren schädigen.

Sie erzeugen Nahrungsmittel in einer Menge, die sich mit diesen Zielen vereinbaren lässt (also nicht rücksichtslos möglichst viel).

Sie vermeiden Massnahmen, welche die Umwelt belasten oder sie verarmen lassen. Sie verschwenden keine Energie.

Sie halten und nutzen Tiere mit Rücksicht auf ihre artgemässen Bedürfnisse.

Sie greifen möglichst schonend und möglichst wenig in natürliche Vorgänge und Gleichgewichte ein.

Sie sichern ihren Betriebsangehörigen befriedigende Lebensbedingungen und angemessenen Verdienst.

Massnahmen im Pflanzen- und Futtermittelanbau, die diesen Zielen dienen:

Über die Massnahmen bei der Tierhaltung siehe das Kapitel «Fleisch einkaufen».

Wahl der Pflanzenarten, der Sorten und des Standorts

Die Bauern und Bäuerinnen wählen Pflanzen, die sich im Klima und auf den Böden des Betriebs wohlfühlen. Die Pflanzen sollen wenig krankheitsanfällig sein und hochwertige Nahrung ergeben.

Fruchtfolge

Die Bäuerinnen und Bauern erhalten durch eine vielseitige und ausgewogene Fruchtfolge auf lange Sicht die Bodenfruchtbarkeit und die Gesundheit der Pflanzen.

Indem sie zum Beispiel Weizen höchstens alle 3 bis 4 Jahre auf demselben Boden anbauen, vermindern sie die Gefahr, dass sich Krankheitserreger im Boden erhalten und die neue Kultur befallen.

Humuswirtschaft und Düngung

Die biologischen Bauern und Bäuerinnen betreiben eine gezielte Humuswirtschaft. Sie führen dem Boden langfristig soviel organische Substanz zu, wie sie ihm beim Ernten entnehmen. Sie verwenden möglichst Dünger, der im Betrieb anfällt (Stallmist, Gülle). Sie fördern durch das Düngen das Leben im Boden.

Sie führen Stickstoff ausschliesslich durch organische Dünger zu. Erlaubt sind zum Beispiel Stallmist, gerührte und belüftete Gülle, Stroh, Horn- und Knochenmehl, Haar- und Federabfälle, Algenprodukte und ähnliches. Die Dünger dürfen keine chemischen Rückstände aus einer Verarbeitung enthalten.

Sie verwenden ergänzend nur solche mineralischen Dünger, deren Nährstoffe für die Pflanzen nicht direkt verfügbar sind. Erlaubt sind zum Beispiel Gesteinsmehle, Meeralgenkalk, Tonerdemehle und Thomasmehl. Sie beschränken diese Mineraldünger auf das notwendige Minimum. Patentkali sind nur erlaubt, wenn der Boden einen nachgewiesenen Kalimangel hat.

Müllkompost und Klärschlamm sind nur mit besonderer Bewilligung einer Aufsichtskommission der VSBLO erlaubt.

Andere Dünger sind verboten.

Das Düngen darf die Inhaltsstoffe, den Geschmack, den Geruch, die Haltbarkeit und die Bekömmlichkeit der Nahrungsmittel nicht beeinträchtigen.

Pflanzenschutz (gegen Krankheiten und Schädlinge)

Chemisch-synthetische Pflanzenschutzmittel sind verboten.

Die Bauern und Bäuerinnen fördern die Gesundheit der Pflanzen in erster Linie durch:

• die Auswahl der Sorten

• Förderung der Bodenfruchtbarkeit

• harmonisches Düngen

• Fruchtfolge

• Mischkulturen

• Gründüngung

Sie schaffen Lebensräume für die Nützlinge

(die natürlichen Feinde von Schädlingen). Sie lassen zum Beispiel am Rande eines Feldes einen Streifen unbebaut. Sie pflanzen Hecken und errichten Steinhaufen, in denen Nützlinge Unterschlupf finden.

Sie verwenden gegen Schädlinge:

• gezüchtete Nützlinge,

• Insektenfallen,

• Schneckenfallen,

• Pflanzenpräparate (wie zum Beispiel Schachtelhalmtee),

• Steinmehle

• und ähnliches.

Gegen tierische Schädlinge sind beschränkt zugelassen:

• ein Bakterienpräparat (Bacillus thuringiensis),

• Pyrethrumextrakt und bestimmte andere Pflanzenextrakte,

• bestimmte Ölemulsionen.

Gegen Pilzkrankheiten sind Netzschwefel, bestimmte Kupferpräparate, Kaliumpermanganat und Wasserglas beschränkt zugelassen.

Unkrautregulierung

Die Bäuerinnen und Bauern beugen dem Unkraut in erster Linie durch dieselben Massnahmen vor, die auch dem Pflanzenschutz dienen.

Sie bekämpfen vorhandenes Unkraut nur, wenn nötig: durch Jäten, Hacken und Abflammen. Abflammen ist zum Desinfizieren des Bodens erlaubt.

Chemische Unkrautvertilger (Herbizide), Halmverkürzer, Bodendesinfektionsmittel und ähnliche Chemikalien sind verboten.

Unkraut, das die Kulturen nicht beeinträchtigt, lassen die Bäuerinnen und Bauern wachsen. Es bedeckt den Boden und bietet Nützlingen einen Lebensraum.

Treibhauskulturen

Der Gemüseanbau im Treibhaus ist erlaubt. Die ProduzentInnen dürfen die Treibhäuser jedoch nur heizen, um die Pflanzen vor Frost zu schützen.

Lagerung der Erzeugnisse

Den Bauern und Bäuerinnen ist verboten,

• ihre Erzeugnisse zum Lagern mit chemischen Schutzmitteln zu behandeln,

• das Nachreifen oder das Keimen mit chemischen Mitteln zu hemmen,

• sie radioaktiv zu bestrahlen.

Die Richtlinien sind noch viel ausführlicher.

In fast allen Bereichen der landwirtschaftlichen Produktion stellt die VSBLO noch spezielle ausführliche Reglemente auf (Gemüseanbau, Obst-, Reb- und Weinbau, Pilzanbau). Ebenso für die Verarbeitung der Erzeugnisse auf dem Hof und in der Lebensmittelindustrie.

Der Produzentenverein für biologisch-dynamischen Landbau

hält sich an die Richtlinien der VSBLO. Zusätzlich halten sich diese Bauern und Bäuerinnen an die Grundsätze des biologisch-dynamischen Landbaus, den Rudolf Steiner begründet hat.

Sie richten sich zum Beispiel bei der Aussaat, bei der Ernte und bei anderen Tätigkeiten nach dem Stand des Mondes und der Planeten.

Sie stärken die Pflanzenkräfte mit speziellen Präparaten.

Schutzmarken des biologischen Landbaus, die dir beim Einkaufen helfen.

Willst du beim Einkaufen kontrolliert biologisch angebaute und verarbeitete Produkte bevorzugen, so achte auf die Schutzmarken.

Das Knospe-Signet der VSBLO

Die Knospe ist die gemeinsame Schutzmarke aller Betriebe, die in der VSBLO zusammengeschlossen sind und ihre Richtlinien einhalten.

Ist ein Betrieb vollständig auf den biologischen Landbau umgestellt, darf er die Vollknospe verwenden:

Betriebe, die noch in der Übergangzeit stehen, dürfen gewisse Produkte mit der Umstellungsknospe auszeichnen:

Einkaufen: Anbaumethoden

Die Schutzmarken der einzelnen VSBLO-Mitglieder sehen so aus:

Produzentenverein für biologisch-dynamische Wirtschaftsweise

Trägt ein Produkt die Import-Knospe, so stammt es von Betrieben im Ausland, die nach den Richtlinien der VSBLO anbauen und sich einer entsprechenden Kontrolle (durch einheimische Organisationen) unterziehen.

IMPORT

Die eigenen Schutzmarken der Mitgliedorganisationen der VSBLO

Die Mitgliedorganisationen der VSBLO zeichnen ihre Produkte

• zum Teil nur mit der Knospe aus,

• zum Teil nur mit ihrer eigenen Schutzmarke

• und zum Teil mit beiden gleichzeitig.

Trägt ein Produkt zum Beispiel nur das Demeter-Zeichen, so bedeutet dies, dass es nach den Regeln der biologisch-dynamischen Wirtschaftsweise erzeugt ist. Die Demeter-Bauern und -Bäuerinnen halten sich jedoch auch vollständig an die Richtlinien der VSBLO.

Schweizerische Gesellschaft für biologischen Landbau

Biofarm-Genossenschaft

Anbau- und Verwertungsgenossenschaft für Bio-Gemüse

PROduit GAranti NAturel

Produits Garantis Naturels Progana

Associazione Agricoltura Ecologica della Svizzera Italiana

Biotta hat eigene Vorschriften.

Die Biotta AG produziert schon seit 30 Jahren biologisches Gemüse. Sie verkauft es frisch, und sie macht daraus Säfte. Sie kauft biologisch produzierte Gemüse- und Fruchtsäfte auch ein und füllt sie ab.

Biotta produziert und verarbeitet ihre Gemüse weitgehend nach denselben Richtlinien wie die VSBLO-Betriebe.

Ein Teil ihrer Erzeugnisse stammt aus Knospe-Betrieben.

Biotta erlaubt jedoch bei einigen Kulturen (im Gegensatz zur VSBLO):

• den Einsatz von Schneckenkörnern,

• das Beheizen der Treibhäuser für frühe Tomaten und Gurken,

• das Dämpfen des Bodens auch im Freiland zur Unkrautbekämpfung und Bodendesinfektion.

Produkte ohne schweizerische Schutzmarken

Im Handel findest du oft frische und verarbeitete Produkte mit Bezeichnungen wie

• «Bio»

• «Oeko»

• «Aus kontrolliertem Anbau»

• «Aus kontrolliert biologischem Anbau»

• «Natürlich» und «Naturnah»

und ähnliches, die jedoch weder die Knospe noch das Signet einer Mitgliedorganisation tragen.

Manche tragen ausländische Signete, die auf einen biologischen Anbau hinweisen.

Vielleicht stammen die Produkte, die du gerade vor dir hast, tatsächlich aus biologischem Anbau. Du kannst dich jedoch nicht darauf verlassen.

Bei manchen Produkten steht zwar gross das Wort «Bio» auf der Packung, jedoch stammen manchmal nur einzelne Zutaten aus biologischem Anbau und der Rest nicht.

Schutzmarken sind praktisch und notwendig.

Trotzdem sollen Bäuerinnen, Bauern und GärtnerInnen, die nach biologischen Grundsätzen arbeiten, ihre Produkte auch ohne Schutzmarke verkaufen können.

Kannst du mit ihnen persönlich reden, zum Beispiel an einem Marktstand, so kannst du sie ja fragen, nach welchen Regeln sie arbeiten.

Nimmst du die oben beschriebenen Regeln der VSBLO als Massstab, kannst du vielleicht selber beurteilen, ob und wie weitgehend ein Produkt biologisch erzeugt ist.

Einkaufen: Anbaumethoden

Die integrierte Produktion (IP)

Der Gedanke der integrierten Produktion ist in der Schweiz schon über 30 Jahre alt.

Einzelne Betriebe und Gruppen haben Richtlinien für die integrierte Produktion aufgestellt und halten sich daran.

Jedoch gibt es noch keine Vereinigung der verschiedenen Gruppen und keine einheitlichen Richtlinien, an die sich alle integriert arbeitenden Bauern und Bäuerinnen halten.

Zahlreiche landwirtschaftlichen Organisationen fördern die integrierte Produktion.

Es laufen Forschungsprogramme, die den Umweltschutz in der integrierten Produktion weiter verstärken sollen: zum Beispiel das Projekt «Der dritte Weg» des Schweizerischen Landwirtschaftlichen Technikums (Ingenieurschule HTL) in Zollikofen.

An der Weiterentwicklung der integrierten Produktion arbeiten die meisten landwirtschaftlichen Verbände und die landwirtschaftlichen Schulen:

- Die Vereinigung der landwirtschaftlichen Genossenschaftsverbände der Schweiz
- Die in der Vereinigung zusammengeschlossenen landwirtschaftlichen Genossenschaftsverbände der Schweiz: Genossenschaft UFA, VLG Bern, Nordwestverband Solothurn, VLGZ Sursee, VOLG Winterthur, GVS Schaffhausen, Landverband St. Gallen, UCAR Lausanne, FSA Fribourg, Agricola Ticinese Bellinzona
- Der Schweizerische Verband der Ingenieur-Agronomen und der Lebensmittel-Ingenieure (SVIAL)
- Das Schweizerische Landwirtschaftliche Technikum (SLT)
- Die eidgenössischen landwirtschaftlichen Forschungsanstalten
- Die kantonalen landwirtschaftlichen Schulen und Beratungsstellen
- Die Schweizerische Zentralstelle für Gemüsebau
- Der Migros-Genossenschaftsbund
- Der schweizerische Weinbauverein
- Groupement des arboriculteurs lémaniques pratiquant les techniques intégrées (Galti)
- Groupement des cultivateurs pratiquant les techniques intégrées en Valais (Cultival)

- Groupement des viticulteurs pratiquant les techniques intégrés en Valais
- Der Obstbauverein des Kantons Zürich
- Die Schweizerische Arbeitsgruppe für integrierte Obstbauproduktion (SAIO)

Richtlinien bestehen bisher für den Ackerbau, Gemüsebau und Obstbau, für die Erzeugung von Milch- und Milchprodukten noch nicht.

Das Bundesamt für Landwirtschaft (BLW) und der Koordinationsdienst für naturnahe Landwirtschaft (KOD) arbeiten gegenwärtig Mindestanforderungen für die IP aus.

Viele der Massnahmen der integrierten Produktion sind nicht neu:

Neu ist an der heutigen integrierten Produktion, dass sich die Bauern und Bäuerinnen nicht mehr nur auf einzelne Verbesserungen auf einzelnen Parzellen oder bei einzelnen Kulturen beschränken. Sie stellen vielmehr ihren gesamten Betrieb auf die integrierte Produktion ein.

Die meisten Ziele und Massnahmen der integrierten Produktion sind dieselben wie beim biologischen Landbau.

IP-Bauern und -Bäuerinnen streben im Prinzip alle Ziele an, die der biologische Landbau (siehe dort) verfolgt. Sie setzen auch dieselben Techniken ein, um diese Ziele zu erreichen.

Der Unterschied liegt im Ziel, Ertragseinbussen zu begrenzen.

IP-Bauern und -Bäuerinnen setzen sich zusätzlich das Ziel, die Verluste, die bei umweltschonenderen Methoden eintreten können, zu vermindern.

Sie setzen ihre Ernteziele zwar nicht so hoch wie teilweise die herkömmliche Landwirtschaft. Aber sie gehen auch nicht das Risiko ein, bei einer Kultur in einem Jahr deutlich weniger zu ernten als in andern Jahren. (Der biologische Landbau nimmt dieses Risiko in Kauf.)

Das IP-Ziel, Verluste zu begrenzen, verlangt:

- dass die Bauern und Bäuerinnen synthetische Chemikalien gegen Schädlinge, Pflanzenkrankheiten und Unkraut einsetzen müssen, die in der biologischen Produktion verboten sind,

und dass sie mineralische Stickstoffdünger einsetzen, wenn sie nicht über genügend organische (Gülle, Mist) verfügen. Das ist zum Beispiel der Fall bei Höfen, die kein Rindvieh halten können, weil sie kein Milchkontingent bekommen.

Wann setzen die IP-Betriebe die chemischen Hilfsmittel ein?

Sie setzen sie nur ein, wenn ein Schaden (zum Beispiel ein Pilzbefall oder ein Unkraut, das die Kulturpflanze verdrängt) eintritt oder sichere Hinweise darauf bestehen, dass er auftreten wird.

Damit sie die Chemikalien einsetzen, muss der (erwartete) Schaden eine bestimmte Schadschwelle überschreiten.

Die Schadschwelle berechnet sich nach finanziellen Erwägungen:

- Ist das Spritzen teurer als der Ernteverlust, der ohne Spritzen eintritt, so verzichten sie auf das Spritzen.
- Kostet der Schaden mehr als das Spritzen, so setzen sie die Chemikalien ein.

Weitere Einschränkungen beim Pflanzenschutz:

Viele der herkömmlichen Produkte sind bei der integrierten Produktion verboten: Das betrifft vor allem die Mittel mit Breitbandwirkung.

Die IP prüft die Mittel, die sie einsetzt, unter anderem danach, dass sie möglichst den Nützlingen nicht schaden.

Die integrierte Produktion setzt auch die bewilligten Mittel in möglichst geringen Mengen ein.

Die integrierte Produktion behandelt, wenn möglich, nur den befallenen Teil eines Feldes und nicht das ganze Feld. Bei Krankheitserregern, die sich schnell und aggressiv ausbreiten, ist dies jedoch nicht möglich.

Der Schwachpunkt der integrierten Produktion (im Vergleich zum biologischen Landbau) ist das Ertragsziel:

Setzt ein Betrieb für eine Kultur ein hohes Ertragsziel, so muss er schon bei einem relativ geringen zu erwartenden Schaden Pflanzenschutzmittel einsetzen.

Bei einem konsequenten integrierten Landbau sind die Ertragsziele auch nach oben begrenzt.

Schutzmarken der integrierten Pflanzenproduktion

Schutzmarken, die sich nur auf eine einzelne Produktegruppe (Gemüse, Obst oder Reben) beziehen, findest du in den betreffenden Kapiteln aufgeführt und erläutert.

Migros Sano

Die Migros bietet je nach Saison Gemüse und Obst, das aus der M-Sano-Produktion stammt.

Das M-Sano-Programm hat der Migros-Genossenschaftsbund seit 1970 entwickelt und eingeführt.

Der ursprüngliche Gedanke war, für die KundInnen in grösseren Mengen Obst und Gemüse zu produzieren, das möglichst keine Rückstände an Pflanzenschutzmitteln enthält.

Mit den Jahren ist im M-Sano-Programm auch der Umweltschutzgedanke immer wichtiger geworden.

Heute produzieren in der Schweiz etwa 1700 Obst- und Gemüsebaubetriebe auf gegen 5000 Hektaren nach den Richtlinien und unter der Kontrolle des M-Sano-Programms.

M-Sano-Produkte machen etwa 40% des Obst- und Gemüses bei Migros aus.

Agri Natura

Agri Natura ist ein Programm, das die Vereinigung der landwirtschaftlichen Genossenschaftsverbände der Schweiz (VLG) seit 1988 aufbaut.

So sieht die Schutzmarke von M-Sano aus:

Die Schutzmarke für Agri-Natura-Produkte sieht so aus:

Umwelt- und tiergerechte Landwirtschaft – natürlich von der Landw. Genossenschaft
L'agriculture respecte l'environnement – Les coopératives agricoles aussi
Agricoltura a misura d'ambiente: Si! Presso le Federazioni agricole

Im Bereich Pflanzenbau bauen ungefähr 100 Höfe 130 Hektaren Kartoffeln und 70 Hektaren Brotgetreide an.

Die Bauern und Bäuerinnen verpflichten sich, die «Agri Natura-Anbaurichtlinien Ackerbau» einzuhalten. Diese Richtlinien beruhen auf den «Anbauempfehlungen für integrierten Ackerbau» des Schweizerischen Verbandes der Ingenieur-Agronomen und der Lebensmittel-Ingenieure (SVIAL).

Die folgenden Verbände vermarkten gegenwärtig Erzeugnisse aus dem Agri-Natura-Pflanzenbau: VOLG Winterthur, VLG Bern, Landverband St. Gallen, VLGZ Sursee, FCA Freiburg, Nordwestverband Solothurn.

Einkaufen: Anbaumethoden

Konventioneller Anbau

Bäuerinnen, Bauern, Gemüse- und ObstproduzentInnen, die nicht nach biologischen oder integrierten Richtlinien arbeiten, bekommen heute leider alle den Einheitsstempel «konventionell».

Wir verwenden diese Bezeichnung zwar auch, da sie nun einmal eingeführt und allgemein bekannt ist.

Wir möchten jedoch ein paar Punkte klarstellen:

Eine einheitliche konventionelle Landwirtschaft gibt es in der Schweiz überhaupt nicht.

Ein Bergbauernbetrieb mit wenigen Kühen und Rindern, dessen Bauer im Sommer als Nebenerwerb in einem Baugeschäft arbeitet, ist etwas völlig anderes als ein Hof im Mittelland mit 40 Milchkühen, Silofutter- und Getreideanbau.

Konventionelle Landwirtschaft bedeutet nicht automatisch Umweltzerstörung.

Es sind vielmehr die Bäuerinnen und Bauern, die in jahrhundertelanger Arbeit den Lebensraum mit geschaffen haben, den wir heute als unsere Umwelt verteidigen.

Ohne die Arbeit der Bauern wären weite Teile der Schweiz heute wild und für Menschen unbewohnbar.

Der Druck der Stadt auf die Bauernschaft

Diese Leistung haben die Bäuerinnen und Bauern seit Jahrhunderten unter dem harten und oft genug unmenschlichen Druck der StädterInnen erbracht.

Seit jeher mussten sie zu möglichst tiefen Preisen möglichst viel an ihre Herren abliefern. In den Bauernkriegen enteigneten die Städter und der Landadel gemeinsam die meisten Bauerngemeinden und machten sie zu Untertanen und Leibeigenen.

Immer wieder mussten Bauern sich dagegen wehren, dass die Herren von ihnen Erträge verlangten, die zur Zerstörung des ökologischen Gleichgewichts und damit ihrer Lebensgrundlage führten.

Mit der Industrialisierung und mit dem Ausbau der Transportwege (Schiffahrt und Eisenbahn) kamen zwei neue Druckmittel gegen die Bauern ins Spiel.

Zum einen drückten von nun an dauernd billige importierte Produkte auf die Preise der einheimischen Erzeugnisse.

Zum andern spielten von nun an Politiker während Jahrzehnten Städter und Bauern gegeneinander aus. Auch wenn die Löhne der IndustriearbeiterInnen tief waren – die Bauern verdienten lange Zeit noch weniger.

In den Bergen drückt der Tourimus die Bäuerinnen und Bauern: Die Preise für Bauland und alle Waren sind den (städtischen) Touristen und ihren Einkommen angepasst. Das Einkommen der Bauern und Bäuerinnen fällt daneben bis heute deutlich ab.

Trotzdem erwarten (wir) TouristInnen, dass die Bergbauern uns weiterhin die schöne Landschaft erhalten, in der wir uns erholen möchten.

Es ist wahr, dass ein Teil der heutigen Landwirtschaft der Umwelt Schaden zufügt.

Einige Schäden und Probleme sind offensichtlich und verlangen Änderungen. Zum Beispiel:

- Es gibt Böden, die von Erosion bedroht oder schon geschädigt sind.

- Resistente Schädlinge und Krankheiten sowie besonders empfindliche Pflanzensorten (bei den Kartoffeln zum Beispiel die Bintje) erfordern den Einsatz von immer neuen Chemikalien.

- Vereinfachte Fruchtfolgen haben Landschaften verarmen und monoton werden lassen.

- An manchen Orten sind Trinkwasserreserven (Grund- und Quellwasser) durch Dünge- und Pflanzenschutzmittel verunreinigt.

- Die industrielle Landwirtschaft trägt dazu bei, dass Tier- und Pflanzenarten aussterben.

Es ist jedoch geschmacklos, die Schuld daran pauschal den Bauern und Bäuerinnen zuzuschieben.

Dafür, dass manche landwirtschaftlichen Techniken die Umwelt heute bedrohen, statt sie zu schützen, sind wir StädterInnen (auch die SchreiberInnen dieses Buches) genauso verantwortlich wie die Bäuerinnen und Bauern.

Noch immer erheben Organisationen und Parteien, die die städtischen Konsumenten vertreten, ein grosses Geschrei über Preissteigerungen bei landwirtschaftlichen Erzeugnissen.

Noch immer bleiben Äpfel, die ein paar Flecklein haben, und ein Lauchstengel mit einem welken Blatt unverkauft in den Gestellen der Läden.

Noch immer ist Kalbfleisch, das nicht ganz hell ist, schwer zu verkaufen. Noch immer bekommen die ZüchterInnen für rötliches Kalbfleisch einen schlechteren Preis.

Unsere Ansprüche und unser Druck auf die Preise haben eine Landwirtschaft erzwungen, die mit möglichst wenig Arbeit möglichst viele, möglichst äusserlich schöne und möglichst billige Getreide, Gemüse, Obst und so weiter erzeugt.

Eine solche Landwirtschaft verlangt den Einsatz von Maschinen, von Kunstdüngern und von giftigen Pflanzenschutzmitteln. Sie nutzt möglichst jeden Quadratmeter Boden. Sie bevorzugt grosse Reinkulturen.

Viele konventionelle Betriebe bedrohen die Umwelt überhaupt nicht.

Es ist keineswegs so, dass Bauern und Bäuerinnen, die nicht biologisch oder integriert arbeiten, automatisch die Umwelt zerstören.

Es gibt eine Zahl von Höfen, die sich überhaupt nie auf die modernen Spitzentechniken umgestellt haben. Manche, weil sich die Böden und das Klima nicht dafür eigneten. Manche, weil ihnen das Kapital dafür fehlte.

Einige Prinzipien des biologischen Landbaus haben in der gesamten Landwirtschaft Tradition. Nicht wenige Bäuerinnen und Bauern haben aus eigener Überzeugung zum Beispiel

- hierzulande angepasste Tierarten gehalten und Pflanzenarten angebaut,

- Fruchtfolgen eingehalten, die die Pflanzen besser vor Krankheiten schützen,

- den Boden schonend bearbeitet,

- generationenlange Erfahrung über das Zusammenleben von Landbau und Umwelt bewahrt und weiterentwickelt.

Auch der konventionelle Landbau setzt biologische Massnahmen gegen Schädlinge ein. Zum Beispiel bekämpfen viele MaisproduzentInnen den Maiszünsler (ein Insekt, das den Mais schädigt) seit über 10 Jahren mit Schlupfwespen. Die Schlupfwespen zerstören die Eier des Maiszünslers.

Der Weg zurück ist nicht einfach.

Viele Betriebe, die mit eindeutig umweltbelastenden Methoden arbeiten, werden für eine Änderung Jahre brauchen.

Manche werden sich kaum auf integrierte Produktion und schon gar nicht auf biologischen Anbau umstellen können.

Das liegt zum Teil am Wissen und an der Ausbildung, die nun einmal in einer ganz anderen Richtung lagen. Zum Teil liegt es an der ganzen Struktur des Hofes (Böden, Klima, Gebäude, Maschinen, finanzielle Verpflichtungen).

Das grösste Hindernis gegen eine Umstellung ist für die meisten Bauern, dass sie sich die Arbeitskräfte, die sie für eine Umstellung brauchten, nicht leisten können. Und wenn sie die Löhne bezahlen könnten, wären die Arbeitskräfte nicht vorhanden.

Dein Beitrag an eine Umstellung:

Liegt dir etwas daran, beim Einkaufen deines Essens die Umwelt zu entlasten, so kauf konsequent Gemüse, Früchte, Getreide und verarbeitete Lebensmittel aus biologischem oder aus integriertem Anbau.

Über die Frage der Preise, die du bezahlst, siehe das Kapitel «Was kostet uns der Umweltschutz?».

Beispiele für umweltschonende und belastendere Methoden.

In den Hecken und Büschen zwischen den Feldern leben zahlreiche Arten von kleinen und grossen Tieren. Viele von ihnen helfen mit, dass sich die Schädlinge in den landwirtschaftlichen Kulturen nicht zu stark vermehren.

In diese Landschaft getrauen sich viele Tierarten nicht hinein und sie finden in ihr keinen Lebensraum. (Bilder links und rechts: Forschungsinstitut für biologischen Landbau, Oberwil BL).

Tomaten, die auf natürlichem Boden wachsen.

Hors-sol-Tomatenkulturen: Die Pflanzen wachsen auf künstlichen Untergründen und bekommen ihre Nährstoffe flüssig aus einem Tank. (Bilder: Eidgenössische Forschungsanstalt Wädenswil, F. Keller)

Einkaufen: Anbaumethoden / Aufwand

Hochstamm-Obstbäume sind der Lebensraum für viele Vogel- und andere Tierarten. Diese Bäume sind unserem Klima seit langem angepasst. Sie liefern uns Früchte in vielen Sorten, die ganz verschieden aussehen und schmecken. Solche Obstkulturen machen unter anderem den Reichtum unserer einheimischen Jahreszeiten-Küche aus.

Niederstamm-Obstkulturen produzieren Obst, das wenig Arbeit bereiten soll, sich gut lagern lässt und in den Ladengeschäften vor allem gut aussieht. Diese Ziele schliessen die Vielfalt an Sorten praktisch aus. Niederstammkulturen sind für die Tierwelt kein besonders freundlicher Lebensraum.

Rebberg mit natürlicher Begrünung. Über hundert Pflanzenarten und eine vielfältige Gesellschaft von Insekten und anderen Tieren bewohnen den Rebberg. Die Pflanzen werden gemäht, jedoch nie in allen Reihen gleichzeitig.

Rebberg mit kahlgespritztem und -gehacktem Boden.

Photographien auf dieser Seite: Eidgenössische Forschungsanstalt für Obst-, Wein- und Gartenbau Wädenswil (M. Kellerhals, U. Remund).

4. Wie sehr belasten die Produkte die Umwelt (im Vergleich zu ihrem Nährwert)?

Gewisse Produkte belasten die Umwelt besonders stark, egal wo sie herkommen und egal ob ihre ProduzentInnen sie biologisch oder konventionell erzeugt haben. Du entlastest die Umwelt, wenn du von solchen Produkten etwas weniger isst.

Zum Beispiel haben Zucker, Fleisch und Eier einen geringen Nährwert, bemisst du ihn am Aufwand, den die Umwelt dafür bezahlt.

Nehmen wir an:

Menschen bauen auf einem Stück Boden Fut-

ter für ein Schwein an. Sie können mit seinem Fleisch einen Menschen ernähren.

Von demselben Stück Boden könnten sich fünf Menschen ernähren, wenn sie Getreide, Kartoffeln und Gemüse für sich selber anbauen würden. Zudem wäre ihr Essen reichhaltiger und gesünder als das Fleisch.

Zucker hat zwar viele Kalorien und spendet Energie.

Jedoch verbrauchen die HerstellerInnen viel Dieselöl und Schädlingsbekämpfungsmittel

sowie Strom (bei der Verarbeitung des Zuckers).

Würden sie mit demselben Aufwand Getreide, Kartoffeln und Gemüse anbauen, könntest du daraus Menus mit viel mehr Energie – und dazu Eiweiss, Fettstoffen, Ballaststoffen, Vitaminen und Spurenelementen – zubereiten, als der Zucker liefert.

5. Wie sind die Produkte verpackt?

Willst du beim Essen, Trinken und Kochen etwas für die Umwelt tun, so kannst du nach wie vor auf die Verpackung der Produkte achten.

Die jahrelangen Diskussionen über die Verpackungen haben jedoch zu einigen Erfolgen geführt. Viele HerstellerInnen verpacken ihre Produkte so sparsam wie möglich.

Produkte, die immer noch in unsinnig aufwendigen Verpackungen stecken, gibt es noch. Es gibt jedoch fast immer auch ein Konkurrenzprodukt, das besser durchdacht ist.

Zudem kannst du auf die meisten unsinnig verpackten Produkte kurzerhand verzichten.

Dein Tisch ist deswegen nicht weniger reich gedeckt.

Kauf, wo möglich, offene Waren.

Zum Thema «offen kaufen» findest du Informationen in den Kapiteln «Milch», «Obst und Gemüse» und «Eier».

Kauf Getränke in Mehrwegflaschen.

Die Informationen dazu findest du im Kapitel «Getränke».

Kauf Produkte in unsinnigen Verpackungen nicht mehr,

bis ihre HerstellerInnen sie endlich weniger aufwendig verpackt anbieten.

Beispiele für unnötig aufwendige Verpackungen sind:

- Ovomaltine: Warum bietet Wander immer noch keine Nachfüllbeutel für die Büchsen an?
- Alle Teesorten in Blechdosen: Auch hier würden Nachfüllbeutel genügen.
- Kuchen und Patisserie auf Alublechen.

6. Wie sind die Produkte konserviert und verarbeitet?

Betrachtest du Essen und Trinken vom Standpunkt der Verarbeitung her, so stellt sich für die Umwelt die Frage der Verarbeitung erst ganz am Schluss.

Die Herkunft, die Saison und die Produktionsmethoden haben auf die Umwelt vorläufig einen viel grösseren Einfluss als die Verarbeitung.

Es gibt zum Konservieren und Verarbeiten der Nahrung noch keine brauchbaren Ökobilanzen.

Fertigmahlzeiten

Auf den ersten Blick belasten Fertigmahlzeiten mit ihren aufwendigen Plastik- und Aluverpackungen die Umwelt stark.

Umweltvorteile der Fertigmahlzeiten könnten jedoch sein:

- Sie sind in Massen gekocht. Es besteht die Möglichkeit, dass die HerstellerInnen dabei weniger Strom verschwenden als wir in der eigenen Küche.
- Die Zutaten sind gerüstet. Das spart möglicherweise Transport.
- HerstellerInnen lassen die Rüstabfälle kompostieren oder an Tiere verfüttern. Das ist

noch längst nicht in allen privaten Haushalten selbstverständlich.

- Kaufen wir die Zutaten frisch, sind sie oft auch verpackt.

Wir möchten hier die Fertigmahlzeiten auf keinen Fall als besonders umweltschonend darstellen. Der Vergleich mit den selber gekochten ist heute bloss noch nicht möglich.

Vom Geschmack und der Esskultur her ziehen die SchreiberInnen des Kompendiums alles Frische und frisch Gekochte den Fertigmahlzeiten vor. Aber gerade über den Geschmack lässt sich nicht streiten.

Tiefkühlkonserven

Lies zu diesem Thema bitte das Kapitel «Konserven». Auch hier existiert noch keine zuverlässige Oekobilanz.

Unsinnige Produkte

Aufgefallen sind uns als offensichtlich die Umwelt unnötig belastend:

- Ausgewallter Teig in Kartonverpackung. Dieser lässt sich leicht durch normale Teigmödeli in Papier ersetzen. Den Teig selber auswallen ist eine kleine Arbeit. Das Wall-

holz kannst du ohne zusätzliches Wasser und Abwaschmittel im normalen Abwasch reinigen.

- Stangeneier.
- Zwiebeln aus der Tube.

Es gibt mehr verarbeitete Produkte als frische.

Du kannst die Umwelt beim Essen und Trinken auf keinen Fall hundertprozentig entlasten.

Im Grunde gibt es als echte Frischprodukte nur Gemüse und Früchte während ihrer Saison.

Alles andere müssen wir irgendwie zubereiten.

Erhitzen, damit Krankheitserreger absterben, müssen wir zum Beispiel Fleisch, Milch, Eier und – in südlichen Ländern – das Trinkwasser.

Erhitzen, damit sie verdaulich(er) werden, müssen wir Getreide, manche Gemüse, manche Früchte.

Viele Produkte gibt es überhaupt nur, weil sie verarbeitet sind: Yoghurt, Käse, Würste, Öle, Fette, Sirup, Bier, Wein und viele andere.

Getreide, Brot, Teigwaren

Getreide

Aus biologischem Anbau

Weizen, Reis, Mais, Roggen, Gerste, Hafer und andere Getreide gibt es heute auch aus biologischem Anbau.

Im Bio-Laden und im Reformhaus bekommst du:

- Körner. Du weichst sie am besten über Nacht ein und kochst sie dann wie Reis.
- Mehl. Du kannst die Körner im Laden frisch mahlen lassen.
- Flocken und Flockenmischungen für Müesli und andere Gerichte.

Zur Verpackung: Beziehst du dein Getreide aus dem Bio-Laden, kannst du die Verpackung (Tüten, Gläser oder Büchsen) mitbringen und das Getreide aus den grossen Säcken abfüllen lassen.

Aus konventionellem Anbau

Zur Verpackung: Wähle beim Einkaufen Getreide und Mehl in der sparsamsten Verpakkung (am besten in Papiersäcken).

Manchmal (z.B. bei Müesli-Mischungen) merkst du erst zu Hause beim Öffnen des Kartons, dass der Inhalt unnötigerweise doppelt verpackt ist. Meide solche Produkte.

Wie andere Produkte täuschen auch manche Müesli-Mischungen vor, dass ihr Inhalt aus biologischem Anbau stammt. Kaufe nur solche, die eine Schutzmarke für biologischen Anbau tragen (siehe Seite ...).

Reis

Vollreis und weisser Reis

Vollreis ist nicht ganz geschält und nicht poliert. Deswegen enthält er mehr Nährstoffe und beschäftigt die Verdauung besser als weisser Reis. Vollreis heisst jedoch nicht, dass er aus biologischem Anbau stammt.

In Lebensmittelgeschäften und Supermärkten erhältst du den Reis in Cellophantüten oder Kartonpaketen abgepackt. Meide wenn möglich doppelt verpackten Reis, z.B. Kochbeutelreis. Er ist in einen Kunststoffbeutel eingeschweisst, in dem du ihn auch kochst. Der Beutel ist zusätzlich in eine Kartonschachtel verpackt.

Bio-Reis

In den meisten Bio-Läden und Reformhäusern gibt es biologisch angebauten Vollreis oder weissen Reis. Manchmal kannst du ihn offen kaufen. Lass ihn dir in Tüten oder Gläser abfüllen, die du mitbringst. Lose gekauften Reis musst du vor dem Kochen in kaltem Wasser waschen.

Herkunftsland

In Bio-Läden oder Reformhäusern kannst du nach der Herkunft des Reises fragen und mit einer präzisen Antwort rechnen. Beim Reis aus anderen Geschäften steht das Herkunftsland manchmal auf den Packungen.

Bevorzuge Reis aus europäischem Anbau, z.B. aus Norditalien, Frankreich und Spanien.

Mit dem Reis aus anderen Kontinenten (z.B. Nordamerika oder Australien) ist immer ein weiter Transport verbunden.

Brot

Bio-Brot

Willst du beim Brot-Essen die Umwelt entlasten, dann kaufe Brot aus Getreide aus biologischem Anbau. Du bekommst es in

- Bio-Läden, Oeko-Läden, Drittwelt-Läden,
- Reformhäusern und -abteilungen,
- immer mehr Bäckereien und Filialen von Grossverteilern.

Bio-Brot ist aus Getreide aus biologischem Anbau. Es ist mit einem Minimum an Hilfsstoffen gebacken.

Erkundige dich jedoch, ob das Brot tatsächlich aus biologischer Produktion stammt. Achte auf die Schutzmarken (siehe Seite...).

Lass dich nicht von natürlich oder nostalgisch klingenden Namen täuschen: nicht jedes Vollkorn- oder Holzofenbrot ist auch ein Bio-Brot.

Brot aus Getreide aus konventionellem Anbau

Bei diesen Broten hast du keine Wahl mehr, die Umwelt mehr oder weniger zu belasten. Die Papiertüten, in denen das Brot steckt, sind offensichtlich das notwendige Minimum.

Wir wissen nicht, welche Brot-Verpackung die Umwelt mehr belastet (Papier oder die Polypropylen-Verpackungen der Schnittbrote).

Teigwaren

Bio-Teigwaren

Teigwaren aus biologisch angebautem Hartweizen gibt es in jedem Bio-Laden. In manchen erhältst du auch Teigwaren mit Eiern aus tiergerechter, regionaler Produktion.

Konventionelle Teigwaren

Liegt dir etwas daran, Freilandeier und möglichst solche von biologischen Bauern zu essen, dann kauf besser keine konventionellen Eierteigwaren.

Die klassische italienische Pasta ist ohnehin aus reinem Hartweizen.

Herkunft

Teigwaren sowohl aus biologischer als auch aus konventioneller Produktion stammen fast durchwegs aus Italien oder aus der Schweiz. Sie benötigen somit keine langen Transportwege.

Gemüse und Früchte einkaufen:
Die Jahreszeiten-Küche schont die Umwelt am meisten

Du entlastest die Umwelt, wenn du dich bei Gemüsen, Salaten, Kräutern und Früchten auf die Jahreszeiten-Küche umstellst.

Jahreszeiten-Küche bedeutet (unter anderem), dass du beim Einkaufen

• Gemüse und Früchte bevorzugst, die in der Nähe gewachsen sind,

• die aus biologischem oder integriertem Anbau stammen,

• und dass du sie nur zur Jahreszeit kaufst, wo sie von Natur aus im Freien reifen.

Gemüse aus bedeckten Kulturen

Zur Jahreszeiten-Küche gehören heute auch Gemüse, die in minimal beheizten Gewächshäusern oder unter Plastiktunneln gewachsen sind. Der bedeckte Anbau verlängert die natürliche Jahreszeit nur wenig. Er vermindert jedoch das Risiko von grossen Ernteverlusten.

Gewächshäuser haben für die Umwelt den Vorteil, dass die ProduzentInnen Schädlinge gezielter mit Nützlingen in Schach halten können und weniger Pflanzenschutzmittel einsetzen müssen.

Biologisch arbeitende Gemüsebauern und -bäuerinnen heizen nur, um Frost zu vermeiden.

Beim integrierten Anbau bestehen erste Vorschriften, die das Heizen begrenzen.

Du wirst die Alles-zu-jeder-Zeit-Küche kaum sehr vermissen.

Unsere schweizerisch/südeuropäische Jahreszeiten-Küche ist so reich und abwechslungsreich wie irgendeine Jahreszeiten-Küche auf der Welt.

Zwar nimmt am Winterende bei uns die Auswahl an frischen Gemüsen und Früchten spürbar ab. Doch genügt sie immer noch für reichhaltige und nie langweilige Menus.

Der Unionsverlag Zürich hat drei ausgezeichnete Bücher der «Aktion Gesünder Essen» und der «Erklärung von Bern» herausgebracht:

Du findest in den drei Kochbüchern Rezepte zu unseren Saison-Produkten. Sie erzählen dir Spannendes über die Herkunft und den Anbau unserer Gemüse und Früchte.

Die Zeitschrift der «Aktion gesünder essen», bietet dir das ganze Jahr aktuelle Ideen zur Jahreszeiten-Küche, Hintergrundinformationen zu Produkten und Angaben, wo du was beziehen kannst (Probenummer bei Aktion gesünder essen, Postfach 8037 Zürich).

Jahreszeiten-Küchen aller Regionen

unterscheiden sich voneinander.

Sie unterscheiden sich, wie sich auch die lokalen und regionalen Agrokulturen unterscheiden:

Durch ihre besondere Auswahl an Tieren, Pflanzen, Anbau- und Verarbeitungsweisen; durch die besondere Art des Zusammenlebens der Menschen innerhalb ihrer Regionen; durch die besonderen Tausch- und Handelsbeziehungen unter Nachbarregionen.

Einkaufen: Gemüse und Früchte

Wie erkennst du die Gemüse und Früchte der Jahreszeit?

1. Schau auf das Herkunftsland,

Bevorzuge die Produkte aus der Nähe: aus der Schweiz, aus den Grenzgebieten zu Deutschland und Österreich, aus Frankreich, Italien und Spanien.

Kaufe zum Beispiel keine Äpfel aus Chile, Argentinien oder Südafrika und keine Kiwis aus Neuseeland.

2. auf die Anbauweise

Der biologische und der integrierte Gemüseanbau halten beide die Jahreszeit ein.

3. und auf die folgenden Saison-Listen.

(Siehe Seiten 1.20–1.23)

- Die Listen geben die Erntezeit der Gemüse und Früchte in der Schweiz an. Diese Zeiten können·sich je nach Jahr um eine bis zwei Wochen vorverschieben.
- Für die Grenzgebiete von Österreich, Deutschland und Frankreich sind die Jahreszeiten dieselben wie in der Schweiz.
- In Italien, Südfrankreich und Spanien kann die Ernte der Gemüse und Früchte einen bis eineinhalb Monate früher beginnen als in der Schweiz und etwa einen Monat länger dauern.

Zitrusfrüchte (Orangen, Zitronen etc.)

Da diese in der Schweiz nicht wachsen, findest du sie nicht in der Saisonliste.

Kaufst Du Orangen, Mandarinen und Grapefruits nur aus Italien, Frankreich und Spanien, dann kaufst du sie auch von der Jahreszeit richtig ein.

Zitronen bringen im Jahr drei Ernten und haben deshalb praktisch das ganze Jahr Saison.

Lagerprodukte

Im Winter bekommst du in zahlreichen Geschäften Schweizer Gemüse und Früchte, die der Handel erntefrisch eingelagert hat. Sie sind meist mit «Lager» und «Inland» bezeichnet.

Das Kühlen in den Lagern kostet die Umwelt Strom, aber weniger als Transporte aus andern Kontinenten (umgerechnet) an Tranportdiesel verbrauchen würden.

Was ist mit Hors-sol-Gemüse?

Bei der Hors-sol-Produktion wächst das Gemüse nicht mehr auf Erde und nicht mehr im Freiland.

Es wächst das ganze Jahr in Treibhäusern, auf künstlichen Nährböden (zum Beispiel Steinwolle), und bekommt seine Nährstoffe flüssig aus einem Tank.

Die HändlerInnen weigern sich zwar bis jetzt, solches Gemüse im Laden speziell anzuschreiben. Wählst du die Gemüse jedoch aus, wie oben beschrieben, ist die Gefahr geringer, dass du Hors-sol-Produkte kaufst.

Wir empfehlen dir, keine Hors-sol-Gemüse zu kaufen. Auf dieser Welt entstehen schon genug Kunstprodukte. Warum sollten auch noch Tomaten und Gurken in Labors wachsen?

Kaufst du im Dezember Hors-sol-Gemüse aus der Schweiz, so hat es die Umwelt vielleicht sogar weniger belastet als Gemüse, das aus Südafrika eingeflogen ist.

Am wenigsten belastest du die Umwelt jedoch, wenn du im Winter gar keine frischen Tomaten oder Gurken kaufst.

Was ist mit holländischem Gemüse?

Wir raten dir vorläufig, kein holländisches Gemüse zu kaufen.

Die holländischen ProduzentInnen bieten fast das ganze Jahr Tomaten, Gurken und andere Gemüse an.

Ein grosser Teil davon stammt (sogar im Sommer) aus beheizten Treibhäusern und aus Hors-sol-Kulturen.

Zwar kannst du auch bei Gemüse aus dem Süden vorläufig nicht sicher sein, ob es nicht industriell erzeugt ist. Im grossen und ganzen ist der Gemüsebau in den südlichen Ländern jedoch noch naturnäher als in Holland.

Bestimmt sind wir mit unserem Ratschlag einzelnen holländischen Freiland-ProduzentInnen gegenüber ungerecht: Freiland-Tomaten aus Holland belasten die Umwelt kaum stärker als die aus Mittelitalien.

Solche Ungerechtigkeiten können wir erst vermeiden, wenn bei uns in den Geschäften die Produktionsweise hors sol konsequent ange-

schrieben steht und wir wissen, was wir kaufen.

Aus andern Kontinenten stammen immer

und sollten wir – von der Umwelt her betrachtet – nicht mehr kaufen:

- Ananas
- Bananen
- Datteln
- Kumquats
- Kokosnüsse
- Litchees
- Papaya
- Passionsfrucht

Keine Bananen mehr kaufen? Bei diesem Ratschlag haben die SchreiberInnen dieses Buches zuerst einmal leer geschluckt. Bananen sind bei uns die meistverkaufte Frucht (noch vor allen einheimischen Früchten). Dennoch belasten Bananen als Tropenfrucht die Umwelt mit dem Transport. Die Bananen haben den Menschen, die sie anbauen, in den letzten Jahrzehnten nichts Gutes gebracht.

Hast du bisher bewusst Bananen aus Nicaragua gekauft, um diesem Land während des Einkaufs-Boykotts der USA zu helfen? Diese Aktionen waren für Nicaragua sicher eine wichtige moralische Unterstützung und eine kleine wirtschaftliche Hilfe. Es wird jedoch Zeit, dass wir weniger aufwendige Methoden entwickeln, einem Land in einer solchen Situation zu helfen.

Bananen kannst du auf deinem Speisezettel zwar nicht durch eine ähnliche, hier wachsende Frucht ersetzen. Du kannst jedoch auf sie verzichten, ohne zu verhungern.

Manche Früchte, die ursprünglich nur aus andern Kontinenten kamen, bauen jetzt auch ItalienerInnen an: zum Beispiel Kiwi und Kaktusfeigen. Ist bei einer Frucht die Herkunft nicht eindeutig angeschrieben, so kauf sie nicht.

Schutzmarken für biologischen und integrierten Anbau bei Gemüse und Früchten

Die besonderen Probleme bei Gemüse und Früchten

Der konsequente biologische oder integrierte Anbau von Gemüsen und manchen Früchten ist aus verschiedenen Gründen schwierig:

Gemüsebaubetriebe sind traditionell zum grossen Teil spezialisierte Gärtnereien und keine Bauernhöfe mit Tieren und Ackerbau. Diese Betriebe haben praktisch keinen eigenen «Hofdünger» und müssen deshalb Dünger zukaufen.

Nicht alle Böden eignen sich für Gemüsebau. Die Betriebe sind bei der Fruchtfolge viel mehr eingeschränkt als Höfe mit einer Mischwirtschaft.

Beim Obst: Reben und viele Beerensorten sind von Natur aus Monokulturen. Sie tragen erst nach mehreren Jahren Früchte. Auch das schliesst (unter anderem) eine der wichtigsten Pflanzenschutz-Massnahmen aus, die in einem Mischbetrieb möglich ist: den Fruchtwechsel.

Das bedeutet zum Beispiel beim Rebbau:

Da die Reben selber Monokulturen sind, ist es besonders wichtig, die Artenvielfalt von Tieren und Pflanzen zwischen, unter und neben den Rebstockreihen zu erhalten oder wiederzugewinnen.

Der Weinberg soll ganzjährig (möglichst reichhaltig) begrünt oder sonst mit Mulch bedeckt sein.

Hecken, Raine, Bruchsteinmauern, Hohlwege, Büsche und Bäume am Rand des Rebbergs und die Begleitflora im Rebberg selber sind wichtige Lebensräume für zahlreiche Insekten und andere Tiere: vor allem auch für Nützlinge, die die Schädlinge in Schach halten.

Gegen die Begleitflora (das Unkraut) im Rebberg spritzen die biologischen WinzerInnen keine Gifte. Die IP-WinzerInnen wenden sie nur unter bestimmten Bedingungen an.

Die Begleitflora bewirkt unter anderem, dass der Regen die Nährstoffe des Bodens weniger schnell auswäscht. Das abgeschnittene Pflanzenmaterial ist zudem eine Art Dünger für die Reben.

Pilzerkrankungen der Reben: In der Schweiz regnet es mehr als in den Weinbaugebieten Italiens oder Frankreichs. Die Feuchtigkeit fördert Pilzerkrankungen der Reben, vor allem den falschen Mehltau. Spezielle Mittel gegen Pilze (wie Schwefel und Kupfer) sind deshalb sogar im biologischen Rebbau erlaubt.

Die WinzerInnen versuchen, so weit wie möglich Traubensorten anzubauen, die weniger anfällig auf Pilze sind.

Die Leistung für die Umwelt kostet etwas.

Trotz allen zusätzlichen Problemen bei ihrem Anbau bekommst du biologisch und integriert angebaute Gemüse und Früchte (vorläufig noch in beschränkten Mengen).

Biologische Gemüse und Früchte sind bekanntermassen teurer als die herkömmlich angebauten.

Auch die IP-ProduzentInnen werden für ihre Gemüse und Früchte einen etwas höheren Preis bekommen müssen. (Die Migros-Sano-Produkte sind deshalb nicht teurer als die konventionellen, weil die Migros eine Mischrechnung machen kann.)

Willst du einen umweltgerechten Anbau fördern, so bezahle den etwas höheren Preis, den biologische und integriert produzierte Gemüse und Früchte kosten.

Schutzmarken für biologischen Anbau

Die biologisch angebauten Gemüse und Früchte erkennst du an den Schutzmarken der VSBLO oder ihrer Einzelmitglieder oder am Namen Biotta: siehe die Abbildungen auf den Seiten 1.8–1.9.

Naturnaher Weinbau Delinat

Die Delinat AG hält sich bei ihrer Reben- und Weinproduktion an Vorschriften, die zum Teil strenger sind als die VSBLO-Richtlinien.

Sie verbietet im Rebbau alle chemisch-synthetischen Gifte. Die Weinbauern- und bäuerinnen dürfen jedoch synthetische Geruchsstoffe (Pheromone) einsetzen, die Schädlinge in die Falle locken.

Das Schutzzeichen von Delinat sieht so aus:

Schutzmarken für integrierten Anbau

Die Schutzmarken Migros Sano und Agri Natura bezeichnen Gemüse und Früchte aus integrierter Produktion.

Obst aus integrierter Produktion findest du auch unter den Bezeichnungen von regionalen IP-ProduzentInnen-Vereinigungen.

Solche regionale Gruppierungen haben für die integrierte Produktion von Obst Pionierarbeit geleistet. Uns sind bekannt:

• GALTI

Schutzmarke des «Groupement des arboriculteurs lémaniques pratiquant les techniques intégrées». Galti ist die älteste Schutzmarke der integrierten Produktion in der Schweiz.

• CULTIVAL

Schutzmarke des «Groupement des cultivateurs pratiquant les techniques intégrées en Valais».

• ZÜRI-OBST aus integrierter Produktion

Schutzmarke des «Obstbauvereins des Kantons Zürich».

Saisontabelle Gemüse Januar–Juni

Januar	Februar	März	April	Mai	Juni
				Blumenkohl	Blumenkohl
					Bohnen
				Broccoli	Broccoli
				Chinakohl	Chinakohl
		Cicorino	Cicorino		
Chicorée (Brüsseler)	Chicorée (Brüsseler)	Chicorée (Brüsseler)			
			Eisbergsalat	Eisbergsalat	Eisbergsalat
					Erbsen
Federkohl (Grünkohl)	Federkohl (Grünkohl)	Federkohl (Grünkohl)	Federkohl (Grünkohl)		
				Fenchel	Fenchel
Kartoffel*	Kartoffel*	Kartoffel*	Kartoffel*	Kartoffel*	Kartoffel*
					Kefe
Knoblauch*	Knoblauch*	Knoblauch*	Knoblauch*	Knoblauch*	Knoblauch*
				Kohlrabi	Kohlrabi
				Kopfsalat	Kopfsalat
					Krautstiel
		Kresse	Kresse	Kresse	
Kürbis*	Kürbis*				
				Lattich	Lattich
Lauch	Lauch	Lauch	Lauch		
Nüsslisalat	Nüsslisalat	Nüsslisalat			
Pastinake*	Pastinake*	Pastinake*	Pastinake*		
			Radiesli	Radiesli	Radiesli
Randen*					
Rettich schwarz*	Rettich schwarz*			Rettich weiss+rot	Rettich weiss+rot
Rosenkohl	Rosenkohl	Rosenkohl			
Rotkabis*	Rotkabis*	Rotkabis*	Rotkabis*		
Rübe*	Rübe*	Rübe*		Rübe	Rübe
Rüebli*	Rüebli*	Rüebli*	Rüebli*	Rüebli*	Rüebli*
					Blattmangold
Schnittsalat		Schnittsalat	Schnittsalat	Schnittsalat	Schnittsalat
Schwarzwurzel*	Schwarzwurzel*	Schwarzwurzel*	Schwarzwurzel*		
Sellerie Knollen-*	Sellerie Knollen-*	Sellerie Knollen-*	Sellerie Knollen-*	Sellerie Knollen-*	
			Spargel	Spargel	Spargel
			Spinat	Spinat	
Topinambur	Topinambur	Topinambur	Topinambur		
Weisskabis*	Weisskabis*	Weisskabis*	Weisskabis*	Weisskabis*	Weisskabis*
Wirsing*	Wirsing*	Wirsing*	Wirsing*	Wirsing*	
Zuckerhut*					
Zwiebel*	Zwiebel*	Zwiebel*	Zwiebel*	Zwiebel	Zwiebel

* Lager

Saisontabelle Gemüse Juli–Dezember

Juli	August	September	Oktober	November	Dezember
	Artischocke	Artischocke			
	Aubergine	Aubergine	Aubergine		
Blumenkohl	Blumenkohl	Blumenkohl	Blumenkohl		
Bohnen	Bohnen	Bohnen	Bohnen		
Broccoli	Broccoli	Broccoli	Broccoli		
			Chinakohl	Chinakohl	
		Cicorino	Cicorino	Cicorino	
				Chicorée (Brüsseler)	Chicorée (Brüsseler)
Eisbergsalat	Eisbergsalat	Eisbergsalat	Eisbergsalat		
		Endivie	Endivie	Endivie	
Erbsen					
			Federkohl (Grünkohl)	Federkohl (Grünkohl)	Federkohl (Grünkohl)
Fenchel	Fenchel	Fenchel	Fenchel		
Gurke	Gurke	Gurke			
Kartoffel	Kartoffel	Kartoffel	Kartoffel*	Kartoffel*	Kartoffel*
Kefe					
Knoblauch	Knoblauch	Knoblauch	Knoblauch*	Knoblauch*	Knoblauch*
Kohlrabi	Kohlrabi	Kohlrabi	Kohlrabi	Kohlrabi	Kohlrabi*
Kopfsalat	Kopfsalat	Kopfsalat	Kopfsalat		
Krautstiel	Krautstiel	Krautstiel	Krautstiel	Krautstiel	
		Kresse			
		Kürbis	Kürbis	Kürbis*	Kürbis*
Lattich	Lattich	Lattich			
Lauch	Lauch	Lauch	Lauch	Lauch	Lauch
	Mais	Mais	Mais		
			Nüsslisalat	Nüsslisalat	Nüsslisalat
			Pastinake	Pastinake	Pastinake
Patisson	Patisson	Patisson	Patisson*		
	Peperoni	Peperoni	Peperoni		
Radiesli	Radiesli	Radiesli	Radiesli		
		Randen	Randen	Randen*	Randen*
Rettich weiss+rot	Rettich weiss+rot	Rettich weiss+rot	Rettich weiss+rot	Rettich schwarz*	Rettich schwarz*
Rondini	Rondini	Rondini	Rondini		
			Rosenkohl	Rosenkohl	Rosenkohl
Rotkabis	Rotkabis	Rotkabis	Rotkabis	Rotkabis*	Rotkabis*
Rübe	Rübe	Rübe	Rübe	Rübe	Rübe*
Rüebli	Rüebli	Rüebli	Rüebli	Rüebli*	Rüebli*
Blattmangold	Blattmangold	Blattmangold	Blattmangold		
Schnittsalat	Schnittsalat	Schnittsalat	Schnittsalat	Schnittsalat	Schnittsalat
			Schwarzwurzel	Schwarzwurzel*	Schwarzwurzel*
	Sellerie Knollen-/Stangen-	Sellerie Knollen-/Stangen-	Sellerie Knollen-/Stangen-	Sellerie Knollen-*	Sellerie Knollen-*
		Spinat	Spinat	Spinat	
Tomaten	Tomaten	Tomaten	Tomaten		
				Topinambur	Topinambur
Weisskabis	Weisskabis	Weisskabis	Weisskabis	Weisskabis	Weisskabis
Wirsing	Wirsing	Wirsing	Wirsing	Wirsing*	Wirsing*
Zucchetti	Zucchetti	Zucchetti	Zucchetti		
			Zuckerhut	Zuckerhut*	Zuckerhut*
Zwiebel	Zwiebel	Zwiebel*	Zwiebel*	Zwiebel*	Zwiebel*

* Lager

Einkaufen: Gemüse und Früchte

Saisontabelle Früchte Januar–Juni

Januar	Februar	März	April	Mai	Juni
Äpfel*	Äpfel*	Äpfel*	Äpfel*	Äpfel*	Äpfel*
Birnen*	Birnen*	Birnen*	Birnen*		
					Erdbeeren
					Johannisbeeren rot+weiss
					Kirschen
Kiwi*	Kiwi*				
			Rhabarbern	Rhabarbern	Rhabarbern

* Lager

Saisontabelle Früchte Juli–Dezember

Juli	August	September	Oktober	November	Dezember
Äpfel	Äpfel	Äpfel	Äpfel	Äpfel*	Äpfel*
Aprikosen	Aprikosen	Aprikosen			
Birnen	Birnen	Birnen	Birnen	Birnen*	Birnen*
Brombeeren	Brombeeren	Brombeeren			
Erdbeeren	Erdbeeren				
			Feigen		
		Hagebutten	Hagebutten	Hagebutten	
Heidelbeeren	Heidelbeeren	Heidelbeeren			
Himbeeren	Himbeeren	Himbeeren	Himbeeren		
		Holunder schwarz	Holunder schwarz		
Johannisbeeren rot+weiss	Johannisbeeren rot+weiss	Johannisbeeren rot+weiss			
Johannisbeeren schwarz (Cassis)	Johannisbeeren schwarz (Cassis)	Johannisbeeren schwarz (Cassis)			
			Kaki	Kaki	Kaki*
Kirschen	Kirschen				
			Kiwi	Kiwi	Kiwi*
	Melonen	Melonen	Melonen*		
Mirabellen	Mirabellen	Mirabellen	Mirabellen*		
Nektarinen	Nektarinen	Nektarinen			
Pfirsiche	Pfirsiche	Pfirsiche			
	Pflaumen	Pflaumen	Pflaumen*		
	Preiselbeeren	Preiselbeeren	Preiselbeeren	Preiselbeeren*	Preiselbeeren*
			Quitten	Quitten	Quitten*
	Reineclaude	Reineclaude	Reineclaude*		
Stachelbeeren	Stachelbeeren				
Weichseln	Weichseln	Weichseln			
		Weintrauben	Weintrauben	Weintrauben	
	Zwetschgen	Zwetschgen	Zwetschgen		

* Lager

Einkaufen: Gemüse und Früchte

Für IP-Äpfel gibt es seit Herbst 1990 ein nationales Signet.

Dies ist das erste nationale IP-Signet des Schweizerischen Obstverbandes. Die Äpfel sind nach den Richtlinien der Schweizerischen Arbeitsgruppe für integrierte Obstbauproduktion, SAIO, angebaut.

Trauben aus integriertem Anbau

Der integrierte Weinbau mit verbindlichen Richtlinien ist im Aufbau. Bis heute arbeiten etwa 110 WinzerInnen in der deutschen Schweiz nach diesen Richtlinien. Die ProduzentInnen führen eine Schutzmarke voraussichtlich 1991 ein.

Eine regionale Schutzmarke existiert

• VITIVAL

Schutzmarke des «Groupement des viticulteurs pratiquant les techniques intégrées en Valais ».

> **Kauf Gemüse und Früchte wenn möglich offen.**
>
> Die meisten Läden bieten dir heute Früchte und Gemüse offen an und bieten als Verpackungen Papier- oder dünne Plastiksäckchen. Nutze dieses Angebot.

Konservierte Gemüse oder Früchte kaufen?

Die meisten Konservengemüse und -früchte belasten die Umwelt mehr als die frischen und die gelagerten Produkte der Jahreszeiten-Küche.

Kaufst du diese Konserven, um Arbeit zu sparen?

Arbeit sparen ist hierzulande der wichtigste Grund, warum wir konservierte Gemüse oder Früchte kaufen. Sie sind verlesen, gewaschen und gerüstet. Zum Teil sind sie vorgekocht.

Willst du da etwas für die Umwelt tun, so

kostet es dich die Arbeit, die du vermeiden wolltest.

Kannst du das nicht, so findest du in den Kapiteln «Konservieren» und «Kücheneinrichtung kaufen» Möglichkeiten, solche Konserven auszuwählen und sie so zu lagern, dass sie die Umwelt möglichst wenig belasten.

Kaufst du sie für die Alles-zu-jeder-Zeit-Küche?

Dann kannst du du die Umwelt entlasten, indem du zur Jahreszeiten-Küche wechselst.

Kaufst du sie nur als Vorrat für ungeplante Mahlzeiten?

Im Prinzip brauchst du dafür keine Konservengemüse:

Zur Jahreszeiten-Küche gehören jederzeit einige Gemüse und Früchte, die du ohne Probleme mehrere Tage in deiner Küche offen oder im Kühlschrank lagern kannst.

Du musst auch nicht jederzeit ein Menu mit allen Gängen servieren können.

Wenn schon:

Kaufst du sie als Vorrat, belastest du die Umwelt am wenigsten,

• wenn du ein paar Dosen oder Gläser von einer inländischen HerstellerIn

• mit Gemüsen und Früchten aus der schweizerischen Jahreszeiten-Küche

in den Küchenschrank stellst.

Diese Bedingungen erfüllen zum Beispiel Erbsen, Rüebli, Bohnen und Apfelmus von Coop (Midi), Migros (Bischofzell, aus Migros-Sano-Anbau), Hero und anderen.

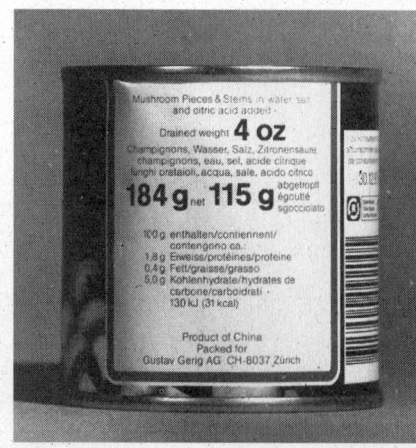

Es lohnt sich, die Texte auf Dosen und anderen Verpackungen genau zu lesen. Die Champignons heissen zwar «de Paris», doch sie kommen (samt Blechdose und 70 Gramm Wasser) aus China.

Getrocknete Gemüse und Früchte

Du findest ein paar wenige gedörrte Gemüse und Früchte, die aus der Nähe stammen, zum Beispiel

• getrocknete Tomaten, Äpfel und Birnen aus dem Wallis (in Bioläden),

• gedörrte Pflaumen mit Steinen aus Frankreich und Äpfel aus Italien (bei Coop).

Sonst stammen getrocknete Gemüse, Pilze und Früchte in der Regel von weit weg: Dörr-Bohnen zum Beispiel aus China, Linsen aus Amerika, Pilze aus China, Indien und Osteuropa, Aprikosen aus Australien, Kalifornien und Südafrika.

Die Gründe dafür, dass getrocknete Gemüse und Früchte aus andern Ländern kommen, sind:

• dass wir in der Schweiz die meisten frisch essen oder direkt fürs Tiefkühlen oder für Dosenkonserven anbauen,

• dass das Dörren in der Schweiz viel (teuren) Strom verbraucht. Länder, in denen die HerstellerInnen mehr Sonnenwärme zum Dörren einsetzen können, produzieren billiger.

• bei Morcheln und Steinpilzen: Bei uns wachsen zuwenig davon. Die eingeführten Pilze sind nicht gezüchtet, sondern gesammelt.

Von der Umwelt her gesehen, müssen wir dir abraten, getrocknete Gemüse, Pilze und Früchte zu kaufen, die von weit her stammen.

Lass keine Tiefkühltruhe nur für den Vorrat laufen.

Du belastest die Umwelt unsinnig, wenn du für diesen (normalerweise kleinen) Vorrat eine Tiefkühltruhe laufen lässt.

Verwendest du jetzt eine Tiefkühltruhe für diesen Zweck, so iss den Inhalt auf und stell die Truhe ab. Du sparst pro Jahr ein paar hundert Kilowattstunden Strom.

Hast du jedoch im Kühlschrank ein Tiefkühlfach, das ohnehin mitgekühlt wird, kannst du darin einen kleinen Vorrat mit tiefgekühlten Produkten aus der Jahreszeiten-Küche halten.

Milch, Milchprodukte und Margarine

Milch offen verkauft

Offen verkaufte Milch ist für die Umwelt sinnvoll, weil sie mit einem Minimum an Verpackung und Transport auskommt.

Du bringst von zu Hause Flaschen oder das Milchkesseli mit und lässt die Milch darin abfüllen. Die Flaschen kannst du viele hundert Male verwenden, das Kesseli ein Leben lang.

Du ersparst der Umwelt die Produktion und das Verbrennen von Karton-/Plastik-Verpackungen.

Milch, die keine Verpackungsmaschine braucht, fährt nicht zum Verpacken in die Stadt und zurück aufs Land.

Glas oder Kesseli gut waschen

Bürste sie zuerst mit kaltem Wasser aus, dann spüle sie heiss. So vermeidest du, dass frische Milch schon beim Einfüllen mit Säurebakterien in Kontakt kommt.

Vermutlich brauchst du für das Waschen der Gläser oder des Kesseli zu Hause mehr Wasser und Wärme als eine Fabrik. Ebenso für das Erhitzen.

Diese Belastung ist jedoch kleiner als diejenige durch den Transport und die Verpackung bei der verpackten Milch. (Fahr jedoch nicht wegen dem grösseren Gewicht mit dem Auto einkaufen.)

Offen gibt es biologisch und nicht biologisch produzierte Rohmilch.

Pasteurisierte Milch darf nach dem Gesetz vorläufig nur verpackt verkauft werden. Nur in einer Region (Basel) darf Coop pasteurisierte Milch versuchsweise offen verkaufen.

Rohmilch

Diese Milch ist nicht behandelt. Sie ist weder pasteurisiert noch uperisiert, also nicht erhitzt worden. Und sie ist nicht homogenisiert, rahmt also noch auf.

Biologisch produzierte Rohmilch

Leider füttern noch zu wenige Bauern ihre Milchkühe nur mit biologisch angebautem Futter.

Bio-Milch bekommst du in Bio-Läden, Reformhäusern und in wenigen Milchläden. Manche Geschäfte verkaufen sie nur in Mehrwegflaschen. Du bekommst sie direkt auf dem Hof, wenn dieser eine Selbstausmess-Bewilligung besitzt.

Weil es zuwenig davon gibt, erhältst du sie in einigen Läden nur, wenn du sie im voraus bestellst.

Nicht biologisch hergestellte Rohmilch

Diese Milch stammt von Betrieben, die nicht biologisch produzieren.

Die Molkereien erhitzen und homogenisieren und verpacken sie jedoch nicht.

Du bekommst sie in Milch- oder Käseläden, im Milchhüsli, in der Käserei oder direkt vom Bauernhof, wenn dieser eine Selbstausmess-Bewilligung besitzt.

Coop verkauft sie in mehreren Regionen (z.B. Basel, Bern, Biel-Seeland, Winterthur, Zentralschweiz) in einigen Filialen aus einer «Stählernen Kuh». Dort füllst du sie selber in Flaschen ab. Glas- und Kunststoff-Flaschen kannst du an Ort und Stelle kaufen und immer wieder verwenden.

Frisch ab Coop.

An einigen Orten gibt es noch (oder wieder) Milchmänner und Milchfrauen. Sie bringen dir offene Rohmilch oder thermisierte Milch und andere Produkte ins Haus.

Thermisierte Milch

Einzelne Milchverbände thermisieren die Milch, die sie offen verkaufen. Sie erhitzen sie kurz auf 60 Grad. Damit ist sie noch nicht pasteurisiert. Sie verdirbt jedoch weniger schnell als die nicht-thermisierte Rohmilch.

Rohmilch abkochen oder nicht?

Auch bei strenger Hygiene können krankheitserregende Bakterien und Viren in die Milch gelangen. Niemand weiss, wie häufig Rohmilch Krankheiten überträgt. Auch wenige Fälle sind – je nach Krankheit – zuviel.

Die offizielle Empfehlung lautet deshalb: abkochen.

Abkochen heisst jedoch nicht, dass die Milch kochen muss. Es genügt, dass du sie einige Sekunden auf 75 Grad erhitzt. Miss die Temperatur die ersten Male mit einem Joghurt-Thermometer, bis du im Gefühl hast, wie heiss die Milch sein muss.

Beim Erhitzen verliert die Rohmilch etwas von ihrem frischen Geschmack.

Pastmilch, offen verkauft

In zwei Filialen von Coop Basel ACV erhälst du auch Pastmilch im Offenverkauf. Du füllst sie selbst aus dem Automaten in eine Glas- oder Kunststoff-Flasche.

Dieser offene Verkauf ist als Versuch bewilligt, um die hygienischen Bedingungen zu prüfen. Der Test war erfolgreich, von der Hygiene und auch vom Absatz her. Mit Coop setzt sich nun auch der prüfende Basler Kantonschemiker dafür ein, dass diese Form des Pastmilchverkaufs gesetzlich bewilligt wird.

Rahm im Mehrwegglas

Bevorzuge Vollrahm und Halbrahm im Mehrwegglas und verwende ihn für alle Speisen, die Rahm erfordern (Desserts, Saucen etc.).

In manchen Regionen gibt es auch andere Rahmsorten im Mehrwegglas.

Rahm in anderen Verpackungen

Verwende – wenn immer möglich – keine Rahmsorten aus Wegwerfbechern oder aus Karton-/Plastik-Packungen.

Verpackte Milch

Willst du beim Milcheinkauf die Umwelt konsequent schonen, dann verzichte möglichst auf verpackte Milch:

Pasteurisierte oder uperisierte Milch aus der Tetra-Brick-Verpackung (Karton/Plastik).

Ihretwegen wirfst du heute pro Jahr 100 bis 600 Verpackungen (je nach deinem Milchkonsum) aus Karton und Plastik weg.

Die uperisierte Milch ist ihrer aufwendigen Verarbeitung und der alubeschichteten Verpackung wegen eine besonders schlimme Belastung für die Umwelt.

Kaufe sie, wenn du ganz selten zum Einkaufen kommst (zum Beispiel weil du weit weg von der nächsten Ortschaft wohnst) oder als Notvorrat für Gäste, wenn du selber nie Milch trinkst.

Wohnst du an einem Ort, wo du ausser am Sonntag jeden Tag einkaufen kannst, dann kauf keine uperisierte Milch.

Kaffeerahm

Kaufe wenn möglich keinen Kaffeerahm. Er ist von allen Rahmsorten am stärksten verarbeitet (sterilisiert). Nimm Milch, Vollrahm oder Halbrahm in den Kaffee.

Kaufst du ihn, beachte:

5-dl-Retourglas

Der Kaffeerahm ist in eine Glasflasche abgefüllt. Nach Gebrauch bringst du das Retourglas zurück, der Verteiler wäscht es und füllt es wieder auf.

Diese Flaschengrösse ist sinnvoll, wenn du oft Kaffeerahm verwendest. Ist die Flasche offen, bewahre sie im Kühlschrank auf.

Rahm

Welchen Rahm (ob Vollrahm, Halbrahm, Schlagrahm oder Sauerrahm) du kaufst, ist für die Umwelt egal.

Beim Einkaufen von Rahm kannst du Mehrwegflaschen bevorzugen und unsinnige Verpackungen im Gestell lassen.

Rahm von der Rohmilch abschöpfen

Kaufst du Bio-Milch oder andere Rohmilch, kannst du (vor dem Abkochen) schon nach kurzer Zeit mit einem Löffel oben Rahm abschöpfen.

Dieser Rahm braucht überhaupt keine Verpackung. Es fährt auch kein Mehrwegglas in die Molkerei und zurück.

Bio-Rahm

Es gibt nur sehr wenig Bio-Rahm zu kaufen. Du bekommst ihn, indem du ihn von der Bio-Milch abschöpfst.

Einkaufen: Milch, Milchprodukte

Kaffeerahm aus dem Mehrwegglas lässt sich gut zum Kochen verwenden. Er kann gut den Voll- oder Halbrahm ersetzen, den du an vielen Orten nur in Wegwerfpackungen bekommst.

2-dl-Glas

Dieses ist ein Mehrwegglas ohne Depot. Bring es zurück, auch wenn du kein Geld dafür bekommst.

Kaffeerahm in umweltbelastenden Verpackungen

Jährlich werden in der Schweiz 1,2 Milliarden Kaffirähmli abgesetzt. Die Verpackung eines Löffelvoll Kaffeerahm ist unsinnig: jedesmal ein Plastik-Becherchen mit Deckel.

Kaufe anstelle der Kaffirähmli Kaffeerahm im Glas. Er ist uperisiert und hält deshalb recht lange.

Auch wenn die neu auf den Markt gekommenen Plastik-Wegwerf-Kännchen ihrer schönen Form wegen zum Kaufen verleiten: meide sie nach Möglichkeit. Sie fassen zwar eine deutlich grössere Menge als die Portionen. Du wirfst sie jedoch bald in den Mülleimer.

Käse

Beim Kauf von Käse belastest du die Umwelt weniger, wenn du

- ihn möglichst offen kaufst,
- Käse aus Bio-Milch kaufst,
- «Alpkäse» und «Bergkäse» kaufst (die Tiere fressen auf der Alp nur Futter, das ohne Kunstdünger und ohne andere Chemikalien gewachsen ist),
- Hart- und Halbhartkäse bevorzugst,
- Schmelzkäse nicht kaufst, und schon gar nicht in Miniportionen,
- Quark auch mal selber machst.

Du sparst so Verpackungen, Zusatzstoffe im Käse und Verarbeitungsschritte in der Fabrik.

Käse aus Bio-Milch

In Bio-Läden bekommst du Käse von Bauernhöfen, die das Knospe-Zeichen führen dürfen und von anderen biologisch geführten Höfen.

Bioläden führen vor allem Hartkäse. Mit etwas Glück (er ist selten) kannst du auch Bio-Frischkäse im Mehrweg-Kübelchen kaufen.

Andere Käse im Offenverkauf

Kaufe alle Käsesorten wenn möglich offen.

Den offen gekauften Käse kannst du im selben Papier, in dem du ihn gekauft hast, im Kühlschrank aufbewahren.

Offen verkaufen den Käse die Milch- und Käseläden, die Lebensmittelläden sowie die grossen Supermarktfilialen und Kaufhäuser.

Fertig abgepackter Käse

Vermeide wenn möglich abgepackten Käse.

Die geschweissten Plastikbeutel, in denen du den abgepackten Hartkäse bekommst, sind für das Aufbewahren im Eisschrank unpraktisch. Meistens musst du den Käse nach dem Öffnen neu verpacken, um ihn vor dem Austrocknen

und vor Schimmel zu schützen. Den Plastik musst du wegwerfen.

Schmelzkäse bekommst du überhaupt nur in unsinnig aufwendigen Verpackungen (im Verhältnis zum Inhalt).

Vermeide auch die doppelt und dreifach verpackten Frischkäse mit Alu- oder Verbundfolie und hochweisser Kartonschachtel.

Kauf keinen Käse in Kleinstportionen (oft noch in Alufolien oder Verbundfolien verpackt).

Selber gemacht: Quark

Selber machen spart Verpackung und Zusatzstoffe. Zudem kannst du Biomilch (oder zumindest unverpackte Milch) verwenden.

Das Rezept:

Gib in die Milch ein paar Tropfen Zitronensaft. Koche sie auf und siebe sie durch ein Haarsieb oder ein Tuch ab (die Molke kannst du trinken).

Was bleibt, ist der Quark. Du kannst ihn je nach Vorliebe mehr oder weniger auspressen. Presst du ihn stark, lässt er sich schneiden.

Würze den Quark süss oder salzig oder mit Kräutern.

Du kannst ihn mit Honig und geriebenen Nüssen mischen und aufs Brot streichen.

Verwende ihn als Frischkäse, in Salatsaucen, als Raviolifüllung, Brotaufstrich etc.

Sauer gewordene Rohmilch

Versuche, ob sie dir nicht schmeckt. Du kannst sie z.B. mit etwas Zucker essen.

Joghurt

Willst du dich bei der Wahl von Joghurt möglichst umweltfreundlich verhalten, dann achte auf folgendes:

- bevorzuge wenn möglich Joghurts, die in der Region hergestellt sind (weniger Transport),

- bereite Joghurt oder Kefir selbst zu; auf diese Weise belastest du die Umwelt am wenigsten.

Kaufst du Joghurt im Mehrwegglas, so bring das Glas in den Laden zurück,

Bio-Joghurts

Die Bio-Joghurts sind aus Bio-Milch hergestellt. Sofern sie Früchte enthalten, stammen auch diese aus biologischer Produktion. Bio-Joghurts sind nicht frei von künstlichen Aromastoffen.

Du erhältst Bio-Joghurts in Bio-Läden und oft in Reformgeschäften. In der Region Basel bekommst du sie auch bei Migros, Coop und im Detailhandel.

Nicht biologische Joghurts

Diese Joghurts sind aus nicht biologischer Milch gewonnen. Sie enthalten Aromastoffe und Früchte, die aus herkömmlichen Anbaumethoden stammen. Manche enthalten Verdickungsmittel (manchmal künstliche).

Joghurt-Verpackungen

Meide wenn möglich Joghurts mit Alu-Deckel.

In der Region Basel verkauft Coop seit einiger Zeit einzelne Sorten Joghurts in Wegwerfbechern mit Papierdeckel.

Findet der Versuch Anklang, will Coop bis Ende 1990 sämtliche Joghurts mit dem neuen Deckel versehen.

Auch andere MilchproduzentInnen werden in der nächsten Zeit die Aluminium-Deckel durch Papierdeckel ersetzen.

Ob Joghurt im Mehrwegglas oder im Wegwerfbecher mit Papierdeckel - was die Umwelt mehr belastet, lässt sich beim gegenwärtigen Kenntnisstand kaum ausmachen.

Die Mehrweggläser schneiden gegenwärtig schlechter ab, weil wir zu wenige davon zurückbringen.

Joghurt selber machen

Am umweltfreundlichsten verhältst du dich, wenn du Joghurt selber machst. Du reinigst deine Gläser selber und verwendest sie wieder. Dadurch sparst du den umweltbelastenden Transport und meistens die doppelte Reinigung der Gläser in einer zentralen Waschanlage. Ausserdem verwendest du keine künstlichen Aromen.

Joghurt selber zu machen, ist einfach. Versuche dieses Rezept (es gibt noch andere): nimm

- 1 Liter Milch (Bio-Milch oder andere Rohmilch),
- ein gekauftes Nature-Joghurt von einer Sorte, die du gern hast,
- ein Gefäss (oder mehrere kleine),
- Tücher, um das Gefäss warmzuhalten,

- ein Joghurt-Thermometer.

Erwärme die Milch kurz auf etwa 80 Grad, giesse sie in das Gefäss.

Lass sie auf 40 Grad (recht genau) abkühlen.

Rühr einen bis zwei Kaffeelöffel des gekauften Nature-Joghurts hinein.

Decke das Gefäss zu und stelle es warm, indem du die Tücher darumwickelst oder es in ein warmes Wasserbad stellst.

Die Milch sollte während ca. 4 Stunden 40 Grad warm sein. Ist sie wärmer, wird das Joghurt sehr fest und scheidet manchmal. Ist sie kälter, wird es nicht fest.

Lass das Joghurt 6 Stunden ruhig stehen, dann ist es fertig.

Du benötigst nicht jedesmal ein gekauftes Joghurt zum Impfen der Milch (das heisst so). Du kannst zwischendurch drei- bis viermal von deinem selbergemachten nehmen.

Hast du lieber Joghurts mit Geschmack? Rühr in dein selber zubereitetes zum Beispiel Honig, Müesli-Mischung, frische Früchte, Konfitüre, Schokolade, Kaffeepulver etc.

Kefir

Auch Kefir kannst du leicht selber herstellen.

Du brauchst dafür einen Kefirpilz. Vielleicht kann dir ein(e) FreundIn ein Stück abgeben. Den Kefirpilz fütterst du mit Milch. Er wächst ständig. Du kannst ihn immer wieder teilen und FreundInnen ein Stück davon abgeben.

Butter

Isst du Butter (statt Margarine oder Minarine), ist das für die Umwelt günstig. Butter enthält keine Zusatzstoffe. Sie ist aus reinem Rahm gemacht. Die Milch dafür stammt meistens aus der Schweiz, braucht also nur einen minimalen Transport.

Kämpfst du gegen Übergewicht, brauchst du deswegen nicht auf Minarine umzusteigen: es gibt die kalorienreduzierte «Light-Butter». Oder streich etwas weniger Butter aufs Brot.

Verpackung

Es gibt eine Butter, die ohne Aluminium verpackt ist: «Emmentaler Anke», 200 g, in einer goldfarbenen Folie aus Papier und Kunststoff.

Die meisten andern Buttersorten sind gegen-wärtig (März 90) noch in Folien mit einer Aluminium-Schicht verpackt. Diese Verpackungen lassen sich nicht rezyklieren.

Unnötig belastet die Umwelt die Portionenbutter in der kleinen Plastikschale mit Alu-Deckel.

Bio-Butter

Bio-Butter ist, genau wie Bio-Rahm, schwierig zu bekommen. In Bio-Läden musst du sie oft vorbestellen. Sie ist nicht pasteurisiert.

Achte auch bei Bio-Butter auf die Verpackung. Kaufe sie wenn immer möglich offen. Manche Bio-Läden verkaufen sie in einer Alufolie.

Margarine und Minarine

Wir empfehlen dir aus folgenden Gründen, Butter statt Margarine zu essen:

Die HerstellerInnen bauen Margarine regelrecht zusammen.

Die Pflanzenöle (zum Beispiel Sojaöl, Palmöl oder Erdnussöl) kommen zum Teil von weit her.

Margarine enthält zahlreiche Chemikalien, z.B. Emulgatoren, Antioxidantien, Aroma- und Farbstoffe. Manchen Produkten sind Vitamine zugesetzt.

Minarine enthält mehr Wasser als Margarine (mindestens 50%). Das ist der einzige Unterschied.

Du kannst Margarine gut durch Butter ersetzen. Dass die pflanzlichen Fette der Margarine allgemein gesünder wären als die tierischen der Butter, ist nicht bewiesen, obwohl es die Werbung dauernd behauptet hat. Hast du ernste Probleme mit deinem Cholesterin, was selten ist, dann sagt dir es deine Ärztin oder dein Arzt. Und sie sagen dir auch, was du unternehmen musst. Vielleicht ist eine Spezial-Diät angezeigt.

Die Verpackungen

Wenige Margarinen sind in Folien mit Alu-Schicht eingewickelt wie Butter. Oft sind sie zusätzlich in einen Karton verpackt. Die häufigere Verpackung für Margarine und Minarine ist die Kunststoffdose. Wir wissen nicht, welche dieser Verpackungen die Umwelt mehr belastet.

Nachtrag zum Thema «Verpackte Milch» (Seite 1.27):

Die Migros testet gegenwärtig (Herbst 1990) in einzelnen Regionen zwei (in der Schweiz) neue Milchverpackungen.

Der Schlauchbeutel

Der Schlauchbeutel enthält 1 Liter pasteurisierte Milch. Zuhause stellst du ihn in einen gewöhnlichen Milchkrug. Du bekommst bei der Migros auch einen Standbecher, der zum Schlauchbeutel passt.

Der Schlauchbeutel ist eine Einweg-Verpackung aus Polyethylen. Er belastet die Umwelt in jeder Beziehung deutlich weniger als die herkömmliche Einweg-Verbundverpackung aus Karton/Kunststoff. Er verbraucht weniger Energie bei der Herstellung. Er wiegt nur 7 Gramm (statt 25 wie die Ver-  bundverpackung) und spart somit Transportgewicht. In der Kehrrichtverbrennung produziert er keine Schadstoffe.

In einigen andern Ländern gibt es Milch schon seit Jahren im Schlauchbeutel.

Der braune 3-Liter Bidon

Er enthält 3 Liter pasteurisierte Milch.

Der Bidon ist eine Mehrweg-Verpackung. Das Material ist ein leichter Kunststoff. Aus dem selben Material sind zum Beispiel auch Schoppenflaschen.

Der Bidon hat einen Traghenkel.

Du hinterlegst für den ersten Bidon 5 Franken Depot. Dann tauscht du ihn immer wieder gegen einen neu gefüllten ein und bezahlst nur noch den Milchpreis.

Der Deckel ist ein Sicherheitsverschluss und garantiert dir eine unversehrte Originalabfüllung. Hast du ihn zuhause geöffnet, kannst du den Bidon damit immer wieder verschliessen.

Bring den Bidon samt dem Deckel in den Laden zurück. Der Deckel geht ins Recycling. Da der Bidon praktisch unzerbrechlich ist, kann er jahrelang gewaschen und wiederverwendet werden.

Fleisch essen

Isst du Fleisch, denkst du kaum je an das Tier, von dem ein Stück auf deinem Teller liegt.

Du stellst dir nicht vor, wieviel Platz es im Stall hatte, auf was für Böden es stehen und liegen musste, ob es je Sonnenlicht sah, ob es auf einer Wiese weidete, wie es sich fühlte und wie es starb.

Du weisst nicht, was für Spritzen es bekam und ob ihm vielleicht der Schwanz abgeschnitten und die Zähne abgeklemmt wurden.

Falls du es weisst, denkst du lieber nicht daran.

Wir essen viel Fleisch.

Die Menschen gehören offenbar zu den fleischessenden Lebewesen.

Zwar können wir das Fleisch von unserem Menu streichen und uns nur von Pflanzen ernähren. Dazu entschliessen sich jedoch nur wenige.

In der Schweiz essen wir viel Fleisch, heute rund 54 Kilo pro EinwohnerIn und Jahr.

Wir stellen Ansprüche.

Viele KäuferInnen bevorzugen Fleischstücke, die rasch gekocht sind: Filets, Entrecôtes, Koteletten, Nierstücke und Huft.

Kalbfleisch soll hell, wenn möglich fast weiss sein. Und natürlich muss Fleisch wie alles andere möglichst billig sein.

Dadurch, dass wir viel Fleisch essen, belasten wir die Umwelt. Und weil wir uns verwöhnen wollen, müssen Tiere leiden.

Tiere leiden.

Das Fleisch ist billiger, wenn die Tiere schnell schlachtreif sind. Jeder Tag, den sie länger leben, kostet Geld: für den Platz im Stall, für das Futter, für das Misten, für die Kapitalzinsen und für anderes.

Die Tiere müssen vom Futter soviel wie möglich in Fleisch umwandeln. Nur das bringt Geld. Sie sollen möglichst wenig herumlaufen, keine Rangkämpfe austragen oder andere finanziell unnütze Bewegungen machen.

Das ideale Fleischtier stand bis vor wenigen Jahren angebunden in einer engen Einzelbox in einem dunkeln oder künstlich beleuchteten Stall.

Es bekommt noch heute vorbeugend Medikamente gegen Appetitlosigkeit und gegen alle denkbaren Krankheiten. Manche Schweine bekommen Beruhigungsmittel, damit sie nicht auf dem Transport in den Schlachthof vor Angst sterben.

Die Tierschutzordnung verbietet seit 1981 einige wenige tierquälerische Haltungsarten. Doch was nicht ausdrücklich verboten ist, müssen viele Tiere immer noch über sich ergehen lassen.

Fleischtourismus für unsere verwöhnten Ansprüche

In der Schweiz produzieren wir gerade etwa soviel Fleisch, wie wir essen.

Trotzdem importieren wir Fleisch: zum Beispiel Filet, Nierstücke und Huft (ungefähr ein Drittel dieser Stücke stammt heute aus dem Ausland). Dafür exportieren wir von den Stücken, die wir verschmähen, zum Beispiel Vordervierel.

Gleichzeitig importieren wir Fleischabfälle in Form von Hunde- und Katzenfutter in Büchsen oder getrocknet und gepresst.

Wir belasten die Umwelt mit den Fleischtransporten, mit dem Kühlen des Fleischs auf seinen verschiedenen Stationen und mit seiner Verarbeitung zu Büchsenfutter für Hunde und Katzen.

Beim importierten Fleisch hast du überhaupt keine Ahnung, wer es wo und unter welchen Umständen produziert hat. In vielen Fällen stammt es aus Massenzuchten. Die Tiere sind tierquälerisch gehalten. Damit sie schneller wachsen, bekommen sie Medikamente, die bei uns verboten sind.

Fleischproduktion belastet die Umwelt mehr als Produktion von Nahrung aus Pflanzen.

Verfüttern wir Pflanzen an Tiere und essen deren Fleisch, so verlieren wir einen grossen Teil des Nährwerts der Pflanzen.

Im Fleisch steckt nur noch ein Bruchteil (etwa ein Siebtel) der Nahrungsstoffe, die die Tiere gefressen haben.

Für die Umwelt ist das ungünstig:

Essen wir das Fleisch von Tieren, die wir mit Pflanzen gefüttert haben, müssen wir mehr Boden bebauen.

Mehr Boden (für einen kleineren Nutzen) bebauen bedeutet: Wir verbrauchen mehr Dünger, mehr Schädlingsbekämpfungsmittel, mehr Diesel, mehr Maschinen und was alles notwendig ist, um herkömmliche Landwirtschaft zu betreiben.

Essen wir selber Pflanzen, müssen wir weniger Boden bebauen.

Du könntest etwas weniger Fleisch essen.

Vermutlich würde es den meisten Menschen hierzulande nicht viel ausmachen, etwas weniger Fleisch zu essen.

Dass wir soviel Fleisch essen, ist auch Mode und Gewohnheit. Um deine Menus etwas in Richtung Salat, Gemüse, Getreide (in allen Formen) zu verschieben, brauchst du vielleicht nur etwas Phantasie und Geduld.

Aus allen Stücken etwas machen

Du entlastest die Umwelt, wenn du weniger Filets, Entrecôtes, Nierstücke und Koteletten isst (falls du bisher diese Stücke bevorzugt hast) und dafür etwas mehr:

- Kalbsvoressen
- Rindsbraten
- Ragout
- Suppenfleisch
- Hackfleisch
- Würste

Setzt du solche Fleischgerichte auf deinen Speisezettel, verminderst du den aufwendigen Hin- und Hertransport von Fleisch ins Ausland und aus dem Ausland.

Das kostet dich nur etwas: das bisschen mehr Zeit, das diese Gerichte zum Zubereiten brauchen.

Wie und wo Fleisch einkaufen

Kaufst du in einer beliebigen Metzgerei ein, erfährst du in der Regel nicht, woher das Fleisch stammt, und schon gar nichts über die Lebensbedingungen der Tiere.

Es gibt jedoch ProduzentInnen-Organisationen, die die Tiere so wenig quälen und die Umwelt so wenig belasten wie möglich.

Du erkennst das Fleisch, das sie produzieren, an besonderen Schutzmarken.

Fleisch von KAG-ProduzentInnen und von der VSBLO bekommst du per Post zugeschickt und in wenigen ausgewählten Metzgereien.

Die anderen Marken – Gourmet mit Herz, Agri Natura, Natura Beef, Bell Porc – bekommst du in bestimmten Metzgereien und Supermärkten.

Zudem kann praktisch jede Metzgerei Fleisch von Tieren bei Bäuerinnen und Bauern einkaufen, die die Tiere artgerecht und ohne unnötige Umweltbelastung aufgezogen haben. Fragst du deine Metzgerei, besorgt sie dir vielleicht solches Fleisch.

Pionierarbeit im Tierschutz: KAG

KAG-Betriebe zeigen seit langem, welche weitgehenden Rücksichten auf die Tiere möglich sind. Jedoch produziert nur etwa ein Drittel der Höfe nach biologischen Grundsätzen.

Pionierarbeit in der biologischen Produktion: VSBLO

Die VSBLO-Betriebe produzieren konsequent nur nach biologischen Grundsätzen. Sie gehen jedoch beim Tierschutz nicht ganz so weit wie KAG-Betriebe.

Gourmet mit Herz/Agri Natura

Die Betriebe, die Fleisch mit diesen Schutzmarken produzieren, gehen im Tierschutz weiter, als das Gesetz vorschreibt, sind jedoch nicht so konsequent wie die KAG-Betriebe.

Vorgeschrieben ist den Betrieben, dass sie eine ausgeglichene Nährstoffbilanz aufweisen. Produzieren sie mehr Gülle, als sie selber verwerten können, geben sie diese an Höfe in der Nähe als Dünger ab.

Die Betriebe produzieren jedoch nicht nach biologischen Grundsätzen. Einzelne produzieren nach den Richtlinien von Agri Natura über die integrierte Produktion.

Natura Beef

Die Betriebe, die Natura Beef produzieren, betreiben Mutter- und Ammenkuhhaltung. Die Kälber dürfen während ihrer ganzen Lebenszeit an ihren Müttern (oder Ammenkühen) saugen. Die Betriebe produzieren nur Rindfleisch (von ca. 10 Monate alten Kälbern). Die Organisation erlässt keine Vorschriften über biologische oder integrierte Produktion.

Bell Porc

Die Produktionsbetriebe, die Bell mit Bell-Porc-Schweinen beliefern, gehen im Tierschutz weiter als das Gesetz. Bell erlässt jedoch keine Vorschriften über die Haltung der Mutterschweine und der Ferkel, über das Verhältnis von Anzahl der Tiere zur Bodenfläche und keine über biologische oder integrierte Produktion.

Die konventionelle Fleischproduktion

fällt gegenüber den obengenannten Organisationen beim Tierschutz weit zurück.

Freiwillig besser, auch ohne Organisation

Es gibt BäuerInnen und Bauern, die aus eigenem Antrieb (und ohne einer Organisation anzugehören) mit ihren Tieren und der Umwelt besser umgehen, als es das Gesetz vorschreibt.

Die einzelnen Fleisch-ProduzentInnen-Organisationen

KAG/Porco Fidelio

Etwa 100 TierhalterInnen produzieren Fleisch nach den Regeln der «Konsumentenarbeitsgruppe (KAG) zur Förderung tierfreundlicher, umweltgerechter Nutzung von Haustieren».

Konsequenter Tierschutz

Die KAG leistet in der Schweiz die Pionierarbeit für eine artgerechte und möglichst tierfreundliche Nutztierhaltung. Sie stellt bis heute die konsequentesten Vorschriften zugunsten der Tiere auf.

TierhalterInnen müssen sämtliche Tiere einer Gattung nach den KAG-Regeln halten, wenn sie für diese Gattung mit der KAG einen Vertrag abgeschlossen haben.

Die Vorschriften der KAG

• Die Tiere:

Verboten ist das Halten von Tieren, deren Erbgut gentechnologisch verändert ist, und von Tieren, deren Embryos verpflanzt wurden.

Tiere, die die HalterInnen aus herkömmlichen Betrieben zukaufen, müssen mindestens zwei Drittel ihres Lebens auf dem KAG-Hof verbringen.

• Auslauf:

Die Tiere haben das ganze Jahr täglich Auslauf oder dürfen auf die Weide (ausser bei sehr schlechtem Wetter).

• Stall:

Die Tiere haben genug Platz, Licht, gute Lüftung und Liegeplätze mit Einstreu. An den Liegeplätzen sind alle Arten von Spaltenböden verboten.

Jungtiere wie Kälber und Lämmer müssen in Freilaufställen in Gruppen leben können.

• Tierfutter:

KAG-Betriebe verfüttern möglichst keine Futtermittel, die auch Menschen essen könnten. Erlaubt sind zum Beispiel Gras, Heu, Schotte, Küchenabfälle. Verboten ist zum Beispiel Milchpulver. Die KAG verbietet Fischmehl als Futter.

• Antibiotika und andere Medikamente:

Sie sind strikt nur dann erlaubt, wenn ein Tier krank ist und der Tierarzt oder die Tierärztin sie verschreibt.

Die HalterInnen verabreichen Medikamente nicht vorbeugend und nicht, um das Wachstum der Tiere zu beschleunigen.

Hat ein Tier innerhalb der letzten 30 Tage vor der Schlachtung Medikamente bekommen, erhältst du genaue Auskunft, welche es waren.

Die Mehrzahl der KAG-Betriebe arbeiten nicht nach biologischen Normen.

Die KAG-Betriebe passen jedoch den Tierbestand der Grösse des Hofes an. Sie vermeiden damit die Produktion von Gülle, die sie nicht selber als Dünger einsetzen können.

Etwa ein Drittel der KAG-Höfe produzieren nach den Richtlinien des biologischen Landbaus und sind der VSBLO angeschlossen.

Die KAG empfiehlt ihren Betrieben, schrittweise auf Kunstdünger und synthetische Hilfsstoffe zu verzichten.

Die Schutzmarke für Fleisch aus KAG-Betrieben sieht so aus:

Konsumenten-**A**rbeits-**G**ruppe für tier- und umweltfreundliche Nutztierhaltung

Wie und wo du Fleisch von der KAG beziehst:

Die KAG hält auch beim Schlachten und beim Verkauf strenge Regeln ein. Niemand soll das KAG-Fleisch mit anderem vermischt anbieten können.

Auch die KäuferInnen sollen es nicht mit anderem Fleisch verwechseln.

Zum KAG-Fleisch bekommst du die Adresse des Hofes, der es produziert hat.

Du bekommst Fleisch von der KAG auf folgenden Wegen:

• In wenigen, ausgewählten Metzgereien. Die KAG schickt dir gern eine Liste (KAG, Engelgasse 12a, 9001 St. Gallen).

• In der Ostschweiz kannst du KAG-Freiland-Fleisch über den KAG-Hauslieferdienst bestellen.

• Per Postversand mittels Bestellschein über die KAG selbst. Die KAG leitet deine Bestellung an einen Betrieb weiter, der zur gewünschten Zeit das gewünschte Fleisch anbieten kann.

• KAG-Freiland-Schweinefleisch vertreibt auch die Porco Fidelio AG. Die KAG schickt dir gern eine Liste der Porco-Fidelio-Vertragsmetzgereien.

Du bekommst Mischpakete.

Du erhältst das KAG-Fleisch in Paketen von 5 bis 20 Kilo, meistens ca. 10 Kilo. Die Pakete enthalten billigere und teurere Stücke etwa im gleichen Verhältnis, wie sie bei einem Tier eben wachsen.

Keine Familie kann 10 Kilo aufs Mal essen. Ihr müsst also eine Tiefkühltruhe besitzen oder mieten. Schweinefleisch ist tiefgekühlt 4 Monate haltbar, Rindfleisch sogar 8 Monate.

Ihr könnt auch 5 bis 10 Familien sein, die die 10 Kilo zusammen bestellen und gleich bei der Ankunft unter sich aufteilen.

Das Schweinefleisch der KAG vertreibt die Porco Fidelio AG, Igelweid 1, 5000 Aarau, Telefon 064–24 21 13.

VSBLO

Der Vereinigung schweizerischer biologischer Landbau-Organisationen (VSBLO) sind rund 700 Bauernbetriebe angeschlossen.

Ganzer Hof einbezogen

Sie richten sich auf ihrem gesamten Betrieb nach den Grundsätzen des biologischen Landbaus.

Bei der Tierzucht passen sie die Zahl der Tiere an die Fläche des bebaubaren Bodens, an den Standort und an das Klima an. Sie bauen für die Tiere mindestens vier Fünftel des Futters biologisch selber an. Sie produzieren nur soviel Gülle und Mist, wie sie auf dem Hof zum Düngen wieder einsetzen können.

Sie verwenden beim Bau der Ställe nur unschädliche Materialien und Farben.

Hingegen schützen die Vorschriften der VSBLO die Tiere nicht so konsequent wie die der KAG.

Die Vorschriften der VSBLO zur Tierzucht

• Die Tiere:

Die HalterInnen ziehen keine Tiere auf, die aus gentechnischen Eingriffen oder aus Embryonen-Verpflanzung hervorgegangen sind.

Die Tiere müssen mindestens zwei Drittel ihres Lebens auf dem Hof verbringen.

• Auslauf:

Die Tiere sollen möglichst viel Weidegang und Auslauf bekommen (wieviel, ist nicht präzise definiert).

• Stall:

Die Tiere müssen genügend Platz haben. Sie haben im Stall Tageslicht. Die Tiere haben eingestreute Liegeflächen. Spaltenböden sind im Liegebereich verboten.

Die VSBLO empfiehlt Gruppenhaltung.

Anbinden und Einzelhaltung sind jedoch erlaubt.

• Futter:

Die Betriebe dürfen höchstens 10 bis 20 Prozent (je nach Tierart) aus nicht biologischem Anbau dazukaufen. Das Futter darf keine Antibiotika oder andere Masthilfsmittel enthalten.

• Antibiotika und andere Medikamente:

Die Tiere bekommen sie nur, wenn sie krank sind, und nur auf Verordnung einer Tierärztin oder eines Tierarztes.

Die VSBLO strebt für die Zukunft ebenso strenge Tierschutzbestimmungen an, wie sie die KAG schon heute hat.

Wie und wo du Fleisch mit der Schutzmarke Knospe bekommst.

• Du bekommst Fleisch mit dem Knospe-Zeichen in Bio-Läden.

• Du kannst es telefonisch oder schriftlich bestellen und dir zusenden lassen von: Biofarm-Genossenschaft, 4936 Kleindietwil, Telefon 063–56 20 10 oder 063–56 32 69.

Biofarm verkauft Kalbs-, Rinds- und Schweinefleisch. Sie verschickt es in Paketen mit 5 bis 6 oder mit 8 bis 12 Kilo per Post.

Die Fleischpakete enthalten gemischt verschiedene Stücke des Tieres. Damit verhindert Biofarm (wie die KAG) den einseitigen Verkauf von Filets, Nierstücken etc.

• Die Metzgerei Schwarz (Hauptstrasse 64, 8274 Tägerwilen, Telefon 072–69 11 33) schickt dir gern einen Prospekt zu.

• Boeuferie SA, M. André Piontz (9, rue Verdaine, 1204 Genève).

• Boucherie du Vieux Bernex (279, rue de Bernex, 1233 Bernex, Telefon 022–757 52 12).

Die Schutzmarke der VSBLO ist die Knospe.

Voll-Knospe:

Umstellungs-Knospe:

Produziert nach den Richtlinien der Vereinigung schweizerischer biologischer Landbau-Organisationen.

Natura Beef

Natura Beef produzieren heute rund 350 HalterInnen der Schweizerischen Vereinigung der Ammen- und Mutterkuhhalter. Sie produzieren nur Rindfleisch von ganz jungen Tieren im Alter zwischen Kalb und Jungrind (ca. 10 Monate alt).

Natura Beef gibt es nur von Kälbern, die zwischen Frühjahr und Spätsommer auf die Welt gekommen sind. Die Jungrinder erreichen ihr Schlachtalter zwischen Herbst und Frühjahr.

Die Schutzmarke sieht so aus:

Nicht der ganze Hof einbezogen

Die Natura-Beef-ProduzentInnen müssen die Zahl der Tiere nicht der Grösse des Hofes anpassen. Sie müssen ihr Futter weder selber noch biologisch anbauen.

Hier bekommst du Natura Beef:

Du bekommst es etwa von Ende September bis März/April.

• Direkt ab Hof: Verlange die Liste der Höfe, die dir Natura Beef direkt verkaufen, bei

SCHWEIZERISCHE VEREINIGUNG DER AMMEN- UND MUTTERKUHHALTER (SVAMH)

ASSOCIATION SUISSE DES DÉTENTEURS DE VACHES NOURRICES ET DE VACHES MÈRES (ASVNM)

ASSOCIAZIONE SVIZZERA PER TENITORI DI VACCHE NUTRICI E MADRI (ASVNM)

SVAMH
Laurstrasse 10
Postfach 184
5200 Brugg
Telefon 056/41 30 56
PC: 60-5604-8

Coop Schweiz, Thiersteinerallee 12, 4002 Basel, Telefon 061–336 66 66.

• Bei Bell in 35 Filialen grösserer Ortschaften in der ganzen Schweiz (zum Beispiel in Basel, Bern, Luzern, St. Gallen, Zürich).

• Bei Coop in grösseren Filialen der Regionen Basel und Zürich sowie der Zentralschweiz.

Gourmet mit Herz/Agri Natura

Rund 600 Bauernbetriebe halten sich bei der Tierzucht an die Anforderungen, die

• die Stiftung für Mensch, Umwelt und Tier (MUT) des Schweizer Tierschutzes
• und die Vereinigung der Landwirtschaftlichen Genossenschaftsverbände der Schweiz (VLG)

gemeinsam aufgestellt haben.

Sie produzieren Fleisch von Rindern, Kälbern, Schweinen, Lämmern, Kaninchen und Poulets.

Anforderungen an den ganzen Betrieb

Die Betriebe sind bäuerliche Familienbetriebe.

Die HalterInnen müssen den Tierbestand im Verhältnis zum Boden begrenzen. Sie dürfen keine Nährstoffüberschüsse (zuviel Gülle) im Boden produzieren.

Die Betriebe müssen eigenen Boden bebauen. Sie bauen das Tierfutter zumindest teilweise selber an. Wieviel, schreibt Gourmet mit Herz nicht vor. Sie verwenden den anfallenden Mist und die Gülle weitgehend auf dem eigenen Hof als Dünger. In Ausnahmefällen übernehmen Nachbarn oder Höfe in der eigenen Gemeinde Güllenüberschüsse.

Die Anforderungen bei der Fleischproduktion

• Tiere:

Die HalterInnen müssen alle Tiere einer Gattung nach den Regeln von Gourmet mit Herz halten. Sie dürfen jedoch andere Tiere nach den herkömmlichen Methoden halten.

Die HalterInnen halten keine Tiere, die aus gentechnischen Eingriffen oder aus Embryonen-Verpflanzung stammen.

• Auslauf:

Für Rinder, Kälber und Schweine ist ein Auslauf empfohlen, jedoch nicht vorgeschrieben.

• Stall:

Die Tiere haben im Stall mindestens 10 Prozent mehr Platz, als das Gesetz vorschreibt. Sie haben Tageslicht. Die Liegeplätze sind eingestreut.

• Futter:

Die Anforderungen empfehlen den HalterInnen, das Futter möglichst selber anzubauen und mit Mischfutter zu ergänzen. Dies ist jedoch keine Vorschrift.

Erlaubt ist, dass Tiere während 10 Tagen ein sogenanntes Umstall- oder Stressfutter bekommen. Das geschieht vor allem, wenn die HalterInnen Tiere verschiedener Herkunft zusammenlegen.

Schutzmarke Gourmet mit Herz

Einkaufen: Fleisch

Das Futter darf keine Medikamente enthalten, die das Wachstum fördern.

• Medikamente:

Die Tiere bekommen Medikamente nur, wenn sie krank sind, und nur auf Vorschrift des Tierarztes oder der Tierärztin.

Wo du Fleisch von Gourmet mit Herz und Agri Natura bekommst:

• In Filialen von K3000.

• In 133 VOLG-Selbstbedienungsläden und in 10 VOLG-Metzgereien.

• Beim LVZ Zürich

Schutzmarke Agri Natura

Umwelt- und tiergerechte Landwirtschaft – natürlich von der Landw. Genossenschaft
L'agriculture respecte l'environnement – Les coopératives agricoles aussi
Agricoltura a misura d'ambiente: Si! Presso le Federazioni agricole

Informationen über weitere Verkaufsstellen bekommst du bei:

• Genossenschaft UFA, Theaterstrasse 3, 8401 Winterthur, 052–22 48 21

• Beratungsstelle für artgerechte Nutztierhaltung, Hauptstrasse 34, 9507 Stettfurt, 054–53 10 69.

Bell Porc

Die Schutzmarke «Bell Porc» bezeichnet Schweinefleisch, das heute rund 40 Betriebe produzieren, die mit der Bell AG unter Vertrag stehen.

Die Bell-Porc-Betriebe lassen die Tiere in einer ihnen gerechten Umgebung aufwachsen. Die HalterInnen verwenden keine Medikamente, die das Wachstum der Tiere beschleunigen. Die Schweine müssen beim Schlachten mindestens einen Monat älter sein als Schweine aus herkömmlichen Mastbetrieben.

Den HalterInnen ist verboten, zusätzlich zu den Bell-Porc-Schweinen andere nach konventionellen Methoden zu halten.

Nicht der ganze Hof einbezogen

Bell-Porc-Betriebe müssen eigenes Land bewirtschaften und neben den Schweinen auch andere Tiere halten.

Sie müssen das Schweinefutter jedoch nicht selber anbauen. Die Zahl der Tiere richtet sich nicht nach der Fläche des bebaubaren Bodens.

Das Schweinefutter muss weder aus biologischem Anbau noch aus integrierter Produktion stammen.

Bell Porc hat kein spezielles Markenzeichen.

Das Fleisch ist im Laden mit der Marke Bell Porc angeschrieben.

Wo du Schweinefleisch von Bell Porc bekommst:

Vorläufig nur in den grösseren Bell-Filialen der Regionen Basel, Bern und Zürich. Eine weitere Verteilung ist jedoch in Kürze vorgesehen.

Das gesetzliche Minimum

Das gesetzliche Minimum ist wirklich nur ein Minimum. Es ist unter anderem in der Tierschutzverordnung von 1981 festgelegt.

Diese und andere Verordnungen haben zwar Verbesserungen (gegenüber vorher) gebracht.

Jedoch erlauben die Gesetze immer noch viele nicht artgerechte, tierquälerische und unnötig umweltbelastende Haltungsarten. Die HalterInnen dürfen den Tieren immer noch Antibiotika und andere Medikamente verabreichen, damit sie schneller wachsen und zunehmen.

Das Gesetz ermöglicht zum Beispiel:

• Kupieren:

SchweinehalterInnen dürfen den Ferkeln die Schwänze abschneiden und die Zähne abkneifen (das sogenannte «Zähnli bräche»).

• Auslauf:

Kein Tier hat nach dem Gesetz das Recht auf Auslauf oder Weide.

• Stall:

Liegeplätze ohne Einstreu sind erlaubt und verbreitet.

Vollspaltenböden, Lochböden und Gitterböden sind grundsätzlich erlaubt. Auf vielen dieser Böden können die Tiere nicht natürlich stehen. Sie verletzen sich manchmal. Die Böden sind kalt.

Der Sinn dieser Böden ist, dass Kot und Urin durch die Spalten, Löcher oder das Gitter ablaufen und die HalterInnen die Böden nur noch mit Wasser abspritzen müssen.

• Beleuchtung:

Kein Tier hat Anspruch auf Tageslicht. Nur künstliche Beleuchtung ist vorgeschrieben.

• Chemische Futterzusätze:

Die HalterInnen dürfen dem Tierfutter bestimmte Antibiotika und andere Medikamente beimischen, damit die Tiere rascher wachsen und zunehmen.

Nicht alle HalterInnen halten das Gesetz ein.

Es ist leider eine Tatsache, dass noch jetzt gewisse Zuchtbetriebe nicht einmal die minimalen gesetzlichen Vorschriften einhalten.

Die einzelnen Tierarten

Im folgenden findest du die besonderen Vorschriften, die die Organisationen zusätzlich für die einzelnen Tierarten aufstellen.

Rinder

KAG

• Tiere:

Die KAG schreibt vor, dass das Rind mindestens 1 Jahr, beziehungsweise zwei Drittel seiner Lebensdauer, auf dem KAG-Betrieb verbringt.

Die KAG empfiehlt den Natursprung statt der künstlichen Besamung.

• Weide, Auslauf:

Die Rinder müssen während den Sommermonaten mindestens 6 Stunden pro Tag auf der Weide sein. Während des Rests des Jahres haben sie Anspruch auf 1 bis 2 Stunden Auslauf pro Tag.

• Stall:

Die KAG empfiehlt, die Rinder in Tiefstreu-Laufställen in Gruppen zu halten. Auf jedes Tier soll ein Fressplatz kommen. Diese Empfehlungen sind jedoch keine Vorschriften. Anbinden ist erlaubt.

Die KAG schreibt pro Tier eine grössere Standfläche vor als das Gesetz.

Foto: KAG

VSBLO

• Tiere:

Die VSBLO schreibt vor, dass das Rind mindestens 1 Jahr, beziehungsweise zwei Drittel seiner Lebensdauer, auf dem VSBLO-Betrieb verbringt.

Sie empfiehlt den Natursprung statt der künstlichen Besamung.

• Auslauf:

Die VSBLO empfiehlt, den Rindern möglichst viel Weidegang und Auslauf zu gewähren. Sie macht dazu jedoch keine konkreten Vorschriften.

Gourmet mit Herz/Agri Natura

• Weidegang und Auslauf:

Die Tiere haben keinen Anspruch auf Weidegang. Sie haben Anspruch auf Auslauf, auch im Winter.

• Stall:

Rinder haben das Recht auf Gruppenhaltung im Laufstall (Tiefstreu, Tretmist- oder Boxenlaufstall). Die Standfläche pro Tier ist mindestens 1 Quadratmeter pro 100 Kilo Körpergewicht. Pro Tier muss ein Fressplatz vorhanden sein.

Anbindehaltung ist nur bei Tieren zugelassen, die von Frühjahr bis Herbst auf die Weide dürfen und im Winter täglich Bewegung ausserhalb des Stalles haben (Laufhof).

Das gesetzliche Minimum

Das Gesetz gibt den Rindern weder Anspruch auf Auslauf noch auf eingestreute Liegeplätze.

Kälber

KAG

• Weide, Auslauf und Stall:

Die KAG schreibt im Sommer für die Kälber täglichen Weidegang, im Winter täglichen Auslauf vor.

Sind die Kälber nicht auf der Weide, müssen sie sich in Gruppen in einem Tiefstreu-Laufstall aufhalten können.

Die KAG verbietet isolierte Einzelhaltung von Kälbern (ausser in der ersten Lebenswoche).

Bis zum vierten Lebensmonat dürfen die HalterInnen die Kälber nicht anbinden.

• Futter:

Die KAG empfiehlt, die Kälber von der Mutterkuh säugen zu lassen. Dies ist jedoch keine Vorschrift.

Säugen die Kälber nicht bei der Mutterkuh, muss ihr Futter aus Vollmilch aus dem eigenen Betrieb und aus Heu, Gras und Stroh bestehen.

Auf jeden Fall dürfen die HalterInnen die Kälber erst nach der zehnten Lebenswoche von der Milch absetzen.

VSBLO

• Auslauf:

Die VSBLO empfiehlt den Auslauf für Kälber, schreibt ihn jedoch nicht vor.

• Futter:

Die HalterInnen dürfen die Kälber nicht vor der zehnten Lebenswoche von der Milch absetzen. Sie dürfen ihnen nur (biologisch produzierte) Vollmilch geben.

Natura Beef

• Haltung:

Die HalterInnen halten die Tiere artgerecht. Die Kälber dürfen bei ihrer Mutter oder bei einer Ammenkuh säugen. Sind die Jungtiere grösser, dürfen sie weiden.

• Stall:

Die Liegeflächen der Tiere sind eingestreut.

Die Kälber dürfen in Boxen, getrennt von der

Mutter oder Amme, gehalten sein. Manchmal sind die Kälber auch angebunden. Die Kühe dürfen angebunden sein. Die Kälber dürfen zum Saugen mindestens zweimal täglich zu der Kuh.

• Futter:

Die Tiere versorgen sich selber mit Gras. Im Winter bekommen sie Heu und Stroh. Die Kälber bekommen kein Milchpulver.

• Aufbaupräparate:

Die Tiere bekommen keine solchen Futterzusätze und keine wachstumsfördernden Medikamente.

• Medikamente:

Die Tiere bekommen keine Medikamente, ausser wenn sie krank sind.

Gourmet mit Herz/Agri Natura

• Auslauf:

Die Kälber haben weder auf Weidegang noch auf Auslauf ein Anrecht.

• Stall:

Gourmet mit Herz schreibt den HalterInnen vor, die Kälber ab der dritten Alterswoche in Gruppen auf Tiefstreu zu halten.

• Futter:

Die Kälber bekommen in erster Linie Milch (Milchnebenprodukte und Ergänzungs-Kälbermilchpulver, Vollmilch) und ab der dritten Woche ständig auch Heu und/oder Stroh.

Gesetzliches Minimum

• Stall:

Das Gesetz erlaubt, die Kälber anzubinden und in Einzelboxen zu halten. Auf Einstreu haben sie nur bis zum Alter von drei Wochen Anspruch.

• Futter:

Die Kälber dürfen Milchpulver mit Antibiotika bekommen. Manche Kälber-Milchpulver enthalten bis zu drei Antibiotika.

HalterInnen, die ihre Kälber artgerecht mit Gras und Heu füttern, bekommen weniger Geld für das Kalbfleisch, weil es rot ist.

Schweine

KAG/Porco Fidelio

• Weide, Auslauf:

Galtsauen dürfen das ganze Jahr auf die Weide. Sie haben mindestens 30 Quadratmeter Weidefläche pro Sau.

Die andern Tiere haben den ganzen Tag Zugang zum Auslauf ins Freie. Der Auslauf muss pro Tier mindestens einen Quadratmeter betragen. Weide ist empfohlen, jedoch nicht Vorschrift.

• Stall:

Jedes Tier hat mindestens doppelt so viel Platz, als das Gesetz vorschreibt. Die Plätze sind eingestreut.

• Haltung:

Die KAG-HalterInnen geben den Schweinen Stroh und Gegenstände, mit denen sie spielen können.

Die Ferkel sind mindestens bis zur siebten Lebenswoche bei ihrer Mutter.

• Kupieren:

Die KAG verbietet, den Ferkeln die Schwänze abzuschneiden oder ihnen die Zähne abzukneifen.

• Medikamente:

Die KAG verbietet, den Schweinen Eisenpräparate zu spritzen.

VSBLO/Biofarm

Die VSBLO stellt für die Schweinezücht keine präzisen Regeln auf. Die Tiere haben Auslauf. Dieser ist jedoch nicht genau definiert.

Gourmet mit Herz/Agri Natura

• Stall:

Die Tiere haben nur wenig mehr Platz, als die Tierschutzverordnung vorschreibt.

Der Stall muss Tageslicht haben.

Vollspaltenböden sind verboten.

Schweine auf der Weide (Foto: KAG)

Schweine im Auslauf (Foto: Bär, Langenthal)

• Haltung:

Die Schweine müssen genügend Stroh, Holzstücke und Papiersäcke bekommen, um wühlen, kratzen und nagen zu können.

• Kupieren:

Gourmet mit Herz verbietet, den Ferkeln die Schwänze abzuschneiden. Die HalterInnen dürfen ihnen jedoch unter Umständen die Zähne abkneifen.

• Futter:

Das Futter darf keine Antibiotika enthalten.

Bell Porc

• Haltung:

Für die Mutterschweine und Ferkel verbessert Bell Porc das gesetzliche Minimum nicht durch eigene Vorschriften.

• Kupieren:

Bell Porc verbietet den HalterInnen, den Schweinen die Schwänze abzuschneiden. Es ist ihnen jedoch nicht verboten, den Ferkeln die Zähne abzukneifen.

• Auslauf:

Bell Porc empfiehlt Auslauf nur, schreibt ihn jedoch nicht vor.

• Stall:

Die Schweine leben in Offenfrontställen auf eingestreutem Boden. Die Liegeplätze haben keine Spaltenböden.

Die Schweine haben mindestens 1 Quadratmeter Platz (gesetzliches Minimum 0,65 Quadratmeter).

• Antibiotika:

Die HalterInnen verabreichen den Schweinen weder Antibiotika noch andere Medikamente, die das Wachstum beschleunigen.

• Futter:

Die HalterInnen müssen der Bell AG die Futterlieferanten bekanntgeben, damit diese kontrollieren kann, ob sie die Vorschriften über Medikamente einhalten.

Die HalterInnen dürfen den Tieren in den ersten zehn Tagen nach ihrem Eintreffen ein «Stressfutter» geben.

Gesetzliches Minimum

Die Gesetze schreiben vor, dass Mastschweine in Gruppen leben.

Zuchtsäuen leben zum grössten Teil in Einzelhaltung. Sie dürfen angebunden sein (nur nicht am Hals).

Die Gesetze verbieten nicht, dass die HalterInnen den Fer-

keln die Schwänze abschneiden und die Zähne abkneifen.

Die Tiere haben keinen Anspruch auf Einstreu, Auslauf oder Weidegang.

Schweine haben höchstens (je nach Gewicht) auf 0,65 Quadratmeter Liegefläche Anspruch. Ferkel nur auf die Hälfte davon. Lediglich Muttersauen haben Anspruch auf 1 bis 1,2 Quadratmeter.

Antibiotika im Futter sind erlaubt.

Geflügel: Hühner und Truten

Hier sprechen wir nur vom Mastgeflügel. Über die Eierproduktion findest du Informationen ab Seite 1.42.

KAG

• Die Pouletrassen müssen für die Freilandhaltung geeignet sein: sie besitzen ein gutes Gefieder, sind wetterfest und wenig krankheitsanfällig.

• Auslauf:

Im Winter mästen die HalterInnen keine KAG-Poulets, weil dann keine Weide- und damit keine Freilandhaltung möglich ist.

Von Frühjahr bis Herbst dürfen Masthühner und -truten täglich auf die Weide. Bei schlechtem Wetter steht ihnen ein Schlechtwetterauslauf zur Verfügung. Die Auslauffläche pro Poulet misst mindestens 5 Quadratmeter. Im Auslauf finden die Hühner Stellen, die vor Wind und Sonne geschützt sind, und Plätze für ein Staubbad.

• Stall:

Im Stall ist Einstreu vorgeschrieben. Die

Foto: KAG

Einkaufen: Fleisch

Bodenfläche beträgt für 4 bis 5 Hühner 1 Quadratmeter. Die Ställe haben Tageslicht. Kunstlicht darf den Tag von September bis März auf höchstens 14 Stunden verlängern. Vorgeschrieben sind erhöhte Plätze.

• Futter:

Das Futter darf keine Antibiotika oder andere Medikamente enthalten, die das Wachstum fördern. Das Futter darf kein Fischmehl enthalten.

Gourmet mit Herz /Agri Natura

• Tiere:

Die Poulets sind aus Rassen, die für die Freilandhaltung geeignet sind. Sie besitzen ein gutes Gefieder und sind wetterfest, robust und wenig krankheitsanfällig.

• Auslauf:

Ausser im Winter dürfen die Tiere tagsüber immer auf die Weide.

In den Wintermonaten entscheiden die HalterInnen je nach Wetter über den Auslauf. (Dies ist keine Freilandhaltung mehr.)

Der Auslauf ist so gross, dass die Tiere die Grasnarbe nicht zerstören können. Gourmet mit Herz empfiehlt Büsche und Bäume als Schattenspender.

Den Tieren steht zusätzlich zum Auslauf ein Vorplatz zur Verfügung. Er ist überdacht und windgeschützt und enthält ein Staubbad. Die Tiere dürfen ihn das ganze Jahr begehen.

• Stall:

Der Stall muss Tageslicht haben.

Ein Huhn teilt 1 Quadratmeter Boden mit 11 andern Hühnern. Tagsüber können sie jederzeit auf den Vorplatz, der halb so gross wie der Stall ist.

Die Tiere haben zum Ruhen Sitzstangen oder erhöhte Sitzflächen.

Der Stall muss mindestens 5 cm Einstreu haben.

• Futter:

Das Futter darf nur pflanzliches Eiweiss (zum Beispiel Erbsen) enthalten. Verboten sind Fischmehl und andere Reste von Tieren.

Das Futter muss zu einem möglichst hohen Anteil aus schweizerischem Anbau stammen. Der Anteil ist nicht genau vorgeschrieben.

Gesetzliches Minimum

Das Gesetz erlaubt Ställe mit Gitterböden und Käfige.

Als Bodenfläche pro Tier genügt (wenn 80 oder mehr Tiere zusammen gehalten sind) 1 Quadratmeter für 30 Tiere, die 1 Kilo schwer sind.

Foto: KAG

Das ist rund die Fläche einer Seite dieses Buches pro Tier.

Schafe

Die meisten Schweizer Schafe wachsen auf der Weide und auf der Alp auf. Sowohl in der Schweiz wie im Ausland ist Mast im Stall bei Schafen selten.

Winterlämmer hingegen bleiben oft ihr ganzes kurzes Leben lang in dunklen, engen Ställen eingesperrt. (Das war schon immer so.)

Bevorzugst du Schweizer Schaffleisch, ersparst du der Umwelt Transport.

KAG

• Tiere:

Die HalterInnen dürfen die Schafe nicht künstlich besamen lassen.

• Weidegang:

Ausser im Winter müssen die Schafe regelmässig weiden können.

Sonst müssen sie täglich zumindest Auslauf bekommen. Die Grösse des Auslaufs ist vorgeschrieben.

Gourmet mit Herz

• Tiere:

Gourmet mit Herz verbietet, die Schafe künstlich zu besamen. Verboten sind Hormone, die bewirken, dass die Weibchen zur gleichen Zeit in die Brunst kommen.

• Weidegang:

Die HalterInnen verpflichten sich, die Frühjahrslämmer – ausser bei schlechter Witterung – immer auf der Weide zu halten. Den letzten Lebensmonat dürfen sie die Lämmer jedoch zur Mast ganz im Stall einsperren.

Sie dürfen Herbst- und Winterlämmer während der ganzen Mastzeit im Stall halten.

• Kupieren:

Gourmet mit Herz erlaubt, dass die HalterInnen den Lämmern zwischen dem 3. und 14. Lebenstag die Schwänze abschneiden.

Gesetzliches Minimum

Das Gesetz erlaubt, den Lämmern die Schwänze zu kürzen.

Es macht überhaupt keine speziellen Vorschriften zugunsten von Schafen.

Kaninchen

Gourmet mit Herz/Agri Natura

Gourmet mit Herz regelt als einzige die Kaninchenzucht tierfreundlicher als das Gesetz. (Die andern bieten keine Kaninchen an.)

Die Kaninchen leben in Gruppen in Anlagen mit Innen- und Aussengehegen. Die Gehege sind in Futter-, Ruhe- und Nestbereiche aufgeteilt.

Die Kaninchen haben genug Platz, um ungehindert Sprünge und Kapriolen zu machen. Sie bekommen Äste und Holzstücke zum Benagen.

Bei den Zuchtkaninchen können die Weibchen in einem Nistkasten ihre Nester selber bauen.

Gesetzliches Minimum

Kaninchen in Käfigen haben Anspruch auf eine Fläche, die sich nach ihrem Gewicht richtet.

Ein Kaninchen von 3 Kilo bekommt 1500 Quadratzentimeter Fläche. Das ist etwa die Fläche von drei Seiten dieses Buches für ein Tier, das in der Freiheit viel und gern herumspringt.

Importierte Kaninchen stammen meist aus Batteriehaltung. Oft haben die Kaninchen-Batterien Drahtböden.

Pferde

Schweizer Pferde

Die HalterInnen von Pferden in der Schweiz züchten ihre Tiere zum Reiten oder Ziehen, nicht um Fleisch zu produzieren.

Pferdefleisch stammt meistens von Pferden und Fohlen, die nicht (mehr) zum Reiten oder zur Zucht taugen.

Die Tiere fressen auf der Weide und bekommen zusätzlich Heu und Hafer. Erst vor dem Schlachten bekommen manche für kurze Zeit extra Mastfutter.

Pferdefleisch bekommst du vorläufig nur in den spezialisierten Pferdemetzgereien.

Ausländische Pferde

Gegenwärtig stammen gut zwei Drittel des Pferdefleisches aus dem Ausland, vor allem aus den USA und aus Argentinien.

Dieses Fleisch belastet die Umwelt mit den weiten Transporten.

Und wir wissen nicht, wie diese Tiere gehalten und behandelt worden sind.

Fisch

Wir essen in der Schweiz nicht viel Fisch: etwa 2,5 Kilo pro EinwohnerIn und Jahr.

Der grösste Teil der Fische stammt aus dem Ausland.

Importierte Fische

Sie sind meistens industriell verarbeitet: zum Beispiel filetiert, paniert, tiefgefroren, geräuchert oder in Büchsen.

Von der Umwelt her gesehen, isst du Meerfisch am besten frisch, wenn du am Meer bist. Du ersparst der Umwelt Kühlung und Transport.

Einheimischer Fisch

Mit Vorliebe essen wir Edelfische wie zum Beispiel Egli, Forellen, Felchen und Barsche.

Weil unsere Seen überdüngt sind, sind ihre Bestände an Edelfischen zurückgegangen. Dafür haben die Weissfische zugenommen, zum Beispiel Rotaugen und Karpfen. Diese essen wir kaum selber, sondern exportieren sie als Konserven in die dritte Welt.

Die meisten Edelfische, die wir heute kaufen, stammen aus Zuchten. Ein Teil wächst noch in Teichen im Freien auf.

Immer mehr Edelfische, vor allem Forellen, stammen jedoch aus Intensivmasten. Diese sehen so aus:

Die Fische leben auf engstem Raum. Entweder in schwimmenden Käfigen in einem See oder in Becken auf dem Lande. Sie bekommen Mastfutter, damit sie in möglichst kurzer Zeit ihr Schlachtgewicht erreichen.

In der Intensivzucht sind die Fische – wie alle Tiere – anfälliger für Krankheiten. Deshalb setzen die HalterInnen dem Wasser zum Beispiel Antibiotika und Mittel gegen Fischläuse zu.

Die Zuchtbecken brauchen dauernd frisches, sauerstoffreiches Wasser. Sie geben Abwässer ab, die viel Stickstoff enthalten und damit die Gewässer belasten.

Leider können wir dir nur einen Ratschlag geben:

Iss möglichst Fische aus der Teichzucht oder aus dem Fang aus Seen und Bächen.

Um die Herkunft zu erfahren, musst du in Läden und in Restaurants ausdrücklich fragen.

Die Fischzucht ist heute gesetzlich noch nicht geregelt.

Frösche

Verzichte auf das Essen von Froschschenkeln. Ihre Produktion ist Tierquälerei. Sie belastet die Umwelt.

Das massenweise Einsammeln der Frösche beraubt in einem Land wie Indonesien Reisanbaugebiete eines natürlichen Insektenfressers. Die Bauern müssen Insektenvertilgungsmittel einsetzen.

Es gibt zwar eine Verordnung, die bestimmt, dass Froschschenkel nur importiert werden dürfen, wenn die Frösche deswegen im Herkunftsland nicht aussterben und wenn sie nicht tierquälerisch gefangen und getötet worden sind. Doch wer kann das schon kontrollieren?

Unsere Hauptlieferanten sind gegenwärtig Indonesien und Rumänien.

Gänseleber

Verzichte auf Gänseleber. Damit die Gänse eine übergrosse, verfettete Leber bilden, mästen die ProduzentInnen sie mit Gewalt: Sie stopfen ihnen Futter mit einem Stock in den Schnabel. Da die Tiere dieses Futter nicht freiwillig schlucken, drücken die MästerInnen es (von aussen) den Hals hinunter. Diese Tierquälerei ist eine jahrhundertealte Tradition.

Wurstwaren

Alles, was wir bei der Fleischproduktion über die Belastung von Tieren und Umwelt gesagt haben, gilt auch für die Produktion von Wurstwaren.

Die Organisationen, die Fleisch unter besseren Bedingungen produzieren, verkaufen es vorläufig vor allem frisch.

Wurstwaren aus VSBLO-Betrieben

Einige VSBLO-Betriebe verarbeiten das biologisch produzierte Fleisch selber zu Wurstwaren. Sie verwenden dabei keine chemischen Zusätze.

Du bekommst solche Wurstwaren direkt von solchen Höfen, bei Biofarm und bei den Metzgereien, die VSBLO-Fleisch verkaufen.

Eier kaufen

Willst du dich auch beim Eierkauf tier- und umweltfreundlich verhalten, dann achte vor allem auf die Haltungsart der Legehennen.

Kaufe nur Freilandeier.

Freilandeier stammen von Hühnern, die den ganzen Tag ungehindert im Freien herumlaufen und sich draussen ihr Futter teilweise selbst suchen (Gras, Insekten, Würmer).

Am besten kaufst du Freilandeier von Organisationen, die mit ihrer Schutzmarke garantieren, dass die ihnen angeschlossenen HalterInnen ihre Hennen artgerecht halten und füttern.

Intensive Auslaufhaltung

Inzwischen bieten fast alle Läden, ob Supermärkte, Warenhäuser oder kleine Lebensmittelgeschäfte, sogenannte Freilandeier an.

Da die Bezeichnung gesetzlich nicht geschützt ist, liegt der Verdacht nahe, dass die Hühner nicht immer so frei und glücklich leben, wie dies der Name vorgibt. Wenn konventionelle Läden Eier ohne Signete mit der Aufschrift «Freiland» anbieten, kommen sie in der Regel eher aus intensiver Auslauf- als aus effektiver Freilandhaltung.

Im Gegensatz zur eigentlichen Freilandhaltung leben bei der intensiven Auslaufhaltung die Hennen grundsätzlich im Stall. Tagsüber erhalten sie bei trockenem Wetter einige Stunden Zugang in einen Auslauf, der pro Huhn nur 1 bis 2 Quadratmeter misst. Die Hühner sind wegen der intensiven Zucht oft besonders ängstlich und fürchten sich vor dem Auslauf.

Oft kupieren die HalterInnen auch bei der intensiven Auslaufhaltung den Hühnern die Schnäbel.

Bodenhaltung ist schlechter als ihr Ruf.

Gewiss sind Eier aus vernünftiger Bodenhaltung solchen aus Batteriehaltung unbedingt vorzuziehen.

Verbesserungen gegenüber der Batteriehaltung sind:

- Die Hennen leben nicht in Käfigen, sie können sich im Stall bzw. in einer Halle relativ frei bewegen.
- Der Stall ist mit Streumaterialien wie Stroh und Sägespänen ausgelegt.

Jedoch bedeuten sie in bezug auf den Tier- und Umweltschutz nur einen kleinen Fortschritt, denn:

- Die Hühner leben meistens zu Hunderten in riesigen Hallen, manchmal auf mehreren übereinander angeordneten Etagen (Volierenhaltung). Die Ställe sind mit bis zu 25 Tieren pro Quadratmeter besetzt.
- Der Stall ist oft nur durch künstliches Licht beleuchtet. Es besteht keine Pflicht, die Tiere ins Freie zu lassen.
- Die grosse Ansammlung von Hühnern auf engem Raum und die langweilige Umgebung erhöhen die Aggressionen. Diese münden ab und zu in Kannibalismus. Als Vorbeugung kneifen die HalterInnen den Tieren die Schnabelspitze ab. Diese Massnahme verhindert, dass die Hühner einander verletzen.
- Bei so vielen Hühnern breiten sich Krankheiten im Stall sehr rasch aus. Zwangsläufig müssen die HalterInnen das ganze Hühnervolk vorbeugend mit Antibiotika behandeln.

Lass Eier aus Käfighaltung bitte im Regal stehen

In der Schweiz ist die Produktion von einheimischen Eiern aus Käfighaltung (auch Batteriehaltung genannt) vorerst noch zugelassen: sie wird erst ab 1.1.1992 verboten. Damit ist aber das Problem nicht beseitigt, denn Importe von Batterie-Eiern werden dann immer noch zulässig sein.

Wenn nicht anders deklariert (z.B. Französische Freilandeier, Schwarzwaldeier aus Bodenhaltung), stammen die importierten Eier immer aus Batteriehaltung.

Ob im Ausland oder in der Schweiz: die Käfighaltung ist ein Verbrechen gegenüber Tier und Umwelt. Wehre dich dagegen, indem du diese Eier boykottierst.

So sieht die Batteriehaltung aus:

- Bis zu fünf Hennen vegetieren dicht gedrängt in einem Käfig, meist in drei oder vier Etagen übereinander.
- Die Tiere stehen auf einem Metallgitterboden, der nach vorne geneigt ist, damit die

Eier von selbst in einen Auffangkanal rollen können.

- Die Hühner können weder scharren, Staubbäder nehmen noch frei herumlaufen.
- Sie haben schwache Beine, weil sie sich nicht bewegen können.
- Die HalterInnen schneiden oder brennen den Hühnern die Schnäbel ab, damit sie sich in ihren Aggressionsausbrüchen nicht gegenseitig verletzen.
- Gegen Krankheiten und zur Leistungsförderung erhalten die Tiere Futter mit Zusatz von Antibiotika und Chemotherapeutika, von denen Rückstände in den Eiern bleiben können.
- Nach ca. 14 Monaten hat eine Henne unter diesen Lebensbedingungen ausgedient: sie wird geschlachtet und oft als Suppenhuhn verkauft.

Im Laden erkennst du Eier aus Batteriehaltung so: Steht auf der Schachtel kein Hinweis auf

Freiland- oder Bodenhaltung, dann stammen die Eier mit grösster Wahrscheinlichkeit aus Batteriehaltung.

Sei besonders bei gekochten, bunt gefärbten Eiern auf der Hut. Bis auf wenige, meist klar angegebene Ausnahmen handelt es sich hierbei um Batterie-Eier.

Achte auf die versteckten Batterie-Eier.

Auch wenn du konsequent nur kontrollierte Freilandeier kaufst, isst du unter Umständen zahlreiche Eier von Batteriehühnern.

Sie befinden sich in industriell verarbeiteten Esswaren. Darunter fallen

- Butterzöpfe, Kuchen und anderes Gebäck
- Mayonnaise
- Teigwaren
- Ovomaltine und ähnliche Getränkezusätze

Willst du möglichst nur Freilandeier verspeisen, dann mach Mayonnaise, Eierteigwaren,

Butterzopf, Kuchen und anderes selber.

Du kannst aber auch bei andern Produkten den Batterie-Eiern ausweichen. Kaufe:

- die klassischen italienischen Teigwaren aus Hartweizen (ohne Eier)
- keine Getränkezusätze, die Eier enthalten

Import-Eier

Importierte Eier solltest du nicht nur meiden, weil sie mehrheitlich aus Batteriehaltung stammen. Sie belasten die Umwelt auch durch die langen Transportwege.

Von wie weit her die Eier kommen, bleibt dir meist verborgen. Bei Import-Eiern steht in der Regel das Land des Grosshändlers und nicht dasjenige des Produzenten auf der Packung: z.B. BRD für Eier, die der deutsche Händler in Wirklichkeit aus Grossbritannien oder Polen bezogen hat.

Kaufe deshalb wenn möglich keine Eier aus dem Ausland, insbesondere aber jene nicht, die nicht ausdrücklich als Freilandeier deklariert sind.

Bevorzuge stattdessen Freilandeier, die von Bauern aus deiner Wohnregion stammen. Du bekommst diese am ehesten in kleinen Quartierläden, in Bio-Läden oder Reformhäusern.

Kaufst du Eier offen, so schaffst du dir am besten deine eigene Verpackung aus Kunststoff oder Aluminium an: eine Picknick-Eierschachtel. Du nimmst sie in den Laden zum Eier Einkaufen mit. Wasch sie ab und zu aus.

Verpackung

Quartierläden, aber auch einige grössere Filialen von Supermärkten bieten Eier im Offenverkauf an. Gewöhnst du dir an, eine Eierschachtel mehrmals zu benutzen und sie beim Einkaufen in den Laden mitzunehmen, dann sparst du im Verlaufe der Zeit einiges an Verpackungsmaterial ein.

Meide bei bereits verpackten Eiern Schachteln aus Plastik oder Styropor. Sie tragen zur Vergrösserung des Abfallberges bei und verursachen bei ihrer Vernichtung Schadstoffe. Bevorzuge Kartonschachteln, denn sie sind aus Altpapier. Wenn du sie nicht mehr brauchst, führst du sie am besten der Kompostierung zu.

Markeneier

Möchtest du Eier kaufen, die aus tier- und umweltfreundlicher Produktion stammen, wähle nach Möglichkeit solche mit einer Schutzmarke.

Auch unter den Markeneiern gibt es Unterschiede.

VSBLO

Die der VSBLO (Vereinigung schweizerischer biologischer Landbauorganisationen) angeschlossenen Eier-ProduzentInnen verbinden in vorbildlicher Weise den biologischen Landbau mit einer artgemässen Tierhaltung. Sie betreiben ausschliesslich Freilandhaltung im strikten Sinne des Wortes und füttern ihre Hühner fast ausschliesslich mit biologisch angebautem Futter.

Nebst den gesetzlichen Vorschriften und den allgemeinen Richtlinien der VSBLO beachten die HalterInnen von Legehennen folgende spezifischen Bestimmungen:

Haltung

- im Freien:
- wenn möglich halten sie ihre Hühner auf einem unbegrenzten, begrünten Gelände,
- bei begrenztem, ebenfalls begrüntem Auslauf stehen jedem Tier fünf Quadratmeter Auslauf zur Verfügung,
- ein Schattenplatz sowie ein Vorplatz von mindestens einem Quadratmeter pro 10 Hühner mit trockenem Staubbad sind Bedingung.

Im Stall:

- kommen nicht mehr als vier Tiere auf einen Quadratmeter begehbare Fläche,
- ist die Grundfläche des Stalles zu 50% eingestreut, damit die Hühner scharren können,
- teilen sich nicht mehr als fünf Tiere einen Meter Sitzstange,
- ist die Kotgrube vom Stall abgetrennt,
- muss ausreichend natürliches Tageslicht vorhanden sein. Kunstlicht darf den Tag nicht über 15 Stunden hinaus verlängern. Fluoreszenzlicht ist ganz verboten.

Eingriffe

- Die HalterInnen dürfen die Mauser nicht künstlich auslösen.
- Das Coupieren der Schnäbel und Flügel ist untersagt.

Fütterung

- Leistungs- und Wachstumsförderer (Antibiotika und Chemotherapeutika) sind ausnahmslos verboten.
- Das Futter ist grösstenteils biologischer Herkunft, höchstens 20% im Jahr stammen aus nicht biologischem Anbau.

Einkaufen: Eier

Schutzmarke

Die Schutzmarke der VSBLO ist die Knospe.

Das Signet erscheint entweder auf den einzelnen Eiern oder auf der Packung.

Wo bekommst du VSBLO-Freiland-eier?

Eier mit dem Knospe-Signet erhältst du in Bio-Läden und Quartierläden oder direkt ab Hof.

Es gibt erst wenig VSBLO-Eier zu kaufen, weil die wenigsten HalterInnen gleichzeitig sowohl die strengen Bestimmungen des rein biologischen Futters als auch die der artgemässen Tierhaltung erfüllen können.

KAG

Der KAG (Konsumenten-Arbeits-Gruppe für tier- und umweltfreundliche Nutztierhaltung) sind etwa 1000 kleine bis mittelgrosse Eier-ProduzentInnen angeschlossen. Wie die Eier der VSBLO stammen diejenigen der KAG ebenfalls aus Freilandhaltung im engsten Sinne des Wortes.

Angaben zur Organisation und ihren allgemeinen Anforderungen findest du auf Seite 1.33.

Für die HalterInnen von Legehennen gelten speziell folgende Bestimmungen:

Haltung

• Die Legehennen haben während des ganzen Jahres Anspruch auf eine tägliche Auslaufzeit, die mindestens von mittags bis abends dauert.

• Die minimale begrünte Auslauffläche beträgt fünf Quadratmeter pro Tier. Sie umfasst windgeschützte und schattige Plätze und Staubbäder. Vorhanden sein muss ein Schlechtwetterauslauf, der mindestens einen Quadratmeter pro 10 Hühner misst.

• Im Stall hat mindestens ein Drittel der begehbaren Fläche Einstreu.

• Nicht mehr als fünf Tiere teilen sich einen Meter Sitzstange. Die Sitzstangen sind erhöht, haben gerundete Kanten und einen Querschnitt von mindestens 5 auf 5 cm.

• Die Kotablagerung ist vom Scharr-Raum getrennt.

• Die Ställe haben natürliches Tageslicht. Die Fensterfläche beträgt mindestens 10 Prozent der Stallgrundfläche.

• Von April bis August ist im Stall Kunstlicht verboten; in den restlichen Monaten darf die Hellphase 14 Stunden pro Tag nicht überschreiten. Fluoreszenzlicht ist ganz verboten.

Eingriffe

• Die HalterInnen dürfen den Hühnern die Schnäbel nicht kupieren.

• Die HalterInnen müssen einen Hahn halten. Die KAG empfiehlt einen Hahn für 40–60 Hennen.

• Künstliche Mauser mit einem intensiven Kurzprogramm ist verboten. Hingegen sollen die HalterInnen die natürliche Mauserung durch geeignetes Futter unterstützen. Das erlaubt, das Huhn bei guter Legeleistung länger zu behalten.

Fütterung

• Das Futter enthält garantiert weder Wachstums- noch Leistungsförderer (Antibiotika oder andere Chemotherapeutika).

• Die HalterInnen beziehen ihre Futtermischung direkt von einer Getreidemühle, die mit der KAG einen Vertrag abgeschlossen hat. Das Futter ist aber nicht im strikt biologischen Sinne angebaut.

Schutzmarke

Jedes Ei ist mit dem KAG-Signet abgestempelt, und jede Schachtel trägt eine Banderole mit der Schutzmarke und der vollständigen Adresse des/der ProduzentIn.

Wo bekommst du KAG-Freiland-eier?

• Direkt ab Hof. Fahr jedoch nicht wegen einer Schachtel Eier mit dem Auto zu einem Hof.

• Im Detailhandel erhältst du die Eier in Bio-Läden, Quartierläden und in Warenhäusern. Eine Liste der Läden sendet dir die KAG gern gegen einen Unkostenbeitrag: KAG, Engelgasse 12a, 9001 St. Gallen, Telefon 071–22 18 18.

Gourmet mit Herz

Der Organisation Gourmet mit Herz gehören ca. 15 Eier-ProduzentInnen an. Sie betreiben sowohl Freiland- als auch Bodenhaltung.

Drei Viertel der gesamten Produktion stammen von Legehennen aus Bodenhaltung.

Achte deshalb beim Einkauf speziell auf die zwei Varianten. Sie sind auf den Schachteln gekennzeichnet und unterscheiden sich auch im Preis.

Die ProduzentInnen müssen folgende Anforderungen erfüllen:

Haltung

Anders als VSBLO und KAG schreibt Gourmet mit Herz keinen Auslauf für Legehennen vor. Ist er möglich, dann gelten folgende Vorschriften:

• Jedes Huhn hat Anspruch auf einen Auslauf von 5 bis 10 Quadratmetern,

• Ein windgeschützter Vorplatz und ein Staubbad müssen vorhanden sein. Schattenplätze sind dagegen nur empfohlen.

• Im Stall steht je nach Gewicht 6–7 Tieren ein Quadratmeter Platz zu, was genau dem gesetzlichen Minimum entspricht. Mindestens 20% der Fläche müssen eingestreut sein, was ebenfalls nicht mehr ist, als das Gesetz verlangt.

• Natürliches Tageslicht ist vorgeschrieben. Zusätzliches Kunstlicht ist erlaubt, sofern es den Tag nicht über 16 Stunden verlängert, was wiederum genau dem gesetzlichen Minimum entspricht.

Eingriffe

• Die HalterInnen dürfen die Schnäbel ihrer Hühner nicht kürzen.

• Die Haltung eines Hahns für 50–100 Hennen ist empfohlen, jedoch nicht Vorschrift.

Fütterung

Die Organisation stellt keine konkreten Anforderungen für die Hühner.

Schutzmarke

Das Signet von Gourmet mit Herz sieht so aus:
Jedes Ei ist mit einem Herz-Stempel versehen.

Wo bekommst du Eier von Gourmet mit Herz?

• in Reformhäusern,
• in Metzgereien (Bell und andere) und in
• Supermärkten und Warenhäusern (Waro, Globus, Manor, Jumbo etc.).

Gourmet mit Herz plus Agri Natura

Die Eier aus Schachteln, die sowohl die Schutzmarke von Agri Natura wie die von Gourmet mit Herz trag, stammen von Hühnern in Freiland-Haltung.

Das gesetzliche Minimum

Die Tierschutzverordnung enthält Vorschriften und Empfehlungen für die Boden- und Käfighaltung von Legehennen. Die Freilandhaltung ist dagegen gar nicht erwähnt.

Von Gesetz wegen ist in der Schweiz die Batteriehaltung ab 1.1.1992 verboten.

Das gesetzliche Minimum sieht folgendes vor:

Bei Käfighaltung

• In Haltungseinheiten von über 40 Tieren hat ein Huhn Anrecht auf 800 Quadratzentimeter Platz. Diese Fläche ist etwa so gross wie eine Doppelseite des vorliegenden Buches.
• Die Käfige müssen mindestens 0,6 Quadratmeter Bodenfläche haben und 50 Zentimer hoch sein.

Bei Bodenhaltung

• Die Ställe müssen auf 20 Prozent der Bodenfläche Einstreu haben (ca. eine Postkartenfläche pro Huhn). Sie müssen eine separate Kotgrube haben.
• Auf einem Quadratmeter Stallboden dürfen maximal 6 bis 7 Tiere gehalten sein.
• Vorschrift sind geschützte, abgedunkelte Legenester mit Einstreu oder weicher Unterlage. Ein Einzelnest ist für höchstens fünf Tiere, ein Quadratmeter eines Gemeinschaftsnestes für maximal 100 Tiere vorgesehen.

Beleuchtung

• Künstliche Beleuchtung muss mindestens 5 Lux betragen und darf den Tag nicht auf über 16 Stunden verlängern.
• Natürliches Tageslicht ist empfohlen, aber nicht vorgeschrieben.

Eingriffe

• Die HalterInnen dürfen die Schnäbel kupieren.

Fütterung

Wachstums- und Leistungsförderer wie Antibiotika und andere Chemotherapeutika sind in gesetzlich festgelegter Menge gestattet.

Eier essen und lagern

Auch Eier haben Saison.

Was du als KonsumentIn kaum bedenkst: nicht die kommerzielle Nachfrage, sondern die Natur beeinflusst den Rhythmus des Eierlegens.

Je länger die Tage und je wärmer die Jahreszeit, desto eifriger legen Hühner Eier. Deshalb herrscht im Sommer ein Überschuss an Eiern, im Winter ein Mangel.

Ausgerechnet in der Sommerferienzeit verkaufen sich Eier jedoch schlechter. So entsteht jeweils im Sommer eine regelrechte Eierschwemme.

Isst du im Sommer mehr und im Winter weniger oder gar keine Eier, zeigst du Respekt vor Tier und Natur. Du hältst dich damit an den Produktions-Rhythmus von Hühnern in tiergerechter Freilandhaltung.

Magst du aber deine Essgewohnheiten nicht so strikt nach den Jahreszeiten richten, kannst du dennoch im Sommer vermehrt Eier kaufen, damit die Bauern nicht darauf sitzenbleiben und sie dann selbst zu Hause lagern.

Richtig gelagert, sind Eier monatelang haltbar.

Mit der Zeit verlieren sie zwar geschmacklich ein wenig, aber du musst ja nicht unzählige Eier aufs Mal kaufen.

Die Lagerung gelingt am besten an einem kühlen, nicht zu trockenen Ort. Optimal ist eine Temperatur von 8 Grad über Null. Gut geeignet ist ein dunkler, kühler, nicht zu trockener Keller.

Das Eierfach im Kühlschrank eignet sich nur, wenn es nicht neben dem Tiefkühlfach liegt, weil es sonst zu kalt ist.

Deck die Eier zum Lagern im Keller mit Zeitungspapier zu oder wickle sie in Seidenpapier ein. Stell die Eier mit der Spitze nach unten in den Eierkarton. Sie dürfen sich nicht berühren.

Die KAG schickt dir gern ein Merkblatt über das Einlagern, Einfrieren und Einmachen von Eiern.

Qualität der Eier

Im Verkauf findest du Eier mit unterschiedlicher Qualität. Die Einteilung richtet sich nach den gesetzlichen Kriterien der Lebensmittelverordnung. Allerdings haben diese Kriterien nichts mit Umwelt- und Tierschutz zu tun, sondern berücksichtigen lediglich das Alter der Eier.

• Klasse Extra:

Die Eier der Klasse Extra sind besonders frisch. Zum Zeitpunkt ihres Verkaufs sind sie höchstens 17 Tage alt.

• Klasse A:

Anders als die Eier der Klasse Extra werden diejenigen der Klasse A bei tiefen Temperaturen gelagert. Sie können deshalb bis zu 10 Wochen alt sein, wenn du sie im Laden kaufst.

• Klasse B:

Die Eier der Klasse B sind nicht als solche gekennzeichnet. Mit wenigen Ausnahmen handelt es sich dabei um billigst eingekaufte Batterie-Eier. Oft erhältst du sie als Picknick-Eier farbig lackiert. Lackiert sind sie, damit sie nicht noch mehr austrocknen.

Zucker, Süssstoffe, Süssigkeiten

Es gibt keine Oekobilanz über die verschiedenen Zuckerarten und über die künstlichen Süssstoffe: brauner Zucker/Roh-Rohrzucker, Vollrohrzucker, Melasse, Kristallzucker weiss, Honig, Birnendicksaft, Fruchtzucker, Sorbit, Xylit, Mannit.

Wir können dir deshalb – von der Umwelt her gesehen – keinen Ratschlag zur Auswahl geben.

Am meisten entlastest du die Umwelt, wenn du weniger Zucker isst. Zucker belastet die Umwelt im Vergleich zu seinem Nährwert speziell stark (wie zum Beispiel auch Fleisch und Eier).

Zudem ist Zucker verantwortlich für Karies. Übermässiger Zuckerkonsum kann dich krank machen.

Schokolade, Pralinen, industrielles Gebäck und Riegel aller Arten

Auch über diese Produkte gibt es keine Oekobilanzen. In fast allen stecken Rohstoffe mit weiten Transportwegen. Zum Teil stecken sie in aufwendigen Verpackungen.

Wie kannst du die Umwelt beim Kaufen von Getränken entlasten?

- Du kannst die Produktion und das Verbrennen von Kunststoffflaschen und Verbundverpackungen vermeiden.
- Du kannst Einwegflaschen und Aluminiumdosen ins Recycling geben.
- Du kannst den Strom und das Heizöl für das Neugiessen von Einwegglasflaschen einsparen.
- Du kannst den Strassentransport von Wasser vermindern.
- Du kannst den Transport von Getränkekonzentraten aus andern Kontinenten vermindern.

Kaufe Getränke wenn möglich in Mehrweg-Glasflaschen.

Mehrwegflaschen heissen auch Zirkulationsflaschen oder Retourflaschen.

Die GetränkeherstellerInnen können Mineral- und Süsswasserflaschen etwa 20 bis 70 Mal waschen und neu füllen. Eine Bierflasche etwa 70 Mal. Beschädigte und zerbrochene Flaschen übergeben sie dem Glasrecycling.

Im Laden zahlst du für Mehrwegflaschen in der Regel ein Depot, damit du sie zurückbringst.

Wie auch Mehrwegflaschen die Umwelt belasten:

Das Formen einer Mehrwegflasche belastet die Umwelt relativ wenig, weil die Flasche 20 bis 70 Mal ihren Dienst tut.

Diese Tatsache macht die Mehrwegflasche zum bisher umweltfreundlichsten Gefäss für Getränke.

Der kleine Produktionsaufwand gleicht die folgenden Nachteile aus:

- Der Transport der Glasflaschen ist aufwendig. Glas ist im Vergleich zu Aluminium und Kunststoff ein schweres Material und braucht mehr Platz, also mehr Bahn- und Lastwagen, die fahren.
- Das Waschen der Flaschen belastet die Umwelt durch den Verbrauch an Wasser, Waschmitteln, Strom und belastet die Kläranlagen.

Mehrwegglasflaschen sind sinnvoll, wenn sie in einem Umkreis von etwa 100 Kilometern zirkulieren und wenn wir sie zu über 90 Prozent zurückbringen. Beides ist innerhalb der Schweiz in der Regel der Fall.

Du entlastest die Umwelt beim Mehrwegsystem zusätzlich, wenn du Mineralwasser und Süssgetränke kaufst, die in deiner Nähe abgefüllt werden.

Bestell Getränke in Mehrwegflaschen bei einem Hauslieferdienst.

Kannst du Glas-Mehrwegflaschen nicht gut tragen? Es gibt zahlreiche Geschäfte, die sie Dir gern harassenweise ins Haus liefern und die leeren Flaschen wieder mitnehmen.

Getränkedosen

Aluminiumdosen sind innerhalb der Schweiz eine vertretbare Getränkeverpackung.

Jedoch nur, wenn du alle leeren Dosen zum Recycling (zum Beispiel in die Aludosen-Spielautomaten) gibst.

Aludosen aus dem Ausland

Die meisten Getränke in Aluminiumdosen

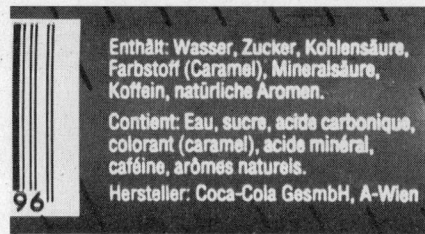

Enthält: Wasser, Zucker, Kohlensäure, Farbstoff (Caramel), Mineralsäure, Koffein, natürliche Aromen.
Contient: Eau, sucre, acide carbonique, colorant (caramel), acide minéral, caféine, arômes naturels.
Hersteller: Coca-Cola GesmbH, A-Wien

belasten die Umwelt unnötig, weil sie nicht aus der Schweiz stammen, sondern aus dem Ausland, zum Beispiel aus Wien (siehe Abbildung). Ihr Transport belastet die Umwelt unnötig.

- Verschiedene Zuckerwasser mit Geschmack füllen ihre HerstellerInnen nur deshalb im Ausland in Büchsen ab, weil es sie (samt Transport) weniger kostet.

Kauf solche Dosen der Umwelt zuliebe nicht. Für zu Hause und im Restaurant gibt es die meisten dieser Getränke auch in Mehrwegflaschen, die in der Schweiz abgefüllt sind.

- Ausländische Dosenbiere kommen zwangsläufig aus dem Ausland. Bei jenen, die von weit her stammen, zahlt die Umwelt für unsere Luxusansprüche einen unnötig hohen Preis. Wir haben in der Schweiz (immer noch) eine grosse Auswahl von ausgezeichneten einheimischen Bieren.

Wir können dir nur wenige Getränke in Aludosen empfehlen:

Nämlich jene, die in der Schweiz hergestellt und hier in die Dosen abgefüllt sind.

Und diese Empfehlung gilt wohlverstanden nur, wenn du die Dose in die Alusammlung gibst.

Einkaufen: Getränke

Einweg-Glasflaschen

Einwegglasflaschen belasten die Umwelt deutlich mehr als Mehrwegflaschen.

Das Einschmelzen und Neuformen von Glas verbraucht viel Strom und Heizöl. Für einen einzigen Gebrauch ist der Aufwand für die Umwelt enorm.

Trink wenn möglich nichts aus Einwegglasflaschen.

Zum Glück kannst du heute die meisten Arten von Getränken in Mehrwegflaschen kaufen.

Gib Einwegflaschen immer in die Glassammlung.

Es gibt immer mehr Geschäfte, die sämtliche Flaschen zurücknehmen, auch wenn du sie anderswo gekauft hast. Die Geschäfte nehmen dir damit den Weg zu einer Glassammelstelle ab. Sie behandeln – ausser den Pfandflaschen, den Joghurt- und den Rahmgläsern – sämtliche Flaschen als Einwegglas und übergeben sie dem Recycling.

Verbundverpackungen

Verbundverpackungen sind die Kartons, die innen mit Plastik und manchmal mit einer Aluminiumschicht belegt sind. Es sind die Kartons, in denen auch die Milch verpackt ist.

Diese Packungen lassen sich nur einmal verwenden, und du musst sie dem Hauskehricht zum Verbrennen übergeben. Sie belasten die Umwelt vor allem durch die Produktion des Kartons. Wir empfehlen dir, Getränke in solchen Verpackungen wenn möglich nicht zu kaufen.

Kunststoff-Flaschen

Verzichte vorläufig wenn möglich auf Getränke in Kunststoff-Flaschen.

Kunststoff-Flaschen landen heute zum grössten Teil noch im Hauskehricht. In der Schweiz funktioniert das Recycling für solche Abfälle noch nicht.

Die einzelnen Getränke

Wasser

Trotz allen Schreckensmeldungen:

In den allermeisten Ortschaften der Schweiz kannst du ohne Bedenken das Wasser aus dem öffentlichen Netz trinken. Je nach Grundwasserbrunnen oder Quelle schmeckt es sogar ausgezeichnet.

An manchen Orten enthält das Leitungswasser so viele Spurenminerale wie bekannte Mineralwasser. Mit diesen Stoffen sind wir in der Schweiz ohnehin ausreichend versorgt und brauchen sie uns nicht speziell zuzuführen.

Das Leitungswasser wird von den Wasserwerken streng kontrolliert und gereinigt. Quellen und Grundwasserbrunnen, die verunreinigt sind, werden gesperrt.

Ist das Leitungswasser nicht trinkbar, so erfährst du es von der Gemeinde.

Wasser aus der Leitung belastet die Umwelt wenig.

Trinkst du Leitungswasser, ersparst du der Umwelt den Transport von Wasser in Flaschen auf der Strasse und mit der Bahn. Du ersparst ihr die Produktion, das Waschen und das Neugiessen von Flaschen.

Das Leitungswasser belastet die Umwelt jedoch auch. Es benötigt ein Leitungssystem. Es braucht Strom für die Pumpen. Je nach Region leitet das Wasserwerk Fluss- oder Seewasser ins Grundwasser. Das Wasserwerk reinigt das Wasser in einem bis mehreren Vorgängen und setzt ihm je nach Qualität etwas Chlor als Desinfektionsmittel zu. Dennoch (oder gerade darum) ist unser Wasser trinkbar.

Dem Basler Leitungswasser

setzt das Wasserwerk Fluor zu. Gedacht ist das Fluor als Mittel gegen Karies.

Der Nutzen dieser Zwangsmedikation ist zweifelhaft. Die Zucker- und die FluorproduzentInnen begrüssen und fördern sie natürlich. Die Hauptschuld an Karies tragen jedoch eindeutig unser Zuckerkonsum und ungenügendes Zähneputzen.

Dieser Fluorzusatz ist jedoch (von der Umwelt her gesehen) kein Grund, in Basel Flaschenwasser zu trinken.

Einheimische Teesorten

Bereitest du dir Tees aus Kräutern aus der Schweiz und den Nachbarländern, belastest du die Umwelt weniger als mit irgendeinem Getränk aus Mehrweg- oder Einwegflaschen oder aus Dosen.

Du brauchst zwar etwas Strom, um das Wasser zu kochen. Umgerechnet ist das jedoch allemal weniger Energie, als die Produktion von Flaschen und Dosen und der Transport von Wasser auf der Strasse verschlingt.

Kräutertees und Heilkräutertees bekommst du in allen Drogerien und Apotheken offen. Du kannst Teekräuter auch in deinem eigenen Garten oder auf dem Balkon ziehen.

Mineralwasser

Sauberes Wasser in Flaschen abzufüllen, auf der Strasse zu transportieren und zu verkaufen, ist in Regionen sinnvoll, in denen es sonst kein sauberes Wasser, keine Brunnen und keine Wasserleitungen in die Häuser gibt.

Bei uns ist Flaschenwasser im Grunde ein überflüssiges Produkt. Es hat keine Wirkungen, die Leitungswasser und eine normale, gesunde Ernährung nicht auch hätten.

Flaschenwasser gehört hierzulande zu den unzähligen Luxusprodukten, mit denen wir die Umwelt belasten.

Trinkst du Flaschenwasser, so bevorzuge der Umwelt zuliebe schweizerisches aus einer Quelle in deiner Nähe und aus Mehrwegflaschen.

Verzichte auf Mineralwässer aus dem Ausland.

Sie belasten die Umwelt durch ihren Transport.

Die meisten Flaschen sind noch aus PVC. Dieses sollten wir eigentlich als Sonderabfall entsorgen, da es in den heutigen Kehrichtverbrennungsanlagen Salzsäure und Dioxine bildet.

Süssgetränke

Als Süssgetränke bezeichnen wir hier die unzähligen Wässer mit irgendwelchen Geschmäckern, die mit Zucker oder anderen Süssstoffen gesüsst sind.

Kaufe so wenige wie möglich fertig gemischt.

Willst bei der Wahl deiner Getränke etwas für die Umwelt tun, so kauf für zu Hause so wenige solche Wässer wie möglich.

Du ersparst der Umwelt den Strassentransport des Wassers, der Flaschen oder der Büchsen. Du ersparst ihr das Waschen und Neufüllen der Flaschen oder das Schmelzen des Aluminiums und seine Verarbeitung zu neuen Dosen.

Du kannst Süssgetränke zu Hause selber zubereiten.

Zum Beispiel aus unzähligen Kräuterteesorten.

Oder nimm Wasser und zum Beispiel

• Sirup (aus Mehrwegflaschen),

• konzentrierten Zitronensaft und wenig Zucker oder Süssstoff,

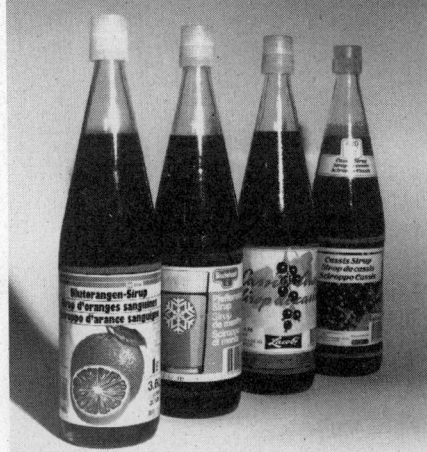

Sirup gibt es in 1-Liter-Mehrwegflaschen zum Beispiel mit Himbeer-, Erdbeer-, Zitronen-, Orangen-, Blutorangen-, Grapefruit-, Grenadine-, Pfefferminz-, Punsch- und anderen Aromen.

• Sprudeltabletten mit Geschmack (Tiki und ähnliches),

• Eisteepulver.

Sirup kannst du aus Früchten und Kräutern auch selber machen.

Kaufst du im Laden fertige Süssgetränke:

Bevorzuge solche aus der Schweiz und in Mehrwegflaschen.

Kaufe sie nur in Aludosen, wenn du die leeren Dosen wirklich der Alusammlung übergibst.

Kauf wenn möglich keine Süssgetränke in Einwegglasflaschen oder Kartonverpackungen.

Kauf keine Süssgetränke in Dosen aus dem Ausland. Kauf zum Beispiel kein Coca-Cola, Fanta und Sprite aus Wien, kein Pepsi-Cola aus Offenbach, kein Schweppes aus Hamburg.

Diese Getränke bekommst du in der Schweiz auch aus Mehrwegflaschen, die in der Schweiz abgefüllt sind.

Rivella

Rivella enthält unter anderem Milchserum, das in der Schweiz bei der Käseproduktion anfällt. Rivella bekommst du in Mehrwegglasflaschen.

Du bekommst es auch in Aludosen, die in der Schweiz abgefüllt sind. Kaufe diese jedoch nur, wenn du sie geleert der Alusammlung übergibst.

Fitness- und Sportgetränke

Bist du keine HochleistungssportlerIn, benötigst du – egal was die Werbung erzählt – solche Getränke nicht.

Hast du geschwitzt, trink Wasser. Willst du dabei rasch etwas Energie aufnehmen, ist auch irgendein gesüsster Tee oder Sirup gut. Willst du das Salz und die Mineralstoffe ersetzen, die du ausgeschwitzt hast, trink eine kalte Bouillon oder Vollmilch. Nötig ist das jedoch wie gesagt nicht.

Frucht- und Gemüsesäfte

Aus Schweizer Früchten und in Mehrwegglasflaschen bekommst du:

• Pasteurisierten Schweizer Apfelsaft (aus Konzentrat und Wasser) in Mehrwegflaschen das ganze Jahr in allen Geschäften, die Getränke verkaufen.

• Frisch gepressten Apfelsaft zur Erntezeit im Herbst in den meisten Läden.

• Traubensaft in Mehrwegflaschen bekommst du ebenfalls überall und das ganze Jahr.

Biologische Fruchtsäfte in Mehrwegflaschen

Pasteurisierten Apfel-, Trauben-, Kirschen- und Cassissaft aus schweizerischer biologischer Produktion (mit dem Knospe-Zeichen) bekommst du das ganze Jahr.

Biologische Fruchtsäfte in Einwegflaschen

Biotta pasteurisiert ihre biologischen Fruchtsäfte nicht. Damit die Säfte nicht verderben, kann sie Biotta bis heute nur in (fast) sterile Flaschen abfüllen.

Das führt dazu, dass Biotta ihre Säfte nur in neue Einwegflaschen abfüllt.

Die speziell naturreinen und naturbelassenen Säfte von Biotta erfüllen damit deine Ansprüche an eine besonders gesunde Ernährung. Biotta schont die Umwelt durch den biologischen Anbau ihrer Früchte und Gemüse.

Andererseits belastet Biotta die Umwelt mit ihren Einwegflaschen. Sie verkauft ihre Säfte auch zu einem beträchtlichen Teil in Einwegglasflaschen ins Ausland.

Es gibt Bio-Säfte in Einwegflaschen, die aus dem Ausland stammen. Von der Umwelt her gesehen: Ihr weiter Transport hebt die Vorteile des biologischen Anbaus wieder auf.

Kauf keinen Orangensaft und keine Säfte aus Tropenfrüchten.

Orangensaft ist bei uns sehr beliebt. Du entlastest jedoch die Umwelt, wenn du keinen kaufst, egal in welcher Verpackung. Der Grund für diesen Ratschlag ist die Herkunft des Orangensafts:

Orangensaft, den wir hier kaufen, stammt zu über 90 Prozent nicht aus Italien oder Spanien. Das Konzentrat, das die HerstellerInnen hier mit Wasser mischen, stammt zum grössten Teil aus Ländern wie Brasilien.

Wie wir mit dem Kauf solcher Produkte die Umwelt und die Menschen in den Herkunftsländern belasten, steht im Kapitel «Herkunftsort» auf Seite 1.3.

Dasselbe gilt für alle Säfte aus Tropenfrüchten: Mango, Papaya und so weiter.

Kaufst du dennoch Orangensaft, so wähle bitte solchen in Mehrwegflaschen.

Gemüsesäfte

Sinngemäss gilt für Gemüsesäfte dasselbe wie für Fruchtsäfte.

Säfte selber machen

Besitzt du eine Saftmaschine, kannst du Früchte- und Gemüsesäfte selber machen und frisch trinken.

Biere

Schweizer Biere und Biere aus dem nahen Ausland

Du bekommst alle Schweizer Biere in Mehrwegflaschen. Du erkennst die Mehrwegflaschen leicht: sie sind braun.

Du hast – trotz des Zusammenschlusses vieler Brauereien – immer noch eine grosse Auswahl an verschiedenen, ausgezeichneten Schweizer Bieren und an Bieren aus dem nahen Ausland.

Verzichte wenn möglich auf ausländische Biere.

Hast du Schweizer Bier gern, verzichte auf Biere, die von weit her importiert sind. Du ersparst der Umwelt ihren Transport, egal ob sie in Flaschen oder Dosen abgefüllt sind.

Ausländische Biere in Dosen sind zum Beispiel: Löwenbräu aus München, Karlsbräu aus Karlsberg, Becks aus Bremen.

In Flaschen (auch in Mehrwegflaschen) gibt es zum Beispiel Gold Ochsen aus Ulm, Kaiser aus Innsbruck, Pilsner aus Pilsen, alkoholfreies Clausthaler aus Frankfurt, Schlösser aus Düsseldorf.

Kauf keine Biere aus den USA oder aus Asien.

Kauf wenn möglich keine Sechser- und Zehnerpacks im Tragkarton. Der Karton ist eine aufwendige Verpackung. Die grünen Flaschen sind Einwegflaschen.

Harasse und Flasche sind hier Mehrweg-Verpackungen.

Schwarztee und Kaffee

Schwarztee und Kaffee importieren wir aus Ländern der dritten Welt. Im Kapitel «Woher kommen die Produkte?» findest du einige wenige Gedanken zu diesem Thema.

Du hast keine Möglichkeit, die Umwelt beim Genuss von Schwarztee oder Kaffee zu entlasten.

Ausser: du verzichtest auf sie.

Weine

Herkunft

Zu unseren verwöhnten Ansprüchen gehört, dass wir uns jederzeit Weine aus ganz Europa und immer mehr auch aus anderen Kontinenten auf den Tisch stellen können.

Du ersparst der Umwelt Transporte, wenn du Weine aus der Schweiz und unseren Nachbarländern bevorzugst.

Wenn wir an den Preis denken, den unzählige Menschen für unseren Weingenuss bezahlen, verschlägt es uns eher die Sprache.

Zum Beispiel setzen die GutsbesitzerInnen in vielen Weingebieten (auch in Europa) für die Traubenlese praktisch rechtlose, schlecht entlöhnte WanderarbeiterInnen an.

Wir wissen keinen Rat, wie du vermeiden könntest, Weine zu kaufen, die unter solchen Umständen entstehen.

Viele Weinbauern und -bäuerInnen schätzen es, die KäuferInnen ihrer Weine persönlich zu beraten. Sie zeigen dir ihre Keller, lassen dich die Weine degustieren und senden dir die Weine gern zu, die du bei ihnen bestellst.

Pflegst du solche Kontakte länger, kannst du auch mehr über die menschliche und technische Kultur erfahren, die mit den Weinen verbunden ist, die du trinkst.

Wählst du Weine aus biologischem und integriertem Rebbau,

so unterstützt du vor allem die Anbaumethoden für Trauben, die die Umwelt am wenigsten belasten.

Beim Keltern kommen auch die biologisch und integriert arbeitenden Weinbauern und -bäuerinnen nicht darum herum, etwas Schwefel als Hilfsmittel einzusetzen.

Wo findest du Bio-Weine?

• An Oeko-Messen kannst du solche Weine degustieren und bestellen.

• Im Alternativen Branchenbuch findest du Adressen von Weinhandlungen, die biologisch, integriert oder naturnah angebauten Wein verkaufen.

• In vielen Bio- und Reformläden und zum Teil auch in konventionellen Weinhandlungen bekommst du biologisch angebaute Weine aus Frankreich und Italien.

Biologischen Wein erkennst du am Signet der Knospe.

Auch beim Wein gibt es das Markenzeichen der Knospe für biologisch angebauten und verarbeiteten Wein.

In der Schweiz gibt es heute erst etwa 30 Bio-Weinbauern und -bäuerinnen. Eine Adressliste bekommst du beim Schweizerischen Bio-Weinbau-Verein (SBWV, c/o Forschungsinstitut für biologischen Landbau, Bernhardsberg, 4104 Oberwil, 061–401 42 22). Bestellen musst du die Weine direkt bei den Weinbauern und -bäuerinnen.

Es gibt Bio-Weinbauern und -bäuerinnen, die nicht dem SBWV angehören.

Ausländische Bio-Weine

Ausländische Bio-Weine tragen andere Signete als die Knospe. Weine aus Frankreich tragen zum Beispiel die Bezeichnung «Nature et Progrès» oder «Delica Natura».

Weine aus integrierter Produktion

Schweizer Weine aus integriertem Anbau tragen noch kein Signet.

Manche importierten Weine aus integrierter Produktion sind jedoch schon als solche bezeichnet.

Wein in Mehrwegflaschen

Das Mehrwegflaschen-System funktioniert bei Weinen heute erst bei den 1-Liter- und 1/2-Liter-Flaschen und bei den Zwei-Deziliter-Fläschchen richtig.

In solche Flaschen sind in der Regel Weine abgefüllt, die wir nicht lange im Keller lagern. Zwei Drittel des in der Schweiz getrunkenen Weins stammt aus diesen Mehrwegflaschen.

Der Umlauf der Flaschen ist rasch genug: Dieses Mehrwegsystem lohnt sich für die Umwelt.

Das Mehrwegsystem für Weinflaschen ist im Ausbau.

Es funktioniert jetzt teilweise auch bei den Schweizer 7-Deziliter-Flaschentypen der Firma Vetro Pack AG. Du erkennst diese Flaschen an einem dreiblättrigen Kleeblatt und der Zahl 70 cl (am seitlichen Rand des Flaschenbodens).

Die Coop-Genossenschaften Zentralschweiz und Basel sortieren diese Flaschen zum Teil aus, waschen sie und füllen sie neu ab.

Die Genossenschaft Vetrum, die seit 1974 Glassammelstellen betreut, sortiert diesen Flaschentyp bei einzelnen ihrer Glassammelstellen (in und um Zürich) aus. Sie liefert sie zum Waschen und Neuabfüllen an grosse Weinhandlungen.

Drei Viertel dieses Flaschentyps landen jedoch vorläufig noch als Altglas in der Glashütte und werden neu gegossen.

Wein in Einwegflaschen

Neben den Mehrwegflaschen gibt es immer noch Einwegflaschen in Hunderten Formen und Dutzenden Flaschenfarben und Glasqualitäten. Die meisten eignen sich nicht für ein Mehrwegsystem.

Bring die Einwegflaschen bitte zu einer Glassammelstelle.

Konservierst du Gemüse und Früchte aus dem eigenen Garten selber, kannst du die Umwelt schonen.

Bei Gemüsen und Früchten aus dem eigenen Garten verbrauchst du zum Konservieren zwar Strom oder Gas. Dafür musst du überschüssige Gemüse und Früchte nicht verderben lassen.

Du ersparst der Umwelt die meisten andern Belastungen, die mit gekauften Konserven verbunden sind, weil

• du dein Gemüse im eigenen Garten (höffentlich) biologisch oder sonst naturnah anbaust,

• die Produkte keinen Transport brauchen (weder in die Konservenfabrik etc. noch vom Laden zu dir heim),

• du Gläser und andere Behälter jahrelang immer wieder verwenden kannst.

Welche Konservierungsmethoden für die eigenen Produkte?

Es gibt darüber keine Oekobilanz.

Offensichtlich ist, dass Einlagern, Sonnendörren und Trocknen an der Luft praktisch keinen Strom und kein Gas verbrauchen.

Dörren mit anderer Energie als Sonnenenergie belastet die Umwelt stark.

Zu den andern Methoden (wie Sterilisieren, Einkochen, Heisseinfüllen, Pasteurisieren, Einsäuern, Einlegen) können wir dir von der Umwelt her keine Ratschläge geben.

Tiefkühlen belastet, wenn du eigene Gemüse und Früchte hast, die Umwelt nicht mehr als andere Methoden. (Vom Tiefkühlen raten wir nur für das Halten von kleinen Vorräten ab).

Willst du Konserven von biologisch angebautem Gemüse,

so musst du sie selber herstellen. In der Schweiz gibt es praktisch keine Konserven aus inländischer biologischer Produktion.

Es ist wenig sinnvoll, dass du die Umwelt mit den Transporten von Bio-Konserven aus dem Ausland belastest.

Baust du dein Gemüse und deine Früchte nicht selber an, so lass sie dir von Bio-GärtnerInnen und Bauerhöfen heimliefern. (Mach keine Extra-Autofahrt aufs Land, um dein Biogemüse zu kaufen.)

Konserven kaufen

Wir sprechen hier nur von Langzeitkonserven. (Nicht von den verarbeiteten Produkten wie Brot oder Würsten, die während einer kurzen Zeit geniessbar bleiben.)

Es gibt bisher keine zuverlässigen Oekobilanzen (vom Acker oder vom Meer bis auf den Teller) für konservierte Produkte.

Konserven statt Gemüse und Früchte aus der Jahreszeiten-Küche:

Darüber findest du einen Abschnitt im Kapitel «Einkaufen: Gemüse und Früchte».

Viele dieser Konserven (nicht alle) belasten die Umwelt im Vergleich zu den frischen Produkten durch:

• Zusätzliche Transporte: Wenn die Gemüse und Früchte nicht aus der Nähe stammen.

• Einwegverpackungen: Aufwendige Kartons, Dosen oder Gläser, die nur mit viel Aufwand rezyklierbar sind.

• Dauerverbrauch von Strom: Wenn du Tiefgekühltes zu Hause in einer Tiefkühltruhe lagerst.

Stammen sie nicht aus biologischem oder integriertem Anbau, so tragen sie nichts dazu bei, dass diese Anbauweisen an Boden gewinnen.

Kaufst du Konserven

statt frischen Gemüsen und Früchten, dann wähle wenn möglich solche,

• die von inländischen HerstellerInnen stammen

• und Gemüse und Früchte aus der Schweiz enthalten. (Beispiele siehe Kapitel «Einkaufen: Gemüse und Früchte».)

Kaufst du sie tiefgekühlt, dann lagere sie nicht ein, sondern verbrauche sie am selben Tag.

Wegen solchen Konserven allein solltest du zu Hause keine Tiefkühltruhe laufen lassen. Du verbrauchst dauernd unnötig viel Strom.

Wohnst du in einer Ortschaft, in der du während sechs Tagen pro Woche Tiefgekühltes kaufen kannst, so verzichtest du höchstens am Sonntag auf gekaufte tiefgekühlte Gemüse und Früchte. Dafür sparst du pro Jahr leicht 200 Kilowattstunden Strom.

Hat dein Kühlschrank ein Tiefkühlfach, das ohnehin dauernd mitgekühlt ist, kannst du darin tiefgekühltes Gemüse für eine Mahlzeit lagern.

Andere konservierte Produkte

Fische und andere Meeresfrüchte

Der Aufwand der Umwelt für diese Produkte ist auf jeden Fall gross. Viele stammen ohnehin nicht von den europäischen Küsten, sondern von weit weg, irgendwo aus den Weltmeeren. Ohne Kühlung oder irgendeine Form von Konservieren gelangen sie nicht geniessbar bis zu uns.

Bei Meerestieren hast du keine speziell umweltschonende Wahl.

Fertige Gerichte

Da es auch über sie noch keine zuverlässigen Oekobilanzen gibt, können wir dir vorläufig zu einzelnen Produkten keine Empfehlung geben.

Aus allgemeinen Überlegungen ergibt sich jedoch:

• Tiefgekühlte Fertiggerichte: Du sparst Strom, wenn du solche Gerichte zu Hause sofort verzehrst und keine Tiefkühltruhe für sie in Betrieb hälst.

• Kauf wenn möglich schweizerische Produkte aus inländischem Fleisch, Gemüse etc. Du ersparst der Umwelt Transporte. Lies auf der Packung genau nach, woher die Produkte stammen.

Zusatzstoffe im Essen und in Getränken

Unzählige Lebensmittel enthalten zum Beispiel Farben, Aromen, Süssstoffe, Salze, Mittel gegen das Verklumpen, Konservierungsmittel oder andere Zusatzstoffe.

Enthält: Crêpes (pflanzl. Fett, Weizenmehl, Vollei und Eiweiss, Stärke, Magermilchpulver, Emulgatoren, Lebensmittelfarbstoffe, Gewürze, Antioxidans), Kochsalz, Gemüse (Kefen, Chinakohl, Bärlauch, Lauch), Geschmacksverstärker, Stärkezucker, Hefeextrakt, Stärke, pflanzl. Fett, Fleischextrakt, Gewürze und Gewürzextrakte, Zucker, Sojasauce, natürliches Aroma.
Contient: Crêpes (graisse végétale, farine de blé, œuf entier et blanc d'œuf, amidon, lait écrémé en poudre, émulsifiants, colorants alimentaires, épices, antioxydant), sel, légumes (pois mange-tout, choux chinois, ail des ours, poireaux), exhausteur de la saveur, sucre d'amidon, extrait de levure, amidon, graisse végétale, extrait de viande, épices et extraits d'épices, sucre, sauce de soja, arôme natur.

Die Zusatzstoffe können natürlich gewachsen oder künstlich hergestellt sein.

Wir wissen nicht, ob und wie Zusatzstoffe die Umwelt belasten.

Wir wissen nichts über ihre Auswirkungen bei der Herstellung und wie sie später im Abwasser wirken.

Zusatzstoffe sind (im Prinzip) nicht gesundheitsschädlich.

Die Stoffe, die sich heute noch in den Lebensmitteln finden, sind (in Tierversuchen) streng getestet. Diese Stoffe sind ja nicht dazu bestimmt, uns zu vergiften, sondern sie sollen unser Essen für Auge, Nase und Gaumen appetitlich machen.

Getestet sind sie auch durch ihre massenweise Anwendung in Tausenden von Produkten mit Millionen von KonsumentInnen.

Nebenwirkungen von Zusatzstoffen

Einzelne Zusatzstoffe können (wie viele andere natürlichen und künstlichen Stoffe) unerwünschte Wirkungen auslösen: Hautreaktionen, Asthma, Kopfweh, Verdauungsstörungen.

Das Konsumentinnenforum der deutschen Schweiz kämpft seit Jahren und mit immer mehr Erfolg dafür, dass zum Beispiel

• die HerstellerInnen alle Zusatzstoffe auf den Lebensmitteln mit ihrer genauen Bezeichnung aufführen müssen,

• die Behörden Stoffe, die zu oft unerwünschte Wirkungen zeigen, verbieten

• und dass die Behörden Höchstmengen festsetzen.

Die Lebensmittel-HerstellerInnen verwenden einige Zusatzstoffe freiwillig weniger oder gar nicht mehr.

Willst du möglichst wenig Zusatzstoffe im Essen,

• kochst du mit möglichst vielen frischen Produkte der Jahreszeiten-Küche selber. So bestimmst du allein über die Zusatzstoffe in deinem Essen.

• kaufst du verarbeitete Produkte, die das Knospensignet.

Bei den biologischen Produkten ist auch die Verarbeitung geregelt. Die VSBLO schränkt die Zahl der erlaubten Zusatzstoffe stark ein.

Schadstoffe im Essen und in Getränken: Wir wissen zuwenig.

Wir Menschen produzieren seit zweihundert Jahren natürliche und selbstgebastelte Chemikalien in immer grösseren Mengen und verteilen sie ziemlich chaotisch über den Erdball.

Wir wissen nicht genau, was wir damit angerichtet haben.

Wir sehen jedoch, wie Tier- und Pflanzenarten um uns herum aussterben. Zum Teil, weil wir ihnen den Lebensraum weggenommen oder sie bis zur Ausrottung gejagt haben. Zum Teil, weil wir ihre Nahrung vergiftet haben, die wie die unsrige aus andern Tieren und Pflanzen besteht.

Die Suche nach Schadstoffen ist schwierig.

Wir sehen unserem Essen von blossem Auge nicht an, ob und welche Schadstoffe es enthält.

ChemikerInnen können nicht in jedem Salatkopf nach den Tausenden eventuell giftigen Substanzen suchen, die er enthalten könnte. Das ist technisch unmöglich. Also müssen sie eine Auswahl treffen.

In diese Auswahl kommen Stoffe, von denen etwas bekannt ist. Zum Beispiel dass sie giftig sind und dass die SalatproduzentInnen sie als Pflanzenschutzmittel einsetzen.

Aber die ChemikerInnen können nicht nach unbekannten Stoffen mit noch unbekannter Wirkung suchen.

Das bedeutet vielleicht, dass wir uns gegen Substanzen nicht schützen, die längerfristig gefährlicher sind als die uns jetzt bekannten.

Wir können uns nur beschränkt gegen Schadstoffe im Essen wehren.

Gesetzliche Verbote und Kontrollen

Der Bund und die Kantone verbieten heute schon eine Reihe von Pflanzenschutzmitteln und Mitteln für die Tiermast.

Sie setzen für eine Reihe von bekannten Schadstoffen fest, ob und in welchen Höchstmengen sie in Lebensmitteln vorkommen dürfen.

Sie führen stichprobenweise Kontrollen durch und gehen gegen Verstösse vor.

Dieses System ist alles andere als perfekt und leicht zu kritisieren. Überspanne jedoch deine Erwartungen nicht: beim heutigen Zustand der Umwelt kann keine Behörde die Schäden unter Kontrolle bringen, die wir alle miteinander anrichten.

Wir können dir keine Liste anbieten.

Fast alles, was wir essen, kann in einem be-

ESSEN, TRINKEN

Zusatzstoffe und Schadstoffe

stimmten Test einmal einen bestimmten Stoff in einer bedenklichen Menge enthalten haben.

Es gibt keine Übersicht, ob und welche konkreten Produkte von welchen ProduzentInnen aus welchen Regionen mit welchen bekannten Schadstoffen dauernd belastet sind.

Die unbekannten oder schwierig zu findenden Schadstoffe wären in einer Liste logischerweise ohnehin nicht enthalten.

Gemüse und Früchte kannst du waschen oder schälen.

Das gehört ohnehin zur normalen Sauberkeit beim Kochen.

Du wirst damit den allgemeinen Schmutz und die Rückstände von einzelnen Pflanzenschutzmitteln auf der Oberfläche oder sogar in der Schale los. Gegen die Schadstoffe, die die ganze Pflanze aufgenommen hat, kannst du nichts machen.

Du kaufst biologisch erzeugte Produkte.

Sie sind weniger mit Rückständen von Pflanzenschutzmitteln etc. belastet als die andern.

Die Bauern und Bäuerinnen können allerdings die überall vorhandenen Umweltgifte (aus der Luft, aus dem Wasser und aus dem Boden) auch nicht von ihren Produkten fernhalten.

Indem du biologisch oder integriert erzeugte Produkte kaufst, hilfst du mit, dass zumindest die Umweltbelastung mit Pflanzenschutzmitteln (und den Hilfsstoffen der Tiermast) eines Tages nicht mehr zunimmt und mit der Zeit vielleicht sogar zurückgeht.

Die Jahreszeiten-Küche

schützt dich auch vor einzelnen Schadstoffen:

Z.B. vor Nitrat: Nitrat reichert sich vor allem im Winter in Treibhausgemüsen an, wenn die Pflanzen zuwenig Licht und zuviel Dünger erhalten.

Das Wasser selber filtern?

Unser Leitungswasser ist – mit allem, was sich darin nachweisen lässt oder nicht – wirklich noch trinkbar (siehe Kapitel «Getränke»).

Wir raten dir ab, für dein Wasser einen sogenannten Wasserfilter anzuschaffen. Er filtert

zwar einige wenige Stoffe heraus. Aber du kannst nicht wissen (und die VerkäuferInnen dieser Filter wissen es auch nicht), ob diese Stoffe dir tatsächlich schaden würden.

Vor allem enthärten solche Filter das Wasser. Dies ist jedoch unnötig. Hartes Wasser ist nicht ungesund.

Wir wollen das Problem der Zusatzstoffe und Schadstoffe nicht kleiner scheinen lassen, als es ist.

Doch ein Gedanke gehört auch in dieses Kapitel:

Ärzte und Ärztinnen behandeln heute zahlreiche Krankheiten, die durch Essen und Trinken ausgelöst sind.

Die Ursache liegt meistens nicht bei schwer erkennbaren Stoffen, die in Spuren auftreten. Sondern bei: zuviel Zucker, zuviel Fett, zuviel Alkohol, zuviel von vielem anderem und zuwenig Bewegung.

Was du beim Kühlen und Kochen für die Umwelt tun kannst:

- Du kannst Strom oder Gas sparen.
- Du kannst mit den Geräten so umgehen, dass sie lange halten.

Wie dein Kühlschrank weniger Strom verbraucht

Öffnest du den Kühlschrank, strömt kalte Luft unten raus, und oben zieht warme Luft nach.

- Öffne deinen Kühlschrank nur kurz. So muss das Kühlaggregat nicht zusätzlich viel arbeiten.
- Schliess den Kühlschrank immer gut.
- Stell den Kühlschrank so ein, dass die Innentemperatur max. +5° C beträgt. Miss die Temperatur ab und zu mit einem Thermometer.
- Deck die Lüftungsschlitze des Kühlschranks (oben) nicht zu.
- Entstaube ab und zu den Wärmeaustauscher.

Dieser ist an der Rückwand beim Kühlschrank.

- Stell den Kühlschrank nicht neben den Kochherd oder die Heizung.
- Stell keine warmen Speisen oder Getränke in den Kühlschrank.
- Tau den Kühlschrank ab, wenn er vereist ist. Kratz Eisschichten nicht mit Messer, Schraubenzieher oder andern spitzen Instrumenten ab. Du könntest dabei das Kühlsystem verletzen und den FCKW entweichen lassen.
- Bildet sich jeweils rasch neues Eis, lass die Türdichtung auswechseln.

Die wirksamsten Möglichkeiten, beim Kochen Strom oder Gas zu sparen

Benütze wann immer möglich Pfannendeckel.

Mit einem Pfannendeckel, der gut schliesst, verkürzt du die Kochzeit um fast die Hälfte und verbrauchst entsprechend weniger Strom oder Gas.

Umgekehrt: Kochst du ohne Deckel, verbrauchst du mehr als doppelt so viel Strom oder Gas.

Beim Pfannenkauf: ist der Deckel im Preis der Pfanne nicht inbegriffen, so kauf ihn gleich

dazu. Der Grund: Bei ausländischen Pfannen bist du nicht sicher, ob du später einen Deckel findest, der auf die Pfanne passt.

Koch mit möglichst wenig Wasser.

Ein Zentimeter Wasser genügt zum Beispiel für Gemüse, Kartoffeln und Eier. Je weniger Wasser du erhitzt, desto weniger Strom oder Gas verbrauchst du.

Wähle das geeignete Kochgeschirr.

Je nachdem sparst du Strom oder Gas und Zeit,

wenn du z.B. den Dampfkochtopf benützt oder verschiedene Gerichte in Etagen übereinander kochst.

Wie du für heisses Wasser weniger Strom verbrauchst:

Bis zu einem Liter Wasser lohnt sich die Benützung des Tauchsieders. Grund: die Hitze des Metalls geht fast vollständig ins Wasser über. Du kannst auch einen Tauchsieder verwenden, wenn du sonst mit Gas kochst.

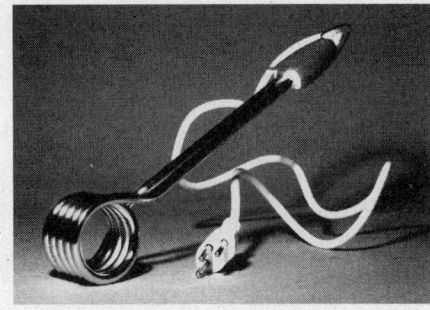

Der elektrische Wasserkocher (Caldor) funktioniert nach demselben Prinzip wie ein Tauchsieder. Du kannst in ihm bis zu 1,7 Liter Wasser kochen.

Kühlen und Kochen

Entkalke die Geräte regelmässig. Je mehr Kalk an den Heizstäben haftet, desto geringer ist die Stromeinsparung.

Für Kleinmengen

Ist für eine kleine Pfanne die kleinste Herdplatte oder Heizspirale zu gross, geht Wärme ungenützt verloren. Mit einem Mini-Rechaud sparst du Strom oder Gas, wenn du

- nur eine Tasse Milch heiss machst,
- dir portionenweise Tee aufgiesst,
- Kaffee in der Espresso-Kanne machst,
- in einem kleinen Pfännchen Butter zerlässt.

Benütz den Kochherd nicht zum Auftauen.

Verzichte darauf, Tiefgefrorenes auf der heissen Herdplatte aufzutauen.

Nimm das Tiefgefrorene rechtzeitig aus der Kühltruhe oder dem Kühlfach und lass es bei Raumtemperatur auftauen.

Besonderheiten beim Kochen mit Gas

Auf dem Gasherd kannst du auch Pfannen mit unebenen Böden benützen.

Wasser und anderes Kochgut, das nicht anbrennen kann, nur schnell erhitzt wird und nicht lange warm bleiben muss, kannst du in alten Töpfen mit dünnem, unebenem Boden kochen.

Kochgut mit langen Garzeiten kochst du besser in Isolierpfannen. Du sparst Gas. Beim Kochen in der Isolierpfanne heizt du kurz und intensiv auf und kochst auf kleinster Flamme zu Ende.

Pass das Kochgeschirr der Flamme an. Nicht umgekehrt.

Wähle wenn möglich niedriges, weites Kochgeschirr, damit du die volle Leistung der Gasflamme ausnützen kannst.

Stelle die Flamme so ein, dass die Flammenspitzen nicht über den Boden hinauszüngeln.

Halte die Brenner sauber, damit sie ihre volle Leistung erbringen.

Dass ein Flammenschutz (Flammensieb, Wärmeverteilplatte) helfen soll, Gas zu sparen, stimmt nicht. Mit den meisten Modellen brauchst du sogar mehr Gas als ohne.

Besonderheiten beim Kochen auf Elektroherden

Die Kontaktfläche zwischen Pfanne und Kochplatte muss möglichst gross sein.

Die Kontaktfläche ist am grössten, wenn der Boden des Kochgeschirrs im kalten Zustand ganz leicht (etwa ein Drittel Millimeter) nach innen gezogen ist.

Durch das Erwärmen biegt sich der Boden zur Fläche der Kochplatte hin und liegt dort während des Kochens (mehr oder weniger) eben auf.

Kochst du mit einer Pfanne, deren Boden in heissem Zustand nicht eben ist, brauchst du mehr Strom.

Ob sich der Boden des kalten Kochgeschirrs leicht nach innen wölbt, findest du heraus, indem du ein Lineal an den kalten Pfannenboden hältst.

Du kannst die Wölbung nicht feststellen, indem du die Pfanne auf die Gussplatte stellst: die meisten Platten sind niemals ganz plan, auch neue nicht. Unebene Kochplatten sind ebenso häufig wie unebene Pfannenböden.

Ist der Pfannenboden in kaltem Zustand eben oder nach aussen gewölbt, so wölbt er sich durch das Erhitzen (noch stärker) nach aussen. Die Kontaktfläche zur Platte ist kleiner. Du brauchst zum Kochen mehr Strom.

Bei Kochgeschirr mit einer stabilen Bodenkonstruktion lohnt es sich, den Boden richten zu lassen.

Kochen auf Gussplatten

Pfannenboden und Platte sollen in der Grösse übereinstimmen.

Ist die Pfanne ein wenig grösser als das Kochfeld, ist das nicht schlimm. Die Wärmeverteilung ist trotzdem gut.

Ist der Pfannenboden kleiner als die Heizzone, geht Wärme ungenutzt verloren.

Ist die kleinste Platte für ein Pfännchen, das du häufig benützt, zu gross, lohnt sich die Anschaffung eines Mini-Rechauds.

Platten nicht vorheizen

Elektrische Kochplatten erwärmen sich rasch. Schalte sie erst nach dem Aufsetzen der Pfanne ein.

Nutze die Restwärme aus.

Trockenreis, Mais, Saucen etc. kannst du nach dem Aufkochen mit der Restwärme garkochen.

Bei anderen Gerichten kannst du (bei einer Kochzeit von 45 Minuten und mehr) die Gussplatte 10 Minuten vor Kochende abstellen.

Beim Erhitzen von Wasser kannst du ungefähr eine Minute vor dem Siedepunkt abstellen.

Du kannst die Restwärme auch für das Erhitzen von Abwaschwasser benützen. So verbraucht der Boiler weniger Strom oder Gas.

Kochst du auf der gleichen Platte hintereinander verschiedene Sachen, sparst du Strom, weil die Aufheizzeit wegfällt. Zum Beispiel:

- Du brätst zuerst die Rösti und dann die Spiegeleier.
- Du kochst zuerst den Reis und brätst dann das Fleisch.

Platten pflegen

Säubere die Heizzone immer sofort von verdickten, eingebrannten Stellen. Sie vermindern die Wärmeübertragung und machen die Platte uneben.

Gussplatten müssen möglichst eben sein.

Vollständig plane Gussplatten gibt es jedoch nicht.

Prüfe sie mit einem Lineal. Wölben sie sich deutlich nach innen oder aussen, musst du sie ersetzen. Du kannst sie nicht reparieren lassen.

Wer ersetzt defekte Gussplatten?

- Die Kochherdfirma

- Das Elektriker-Fachgeschäft
- Spezialisierte Kochherd-Flicker

Das Elektrizitätswerk in deinem Kanton weiss Bescheid und kann dir Adressen angeben, wenn du ihm die Herdmarke nennst.

Kochen auf dem Glaskeramik-Herd

Zum Vergleich mit Gusskochplatten

Die Kochzeit ist bei Keramikkochstellen (je nach Typ) manchmal um einzelne Minuten länger. Dafür brauchen sie jedoch deutlich weniger Strom als Gusskochplatten.

Verwende gutes Kochgeschirr.

Wie bei den Gusskochplatten musst du auf Keramikkochstellen Kochgeschirr verwenden, dessen Boden in heissem Zustand eben ist und die Wärme gut verteilt.

Ungeeignet sind dünne Aluminiumpfannen, Stahlpfannen, Stahl-/Emailpfannen mit dünnem Boden und rostfreies Geschirr ohne Wärmeverteilboden. Die Kontaktfläche zwischen ihren Böden und der Kochstelle ist oft zu gering. Du verbrauchst unnötig Strom.

Der Pfannenboden darf höchstens 1 Zentimeter kleiner und höchstens 2,5 Zentimeter grösser sein als die beheizte Kochzone. Ist er zu gross, liegt ein Teil des Bodens auf der kalten, unbeheizten Fläche. Dort verliert er unnötig Wärme. Ist er zu klein, heizt die Kochstelle unnötig die Luft um die Pfanne herum auf.

Aluminiumpfannen sind auf Keramikkochplatten ungeeignet, weil die Keramikfläche das Aluminium abschmirgelt. Den Abrieb kannst du oft nur noch mit speziellen Reinigern entfernen.

Schone die Keramikfläche.

Die Glasfläche kann zerbrechen oder springen, wenn du harte, spitze Gegenstände (zum Beispiel Gewürzgläser) darauf fallen lässt.

Rüste das Gemüse nicht über der Glasplatte. Es kann Sand und andere kratzende Teilchen enthalten. Kratzer in der Keramikplatte kannst du nicht mehr entfernen. Eine zerkratzte Platte leitet die Wärme schlechter. Du verbrauchst unnötig mehr Strom.

Ziehe schwere Pfannen und Töpfe nicht über die Glasfläche. Hebe sie an.

Reinige die Glaskeramik-Fläche richtig.

Säubere das Kochfeld, wenn nötig, vor dem Erkalten mit einem Schaber für Glaskeramik-Kochfelder.

- Eingebrannter Zucker und Fruchtsäure können die Oberfläche des Kochfeldes abplatzen lassen.
- Verdickter, eingebrannter Schmutz isoliert und macht das Kochfeld uneben (die Kontaktfläche von Kochfeld und Pfannenboden wird kleiner). Du verlierst Wärme und verbrauchst unnötig viel Strom.

Befolge im übrigen genau die Reinigungsanleitung der HerstellerInnen.

Kochfelder nicht vorheizen

Sie erwärmen sich rasch. Schalte sie erst ein, wenn du die Pfanne aufgesetzt hast.

Besonderheiten beim Kochen auf Rohrkochplatten

Spielraum bei der Pfannengrösse

Die Pfannen dürfen nur bis zu zwei Zentimeter grösser sein als die Spirale. Sonst verlängert sich die Kochzeit, weil Wärmestauungen entstehen und der Temperaturregler nicht mehr richtig funktioniert.

Heize Rohrkochplatten nicht vor.

Sie erwärmen sich rasch. Schalte sie erst nach dem Aufsetzen der Pfanne ein.

Das Putzen der Rohrkochplatten ist sehr einfach.

Verschmutzungen, die bei anderen Herdarten zu Unebenheiten führen, verbrennen am Rohr.

Richtiger Umgang mit dem Backofen

Vorheizen ist fast nie nötig.

Du musst die wenigsten Gerichte bei konstanter Temperatur backen (auch wenn in den Kochbüchern etwas anderes steht). Ausnahmen sind Fruchtwähen mit geriebenem Teig, Kleingebäck und Soufflés.

Du sparst immer Strom oder Gas, wenn du den Backofen nicht fünfzehn Minuten lang leer vorheizt, auch wenn das eine oder andere Gericht ein paar Minuten länger hat, bis es gar ist.

Stell frühzeitig ab.

Dauert die Backzeit länger als 30 Minuten, kannst du den Ofen 3 bis 6 Minuten (je nach Gargut) vor Backende abstellen. Dann darfst du die Türe nicht mehr öffnen, bis du das Backgut herausnimmst.

Die Restwärme kannst du vielleicht noch zum Tellerwärmen oder für das nächste Gericht nutzen.

Öffne die Backofentür nicht aus Neugier. Bei jedem Öffnen der Tür geht Wärme verloren.

Setz den Backofen sinnvoll ein.

Verwende ihn nicht

- zum Auftauen von Tiefkühlprodukten,
- als Raumheizung,
- für das Wärmen oder Garen kleiner Portionen.

Verwende zum Dörren nur Heissluft- und Umluft-Backöfen, bei denen du auf vier bis sechs Ebenen gleichzeitig dörren kannst. Bei andern Backöfen verbrauchst du zum Dörren unsinnig viel Strom. Am besten dörrst du mit einem Sonnendörrer.

Verwende zum Toasten von Brot nur Heissluft- und Umluft-Backöfen, bei denen du auf zwei oder drei Ebenen gleichzeitig toasten kannst, und toaste nur grosse Mengen Toastbrot. Sonst verbrauchst du für wenig Toastbrot unsinnig viel Strom.

Beim Backen und Grillieren verbrauchst du mehr Strom oder Gas als beim Garen und Dünsten auf dem Herd. Hast du einen Heissluft- und Umluft-Backofen, nutzt du den Strom besser, wenn du auf zwei bis drei Ebenen gleichzeitig etwas backst.

Kühlen und Kochen

Backen mit Gas, Heissluft und Umluft

In diesen Backöfen zirkuliert die Luft, und die Wärmeverteilung ist ziemlich gleichmässig.

Du kannst auf mehreren Ebenen gleichzeitig backen. Backst du Schinkengipfeli auf der oberen Rille, kriegt der Gratin auf der unteren Rille immer noch eine schöne, braune Käsekruste. Du kannst auch süsse und gesalzene Speisen zusammen im Ofen backen. Konfekt kannst du auf zwei oder drei Blechen gleichzeitig backen. Damit sparst du Strom oder Gas.

Backbleche und Gitterroste kannst du in Haushaltgeschäften und grösseren Warenhäusern kaufen.

Backen mit Ober- und Unterhitze

Du kannst nur auf einer Etage aufs Mal backen, gratinieren und braten.

Du kannst aber auf mehreren Ebenen gleichzeitig Speisen aufwärmen, solange sie keine Kruste bilden sollen.

Grillieren

Benütze keinen Drehspiess, wenn du während des Grillierens die Backofentür offenlassen musst. Du verbrauchst unnötig viel Strom.

Backofen-Reinigung

Von Hand geht es am umweltschonendsten.

Wische die Backofenwände immer unmittelbar nach dem Gebrauch mit Wasser und, wenn nötig, einem milden Allzweckreiniger ab.

Verwende ein Bodenblech, das du zum Putzen rausnehmen kannst. Für Backöfen mit innenliegender Unterhitze gibt es dafür spezielle Alufolien, die du mehrere Jahre verwenden kannst.

Hast du einen Backofen mit katalytischer Selbstreinigung:

Heize nie den leeren Ofen, um hartnäckige Rückstände zu entfernen. Du brauchst unsinnig viel Strom oder Gas.

Die katalytische Selbstreinigung funktioniert so: Während des normalen Backvorgangs wandeln speziell behandelte Innenwände Fettspritzer etc. in Stoffe um, die du einfach mit einem weichen Tuch wegwischen kannst. Schliesse nach dem Backen sofort den Backofen, damit die Restwärme die katalytische Selbstreinigung verlängert.

Starke Verschmutzungen und vor allem zukkerhaltige Spritzer entfernt die katalytische Reinigung jedoch nicht. Ersetze die Innen-

wände deswegen nicht (spart Rohstoffe), sondern putze sie von Hand (s. oben).

Die Spezialwände verlieren nach zehn bis zwölf Jahren ihre Wirkung.

Verzichte ganz auf die pyrolytische Selbstreinigung.

Für eine einzige Reinigung verbrauchst du 4–6 kWh.

Die pyrolytische Selbstreinigung funktioniert so: Während 2–3 Stunden ist der leere Backofen 500°C heiss und verbrennt dabei die Rückstände.

Der richtige Umgang mit Pfannen und Töpfen

Zerkratze sie nicht, dann halten sie länger.

Kunststoffbeschichtete Pfannen sind speziell empfindlich. Verwende Holzkellen.

Verwendest du für alle Pfannen und Töpfe Holzwerkzeug, musst du dir keine Gedanken machen, welches Kochgeschirr welches Gerät verträgt.

Vermeide schockartige Temperaturunterschiede.

Stelle leere Pfannen nie auf heisse Herdplatten. Fülle einen stark erhitzten Topf nie mit kaltem Wasser. Unter der schockartigen Abkühlung oder Erhitzung können Pfannenboden und -beschichtung leiden.

Pflege von Gusseisen-, Eisen- und Stahlpfannen

Spüle sie ohne Abwaschmittel aus, trockne sie gut ab und reibe sie mit Öl ein, damit sie keinen Rost ansetzen.

Pfannen reparieren

Lässt du eine Pfanne reparieren statt sie wegzuwerfen, sparst du die Rohstoffe und den Strom (rund 15 kWh), die die Herstellung einer neuen Pfanne verbraucht.

Wann lohnt sich das Reparieren?

Am meisten bringen Reparaturen an qualitativ hochwertigen Chromstahl- und Aluminiumsowie an den unverwüstlichen Eisen- und Gusseisenpfannen mit mindestens 4 mm dikken Böden. Sie halten nach dem Reparieren nochmals viele Jahre.

- Du kannst verzogene Böden richten lassen.
- Du kannst eingebrannte und verkrustete Pfannen säubern lassen.
- Du kannst defekte Stiele und Griffe ersetzen lassen.

Wo du deine Pfannen reparieren lassen kannst:

Die meisten HerstellerInnen von Kochgeschirr führen für ihre eigenen Produkte eine Serviceabteilung. Schicke vor allem Schnellkochtöpfe ihnen zu. Sie können sie am besten fachgerecht reparieren.

In der Regel nehmen Fachgeschäfte und die Fachabteilungen in Warenhäusern defektes Kochgeschirr entgegen und leiten es zum Reparieren an die richtige Stelle weiter.

Du kannst deine Pfannen auch in Werkstätten geben (per Post oder bringen), die sich auf das Ausbessern von Pfannen spezialisiert haben.

Sie reparieren alle Marken jeden Alters, sofern das benötigte Material noch vorhanden ist.

Aargau: Max Meuschke, Luzernerstrasse 815, 5712 Beinwil am See, Tel. 064/71 24 42

Luzern: Bruno Huser, Chäppelihof, 6264 Pfaffnau, Tel. 062/84 14 72

St. Gallen: Hermann Zimmermann, Rorschacherstr. 95, 9438 Lüchingen, Tel. 071/75 18 66 (nur an Samstagen).

Zürich: Walter Steck, Herbstweg 51, 8050 Zürich, Tel. 01/40 51 27 (ab 16.30 Uhr und samstags).

Wann lohnt sich das Reparieren nicht mehr?

- Kochgeschirr (auch Edelstahlgeschirr), das du auf einem Gasherd leer überhitzt hast, lässt sich meistens nicht mehr reparieren.
- Ein defekter Emailbelag lässt sich nicht reparieren.
- Teflonpfannen kannst du nicht neu beschichten lassen.
- Alte, dünnbodige, ausgebeulte Alu-Pfannen lohnen eine Reparatur nicht.

Was du beim Kauf von Kühlgeräten, Kochgeschirr, Kochstellen und Backöfen für die Umwelt tun kannst:

- Du kannst Kochstellen und Backofen separat kaufen, damit du keinen zu grossen Backofen kaufst.
- Du kannst unter mehreren Modellen eines Geräts jeweils dasjenige wählen, das am wenigsten Strom oder Gas verbraucht, auch wenn es mehr kostet.
- Du kannst ganz auf Geräte verzichten, auf die du nicht unbedingt angewiesen bist; zum Beispiel auf Tiefkühlgeräte, Long Fresh, Mikrowellenöfen.

Kühlschränke

Spezielle Stromsparkühlschränke gibt es nicht.

Kauf wenn möglich keinen Absorber-Kühlschrank.

Absorber-Kühlschränke brauchen mehr als doppelt so viel Strom wie Kompressor-Kühlschränke.

Absorber-Kühlschränke kühlen lautlos. Die modernen Kompressor-Kühlschränke kühlen jedoch auch fast geräuschlos.

Absorber-Kühlung haben vor allem kleine Kühlschränke. Von der Umwelt her gesehen ist es bei Kühlschränken sinnvoller, du kaufst ein etwas grösseres Gerät. Das grössere belastet zwar die Umwelt bei der Produktion mehr, das gleicht sich nach wenigen Jahren Betrieb jedoch aus, weil es viel weniger Strom verbraucht.

Kauf also einen Kompressorkühlschrank.

Kühlschränke mit Kompressor brauchen nur halb so viel Strom wie Absorber-Kühlschränke.

Kompressorkühlschränke erzeugen die Kälte durch Druck. Sie haben einen Kompressor mit Motor. Bei den neueren Modellen hörst du nur noch, wie sich der Motor einschaltet, das Laufen des Motors macht keinen Lärm mehr.

Kühlschränke ohne Tiefkühlfach

Hast du ein separates Tiefkühlgerät, dann kauf einen Kühlschrank ohne Gefrierfach und ohne Tiefkühlabteil.

Vergleiche den Stromverbrauch der Geräte. Besser isolierte Geräte verbrauchen weniger Strom.

Die Sterne auf deinem Kühlschrank bedeuten:

* Das Kühlfach kühlt mindestens auf minus 6 Grad ab. Du kannst darin Eiswürfel erzeugen.

** Das Tiefkühlfach kühlt mindestens auf minus 12 Grad ab. Du kannst damit Eiswürfel einfrieren und Glace ein paar Stunden lagern.

*** Das Tiefkühlfach kühlt mindestens auf minus 18 Grad ab. Du kannst kleine Speisereste einfrieren. Du kannst bereits Tiefgefrorenes darin lagern.

**** Das Tiefkühlfach kühlt auf mindestens minus 18 Grad und tiefer ab. Hier kannst du kleinere Portionen Lebensmittel einfrieren: nicht mehr als 1 kg im Tag.

Kücheneinrichtung kaufen

Long Fresh / SKS-Climatic

Für StadtbewohnerInnen, die täglich ausser Sonntag Gemüse und Früchte in nächster Nähe kaufen können, sind Geräte wie der Long Fresh oder der SKS-Climatic in der Regel unnötig. In ihren Haushalten belastet er nur unnötig die Umwelt.

Ist für dich das regelmässige Einkaufen schwierig oder hast du einen grossen Gemüsegarten, aus dem du dich selber mit Gemüsen versorgst? Dann ersetzen dir solche Geräte den kühlen, feuchten Keller, den es heute in den meisten Häusern nicht mehr gibt. Du kannst darin Gemüse und Früchte längere Zeit aufbewahren.

In diesen Geräten beträgt die Luftfeuchtigkeit 80 bis 90 Prozent. Dadurch bleibt Gemüsen und Früchten die Feuchtigkeit erhalten.

Die Innenluft erneuert sich pro Tag zwei- bis dreimal. Die eingelagerten Lebensmittel nehmen voneinander weniger Gerüche an.

Ein Ventilator verteilt die Kälte im ganzen Kühlraum.

Je nach eingestellter Temperatur kannst du einen Long Fresh oder SKS-Climatic auch als Kühlschrankersatz gebrauchen.

Kühlschrank-/ Tiefkühler- kombinationen

Bei diesen Kombinationen sind Kühlschrank und Tiefkühler in einem Möbel zusammengefügt. Sie haben separate Türen.

Kauf keine Kombination mit nur einem Kühlsystem.

Viele Kombinationen haben nur ein Kälteaggregat für die zwei Geräte. Das hat Nachteile:

• Entweder sind beide Geräte in Betrieb oder keines. Gehst du in die Ferien, kannst du nicht den Kühlschrank, den du während den Ferien nicht brauchst, allein abstellen.

• Stellst du das Tiefkühlfach längere Zeit tief ein, kühlt auch der Kühlschrank tiefer. Kühlt er tiefer als 5 Grad über Null, verbraucht er unnötig Strom.

Diese Nachteile vermeidest du mit einer

Kühl-/Gefrierkombination mit 2 Aggregaten.

Hier verfügen beide Geräte über ein eigenes, unabhängiges Kühlsystem.

Gehst du in die Ferien, leerst du den Kühlschrank und schaltest ihn aus. Du lässt nur den Tiefkühlteil weiterlaufen (wenn überhaupt).

Tiefkühlgeräte

Kauf nur eines, wenn es von der Umwelt her gesehen sinnvoll ist (siehe Seite 1.52).

Pro Person brauchst du zum Einlagern

• von schon tiefgekühlten Produkten: 50 l Nutzinhalt,

• von eigenen Produkten (aus dem Garten): 60–80 l Nutzinhalt,

• von grossen Mengen aus dem Garten: ca. 100 l Nutzinhalt.

Stromspartruhen

belasten von allen Tiefkühlgeräten im privaten Haushalt die Umwelt am wenigsten: sie brauchen am wenigsten Strom, weil sie besonders gut isoliert sind. Sie verbrauchen pro Tag ca. 0,3 kWh pro 100 l Nutzinhalt.

Bei Stromausfall behalten sie ihre tiefe Temperatur länger als normale Geräte. Deine Chancen, das Kühlgut noch zu retten, sind grösser.

Andere Tiefkühltruhen verbrauchen pro Tag ca. 0,4 bis 0,6 kWh Strom auf 100 l Nutzinhalt, im schlimmsten Fall also doppelt soviel wie eine Stromspartruhe.

Tiefkühlschränke

haben Schubladen und damit den Vorteil, dass du darin leichter Ordnung hältst als in einer Truhe. Du musst dich also weniger anstrengen, um den Überblick über den Inhalt zu behalten.

Ihr Nachteil ist, dass sie mehr Strom brauchen als Stromspartruhen.

Wähle, wenn schon, einen Stromsparschrank.

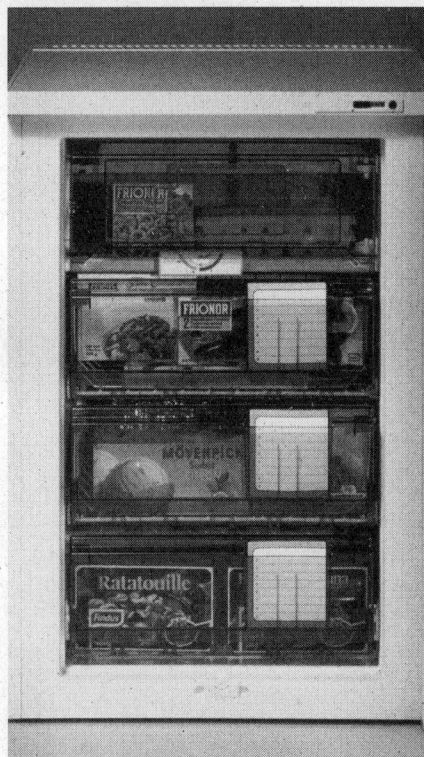

Er ist besonders gut isoliert und verbraucht von den Schränken am wenigsten Strom (etwa 0,5 kWh pro Tag pro 100 l Nutzinhalt).

Andere Tiefkühlschränke brauchen bis dreimal so viel Strom wie eine Stromspartruhe.

Anschaffung von Kochherden und Backöfen

Kochmulde und Backofen kombiniert?

Prüfe vor dem Kauf eines Herds mit Backofen, wie gross der Backofen für dich eigentlich sein muss.

Kaufst du einen zu grossen Backofen – das kommt häufig vor –, wirst du bei seiner Benützung dauernd unnötig viel Strom oder Gas verbrauchen.

In einem solchen Fall ist es sinnvoller, du kaufst separat eine Kochstelle und einen kleinen Backofen.

Du kannst gut eine Gaskochstelle und dazu einen elektrischen Kleinbackofen kaufen.

Gasherd oder Elektroherd?

Wir wissen nicht, welcher von beiden die Umwelt weniger belastet.

Die Vorteile von Gasherden:

Erdgasbrenner nutzen die Energie, die im Gas steckt, besser als Elektroplatten die Energie des Stroms.

Gasbrenner regelst du ohne Zeitverlust und sehr fein. Schaltest du das Gas aus, bleibt praktisch keine ungenutzte Restwärme übrig.

Ein grosser Nachteil: Gas ist ein Rohstoff, den wir nicht erneuern können. Irgendwann einmal wird Erdgas aufgebraucht sein.

Kaufst du einen Gasherd:

Kochstellen mit zwei Brennerkronen verteilen die Wärme auf dem Pfannenboden gleichmässiger, und sie lassen sich besser regulieren.

Kaufst du einen Elektroherd:

Glaskeramik-Kochstellen verbrauchen am wenigsten Strom.

Ausblick: der Induktions-Kochherd

Diese Herde werden zum Kochen weniger Strom brauchen als die bisherigen.

Beim Induktionsherd erhitzt sich nicht die Kochplatte, sondern – durch Magnetfelder angeregt – direkt der Pfannenboden.

Du kannst auf dem Induktionsherd so schnell kochen wie auf einem Gasherd.

Da keine Restwärme in der Kochplatte verbleibt, geht auch keine verloren.

Die Pfannen für diese Herde müssen aus magnetisierbarem Metall bestehen. Sie müssen also aus Eisen, Stahl, Guss oder Stahlemail sein. Kupfer und Aluminium sind nicht magnetisierbar.

Einige schweizerische HerstellerInnen produzieren bereits Kochgeschirr, das du auch auf Induktionsherden besonders gut verwenden kannst: mit extra massiven Böden, die die erzeugte Wärme gut verteilen. Der Multitherm hat zusätzlich gut isolierende Doppelwände und Doppelwand-Deckel.

Neuanschaffung von Backöfen

Wir wissen nicht, welche Backöfen die Umwelt mehr und welche sie weniger belasten.

Kauf vor allem keinen zu grossen Backofen.

Alte Backöfen

Ist dein Backofen älter als zehn Jahre, ist er möglicherweise weniger gut isoliert als die neueren Modelle. Dann verbraucht er unnötig viel Gas oder Strom.

Das ist der Fall, wenn er länger als zehn Minuten braucht, um die Temperatur von 200° zu erreichen.

Anstatt an einer Aussenisolation zu basteln, lohnt es sich für die Umwelt mehr, wenn du dir einen neuen, gut isolierten Backofen mit Sichtfenster kaufst.

Das Sichtfenster hilft dir Strom oder Gas sparen, weil du den Ofen weniger oft öffnen musst, um zu wissen, wie braun ein Backgut schon ist.

Elektro-Backöfen:

Heissluft und Umluftbacköfen haben gegenüber den konventionellen den Vorteil, dass du in ihnen auf mehreren Etagen gleichzeitig backen, gratinieren und garen kannst. Das braucht weniger Strom (vorausgesetzt, du backst nicht nur einmal im Jahr).

Backofen mit eingebautem Grill

Es gibt Modelle, bei denen beim Grillieren mit Drehspiess die Backofentüre offenbleiben muss. Kauf keinen solchen Ofen oder setze ihn

Kücheneinrichtung kaufen

nur ohne Drehspiess ein. Durch die offene Tür geht unsinnig viel Wärme verloren.

Backofen-Selbstreinigung

Viele Elektrobacköfen und auch einige wenige Gasbacköfen werden heute mit Selbstreinigung angeboten.

Wir raten dir ab von der pyrolytischen Reinigung.

• Du heizt den Ofen während zwei bis drei Stunden leer bei ca. 500°C . Die Rückstände an den Backofenwänden verbrennen.

• Nach der Reinigung musst du Backbleche, Rost und Tropfschale nur noch mit einem feuchten Lappen abwischen.

• Das machst du alle zwei bis drei Monate.

• Du verbrauchst ca. 4 kWh Strom pro Reinigung.

• Bei manchen Modellen gehen extreme Verschmutzungen nicht einmal weg. Der Aufwand ist dann auch noch unnötig.

Hast du schon einen Backofen mit pyrolytischer Reinigung, verzichte auf ihren Einsatz. Wisch die Wände mit feuchtem Lappen und wenig mildem Reinigungsmittel sofort nach Gebrauch ab.

Katalytische Selbstreinigung

Diese funktioniert so: Die Innenwände des Backofens sind aus einem speziellen Material. Normale Verschmutzungen lösen sich schon während dem Backen wieder auf.

Bereits eingebrannte Verunreinigungen bleiben. Du musst sie selber entfernen.

Separater Grill ▇

Kauf kein Gerät, das du nur zum Grillieren brauchen kannst. Seine Produktion belastet unnötig die Umwelt.

Es gibt sogenannte Backgrills, die mit Ober- und Unterhitze oder mit Oberhitze und Umluft heizen. Du kannst sie auch zum Braten und Backen verwenden, die Umluft-Grills sogar auf zwei oder drei Ebenen.

Kaufst du ▇▇▇ Kochgeschirr, ▇▇▇

so kauf wenn möglich Pfannen und Töpfe mit Wärmeleitböden.

Sie helfen dir, Strom und Gas zu sparen. Solche Kochgeschirre haben einen (mindestens) doppelten Boden.

Die Aufkochzeit dauert etwas länger als bei Kochgeschirr mit dünnerem Boden, dafür kommt das Kochgut während der Restzeit mit weniger Hitze aus. Und die Pfannenböden behalten lange ihre Form.

Wärmeleitböden heissen auch

• Sandwichboden,

• Kompensboden,

• Energiesparboden,

• Kapselboden,

• Doppelboden.

Das Angebot an Pfannen und Töpfen, die einen stabilen, mindestens doppelten Boden mit einem Aluminium- oder Kupferkern haben, ist gross.

Diese Pfannen eignen sich für das Kochen auf jeder Art von Kochstelle: Gaskochstellen, Gussplatten, Glaskeramik oder Rohrkochplatten. Pfannen aus Stahl (auch Guss oder Stahlemail) werden sich auch für die Induktionskochherde eignen, die in einiger Zeit auf den Markt kommen.

Noch sparsamer: die Durotherm Isolierpfanne

Beim Durotherm Kochgeschirr ist nebst dem Boden auch die Pfannenwand isoliert: sie ist doppelt. Bis heute stellt nur die Firma Kuhn-Rikon solche doppelwandigen Isolierpfannen her.

Du kochst die Gerichte im Durotherm auf höchster Stufe einige Minuten auf und lässt sie dann auf der niedrigsten Stufe fertiggaren (bei stufenlos einstellbaren Kochstellen auf einer entsprechend tiefen Stufe).

Weil du auf sehr niedriger Stufe kochst, sparst du Strom oder Gas.

Im Durotherm braucht das Essen nicht weniger lang, bis es gar ist. Das Kochgut bleibt im Durotherm bis zu zwei Stunden nach Kochende heiss, ohne zu verkochen.

Schaff dir einen Dampfkochtopf an.

Bei Gerichten, die eine lange Kochdauer haben und die du nicht zwischendurch nachwürzen oder abschmecken musst, lohnt sich der Einsatz des Dampfkochtopfs.

Du kochst in der Hälfte der Zeit und sparst viel Strom oder Gas ein.

Für zwei häufige Befürchtungen hast du keinen Grund:

• Dampfkochtöpfe explodieren nicht.

• Der Dampfkochtopf zerstört die Vitamine nicht.

Auch Etagenkochen spart Strom oder Gas.

Für das Etagenkochen gibt es spezielle Turm-kochsets.

Du kochst nur auf einer Platte, dafür in mehreren Pfannen gleichzeitig.

Die Wok-Küche

Die Besonderheit der Wok-Küche ist, dass du nur ganz kurze Kochzeiten bei grosser Hitze hast. Du kochst Gemüse nicht weich, sondern brätst es unter ständigem Umrühren knackig.

So sparst du Strom oder Gas und kochst erst noch gesund.

Es gibt Kochbücher mit speziellen Wok-Menüs.

Kochst du mit dem Wok auf einem Elektroherd, achte darauf, dass der Boden dafür geeignet ist (siehe Seite 1.56).

Bratpfannen

Wänle wenn möglich Eisen- und Gusseisenpfannen von guter Qualität. Sie halten sehr lange.

Kaufst du eine sogenannte Teflon-Pfanne, dann wähle eine mit einer kratzfesten Kunststoffbeschichtung. Sie halten länger als die nicht-kratzfesten.

Oft hörst du, dass giftige Partikel ins Essen gelangen, wenn du in einer zerkratzten Teflonpfanne kochst. Es ist erwiesen, dass das nicht stimmt.

Achte jedoch darauf, dass du die beschichtete Pfanne nicht überhitzt, weil sich sonst die Antihaft-Beschichtung zersetzt. Dabei können giftige Dämpfe entstehen. Die Beschichtung ist zerstört. Das Überhitzen passiert, wenn du die leere Pfanne auf einer heissen Kochstelle vergisst.

Mikrowellengeräte

Kauf dir nur ein Mikrowellengerät, wenn du wirklich eines brauchst und wenn es für die Umwelt sinnvoll ist.

Sinnvoll für die Umwelt ist es nur, wenn du mit ihm Strom oder Gas einsparst.

Nur für kleine Portionen

Du sparst mit dem Mikrowellengerät Strom, wenn du darin kleine Portionen wärmst. Zum Beispiel eine Tasse Milch oder einen kleinen Kinderbrei. Bei einem halben Liter Wasser ist der Elektroherd für die Umwelt schon günstiger.

Wärmst du im Mikrowellengerät eine einzelne Portion eines selber gekochten Gerichtes auf,

brauchst du weniger Strom als mit einem konventionellen Herd.

Auch bei einer gekauften Fertigmahlzeit ist das Mikrowellengerät sparsamer.

Wozu das Mikrowellengerät nicht taugt:

Du kannst darin keinen Reis und keine anderen Getreide kochen, kein Fleisch braten, keine Suppen und keine Eintopfgerichte kochen und keine Kuchen backen.

Genauer: Du kannst das alles, doch du verbrauchst dabei unsinnig viel Strom und die Gerichte werden nicht gerade gut.

Wozu du überhaupt keines brauchst:

Lass dich bitte nicht wegen folgenden Anwendungen zum Kauf verleiten:

Auftauen von Tiefgekühltem (nimm es rechtzeitig aus dem Tiefkühler), Weichmachen von kalter und deshalb etwas harter Butter (lass sie ein paar Minuten ausserhalb des Eisschranks), Wasser erwärmen (nimm einen Tauchsieder).

Kombinierte Geräte

Hast du sonst keinen Backofen, ist ein Mikrowellengerät, das auch Ober- und Unterhitze zum Backen und eventuell einen Grill hat, ein sinnvoller Kauf.

Wie du die Umwelt bei der Körperpflege und Kosmetik entlasten kannst:

Du kannst
- weniger Strom, Gas oder Heizöl für das Warmwasser verbrauchen,
- die Produktion, den Transport und das Verpacken von Pflegemitteln und Kosmetika vermindern,
- Kläranlagen, Bäche, Flüsse und Seen weniger mit Abwässern belasten,
- die Luft und die Deponien weniger belasten, indem du weniger Verpackungen in den Kehricht (und die Kehrichtverbrennungsanlagen) gibst,
- mithelfen, dass weniger Sonderabfälle entstehen,
- weniger Trinkwasser verbrauchen.

Die Umwelt schonen bedeutet nicht, auf Körperpflege und Kosmetik zu verzichten.

Dass wir uns waschen, ist als Gesundheitsvorsorge wichtig.

Viele Regeln der Hygiene sind für uns heute selbstverständlich. Sie sind jedoch noch gar nicht so alt. Vor nicht einmal zweihundert Jahren verbrachte ein bekannter Arzt Jahre im Gefängnis, weil er die Hygiene im Alltag und andere – heute selbstverständliche – Ratschläge zur Gesundheitsvorsorge durch Schriften bekanntmachte.

Zu unseren stärksten Bedürfnissen gehört offensichtlich, dass wir unser Äusseres nicht nur sauberhalten, sondern auch schmücken. In irgendeiner Weise tun dies die Menschen sämtlicher Völker der Welt.

«Einfach verzichten» ist bei Körperpflege und Kosmetik ein sinnloser und schädlicher Ratschlag.

Doch du kannst auch hier die Umwelt entlasten.

Unsere Ratschläge wirken auf den ersten Blick manchmal etwas kleinlich. Was du hier für die Umwelt tust, sieht im einzelnen nach wenig aus. Dennoch ist es wirksam. Das Wenige, das Millionen Menschen täglich tun oder lassen, zählt sich für die Umwelt zusammen.

Verwende keine unnötigen Pflegeprodukte,

ist die wichtigste Regel, falls du bei der Körperpflege etwas für die Umwelt tun möchtest.

Weniger ist besser für die Umwelt,

weil Seifen, Shampoos, Deodorants, Parfums etc. die Umwelt von ihrer Herstellung bis zur Entsorgung belasten. Darin unterscheiden sie sich nicht von allen anderen Produkten, die wir im Alltag verwenden.

Einleitung

Weniger ist besser für Versuchstiere,

weil die Industrie immer noch neue Stoffe für die Kosmetik erfindet, die sie (gemäss Gesetz) bei Tieren testen muss.

In der Schweiz sind die Tierversuche für Pflegemittel und Kosmetika stark zurückgegangen. Die Tests, bei denen Tiere gequält oder getötet werden, gibt es hier nicht mehr.

Die Schweiz ist beim Tierschutz jedoch das Land mit den strengsten Gesetzen.

Welche Tierversuche ausländische HerstellerInnen aufgrund von veralteten Gesetzen für neue Inhaltsstoffe durchführen, wissen wir jedoch nicht.

Sinnvolle Körperpflege

Alle unsere Empfehlungen für Körperpflege und Kosmetik laufen etwa darauf hinaus:

Lass deine Haut und deine Haare möglichst in Ruhe. Strapaziere sie nicht unnötig, damit du nicht mit immer noch mehr Mitteln an ihnen herumkurieren musst.

Die meisten Menschen haben normale Haut und Haare und kämen ihr Leben lang mit Wasser, Seife, einem Shampoo und einer Crème für Gesicht und Körper aus.

Etwas fette oder trockene Haut oder Haare regulieren sich oft von allein. Lass ihnen dafür Zeit.

Schädliche Körperpflege

Lass dir von der Werbung keine Probleme einreden, die du gar nicht hast. (Du hast keinen Haarausfall, wenn du pro Tag bis hundert Haare verlierst. Das sind die Haare aus Haarwurzeln, die ihre normale regelmässige Wachstumspause von ein paar Monaten beginnen).

Und lass dir für Haut- und Haarprobleme nicht die falschen Lösungen einreden.

Pflegst du zuviel an deiner Haut und deinen Haaren herum, störst du eher ihre Gesundheit, zumindest vorübergehend.

Ein typisches und häufiges Problem: Viele Menschen haben Haarprobleme, weil sie ihre

> **Wir sprechen in diesem Kompendium nur von gesunder Haut und gesunden Haaren. Hast du schwere Hautprobleme oder eine Hautkrankheit, ist nicht dieses Buch, sondern deine Ärztin oder dein Arzt zuständig.**

Haare zu oft waschen, sie zu heiss fönen, sie bleichen oder färben oder sie durch Dauerwellen strapazieren. Lassen sie ihre Haare einige Zeit in Ruhe, wachsen gesunde Haare nach, die sich ohne viele Produkte sauberhalten und frisieren lassen.

Die Haut altert – das ist normal.

Wir erwähnen das hier, weil wir (in unserer Kultur) dazu neigen, die alternde Haut wie einen Makel oder eine Krankheit zu betrachten und zu behandeln. Alternde Haut ist etwas dünner, hat Falten und vielleicht Farbflecken. All das ist normal und natürlich.

Der Kult um die junge Haut macht vielen Menschen ihre Beziehung zu sich selber und die Beziehungen zu andern kaputt. Er stört unser Gefühl für die natürlichen Abläufe des Lebens.

Aus dem Kult der Jugendlichkeit entstehen zahllose Produkte. Mit einer etwas anderen Einstellung könnten wir der Umwelt die Belastung durch diese Produkte ersparen.

Der Verzicht auf viele Produkte, die Jugend versprechen, könnte uns eigentlich leichtfallen, weil sie ohnehin nicht bewirken, was wir von ihnen erwarten.

Jede Haut ist anders.

Welche Seifen, Shampoos, Crèmen und Kosmetika du verträgst und welche für deinen Hauttyp geeignet sind, musst du selber herausfinden.

Es gibt kaum ein Produkt, das alle AnwenderInnen verträgt. Umgekehrt: Fast auf jedes Produkt reagieren zumindest einige wenige AnwenderInnen allergisch (egal, was die HerstellerInnen in ihrer Werbung behaupten).

Was für eine Wahl hast du bei den Produkten für die Körperpflege?

Hast du zwei ähnliche Produkte – zum Beispiel zwei flüssige Shampoos – so kann es gut sein, dass das eine die Umwelt bei der Herstellung deutlich mehr belastet hat als das andere.

Welches sie am wenigsten belastet hat, kannst du als KäuferIn nicht herausfinden. Und wir leider auch nicht.

Die Informationen auf den Packungen sagen praktisch nichts über die Umweltbelastung durch das Produkt aus.

Und die notwendigen zusätzlichen Informationen für eine vollständige Oekobilanz sind vorläufig nicht zu bekommen.

Was sagen die Inhaltsangaben aus?

• Manchmal findest du eine ausführliche, vollständige Liste von Chemikalien mit dem Zusatz «gemäss CFTA-Dictionnary».

Zusammensetzung/Composition/Composizione
Water, MIPA-Laureth Sulfate, Sodium Laureth Sulfate, Cocamide DEA, Disodium Undecylenamido MEA-Sulfosuccinate, Cocamidopropyl Betaine, Cocamidopropyl Laurylether, Sodium Chloride, Benzalkonium Chloride, Panthenol, Allantoin, Fragrance, PEG-20 Sorbitan Lau Chloroacetamide, Methylparabens, Citric Acid, Sodium Benzoate, PEG-20 Sorbitan Linolate, Mica, PEG-20 Sorbitan Linolenate, Titanium Dioxide, Tocopherol, Ascorbyl Palmitate, CI 19140, CI 16255 (CTFA Dictionary)

MIBELLE AG,

Reagierst du auf Pflegeprodukte allergisch, so kann diese Liste deinem Arzt oder deiner Ärztin helfen, den Stoff zu finden, auf den du allergisch bist. Anhand der Angaben auf der Packung, kannst du Produkte meiden, die diesen Stoff enthalten.

Im übrigen wissen nur spezialisierte ChemikerInnen, was die Eigenschaften der aufgeführten Stoffe sind. Aber nicht einmal sie wissen, ob und wie die Stoffe die Umwelt belasten.

• Manchmal steht auf Produkten nur eine Angabe wie zum Beispiel «Ohne Formaldehyd». Du erfährst jedoch nicht, was im Produkt tatsächlich drin ist.

Das nützt dir wenig. Das Produkt enthält vielleicht andere Stoffe, die die Umwelt belasten (oder die für dich ungesund sind).

Was heisst «natürlich»?

Manchmal findest du allgemeine Angaben wie «natürlich», «pflanzlich», «bio» und ähnliches. Diese Bezeichnungen sind nicht geschützt. Es ist nicht festgelegt, was sie bei Produkten für die Körperpflege genau bedeuten sollen.

Bei einigen Produkten

• stammen einer oder mehrere Inhaltsstoffe aus Pflanzen,

• sind diese Pflanzen biologisch angebaut,

• ist eine Reihe von (sonst üblichen) Inhaltsstoffen nicht enthalten, zum Beispiel Konservierungsmittel.

«Natürlich» sagt jedoch nichts darüber aus, ob ein Produkt die Umwelt (alles zusammengerechnet) mehr oder weniger belastet als ein anderes.

Eine Reihe von HerstellerInnen täuschen dich absichtlich mit solchen Angaben. Manche angeblich natürlichen Produkte bestehen zum grössten Teil aus den üblichen Stoffen und enthalten noch eine Spur von Pflanzenextrakten.

Was heisst «Tierrechtssignet»?

Einige wenige HerstellerInnen beschriften ihre Produkte mit «Tierrechts-Signet».

Tierrechts-
Signet
Sigle droits
des animaux
Sigla diritti
degli animali

Das bedeutet, dass sie ihre Produkte nur aus Stoffen herstellen, die nie

• oder vor dem Jahr 1979 (beim goldenen Signet)
• oder vor dem Jahr 1984 (beim silbernen Signet)

in Tierversuchen auf ihre Verträglichkeit getestet worden sind.

Auch andere HerstellerInnen führen Produkte, die nur solche Stoffe enthalten. Sie zeichnen sie jedoch nicht mit diesem Signet aus.

Bereits geprüfte Stoffe gibt es in riesiger Zahl.

Sie würden genügen, um Pflegemittel und Kosmetika für alle Zeiten herzustellen. Auch die existierenden Duftstoffe würden ausreichen, um immer neue Kombinationen zu mischen. Es bestünde keine Gefahr, dass unsere Nase sich je langweilen würde.

Dennoch erfinden HerstellerInnen immer neue Stoffe. In vielen Ländern müssen sie diese immer noch in Tierversuchen prüfen.

Konkrete Empfehlungen für bestimmte Produkte können wir dir keine geben.

Recht viele Produkte sind heute frei von Zutaten, die deiner Gesundheit schaden könnten.

Praktisch alle HerstellerInnen machen jedoch in bezug auf die Umwelt Kompromisse oder vergessen sie ganz.

Wir stehen dauernd vor Fragen wie diesen:

Entlasten wir mit demjenigen Produkt die Umwelt weniger, das Stoffe aus der Erdölchemie enthält, das wir jedoch in der Drogerie nachfüllen lassen können?

Oder ist das Produkt besser, das aus rein pflanzlichen Stoffen besteht, jedoch in einer Aluminiumtube verpackt ist?

Es gibt keine Oekobilanzen für Pflegeprodukte.

Ginge es nur um wenige Produkte und wenige HerstellerInnen, wäre eine Oekobilanz schon heute möglich.

Leider geht es hier um Dutzende von HerstellerInnen und Hunderte von Produkten.

Worauf es für die Umwelt ankäme:

Du belastest die Umwelt mit einem Produkt weniger, bei dem die HerstellerInnen zum Beispiel einen oder mehrere der folgenden Punkte beachten:

• Das Produkt ist fest und nicht flüssig (spart Verpackung und Strassentransport von Wasser).
• Das Produkt ist möglichst wenig verpackt oder lässt sich im Verkaufsgeschäft in eine mitgebrachte alte Verpackung abfüllen.
• Enthält es Kräuter, so sind sie einheimisch und biologisch angebaut.
• Es enthält, wenn möglich, nur Stoffe, die aus Pflanzen oder aus Tierabfällen gewonnen sind. Es enthält möglichst wenig Stoffe aus der Erdölchemie.
• Es enthält keine Zusatzstoffe wie zum Beispiel Konservierungsmittel, Emulgatoren, Antioxidantien. Auch hier ersparst du der Umwelt Chemikalien.
• Ist es ein Shampoo, enthält es ein Tensid, das die Kläranlagen besonders gut abbauen können. Damit schonst du die Gewässer.

Vielleicht

bildet sich in der Schweiz einmal eine Vereinigung von Naturkosmetik-HerstellerInnen, die klare und eindeutige Richtlinien aufstellen und auch die Umwelt (nicht nur unsere Gesundheit) berücksichtigen?

Feste Produkte statt flüssige
Verwendest du ein Stück Seife oder ein Stück Syndet, sparst du die aufwendige Wegwerf-Verpackung und den Strassentransport des Wassers.

Waschen, Duschen, Baden

Zum Waschen genügt für den grössten Teil des Körpers fast immer reines Wasser.

Seife oder Syndets brauchst du unter den Armen, an den Füssen und im Genitalbereich. In diesen Bereichen hat der Mensch Drüsen, die einen Schweiss produzieren, der sich mit besonders starkem Geruch zersetzt.

Seifen

• Der Haupt-Rohstoff für Seifen sind Fette von Tieren und Pflanzen. Diese stammen zum Teil aus der dritten Welt. Ein Teil jedoch auch aus Fritierölen und -fetten (zum Beispiel aus Grossküchen). Ein Teil der Fette stammt von Tieren aus Europa.

• Für Seifen genügt eine Papierverpackung. Du bekommst sogar Seifen ohne Verpakkung.

Es stimmt nicht, dass Seife der Haut schadet.

Die meisten Menschen vertragen Seife gut. Es gibt keine Beweise dafür, dass Seife der Haut schadet – egal, was die Werbung erzählt.

Die Wahrscheinlichkeit, dass deine Haut keine Seife verträgt, ist ebenso gross wie die, dass sie keine Syndets verträgt.

Hast du eine trockene Haut, so nimm Seife. Sie trocknet deine Haut weniger aus als Syndets.

Seifenstücke für die Körperpflege heissen

Feinseifen oder Toilettenseifen. Du findest sie auch unter den Bezeichnungen Babyseife, Crèmeseife, Glycerinseife, Hautschutz- oder Pflegeseife, Parfumseife.

Verzichte auf Seifen mit Deodorants.

Siehe den Abschnitt «Deodorants».

Spare bei den Seifenverpackungen.

Bio-Läden, Reformhäuser, Drogerien und andere Geschäfte bieten Seifen offen an.

Kaufst du verpackte Seifen, dann bevorzuge solche in einem einfachen Papier. Verzichte auf solche in Kunststoffdosen.

Syndets

Woran du Syndets erkennst:

Sie heissen zum Beispiel alkalifreie Seife. Oft sind sie flüssig. Oft ist gross der pH-Wert (zwischen 5 und 7) oder die Bezeichnung pH-neutral aufgedruckt. Bei den Inhaltsstoffen vieler Syndets ist das Tensid Laurylsulfat aufgeführt.

Die Nachteile der Syndets für die Umwelt

Sie müssen mehr Inhaltsstoffe enthalten als Seife. Unter anderem darum, weil sie deine Haut mehr austrocknen als Seife. Sie enthalten deshalb (einen oder mehrere) Stoffe, die das trockene Gefühl vermindern: Sie lassen auf der Haut einen Film zurück. Oder sie lassen die Haut etwas aufquellen. Manche Syndets führen der Haut künstlich und unnötigerweise Eiweissstoffe zu.

Vorteile der Syndets (für dich):

Bei hartem Wasser waschen Syndets besser und schonender als Seife.

Mit Syndets bilden sich in der Badewanne keine sichtbaren Schmutzränder. (Die Badewanne musst du dennoch putzen.)

Kauf keine flüssigen Seifen oder Syndets.

Wir meinen damit wirklich alle flüssigen Produkte. Sie heissen zum Beispiel Crèmedusche, Duschbad, Duschgel, Showergel, Waschemulsion, Waschlotion.

Verwende nur Stück-Seifen oder -Syndets.

Die flüssigen Produkte belasten die Umwelt so:

• Sie enthalten Wasser, das Bahn und Camions unnötig transportieren müssen.

• Die meisten enthalten zusätzlich ein Konservierungsmittel.

• Das Wasser braucht eine zusätzliche Verpackung.

• Diese muss wasserdicht sein und besteht deshalb aus einem Kunststoff.

• Du verbrauchst ohne es zu merken mehr Wirkstoffe als wenn du ein Stück (Seife oder Syndet) verwendest.

Willst du nicht auf flüssige Produkte verzichten,

so kauf solche, bei denen du eine mitgebrachte Flasche im Geschäft nachfüllen lassen kannst.

Verzichte auf Badezusätze.

Du ersparst der Umwelt Chemikalien (Tenside, Parfum, Emulgatoren, Öle, Salze, Farbstoffe und Konservierungsmittel) von der Produktion bis zur Kläranlage.

Verschwende kein Wasser und Heizöl (oder Strom oder Gas).

Spare nicht ausgerechnet beim Waschen zu sehr am Wasser (sondern bei den unnötigen Produkten).

Sich waschen vermindert die Gefahr von Infektionen und insbesondere von Hautkrankheiten. Wäschst du dich, musst du die Kleider, die du direkt auf dem Körper trägst, weniger rasch wechseln.

Verschwenden musst du das Wasser jedoch auch nicht. Beim Baden brauchst du gut viermal mehr (warmes) Wasser als beim Duschen.

Dusche wenn möglich öfters statt zu baden.

Wie heiss muss warmes Wasser sein?

50 Grad warmes Wasser genügt für alle Zwecke im Haushalt, auch für die Körperpflege.

Weitere Informationen zur Wassertemperatur findest du im Kapitel «Heizen, Lüften» im Abschnitt über die Warmwasser-Aufbereitung.

Fliesst das Wasser heisser als 50 Grad aus der Leitung, verbraucht es unnötig mehr Heizöl (oder Gas oder Strom).

Gesichtswasser und Peeling

Es ist möglich, dass du mit solchen Produkten deine Haut schädigst.

Das wiederum ist nicht nur für dich, sondern auch für die Umwelt schlecht: Du wirst wieder neue Produkte verbrauchen, zum Beispiel um die – von dir selber – ausgetrocknete Haut wieder einzufetten.

Gesichtswasser

Sie entfetten und desinfizieren deine Haut. Desinfizieren ist jedoch nur bei Hautkrankheiten sinnvoll. Desinfiziere nur, wenn deine Ärztin oder dein Arzt es dir vorschreibt.

Sonst schadest du deiner Haut eher. Du störst ihre normale Flora. Hast du normale oder trockene Haut, so trocknest du sie mit Gesichtswassern nur unnötig aus.

Peeling

Damit scheuerst du die oberste Hautschicht weg. Die Haut fühlt sich dann zwar einen Moment etwas feiner an. Vielleicht hast du jedoch schon einen Teil ihres natürlichen Schutzmantels weggescheuert.

Deodorants und Antitranspirantien

Was Deodorants und Antitranspirantien bewirken.

Wir haben alle unseren besonderen Körpergeruch. In der Regel fällt er weder uns selber noch andern bewusst auf. Gegen ihn brauchen wir keine Deodorants.

Körpergerüche, die wir als unangenehm empfinden, entstehen, wenn sich Schweiss zersetzt. Der Schweiss selber hat fast keinen Geruch. Der Geruch entsteht erst, wenn Bakterien, die von Natur aus auf unserer Haut leben, ihn zersetzen.

• Deodorants:

Sie töten die Hautbakterien ab oder hemmen zumindest ihr Wachstum.

• Antitranspirantien:

Sie wirken doppelt: Sie töten die Hautbakterien ab. Gleichzeitig verstopfen sie die Poren der Haut, so dass der Schweiss nicht mehr austreten kann.

Das ist schlecht. Schwitzen ist nicht eine Störung des Körpers. Wir müssen sogar schwitzen können. Der Körper reinigt sich durch Schwitzen. Er reguliert (unter anderem) mit dem Schwitzen seine Temperatur und seinen Flüssigkeitshaushalt.

Verwende wenig oder gar keine.

Du ersparst der Umwelt ihre Produktion, die Verpackung, den Transport und die Entsorgung.

Verwende sie nicht unüberlegt täglich und automatisch.

Hast du überhaupt Körpergeruch, den andere als unangenehm empfinden? Oder bist du deswegen nur verunsichert? Frag vielleicht einmal (wenn es dir nicht zu peinlich ist) FreundInnen oder PartnerInnen ganz direkt.

Vielleicht brauchst du überhaupt kein Deodorant?

Trag keine Kleider aus Kunstfasern direkt auf der Haut.

Viele Stoffe aus Kunstfasern fördern unangenehmen Geruch: Sie saugen sich mit Schweiss voll, geben ihn jedoch nicht nach aussen ab. Die Bakterien zersetzen den Schweiss sowohl auf der Haut wie im Stoff.

Stoffe aus Baumwolle, Wolle, Seide und Leinen lassen den Schweiss (unzersetzt) besser nach aussen verdunsten.

Kauf keine Spraydosen mit Treibmittel.

Egal, welches Treibmittel sie enthalten: alle Spraydosen belasten die Umwelt stark.

Die Metalldose und das Treibmittel sind ohne weiteres durch eine Kunststoff- oder Glasflasche zu ersetzen. Und pumpen kannst du von Hand, ohne dich zu überanstrengen.

Wähle Deos im (nachfüllbaren) Pumpzerstäuber, im Roller oder als Stick.

Welche von diesen drei Formen die Umwelt mehr oder weniger belasten, wissen wir nicht. (Beim Pumpzerstäuber verwendest du den Behälter des Produkts weiter, dafür ist das Produkt flüssig statt fest.)

Verwende keine Deoseifen.

Deoseife verschwendet den Deowirkstoff. Du wendest ihn auf Körperflächen an, die weder speziell schwitzen noch unangenehm riechen.

Verwendest du spezielle Mittel gegen Fussgeruch,

so kauf nicht unnötigerweise solche, die ein Mittel gegen Fusspilze enthalten.

Verwende Mittel gegen Fusspilz nur, wenn du wirklich Fusspilz hast. ApothekerIn, Arzt oder Ärztin raten dir, welches Mittel sich für dich am besten eignet.

Nebenwirkungen von Deodorants

Im Intimbereich störst du mit Deodorants die natürliche Flora der Schleimhäute, die Infektionen abwehrt.

Hautpflege

Die Haut nährt sich, schützt sich und erneuert sich von innen heraus.

Pflegst du zuviel an deiner Haut herum, bringst du ihre normalen Funktionen möglicherweise vorübergehend durcheinander.

Nicht Produkte, die du von aussen aufträgst, verändern den Zustand deiner Haut, sondern was du isst und trinkst und dein seelisches Befinden, Sonnenlicht und extreme Hitze oder Kälte, extrem trockene Luft.

Von aussen kannst du nur für ein paar Stunden das Aussehen der Haut verändern.

Die Haut einfetten und befeuchten

Vermeide, wenn möglich, dass das Einfetten nötig wird.

Trockne deine Haut nicht selber aus.

Vermeide sie unnötig häufig zu waschen.

Crème und salbe sie auch nicht unnötig ein.

Deine Haut verlernt sonst (vorübergehend), sich selber zu regulieren.

Benütze Crèmen, Lotions und Öle nur,

• wenn die Haut wirklich entfettet und ausgetrocknet ist. Also zum Beispiel die Hände nach dem Putzen. Oder wenn sie sonst spannt, schuppt oder rissig ist.

• wenn du weisst, dass sie austrocknen wird. Also zum Beispiel, wenn du schon die Erfahrung gemacht hast, dass sehr trockene Luft im Winter oder dass das Wasser eines Schwimmbads deine Haut austrocknen.

Was du mit dem Einfetten bewirkst:

Das Fett verschliesst deine Haut ein wenig, so dass sie nicht noch mehr Feuchtigkeit verdunstet. Das Einfetten ist für dich angenehm, weil die Haut nachher weniger spannt.

Sonst bewirken die Produkte nichts. Die Crèmen, Lotions und Öle führen (auch wenn die Werbung anderes behauptet) der Haut weder Nährstoffe noch Feuchtigkeit zu.

Ist deine Haut nicht ausgetrocknet, nützt es nichts, dass du sie einfettest.

(Produkte, die tatsächlich etwas bewirken, sind Medikamente, und du solltest sie nur auf den Rat von Arzt oder Ärztin hin verwenden.)

Produkte für die trockene Haut

Sie heissen zum Beispiel Lotionen, Crèmen, Milch, Öle, Fettstifte.

Hautpflege

Kaufe Produkte mit wenig Verpakkung.

Produkte, die du im Geschäft nachfüllen lassen kannst, gibt es je länger je mehr und in immer mehr Läden.

Findest du kein Produkt zum Nachfüllen, so nimm eines, das wenigstens nicht doppelt verpackt ist (zum Beispiel in einer Blechdose, die in einem Karton steckt). Kauf keine Produkte in Aluminiumtuben.

Kaufst du Produkte in Wegwerfpackungen, so kommt es bei diesen Produkten auf das Material (von der Umwelt her gesehen) auch nicht mehr an.

Andere Hautpflegemittel

Scheineffekte

Es gibt für kein Hautprodukt den Beweis, dass es deine Haut wirklich nährt, vor dem Altern schützt oder gar verjüngt. Diesen Beweis kann die Wissenschaft – aus technischen Gründen – auch gar nicht erbringen.

Einige Produkte verändern für einen kurzen Moment dein Aussehen: sie lassen die Haut aufquellen, so dass sich ein paar Fältchen glätten.

Wie solche Produkte wirken, wenn du sie lange Zeit anwendest, ist nicht bekannt und auch nicht zu beweisen.

Es ist sogar denkbar (aber auch nicht bewiesen), dass deine Haut im Endeffekt rascher altert, weil die Produkte sie immer wieder leicht strapazieren.

Kaufst du denoch solche Produkte,

so entlastest du die Umwelt, wenn du die wählst, die am wenigsten verpackt sind.

Allerdings ist die Verpackung bei den meisten dieser Produkte das Wichtigste. Wer kauft schon ein Produkt, das (fast ewige) Jugend verspricht, in einer einfachen Blechdose?

Wer will schon Beweise?

Vielleicht geht es dir – wie den meisten KäuferInnen von solchen Produkten – gar nicht darum, dass sie eine wissenschaftlich beweisbare Wirkung ausüben.

Es geht eher um Dinge wie dein Wohlbefinden, um das Gefühl, wenigstens etwas versucht zu haben. Vielleicht macht es dir Spass, dich zu verwöhnen.

Wir wollen dir nicht die Lebensfreude verderben und nicht todernst nehmen, was in Wirklichkeit nur ein Spiel ist.

Wir sind allerdings der Meinung, dass wir die Umwelt entlasten können, ohne dass deswegen unser Leben streng und trübe wird.

Gedanken zu diesen Fragen findest du im Teil «Was kostet es dich, die Umwelt zu respektieren?».

Sonnenschutz

Die Mode, möglichst braun zu sein, hat sich nach Jahrzehnten als bedauerlicher Irrtum erwiesen:

• Für viele SonnenanbeterInnen (jedoch nicht alle), weil sie mit vierzig oder fünfzig Jahren feststellen müssen, dass ihre Haut deutlich

schneller gealtert ist als die ihrer AltersgenossInnen.

• Für die Umwelt, weil viele der vorzeitig Gealterten versuchen, den Schaden mit (unwirksamen) Produkten zu reparieren. Diese Produkte belasten unnötig die Umwelt.

Willst du dich dennoch bräunen

oder musst du dich von Berufs wegen immer wieder der Sonne aussetzen?

Dann schütze dich mit einem Sonnenschutzmittel mit einem genügend hohen Schutzfaktor. Du bräunst so langsamer und vermeidest damit einen Sonnenbrand. Sonnenbrand ist für die Haut noch eine Stufe schädlicher als das langsame Bräunen.

Im schlimmsten Fall

Das hat mit dem Thema dieses Buches zwar nichts zu tun, doch gehört es hierher: Mit den Monaten und Jahren, die wir im Sonnenlicht oder im Solarium verbringen, wächst auch unser Risiko, Hautkrebs zu bekommen.

After-Sun-Produkte brauchst du nicht.

Sie enthalten zum Teil Alkohol, der desinfiziert und kühlt. Das Desinfizieren ist unnötig. Auf das Kühlen kannst du der Umwelt zuliebe verzichten. Das Altern der Haut verhindern sie nicht.

Crème oder öle dich nach einem Sonnenbrand nicht ein. Du verschlimmerst den Brand nur.

Haare waschen

Strapaziere deine Haare beim Waschen nicht unnötig.

Das ist nicht nur für die Haare und die Kopfhaut besser, sondern auch für die Umwelt. Zahllose Haarwäschen und Haarpflegemittel sind erst notwendig, nachdem du deine Haare und die Kopfhaut falsch behandelt hast.

Beim Waschen strapazierst du die Kopfhaut und die Haare, wenn du sie zu oft wäschst, wenn du sie nach dem Waschen nicht gut ausspülst und wenn du sie zu heiss fönst.

Mehr zum Thema «Haare strapazieren» findest du im Abschnitt «Kosmetik».

Entfette deine Kopfhaut nicht zu stark.

Fetten deine Haare immer rasch nach und musst du sie deswegen täglich waschen, kann das (aber muss es nicht) am Waschen selber liegen.

Vielleicht wäschst du die Haare zu oft und entfettest dabei die Kopfhaut zu stark. Darauf reagiert die Kopfhaut wie die Körperhaut: Sie produziert um so mehr Fett.

Was du versuchen kannst:

• Du verwendest ein Shampoo für normales Haar (statt für fettiges Haar).

• Du verlängerst den Abstand zwischen den Haarwäschen allmählich. Hast du sie jeden Tag gewaschen, dann wasch sie während ein paar Wochen nur jeden zweiten.

• Du lässt das Shampoo nur kurz einwirken. Reibe die Kopfhaut nur wenig oder gar nicht.

• Du shampoonierst die Haare nie zweimal. Das zweimal Waschen war schon fast immer überflüssig, ausser für Haare mit viel Haaröl oder Lack.

Es ist gut möglich, dass deine Kopfhaut dir für die Umstellung damit dankt, dass sie weniger rasch nachfettet.

Garantieren können wir das allerdings nicht. Es gibt Menschen, deren Haut und Kopfhaut stark fetten, ohne dass sie dies ändern könnten.

Wie du Haarwaschmittel einsparst.

Shampoo einsparen

Brauchst du weniger Shampoo, belastest du die Umwelt weniger mit

• der Herstellung, der Verpackung und dem Transport,

• den Chemikalien im Abwasser.

Shampoo sparst du ein, indem du die Haare weniger oft wäschst und indem du dein Shampoo mit Wasser verdünnst.

Das tun Coiffeusen und Coiffeure auch. Vom unverdünnten nimmst du, ohne es zu merken, meistens zuviel (was vielleicht auch wieder deine Kopfhaut zu stark entfettet).

Shampoo muss nicht stark schäumen. Viele Shampoos wirken, auch wenn du sie überhaupt nicht zum Schäumen bringst.

Welches Shampoo?

Kauf Shampoos, bei denen du die Packung im Laden wieder auffüllen lassen kannst. Es gibt schon viele.

Lässt du ein Shampoo ohne Konservierungsmittel nachfüllen, dann wasch die Shampooflasche vorher gut aus. Nimm eine grosse Flasche und lass sie nur halb oder zu einem Drittel füllen. Zu Hause füllst du Wasser zum Verdünnen auf.

Was sind die Unterschiede zwischen den Shampoos?

Von der Umwelt her gesehen sind die Unterschiede, abgesehen von der Verpackung, klein.

Alle bestehen zum grössten Teil aus Wasser und Tensiden (den Stoffen, die Fett lösen). Es ist vorläufig praktisch unmöglich, Shampoos danach einzuteilen, wie ihre Tenside die Umwelt belasten.

«Natur-Shampoos»: Manche Shampoos enthalten Extrakte aus Pflanzen, und manchmal sind diese Pflanzen sogar biologisch angebaut. Kaufst du solche Shampoos, förderst du HerstellerInnen, die sich Mühe geben, mit der Natur anders umzugehen, als es heute üblich ist. Wir empfehlen dir aus diesem Grund gern, solche Produkte zu wählen.

Das bedeutet jedoch noch lange nicht, dass solche Shampoos die Umwelt weniger belasten als andere.

Eine Oekobilanz, die die Dutzenden von Shampoos von allen Rohstoffen bis zur Entsorgung vergleicht, gibt es nicht. In einer Oekobilanz müsste für sämtliche Inhaltsstoffe, für die Verpackung und den Tranport der Shampoos berechnet sein, wie stark sie die Umwelt belasten.

Verwende ein festes Syndet statt flüssiges Shampoo

Feste Syndets haben haben praktisch die selben Inhaltsstoffe und Eigenschaften wie ein Shampoo. Sie waschen die Haare gleich gut, mild und schonend.

Mit einem Shampoo kaufst du immer auch Wasser (über zwei Drittel des Inhalts). Es beansprucht den grössten Teil der Verpackung und des Tranportaufwands.

Verwendest du einfach verpackte Syndet-Stücke statt flüssige Shampoos, entlastest du die Umwelt beim Transport und bei der Verpackung.

Und warum nicht ein Stück Seife?

Es gibt Frauen und Männer, die statt mit Shampoo die Haare mit einem Stück Seife waschen und damit nicht die geringsten Probleme haben.

Werden deine Haare von der Seife glanzlos oder zu trocken, dann nimm lieber ein Stück Syndet.

Was du vielleicht auch kannst: die Haare nur mit Wasser waschen.

Ganz kurze Haare kannst du ohne weiteres jedes zweite Mal nur mit Wasser waschen.

Wasser sparen

Hast du die Haare zum Waschen nass gemacht, stell das Wasser bis zum Spülen ab.

So schonst du die Haare

und damit in der Folge die Umwelt:

Spül die Haare nach dem Waschen gut aus.

Du schonst die Haare, wenn du sie nach dem Waschen gut ausspülst. Hier ist Wasser sparen nicht sinnvoll.

Haare trocknen

Lässt du deine Haare an der Luft trocknen, ist es für die Haare selber am besten, und du sparst Strom.

Föne die Haare nicht, wenn sie ganz nass sind. Und föne sie nicht mit der grössten Hitze. Beides strapaziert die Haare unnötig.

Rasieren

Rasierst du dich nass?

Der umweltfreundliche Dreitagebart

Je seltener du dich rasierst, desto besser für die Umwelt.

Dieser Umwelt-Ratschlag trifft sich gut mit der gegenwärtigen Mode: ein Drei- bis Siebentagebart ist nicht nur erlaubt, sondern sogar chic.

Verwende keine Wegwerf-Rasierapparate.

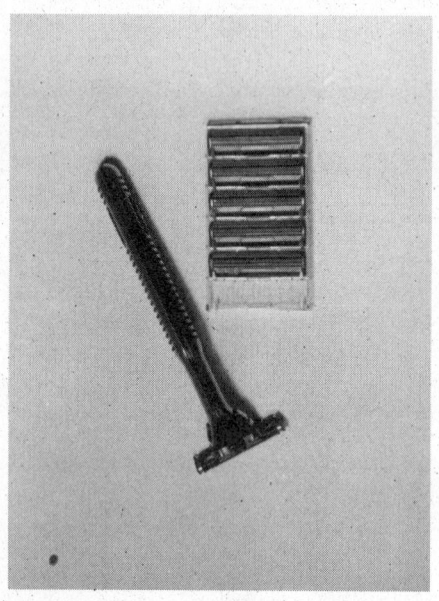

Kauf dir einen Halter, auf den du auswechselbare Klingen aufsetzen kannst. Das Angebot an solchen Modellen ist gross.

Verwende Pinsel und Rasierseife.

Pinsel und feste Rasierseife haben für die Umwelt den Vorteil, dass sie – im Verhältnis zum Schaum, den du mit ihnen erzeugst – viel weniger Material und Verpackung verbrauchen.

Der Pinsel hält länger, wenn du ihn nach dem Rasieren erst lauwarm, dann kurz kalt ausspülst und das Wasser aus ihm ausschleuderst.

Für dich selber hat die feste Rasierseife den Vorteil, dass sie echte Seife ist. Sie trocknet deine Haut weniger aus als der Schaum aus der Tube oder aus der Dose. Es gibt sogar Stifte mit einer Nachfüllpackung. Rasierseifen-Stifte bekommst du zum Beispiel in Drogerien.

Schaum aus Dosen und Crèmen aus Tuben belasten die Umwelt unnötig.

Du ersparst dir mit diesen Produkten die kleine Arbeit, die Seife mit dem Pinsel zum Schäumen zu bringen und auf die Haut aufzutragen.

Dafür belastest du die Umwelt unnötig: Beim Spray ist der grösste Teil der Dose nur für das Treibgas nötig. Auch die Crèmen sind im Verhältnis zu den Stiften aufwendig verpackt.

Verschwende kein Wasser.

Lass während dem Rasieren nicht das Wasser ununterbrochen laufen.

Stellst du das Wasser zwischendurch ab, sparst du pro Rasur leicht zehn Liter Trinkwasser.

Rasierst du dich trocken?

Der Strom ist hier kein Problem. Auch wenn du dich täglich rasierst, brauchst du zum Trockenrasieren sehr wenig Strom.

Für die Umwelt ist hier am wichtigsten, was für eine Art Rasierapparat du kaufst.

• Kauf zunächst einmal gar keinen, solange du deinen alten noch überholen lassen kannst.

• Kauf keinen Apparat mit einer aufladbaren Batterie. Diese enthält viel hochgiftiges Cadmium. Ist dein Apparat einmal kaputt, wird seine Entsorgung Probleme bereiten.

Kabelfrei rasieren erleichtert dein Leben ohnehin nicht speziell. Auf Reisen findest du heute auf der ganzen Welt Stromanschlüsse. Kauf im Zweifel im Elektrofachgeschäft einen Universalstecker. Der passt praktisch in alle Steckdosen der Welt, und du kannst ihn für weitere elektrische Reisegeräte verwenden.

Das After-Shave

Wähle eines, das nur wenig verpackt ist. Eine Kartonhülle um das Glas ist für die Umwelt schon zuviel.

Die Zähne pflegen

Es ist nicht nur für dich, sondern auch für die Umwelt sinnvoll, dass du deine Zähne gut pflegst.

Je länger du eigene, gesunde Zähne und ein gesundes Zahnfleisch hast, desto weniger brauchst du

• Zahnbehandlungen und die ganzen Chemikalien, die dazu nötig sind (zum Beispiel das Quecksilber in den Füllungen),

• Mundwasser gegen Infektionen,

• Zahnprothesen.

Vorbeugen

Du bekommst viel weniger Karies,

• wenn du weniger Zucker isst

• und wenn du deine Zähne regelmässig putzt.

Dein Zahnfleisch bleibt länger gesund,

• wenn du die Zähne regelmässig (und richtig) putzt,

• wenn du auch härtere Speisen isst wie zum Beispiel Vollkornbrot, rohes Obst und ähnliches

• und wenn du ab und zu zur Kontrolle zu deiner Zahnärztin oder deinem Zahnarzt gehst. Sie entfernen Beläge und zeigen dir, wie du deine Zähne richtig putzt.

Zahnbürsten

Aus hygienischen Gründen solltest du deine Zahnbürste etwa alle drei Monate wechseln.

Wechsle sie auch, sobald die Borsten nicht mehr hart und gerade sind.

Du vermeidest etwas Abfall, wenn du Bürsten kaufst, bei denen du den Bürstenkopf wechseln und den Halter weiterverwenden kannst. Du bekommst solche Bürsten zum Beispiel in Umweltschutz- und Bio-Läden und in Drogerien.

Zahnbürsten mit Plastikborsten sind hygienischer, stabiler und langlebiger als solche mit Naturborsten.

Elektrische Zahnbürsten sind nur nötig für Menschen, die zum Beispiel wegen Rheuma ihre Hände nicht mehr gut gebrauchen können.

Die Zahnpasta

Die Zahnpasten, die du hierzulande in den Geschäften findest, sind alle gleich gut.

Von der Umwelt her gesehen verwendest du am besten Zahnpasten, bei denen die Tube nicht zusätzlich in einem Karton verpackt ist. Du bekommst solche zum Beispiel bei Migros und bei Body Shop.

Kauf keine Zahnpasten in Aluminium-Tuben. Die Kunststoff-Tube (mit einer dünnen Beschichtung innen) belastet die Umwelt etwas weniger.

Dass Zahnpasten mit Fluor sinnvoll sind, ist nicht bewiesen. Bestimmt nicht in Regionen, in denen das Trinkwasser von Natur aus genug Fluor enthält oder (wie in Basel) mit Fluor angereichert ist.

Zahnhölzer, Zahnseide

Mit ihnen kannst du Zwischenräume zwischen den Zähnen reinigen, wo du mit der Zahnbürste nicht hinkommst.

Reinigungsmittel für die dritten Zähne

Hier hast du – von der Umwelt her gesehen – keine besondere Wahl.

Was du nicht brauchst.

Ein Mundwasser brauchst du nur, wenn dein Zahnarzt oder deine Zahnärztin dir eines verschreibt. Sonst ist ein Mundwasser überflüssig und belastet unnötig die Umwelt.

Elektrische Zahnbürsten und Mundduschen sind für die meisten Menschen überflüssig und belasten unnötig die Umwelt. Schaff sie nur an, wenn deine Zahnärztin oder dein Zahnarzt es dir ausdrücklich empfiehlt.

Diverses:

Windeln

Wegwerfwindeln und Stoffwindeln (zum selber Waschen) gehören zu den wenigen Produkten, für die eine recht vollständige und sorgfältige Oekobilanz existiert.

Die grösste Herstellerin von Wegwerfwindeln hat diese Oekobilanz in Auftrag gegeben, als die Wegwerfwindeln immer stärker unter Beschuss kamen.

Aus der Oekobilanz geht hervor, dass

- Wegwerfwindeln mehr Rohstoffe und Energie verbrauchen und mehr Verbrennungsabfall erzeugen,

- Stoffwindeln die Luft und das Wasser stärker belasten.

Wegwerfwindeln und Stoffwindeln belasten die Umwelt also nicht auf dieselbe Weise, jedoch in einem etwa vergleichbaren Mass.

Der Unterschied zwischen den beiden Windelsystemen ist zu klein, um daraus eine Empfehlung für das eine oder andere System abzuleiten.

Die meisten Eltern haben mit einem Kleinkind wohl auch ohne Windelwaschen Arbeit genug.

Monatshygiene

Kaufe für zu Hause Binden oder Slipeinlagen, die nicht stückweise einzeln verpackt sind.

Verzichte wenn möglich auf parfümierte Binden etc. Du ersparst der Umwelt eine Chemikalie.

Bei Tampons gibt es – von der Umwelt her gesehen – keine spezielle Wahl.

WC

Kauf Recycling-WC-Papier.

Es gibt heute viele WC-Papiere, die aus Altpapier hergestellt sind. Du bekommst sie in verschiedenen Ausführungen (1- bis 3-lagig).

Recycling-WC-Papier ist genauso hygienisch wie weisses oder farbiges WC-Papier aus neuem Material.

Kauf WC-Papier in möglichst grossen Packungen. Damit entlastest du die Umwelt von etwas Verpackung (meistens ist das eine Kunststoffolie).

Verzichte auf feuchte WC-Tüchlein,

es sei denn, deine Ärztin oder dein Arzt empfiehlt sie dir.

Die feuchten WC-Tüchlein belasten die Umwelt unnötig mit ihrer Verpackung und mit dem Transport des Wassers, das sie enthalten.

Im WC kannst du viel Wasser sparen.

Wir verbrauchen, um unser Pipi hinunterzuspülen unsinnig viel Trinkwasser.

Du kannst die Menge Wasser, die du zum Spülen brauchst, auf folgende Weisen begrenzen:

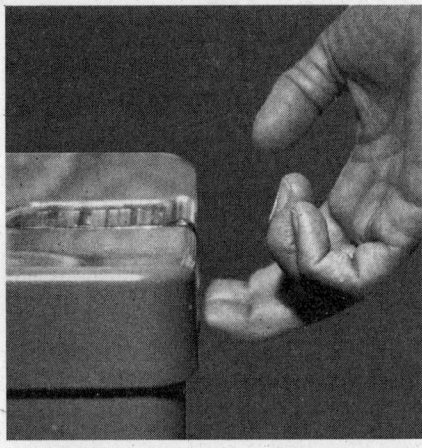

Bei den neueren Spülkästen kannst du das Spülen unterbrechen, indem du die Taste von Hand wieder zurückdrückst. Gewöhne dir an, das Spülen ganz rasch zu unterbrechen, wenn du nur ein kleines Geschäft hinunterspülen musst.

Bei älteren Modellen kannst du im Spülkasten den Stöpsel des Ablaufs mit einem Gewicht beschweren (Abbildung auf der nächsten Seite). Dies bewirkt, dass das Spülen aufhört, sobald du die Taste nicht mehr drückst. Bei diesem System musst du dir angewöhnen, die Taste nach dem kleinen Geschäft nur kurz zu drücken.

Diverses / Kosmetik

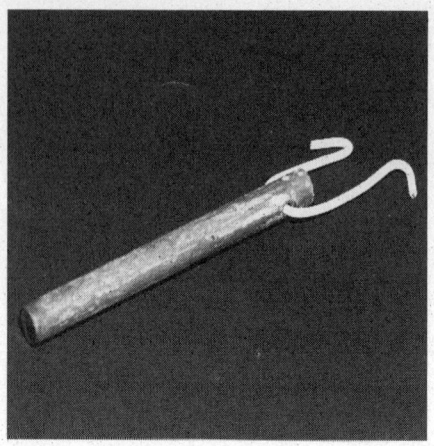

Das Gewicht für den Stöpsel im Kasten: Du bekommst es in jedem Umweltladen und in manchen Warenhäusern.

So hängst du das Gewicht in den Stöpsel.

Taschentücher

Verwende auch Stoff-Taschentücher.

Du musst sie zwar waschen. Du kannst sie jedoch mitwaschen, wenn du zwischendurch nicht genug Wäsche hast, um eine Maschine ganz zu füllen.

Kauf Papiertaschentücher aus ungebleichtem Zellstoff.

Du erkennst sie an der leicht bräunlichen Farbe.

Kauf keine Papiertaschentücher, von denen nur wenige zusammmen verpackt sind. Diese Kleinstpackungen brauchen unnötig viel Packmaterial.

Kosmetik

Für die Umwelt sieht Kosmetik heute etwa so aus:

Wir verschönern uns selber. Wir machen uns attraktiver. Wir gewinnen dabei Selbstsicherheit und Selbstvertrauen.

Dafür lassen wir die Umwelt Stück für Stück hässlicher werden.

Willst du bei den Kosmetika etwas für die Umwelt tun:

• Verwende weniger Produkte.

• Wähle die Produkte, die am wenigsten verpackt sind.

• Kauf keine Produkte in Spraydosen mit Treibgas. Auch die Sprays ohne FCKW belasten die Umwelt unnötig stark. Lies dazu das Kapitel «Warum Verpackung sparen» im Teil «Warum ... sparen?»

Haare verschönern

Prinzipiell gilt: Je weniger du deine Haare selber strapazierst (vor allem durch Dauerwellen und Färben), desto weniger musst du sie nachher mit Haarkuren und ähnlichem behandeln.

Frisieren

Du kannst deine Haare vielleicht auch ohne Chemikalien so frisieren, dass sie dir und andern gefallen:

• durch einen geeigneten Schnitt,

• durch geeignetes Trocknen (mit dem Fön oder an der Luft),

• mit Haarbändern, Kämmen, Spangen etc.,

• mit Zöpfchen, Zöpfen und Knoten.

Mit ein wenig Phantasie findest du sogar für feine gerade Haare vielleicht eine ganze Reihe von Frisuren, die die Umwelt nicht unnötig belasten.

Links:

Nicht mehr verwenden: Wegwerfspray mit Treibgas.

Rechts:

Nachfüllbarer Spray, in den du Luft als Treibmittel selbst hineinpumpst.

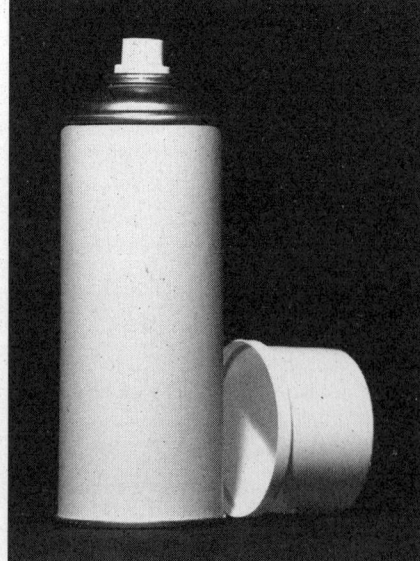

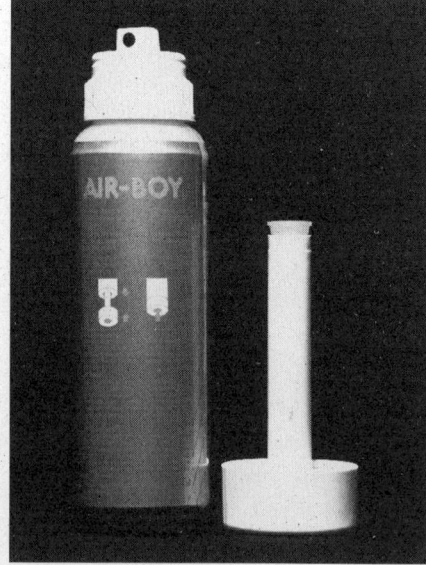

Festiger, Lacke, Gel, Frisierschaum

Verzichtest du nicht ganz auf diese Mittel, so kauf sie wenigstens in der einfachsten Verpackung.

• Fönfestiger, Haarfestiger:

Du erhälst sie nur in Wegwerfpackungen. Kauf keine, die als Einzelportionen verpackt sind. Kauf keine, die doppelt verpackt sind (Behälter plus Kartonschachtel).

• Lacke:

Kauf solche in Pumpzerstäubern, die du nachfüllen kannst. Kauf keine Haarlacke in Spraydosen mit Treibgas.

• Gel, Frisiercrème, Brillantine, Pommade:

Diese Produkte gibt es bisher nur in Wegwerfpackungen. Kauf die Produkte, die nur einfach verpackt sind. Kauf keine in Aluminiumtuben.

Haare tönen, färben, bleichen

Alle Mittel, die die Farbe deiner Haare verändern, belasten die Umwelt: von ihrer Produktion bis zum Abwasser.

Alle strapazieren auch deine Haare.

Mit Bleichen und Färben schädigst du deine Haare immer sehr: Alle Bleichmittel und auch einige Färbemittel, die deine eigene Haarfarbe überdecken, enthalten Wasserstoffperoxid. Dieses strapaziert nicht nur deine Haare, sondern auch die Haarwurzeln. Deine Haare wachsen schlechter nach.

Hast du deine Haare durch Färben und Bleichen kaputtgemacht, versuchst du vielleicht, den Schaden durch Pflegemittel und Kuren gutzumachen. Mit diesen Mitteln belastest du wieder die Umwelt.

Du belastest die Umwelt am wenigsten, wenn du die Farbe deiner Haare lässt, wie sie ist.

Auch Henna kann deine Haare strapazieren.

Dass Henna den Haaren speziell gut tut, ist nicht erwiesen. Es kann deine Haare – wie jedes andere Färbemittel – auch schädigen.

Lass die Haare – wenn schon – von einer Coiffeuse färben oder bleichen.

Deine Coiffeuse oder dein Coiffeur beraten dich (hoffentlich), welche Färbung deinen Haaren am wenigsten schadet. Sie raten dir je nachdem überhaupt vom Färben oder Bleichen ab. Hör auf sie.

Da sie die Färbemittel in grösseren Packungen einkaufen, ersparst du der Umwelt den Aufwand der kleineren Einzelverpackung und die Reste, die du fortwerfen musst.

Dauerwellen

Du strapazierst mit den Chemikalien für Dauerwellen nicht nur deine Haare sondern vielleicht auch die Umwelt: mit den Haarkuren, mit denen du nach einer Dauerwelle deine Haare behandelst, damit sie wieder ansehnlich werden.

Wenn schon: Geh für Dauerwellen zur Coiffeuse.

Deine Coiffeuse kann dich beraten, ob deine Haare überhaupt eine Dauerwelle verträgt. Verlange von ihr, dass sie die Dauerwelle so schonend wie möglich macht.

Coiffeure kaufen ihre Produkte in grösseren Mengen. Das spart Verpackung. Da sie die Produkte für viele KundInnen einsetzen, müssen sie weniger Reste fortwerfen.

Die Haare reparieren

Viele Menschen haben heute dauernd Haarprobleme. Nicht etwa weil mit ihren Haaren etwas nicht in Ordnung wäre, sondern weil sie ihre Haare selber kaputtmachen.

Den Haaren schadet:

• zu häufiges Waschen

• Waschen mit zuviel Shampoo

• zu heisses Fönen

• der Lockenstab

• Dauerwellen

• Färben, Bleichen, Tönen

• Salzwasser

• chloriertes Wasser (im Schwimmbad)

• zuviel Sonne

Haarkuren etc.

Hast du deine Haare unansehnlich gemacht und lassen sie sich kaum noch frisieren, kannst du sie mit unzähligen Mitteln ein bisschen verschönern.

Die Mittel machen deine Haare nicht wieder gesund. Haare können gar nicht gesund oder krank sein. Der Grund dafür ist: an einem Haar lebt nur die Wurzel. Der ganze Rest – das was du frisierst – ist totes Material, ohne Blutgefässe und ohne Nerven.

Viele Pflegemittel umgeben deine Haare mit einer ähnlichen Substanz wie die Weichmacher in der Waschküche.

Dieser Film bewirkt, dass sich deine Haare besser kämmen und frisieren lassen. Sie glänzen und sehen weniger spröde und trocken aus.

Wenn schon: Kauf alle Haarkurmittel wenn möglich in nachfüllbaren Packungen.

Haarwasser

Haarwasser enthalten meistens Alkohol. Du darfst sie höchstens bei sehr fettigen Haaren verwenden. Normales und trockenes Haar trocknen sie zusätzlich unnötig aus. Zudem stören sie die natürliche Flora der Kopfhaut.

Das alles führt dich möglicherweise wieder zu den an sich unnötigen Haarkuren, mit denen du die Umwelt belastest.

Hast du wirklich Haarprobleme, dann konsultiere deine Hautärztin oder deinen Hautarzt.

Schminken

Beim Schminken belastest du die Umwelt weniger, wenn du Produkte kaufst, die du mit Wasser oder mit Wasser und Seife oder mit deiner Gesichtscrème entfernen kannst.

Umgekehrt gesagt: Kauf möglichst keine wasserfeste Schminke.

Ausser für das Augen-Make-up brauchst du keine speziellen Mittel zum Abschminken.

Augen-Make-up-Entferner bekommst du bei Body Shop zum Nachfüllen.

Puder (gepresst oder in Pulver) bekommst du in Nachfüllpackungen.

Körperhaare entfernen

Da hast du – was die Umwelt betrifft – keine grosse Auswahl.

Langfristig belastest du die Umwelt vermutlich am wenigsten, wenn du sie von einer Kosmetikerin ein für allemal entfernen lässt. Das ist teurer, dafür verschonst du die Umwelt mit dem Dauerverbrauch von Entfernungsmitteln und dem Kauf von Geräten.

Nägel lackieren

Bei Nagellacken gibt es keine speziell umweltfreundliche Wahl.

Auf Nagelkuren und Nagelhärter könntest du eigentlich leicht verzichten: sie nützen nichts.

Parfümieren

Bei den Parfums gibt es – was die Umwelt betrifft – keine spezielle Auswahl.

Wie kannst du
die Umwelt
beim Kleiderkaufen
weniger belasten?

Du kannst
- weniger Erdöl, Erdgas und Kohle verbrauchen, indem du möglichst auf Textilien aus synthetischen Fasern verzichtest,
- weniger Wasser, Strom und Waschmittel verbrauchen, indem du Kleider aus naturbelassenen Naturfasern kaufst (du kannst sie lüften und musst sie weniger rasch waschen),
- die Umwelt von der Produktion von neuen Kleidern entlasten, indem du zu den Kleidern Sorge trägst, die du hast.

Kaufe Kleider aus naturbelassenen Textilien

Kaufst du Naturfasern, die nicht oder minimal ausgerüstet sind, belastest du die Umwelt weniger mit Chemikalien.

Gleichzeitig sparst du öfter das Waschen ein, weil sich naturbelassene Kleider besser lüften lassen als ausgerüstete.

Naturbelassene Wolle enthält Schutzstoffe, die bereits wie eine Ausrüstung wirken.

Worauf du alles achten kannst.

Damit, dass Textilien nicht mit Kunstharzen ausgerüstet sind, musst du dich nicht begnügen. Du kannst an Textilien noch strengere Ansprüche stellen.

- Ihre Produktion soll die Umwelt wenig belastet (möglichst wenig Schädlingsbekämpfungsmittel, Diesel und Strom verbraucht) haben.

- Wegen der Textilproduktion sollen nicht Menschen Boden für ihre Nahrungsproduktion verloren haben.

- Die ProduzentInnen sollen zumindest nach einheimischen Begriffen anständig entlöhnt sein.

- Du kannst nicht nur auf die Kunstharzausrüstung, sondern auch auf die bunten Farben und auf Bleiche verzichten. Das ist auf jeden Fall bei aller Unterbekleidung möglich. Du kannst auch bei einzelnen Stücken deiner Oberbekleidung auf künstliche Färbung verzichten.

Je strenger du deine Ansprüche stellst, desto kleiner ist die Auswahl. Du bekommst jedoch alles, wenn du nur danach suchst. Du erweiterst deine Auswahl, indem du nicht nur fertige Kleider kaufst, sondern auch Stoffe und Garne und daraus Kleider selber machst (oder machen lässt).

Wo kaufst du sie?

Es gibt noch viel zu wenige HerstellerInnen und HändlerInnen für naturbelassene Textilien.

Textilien ohne Ausrüstung gibt es bei wenigen HändlerInnen, bei wenigen Versandhäusern und in Drittwelt-Läden.

In den Drittwelt-Läden bekommst du zur Ware auch genaue Informationen: zu welchen Bedingungen die HerstellerInnen sie erzeugt haben und wie sie die Umwelt belastet haben.

Adressen findest du im Alternativen Branchenbuch.

Eigenschaften von naturbelassenen Textilien

Naturbelassene Textilien (von guter Qualität) geben dir beim Pflegen etwa gleich viel Arbeit wie chemisch ausgerüstete. Etwas Arbeit hast du zusätzlich, dafür sparst du andere ein. Zum Beispiel:

• Chemisch behandelte Wollpullover kannst du zwar in der Waschmaschine waschen. Unbehandelte Wollpullover kannst du dafür gut lüften und musst sie weniger oft waschen.

• Unbehandelte Baumwolle nimmt Flecken leichter an. Sie lässt sich jedoch auch gut lüften, und du musst sie weniger oft waschen.

Baumwolle

• Baumwolle lässt sich gut lüften,
• lässt sich problemlos waschen,
• ist scheuerfest,
• lädt sich nicht elektrostatisch auf,
• saugt normale Körperfeuchtigkeit gut auf und gibt sie nach aussen ab.

Nachteile:

• Baumwolle knittert stark,
• nimmt Flecken gut an,
• dünne Gewebe verlieren leicht die Form,
• feuchte Baumwolle kann faulen.

Leinen (Flachs)

• Leinen ist extrem haltbar,
• fusselt nicht,
• lässt sich gut lüften,
• saugt Körperfeuchtigkeit gut auf und gibt sie nach aussen ab,
• Leintücher sind problemlos zu kochen.

Diese Vorteile hat nur dicht gewebtes Leinen.

Nachteile:

• Leinen nimmt Flecken gut an,
• bekommt Stockflecken, wenn es feucht liegenbleibt.

Wolle

Ganz naturbelassene, ungebleichte, ungefärbte Wolle ist nur gewaschen und enthält noch einen Teil des natürliches Wollfetts (Lanolin). Sie lässt sich nur von Hand verstricken.

Die üblichen naturbelassenen Wollstoffe sind nur nicht mit Kunstharzen ausgerüstet, sonst jedoch für die Verarbeitung mit Chemikalien behandelt.

• Wolle gibt es in überraschend vielen natürlichen Farbtönen,
• sie nimmt viel Feuchtigkeit auf und verdunstet sie nach aussen,
• sie gibt sehr warm,
• dichte Gewebe stossen Wasser ab (spart zum Beispiel bei Mänteln Imprägnieren),
• Wolle weist Schmutz gut ab,
• lässt sich ausgezeichnet lüften,
• knittert nicht (glättet sich an feuchter Luft von selbst),
• Gewebe lassen sich gut ausklopfen und ausbürsten.

Nachteile:

• Wolle filzt (ein Vorteil bei festen Stoffen für Mäntel, Decken, Hüte etc.),
• ist ein Leckerbissen für Motten,
• kratzt (je nach Qualität und Empfindsamkeit der TrägerInnen),
• Reisswolle (rezyklierte Wolle) fusselt.

Seide

• Seide nimmt viel Körperfeuchtigkeit auf,
• trocknet beim Lüften schnell,
• kühlt im Sommer, wärmt im Winter.

Wie du naturbelassene Kleider pflegst,

damit sie lange halten. Welche Waschmittel wir dir empfehlen, steht im Kapitel Kleider waschen.

Nicht ausgerüstete Baumwolle und Ramie

• verlieren leicht ihre Form. Zieh sie nach dem Waschen in Form und häng sie nass auf. Hemden musst du nass auf den Bügel hängen.

• Sie sind knitteranfällig. Bügeln musst du sie angefeuchtet oder mit dem Dampfbügeleisen. Dass jedoch zum Beispiel Baumwollhemden etwas zerknittert sind, ist heute gut akzeptiert.

• Sie nehmen Flecken stärker an. Du musst Flecken sofort entfernen, wenn sie entstehen. Fettflecken musst du mit heissem Wasser etwas auswaschen.

Im übrigen pflegst du sie nach den Angaben der HerstellerInnen auf den Pflegeetiketten.

Leinen

• musst du bügeln (jedoch nicht zuviel, Fasern leiden),
• darf nicht feucht herumliegen, weil es sonst Stockflecken bekommt.
• Ungefärbtes Leinen läuft eventuell ein.

Wolle

• Wasch naturbelassene Wolle nur von Hand und nur lauwarm.
• Weich sie nicht ein.
• Wolle darfst du nicht reiben oder bürsten. Drücke sie nur sanft durch.
• Spül Wollsachen gut.
• Trocknen: nie auswringen. Leg das tropfnasse Wollstück auf ein dickes saugfähiges Frottee-Tuch. Bring es in Form, roll es mit dem Tuch zusammen ein und drück es gut durch. Dann leg es auf einem Wäscheständer zum Trocknen in Form.

• Trockne Wollsachen nie auf der Heizung oder an der Sonne. Hängst du sie auf, ziehen sie sich in die Länge.

• Stricksachen, die bei früheren Wäschen oder beim Tragen ihre Form verloren haben, kannst du auf einer festen Unterlage in Form ziehen, mit Stecknadeln feststecken und so trocknen lassen.

• Bügle Wollsachen nur von der Innenseite her.

• Hänge Wollsachen nur an Kleiderbügel, die der Schulterform entsprechen. Gib ihnen im Schrank genug Platz. Häng sie ab und zu an die Luft.

- Bewahrst du Wolle längere Zeit ungetragen auf, musst du sie gegen Motten schützen.

Seide

- Naturfarbene und weisse Seidenstoffe können beim Waschen etwa um zehn Prozent eingehen. Lass dir beim Kauf sagen, ob das bei einem bestimmten Stück der Fall ist.

- Gestrickte Seide kann beim Waschen in der Länge schrumpfen und sich in die Breite verziehen. Dagegen hilft: Schleudere Seidenstücke nach dem Spülen. Zieh sie kräftig in die Länge. Leg sie langgezogen auf ein Tuch zum Trocknen.
- Neue naturbelassene Seidenwäsche riecht manchmal stark, wenn sie nass ist. Dieser Geruch verschwindet nach einigen Wäschen.
- Naturfarbene und weisse Seidenblusen kannst du von Hand waschen oder in der Maschine mit einem Feinwäscheprogramm.
- Farbige Seide wäschst du nur von Hand.
- Reibe Seide beim Waschen nicht stark.
- Lass Seide nicht im Wasser liegen.
- Trockne Seide weder auf der Heizung noch an der Sonne.
- Seide kannst du mit dem Dampfbügeleisen bügeln. Stell die Temperatur auf Wolle ein.

Wenn du Kleider aus nicht-naturbelassenen Stoffen kaufst

Das müssen gegenwärtig ohnehin die meisten KäuferInnen. Es gibt noch zuwenig naturbelassene Kleider, um die Nachfrage zu decken. Doch du kannst auch bei den nicht-naturbelassenen Kleidern noch einiges für die Umwelt tun.

Weniger oft waschen

Du brauchst weniger Waschmittel, Wasser und Strom, wenn du

- Hemden, Blusen, T-Shirts und Unterleibchen aus Naturfasern kaufst, die du ein- bis mehrmals lüften kannst, bis du sie waschen musst,
- Strickjacken und Pullover aus Naturfasern anziehst, die du viele Male lüften kannst, bevor du sie waschen musst (Wolle und Seide nehmen Geruch am wenigsten an, Baumwolle schon eher),
- farbige und bunte Sachen bevorzugst, auf denen kleine Flecklein nicht auffallen.

Weniger chemisch reinigen und appretieren lassen

Kaufst du Kleider, die du waschen darfst, musst du sie nicht chemisch reinigen lassen. Du (beziehungsweise die chemische Reinigung) brauchst für sie kein PER, kein FCKW und keine anderen Chemikalien.

Diese Zeichen auf einer Kleideretikette bedeuten, dass du das Stück waschen darfst:

Dieses Zeichen bedeutet, dass du es nicht waschen darfst:

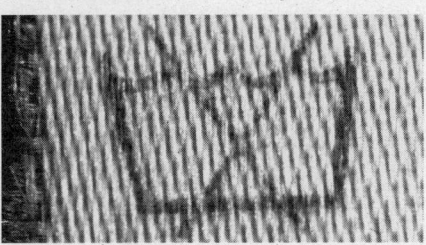

Kauf möglichst keine Kleider mit diesem Zeichen.

Was kaum mehr in Frage kommt:

- Helle Mäntel und Jacken, auf denen jeder Fleck sofort auffällt.
- Körpernahe Kleidung aus Kunstfasern, weil sie schnell verschwitzt ist und lüften nichts nützt.
- Kleider, die du chemisch reinigen und appretieren lassen musst, damit sie nicht wie ein alter Lappen aussehen.
- Viele Herrenanzüge, weil du sie chemisch reinigen lassen musst.
- Weisse Hemden fürs Büro, die du täglich wechseln musst.
- Lederkleider, die du direkt auf der Haut trägst. Sie lassen die Feuchtigkeit nicht gut raus, du schwitzt schnell in ihnen, und sie fangen an zu miefen. Du musst sie chemisch reinigen lassen.

Ein Kompromiss für den Büro-Anzug

Kannst du den Büro-Anzug mit weissem Hemd nicht vermeiden, so wähle wenn möglich:

- einen Anzug aus reiner Wolle. Er weist Schmutz relativ gut ab, lässt sich gut lüften und braucht nur selten eine chemische Reinigung.

- Baumwollhemden: sind sie nicht nassgeschwitzt, kannst du sie einen Tag lüften und dann nochmals einen Tag anziehen.

Wähle bessere Qualität.

Leider bieten manche Geschäfte Kleider von schlechter bis ganz mieser Qualität an: Nähte lösen sich nach wenigen Wäschen, Knöpfe fallen bald ab, Farben verblassen schnell, der Stoff scheuert in kurzer Zeit durch.

Viele billige Kleider sind so behandelt, dass sie beim Kauf und bis zur ersten Wäsche gut aussehen. Ist die Appretur rausgewaschen, sehen sie billig aus und verlieren ihre Form. Schlechte Qualität führt dazu, dass du die Kleider bald nicht mehr tragen kannst oder willst. Das belastet, wie jede Verschwendung, die Umwelt unnötig.

Kaufst du Kleider, die lange halten

und auch nach vielen Wäschen noch akzeptabel aussehen, brauchst du weniger oft neue Kleider. Du entlastest die Umwelt. Haltbare Kleider veralten kaum. Es gibt für jede Art von Kleidern zeitlose Schnitte. Viele Moden kommen rasch wieder.

Lass dich beraten.

Kannst du die Qualität bei Kleidern nicht beurteilen (das ist für Ungeübte recht schwierig), lass dich beraten. Oft sind es ältere VerkäuferInnen mit Erfahrung, die dich am besten beraten können. Frag auch FreundInnen und Bekannte, welche Marken aus welchen Geschäften sie kennen, die lange halten.

Der Preis täuscht manchmal.

Zwar sind Kleider von schlechter Qualität oft auch billig. Aber nicht immer. Es gibt teure Kleider aus schlechtem Material und in schlechter Verarbeitung. Es gibt auch viele preisgünstige Kleider von guter Qualität.

Textilien

Anstatt neue Kleider zu kaufen

Trägst du gern immer wieder neue Farben und Schnitte,

dann musst du deswegen nicht immer neue Kleider kaufen.

- In Secondhand-Läden findest du oft gut erhaltene, saubere Kleider. Auch mit einem extravaganten Kleidergeschmack bist du manchmal gut bedient. (Diese Kleider sind alle chemisch gereinigt.)

- Vielleicht hast du FreundInnen, mit denen du Kleider tauschen kannst.

- Durch Abändern bekommst du ebenfalls neue Schnitte. Flicken rettet viele Kleider.

Kleider flicken und weitertragen entlastet die Umwelt.

Schau Kleider, die du kaufen willst, darauf an, ob sie sich flicken lassen. Behalte den Flickstoff oder den Wollknäuel auf, die du bei manchen Produkten dazubekommst.

Es gibt praktische Klebeflicken, die du auf manche Stoffe einfach aufbügeln kannst. Für Kinderkleider gibt es sie in verschiedenen Formen und Farben.

Wirf alte Kleider nicht zu rasch fort.

Gefallen oder passen sie dir nicht mehr, sind jedoch noch tragbar:

- Leih sie FreundInnen aus. Vielleicht gefallen sie dir einige Zeit später wieder so gut, dass du sie nochmals eine Saison lang trägst.

- Verschenke sie an FreundInnen.

- Gib sie ins Brockenhaus oder in einen Altkleider-Laden.

- Gib sie in die Textilsammlung, die z.B. Texaid oder die Schweizerische Vereinigung der Gelähmten durchführen.

- Bewahre sie auf dem Estrich für deine Kinder auf. Viele Junge freuen sich, wenn sie auf dem Estrich alte, gut erhaltene Kleider finden. Schütze Wollsachen gut vor Motten- und Käferfrass.

Aus der neuen Kollektion «Elbis». Oberteil und Jupe stammen aus der Deponie Elbisgraben (BL). Beide waren praktisch neu und kaum getragen. Nach einer chemischen Reinigung lassen sie sich wieder tragen.

Die meisten Textilien sind chemisch ausgerüstet

An all dem, was wir im folgenden beschreiben, kannst du (allein) kaum etwas ändern. Jedoch siehst du daran, welchen Preis die Umwelt für die meisten Kleider zahlt.

Dieser Preis vermindert sich etwas, wenn du die Kleider schonst und lange trägst. Er erhöht sich, wenn du Kleider unnötig rasch fortwirfst.

Die HerstellerInnen tränken heute die meisten Kleider, Gewebe und Garne mit Chemikalien.

Die Behandlung bewirkt zum Beispiel, dass die Textilien besser und teurer aussehen und sich auch so anfühlen. Oder sie verbessert die Gebrauchseigenschaften der Gewebe: Baumwolle nimmt Schmutz weniger leicht an, Wolle verträgt Maschinenwäsche, synthetische Fasern fühlen sich (beinahe) so an wie natürliche.

Textilausrüstung belastet die Umwelt.

Je mehr ein Gewebe ausgerüstet ist, desto mehr hat seine Herstellung die Umwelt belastet. Bei manchen Verfahren arbeiten Menschen mit Produkten, die ihrer Gesundheit schaden.

Die gängigsten Ausrüstungs-Verfahren

- Bleichen:

Die HerstellerInnen bleichen die Stoffe und Garne, damit sie beim Färben gleichmässige Nuancen erzielen können. Dies ist vor allem bei hellen Farben notwendig.

- Optisch aufhellen:

Pastellfarbene und weisse Textilien sind heute

meistens mit optischen Aufhellern behandelt.

• Färben:

Es gibt Tausende von Textilfarbstoffen. Alle sind unter anderem aus Kohle oder Erdöl hergestellt. Zum Einfärben benötigen die TextilherstellerInnen zahlreiche Chemikalien als Hilfsstoffe. Wir wissen nicht, wie das Herstellen der Farben und das Einfärben die Umwelt belasten.

• Weichmachen:

Weichmacher verschaffen den Textilien einen weichen Griff und schützen Synthetics vor elektrostatischer Aufladung.

• Appreturen:

Mercerisieren und Satinieren verleiht vielen Stoffen eine glänzende und griffige Oberfläche. Ohne diese Behandlung würden die KäuferInnen viele Textilien überhaupt nicht kaufen.

• Imprägnieren:

Regenmäntel und manche Jacken sind imprägniert (wasserabstossend gemacht).

• Sanforisieren (selten):

Gelegentlich sind Socken, Unterwäsche oder Strümpfe so behandelt, dass sich Bakterien und Pilze auf ihnen nicht gern ansiedeln und vermehren.

• Parfümieren (selten):

Manchmal überdecken die HerstellerInnen mit Duftstoffen den unangenehmen Geruch, den gewisse Behandlungen in den Textilien hinterlassen.

• Flammhemmende Ausrüstung:

Diese ist für manche Arbeitskleider (Overalls) und Vorhänge von der Suva vorgeschrieben.

• Andere Ausrüstungen:

Durch verschiedene Verfahren erzielen die HerstellerInnen Effekte von Chintz, Knitter-Look, Prägung, Secondhand-Look etc.

Baumwolle

Anbau und Ernte

Baumwolle wächst heute in grossen Monokulturen. Sie ist für viele Schädlinge anfällig und braucht grosse Mengen an Pflanzenschutzmitteln. Es gibt vorläufig keinen biologischen Anbau.

Fast überall, wo die Baumwolle mit Maschinen geerntet wird, müssen die Pflanzen ihre Blätter lassen. Dazu setzen die ProduzentInnen giftige Entlaubungsmittel ein.

Es gibt jedoch auch schon Erntemaschinen, die ohne Entlaubung funktionieren. In Ent-

wicklungsländern pflücken ArbeiterInnen die Baumwolle von Hand.

Viele ArbeiterInnen sind den Schädlingsbekämpfungs- und Entlaubungsmitteln ohne Schutzkleidung ausgesetzt. Viele sind über die Gefahren gar nicht informiert. Akute Vergiftungen und gesundheitliche Spätschäden gehören nebst Armut und Rechtlosigkeit zum Alltag vieler BaumwollarbeiterInnen.

Baumwollpflanzen brauchen fruchtbaren Boden. Nicht selten gehört den Menschen, die Baumwolle für uns anbauen, kein eigener Boden, auf dem sie Nahrungsmittel für sich selber anbauen könnten.

Beim Entkernen der Baumwolle und in den Vorwerken der Spinnereien sind die ArbeiterInnen Staub ausgesetzt. Nicht alle bekommen Schutzmasken. Viele leiden unter Atembeschwerden und Asthma.

100 Prozent reine Baumwolle?

Das «reine Naturprodukt» Baumwolle ist heute im Normalfall so ausgerüstet, dass ein 100%-Baumwoll-Pullover noch etwa einen Anteil von 85% Naturfasern enthält. Der Rest ist Chemie.

Die meisten gewebten Hemden-, Blusen- und Kleiderstoffe, auf denen «100% Baumwolle» steht, enthalten heute etwa 95% Baumwolle. Der Rest sind Kunstharze, Weichmacher, Farben und andere Chemikalien.

Strickwaren aus Baumwolle sind nur minimal ausgerüstet, z.B. mit Weichmachern.

Wie Baumwolle pflegeleicht wird.

Oft findest du keine Angaben darüber, wie Kleider aus Baumwolle ausgerüstet sind.

Bezeichnungen auf Etiketten wie

• pflegeleicht

• einlaufsicher

• knitterfrei

• easy-wash

• wash and wear

• bügelfrei

zeigen dir, dass die Stoffe folgendermassen veredelt sind:

Damit das Gewebe beim Waschen nicht die Form verliert, überziehen es viele HerstellerInnen mit einem Kunstharzlack. Dieser enthält manchmal noch (je nach HerstellerIn) das giftige Formaldehyd.

Der Lack bewirkt auch, dass der Stoff weniger knittert und nach dem Waschen schneller trocknet.

Der Stoff riecht dafür rascher nach Schweiss und muss öfter gewaschen werden.

Der Stoff nimmt wegen des Kunstharzüberzugs Schmutz leichter an und wird beim Waschen schlechter sauber. Deswegen erhält er meistens noch eine Easywash-Ausrüstung mit weiteren Chemikalien.

Der lackierte Stoff fühlt sich härter an, lädt sich elektrostatisch auf und ist weniger scheuerfest. Diese Nachteile beheben die HerstellerInnen mit Weichmachern und anderen Chemikalien.

Andere Behandlungen

• Mercerisierung:

Baumwollstoffe für Nachthemden, Sportbekleidung, Trainer, Badetücher und ähnliches behandeln die HerstellerInnen (vor der Kunstharzausrüstung) mit Natronlauge.

Die Stoffe werden dadurch dichter und fester. Sie bekommen einen seidenartigen Glanz und saugen Feuchtigkeit besser auf.

Zum Teil wenden auch HerstellerInnen von naturbelassenen Textilien dieses Verfahren an. Sie vertreten diese Behandlung, weil keine Gifte in der Faser zurückbleiben (umweltschonend ist das Verfahren nicht).

• Sanfor-Set (selten):

Die HerstellerInnen können Baumwollstoffe statt in Natronlauge (Mercerisieren) auch in flüssigem Ammoniak tränken.

Auch diese Behandlung gibt dem Stoff einen weichen Griff. Er ist weniger knitteranfällig, glänzt, ist sehr reissfest und lässt sich gut färben.

In Europa gibt es fast keine Betriebe, die diese Behandlung durchführen.

• Sanfor:

Baumwolle wird beim Ausrüsten oft überdehnt und verstreckt. Das Sanforisieren ist eine Behandlung mit Wasser, die das Gewebe entspannt und (fast) in den ursprünglichen Zustand zurückführt.

Der Stoff geht beim Verarbeiten zu Kleidern und später beim Waschen kaum ein und behält seine Form besser.

• Sanfor-Plus:

Stoffe mit dieser Bezeichnung sind sanforisiert und mit Kunstharz ausgerüstet.

Leinen

Anbau und Ernte von Leinen

Flachs oder Lein ist eine genügsame einjährige Kulturpflanze. Sie erfordert weniger Dün-

Textilien

ge- und Pflanzenschutzmittel als die meisten anderen Kulturpflanzen.

Die chemische Ausrüstung von Leinen ist ähnlich wie die von Baumwolle.

Ramie

Ramie ist eine Zuchtnesselpflanze und wächst in tropischen und subtropischen Klimazonen.

Die Eigenschaften von unbehandelter Ramie sind ähnlich wie die von Leinen.

Ausgerüstet wird Ramie etwa wie Baumwolle.

Wolle

Tiere, die uns Wolle liefern:

• Schaf

• Schafkamele wie Alpaka, Lama, Guanako, Vikunja

• Angora-Kaninchen (Angorawolle)

• Angora-Ziege (Mohairwolle)

• Kaschmir-Ziege

Tierhaltung und Schur

Wollschafe brauchen viel Weideland. Baumwolle braucht für dieselbe Menge Fasern viel weniger Boden.

Die WollschafzüchterInnen scheren die Tiere heute in der Regel einmal pro Jahr, im Frühsommer.

Guanakos, Alpakas und Lamas leben in Südamerika. Sie können gezüchtet werden.

Das Vikunja lebt ebenfalls in Südamerika, jedoch wild, und wird zur Schur eingefangen.

Angora-Kaninchen leben in Zuchten. Sie werden häufig gekämmt und zwei- bis dreimal pro Jahr geschoren.

Angora-Ziegen leben in Zuchten. Sie kommen aus dem Vorderen Orient, Nordamerika, Südafrika und Südeuropa.

Kaschmir-Ziegen werden gezüchtet. Sie leben jedoch wild im Himalaya-Gebiet, in Südrussland und in Kleinasien, in grossen Höhen und extremer Kälte und werden zur Schur eingefangen.

Verarbeitung zu Garn

Frisch geschorene Wolle ist stark verunreinigt. Die VerarbeiterInnen müssen sie waschen. Dabei wird ein grosser Teil des natürlichen Wollfetts (Lanolin) mit ausgewaschen.

Damit Wolle eingefärbt werden kann, muss sie weitgehend frei von Wollfett sein.

Nach dem Färben und Verspinnen fetten die VerarbeiterInnen die Wolle wieder ein.

Um das wertvolle Lanolin zu sparen, verwenden viele VerarbeiterInnen billigere, synthetische Fette.

Lanolin brauchen zum Beispiel die Kosmetik-HerstellerInnen.

Wie Wolle waschmaschinenfest wird.

Wollsachen, die du in der Waschmaschine waschen kannst, ohne dass sie filzen, sind mit einem Kunstharzfilm überzogen oder sonst mit Chemikalien ausgerüstet.

Die Wolle wird durch diese Behandlung härter. Deshalb überziehen die HerstellerInnen sie zusätzlich mit Weichmachern.

Hinweise auf Kunstharz-Ausrüstungen an Wolle sind Bezeichnungen wie «superwash», «waschmaschinenfest» und «filzfrei».

Ausrüstung gegen Motten und Käferfrass

Eine Zeitlang rüsteten die HerstellerInnen Wollsachen so aus, dass sie vor Motten und Käfern sicher waren.

Heute sind fast nur noch Teppiche mottensicher ausgerüstet.

Seide

Die ProduzentInnen der Rohfasern züchten die Seidenraupen in Massen, lassen sie sich verpuppen und töten sie, bevor sie als Falter ausschlüpfen.

Die sogenannte Wildseide (oder Tussahseide) stammt von wildlebenden Nachtschmetterlingsarten. Sie sind zum Teil bereits ausgeschlüpft, wenn die SammlerInnen die Kokons einsammeln.

Die verschiedenen Seidenarten sind sehr unterschiedlich in der Struktur und im Griff.

Der Waschseiden-Effekt

Der Waschseiden-Effekt (ein Mode-Effekt) entsteht durch mechanische Reibung im Wasser oder durch Sand, der die feuchte Oberfläche aufrauht. Diese Behandlung vermindert die natürliche Widerstandskraft der Seide, vor allem bei dünnen Geweben.

Eine (absichtlich) schlechte Färbung erzielt einen ähnlichen Effekt, wenn sie unregelmässig ausblutet.

Seide ist meistens nicht ausgerüstet.

Früher erschwerten die ProduzentInnen Seide mit verschiedenen Chemikalien. Das machen sie heute nicht mehr.

Mit Holz als Rohstoff (Cellulosics)

Zu diesen Fasern gehören Viskose, Acetat, Cupro, Modal.

Sie entstehen aus Holz (Zellulose). Die HerstellerInnen lösen unter massivem Einsatz von Chemikalien feingemahlene Holzschnitzel auf und ziehen die Masse zu feinen Fäden aus. Diese brauchen weitere Behandlungen, bevor die VerarbeiterInnen daraus Stoffe weben oder wirken können.

Mit Erdöl als Rohstoff (Synthetics)

Diese Fasern sind zum Beispiel aus Polyamid, Polyacryl, Polyester.

Die Ausrüstung von Kunstfasern

Ohne intensive Behandlungen taugen Kunstfasern nicht als Fasern für Kleiderstoffe. Diese Verfahren belasten die Umwelt stark. Sie benötigen zum Beispiel FCKW und Formaldehyd.

Synthetics brauchen zum Beispiel folgende Ausrüstungen:

• Hydrophilierung: Diese Behandlung macht, dass die Fasern Wasser besser anziehen. Ohne sie fühlen sich die Stoffe auf der Haut zu unangenehm an.

• Antipilling-, Antipicking-, Antisnagging-Ausrüstung: damit gewisse Stoffe weniger schnell fusseln und Fäden ziehen.

• Antistatische Ausrüstung: durch diese Behandlung laden sich die Fasern weniger leicht elektrisch auf und ziehen dadurch Schmutz weniger stark an.

Die antistatische Ausrüstung mancher Synthetics geht beim Waschen mit der Zeit verloren. Dann musst du Weichmacher verwenden, damit sie sich beim Tragen nicht elektrisch aufladen.

Mischfasern

Es gibt Gemische von Naturfasern mit Kunstfasern und von Kunstfasern mit Kunstfasern.

Die VerarbeiterInnen kombinieren Zellulosefasern fast immer mit andern Fasern. Zellulosefasern allein sind nicht sehr reissfest. Trockene Zellulosefasern knittern leicht.

Auch Mischfaser-Textilien sind nur dank chemischer Behandlung knitterfrei, formstabil und dauerhaft.

Manche Mischfasern aus Wolle und synthetischen Fasern arbeiten mit der Zeit die Wolle aus. Bei Pullovern siehst du die unschönen Flusen, zu denen sich die ausgearbeitete Wolle verknäult.

Zur Erinnerung

Gegen die elenden Bedingungen, unter denen Kinder und Erwachsene Textilien herstellen, kannst du von hier aus nicht so leicht etwas unternehmen.

Du kannst jedoch hier und sofort der Arbeit, die deine Kleider erzeugt hat, Respekt schenken. Das führt zum selben Verhalten wie die Rücksicht auf die Umwelt: du behandelst Kleider nicht als Wegwerfware. Dazu gehört:

• Du schraubst deine modischen Ansprüche herunter, damit du nicht dauernd neues Zeug kaufen musst.

• Du bevorzugst Kleider, für die Menschen und Natur einen weniger hohen Preis gezahlt haben; zum Beispiel also Kleider mit einer minimalen chemischen Ausrüstung.

• Du nimmst dir die Zeit, um deine Kleider sorgfältig zu pflegen. So halten sie länger.

• Du flickst Kleider.

Woher Textilien kommen

Viele Textilherstellungs-Betriebe sind in der Dritten Welt oder in Billiglohn-Ländern Europas.

Dort gibt es keine Gesetze zur Verminderung von Gewässer- und Luftbelastung, oder sie sind einfach zu umgehen.

«Made in Switzerland» kann bedeuten, dass die einzelnen Teile bei uns zusammengenäht wurden. Alle anderen Arbeitsschritte können in den verschiedensten Ländern gemacht worden sein.

Elende Arbeitsbedingungen

Die Herstellung von Textilien ist weltweit (mit wenigen Ausnahmen) mit grossem menschlichem Elend verbunden.

Bis die Rohfasern gewonnen, versponnen, gewoben, gebleicht, gefärbt, chemisch ausgerüstet, verstrickt oder genäht sind, leiden unzählige ArbeiterInnen auf verschiedenste Arten:

• Viele arbeiten mit giftigen Chemikalien. In vielen Betrieben gibt es keine oder nur sehr unzulängliche Sicherheitsvorkehrungen. Vergiftungsunfälle sind an der Tagesordnung. Spätfolgen der Arbeit sind Krebs, Asthma, Allergien und andere chronische Krankheiten.

• Viele arbeiten in grossem Lärm und werden schwerhörig.

• Kinderarbeit und Nachtarbeit für Frauen sind in vielen Billiglohn-Ländern üblich.

• Die Löhne reichen oft kaum zum Überleben.

• Altersvorsorge, Kranken- oder Invaliditäts-Versicherungen kennen viele HerstellerInnen nicht.

Wofür stehen die Gütezeichen?

Gütesiegel garantieren eine hohe Faserqualität.

Mit umweltfreundlicher Herstellung haben die Siegel nichts zu tun.

Die Siegel bedeuten zum Beispiel:

Seiden-Zeichen

Reine Seide

Baumwoll-Zeichen

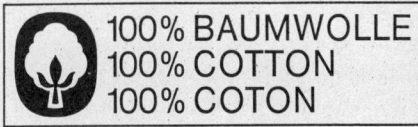

Reine Baumwolle aus neuen Baumwollfasern (dazu kommt jedoch z.B. die Kunstharz-Ausrüstung)

Leinen-Zeichen/Signet Rein-Leinen:

Reines Leinen

Wollsiegel

Reine Schurwolle (aus neuen Wollfasern, nicht aus wiederverwendeten)

Lederschuhe und Accessoires

Leder: Von der Umwelt her gesehen hast du keine besondere Wahl.

Beim Leder ist das Rohmaterial natürlich: Leder entsteht aus Tierhäuten.

Damit aus Häuten Leder wird und aus diesem zum Beispiel Schuhe, Jacken, Taschen oder Möbelbezüge, braucht es Chemikalien und Strom.

Viele Produkte aus Leder, die wir hier kaufen können, stammen aus weit entfernten Ländern. Diese Produkte belasten die Umwelt mit dem weiten Transport.

Lederwaren aus Drittweltländern entstehen unter unmenschlichen Arbeitsbedingungen (Hungerlöhne und sofortige Entlassung bei Krankheit).

Oekobilanzen zu Lederprodukten gibt es nicht.

Wir wissen bisher nicht, welche Lederprodukte die Umwelt mehr und welche sie weniger belasten.

Ob Leder die Umwelt im Vergleich zu Textilien und zu Kunststoffen mehr oder weniger belastet, wissen wir auch nicht. Diese Frage stellt sich, wenn du (zum Beispiel bei Jacken, Hosen, Schuhen, Taschen und Gürteln) zwischen den drei Materialien wählen kannst.

Es gibt auch keine einleuchtenden direkten Hinweise, die eine genaue Oekobilanz überflüssig machen würden.

• Kunststoffe benötigen als Rohstoff Erdöl, mit dem wir möglichst sparsam umgehen sollten. Dafür brauchen sie zum Teil sehr wenig Pflege. Viele kannst du mit reinem Wasser abwaschen.

• Textilien und Leder stammen zwar aus natürlichen Rohstoffen. Wir wissen jedoch nicht, wieviel Erdöl und Strom die HerstellerInnen brauchen, bis aus Baumwolle oder aus Rinderhaut zum Beispiel eine Jacke geworden ist. Bei Textilien und Leder belastet die Pflege (imprägnieren, waschen, chemisch reinigen) die Umwelt.

Bei Schuhen und Taschen

sind Produkte aus Leder bisher meist langlebiger als solche aus Kunststoffen.

Viele (billige) Schuhe und Taschen aus Kunststoffen brechen und reissen schnell. Du kannst sie in der Regel kaum flicken lassen.

Kauf solche Produkt im Zweifel lieber aus Leder. Das macht sie zwar teurer, dafür werden sie (meistens) länger halten und du kannst sie auch flicken lassen.

Kauf kein Leder von Tieren, die nur ihrer Haut wegen gejagt oder gezüchtet werden.

Kauf keine Ledersachen aus Häuten von Krokodilen, Alligatoren, Schlangen oder Echsen. Manche Arten werden für unsere Luxusansprüche bis zur Ausrottung gejagt.

Dass ZüchterInnen solche Tierarten nur ihrer Haut wegen in Farmen aufziehen, belastet die Umwelt ebenfalls unnötig.

Sinnvoll ist, dass wir aus den Häuten von Tieren etwas machen, die wir ohnehin wegen ihres Fleisches züchten: Rinder, Kälber, Schweine.

Entlaste die Umwelt beim Gebrauch.

Kauf langlebige Lederprodukte.

Bei Ledersachen schonst du die Umwelt, wenn du solide Produkte kaufst und sie lange trägst.

Das bedeutet, dass du auf Modelle und Farben verzichtest, die nach einem halben Jahr aus der Mode kommen und vielleicht schon zerschlissen sind.

Kauf Sachen, die mit Patina auch noch (oder erst recht) gut aussehen.

Kauf eher Ledersachen, bei denen es dir recht ist, dass sie mit der Zeit eine Patina bekommen. Viele Ledersachen sehen gebraucht und gealtert besonders gut aus.

Magst du Patina bei Leder, kannst du auf Imprägnieren und chemische Reinigung weitgehend verzichten.

Die (spätere) Pflege spielt beim Kauf – von der Umwelt her gesehen – keine Rolle.

Leder pflegen und reinigen ist fast eine Wissenschaft. Du findest darüber einen Abschnitt im Teil «Abwaschen, Putzen».

Auch zur Lederpflege und den Pflegemitteln gibt es keine Oekobilanz. Überlegungen zur Lederpflege sind deshalb (von der Umwelt her gesehen) keine Hilfe bei der Auswahl.

Mit einer Ausnahme:

Viele modische Schuhe und Accessoires sind aus heiklen Materialien. Du kannst sie nur mit Spezialpflegemitteln ansehnlich erhalten.

Da es bei modischen Sachen gerade darauf ankommt, dass sie (fast) wie neu aussehen, kannst du auf die passenden Pflegemittel nicht verzichten.

Trägst du ein paar modische Schuhe nach einem halben Jahr nicht mehr, kannst du eventuell auch ein Pflegemittel, das du extra für sie gekauft hast, nicht mehr aufbrauchen.

Wie Leder entsteht

Leder ist strapazierfähig, schützt gut vor Kälte und Wind, nimmt Feuchtigkeit auf und gibt sie wieder ab.

Doch bis Leder diese Eigenschaften hat, müssen die Tierhäute verschiedene chemische Verfahren durchlaufen.

Die folgenden Informationen haben für dein Umwelt-Verhalten vorläufig (bis es Oekobilanzen dazu gibt) keine Bedeutung.

Sie zeigen dir jedoch, wieviel Arbeit und Umweltbelastung in Lederprodukten steckt. Dieser Aufwand ist ein Grund, Ledersachen nicht als Wegwerfwaren zu behandeln.

Aufwand: Gerben

Um aus roher Tierhaut zähes, haltbares, geschmeidiges und wasserbeständiges Leder zu machen, braucht es zahlreiche Chemikalien, die der Luft, den Gewässern und der Gesundheit der ArbeiterInnen schaden.

Die Zahl der für die Ledergerbung eingesetzten Substanzen ist gross. Ihre Wirkung auf die Umwelt ist nicht oder nur begrenzt kontrollierbar.

Bei der Verarbeitung – zum Beispiel zu Schuhen – belasten Produkte wie stark lösungsmittelhaltige Kleber die Umwelt.

Pflanzen-Gerbung

Tierhäute, die bis zu einem Jahr mit gerbenden Pflanzenteilen in Gruben liegen, ergeben extrem starke und strapazierfähige Leder. Weil Platz und Zeit Geld kosten, werden nur noch wenige Tierhäute so gegerbt.

Es gibt eine pflanzliche Schnellgerbung. Sie dauert lediglich wenige Wochen. Das Leder wird jedoch nicht so robust wie bei der länger dauernden Pflanzengerbung.

Pflanzengerbung belastet die Gewässer vor allem durch Salz und Braunfärbung und sauerstoffzehrende Eigenschaften.

Pflanzlich gegerbtes Leder ist braun und eignet sich für Sohlenleder, Schuhfutter von guter Qualität sowie für Leder, das zu Koffern und Taschen verarbeitet wird.

Chromgerbung

Weil Chromgerbung nur einige Stunden dauert, ist sie die billigste und gängigste Methode. Chromgegerbtes Leder ist sehr widerstandsfähig, reissfest und lässt sich leicht lichtecht färben.

Chromleder eignet sich zum Beispiel gut für Schuhoberleder und Bekleidungsleder.

Sämisch gerben

Bei der Sämischgerbung werden die Tierhäute in Öle und Trane gelegt. So gegerbtes Leder ist leicht, dünn und luftdurchlässig. Es kann viel Feuchtigkeit speichern, und du kannst es problemlos waschen.

Sämisch gegerbtes Leder eignet sich für Handschuhe, Reinigungslappen, Hemden, dünne Jacken und Hosen.

Aufwand: Ausrüsten

Die HerstellerInnen können (und müssen) den gegerbten Häuten verschiedene Eigenschaften verleihen.

Aus Rinderhaut lässt sich beispielsweise zähes, wasserundurchlässiges Leder für Schuhsohlen, jedoch auch weiches, geschmeidiges Leder für Jacken machen.

Die HerstellerInnen müssen eine Seite des Leders so bearbeiten, dass sie sich als Aussenseite für ein Endprodukt (einen Schuh zum Beispiel) eignet. Sie muss gewisse Strapazen ertragen und (je nach Geschmack der KäuferInnen) ein besonderes Aussehen haben.

Von Natur aus besser geschützt: die Narbenseite

Die Narbenseite ist die enthaarte Aussenseite der Tierhaut.

Sie ist geprägt durch den Lebenslauf der Tiere: sie hat eine natürliche unregelmässige Zeichnung und trägt vielleicht Spuren von Verletzungen, die das Tier erlitt.

Da sie die äussere Schutzhaut des Tieres war, ist die Narbenseite von Natur aus dicht, fest und glatt.

Leder, bei dem du die glatte Narbenseite aussen trägst, heisst «Nappa».

Die HerstellerInnen können die Narbenseite leicht anschleifen. Das macht sie seidig, und die Narbenstruktur ist nicht mehr so deutlich zu sehen. Angeschliffen ist die Narbenseite

etwas schmutzempfindlicher. Solches Leder heisst «Nubuk».

Voll-Leder und Spaltleder

Die HerstellerInnen spalten dicke Rindshäute in mehrere dünnere Schichten auf: diese heissen «Spaltleder».

Nicht gespaltenes Leder aus der ganzen Tierhaut heisst «Voll-Leder».

«Vollrind» ist die Schicht vom Rind-Spaltleder, auf der sich die Narbenseite der Rindshaut befindet.

Imitation der Narbenseite

Auf Leder, meistens auf Spaltleder, wird manchmal ein künstliches Narbenbild aufgepresst. Solches Leder heisst «genarbtes» Leder.

Anschleifen, aufrauhen

Durch Schleifen verleihen die HerstellerInnen dem Leder eine ebenmässige, leicht rauhe oder samtige Oberfläche.

Leder, die mit einer aufgerauhten Seite als Aussenseite getragen werden, heissen Rauhleder.

In der Umgangssprache nennen wir sie oft Wildleder. (Eigentlich ist Wildleder jedoch nur Leder von Wild: Rehen, Hirschen, Elchen etc.)

Rauhleder sind: Wildleder, Nubuk, Waschleder, Velours.

Decken und färben

• Versehen die HerstellerInnen eine Seite des Leders mit einer gefärbten, festen und glatten Schutzschicht, so heisst es «gedecktes Leder».

Diese Schutzschicht überdeckt alle Unregelmässigkeiten der Lederoberfläche. Du erkennst keine Hautstrukturen mehr. Beschädigst du die Farbschicht, kommt das helle Leder zum Vorschein.

Die farbige Schicht schützt das Leder recht gut vor Nässe und Schmutz.

• Einfärben mit Anilinfarben ergibt «Rein-Anilin-Leder». Die Anilinfarben durchdringen das Leder und machen es geschmeidig und griffig.

Die Hautstruktur scheint durch die Färbung durch. Deshalb werden nur sehr schöne, un-

Lederschuhe und Accessoires / Sport- und Wetterbekleidung

verletzte Häute so eingefärbt.

Anilingefärbtes Leder ist fleckempfindlich und in der Regel nicht vor Nässe geschützt.

- Anilinfärbung mit einer zusätzlichen (getönten) Lackschicht ergibt «Semi-Anilin-Leder».

Der Lack gleicht Unebenheiten und Kratzer der Haut aus. Dieses Leder ist weniger fleckempfindlich als Rein-Anilin-Leder.

- Pflanzengefärbtes Leder ist wenig lichtecht und bietet dem Leder keinen Schutz.
- Lackleder: Bei Lackleder ist die Oberfläche mit einem glänzenden Kunststoff versiegelt.

Verschiedene andere Bezeichnungen von Leder im Handel

Diese haben mit der Umwelt nichts zu tun. Wir führen sie auf, weil sie dir beim Kaufen von Leder immer wieder begegnen. Einzelne Bezeichnungen kommen auch im Abschnitt «Leder reinigen» im Teil «Abwaschen, Putzen» vor.

- Boxcalf: Boxcalf ist Kalbleder mit einer feinen Narbung. Es dient vor allem als Schuhoberleder und zur Herstellung von Handtaschen.
- Glattleder: Das sind alle Leder mit einer glatten Oberfläche (ausser Lackleder).
- Rindbox: Rindbox oder Chromrindleder ist chromgegerbtes Schuhoberleder aus Rinderhäuten.
- Velours: Bei Velours trägst du die Innenseite der Tierhaut aussen. Sie ist angeschliffen.

- Waschleder: Waschleder ist sämisch gegerbtes Leder, das du wie Feinwäsche von Hand waschen kannst.

Waschleder lässt sich von sehr feinen Rauhledern (zum Beispiel von Velours) fast nicht unterscheiden. Damit du nicht aus Versehen ein Rauhleder kaufst und es beim Waschen ruinierst, musst du den VerkäuferInnen ausdrücklich sagen, dass du das Leder waschen willst.

Sport-, Wind- und Wetterbekleidung

Am meisten tust du auch bei diesen Kleidern,

- wenn du solche kaufst, die du selber waschen kannst,
- wenn du sie sorgfältig pflegst, damit sie lange halten
- und wenn du sie nicht wegen einer Modelaune wegwirfst, solange sie noch brauchbar sind.

Kauf wenn möglich lieber etwas teurere Stükke, wenn sie dafür lange halten.

Diese Regeln gelten sowohl für gewachsene wie für synthetische Materialien.

Unterbekleidung

Schwitzt du nicht speziell stark, so entlastest du die Umwelt (wie immer bei Textilien), indem du Unterleibchen und Hemden aus nicht ausgerüsteter Wolle, Seide, Baumwolle und aus ihren Gemischen trägst.

Du kannst sie lüften und somit mehr als einmal tragen. Damit ersparst du der Umwelt einen Drittel bis die Hälfte des Waschens.

Schwitzt du im Winter unter den warmen Kleidern immer wieder stark (das hängt von deiner Konstitution und deiner Lebensweise ab), so kannst du bei den Leibchen und den Hemden nicht mehr viel für die Umwelt tun: du musst sie häufig waschen.

Sportbekleidung

Zum Sport gehört, dass du dich zwischendurch voll ausgibst und ins Schwitzen kommst.

Du wirst also nicht darum herumkommen, die Sportwäsche oft zu wechseln und zu waschen.

Wähle deshalb bei der Sportbekleidung in erster Linie lange haltbare Materialien, die du selber waschen kannst, egal ob sie aus natürlich gewachsenen oder synthetisch produzierten Fasern sind.

Schau nicht darauf, dass du immer nach der letzten Sportmode gekleidet bist. Trage alles so lange, wie es hält.

Bei Pullovern und Jacken

kannst du immer solche bevorzugen, die du lüften und selber waschen kannst. Du ersparst der Umwelt damit häufiges Waschen und vermeidest die chemische Reinigung ganz.

Bei Überjacken und Mänteln

wissen wir nicht, welche Materialien die Umwelt mehr oder weniger belasten.

Daunenjacken zum Beispiel sind zwar aus gewachsenen Rohstoffen (Baumwolle und Federn). Du kannst sie jedoch kaum selber waschen, wenn sie lange halten sollen. Du musst du sie chemisch reinigen lassen. Dasselbe gilt für Wollmäntel.

Die modernen, atmungsaktiven Kunststoffe

(wie zum Beispiel Gore-Tex) sind gut geeignet, wenn du schwitzt: sie nehmen Feuchtigkeit auf und lassen sie nach aussen verdunsten. Du kannst sie lüften und selber waschen. Damit haben sie etwa die gleichen Vorteile wie zum Beispiel Baumwolle.

Es stimmt nicht, dass solche Materialien beim Entsorgen Sonderabfall sind. Von der Umwelt her gesehen kannst du sie verwenden.

Welche Kleider-Materialien (Textilien, Leder, Kunststoffe) die Umwelt bei der Herstellung, bei der Pflege und beim Entsorgen insgesamt mehr belasten, ist vorläufig nicht bekannt.

Wie kannst du Haustiere tierfreundlich und umweltschonend anschaffen und pflegen?

Du kannst
- bedrohte Tierarten schonen, indem du keine Tiere aus Wildfängen kaufst,
- Treibstoff für Flugzeugtransporte einsparen, indem du keine Tiere kaufst, die von weit her kommen,
- ein Haustier danach aussuchen, ob du die Bedürfnisse seiner Art erfüllen kannst,
- Strom sparen, indem du auf Tiere verzichtest, die künstliches Licht und eine eigene Heizung brauchen,
- das Futter von Hunden und Katzen aus frischen Fleischabfällen, Gemüse und Getreide zubereiten und damit die Verpackungen von Büchsenfutter einsparen,

Bevor du ein Tier kaufst oder annimmst

Kaufe keine Tiere aus Wildfängen.
Willst du dich tierfreundlich verhalten, kaufe nur einheimische Haustiere oder solche, die schon seit Generationen hier gezüchtet werden.

Frage im Zoogeschäft, woher das Tier stammt: ob aus Züchtungen oder aus Wildfängen. Kaufe ausschliesslich Tiere aus Züchtungen.

In Gefangenschaft geborenen Tieren machen unser Klima und die Haltung als Haustier nicht mehr soviel Mühe, auch wenn die Tierart ursprünglich auf einem anderen Kontinent lebte.

Kaufst du Wildfänge, gefährdest du an den Herkunftsorten die Bestände der Tierarten.

Zahlreiche Tiere sterben bereits unterwegs.

Zusätzlich belastet der Flugzeugtransport von Tieren aus andern Kontinenten die Umwelt.

Verzichte zum Beispiel auf:
- Papageien aus Südamerika
- Landschildkröten aus Nordafrika oder Osteuropa
- Zierfische aus der Karibik

Fang keine Tiere selber.
Nimm keine Tiere, die du im Wald oder auf Wiesen findest, mit nach Hause, auch wenn du und deine Kinder das interessant und lehrreich finden.

Viele dieser Tierarten sind bedroht. Wir müssen sie schützen.

Haustiere

Blindschleichen, Frösche, Salamander und andere Tiere überleben in Gefangenschaft meist nur kurze Zeit. Das Gesetz verbietet es, sie zu fangen.

Kauf möglichst keine Tiere, die eine Heizung und künstliches Licht benötigen.

Möchtest du dir ein neues Tier zutun, wähle eines, das sich ohne künstliche Beleuchtung, Wärmelampe oder Heizung wohlfühlen kann.

Viele Tierarten fühlen sich nur wohl bei uns, wenn wir mit technischen Hilfsmitteln das Klima im Terrarium oder Aquarium verändern.

Diese Installationen brauchen meist Strom und laufen Tag und Nacht.

Verzichte zum Beispiel auf

• Wasserschildkröten
• Echsen
• Schlangen
• Warmwasserfische

Weisst du, welche Bedürfnisse das Tier hat?

Informiere dich aus Büchern und frage im Zoogeschäft, wieviel Zeit du für ein Tier aufwenden musst, was für Futter und was für eine Pflege es benötigt, damit es sich wohlfühlen kann.

Wichtig ist auch, dass du weisst, welche Lebenserwartung die Tierart hat, und dass du dich hierauf einstellst. Kaufst du einen jungen Hund, so übernimmst du eine Verpflichtung, die weit über zehn Jahre dauern kann. Bist du dazu bereit?

Will das Tier alleine sein oder lieber zu zweit? Braucht es Auslauf im Freien? Wie gross muss der Käfig sein? Ist das Tier für Kinder geeignet?

Verschenkst du ein Tier, besprich dich auf jeden Fall vorher mit derjenigen, der du das Tier schenken willst.

Hunde

brauchen viel Auslauf, Bewegung, Aufmerksamkeit und Gesellschaft. Lässt du einen Hund täglich stundenlang allein in der Wohnung, quälst du ihn.

Katzen

kannst du auch in einer Stadtwohnung ohne Garten halten. Natürlicher ist jedoch, wenn sie frei draussen herumlaufen können. Auch Katzen sind nicht gern allein.

Hamster

sind keine Tiere für Kinder. Sie sind nachts aktiv und schlafen tagsüber. Sie sind Einzelgänger und brauchen einen eigenen Bau. Erwartest du von einem Tier Unterhaltung, ist der Hamster das Falsche dafür.

Meerschweinchen und Rennmäuse

sind gesellige Tiere. Halte sie nie allein, sie leiden darunter.

Chinchillas

sind als Haustiere ungeeignet.

Zwergkaninchen

brauchen einen grossen Käfig und Auslauf im Freien oder wenigstens auf dem Balkon.

Männchen können ausserdem bösartig werden.

Wellensittiche, Kanarienvögel, Zebrafinken

und andere Vögel fühlen sich im Käfig wie in einem Gefängnis. Vögel brauchen eine möglichst grosse Volière, in der sie auch fliegen können.

Vögel sind gesellige Tiere. Du solltest mindestens ein Paar haben, damit sie nicht vereinsamen.

Du selber bist keine artgerechte PartnerIn für deinen Vogel, auch wenn er dir aus der Hand frisst.

Streu

Verwende Streu, die sich kompostieren lässt. Ob du sie kompostieren kannst, steht auf den Packungen oder ist mit einem Kompostgitter symbolisiert.

Kompostierbar ist zum Beispiel Streu aus Abfallmaterial wie Altpapier, Sägespänen, Sägemehl und Hobelspänen oder solche aus Materialien wie Ton und ähnlichem. Diese Streu kannst du sowohl für Katzen wie für Meerschweinchen etc. verwenden.

Für Meerschweinchen, Hamster, Zwergkaninchen etc. kannst du auch Heu verwenden.

Für Vögel ist Vogelsand am besten geeignet.

Nicht verwenden

Torf kommt von der Umwelt her gesehen als Streu nicht in Frage.

Kauf auch keine Streu mit Deowirkstoffen und keine Deosprays für die Katzenkiste.

Ein Problem

Für einen kleinen Hauskompost ist die Menge an Heimtierstreu oft zu gross. Die Streu macht das Kompostmaterial zu einseitig und verhindert die Rotte.

Zudem: Kot und Streu von fleischfressenden Tieren (z.B. Katzen) darfst du nur kompostieren, wenn der Kompost heiss rottet. Nur so ist gewährleistet, dass die Krankheitserreger absterben.

Bist du nicht sicher, dass dein Hauskompost heiss rottet, oder hast du zuviel Streu, kannst du sie einem Quartierkompost übergeben.

Schütte die Streu auf keinen Fall ins WC.

Hunde- und Katzenfutter selber zubereiten

Willst du bei deinen Heimtieren etwas für die Umwelt tun, so übernimm einen Teil der Arbeit wieder, die dir die Tierfutterindustrie abgenommen hat: Kauf (Abfall-)Fleisch offen und bereite das Futter selber zu.

Fleisch für Hunde und Katzen, das du offen kaufst, stammt meist aus der Schweiz.

Du hilfst mit, dass wir minderwertiges Fleisch (nach menschlichen Massstäben) hier in der Schweiz verbrauchen und nicht exportieren.

Fleisch offen kaufen

Du bekommst in zahlreichen Metzgereien Abfallfleisch offen.

Kaufe für Tiere (in der Regel) kein Fleisch, das auch wir Menschen essen.

Verlange

• Kuhfleisch
• Abfallfleisch
• Innereien
• Pferdefleisch (in der Pferdemetzgerei)
• Für Katzen: Fischabfälle ohne Gräten
• Tiefgefrorene Fleischabfälle (die Hunde- und Katzenwürste)

Sortiere beim Fisch die Gräten heraus. Nimm von Würsten die synthetische Haut ab.

Fleisch für Tiere kannst du im Kühlschrank zwei Tage aufbewahren. Hast du einen Tiefkühler, kannst du eine grössere Menge einkaufen und portionenweise einfrieren.

Mehr Aufwand beim Einkaufen

Frischfleisch einkaufen ist weniger einfach als Büchsen oder Trockenfutter zu kaufen: Du nimmst den Weg zum nächsten Schlachthof oder zu einer Metzgerei auf dich. Hast du keinen Tiefkühler, musst du mindestens jeden zweiten Tag Abfallfleisch einkaufen.

Die Umstellung für den Hund oder die Katze

Erwarte nicht, dass sich dein Tier gern von einem Tag auf den andern von Büchsen auf das selber zubereitete Futter umstellt.

Lass ihnen etwa zwei Wochen oder etwas mehr Zeit. Misch in dieser Zeit das alte Futter mit dem selber zubereiteten. Oder gib einen Tag das alte und einen Tag das neue.

Abgesehen von einzelnen, ganz sturen Katzen, die lieber verhungern, als dass sie das neue Futter annehmen, nehmen nach einer Weile alle Tiere das neue Futter an.

Du findest selber heraus, was dein Tier besonders mag.

Es kommt ab und zu vor, dass Tiere etwas nicht vertragen

und davon Durchfall bekommen. Manche Tiere zum Beispiel von Innereien.

Bei Unsicherheiten: frag deine Tierärztin oder deinen Tierarzt.

Hundefutter

Ein ausgewogenes Hundefutter besteht aus etwa

• einem Drittel Fleisch,

• gemischt mit zwei Dritteln Getreide und Gemüse.

Dein Hund muss nicht jeden Tag Fleisch bekommen. Gibst du ihm nur Fleisch, ernährst du ihn mangelhaft.

Das Fleisch

Innereien wie Milz, Leber und Lunge musst du kochen oder braten, sonst bekommt der Hund Durchfall.

Alles andere kannst du roh ins Futter mischen.

Getreide und Gemüse

Getreide (zum Beispiel Hirse, Reis, Gerste, Roggen, Teigwaren, Mais und Griess) musst du kochen.

Du kannst deinem Hund auch ab und zu etwas altes Brot geben. Gib das Brot entweder eingeweicht zum anderen Futter oder hart zum Kauen.

Gemüse kannst du vorgekocht oder auch roh geraffelt geben. Manche Hunde mögen sogar Früchte und Salat.

Allerdings:

• Kohl vertragen Hunde nicht.

• Gib Kartoffeln und Bohnen nur gekocht.

Hundeflocken

sind erhitzte und gepresste Getreidekörner. Manche Sorten enthalten auch Gemüse. Du mischst sie mit Wasser und dem Fleisch.

Knochen

Einmal in der Woche können Hunde einen Kalbsknochen bekommen.

Achtung: gib keine gekochten Hühner-, Schafs- und Kaninchenknochen. Roh sind diese Knochen jedoch ungefährlich.

Du verminderst deine Arbeit etwas,

indem du vom Getreide und Gemüse, das du für dich selber kochst, auch gleich eine Portion für das Tier mitkochst.

Du kannst sogar für mehrere Tage im voraus kochen. Am besten würzt du die Portion für das Tier nicht. Kannst du die Zugabe von Salz und Gewürzen einmal nicht vermeiden, schadet das dem Hund nicht.

Dein Hund braucht immer frisches Trinkwasser.

Einmal oder zweimal am Tag füttern?

Deinen Hund kannst du einmal oder zweimal am Tag füttern.

Füttere ihn immer zur gleichen Zeit, nach der du ihm eine längere Ruhepause lassen kannst. Die braucht er, um gut zu verdauen.

Deinen Hund richtig zu füttern,

schaffst du auch mit dem selber zubereiteten Futter.

Du fütterst deinen Hund richtig, solange er, wie es seiner Rasse und seinem Alter entspricht, sich bewegt, aufmerksam ist, nicht zu dick ist, eine elastische Haut und ein glänzendes Fell hat.

Du fütterst das Tier in der Regel richtig, wenn sein Kot geformt ist. Ältere und nervöse Hunde können jedoch auch dauernd etwas weichen Kot oder Durchfall haben, ohne dass das bedeutet, dass du sie falsch ernährst oder dass sie krank sind. Frag im Zweifel deine Tierärztin oder deinen Tierarzt.

Ist der Kot zu hart und macht sein Absatz deinem Hund Mühe, gibst du ihm möglicherweise zuviel Knochen.

Mutest du deinem Hund einmal grössere Anstrengungen zu als sonst – zum Beispiel durch Wanderferien –, so füttere ihn mit etwas mehr Getreide als sonst. Die Fleischportion lässt du unverändert. Das Getreide liefert ihm die Energie, die er zusätzlich braucht.

Überfüttere dein Tier nicht.

Wieviel Futter dein Tier braucht, hängt von seiner Grösse ab und davon, wieviel Bewegung es hat.

Gibst du ihm zuviel, so lagert es – wie Menschen – einen Teil als Fett ab.

Übergewicht ist für deinen Hund ungesund. Kontrolliere die Futtermenge deshalb von Auge: wird der Hund zu dick, so gib ihm weniger zu fressen. Lass dich nicht erweichen, wenn er bettelt. Oft genügt es schon, wenn du ihn nur noch zu festen Zeiten fütterst und zwischendurch nicht.

Hunde brauchen keine Süssigkeiten und Leckerbissen. Die meisten Hunde nehmen Süssigkeiten gern – wie wir Menschen auch. Diese Extrarationen sind jedoch daran schuld, dass manche Hunde zu fett sind.

Verliert dein Tier bei seinem gewohnten Futter an Gewicht, so gibst du ihm zuwenig Futter, oder es hat Parasiten oder ist sonst krank. Geh mit ihm zur Tierärztin oder zum Tierarzt.

Nimm es nicht allzu genau.

Es kommt nicht darauf an, dass du deinen Hund bei jeder Mahlzeit ganz genau richtig fütterst.

Es genügt, dass du ihn abwechslungsreich fütterst. Wechsle die Art des Fleisches, des Getreides und des Gemüses. Dann machst du bestimmt nicht über längere Zeit immer den gleichen Fehler.

Katzenfutter

Wasser

Deine Katze soll immer frisches Wasser haben.

Von Milch oder Wasser mit Milch bekommen Katzen leicht Durchfall.

Futter

Katzenfutter darf nicht nur aus Fleisch bestehen. Die Katze leidet sonst unter Mangelerscheinungen.

Ein ausgewogenes Katzenfutter besteht aus zwei Dritteln Fleisch (oder Fisch) und einem Drittel Getreide.

Haustiere

Zum Beispiel Fleisch/Fisch gemischt mit

- gekochtem Reis, Hirse, Gerste oder anderen Getreidesorten
- gekochtem Gemüse: manche Katzen mögen zum Beispiel Bohnen
- Getreideflocken

Leber solltest du einer Katze nicht mehr als einmal in der Woche geben.

Verträgt deine Katze ein bestimmtes Futter nicht, so gibt es genug andere Fleisch-, Gemüse- und Getreidesorten, die du ausprobieren kannst. Einige werden ihr bestimmt gut bekommen.

Ob du deine Katze richtig fütterst, erkennst du an denselben Zeichen wie bei einem Hund (siehe Abschnitt Hundefutter).

Gib auch deiner Katze möglichst keine zu stark gewürzten Reste von deinem Essen. Überfüttere sie nicht.

Verzichte wenn möglich auf Fleischkonserven in Dosen für Hunde und Katzen.

Verwende sie nur noch im Notfall.

Sie belasten die Umwelt durch

- den aufwendigeren Transport: Das Fleisch fährt zuerst in die Fabriken und erst dann in die Läden. Das Abfallfleisch im Fertigfutter, das wir hier kaufen, stammt zum Teil aus der Schweiz. Ein Teil stammt jedoch aus andern europäischen Ländern.
- ihre aufwendigere Verpackung: Sogar wenn du die Weissblechbüchsen und die Aluminiumdosen ins Recycling gibst, belasten sie die Umwelt deutlich mehr als das Papier und der dünne Kunststoffbeutel, den die offenen Fleischabfälle benötigen. (Siehe auch das Kapitel «Warum Verpackungen sparen».)

Trockenfutter

Ob Trockenfutter die Umwelt mehr oder weniger belastet als selbstgekochtes Fressen, wissen wir nicht.

Der Notvorrat

Hast du einmal nicht eingekauft, kannst du deinem Hund auch ein Fressen ohne Fleisch geben.

Sogar Katzen vertragen einmal ein Fressen ohne Fleisch.

Du kannst natürlich für Notfälle einen kleinen Vorrat an Futterkonserven einkaufen. Biscuits und Trockenfutter haben den Vorteil, dass die angebrochene Packung nicht so schnell verdirbt.

Sieben-Tage-Ration für eine Katze: 365 Aluminiumdosen pro Jahr für ein kleines Tier.

Sieben-Tage-Ration für einen Hund: Praktisch alle Weissblechdosen landen heute noch im Kehricht. Fütterst du deinen Hund aus solchen Dosen, gib sie (ausgespült) an einer Sammelstelle ab.

Wie kannst du die Umwelt beim Blumenkauf entlasten?

Du kannst
- die Produktion von Düngern und Giften für die Blumen-Intensivkulturen einsparen,
- vermindern, dass diese Chemikalien in Dritte-Welt-Ländern Böden und Grundwasser verseuchen und die Gesundheit von BlumenarbeiterInnen zerstören,
- die Verschwendung von Heizöl und Strom in Treibhäusern vermindern,
- die Menge an giftigem Abfall aus den Blumenkulturen vermindern,
- Blumentransporte mit dem Flugzeug vermindern.

Die meisten Schnittblumen sind leider kein sinnvolles Geschenk

Von der Umwelt her gesehen sind die meisten Schnittblumen auch kein Grund zu Freude.

Willst du die Umwelt konsequent schonen, wählst du Schnittblumen sehr sorgfältig aus.

Kauf nur Blumen, die gerade Saison haben, aus Freilandkulturen stammen und in unserer Nähe gewachsen sind.

Achte auf die Saison.

Die Tabelle auf der folgenden Seite zeigt dir die wichtigsten Schnittblumen, die in unserem mitteleuropäischen Klima wachsen. Ausserhalb ihrer Saison stammen Blumen entweder aus geheizten Treibhäusern oder sind mit grossem Aufwand eingeflogen.

Von Frühjahr bis Herbst

bekommst du Saison-Blumen, die in der Schweiz oder in unserer näheren Nachbarschaft gewachsen sind.

Im Sommer hast du eine grosse Auswahl, im Frühling und Herbst ist sie kleiner.

Von November bis Januar

Verzichte in diesen Monaten ganz auf Schnittblumen. Du kannst deine Wohnung auch anders schmücken.

Häng zum Beispiel Misteln und Tannenzweige auf oder stell sie ein.

Stell getrocknete Pflanzen auf, zum Beispiel Gräser, Getreide, Fruchtstände, Disteln, Stroh-

blumen. Auch getrocknete Gartenblumen, zum Beispiel Rittersporn, Rosen, Hortensien Lampionblumen, Lavendel können schön aussehen.

Aus getrockneten Pflanzen kannst du ganz verschiedene Sträusse zusammenstellen, nicht nur Biedermeier-Sträusse. (Es gibt etliche Bücher zu diesem Thema.)

Im Winter hast du auch die Zimmerpflanzen in Töpfen oder Kübeln. Manche blühen sogar in dieser Zeit, zum Beispiel der Weihnachtsstern.

Achte auf die Herkunft.

Verlange im Laden oder auf dem Markt ausdrücklich Freilandblumen aus der Schweiz

Schnittblumen

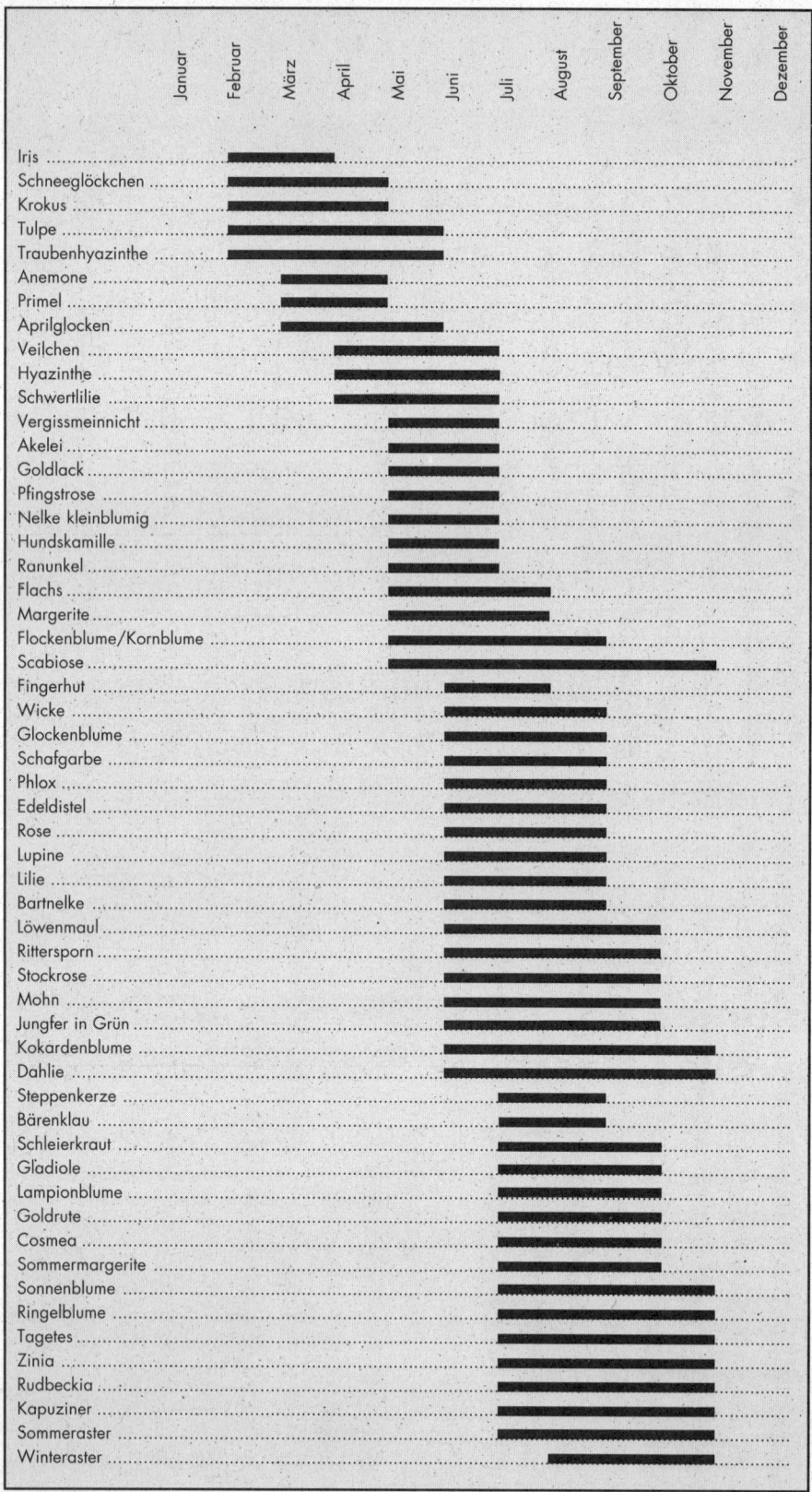

Die Saison von Freilandschnittblumen in der Schweiz

Diese Saisontabelle haben wir dem Buch: «Vorsicht Blumen» (Erklärung von Bern, 1988, Zürich) entnommen.

oder aus den angrenzenden Ländern.

Bei fertigen Sträussen ist das leider selten möglich. Lass dir deinen Strauss deshalb extra zusammenstellen.

Neben den schweizerischen Blumen empfehlen wir dir in zweiter Linie solche aus Italien und Frankreich. Die italienischen und französischen Blumen haben wegen des wärmeren Klimas einige Monate vor den schweizerischen Saison.

Hast du selber einen Garten,

so kannst du dort vielleicht selber ein paar Blumen zum Verschenken anpflanzen. Eine Blume, die du im eigenen Garten giftfrei gezogen hast, ist bestimmt ein sinnvolles Geschenk, mit dem du Freude bereitest.

Wie Schnittblumen die Umwelt belasten.

Durch Treibhaus-Kulturen

Treibhäuser für Blumen verbrauchen Heizöl: Sie sind im Winter sommerlich warm (24-26 Grad). Sie verbrauchen Strom: Die ZüchterInnen verlängern die Tage durch Kunstlicht.

Im Vergleich zu französischen und italienischen Treibhauskulturen braucht Holland noch mehr Strom und Erdöl. Weil es kälter und nicht so sonnig ist.

Die ProduzentInnen spritzen in den Treibhäusern vorbeugend Gifte, weil die Blumen im künstlichen heiss-feuchten Klima besonders anfällig auf Schädlinge und Krankheiten sind.

Ein Teil der Blumen aus Treibhäusern wächst zudem auf Steinwollmatten anstatt auf Erde. Diese Blumen brauchen Kunstdünger. Die mit Dünger und Giften getränkten Steinwollmatten sind Sonderabfall. Die ProduzentInnen wissen nicht, wie sie diesen entsorgen sollen.

Durch den Transport

Blumen verderben schnell. Es darf vom Abschneiden an nur 3 Tage dauern, bis sie bei uns im Laden stehen.

Sobald die Blumen gepflückt sind, brauchen sie gekühlte Lagerhäuser und Kühleinrichtungen für den Transport. Das Kühlen braucht Strom und FCKW.

Blumen aus anderen Kontinenten gelangen per Flugzeug zu uns, damit keine Zeit verlorengeht.

Fliegen ist die Transportart, die die Umwelt am meisten belastet. Ein Strauss mit 500 Gramm Blumen aus Kolumbien oder Südafrika verbraucht allein für den Flug zwischen einem und vier Litern Benzin.

Lass dir deinen Strauss aus Freilandblumen aus der Schweiz oder aus den angrenzenden Ländern zusammenstellen.

Die Blumenfarmen verbrauchen das Wasser, das in vielen Gebieten knapp ist.

Wir empfehlen dir,

keine Schnittblumen zu kaufen, die eingeflogen sind.

Das bedeutet, dass du ausserhalb der schweizerischen, italienischen und französischen Freilandsaison am besten gar keine Schnittblumen kaufst. Im Winter stammen praktisch alle Blumen von andern Kontinenten. Zum Beispiel kommen Rosen oder Nelken aus Ländern wie:

Ägypten, Costa Rica, Ecuador, Elfenbeinküste, Israel, Kenia, Kolumbien, Marokko, Mauritius, Peru, Singapur, Südafrika und Thailand.

Und die ArbeiterInnen in der dritten Welt?

Es ist nicht so, dass es den BlumenarbeiterInnen in der dritten Welt besser geht, weil du die Blumen kaufst, die sie anbauen.

• Von dem Geld, das du ausgibst, bekommen sie praktisch nichts.

• Du unterstützt Arbeitsplätze, die ihre Gesundheit ruinieren und ihnen nicht die geringste Sicherheit bieten.

• Du unterstützt Produktionsmethoden, die die Umwelt zerstören.

• Den Treibstoff, den der Transport verschlingt, hätten gerade solche Länder bitter nötig.

Liegt dir etwas am Schicksal der ArbeiterInnen der dritten Welt, so kannst du folgendes tun:

Verzögert sich die Reise, müssen die Blumengrossisten manchmal ganze Flugzeugfrachten als Kehricht verbrennen lassen.

Dritte-Welt-Blumen entstehen unter unmenschlichen Arbeitsbedingungen.

Blumen, die aus Dritte-Welt-Ländern stammen, kaufen die Schweizer BlumenhändlerInnen viel billiger ein als Blumen, die in Europa gewachsen sind.

Nicht das Klima macht die Blumenproduktion auf anderen Kontinenten so günstig. Sondern die extrem billigen und praktisch rechtlosen ArbeiterInnen.

In regelmässigen Abständen von ca. 2 Wochen müssen die ArbeiterInnen Gifte gegen Schädlinge und Krankheiten verspritzen. Darunter sind auch Produkte, die in der Schweiz oder in den USA verboten sind.

Die meisten BlumenarbeiterInnen haben Berufskrankheiten, zum Beispiel von den Schädlingsbekämpfungsmitteln. Sie haben Augenleiden und Lungenleiden. Manche sterben an akuten Vergiftungen.

Sobald sie krank und deswegen arbeitsunfähig sind, bekommen sie die Kündigung.

Ihre finanzielle Not zwingt die Menschen in der dritten Welt, zu solchen Bedingungen für uns zu arbeiten.

Wir, die die Blumen kaufen, würden solche Arbeit als Sklavenarbeit bezeichnen und uns weigern, sie anzunehmen.

Blumenzuchten zerstören in Dritte-Welt-Ländern die Umwelt.

Auf riesigen Flächen wächst oft nur eine Blumensorte, z.B. Nelken. Diese Monokulturen machen die Pflanzen besonders anfällig für Krankheiten und Schädlinge. Entsprechend brauchen sie viele Gifte dagegen.

Die Blumenfarmen verseuchen Böden und Grundwasser. Nach der Blumenzucht kommen die Böden für den Anbau von Nahrungsmitteln nicht mehr in Frage.

Treibhaus-Kulturen für Blumen

Schnittblumen

Statt Blumen zu kaufen, zahlst du den entsprechenden Betrag an eine Organisation, die in Ländern der dritten Welt hilft, sinnvolle Arbeitsplätze zu schaffen.

Sinnvolle Arbeitsplätze sind zum Beispiel solche,

• die etwas zur Selbstversorgung des Landes beitragen,

• die knappe Rohstoffe, Erdöl und Strom ohne unnötige Verschwendung nutzen,

• die den ArbeiterInnen mehr Sicherheit bringen und sie nicht krank machen,

• die Gewässer und Böden nicht unnötig verseuchen.

Wie deine Schnittblumen, wenn schon, möglichst lange halten.

Hast du Schnittblumen gekauft, so sollen sie dir (oder den Beschenkten) wenigstens möglichst lange Freude machen.

Schneide die Stengel vor dem Einstellen schräg ab. Schneide unter Wasser. So ist die Oberfläche der Schnittstelle gross, und es dringt keine Luft in die Wasserkanäle der Pflanze.

Klopfe holzige Stiele leicht mit einem Hammer. Stelle sie in warmes Wasser mit etwas Salz.

Manche Blumen (zum Beispiel Klatschmohn) scheiden eine weisse, klebrige Flüssigkeit aus, wenn du sie anschneidest. Brenn die Schnittstelle mit einem Zündholz kurz an oder tauch sie eine halbe Minute in fast kochendes Wasser. Das versiegelt die Schnittstelle.

Stell Blumensträusse nicht in den Durchzug.

Die meisten gekauften Blumensträusse halten nur ein paar Tage. An einem bunten, gemischten Strauss bleiben nicht alle Blumen gleich lange frisch. Sortiere den Strauss täglich.

Schneide welkende Blumen frisch an. Oder stelle sie für eine Zeit an einem kühlen Ort möglichst tief ins Wasser.

Die welken Teile gibst du auf den Kompost. (Willst du deinen Kompost nicht mit den Spritzmittel-Rückständen belasten, so kauf eben keine Blumen mehr.) Die noch schönen Blumen arrangierst du neu.

Schnittblumennahrung

Blumen in Wasser mit Schnittblumennahrung leben länger. Sogar länger als solche Blumen, deren Wasser du jeden Tag wechselst.

Schnittblumennahrung besteht aus Zucker und Mitteln, die Bakterien abtöten. Diese Mittel verhindern, dass das Vasenwasser fault.

Dafür belastet Schnittblumennahrung das Abwasser.

Möchtest du auf Schnittblumennahrung verzichten, wechsle das Vasenwasser im Sommer jeden und im Winter jeden zweiten Tag. Dann fault das Wasser nicht.

Wie kannst du
beim Zimmergärtnern
die Umwelt schonen?

Du kannst
- Torf sparen und so die Hochmoore schonen,
- Kompost verwenden statt gekaufte Erde und Mineraldünger,
- auf Gifte verzichten
- weniger Zimmerpflanzen aus Treibhäusern kaufen und damit den Verbrauch an Heizöl, Dünger und Pflanzenschutzmitteln vermindern, die für die Treibhauszucht notwendig sind,
- Pflanzen-Transporte einsparen.

Mit Zimmerpflanzen meinen wir in diesem Buch auch Pflanzen in Kübeln und Kisten auf dem Balkon und auf dem Fenstersims.

Jede Pflanze hat ihre besonderen Bedürfnisse

Bietest du deinen Zimmerpflanzen die richtige Umgebung und die richtige Pflege, kannst du sie umweltschonend halten.

Du solltest von jeder Pflanze wissen:
- Wieviel Licht braucht und verträgt sie?
- Bei welchen Temperaturen fühlt sie sich im Sommer und im Winter wohl?
- Wieviel Wasser braucht sie?
- Welche Luftfeuchtigkeit ist für sie richtig?
- Welche Erde braucht sie?
- Wie kannst du sie selber vermehren (falls du das willst)?

Gibst du ihnen, was sie brauchen (nicht zuviel und auch nicht zuwenig), sind Zimmerpflanzen weniger anfällig für Schädlinge und Krankheiten. Du brauchst für sie keinen Kunstdünger und keine giftigen Pflanzenschutzmittel.

Diese Produkte nützen ohnehin nichts, wenn eine Pflanze serbelt, weil sie zum Beispiel zuwenig Licht oder zuviel Wasser bekommt.

Wo bekommst du Wissen und Anleitung?

In Bibliotheken und Buchhandlungen findest du eine Auswahl von Büchern über Zimmerpflanzen.

Benutze sie bitte kritisch: Fast alle AutorInnen empfehlen auch Umweltbelastendes: zum Beispiel Torf, Hydrokultur oder Mineraldünger.

Vielleicht kennst du GärtnerInnen oder FloristInnen, die dir Auskunft geben.

Wichtige Informationen findest du bei gekauften Pflanzen meist auf den Etiketten und Steckschildern. Aber diese genügen oft nicht.

Im folgenden findest du Hinweise, über welche Punkte du bei jeder einzelnen Art Bescheid wissen musst, damit du sie halten kannst, ohne die Umwelt unnötig zu belasten.

Zimmerpflanzen

Standort

Schau dir die Plätze an, an denen du Pflanzen aufstellen möchtest. Wieviel Licht, wieviel Wärme und wieviel Luftfeuchtigkeit bekommen die Pflanzen an einem bestimmten Platz zu den verschiedenen Jahreszeiten?

Licht

• Am Nordfenster:

Hier fühlen sich Pflanzen wohl, die mit wenig Licht auskommen.

• Am Ostfenster:

Es ist geeignet für Pflanzen mit mittlerem Helligkeitsbedarf.

• Am West- oder Südfenster:

Für Pflanzen, die viel Sonne brauchen und im Sommer eine grosse Mittagshitze ertragen.

Temperatur

Werden die Pflanzen auf dem Fensterbrett im Winter von den Heizkörpern darunter erwärmt? Manche Pflanzen vertragen das nicht.

Hast du für die wärmeempfindlichen Pflanzen Ausweichplätze fern von der Heizung, an denen sie jedoch noch genug Licht bekommen?

Manche Pflanzen brauchen im Winter eher kühle Temperaturen. Zum Beispiel braucht die Kamelie im Winter eine Temperatur unter 15, die Zimmerlinde unter 12 Grad.

Für solche Pflanzen brauchst du im Winter einen ungeheizten, aber wiederum nicht zu kalten Raum. Zum Beispiel einen Hausgang, eine Waschküche oder eine Garage. Auch hier soll die Pflanze soviel Licht bekommen (oder so wenig), wie es ihr entspricht.

Kübelpflanzen: Hast du einen Sommerplatz für sie?

Sogenannte Kübelpflanzen wie Oleander, Lorbeer und Olivenbaum brauchen im Sommer einen Platz auf dem Balkon oder im Garten.

Das Giessen

Dass Zimmerpflanzen serbeln, liegt oft daran, dass wir ihnen

• zuwenig oder zuviel,

• zu hartes Wasser geben.

Manche Pflanzen brauchen täglich Wasser, für andere ist das zuviel.

Die Wasserhärte

Erkundige dich bei deiner Gemeinde, wie hart (wie kalkhaltig) das Wasser bei euch ist.

Informationen zur Wasserhärte findest du im Teil «Kleider waschen».

Pflanzen, die einen sauren Boden brauchen, vertragen kein hartes Wasser. Das sind zum Beispiel: Rhododendren, Azaleen, Orchideen, Kamelien, Begonien, Hortensien, Gesnerien, Primeln, Pantoffelblumen, Flamingoblumen, Erika, einige Sukkulentenarten (Kakteen).

Schon mittelhartes Wasser macht diesen Pflanzen Mühe. Sie brauchen weiches Wasser.

Ist das Wasser bei euch hart? Du bekommst weiches Wasser, indem du Regenwasser sammelst. Oder indem du das harte Wasser, bevor du damit die Pflanzen giesst, in der Kanne stehenlässt.

Hast du nur hartes Wasser zur Verfügung, meide Pflanzen, die es nicht vertragen.

Die Luftfeuchtigkeit

Im Winter sind über 20 Grad warme Räume für fast alle Pflanzen zu trocken.

Du schonst, wenn du nicht überheizt, also nicht nur die Umwelt, sondern auch deine Zimmerpflanzen.

Für manche Pflanzen ist die Luft bei uns zu trocken, zum Beispiel für die Korbmarante (Calathea) und Palmen.

Du musst sie (zum Teil mehrmals täglich) mit Wasser einnebeln oder die Blätter besprühen. Oder du stellst die Blumentöpfe in Gefässe, Wannen oder auch Cache-pots, die du mit feuchtem Sand, Blähton oder Kieselsteinen füllst. Manche Pflanzen mögen es, wenn du sie in der Badewanne duschst, oder sie in den Sommerregen stellst.

Hast du keine Zeit für diese Arbeiten, so verzichte auf Pflanzen, die eine besonders feuchte Luft brauchen.

Erde, Kompost, Sand, Mischungen

Als Erde für alle deine Zimmerpflanzen, als Ergänzung beim Umtopfen und als Basis für spezielle Mischungen nimmst du

• entweder Komposterde allein

• oder Komposterde gemischt mit Landerde.

Beide belasten die Umwelt nicht. Mit der Komposterde verwertest du auf eine sinnvolle Weise Pflanzenabfälle.

Kompost (Komposterde)

Komposterde kannst du selber machen (siehe Kapital «Garten»).

Sonst bekommst du sie heute an zahlreichen Orten:

• offen z.B. bei Nachbarn, beim Quartierkompost, bei der Gemeinde

• oder abgepackt in Läden, Gärtnereien und Gartencentern.

Komposterden, die du im Handel kaufst, entsprechen reifem, selbergemachtem Kompost. In ihnen sind nicht nur Garten- und Küchenabfälle, sondern auch Rindenabfälle der Holzindustrie, Abfälle der Lebensmittelindustrie etc. verwertet.

Einige Komposterden, die du kaufst, enthalten noch Torf – jedoch weniger als die bisher üblichen Gartenerden, Blumenerden und Zimmerpflanzenerden.

Komposterden zum Kaufen sind zum Beispiel:

• Mioplant-natura (Migros)

• Gartenkompost (Migros)

• Rindenkompost (Coop)

• Ricoter Rindenkompost

• Biorico-Kompost

• Nährkompost organisch (Zimmerli AG, Zürich)

• ökohum-Rindenhumus (Obstverwertungsgenossenschaft)

• verschiedene Komposte (R.O.M AG, Winterthur)

Komposterde für Zimmerpflanzen muss reif sein.

Reiner unreifer Kompost ist zu scharf für sie.

Die Komposterden, die du kaufen kannst, sind immer reifer Kompost.

Kompostierst du selber, zeigt dir die Keimprobe (siehe Seite ...), ob dein Kompost reif ist.

Unreifen Kompost und Kompost, dessen Zustand du nicht kennst, mischst du mit Landerde: einen oder zwei Teile Kompost auf einen Teil Landerde.

Landerde

Zum Mischen mit Kompost kannst du Erde aus einem Laubwald oder aus einem Garten verwenden.

Auch die Erde deiner Topf- und Kübelpflanzen kannst du immer wieder verwenden. Entferne jedoch Wurzelreste.

Hatte die letzte Pflanze eine Pilzkrankheit, so verwende die Erde nicht weiter.

Sand als Zusatz

Geeigneten Sand erhältst du in manchen Gartengeschäften (gebrochenen Sand mit einer Körnung bis 4 mm).

Sandkastensand ist als Zusatz zu Pflanzenerde ungeeignet.

Blähton und ähnliche Produkte als Zusatz

Für grössere Kübel ist es manchmal nötig, die Erde zu lockern und das gesamte Erdgewicht zu verringern. Zum Beispiel mit:

• Vermex (Vermica AG, Bözen)

• Perlit (Zimmerli Mineralwerk AG, Zürich)

• Hydrokultur-Kügelchen (Léca-Blähton)

Wirf diese (bei hohen Temperaturen) geblähten Mineralien beim Umtopfen nicht fort, sondern verwende sie immer wieder. Ihre Herstellung hat die Umwelt Brennstoff gekostet.

Mischungen selber machen

Aus Kompost, Landerde und Sand kannst du alle Sorten Erde mischen, die du für Zimmerpflanzen brauchst, auch solche, für die du bisher Torf verwendet hättest.

• Für sauren Boden:

Brauchst du sauren Boden (zum Beispiel für Rhododendren oder Azaleen), dann mische Komposterde mit Rindenkompost, Nadelerde oder Lauberde. Kauf zum Bereiten von saurem Boden keinen Torf mehr.

• Erde für Kakteen:

Ein Teil Kompost und ein Teil Sand.

• Erde für junge Pflänzchen:

Für die Aussaat und das Pikieren mischst du drei Teile reifen Kompost mit einem Teil Sand und einem halben Teil Landerde.

Hast du unreifen Kompost, so nimmst du auf einen Teil unreifen Kompost zwei Teile Landerde.

Dünge mit Kompost oder Mist.

Komposterde oder Landerde mit Kompost gemischt enthalten einen ausreichenden Vorrat an Nährstoffen für deine Zimmerpflanzen.

Willst du deine Pflanzen zwischendurch zusätzlich düngen, so kannst du von März bis September (in der Hauptvegetationszeit) die Erde deiner Zimmerpflanzen zwei bis drei Mal mit ein wenig Komposterde bestreuen.

Du kannst aus Kompost auch einen Flüssigdünger machen: Gib in eine Giesskanne mit 4 bis 5 Litern Inhalt drei bis vier Handvoll Kompost und füll mit Wasser auf. Lass sie zwei Tage stehen und giesse dann die Pflanzen.

Diese Düngung kannst du alle zwei Wochen wiederholen. Giess das restliche Wasser jeweils ab und lass den Satz trocknen. Mit dem gleichen Kompost kannst du fünfmal solchen Flüssigdünger ansetzen.

Töpfe, Schalen etc.

Für Zimmerpflanzen sind (auch von der Umwelt her gesehen) Plastiktöpfe so gut geeignet wie Tontöpfe. Du kannst sie immer wieder verwenden. Gefässe, die du gerade nicht brauchst, hebst du auf oder du verschenkst sie.

Kaufst du neue Pflanzen in der Gärtnerei, kannst du die Plastiktöpfe zur Wiederverwendung zurückgeben.

Tontöpfe bekommen mit der Zeit einen Kalkbelag an den Wänden. Den entfernst du mit Putzessig. Eventuell weichst du den Topf im Putzessig ein.

Vermehre Zimmerpflanzen selber.

Gegenwärtig belasten die ProduzentInnen von Topf- und Kübelpflanzen die Umwelt auf folgende Weise:

• Sie ziehen die Pflanzen in beheizten Treibhäusern. Das braucht Heizöl.

• Sie düngen sie mit Kunstdüngern und behandeln sie vorbeugend mit giftigen Chemikalien.

• Sie verwenden je nach Pflanze Torferde.

Manche Topfpflanzen belasten die Umwelt mit einem weiten Transport (sogar aus andern Kontinenten).

Für andere Topfpflanzen rotten die LieferantInnen die Pflanzen an ihrem Ursprungsort aus. Zum Beispiel haben SammlerInnen die wildwachsenden Tillandsien (Bromelien) in Südamerika praktisch ausgerottet. Das Einsammeln war billiger als die Weiterzucht bei uns. Demnächst ausrotten werden wir die Wildnarzissen und die Wildzwiebelblumen in der Türkei.

Vermehrst du Zimmerpflanzen

für dich und für andere selber, statt welche zu kaufen, belastest du die Umwelt nicht unnötig.

Wie du die Pflanzen vermehrst, ist in den Hobbybüchern über Zimmerpflanzen beschrieben. Als Methoden gibt es zum Beispiel Aussaat, Ableger, Absenker, Stecklinge, Teilung, Abmoosen.

Zimmerpflanzen, die du selbst vermehrt hast, sind auch ein (für die Umwelt) sinnvolles Geschenk.

Um neue Arten zu bekommen, kannst du mit andern ZimmergärtnerInnen Jungpflanzen tauschen.

Zimmerpflanzen

Was die Umwelt unnötig belastet

Kauf keine abgepackten Erden

(ausser Komposterden). Praktisch alle sogenannten Blumen-, Universal-, Allzweck- und Spezialerden enthalten Torf und mineralischen Dünger.

Verwende keinen Torf.

Um die Erde sauer zu machen (für Rhododendren etc.), verwenden bis heute viele HobbygärtnerInnen Torf.

Bauen wir Torf ab, zerstören wir Moorgebiete – und zwar für immer. Zahlreiche Pflanzen und Tierarten verlieren ihren Lebensraum und sterben aus.

Torf, den wir hier kaufen, stammt zum grössten Teil aus dem Ausland: vom Niederrhein, aus Niedersachsen, aus Nordrussland, aus Finnland und aus Irland. Ein Teil stammt aus dem Schweizer Jura.

Der Transport in die Schweiz verschmutzt die Umwelt zusätzlich.

Wie oben gesagt, kannst du die Erde auch mit Rindenkompost sauer machen. Gelingt es dir nicht, in dieser Erde die Rhododendren, Azaleen, Orchideen, Kamelien, Begonien, Hortensien, Gesnerien, Primeln, Pantoffelblumen, Flamingoblumen etc. zu ziehen, so wähle der Umwelt zuliebe Zimmerpflanzen, die du ohne Torf züchten kannst.

Verwende keinen Dünger ausser Kompost.

Verwendest du Komposterde, brauchst du keinen zusätzlichen Dünger. Auch wenn du in Zimmerpflanzenbüchern zum Beispiel liest: «wöchentlich düngen mit Blumendünger».

Komposterde gibt deinen Pflanzen genug Stickstoff, Phosphor, Kalium, Magnesium und so weiter.

Geht es deinen Pflanzen trotz Komposterde nicht gut, so stimmt möglicherweise der Standort für sie nicht oder du solltest sie anders giessen oder sie sind von einem Schädling befallen.

Oft serbeln Zimmerpflanzen gerade darum, weil wir sie (mit Mineraldüngern) überdüngen.

Kaufe also keine Flüssigdünger, keine gekörnten Düngesalze, keine Düngestäbchen, -kegel, -tabletten oder -polster.

Kaufe keinen Volldünger und keinen Spezialdünger wie z.B. Blumen-, Kakteen- und Palmendünger.

Mineraldünger belasten die Umwelt bei ihrer Produktion und beim Transport. Sie leisten keinen Beitrag zum Recycling von Pflanzenresten.

Kauf auch keine flüssigen organischen Dünger. Der Strassentransport des Wassers, das sie enthalten, belastet die Umwelt unnötig.

Blattglanzmittel sind unnötig

und schaden höchstens der Pflanze.

Blattglanzmittel belasten die Umwelt:

• sie enthalten Lösungsmittel,

• manche bekommst du unsinnigerweise als Spray mit Treibgas.

Blattglanzmittel sind ausserdem für die Pflanze schädlich. Sie verstopfen die Spaltöffnungen der Blätter. Die Pflanze atmet schlechter, und ihr Stoffwechsel ist gestört.

Blattglanzmittel machen, dass die Pflanze noch rascher verstaubt.

Entstauben kannst du deine Zimmerpflanzen unter der Dusche in der Badewanne. Damit keine Kalkflecken auf den Blättern zurückbleiben, reibst du sie mit einem weichen Tuch trocken.

Kauf keine Pflanzen in Hydrokultur.

Hydrokulturen sind Hors-sol-Kulturen für den privaten Haushalt.

Hast du Hydrokulturen, löse sie auf.

Topfe deine Pflanzen aus und setze sie in Erde.

Das Umtopfen ist nicht einfach. Es kann passieren, dass du dabei die Wurzeln zu stark beschädigst und dass die Pflanze eingeht.

Erde gibt der Pflanze beides: Halt im Topf und Nährstoffe.

Die Hydrokultur braucht Blähton

Der Topf der Hydrokultur enthält statt Erde ein Füllsubstrat. Es besteht aus gebranntem Stein, meist Blähton. Blähton besteht aus Ton, der bei Temperaturen über 1000 Grad gebrannt wird.

Die Verarbeitung des Tons zu Blähton verbraucht Brennstoff, Strom und vieles mehr.

Transport ist nötig, und Verpackung.

und Flüssigdünger.

Bei der Hydrokultur ersetzt du die Nährstoffe der Erde durch wasserlöslichen Dünger. Dieser belastet bei seiner Produktion die Luft und braucht Strom, Brennstoff und Rohstoffe. Im Gegensatz zur Komposterde verwertet der flüssige Kunstdünger keine organischen Abfälle aus dem Haushalt.

Verwende keine Pflanzenlampen.

Stelle Pflanzen nur dorthin, wo sie genug Licht bekommen.

Hast du nur wenig Sonnenlicht in deiner Wohnung, suchst du dir Pflanzen aus, die wenig Licht brauchen, zum Beispiel:

Syngonium podophyllum

Sansevieria trifasciata

Chamaedorea elegans

Schefflera actinophylla

Spathiphyllum wallisii

Dracaena fragrans

Verwende keine Pflanzen-schutzmittel.

Zimmerpflanzen sollen Freude machen, und sie bieten dir eine Freizeitbeschäftigung.

Du musst dich im privaten Haushalt von Zimmerpflanzen weder ernähren noch dein Geld mit ihnen verdienen.

Du stehst also nicht unter demselben Leistungs- und Ertragsdruck wie ErwerbsgärtnerInnen und LandwirtInnen.

Dass einzelne Zimmerpflanzen eingehen, ist natürlich. Fühlt sich eine bestimmte Pflanzenart bei dir nicht wohl, so gibt es genug andere, denen es bei dir gefällt.

Du kannst darauf verzichten, Schädlinge und Krankheiten mit Pflanzenschutzgiften zu bekämpfen.

Alle oben aufgezählten vorbeugenden Methoden genügen, um Topf- und Kübelpflanzen zu Hause zu halten.

Du findest zum Thema Pflanzenschutzgifte weitere Informationen in den Kapiteln «Garten» und «Warum Gifte sparen».

Wie du Schäden an Zimmerpflanzen ohne Gifte bekämpfen kannst

Schäden durch falschen Standort oder falsche Pflege

Siehst du keine Schädlinge, kommen Schäden an deinen Pflanzen wahrscheinlich von einem falschen Standort und von falscher Pflege.

Entweder du liest in einem Hobbybuch genau nach, welche Bedürfnisse die serbelnde Pflanze hat, und versuchst sie zu erfüllen. Oder du verzichtest darauf, diese Pflanze weiter zu ziehen.

Standort- und Pflegefehler erkennst du zum Beispiel so:

• Gelbverfärbung der ganzen Blätter kann anzeigen, dass die Pflanze zu dunkel steht oder dass sie zu warm oder zu kalt steht.

• Braune, eingetrocknete Blattränder deuten auf einen Sonnenbrand hin (Giessen bei praller Sonne).

• Helle oder braune Flecken bekommen Schatten oder Halbschatten liebende Pflanzen, die du an die pralle Sonne stellst, oder Pflanzen, die eine Zeitlang zu kalt stehen.

• Blätter hängen schlaff herab, welken und fallen dann ab: Du hast zuviel oder zuwenig gegossen.

• Blattfall von unten nach oben zeigt an, dass die Pflanze entweder zuwenig Licht hat, dass die Luft zu trocken ist oder dass die Pflanze einen Wechsel des Standorts oder der Temperatur nicht vertragen hat.

• Korkflecken aus verhärtetem, grauem Gewebe entstehen, wenn du unregelmässig Wasser gibst. Zum Beispiel beim starken Giessen nach längerer Trockenheit.

Folgende Anzeichen deuten auch auf Nährstoffmangel hin:

• Die Blätter werden hell.

• Die Blätter verblassen, wobei die Adern grün bleiben.

• Die Blattränder trocknen ein.

• Die ganzen Blätter färben sich gelb oder braun.

Wie du Schädlinge ohne Gift bekämpfst.

Schädlinge, die einer Pflanze schaden, siehst du im Normalfall. Nur selten leben sie in der Topferde. Dort entdeckst du sie meistens erst, wenn es zu spät ist und du die Pflanze nicht mehr retten kannst.

Unternimm etwas gegen die Schädlinge, sobald du sie entdeckst und bevor sie sich stark vermehren.

Die allermeisten Schädlinge wirst du los, indem du die Pflanze öfters abduschst oder die Schädlinge von Hand abliest.

Verschwinden nicht sofort alle Tiere, gib nicht gleich auf. Wiederhole die Behandlung geduldig so oft wie nötig.

Welcher Schädling ist es?

Konsultiere Hobbybücher oder frag FreundInnen, die sich auskennen.

Die meisten Schädlinge sitzen an Stengeln, Ästen und Blättern der Pflanze. Diese kannst du, auch wenn sie sehr klein sind, recht gut erkennen und bestimmen.

Läuse

Blatt- und Blutlaus (Woll-Laus)

Die Pflanzenläuse siehst du. Sie sind einen bis zwei Millimeter gross. Sie sind grün oder schwarz und manchmal geflügelt.

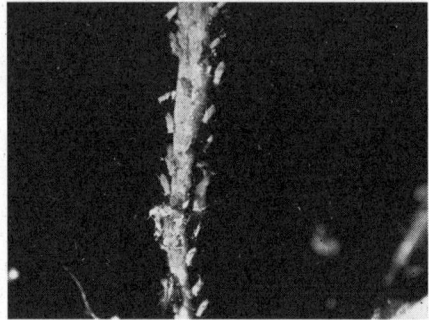

Woll-Läuse sehen aus wie kleine, wattebauschähnliche Flecken. Sie sitzen meist in den Blattachseln.

Überdüngen fördert den Befall mit Läusen.

Läuse saugen an den Pflanzen und entziehen ihnen Nährstoffe. Sie hinterlassen auf der Pflanze klebrige Ausscheidungen (Honigtau). Dort können sich Pilze ansiedeln, zum Beispiel der schwarze Russtau. Dieser bildet auf den Blättern einen schwarzen Belag und schwächt die Pflanzen. Wasche ihn mit Wasser und einen Schwamm ab.

Blätter können sich wegen der Läuse verformen.

Behandlung

Du brauchst keine speziellen Produkte gegen Läuse.

Pflanzen mit glatten Blättern nebelst du öfters mit Wasser ein.

Oder du spritzt die Pflanzen mit einem Wasserstrahl ab. Du stellst dazu den Topf in einen Plastiksack und bindest ihn am Stiel/Stamm fest zu. So kannst du die Pflanze kopfüber abduschen. Wiederhole das Abspritzen wenn nötig nach einigen Tagen.

Bringt das Abduschen keinen Erfolg, kannst du eine Schmierseifenlösung spritzen. Nimm auf einen Liter Wasser ungefähr einen halben Teelöffel Schmierseife. Die Läuse ersticken unter dem Seifenfilm.

Schildläuse

Sie sehen aus wie braune Warzen. Sie sind einen bis fünf Millimeter gross und haben die Form einer Pyramide oder einer Kuppel. Sie sitzen an den Blättern und Trieben. Weil sie sich durch einen Decleö (einen Schild) schützen, erkennst du nicht, dass es Insekten sind.

Sie saugen Pflanzensaft und geben viel Honigtau ab. Der klebrige Belag auf den Blättern ist ein deutliches Zeichen.

Behandlung

Du kannst die Schildläuse mit einer alteZahnbürste abwischen. Sind die Deckelchen von der Pflanze gelöst, sterben die Läuse sofort.

Draussen haben die Schildläuse Feinde. Es sind kleine Schlupfwespen, deren Larven unter dem Schild die Läuse fressen. Stell deine befallenen Zimmerpflanzen an einigen schönen Sommertagen im Freien auf. Die Schlupfwespen helfen dir, die Schildläuse zu bekämpfen. Du erkennst das daran, dass viele kleine Schildchen schwarz werden.

Spinnmilbe (z.B. rote Spinne)

Spinnmilben saugen an den Blättern. In den Blättern entstehen so Luftzwischenräume. Diese nimmst du als kleine helle Flecken auf der Blattoberseite wahr. Später gibt es daraus einen grauen Glanz.

Spinnmilben wohnen meist auf der Blattunterseite. Sie sind eiförmig, nur etwa 0.5 mm lang und meist hellgelb. Du erkennst sie nur mit einer Lupe deutlich. Mit der Lupe siehst du auch eine Art Spinnennetz.

Behandlung

Spinnmilben lieben trockene Luft und hohe Temperaturen. Besprühe glattblättrige Pflanzen mit Wasser, wenn möglich mehrmals täglich.

Oder stell die Pflanze in die Badewanne und dusche sie ab.

Zähe Pflanzen wie Efeu kannst du regelrecht baden. Tauche die Pflanzen während zehn Minuten in abgekühltes Badewasser und dusche sie danach ab. Wiederhol das Bad nach vier Tagen. Es ist eher von Vorteil, wenn im Badewasser etwas Seife ist (jedoch keine Badezusätze und keine Badöle).

Weisse Fliege

Die Weisse Fliege saugt an der Unterseite der Blätter. Sie scheidet Honigtau aus wie die Läuse.

Auch die von der Weissen Fliege befallenen Pflanzen befällt deswegen oft der Russtau-Pilz.

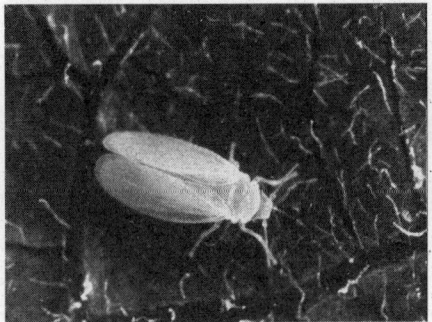

Du findest die Fliegen auf der Blattunterseite. Sie sind etwa einen bis zwei Millimeter gross und gelblich. Die Flügel bilden auf dem Körper eine Art Dach und sind weiss gepudert.

Berührst du die Weisse Fliege, fliegt sie auf.

Ihre Larven und Eier sitzen fest und flachanliegend ebenfalls an der Blattunterseite.

Behandlung

Die Weisse Fliege bevorzugt hohe Temperaturen und Trockenheit. Sie tritt an kühlen Standorten nur selten auf.

Stell befallene Pflanzen deshalb so kühl und halte ihre Erde so feucht, wie sie es noch vertragen.

Kauf gelbe Klebefallen und stecke sie in die Blumentöpfe. Schüttle öfters an den Pflanzen, damit die Fliegen auffliegen und sich auf die Gelbtafel setzen.

Schäden durch Pilzkrankheiten

Pilzkrankheiten bei Zimmerpflanzen sind selten. Pilze bevorzugen eine warme und sehr feuchte Umgebung.

Pilze befallen Pflanzen, die du falsch giesst. Meist sind «nasse Füsse» an einem Pilzbefall schuld: Es staut sich Wasser im Untersatz, oder der Blumentopf hat keinen Ablauf. Vielleicht hast du die Pflanzen zu dicht gepflanzt.

Pilzerkrankungen sind nicht immer eindeutig zu erkennen. Meist überzieht ein mehliggrauer schimmliger Belag die Bätter. Pilze können alle Teile der Pflanze schädigen.

Eine Heilung ist nicht möglich.

Erkennst du (vielleicht mit Hilfe eines Fachbuchs) eine Pilzkrankheit, musst du die befallenen Teile abschneiden und zum Verbrennen in den Kehricht geben. Kompostiere sie nicht, damit der Pilz nicht weitere Pflanzen befällt.

Schäden durch Viren und Bakterien

Krankheiten durch Viren und Bakterien sind bei Zimmerpflanzen selten und für Laien nicht eindeutig zu erkennen.

Schadbilder können sein: Wachstumsstörungen mit einer mosaikartigen Scheckung der Blätter, ausserdem Missbildungen an Blättern, Trieben, Früchten und Wurzeln.

Diese Krankheiten sind ansteckend, darum musst du die befallenen Pflanzen vernichten (nicht kompostieren).

Sie sind nicht heilbar.

Was kannst du
in deinem
Freizeit-Garten
für die Umwelt tun?

- Du kannst ihn zu einem vielfältigen kleinen Lebensraum für Pflanzen, Tiere und Menschen werden lassen.
- Du kannst die Chemikalien ganz einsparen, die du vielleicht bisher im Garten eingesetzt hast.

Möchtest du deinen Freizeit-Garten umweltfreundlich pflegen?

Wir reden hier nicht von einem Garten, mit dem du deinen Lebensunterhalt verdienen musst. Und auch nicht von einem Garten, aus dem du dich und andere mit Gemüse und Früchten selbst versorgst.

In diesem Kapitel geht es um den Garten eines Einfamilienhauses, um ein Stück Hinterhof oder um ein Vorgärtchen.

Es geht um einen Garten, in dem du soviel für die Umwelt tun darfst, wie es dir gefällt.

Nutzt du diese Freiheit voll aus,

- verwendest du keine Gifte (auch keine alternativen), um Pflanzen, Insekten oder andere Tiere zu vernichten,

- verwendest du keine Gifte, um Pflanzen vor Krankheiten zu schützen,
- verwendest du keinen Torf und keinen Kunstdünger.

Du lässt deinen Garten zu einem Stück Natur werden, in dem Pflanzen und Tiere mit- und nebeneinander leben, die sich hier wohlfühlen.

Du lässt auch Pflanzen und Tiere gedeihen, die sich von selber in deinem Garten niederlassen, und behandelst sie freundlich wie Gäste.

Das bedeutet nicht,

dass du dich ganz zurückziehen, die Hände in den Schoss legen und dem Garten nur noch zuschauen sollst.

Auch in einem giftfreien Garten kannst du Pflanzen ziehen, die dir besonders gefallen. Zum Beispiel Blumen zum Verschenken oder Beeren für Desserts. Hast du Kinder, können sie lernen, Radieschen und Rüben selber zu säen, zu pflegen und zu ernten.

Du musst auch nicht auf eine Spielwiese oder einen Sitzplatz verzichten.

Willst du das Ziel, die Umwelt zu schonen und zu bereichern, nicht aus den Augen verlieren, hilft dir eine einfache Regel:

Setz dich nicht unter Zeitdruck

Hast du nur sehr wenig oder keine Zeit,

dann kannst du die Umwelt im Garten nur auf eine Weise schonen: du lässt den Garten von jetzt an in Ruhe. Du lässt wachsen, was von alleine wächst, und hast (hoffentlich) deine Freude daran.

Hast du zwischendurch ein paar Stunden Zeit,

so nutze sie für Massnahmen, die das Eigenleben und den Reichtum an Tieren und Pflanzen fördern.

Bring zum Beispiel Natursteine in den Garten und häufe sie in einer Ecke auf. Im Steinhaufen lassen sich gern allerlei Insekten und andere Tiere nieder.

Oder kauf Komposterde und verteile sie auf besonders karge Bodenstücke. Liegt im Herbst

Laub im Garten, so reche es auf Flächen, die sonst unbedeckt wären (zum Beispiel auf Beete, auf denen du nichts mehr anpflanzt).

Ein Garten, in dem du nichts mehr unternimmst, verarmt deswegen nicht.

Zwar siehst du vom Zierrasen ziemlich rasch nichts mehr, und viele Früchte fallen den Tieren zum Raub.

Dafür verwandelt sich der Rasen vielleicht in eine Wiese mit Blumen und Kräutern. An den Zäunen ranken sich Schlingpflanzen entlang.

Und in den Büschen und Bäumen nisten vielleicht neue Vogelarten; Igel und Eidechsen tauchen in deinem Garten auf.

Ganz aufgeben musst du den Garten ohnehin nicht. Überwuchern mit den Jahren Sträucher oder Büsche deinen Sitzplatz, so stutze die aufdringlichsten mit der Gartenschere zurück oder grab sie aus.

Hast du regelmässig etwas Zeit,

dann kannst du das umweltschonende Gärtnern zu deinem Hobby machen.

Du kannst zum Beispiel einige einheimische Blumen ziehen und sie an FreundInnen verschenken. Du kannst ein paar Karotten, Salate, Zwiebeln oder Erdbeeren anpflanzen.

Steck deine Ziele nicht zu hoch.

Unterschätze die Zeit nicht, die der umweltschonende Garten erfordert.

Je nachdem was du pflanzt, brauchst du Zeit, um zu jäten, Läuse abzulesen, Schnecken einzusammeln, um zu kompostieren und – vor allem am Anfang – um kleine Naturschutzgebiete innerhalb des Gartens anzulegen.

Zeit braucht auch dein (fast) täglicher Rundgang durch den Garten. Diesen Rundgang machst du, um zu sehen, was wo und wie wächst. Du entdeckst rechtzeitig einen Schädling, der überhandnimmt.

Nimm dir in den ersten Jahren nicht zuviel vor.

Versuche vor allem, nicht allzu genau zu bestimmen, was in deinem Garten leben darf und was nicht.

Die endlosen Kleinkriege gegen (sogenannte) Schädlinge und Unkräuter können dir die Freude am umweltschonenden Freizeit-Garten gründlich verderben.

Nimm dir im ersten Jahr (oder in den ersten Jahren) vor allem Zeit für die allgemeinen Massnahmen, die das Eigenleben deines Gartens fördern:

• Nähre, belebe und schütze den Boden und die Lebewesen darin.

• Schaff Lebensräume für Tiere und Pflanzen.

• Lerne zu kompostieren.

Pflanzt du etwas an, dann nimm in Kauf, dass es vielleicht eingeht oder gefressen wird. Überlebt eine Pflanzenart ohne die Hilfe von Giften und Kunstdünger in deinem Garten nicht, so passt sie (im Moment jedenfalls) nicht hinein.

Lerne von und mit andern.

Wir geben dir im folgenden einige allgemeine Hinweise und Beispiele, worauf es bei einem umweltschonenden Freizeit-Garten ankommt.

Das genügt dir jedoch bestimmt nicht. Du wirst dir zu deinem Garten bald unzählige Fragen stellen:

Was das für Pflanzen sind, die nun von allein wachsen. Welche Tiere plötzlich auftauchen. Was du von ihnen zu erwarten hast. Was du anpflanzen kannst. Ob und wie du Pflanzen und Tiere fördern oder schützen musst.

Antworten auf solche Fragen findest du heute in zahlreichen Büchern.

Dieses umfangreiche Handbuch von M.-L. Kreuter hat uns besonders gefallen.

Du findest, wenn du dich ein wenig umschaust, andere Freizeit- oder ProfigärtnerInnen, mit denen du reden kannst.

Es gibt fast in jeder Region Gartenkurse und Kompostierkurse, die du besuchen kannst. Nutze diese Angebote.

Die Erfahrung von KollegInnen aus derselben Region ist besonders wertvoll: Ein Naturgarten ist nicht überall gleich; die Pflanzen- und Tierwelt in deinem Garten richtet sich nach dem lokalen Klima, nach den Böden und natürlich nach der regionalen Pflanzen- und Tierwelt.

Eine Zeitlang bist du vielleicht völlig verunsichert.

Hast du deinen Garten bisher mit Rasenmäher, Giftspritze, Torf und Kunstdünger gestaltet, wird es dir nicht leichtfallen, darauf zu verzichten.

Bisher hast du den Garten kontrolliert. Du hast bestimmt, was darin wachsen soll und was nicht. Du hast Schnecken, Läuse und andere Feinde ohne viel Mühe chemisch vernichtet. Du hast PassantInnen und NachbarInnen das Musterbild eines Gartens geboten.

Jetzt verlierst du diese totale Kontrolle über den Garten. Vieles, was du bisher gewusst hast, nützt dir nichts mehr.

Dein Zeitgefühl muss sich ändern: Du kannst fast nichts mehr «einfach rasch» machen. Du und der Garten braucht vielleicht mehrere Jahre, um euch umzustellen.

Das ordentliche Bild, das du dir von deinem Garten gemacht hast, passt nicht zum Naturgarten. In der Umstellungszeit sehen einzelne Stücke deines Gartens möglicherweise recht öde und vernachlässigt aus.

Du kannst das Leben im Garten nicht mehr nach Freund und Feind einteilen. Die Wörter «Unkraut» und «Schädlinge» verlieren ihren Sinn.

Schütze und belebe den Boden

Lockere den Boden.

Du lockerst den Boden mit einer Grabgabel oder einem Sauzahn. Stich die Gabel in den Boden und bewege diese hin und her. Auf diese Weise lockerst und lüftest du den Boden, ohne dass die Erdschichten durcheinandergeraten.

Spate den Boden nicht um.

Der Boden besteht aus verschiedenen Schichten. Für die Bodenlebewesen ist jede (noch so dünne) Schicht ein besonderer Lebensraum.

Beim Umspaten zerstörst du diese Lebensräume. Du begräbst zum Beispiel die Lebewesen an der Oberfläche, die im Kontakt mit der Luft Pflanzenresten abgebaut haben, in der sauerstoffärmeren Tiefe. Dafür beförderst du die NährstofflieferantInnen der Wurzeln ins Freie.

Der Freizeit-Garten

Bei jedem Umspaten störst du die Fruchtbarkeit des Bodens, und er braucht Zeit, sich zu erholen.

Umspaten hat nur einen Sinn, wenn du einen völlig verhärteten, unfruchtbaren Boden urbar machst. Du lockerst ihn damit und holst Erde an die Oberfläche. Von diesem – einmaligen – Umspaten an überlässt du das Lockern des Bodens den Pflanzen, den Regenwürmern und den andern Bodenlebewesen. Du hilfst nur noch leicht mit der Grabgabel oder dem Sauzahn nach.

Bedecke den Boden.

Lass einen Gartenboden das ganze Jahr hindurch möglichst nie unbedeckt.

Unbedeckter Boden leidet: Die Sonne trocknet ihn aus, der Wind weht staubiges, feines Bodenmaterial weg, der Regen lässt die Oberfläche verschlammen und (nach dem Trocknen) verkrusten. Frost lässt im Winter im nackten Boden unnötig viele Lebewesen erfrieren.

Bedecke nicht nur die grösseren offenen Flächen im Herbst und im Winter, sondern auch die kleineren Bodenstücke zwischen deinen Pflanzen, solange diese im Frühjahr und im Sommer selber noch keine dichte Bedeckung bilden.

Wie du den Boden bedecken kannst:

Du lässt stehen, was schon wächst.

Ist ein Stück Boden schon von irgendwelchen Pflanzen dicht bewachsen und willst du im Moment nichts anderes darauf anpflanzen, lässt du sie einfach stehen.

Die Pflanzen, die von alleine auf einem Boden gewachsen sind, fühlen sich darauf wohl. Löwenzahn und Breitwegerich, die auf schweren, dichten Böden wachsen, lockern mit ihren Wurzeln den Boden.

Gründüngen

In allen Gartengeschäften kannst du Samen und Mischungen für eine Gründüngung kaufen. Geeignet sind zum Beispiel Erbsen, Wicken und Senf.

Aus diesen wächst rasch ein Pflanzenteppich, der den Boden bedeckt, ihn lockert und Nährstoffe freisetzt.

Du mulchst den Boden.

Mulchen bedeutet, dass du den Boden lockerst, wenn nötig befeuchtest, und ihn dann mit einer dünnen Schicht von zerkleinerten Pflanzenresten locker bedeckst.

Du kannst praktisch alle Pflanzenresten aus dem Garten zum Mulchen verwenden: Grasschnitt, Unkraut, Laub, Holzhäcksel.

Verwendest du frisches und saftiges Material, so darf die Schicht wirklich nur ganz dünn sein, sonst behindert sie die Durchlüftung, und der Boden fault.

Ausser auf Rasen kannst du im Herbst auch das gefallene Laub als Mulchdecke liegenlassen.

Die Bodenlebewesen bauen die Mulchdecke ununterbrochen ab und führen die Nährstoffe dem Boden zu. Erneuere die Decke also immer wieder.

Schwere Böden – leichte Böden

Es gibt unterschiedliche Böden: leichte und schwere. Je nach Bodenart und Pflanzen, die darauf wachsen sollen, ist eine andere Pflege nötig.

Den Boden beurteilen

Mit einem Spaten stichst du ein Stück Boden um. Hat es gerade geregnet, wartest du damit zwei oder drei Tage, bis der Boden abgetrocknet ist.

Nimm die ausgehobene Erde in die Hand, drück sie zusammen und versuch dann, sie mit den Fingern zu verreiben: Schwere (lehmige) Erde klumpt zusammen; leichte Erde lässt sich gut zerkrümeln, sie fällt locker auseinander.

Schwere Böden verbessern

Schweren Boden kannst du krümelig machen: zum Beispiel mit einer Gründüngung.

Ist ein schwerer Boden schon mit Pflanzen (zum Beispiel Löwenzahn oder Breitwegerich) bewachsen, kannst du diese fördern: Du lockerst den Boden und streust Komposterde als (langfristigen Dünger) dünn aus. Kahle Stellen bedeckst du mit Mulch, oder du säst eine Mischung für die Gründüngung aus.

Ein schwerer Boden braucht vielleicht Jahre, um leicht zu werden. Lass ihm und dir Zeit.

Gib dem Boden eine Grunddüngung.

Bevor du daran denkst, bestimmte Pflanzen zu ziehen und sie mit Dünger zum Wachsen zu treiben, ist es sinnvoll, wenn du auf allen Böden des Gartens einen lang wirkenden Vorrat an Nährstoffen ausbringst.

Dafür eignet sich reife Komposterde ausgezeichnet. Ihre Nährstoffe setzen sich langsam frei. Du ernährst damit nicht in erster Linie die Pflanzen, sondern die Bodenlebewesen.

Du kannst die Komposterde vom Frühjahr bis in den Herbst (bevor es kalt wird) auf alle Beete, Rasen, Rabatten und auf noch unbebaute Böden streuen. Du kannst sie (musst aber nicht) ganz leicht und oberflächlich einharken.

Schaff Lebensräume für Tiere

Willst du in deinem Garten selber ein paar Blumen, Gemüse, Sträucher oder Bäume pflanzen und vorhandene pflegen? Damit schaffst du das Problem, deine Pflanzen vor Schnecken, Läusen und anderen Tieren schützen zu müssen.

Du kannst dir aber andere Tiere als Verbündete in den Garten holen.

Stell dir nicht vor, dass du gezielt einzelne Tiere als Nützlinge ansiedeln kannst, die ebenso gezielt bestimmte Schädlinge auffressen. Das ist in einer ausgedehnten Reinkultur (zum Beispiel einem Maisfeld) oder in einem Gewächshaus möglich. Im kleinen Freizeit-Garten funktioniert das nicht.

Hingegen kannst du in deinem Garten eine möglichst vielfältige Welt von Tieren und Pflanzen fördern, die sich hier freiwillig niederlassen, weil sie sich wohlfühlen.

In einer artenreichen Tier- und Pflanzenwelt ist die Gefahr geringer, dass einzelne Tiere masslos überhandnehmen und alles zerstören, was du angepflanzt hast.

Blumenrasen und Wiesen

Bekämpfst du im Zierrasen die Blumen und Kräuter nicht mehr, die sich von alleine drin niederlassen, wird er zu einem Blumenrasen. Er wird für einige Tiere zum Lebensraum, für die er vorher nur eine (giftige) Wüste war.

Vielleicht kannst du im Garten ein Stück von zum Beispiel hundert Quadratmetern oder mehr als Wildblumenwiese abgrenzen. Du kannst sie ansäen. Oder du kannst sie einfach nur wachsen lassen und nach der Hauptblüte mähen.

Eine Wiese ist sinnvoll, wenn du den Platz dafür ohne weiteres freihalten kannst. Der Grund: Du solltest die Wiese möglichst wenig zertrampeln (lassen). Ist dein Garten dafür nicht gross genug, dann begnüg dich lieber mit dem Blumenrasen, den du jederzeit begehen darfst.

Sträucher und Hecken

Sträucher und Hecken sind ein Schutz für viele Pflanzen und Tiere. Igel und Blindschleichen als Untermieter sind gar nicht selten.

Hochstammbäume sind für Vögel ideal zum Nisten. Du kannst mit deinem Kind ein Vogelhäuschen bauen und mit ihm zusammen die Vögel beim Nestbau und die ersten Flugübungen der Jungen beobachten.

Setz keinen Hochstammbaum so nahe an ein Haus, dass er Licht wegnimmt oder ins Dach hineinwächst, wenn er gross ist.

Steinhaufen

Auf einem Haufen von Steinen und karger Erde (ein paar Schaufeln Aushub) lässt sich bald eine besondere Bevölkerung von Blumen und Kräutern nieder. Es sind Pflanzen, die sich auf gut genährten und gepflegten Beeten unwohl fühlen würden. Mit diesen Pflanzen ziehen auch Tiere ein, denen diese Umgebung besonders gut passt.

Asthaufen

Äste für einen Haufen hast du rasch beschafft. Lässt du den Haufen in Ruhe, so siedeln sich darin rasch einige Tiere an. Vielleicht auch grössere wie zum Beispiel Igel.

Bewachsene Hauswände

Wachsen an deiner Hauswand Kletterpflanzen, zum Beispiel Efeu, so lass sie. Sie sind ein Lebensraum für Vögel und andere Tiere.

Efeu schadet deiner Hauswand auf keinen Fall.

Eine kleine Wasserstelle

Mit jeder Art von Tränke, Tümpel, Weiher oder Brunnen bietest du in deinem Garten einigen Tieren Wohnung an, die sonst nicht kämen.

Du musst dafür keinen grossen Aufwand treiben. Wasserstellen sind auch:

- eine Vertiefung in lehmigem Boden, in der nach dem Regen eine Pfütze einige Tage liegenbleibt,
- eine Vogeltränke.

Willst du einen kleinen Weiher bauen, so kannst du in allen Gartencentern Anleitungen und Material dafür kaufen.

Achtung: Bau keinen Weiher, wenn du Kleinkinder im Garten spielen lassen willst. Sonst musst du den Weiher gleich einzäunen oder die Kinder dauernd überwachen. Angst und Schrecken sind nicht der Zweck eines umweltschonenden Gartens.

Je nach der Art der Wasserstelle und nach der Region, in der dein Garten liegt, sind es andere Tiere, die sich von allein einfinden. Lass dich überraschen.

Anpflanzen und pflegen

Willst du in deinem Freizeit-Garten ganz bestimmte Blumen oder Gemüse ziehen?

Bei allen Pflanzen, die du in deinem Garten anpflanzt (die sich also nicht spontan niedergelassen haben), riskierst du, dass sie sich hier nicht wohlfühlen.

Fühlen sie sich nicht wohl, dann hilft die beste Pflege oft nicht viel. Die Pflanzen serbeln, lassen sich leicht von anderen Pflanzen verdrängen und sind für Schädlinge und Krankheiten besonders anfällig.

Du wählst für deinen umweltschonenden Freizeit-Garten deshalb möglichst Pflanzen aus, die sich in ihm wohlfühlen.

Das ist leicht gesagt.

Wie und wo findest du Pflanzen, die in deinen Garten passen?

Vielleicht im Garten selber: Sind in den letzten Jahren bestimmte Blumen oder Gemüse ohne besondere Pflege immer wieder gut gediehen? Dann probier, ob sie die Umstellung im Garten mitmachen und auch bei der umweltschonenden Pflege überleben.

Frag NachbarInnen und andere GärtnerInnen in der Umgebung, die umweltschonend gärtnern. Ihre Gärten haben dasselbe Klima wie deiner und oft etwa den gleichen Boden. Probier, ob die Pflanzen, die in ihren Gärten schon gedeihen, sich auch in deinem wohlfühlen. Vielleicht können dir die KollegInnen Setzlinge ihrer Pflanzen geben.

Je mehr Erfahrung du als GärtnerIn hast, desto besser helfen dir die Bio- und Naturgartenbücher. Du findest darin Anleitungen, welche Pflanzen du für welche Standorte auswählen kannst. Du findest Anleitungen, wie du Böden beurteilen und gezielt verbessern kannst.

Geplante Nachbarschaften und Mischkulturen

passen gut in einen umweltschonenden Freizeit-Garten.

Viele Pflanzen profitieren von der Nachbarschaft mit bestimmten andern Pflanzen. Nebeneinander oder durcheinander gepflanzt wachsen beide besser und vertreiben sich gegenseitig ihre Schädlinge.

Auch dazu findest du Anleitungen in Biogarten-Büchern, bei NachbarInnen und in Gartenkursen.

Auch bei der Auswahl der Pflanzen gilt:

Setz dich nicht unter Zeit- und Leistungsdruck. Die Gefahr ist gross, dass du zuerst nur ausnahmsweise und dann immer häufiger zum Giftspray oder -pulver greifst.

Pflanz am Anfang nicht zuviel selber an. Lass zunächst möglichst viel stehen, das von allein wächst: Klee, Gänseblümchen, Löwenzahn, Butterblumen und was auch immer.

Viele Probleme gibt es im Freizeit-Garten nur darum, weil wir sie selber schaffen. Pflanzt du zum Beispiel Kopfsalat an, so wirst du viel Zeit, Arbeit oder Gift dafür brauchen, ihn vor den Schnecken zu schützen. Willst du diesen Aufwand sparen, so pflanze anstelle des Kopfsalats ein anderes Gemüse.

Lerne, eine Pflanze eingehen zu lassen, die sich in deinem Garten nicht wohlfühlt. Auch wenn es im Moment etwas schmerzt, weil du ihre Farben, ihren Duft oder ihre Früchte besonders gern hast.

Mit der Zeit und der Erfahrung, die du gesammelt hast, wird es dir vermutlich immer leichter fallen, auf Pflanzen zu verzichten, die sich in deinem Garten nicht wohlfühlen. Du kennst dann viele andere, die bei dir gut gedeihen. Und darunter sind (hoffentlich) welche, die dir ebensoviel Freude machen wie deine ehemaligen Lieblinge.

Was tun gegen Unkraut?

Mit Unkraut meinen wir hier: die spontan wachsenden Blumen und Kräuter, die die

Fortsetzung auf Seite 4.22

Gibst du ihnen Lebensräume,

Du kannst in deinem sauberen, nur für Menschen reservierten Garten

zum Beispiel ein paar Sträucher verwildern lassen,

Kräuter und Gräser in einer Ecke nicht mehr jäten,

die Hauswand bewachsen lassen,

eine Natursteinmauer errichten

oder einen Tümpel anlegen.

ziehen nützliche Tiere in deinen Garten ein

Vielleicht Schlupfwespen,

Marienkäfer (hier als Eier),

Florfliegen,

Ohrwürmer (dieser vertilgt gerade Blattläuse),

Zauneidechsen

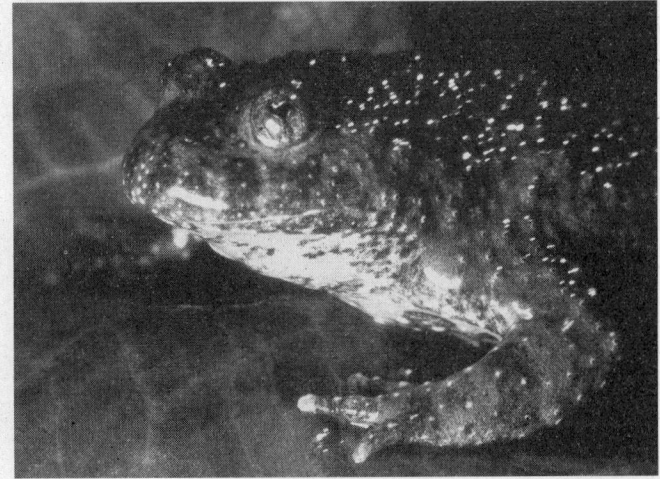

oder eine Gelbbauchunke. (Alle Bilder auf dieser Seite: U. Remund, Eidg. Forschungsanstalt, Wädenswil)

Der Freizeit-Garten

Gemüse oder Blumen bedrängen, die du angepflanzt hast.

Je genauer du, deine NachbarInnen oder die Gesetze bestimmen, was in deinem Garten wachsen darf und was nicht, desto mehr Pflanzen macht ihr zu Unkräutern. Und desto mehr Arbeit, Zeit und Aufmerksamkeit verlangt ihre Unterdrückung.

Du kannst jede von dir nicht erwünschte Pflanze ohne Gift von deinen Pflanzen fernhalten. Du musst allerdings in deinen umweltschonenden Gartenplänen die Zeit dafür einsetzen.

Als giftfreie Methode kennst du das Jäten.

Bei Pflanzen, die sich über unterirdische Wurzeln verbreiten, wie zum Beispiel Winden, zwackst du alle paar Tage mit der Gartenschere die neuen Triebe ab.

In deinen Blumen- und Gemüsebeeten unterdrückst du den wilden Pflanzenwuchs, indem du die Zwischenräume zwischen deinen Pflanzen mulchst.

Wie schon weiter vorn gesagt: Lass auf Böden, die du nicht sofort bepflanzen willst, die wildwachsenden Pflanzen als Bedeckung stehen.

Was tun gegen Schädlinge?

Mit Schädlingen meinen wir hier nur die Tiere, die die von dir angepflanzten Blumen und Gemüse schwächen oder sogar zerstören. Auch Schädlinge gibt es nur, weil wir sie dazu machen.

Im umweltschonenden Freizeit-Garten hast du mit Schädlingen weniger Probleme als im herkömmlichen Ziergarten oder im Erwerbsgarten. Die Gründe dafür sind unter anderem:

• Sobald du kein Gift mehr spritzt und Lebensräume für viele Arten von Tieren geschaffen hast, leben im Garten (zum Beispiel) neben den Läusen auch andere Tiere, die sich von Läusen ernähren und deren Vermehrung eindämmen.

• Die Pflanzen, die in deinem Garten ohne besondere Hilfe gedeihen, sind robust und für Schädlinge weniger anfällig.

• Du verminderst die Schäden, weil du im Garten viele verschiedene Pflanzen hältst. Gehen eine oder zwei Pflanzen wegen Schädlingen ein, so bleiben dir alle andern.

• Hast du bei einer Pflanzenart immer wieder Probleme mit Schädlingen, kannst du ausweichen: Du beharrst nicht darauf, dass ausgerechnet diese Pflanze in deinem Garten wächst, und probierst es mit andern. Du vermeidest so den nervtötenden Kleinkrieg gegen die Schädlinge und behältst die Freude am Garten.

Es gibt Methoden, Schädlinge ohne Gift in Schranken zu halten.

Blattläuse kannst du, solange sie nicht in Massen auftreten, mit den Fingern (mit Handschuhen) von den Blättern wischen. Oder du kannst sie mit Wasser wegspritzen.

Vögel hältst du mit Vogelscheuchen (zum Beispiel glänzenden Metallstreifen) oder mit Netzen von jungen Saaten oder von Früchten fern.

Schnecken kannst du einsammeln oder mit der Gartenschere töten. Diese Methoden sind allerdings ziemlich abstossend. Besser, du schaffst Hecken und Asthaufen, unter denen sich Igel einquartieren können. Igel fressen Schnecken.

Eine gute Abwehr gegen Schnecken ist ein Schneckenzaun um die gefährdeten Pflanzen. Du kannst die Elemente dafür in jedem Gartencenter kaufen. Ob du die Umwelt mit dem Schneckenzaun (der ja auch hergestellt und eines Tages entsorgt werden muss) weniger belastest als mit ein paar Paketen Schneckenkörnern, wissen wir nicht.

Bist du im umweltschonenden Gärtnern schon etwas fortgeschritten, so kannst du Läuse, Schnecken und andere Schädlinge auch fernhalten, indem du bestimmte Pflanzen anpflanzt. Du findest die Anleitung zu solchen Kulturen in den Biogartenbüchern.

Was tun gegen Krankheiten?

Im Prinzip tust du im Freizeit-Garten nichts gegen Pflanzenkrankheiten.

Kränkelt eine Pflanzenart in deinem Garten dauernd, dann passt sie (vorläufig) nicht in deinen Garten. Ersetze sie durch andere.

Wie du mit Kompostieren die Umwelt entlastest

Du schonst die Torfmoore.

Du machst nicht bei der Zerstörung der Torfmoore mit.

Du ersparst der Umwelt den Dieselverbrauch beim Abbau und beim Transport des Torfs.

Du brauchst weniger Gartenerde aus industrieller Produktion.

Auch die Produktion, die Verpackung und der Transport von Gartenerde belasten die Umwelt.

Für die Gemeinde

Du entlastest die Kehricht-Entsorgungsanlagen (Deponien und Verbrennungsanlagen).

Du sparst den Abtransport deines Abfalls (und damit Benzin und Diesel) und die Verbrennung.

Kompost als Düngerersatz

Du kaufst keinen Kunstdünger mehr.

Mit Kompost gewinnst du folgendes:

Kompost ist reichhaltiger als Torf.

Im Gegensatz zu reinen Torfsubstanzen enthält Komposterde Humusstoffe und Tonmineralien, alle weiteren Hauptnährstoffe und Spurenelemente in ausgewogenem Verhältnis.

Mit deinem Kompost führst du dem Boden lebendigen Dünger zu.

Die zu Humus verarbeitete organische Substanz der Kompmposterde macht den Boden für mehrere Jahre fruchtbar. Torf ist spätestens nach zwei Jahren ausgelaugt.

Reifer Kompost treibt das Wachstum der Pflanzen nicht an.

Kompost stärkt die Pflanzen.

Gartenpflanzen, die du mit Kompost düngst, werden seltener von Wurzelkrankheiten befallen.

Auch ihre Stengel, Blüten und Blätter sind weniger anfällig für Krankheiten und Schädlinge.

Mach wenn möglich bei einer Gemeinschafts-Kompostieranlage mit.

Gemeinsam zu kompostieren hat einige Vorteile: Ihr profitiert gegenseitig von eurer Erfahrung. Ihr habt mehr Material zum Kompostieren und könnt die Mischung besser kontrollieren. Ihr könnt grössere Haufen machen und höhere Temperaturen während der Rotte erreichen.

Zudem macht gemeinsame Arbeit meist mehr Spass.

Kennst du keine Kompostgruppe, dann frag die Gemeindeverwaltung oder eine Umweltberatungsstelle, ob es eine in deiner Nähe gibt.

Willst du mit andern eine neue Gruppe bilden, dann lasst euch von KompostberaterInnen ausbilden.

Anleitung für einen Hauskompost

Es gibt verschiedene Möglichkeiten, Küchen- und Gartenabfälle im Freizeit-Garten zu kompostieren.

Wir beschreiben hier eine Methode ausführlich. Sie ist einfach, und du brauchst nicht viel Werkzeug, keine Silos etc.

Du kannst mit der Methode, die wir in diesem Kapitel beschreiben, praktisch alle kompostierbaren Abfälle verwerten, die im Haushalt und im Familiengarten anfallen.

Möchtest du mehr über das Kompostieren und den Einsatz von Kompost erfahren, empfehlen wir dir diese Broschüre. Du findest darin auch eine Anleitung zum Zubereiten einer Kräuterjauche, mit der du Pflanzen düngen kannst. Du bekommst die Broschüre beim Forschungsinstitut für biologischen Landbau, 4104 Oberwil.

Qualität

Mit dieser relativ einfachen Methode produzierst du einen guten Kompost. Ein solcher

Richtig kompostieren gezielt düngen

von Ursula Güdemann und Henri Suter

Eine Anleitung für die Praxis

Kompost genügt für einen Freizeit-Garten und für Zimmerpflanzen vollkommen. Er ist ein lebendiger Dünger und ersetzt Torf und zugekaufte Gartenerde voll und ganz.

Er ist kein Superkompost, wie ihn einige Fachleute erzielen. Diese lesen das Material, das sie kompostieren, strenger aus und setzen dem Kompost verschiedene Nährstoffe zu.

Du kannst nicht vermeiden, dass dein Kompost auch einige der Stoffe enthalten wird, mit denen unsere Umwelt vergiftet ist, zum Beispiel Schwermetalle.

Gibst du jedoch die Abfälle sonstwohin und kaufst weiterhin Torf und Gartenerde, produzierst du indirekt wieder neue Schadstoffe für die Umwelt: beim Abbau, beim Verpacken und beim Transport.

Die Kehrichtverbrennung schafft die Schadstoffe deiner Küchen- und Gartenabfälle auch nicht aus der Welt. Du bekommst sie schliesslich wie wir alle in irgendeiner Form zurück.

Durch Kompostieren unterbrichst du dieses unheilvolle Einander-Zuschieben der Schadstoffe.

Kompostieren

Der Kompostplatz

Du brauchst Platz für:

- einen höchstens 120 Zentimeter breiten Sammelhaufen. Wie lang der Sammelhaufen ist, hängt von der Menge des gesammelten Materials ab.
- einen aufgesetzten Komposthaufen
- einen Vorrat von dürrem, sperrigem Material wie Äste oder Holzhäcksel
- evtl. einen Spaltstock
- Werkzeug

Du brauchst zusätzlich etwas Platz, um den Kompost zu sieben.

Der Standort

- Die Haufen sollen direkt auf der Erde liegen. So kann das Wasser abfliessen, Regenwürmer und andere Bodenlebewesen haben leichten Zugang.
- Der Platz muss auch bei schlechtem Wetter gut erreichbar sein. Leg einen Plattenweg, damit du bei Regen nicht durch den Matsch waten musst.
- Der Platz sollte etwas gegen Wind und gegen Sonne geschützt liegen, zum Beispiel zwischen Büschen.
- Ist der Platz direkt bei Nachbars Garten, sprich dich zuerst mit ihnen ab.

Das Werkzeug

Gabel und Schaufel

Die Gabel brauchst du zum gleichmässigen Verzetteln des Materials auf dem Sammelhaufen und zum Aufsetzen des Komposthaufens.

Mit der Schaufel nimmst du die Erde auf.

Spaltstock und Gertel, Beil oder Gartenschere

brauchst du zum Kleinhacken von Ästen, Baum- und Heckenschnitt.

Fallen in deinem Garten nicht viele dieser Abfälle an, zerkleinerst du das Wenige, das anfällt, mit der Gartenschere.

Hast du etwas mehr, kannst du mit einem Spaltstock und einem Gertel oder Beil die Abfälle in ca. 5–10 cm grosse Stücke zerkleinern.

Verzichte in deinem Hausgarten auf den Kauf eines Häckslers. Du brauchst ihn zu selten. Sinnvoll sind solche Geräte nur für Betriebe, die viel Material verarbeiten müssen.

Häckseldienst

In einigen Gemeinden gibt es schon einen kostenlosen Häckseldienst. Du stellst am Häckseltag einfach die zu zerkleinernden Materialien auf die Strasse und bekommst sie gehäckselt zurück.

Erkundige dich bei deiner Gemeinde, beim Kompostberatungsdienst oder bei einer Umweltberatungsstelle.

Mit Abdeckmaterial

schützt du die Haufen vor dem Vernässen und dem Austrocknen (Abb. 6).

Nimm zum Abdecken zum Beispiel Stroh, Schilfrohrmatten, Jutesäcke, Kompostierplastik (mit Löchern) oder einen stabilen Plastik, in den du Luftlöcher schneidest.

Das Wurfsieb

Nachdem der Kompost verrottet ist, musst du ihn absieben. So trennst du die grösseren, noch nicht ganz verrotteten Teile (Wurzelstücke etc.) von der Komposterde.

Wurfsiebe kannst du kaufen (Abb. 8) oder selbermachen.

Machst du eines selber, kannst du anstelle des Metallrahmens Holzlatten nehmen. Die Maschen sollten etwa eineinhalb Zentimeter weit sein. Zum Aufstellen genügt eine Latte, die du hinter das Gitter stellst.

Was du kompostieren kannst (und sollst)

Damit ein Kompost gelingt, muss du etwa gleich viel stickstoffreiches und kohlenstoffreiches Material mischen. Einseitiges Material gibt keinen guten oder überhaupt keinen Kompost.

Daran solltest du schon beim Sammeln des Kompostmaterials denken.

Stickstoffreich sind:

- Gemüse und Früchte: Rüstabfälle, faule Gemüse, Früchte, Schalen und Reste (Abb. 1)
- Kräuter
- Kaffeesatz und -filter, Teeblätter und Teebeutel
- Blumensträusse, Topfpflanzen
- Gras, Unkraut
- gekochte Essensreste (nicht zu grosse Mengen auf einmal)
- Mist und Streu von Tieren, die kein Fleisch fressen
- Haare, Wollreste, Federn

Hast du zuwenig stickstoffreiche (frische, wasserhaltige) Abfälle, dann frag vielleicht deine NachbarInnen, ob sie dir ihre frischen Küchen- oder Gartenabfälle zum Kompostieren geben.

Kohlenstoffreich sind

- holzige Teile von Bäumen, Sträuchern, Hekken (Abb. 3)
- Eierkartons aus Altpapier
- Heu
- Laub
- Eierschalen und Holzasche

Hast du zuwenig kohlenstoffreiche (dürre, trockene) Abfälle, dann besorg dir Holzhäcksel. Wo du Häcksel kaufen kannst, sagen dir die Kompostberatungsstelle oder die Gemeindeverwaltung.

Auf den Kompost gehören nicht:

- Staubsaugersäcke und ihr Inhalt
- Katzenstreu, Katzen- und Hundekot
- zuviel bedrucktes Papier
- zuviel Holzasche
- Schnürgras, Winden, Gänsedistel, Quecke
- Kranke Pflanzen

1

2

3

4

5

6

7

8

Kompostieren

Sammelhaufen und aufgesetzter Kompost

Zum Sammeln von Material genügt ein einfacher Haufen.

Ein aufgesetzter Kompost,

mit Brettern sauber abgegrenzt und zugedeckt.

Wie du die Abfälle sammelst

In der Küche

Sammelgefäss

Nimm zum Sammeln der Küchenabfälle ein altes Milchkesseli aus Plastik, einen kleinen Plastikkübel oder etwas Ähnliches.

Ansonsten kannst du in fast jedem Warenhaus Kompostkübel oder andere kleine Kübel kaufen.

Benütze keine zu grossen Sammelgefässe. Ein kleines musst du häufiger leeren. Das ist gerade in den warmen Jahreszeiten wichtig. In der Küche fallen meist frische, wasserhaltige Abfälle an, die schnell faulen und schlecht riechen.

Deck das Sammelgefäss nicht zu. Du unterbindest sonst die Luftzufuhr, und die Abfälle faulen besonders schnell.

Fruchtfliegen

lassen sich nicht ganz vermeiden. Möchtest du möglichst keine in der Küche, leer den Kompostkübel jeden Tag oder jeden zweiten. Leg zusätzlich ein engmaschiges Sieb auf den Kompostkübel, zum Beispiel einen Spritzschutz wie du ihn beim Kochen verwendest. Er hält die Fliegen fern, lässt den Kübel jedoch gelüftet (Abb. 2, Seite 4.25).

Küchenabfälle vorbereiten

Grössere Abfälle brauchen zum Verrotten mehr Zeit als kleinere. Sind sie frisch und wasserhaltig, faulen sie auf dem Sammelhaufen.

Damit dies nicht geschieht, schneidest du alle frischen Abfälle in der Küche oder beim Kompostplatz, bevor du sie auf den Sammelhaufen gibst, in etwa fünf Zentimeter grosse Stücke. Bei dieser Grösse bekommen sie auf dem Sammelhaufen genügend Luft und faulen nicht.

Im Garten

Frische, grüne Pflanzenreste kannst du gleich auf den Sammelhaufen geben.

Du kannst sie jedoch auch zum Mulchen verwenden (siehe Seite 4.18).

Dürre Pflanzenreste, Äste, sonstigen Baumschnitt und Häcksel lagerst du als Strukturmaterial griffbereit neben dem Sammelhaufen.

Der Sammelhaufen

Sammle die Abfälle direkt auf der Erde. Die Würmer und die anderen Bodenlebewesen haben so leichten Zugang, und das Wasser kann abfliessen.

Bedecke die Grundfläche des Haufens mit einer 5–10 cm dicken Schicht aus groben Material, zum Beispiel Baum- oder Heckenschnitt oder Häckselgut.

Die Grösse des Sammelhaufens

Er soll nicht breiter als 120 und nicht höher als 100 Zentimeter sein. Er kann beliebig lang sein.

Soll dein Sammelhaufen besonders ordentlich aussehen, grenze ihn mit breiten Brettern ab oder benütze ein Sammelgitter. Notwendig ist dies jedoch nicht.

Misch das Material ausgeglichen und lass dem Sammelhaufen Luft.

Das Sammelgut darf weder zu nass noch zu trocken sein und braucht Luft.

Verzettle die frischen, wasserhaltigen (und stickstoffreichen) Abfälle mit der Gabel auf dem Haufen, damit sie keine faulenden Klumpen bilden.

Danach gib etwa gleichviel ca. 5 cm kurz gehacktes holziges, sperriges (und kohlenstoffreiches) Strukturmaterial darüber.

Die dürren, sperrigen Abfälle geben dem Haufen eine etwas lockere Struktur und sichern so seine Belüftung.

Ohne genügend Luft verrottet das Material nicht sondern fault und produziert giftige Stoffe.

Sammle etwa einen Kubikmeter Kompostmaterial.

Hast du zuwenig Material zum Kompostieren, so frag vielleicht deine NachbarInnen, ob sie dir ihre Küchen- und Gartenabfälle zum Kompostieren geben möchten.

Dauert das Sammeln zu lange, dann deck den Sammelhaufen stets zu, damit er nicht austrocknet.

Bei einseitigem Material

Laub kannst du im Prinzip mit den andern Gartenabfällen zusammen kompostieren. Hast du jedoch im Verhältnis zum Strukturmaterial zuviel frisches Laub, dann mach daraus einen Laubkompost (siehe Seite 4.27).

Hast du zuviel Grasschnitt, dann verwende ihn zum Mulchen (siehe Seite 4.18).

Den Kompost aufsetzen – heiss rotten

Sobald du etwa einen Kubikmeter gesammelt sind, setzt du den Komposthaufen auf.

Zuerst mischst du das Material des Sammelhaufens mit der Schaufel oder der Gabel gut untereinander. Schau dir die Mischung an:

Die Mischung stimmt, wenn das Material

• im grossen und ganzen feucht, jedoch nicht pflotschig oder faulig oder überriechend,

• nicht trocken und nicht weiss schimmlig ist.

Du kannst den Komposthaufen aufsetzen.

Leg ihn auf der blossen Erde an. Mach ihn etwa 120 Zentimeter breit und beliebig lang. Zuunterst legst du eine etwa zehn Zentimeter dicke Schicht von grobem Astmaterial.

Ist das Gemisch eher trocken

und vielleicht weiss schimmlig, dann musst du den Haufen während dem Aufschichten immer wieder mit Wasser befeuchten.

Ist das Gemisch eher nass,

faulig und überriechend, dann sind zu viele frische, wasserhaltige Abfälle drin oder Regen hat den Sammelhaufen durchnässt.

Gib beim Aufschichten dieses Materials lagenweise dürre, trockene Abfälle bei.

Zusatz von altem Kompost oder Gartenerde

Du kannst das Verrotten unterstützen, indem du dem Haufen beim Aufsetzen ab und zu etwas Gartenerde oder alten Kompost beigibst. Das ist aber nicht unbeding nötig.

Verzichte auf käufliche Kompostbeschleuniger und andere Zusätze. Sie sind nicht nötig.

Lass dich beim Kompostieren nicht hetzen. Es ist nicht wichtig, ob dein Kompost etwas früher oder später fertig ist.

Den fertig aufgeschichteten Haufen

bedeckst du mit einem bis zwei Zentimetern Erde und deckst ihn ab. So schützt du ihn vor

Kompostieren

dem Austrocknen und vor dem Vernässen.

Im Sommer genügt eine leichte Abdeckung, zum Beispiel Jutesäcke. Im Winter legst du noch eine Schilfrohrmatte oder eine Plastikfolie (mit Löchern) darüber.

Den Komposthaufen beobachten und pflegen

Jetzt setzt die Heissrotte ein.

Innerhalb fünf Tagen nach dem Aufsetzen steigt die Temperatur im Innern des Haufens auf etwa 50 oder mehr Grad.

Prüfe dies mit der Hand. So bist du sicher, dass die Heissrotte im Gang ist.

Was geschieht im Haufen?

Abbauphase

Bakterien und Pilze entwickeln eine starke Stoffwechseltätigkeit und lassen die Temperatur im Haufen ansteigen. Vor allem die feuchten, wasserhaltigen Abfälle fangen an zu rotten.

In der Hitze sterben viele allfällige Krankheitserreger und Unkrautsamen ab.

Pilzphase

Nach etwa vier Wochen durchziehen Pilze den Komposthaufen. Jetzt verrotten die schweren Teile im Haufen. Die Temperatur sinkt wieder.

In der Umbauphase

ziehen kleine Tiere in den Haufen. Zum Beispiel Springschwänze, Asseln, Tausendfüssler. Sie zerkleinern mit ihren Fresswerkzeugen die organischen Teile.

Aufbauphase

Die Kompostregenwürmer verbinden nun die Bodenkrümel mit den organischen Teilen. Gleichzeitig belüften sie den Boden mit ihren Tunneln.

Erst nach diesem ganzen Ablauf haben die Nährstoffe im Kompost eine Form, in der die Pflanzen sie später aufnehmen können.

Kontrolliere den Kompost spätestens acht Wochen nach dem Aufsetzen

Falls der Verrottungsprozess nicht richtig läuft, musst du jetzt eingreifen.

Entnimm dem Innern des Haufens eine Handvoll Material.

Drücke dieses in der Hand zusammen.

Treten wenige Wassertropfen zwischen den Fingern hervor, ist alles normal.

Tropft es aus der Hand, ist der Kompost zu nass.

Treten gar keine Wassertropfen zwischen den Fingern hervor ist der Kompost zu trocken.

Setz in beiden Fällen den Haufen noch einmal auf. Korrigiere Nässe durch Schichten von dürrem Material. Ist der Haufen zu trocken, befeuchtest du ihn während dem Aufschichten.

Nach vier bis acht Monaten ist der Kompost reif.

Die durchschnittliche Gesamtrottezeit dauert vier bis acht Monate. Das Wetter und die Zusammensetzung des Haufens haben Einfluss auf die Rottedauer.

In dieser Zeit schrumpft der Haufen zusammen.

Der Kompost ist reif, wenn er eine krümelige Struktur hat und ähnlich wie Walderde riecht.

Du kannst die Küchenabfälle nicht mehr erkennen, nur noch einzelne Aststücke und dergleichen. Die meisten Kompostwürmer haben den Haufen wieder verlassen.

Der Kressetest sagt dir, ob der Kompost reif ist

Füll eine Schale mit dem zu testenden Kompost und gib Kressesamen darauf. Giesse sie.

• Ist die Kresse nach etwa fünf Tagen gekeimt und wachsen die Blätter grün, ist der Kompost reif zum Gebrauch.

• Ist sie nach fünf Tagen noch nicht gekeimt oder sind die gekeimten Blätter gelblich, dann ist der Kompost noch zu jung und nicht gebrauchsfertig. Lass ihn noch einige Zeit weiterrotten. Er enthält noch Stoffe, die die Pflanzen beim Wachsen hemmen.

Bevor du reifen Kompost verwen-

dest, siebe die nicht verrotteten Teile aus.

Wirf mit einer Schaufel den Kompost durch das Sieb. Was im Sieb hängenbleibt, kannst du auf den Sammelhaufen oder den nächsten Komposthaufen geben.

Verwende den reifen Kompost bald einmal.

Er wird nicht mehr besser, wenn du ihn lange aufbewahrst.

Der Laubkompost

Fällt in deinem Garten viel Laub an, kannst du dieses nicht alles auf dem Kompost verwerten.

Mach damit einen Laubkompost. Zerkleinere das Laub mit dem Rasenmäher. Zerkleinerst du die Blätter nicht, dauert die Rottezeit länger.

Je nachdem, wie und wo du Platz im Garten hast, machst du einen grossen oder ein paar kleine Haufen.

Hast du etwas Kompost- oder Gartenerde, mische davon unter das Laub. Du kannst es jedoch gut auch alleine kompostieren.

Stampfe das Laub noch etwas zusammen. Dann befestige es mit einem Saatnetz oder einem Plastik mit Luftlöchern. So fliegt es beim nächsten Herbststurm nicht gleich davon.

Sind der Herbst und Winter trocken, giesse den

Haufen ab und zu, damit er feucht bleibt und rotten kann.

Die Rotte dauert ca. ein Jahr. Du kannst nach einem halben Jahr den Haufen einmal umschaufeln, damit das Material neu durchmischt wird.

Lauberde brauchst du zum Auflockern von schwerer Erde.

Oder du streust sie unter Bäume und Sträucher. Harke sie nur leicht unter die Erde ein.

Was kannst du
beim Renovieren
deiner Wohnung
für die Umwelt tun?

- Anstriche wählen, die die Bausubstanz (langfristig) am besten schützen und die Umwelt am wenigsten gefährden.
- Weniger organische Lösungsmittel in die Luft verdunsten lassen.
- Alle Reste von Farben und Lösungsmitteln sowie Reinigungswasser als Sonderabfall entsorgen (und nicht in den Kehricht oder ins Abwasser schütten).
- Holzschutzmittel nur dort einsetzen, wo sie wirklich nötig sind.

Bleibt durch richtiges Renovieren die Wohnung länger erhalten, schonst du die Umwelt

Was wir im Umweltkompendium behandeln:

Uns geht es um den Fall, dass du einzelne Räume deiner Wohnung oder deines Hauses neu streichen willst oder dass du nach dem Zügeln eine Wohnung zuerst selber instand stellen musst.

Was wir hier nicht behandeln: Erstanstriche, Neubauten, Aussenanstriche. Diese grossen Aufgaben kannst du nur in Zusammenarbeit mit Architekten und anderen Fachpersonen lösen, die alle umweltschonenden Methoden kennen, die heute zur Verfügung stehen.

Das Raumklima

Für die Umwelt ist langfristig wichtig, dass Bauten ein möglichst gutes Raumklima haben.

Ein gutes Raumklima besteht darin, dass möglichst viele Wände, Decken und Böden

- dampfdurchlässig (= «feuchtigkeitsausgleichend»)
- und luftdurchlässig (= «atmungsfähig») sind.

Diese Eigenschaften verhindern den Stau von Feuchtigkeit in den Mauern, den Verputzen und den Holzteilen. Sie verhindern, dass sich Schimmel bildet und Schädlinge einnisten.

Das führt dazu, dass die Konstruktion länger hält, dass Räume länger wohnlich bleiben und dass der Bau weniger rasch ersetzt werden muss.

Wir empfehlen dir in diesem Kapitel deshalb immer die für das Raumklima besten Anstriche, Verputze, Tapeten und sonstigen Materialien.

Wie du die Umwelt beim Renovieren belastest (oder nicht).

Neben der allgemeinen Belastung durch Produktion, Entsorgung und Transport der Produkte sind die besonderen Probleme des Renovierens:

- Beim Gebrauch der Farben und Lacke verdunsten Lösungsmittel, sie verschmutzen die Luft und schaden Pflanzen und Lebewesen.
- Bei falscher Entsorgung (Kehricht) werden die giftigen Inhaltsstoffe der Lacke, Lasuren oder Beizen (zum Beispiel Schwermetalle) nicht rückstandslos verbrannt, sondern mit dem Staub aus den Kehrichtverbrennungsanlagen auf den umliegenden Boden verteilt.

Renovieren: Einleitung

• Giesst du Verdünner, Pinselreiniger und Farbreste ins WC, gefährden sie das Leben in den Gewässern und das Grundwasser.

Material einkaufen

Bevor du in ein Geschäft gehst und irgendein Produkt einkaufst, musst du wissen, was du brauchst.

Aus welchem Material bestehen der rohe Untergrund oder die Altanstriche? Wie willst du die Flächen vorbehandeln? Mit welchen Produkten willst du sie streichen? Wie gross ist die Fläche, die du streichen willst?

Frage Fachpersonen oder KollegInnen, die sich im umweltschonenden Renovieren von Wohnungen auskennen.

Lass im Zweifel gegen Entgelt einen Fachmann oder eine Fachfrau kommen, die sich mit dir die Wohnung anschaut und dich am Ort berät.

Wo einkaufen?

Wasserverdünnbare Produkte bekommst du in allen Farbenhandlungen.

Bevorzugst du die Produkte von NaturfarbenherstellerInnen, musst du das richtige Geschäft vielleicht suchen. Nicht alle Geschäfte verkaufen Naturfarben.

Selber machen oder Fachpersonen beauftragen?

Willst du oder kannst du Malerarbeiten selber nicht fachgerecht machen, engagiere lieber ein Malergeschäft. Es gibt immer mehr HandwerkerInnen, die gern umweltschonend arbeiten.

Du schadest der Umwelt eher, wenn du beim Renovieren pfuschst und die Anstriche bald wieder erneuern musst.

Ein Hauptproblem: die organischen Lösungsmittel

Fast alle Produkte zum Anstreichen enthalten organische Lösungsmittel.

Organische Lösungsmittel (zum Beispiel Terpentine und Benzine) tragen erheblich zur Luftverschmutzung bei. Sie sind für Schäden an Wäldern, Kulturen und an unserer eigenen Gesundheit und manche für das Ozonloch mitverantwortlich.

Reine organische Lösungsmittel findest du zum Verdünnen oder Pinselreinigen unter Bezeichnungen wie

• Lackverdünner
• Löser
• Nitroverdünner
• Pinselenthärter
• Pinselreiniger
• Spezialverdünnung
• Terpentinersatz (Testbenzin)
• Universalverdünner
• Verdünner
• Citrusschalenöl
• Pinienöl
• Pflanzenbalsamverdünnung
• Öl-Harz-Verdünner

und zahlreiche Abwandlungen davon.

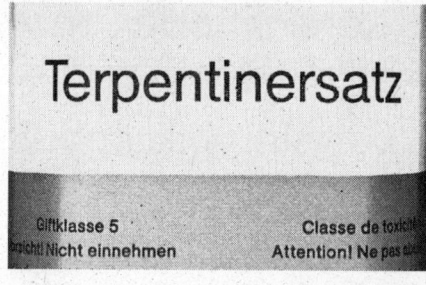

Es gibt zwei wichtige Gruppen von Farben.

1. Wasserverdünnbare Farben und Lacke: zum Beispiel Dispersionen für Wände und Acryllacke.

2. Lösungsmittelverdünnbare Farben und Lacke: zum Beispiel Alkydharz- und Nitrolacke oder Naturharzöllacke.

Wir empfehlen dir als erste Wahl bei sämtlichen Anstrichen die wasserverdünnbaren Farben.

1. Wasserverdünnbare Farben

Du bekommst heute für fast jede Art von Anstrich Dispersionen und Acryllacke (Wasserlacke).

Sie enthalten als Lösungsmittel vor allem Wasser und nur 1 bis 10 Prozent (einzelne bis 20 Prozent) organische Lösungsmittel.

Eigenschaften bei der Anwendung

Du kannst die Farbe mit Wasser verdünnen.

Du kannst die Pinsel und andere Malwerkzeuge vor dem Eintrocknen mit Wasser reinigen.

Diese Farben lassen sich nicht ablaugen. Du musst die Farbe von Fensterläden, die du mit Acryllack gestrichen hast, bei einem späteren Neuanstrich anschleifen. (Du könntest sie auch mit Lösungsmitteln abbeizen. Aber das ist nicht notwendig und kommt von der Umwelt her nicht mehr in Frage.)

Du erkennst wasserverdünnbare Farben an Bezeichnungen und Inhaltsangaben wie:

Wasserverdünnbar

Dispersion

Acryl

Acrylharz

Reinacryl

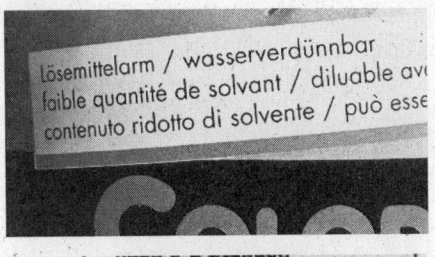

2. Lösungsmittelverdünnbare Farben

Bis vor nicht allzulanger Zeit wurden Holz und Metall vor allem mit Alkydharzlacken (als Kunstharzlacke bezeichnet) gestrichen oder mit Nitrolacken gespritzt, die zwischen 40 bis 70 Prozent organische Lösungsmittel enthalten.

Du kannst diese Farben nur mit organischen Lösungsmitteln verdünnen und die Pinsel nur mit solchen auswaschen.

Ein Vorteil dieser Farben ist, dass du sie bei einer späteren Renovation einfach abwaschen und anschleifen kannst.

Du erkennst sie an Bezeichnungen oder Inhaltsangaben wie:

Alkydharz

Alkydharzöl

Kunstharz

Pflanzliche Öle

Pflanzliche Harze

Von der Umwelt her gesehen raten wir dir von diesen Farben und Lakken ab.

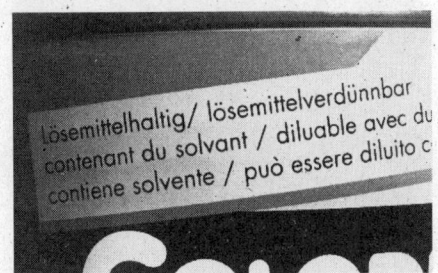

Was sind Naturfarben?

Naturfarben und -lacke gehören zu den lösungsmittelverdünnbaren Farben und Lacken. Sie enthalten 30 bis 40 Prozent organische Lösungsmittel und belasten damit die Luft.

Die HerstellerInnen geben als Umwelt-Vorteile der Naturfarben an:

• dass sie pflanzliche, also nachwachsende Rohstoffe verwenden,

• dass sie für die Lösungsmittel Fruchtschalenabfälle verwerten, aus denen sich die Stoffe ohnehin in die Luft verflüchtigen würden

• und dass die Zahl ihrer Inhaltsstoffe begrenzt und überschaubar ist.

Woher stammen die Rohstoffe konkret?

Lösungsmittel

Die Lösungsmittel der Naturfarben stammen zu einem grossen Teil aus den Schalen von Orangen, Zitronen und Grapefruits.

Diese Zitrusfrüchte werden in Brasilien und Argentinien in grossen Monokulturen angebaut. Sie dienen dazu, den USA-Markt mit Büchsenkonserven und Saftkonzentraten zu versorgen. Die Saftkonzentrate kommen auch nach Europa.

Mit dieser Produktion sind zahlreiche Nachteile für die Menschen in den Herkunftslän-

dern und Schäden für die Umwelt verbunden: Die Monokulturen benötigen Dünger und Spritzmittel. Sie nehmen den einheimischen Bauern den Boden weg, auf dem sie sich selbst versorgen könnten.

Von den ehemaligen Kleinbauern, die heute den Amazonaswald brandroden, haben viele wegen industriellen Monokulturen ihr fruchtbares Land (unter Gewaltandrohung) verlassen müssen.

Die Ausfuhr der Zitrusfrüchte-Produkte in andere Kontinente verbraucht Dieselöl für den Transport. Wird dieses Dieselöl verbrannt, würden wir es sinnvoller Brasilien für seine eigene Entwicklung überlassen.

Auf keinen Fall sind die aus den Schalen gepressten Chemikalien Abfälle. Im Gegenteil: sie sind hochbegehrte Rohstoffe für die Riechstoffindustrie (für Parfums, für Seifen etc.)

In den Mittelmeerländern, die Zitrusfrüchte anbauen, können die NaturfarbenherstellerInnen solche Rohstoffe gar nicht kaufen, weil sie von einheimischen Industrien selber verarbeitet werden.

Im Hinblick auf eine sinnvolle Umwelt- und Entwicklungspolitik können wir uns nur

wünschen, dass Brasilien diese Rohstoffe möglichst bald selber verarbeitet und sie nicht mehr unter ihrem Wert an uns abliefern muss.

Bindemittel

Die Bindemittel, die in den Naturfarben enthalten sind, stammen zu einem grossen Teil aus Tropenhölzern.

Auch für diese Rohstoffe machen Menschen in Entwicklungsländern etwas für sie Falsches: Sie produzieren und liefern für wenig Devisen Produkte für unsere Luxusansprüche, anstatt ihr Überleben durch regionale Landwirtschaft und Kleinindustrie zu sichern.

Es gibt keine vollständige Oekobilanz.

Darüber, ob die wasserverdünnbaren Farben oder die lösungsmittelverdünnbaren Naturfarben die Umwelt weniger belasten, gibt es keine vollständige Oekobilanz.

Angesichts der akuten und massiven Probleme mit Sommer- und Wintersmog scheint uns die Reinhaltung der Luft vor allen anderen Problemen am dringlichsten. Wir ziehen deshalb die wasserverdünnbaren den lösungsmittelverdünnbaren Farben und Lacken vor.

Umweltzeichen für Farben, Lacke und Lasuren

Der blaue Umweltengel

Manche Lacke und Lasuren tragen den deutschen blauen Umweltengel.

Der blaue Engel bedeutet bei Farben und Lacken, dass die Produkte

- höchstens 5 bis 15 Prozent organische Lösungsmittel enthalten.

- keine sogenannt gesundheitsschädlichen Arbeitsstoffe enthalten oder solche, für die bewiesen ist, dass sie das Erbgut schädigen.

- keine schwermetallhaltigen oder andere giftige Pigmente enthalten (wie Blei, Cadmium, Chrom VI). Als Sikkativ dürfen sie jedoch Blei enthalten.

- Formaldehyd nur beschränkt enthalten.

- keine Gifte gegen Pilze, Insekten etc. enthalten.

- Fungizide jedoch in begrenzter Menge als Topfkonservierungsmittel enthalten (damit die Farbe nicht schimmelt).

Die KEL-CH-Zeichen

In der Schweiz vergibt der Verband der Lack- und Farbfabrikanten die KEL-CH-Zeichen.

Kel-CH Lösemittelfrei

Dieses Zeichen bedeutet, dass das Produkt weniger als 5% Lösungsmittel enthält.

Kel-CH Lösemittelarm

Das Produkt enthält zwischen 5 und 30 Prozent Lösungsmittel.

Diese Auszeichnung sagt leider nur wenig aus. Die Spanne 5–30 Prozent ist zu gross. (30 Prozent ist nicht lösemittelarm, wenn es für dieselbe Anwendung auch ein Produkt mit nur 10 Prozent gibt.)

Die Kel-CH-Zeichen beziehen sich nur auf den Gehalt an Lösungsmittel.

Du erfährst durch sie nichts über

- Gifte gegen Holzschädlinge,

- gesundheitsschädigende Stoffe oder

- schwermetallhaltige Pigmente oder Sikkative in den Farben.

Andere Angaben

Musst du Farben und Lacke beurteilen, die nicht den blauen Engel tragen, so bevorzuge jene,

- die wasserverdünnbar sind,

- und wenn möglich solche, auf denen steht, dass sie keine Schwermetalle enthalten.

«Giftklassefrei»

330 g 40

BAG/OFSP T No. 2
Giftklassefrei – Hor
Enthält Propan/But
51 Produit suisse · Bal

sagt nichts darüber aus, ob ein Produkt für Mensch und Natur harmlos ist.

Produkte ohne Holzschutzmittel

Schweizerische Produkte ohne Wirkstoffe gegen Holzschädlinge erkennst du an den Bezeichnungen «Wirkstofffrei» und «Pflegemittel» sowie am Lignum-Zeichen mit dem O.

Farben und Lacke verdünnen, Pinsel reinigen

Verschliesst du Farbdosen immer gut, dicken sie nicht ein, und du brauchst nur wenig oder gar keinen Verdünner.

Wasserverdünnbare Farben verdünnst du mit etwas Wasser.

Pinsel reinigen und aufbewahren

Verwendest du wasserlösliche Farben, so kannst du die Pinsel (sofort) mit Wasser auswaschen. Du brauchst keinen «Pinselreiniger», der aus einem organischen Lösungsmittel besteht.

Falls du (aber warum eigentlich?) stark lösungsmittelhaltige Farben verwendest.

Vor dem Malen: Weiche Pinsel, die du für lösungsmittelverdünnbare Farben brauchen wirst, vor dem ersten Gebrauch zwei bis drei Tage in Leinöl ein.

So sind sie nach dem Gebrauch leichter (also mit weniger Lösungsmittel) zu reinigen und halten länger.

Kauf nicht einen Pinselreiniger plus einen Verdünner für die Farbe. Ein Verdünner genügt für beides. Das gibt weniger Resten.

Pinsel aufbewahren

Für wenige Tage: Wickle die Pinsel möglichst luftdicht in Alufolie oder in einen Plastiksack. So trocknen sie nicht aus. Feuchte sie eventuell vor dem Einwickeln mit wenig Verdünner an.

Für Wochen: Hänge die Pinsel in Wasser, egal ob die Farbe wasserlöslich ist oder nicht. Füll ab und zu das verdunstete Wasser nach. Hängst du die Pinsel, statt sie ins Wasser zu stellen, stehen sie nicht auf den Borsten und verformen sich nicht.

Pinsel reinigen

Pinsel, die du für lange Zeit nicht mehr brauchst, streichst du an einer Zeitung oder einem Lumpen gut ab und reinigst sie dann mit dem geeigneten Lösungsmittel.

Kannst du eingetrocknete Pinsel mit Wasser nicht mehr aufweichen, so wirf sie fort (gib sie in den Sonderabfall). Versuch nicht, sie mit Lösungsmittel wieder weich zu machen. Es geht nicht, und du belastest dabei die Umwelt unnötig.

Wie du deine Hände umweltfreundlich reinigen kannst.

Deine Hände nehmen Farbe weniger stark an, wenn du sie vor dem Malen mit einem Hautöl einfettest.

Reib Flecken auf der Haut mit Olivenöl oder Babyöl ein und spül sie mit warmem Wasser ab.

Farben und Lacke aufbewahren

Verschliess die Dosen von Lacken, Lasuren und Lösungsmitteln dicht. Klopf den Deckel wenn nötig mit einem Hammer fest zu.

Stellst du Farbdosen zum Aufbewahren auf den Kopf, entsteht keine Haut.

Bedecke Ölfarben mit einer Schicht Wasser.

Farben, Lacke und Verdünner entsorgen

Diese Informationen findest du im Kapitel «Entsorgen».

Schutzmassnahmen für dich

Beim Abschleifen

von Hand brauchst du einen Atemschutz, um dich vor dem Staub zu schützen. Stäube von Farbresten, von Holz oder Metall können deine Gesundheit schädigen. Manche Stäube enthalten krebserregende Stoffe, Stäube von alten Farben zum Beispiel Schwermetalle.

Verwende auch beim Schleifen mit einer Maschine unbedingt einen Atemschutz, oder nimm eine Schleifmaschine mit Staubsack.

Beim Anstreichen

Malst du mit Lacken oder Lasuren, musst du dich schützen. Egal, ob du wasserverdünnbare Farben oder Naturfarben verwendest.

• Arbeite wenn möglich im Freien.

• Trage möglichst Plastikhandschuhe. (Es gibt sehr dünne, die dich in deiner Bewegungsfreiheit und im Tastgefühl nur wenig einschränken). Zieh geeignete Kleider an. Decke alles gut mit Zeitungen ab.

• Während dem Arbeiten solltest du die Räume sehr gut lüften. Auch noch einige Tage später solltest du häufig und regelmässig lüften.

• Rauch, trink und iss nicht während oder neben den Malarbeiten. Es darf kein offenes Feuer angezündet sein (Cheminée, Kerze). Sonst entsteht unter Umständen das Giftgas Phosgen.

• Streiche mit Roller, Quast oder Pinsel. Benütze keine Spraydosen. Der Sprühnebel ist für deine Lunge gefährlich. Es gibt auch noch andere Gründe, wieso du keine Spraydosen benützen sollst: siehe Seite...

• Kinder, Schwangere und Tiere sollten sich möglichst nicht in Räumen aufhalten, in denen gemalt wird. Das gilt auch für die ersten Tage danach.

• Neigst du zu Allergien, überlass Malerarbeiten anderen.

Decken und Wände

Altanstriche bestimmen

Die häufigsten Altanstriche sind Dispersionsfarben und Leimfarben. Ist der Altanstrich eine Leimfarbe, musst du ihn ganz abwaschen.

Dispersionsfarben

Wände sind meistens mit Dispersionsfarben gestrichen.

Reibe leicht mit einem nassen Finger an der Farbfläche. Lassen sich die Farbpigmente mit nassem Finger nicht oder nur wenig anlösen, ist es meistens eine Dispersionsfarbe.

Leimfarben

Am ehesten sind Decken mit Leimfarben gestrichen. In Kellern, Estrichen und feuchten Räumen findest du manchmal auch Wände, die mit Leimfarben gestrichen sind.

Kannst du die Farbpigmente leicht anlösen und gut abwischen, ist der Altanstrich eine Leimfarbe.

Andere Anstriche

Findest du den alten Anstrich nicht selber heraus, frag eine Fachperson. In älteren Häusern sind Mauerwerk, Verputz oder Beton manchmal mit Kalk- oder Silikatfarben angestrichen.

Reinigen

Allgemein

Entfernst du vor dem Malen Staub, Raucherspuren und anderen Schmutz von Wänden und Decken, brauchst du beim Anstreichen weniger Farbe, vor allem wenn du weiss streichst.

Entferne Spinnweben und Staub mit Staubsauger oder Besen, anderen Schmutz mit einem feuchten Schwamm mit Schmierseifenwasser.

Stark schmutzige Wände (zum Beispiel in Zimmern, in denen viel geraucht wurde) reinigst du mit verdünntem Salmiakgeist. Misch einen halben bis einen ganzen Deziliter Salmiakgeist mit einem Liter Wasser. Wasch mit Wasser nach.

Reinige Tapeten, die du nicht entfernen willst, auf keinen Fall nass, sondern nur feucht.

Wände und Decken müssen nach dem Abwaschen nicht restlos sauber sein. Spuren vom Abwaschen dürfen übrigbleiben.

Entferne blätternde und lose Tapeten, Verputze oder Anstriche vor dem Malen.

Dispersionsfarben

Du kannst und musst sie nicht entfernen. Reinige sie bloss.

Leimfarben

Du musst sie vollständig entfernen. Weich sie mit Wasser und einer Bürste auf. Dann wasch sie mit einem Schwamm vollständig ab.

Diese Arbeit ist aufwendig. Du musst sauber arbeiten. Es dürfen keine Leimfarbenreste zurückbleiben. Ecken kratzt du vorsichtig mit einem Spachtel aus.

Ölfarben, Kunstharz- oder Acryllack auf Wänden

Du kannst sie nicht selber entfernen. Du musst sie gut anschleifen und mit Salmiakgeist (5 bis 10 Prozent in Wasser) nachwaschen. Die Reihenfolge Anlaugen/Anschleifen ist unwichtig.

Willst du solche Farbschichten restlos entfernen, überlässt du das besser Fachleuten. Beize sie nicht selber ab. Du belastest unnötig die Umwelt.

Alte Tapeten

Willst du eine alte Tapete neu anstreichen oder darübertapezieren, so muss sie noch gut erhalten sein und an der Wand kleben.

Bildet die alte Tapete einzelne Blasen, kannst du diese einritzen und mit Tapetenkleister nachkleben.

Auch Ränder der alten Tapete, die aufstehen, kannst du nachkleben.

Falten kannst du mit feinem Glaspapier abschleifen.

Tapeten entfernen

Alte Tapeten, die keinen guten Untergrund mehr darstellen, musst du entfernen.

Verwende zum Ablösen Wasser mit etwas Schmierseife oder Geschirrspülmittel.

Mit einer Bürste oder einem Schwamm weichst du die alte Tapete ein. Bei ganz dicken oder beschichteten Tapeten musst du mehrmals mit der Flüssigkeit drüber, um sie einzuweichen.

Dringt das Seifenwasser nicht genügend ein, benütze eine Nadelrolle. Mit dieser Rolle machst du ganz kleine Löcher in die Tapete. Durch diese dringt das Wasser besser ein.

Nadelrollen (Stahlwalzen) kannst du in manchen Do-it-yourself- oder Malerbedarfsgeschäften ausleihen oder kaufen.

Nach dem Einweichen löst du die alte Tapete mit einem Spachtel ab. Wasch mit einem Schwamm nach, solange die Wand noch feucht ist. So gehen auch die kleinen Reste von Tapete und Leim besser ab.

Arbeite vorsichtig, damit du den Untergrund nicht beschädigst.

Dampfsprühgeräte

Ein Abdampfgerät erleichtert dir das Ablösen. Dampfsprühgeräte kannst du in Malerbedarfs- und Do-it-yourself- sowie Tapetengeschäften ausleihen.

Du musst vor dem Abdampfen das Zimmer ganz ausräumen.

Lüfte während und nach dem Abdampfen.

Kaufe oder verwende keine Ablösemittel.

Tapetenablösemittel sind ein unnötiges Produkt. Seifenwasser geht auch.

Löcher und Risse ausfüllen

Unebenheiten im Mauerwerk, Fugen, Bohrlöcher, Risse in Wänden und Decken solltest du vor dem Tapezieren oder Streichen von Wänden ausspachteln.

Gips-Spachtelmassen haben für die Umwelt den Vorteil, dass du von ihnen soviel mit Wasser anrühren kannst, wie du gerade brauchst. Den Rest behältst du für später auf oder du gibst ihn KollegInnen zum Fertigbrauchen.

Die Kunststoffprodukte in Tuben bestehen aus ziemlich viel Verpackung für ziemlich wenig Inhalt. Reste trocknen gern ein.

Schimmel an Wänden oder Decken

Schimmel kann Mauerwerk und Zwischenböden schwächen und zerstören. Du verlängerst die Lebensdauer eines Baus, wenn du das Entstehen von Schimmel vermeidest und Schimmel bekämpfst.

Schimmel entsteht in Räumen, die zu kalt und zu feucht sind.

Was du gegen Schimmel tun kannst:

• Heize und lüfte richtig. Wie, steht im Kapitel «Heizen und Lüften».

• Entsteht Schimmel, weil Wasser direkt an eine Wand spritzt, schütze diese Wand (siehe

«Wände in feuchten Wohnräumen» weiter hinten in diesem Teil).

- Entferne wenn möglich Kunststofftapeten, mit Kunstharzdispersionslack gestrichene Tapeten und andere dampfdichte Wandverkleidungen. Sie verschlechtern das Durchlüften von Wänden.
- Entsteht Schimmel hinter Möbeln: rutsch sie von dieser Wand weg.

Lass Wände oder Decken, auf denen du Schimmel siehst oder in denen du ihn vermutest, von MaurerInnen oder anderen Fachleuten anschauen. Sie nehmen Proben und sagen dir, ob und wie tief Schimmel in der Wand sitzt und was du dagegen tun kannst.

Selbstbehandlung von Schimmel

Ist nur ein Fleck auf einer Mauer angeschimmelt und die Konstruktion darunter gesund, kannst du dieses kleine Stück auch selber behandeln.

Löse eine Aspirin-Tablette in ganz wenig Wasser auf und mische etwas Brennsprit dazu. Füll dieses Mittel in einen Zerstäuber und besprüh die befallenen Stellen damit.

Tapezieren

Das Trägermaterial aller Tapetensorten ist Papier.

Tapeten aus reinem Papier sind am dampfdurchlässigsten.

Sie tragen zu einem guten Raumklima bei.

Es gibt Rauhfasertapeten aus Altpapier.

Keine Tapeten mit Kunstharz

Vielen Papiertapeten werden Kunstharze zugesetzt, damit sie beim Tapezieren nicht reissen. Der Kunstharz verschlechtert jedoch das Raumklima: Er behindert die Luft- und Feuchtedurchlässigkeit der Tapete.

Verzichte zugunsten der Umwelt auf solche Tapeten und arbeite dafür sorgfältig.

Tapeten aus Textilien

Textiltapeten bestehen aus Papier und Stoff.

Tapeten, die mit Textilien beklebt sind, enthalten meistens Kunststoffe. Sie sind nur wenig oder gar nicht dampf- und luftdurchlässig.

Manche dieser Tapeten sind mit Giften gegen Schimmel und Motten behandelt. Manche

enthalten Formaldehyd.

In alternativen Baumärkten und Oeko-Läden findest du Textiltapeten ohne solche Ausrüstungen. Diese sind jedoch heikel. Strapazierst du sie, sind sie bald unschön, und du musst sie erneuern. Das belastet die Umwelt.

Wir raten dir deshalb eher zu unbehandelten Altpapiertapeten.

Entscheidest du dich für Textiltapeten, lass sie von Fachleuten kleben, damit sie wenigstens möglichst lange halten.

Nicht verwenden: Tapeten aus Kunststoff

Es gibt Kunstfasertapeten aus Erdöl: Vinyltapeten, Relieftapeten, PVC-Weich-Folie und ähnliches. Andere sind zum Beispiel mit Kork oder Metall beklebt.

Solche Tapeten blockieren den Luft- und Feuchtigkeitsaustausch meistens vollständig.

Ausserdem belasten sie die Umwelt bei ihrer Produktion und Entsorgung im Vergleich zu einfachen Papiertapeten beträchtlich.

PVC gehört neu überhaupt in keine Wohnung mehr. Seine Entsorgung funktioniert noch lange nicht. PVC-Tapeten werden kaum je rezykliert werden können.

Es gibt Korktapeten, die Dampf und Luft durchlassen. Der Korkbrei ist mit Naturharz gebunden, und die Oberfläche ist nicht behandelt. Solche Tapeten bieten alternative Baumärkte an. Ihr Nachteil: die Bindemittel stammen aus Tropenholz (siehe oben den Abschnitt: Was sind Naturfarben?).

Kleb die Tapeten mit Zellulosekleister oder Fischkleister.

Kaufe keine Tapeten, die vorgeleimt sind: solche, die du beim Aufkleben mit Wasser statt Leim bestreichst. Du weisst nicht, was es für ein Klebstoff ist.

Rühr beim Tapetenkleister mehrmals kleinere Mengen an, damit du nichts wegwerfen musst.

Leere Kleisterreste nicht ins Abwasser. Lass die Reste eintrocknen und wirf sie in den Kehricht.

Voranstriche

Fischkleister

Gips und andere stark saugende Untergründe, die du mit Leimfarbe oder Dispersion streichen willst, kannst du mit dünnem Fischkleister vorstreichen.

Lass diese Grundierung vor dem Hauptanstrich nicht länger als acht Stunden trocknen.

Flecken absperren

Wasserränder (von Wasserschäden), Öl-, Teer-, Filzstift-, Tabakteer- und andere Flecken können nach dem Anstreichen durchdringen und wieder sichtbar sein.

Damit das nicht passiert, kannst du Flecken vor dem Anstreichen mit Schellack absperren.

Schellack ist zähflüssig und mühsam zum Arbeiten. Dafür belastet Schellack die Umwelt nur wenig. Er enthält als Lösungsmittel Alkohol.

Schellack erhältst du in Bio-Läden, Farbgeschäften, Oeko-Läden oder alternativen Baustoffmärkten.

Bei stark saugendem Untergrund und bei bröckelndem Putz

Verwende

- Haftgrund,
- Tiefgrund,
- Isolierbinder,
- Isoliergrund,

- Dispersionsbinder,
- Universalgrund

und ähnliche Produkte wenn möglich nur für einzelne Stellen, nicht für grosse Flächen (egal von welchen HerstellerInnen).

Sie enthalten zum Teil grosse Mengen Lösungsmittel.

Sie verringern die Dampfdurchlässigkeit der Wände und Decken. Sie wirken sich schlecht auf das Raumklima aus.

Lass dich im Zweifel von einer Fachperson beraten.

Renovieren: Decken und Wände

Anstriche

Verzichte in Keller und Estrich wenn möglich auf einen Anstrich.

Du ersparst der Umwelt die Produktion und spätere Entsorgung der Farbe.

Streiche Decken mit Leimfarbe.

Leimfarbe hat den scheinbaren Nachteil, dass du vor jedem Neuanstrich den alten Anstrich ganz abwaschen musst. Das ist bei Decken jedoch sinnvoll. Streichst du immer wieder über die alte Farbe – wie das heute mit Dispersionsfarben üblich ist –, wird der Anstrich immer schwerer und löst sich eines Tages von der Decke.

Vorteile der Leimfarbe für die Umwelt

Leimfarbe ist dampfdurchlässig. Sie trägt zu einem guten Raumklima bei.

Leimfarbe besteht – in ihrer einfachsten Ausführung – aus umweltschonenden Zutaten: (Zellulose-)Leim und Kreide.

Bei Leimfarbe kannst du die Umwelt von der Produktion von Farbpigmenten entlasten, indem du als Farbe das leicht gebrochene, gelbliche Weiss der reinen Kreide akzeptierst.

Hellweisse Leimfarbe enthält als Pigment Titandioxid. Dessen Produktion ist zum Beispiel in Spanien, Frankreich und England noch für Jahre damit verbunden, dass manche HerstellerInnen in grossen Mengen Dünnsäure ins Meer kippen.

Leimfarben eignen sich vor allem für Decken.

Für Wände in bewohnten Räumen eignen sich Leimfarben nicht, weil sie weder wischfest noch waschfest sind. Lehnst du dich an eine Wand mit Leimfarbe, färbt sie ab. Willst du sie auch nur leicht abwaschen, wäschst du die Farbe ab.

In unbewohnten Kellern und Estrichen kannst du Leimfarbe auch für die Wände verwenden und aufpassen, dass du dich nicht daran lehnst.

Auf welche Untergründe kannst du Leimfarben streichen?

In Frage kommen glatte Untergründe, die du sauber gereinigt hast:

• vollständig entfernter Leimfarbenanstrich
• Dispersionen
• Grundierte Verputze wie Gips, Beton, Mauerwerk

• Holzteile im Estrich oder in anderen unbewohnten Räumen

Streiche Leimfarben nicht auf Abrieb oder Rauhfasertapeten. Von diesen lässt sie sich später nur schlecht abwaschen.

Streichst du zum ersten Mal mit Leimfarbe, lass dir von erfahrenen HobbymalerInnen helfen. Oder engagiere Berufsleute.

Leimfarben geben mehr Arbeit als andere Anstriche.

Dispersionsfarben

Die wasserverdünnbaren Dispersionsfarben sind heute der übliche Anstrich für Wände innen und aussen. Sie sind wisch- und waschfest.

Sie sind relativ gut dampfdurchlässig und günstig für das Raumklima.

Sie enthalten nur 1 bis 5 Prozent organische Lösungsmittel. Du kannst sie mit Wasser verdünnen und Roller und Pinsel mit Wasser reinigen.

Du kannst Dispersionen auf folgende sauber gereinigten Untergründe streichen:

• Dispersionen
• sauber entfernte Leimfarben
• Gips, neutralen Putz, Beton, Mauerwerk (jeweils grundiert)
• unbemalte Tapeten
• Lacke, Ölfarben und Lasuren

Neuanstrich von schimmligen Wänden

Einige Kunstharzdispersionen enthalten Gifte gegen Pilze, um gegen Schimmel vorzubeugen oder um Schimmel abzutöten.

Verwende solche Anstriche in Innenräumen nur, wenn die andern Massnahmen gegen Schimmel nichts mehr nützen: richtig heizen und lüften, dampfdurchlässige Tapeten und Anstriche verwenden.

Blosses Mauerwerk und Beton kannst du von einem Maler oder einer Malerin mit Kalkfarbe oder Silikatfarbe streichen lassen. Streichst du selber mit Kalkfarbe, trage unbedingt eine Schutzbrille (Spritzer schädigen die Augen schwer).

Wände in feuchten Räumen

Das sind zum Beispiel die Küche und das Badezimmer.

Stellen, auf die Wasser spritzt, kannst du kacheln oder lackieren. Vielleicht genügt ein Duschvorhang.

Für die Umwelt ist nicht wichtig, welchen Schutz du hier wählst. Wichtiger ist, dass du ihn sorgfältig ausführst, damit wirklich kein Wasser in die Mauern eindringt.

Kacheln

Küchen und Badezimmer sind meistens an den Stellen der Wand, wo es direkt dranspritzt, gekachelt.

Über den Kacheln ist ein ungefähr fünf Zentimeter breiter Streifen lackiert: das Schmutzrändli.

Ersetze beim Renovieren die Kacheln und erneuere den Lackrand. Kennst du dich nicht gut aus, lass diese Arbeiten lieber von einer Fachfrau oder einem Fachmann ausführen.

Lackierter Sockel

Oder es hat vom Boden einen ungefähr 1,5 Meter hohen Sockel, der lackiert ist.

In älteren Häusern ist das Ölfarbe.

Streiche ihn neu mit einem nicht wasserlöslichen Lack.

Nimm Leimfarben für die Decke.

Die Vorteile von Leimfarben für die Umwelt und das Raumklima sind oben beschrieben. Sie eignen sich für feuchte Räume besonders gut.

Viele Dispersionsfarben sind in feuchten Räumen schlechter geeignet, weil sie weniger feuchtigkeitsdurchlässig sind.

Nimm für Anstriche auf Beton, Verputz etc. Kalk- und Silikatfarben.

Lass alte Kalkfarbenanstriche oder blosses Mauerwerk etc. von einer Fachperson mit Kalkfarben und alte Silikatfarbenanstriche mit Silikatfarben anstreichen.

Kalk- und Silikatfarben sind beide sehr gut feuchtigkeitsdurchlässig und wirken gegen Schimmel.

Das Streichen mit Kalkfarben ist heikel. Besonders bei Decken: weil die Farbe heruntertropft.

Holz: Altanstrich anschleifen und anlaugen

Ist der Altanstrich eine intakte Lasur, genügt es, wenn du ihn abstaubst und mit Schmierseifenwasser abwäschst.

Ist das Holz lackiert,

musst du diesen Anstrich zuerst anschleifen und anlaugen. Nach dem Anschleifen und Anlaugen verbindet sich der neue Anstrich besser mit dem Altanstrich.

Anschleifen entfernt Schmutz und rauht den Untergrund auf. Anlaugen (mit einer Lauge abwaschen) entfettet den Untergrund. Nach dem Anschleifen und Anlaugen verbindet sich der neue Anstrich besser mit dem Altanstrich.

Du kannst zuerst anschleifen und dann anlaugen oder umgekehrt.

Mit Nass-Schleifpapier oder Schleifvlies machst du beides in einem Arbeitsgang.

Anschleifen

Anschleifen kannst du fast immer von Hand.

(Wie du mit der Maschine schleifst, steht im Abschnitt «Altanstriche entfernen».)

Schleif entweder nur mit feinem Schleifpapier oder zuerst mit grobem und dann mit feinem. Schleife in der Richtung der Holzfasern.

Anlaugen

Zum Anlaugen empfehlen wir dir Soda, Salmiakgeist oder Laugenpulver.

Trag beim Anlaugen Gummihandschuhe und eine Schutzbrille.

• Sodalauge:

Soda bekommst du praktisch überall, wo du Putzmittel kaufen kannst. Wir empfehlen es dir als Bestandteil deines Putzkastens. (siehe Teil «Putzen»).

Sodalauge bereitest du aus 5 gehäuften Esslöffeln Soda, 1 gehäuften Teelöffel Schmierseife und 1 Liter Wasser.

Mit Sodalauge kannst du alle Anstriche ausser

Kunstharzlacken anlaugen.

• Salmiakgeist:

Salmiakgeist kannst du offen kaufen. Erschrick nicht: du musst dich in das Giftempfangsscheinbuch des Ladens eintragen.

Mit Salmiakgeist kannst du alle Anstriche ausser Kunstharzlacken anlaugen.

Misch einen Deziliter Salmiakgeist mit zehn Teilen Wasser.

Mit Salmiakgeist musst du vorsichtig umgehen. Lüfte während dem Arbeiten, oder arbeite wenn möglich draussen.

• Laugenpulver:

Im Handel bekommst du Laugenpulver, die du mit Wasser anrührst. (Pass auf, dass du im Ladengestell nicht ein Abbeizmittel mit Lösungsmitteln erwischst.)

Nach dem Anlaugen: Wasch das Holz gut mit Wasser nach.

Holz: Altanstriche entfernen

Altanstriche musst du entfernen,

• wenn ein neuer Anstrich darauf nicht hält oder wenn die Farbschichten schon so dick sind, dass zum Beispiel ein Fenster nicht mehr richtig schliesst.

• damit das Holz darunter wieder atmen kann und damit das Holz wieder sichtbar wird. Hast du einen Lack ganz entfernt, kannst du Holz in Innenräumen mit Wachs oder Öl oder einer farblosen Lasur schützen, statt es neu zu lackieren.

• Versiegelte Böden musst du ganz abschleifen, willst du sie nicht mehr versiegeln.

• Willst du versiegelte Böden neu versiegeln, musst du sie manchmal ganz abschleifen (lassen). Manchmal genügt es, sie gut anzuschleifen.

• Vorfenster, Fenster und Haustüren musst du etwa alle sieben Jahre ganz renovieren: den alten Anstrich ganz entfernen und sie neu lackieren.

Wie du Altanstriche von Metallteilen und Beschlägen entfernst, findest du im Abschnitt «Renovieren von Metall».

Umweltschonend ist Abschleifen.

Du brauchst dafür keine Chemikalien, deren Reste mühsam zu entsorgen sind und die zum Teil die Umwelt belasten.

Lerne das Abschleifen in Ruhe und richtig. Lass dich wenn nötig von erfahrenen HandwerkerInnen beraten, oder übergib ihnen gleich die ganze Arbeit.

Schutzmassnahmen

Du brauchst einen Atemschutz, um dich vor dem Staub zu schützen. Verwende nur Schleifmaschinen mit Staubsack. Siehe auch den Abschnitt «Schutzmassnahmen» ganz vorn im Teil «Renovieren».

Schleifstaub ist Sonderabfall.

Wisch ihn vollständig zusammen und bring ihn der Sonderabfall-Sammelstelle deiner Gemeinde. Wirf ihn nicht in den Kehricht.

Abschleifen von Hand braucht Zeit.

Kleinere Holzsachen, zum Beispiel ein kleines

Möbel, kannst du gut von Hand abschleifen. Ebenso die Stellen von grösseren Teilen, an die du mit der Maschine nicht herankommst.

Für ebene Holzflächen kannst du eine Ziehklinge, eine scharfe Rackel oder einen Hobel verwenden. Sonst nimm Schleifpapier, Schleifvlies oder Nass-Schleifpapier.

Abschleifen mit Maschinen

Eine Schleifmaschine brauchst du für grössere Gegenstände und Flächen. Zum Beispiel für Fussböden, Türrahmen, Deckenbalken, grosse Möbel.

Weisst du nicht, welche Schleifmaschine für deine Arbeit die richtige ist, lass dich beraten. Zum Beispiel darfst du, um auf einem Furnier zu schleifen, keine Bandschleifmaschine verwenden, sonst schleifst du es rasch durch.

Vielleicht musst du Hand- und Maschinenarbeit kombinieren.

Schleifmaschinen ausleihen

Kauf nicht eine eigene Maschine (auch keine kleine, preisgünstige), wenn du nur ab und zu etwas abschleifen musst. Ihre Produktion belastet die Umwelt unnötig.

5.9

Renovieren: Holz

Es gibt einige Geschäfte und Handwerksbetriebe, die solche Maschinen in allen Grössen vermieten.

Vielleicht hast du KollegInnen, die die richtige Maschine besitzen und sie dir leihen können.

Verschiedene gemeinnützige Organisationen, auch solche für Jugendliche, Arbeitslose etc., haben Werkstätten, in denen du arbeiten oder Geräte ausleihen kannst.

Heissluft

Willst oder kannst du nicht abschleifen, kannst du Altanstriche mit Heissluft entfernen. Dies geht bei jeder Art von Altanstrich.

Die Heissluft löst alle Farbschichten aufs Mal auf, und du kannst sie mit einem Spachtel ablösen. Eventuell musst du nachschleifen.

Hast du noch nie mit einem Heissluftfön gearbeitet, musst du dir von KollegInnen mit Erfahrung helfen lassen.

Die Arbeit mit Heissluft geht zwar schneller als Abschleifen. Sie ist jedoch schwieriger und gefährlich. Du darfst nicht zu heiss oder zu kalt fönen. Du darfst das Holz nicht anbrennen. Du musst also den heissen Luftstrahl gleichmässig bewegen, und der Abstand zum Holz muss stimmen.

Die meisten Profis wenden diese Technik nicht an.

Die alte Farbe ist Sonderabfall.

Das gilt auch für die wasserverdünnbaren Farben.

Sammle alle alten Farben in einem Gefäss und bring sie der Sonderabfall-Sammelstelle deiner Gemeinde. Wirf sie nicht in den Hauskehricht.

Ohne die folgenden Schutzmassnahmen darfst du nicht mit Heissluft arbeiten:

• Arbeite draussen.

• Ist das nicht möglich: Sorge für eine sehr gute Durchlüftung. Trage einen Atemschutz mit Aktivkohle.

Die Dämpfe, die beim Heisswerden oder Verbrennen von Altanstrichen entstehen, können deiner Gesundheit und der anderer Menschen schaden.

Heissluftfön ausleihen.

Gewöhnliche Haarföne taugen für diesen Zweck nicht. In vielen Do-it-yourself-Läden und in Malerbedarfsläden kannst du einen Heissluftfön ausleihen.

Sandstrahlen lassen

Hartholz kannst du vielleicht auch sandstrahlen lassen. Alle Angaben dazu findest du beim Abschnitt «Renovieren von Metall».

Ablaugen: der Umwelt wegen nur in einer Ablaugerei

Ablaugen ist eine praktische Methode, alte Anstriche von Holz zu entfernen.

Lauge jedoch nicht selber ab.

Ablaugen sollen nur Fachleute mit Einrichtungen, die garantieren, dass das Ablaugen die Umwelt nicht unnötig belastet. Bring deshalb zum Beispiel Möbel, Türen oder Fensterläden in eine Ablaugerei.

Wie Ablaugereien arbeiten.

Die Möbel kommen zuerst 20 bis 60 Minuten in ein Becken mit warmer Lauge (Natronlauge). Dann kommen sie in ein saures Bad, das die Lauge neutralisiert. Schliesslich werden sie mit Wasser abgespritzt. Letzte Farbreste entfernen die ArbeiterInnen von Hand.

Die Bäder und Flüssigkeiten benützen die AblaugerInnen jeweils für eine längere Zeit. Zum Beispiel brauchen sie eine Woche lang das gleiche Laugen- und Säurebad für etwa hundert Möbelstücke. Danach wird die Lauge für Metall weitergenutzt.

Ablaugereien entsorgen korrekt.

Sie neutralisieren und filtrieren die abgelaugten Farben und Lacke und übergeben sie einer Sonderabfallverbrennungsanlage im europäischen Ausland.

Sie filtern und neutralisieren alle Abwässer.

Was du ablaugen lassen kannst.

Du kannst nicht alle Holzarten zum Ablaugen geben. Nicht alle Altanstriche lassen sich ablaugen.

Ruf am besten zuerst in der Ablaugerei an. Beschreib die Materialien und den Anstrich, um den es geht, so gut wie möglich.

Auch die Ablaugefachleute können nicht immer sicher sagen, ob sie einen Altanstrich wegbekommen. Manchmal zeigt sich das erst im Laugenbad.

Welche Hölzer?

Gut eignen sich Weichhölzer, zum Beispiel Fichte, Tanne, Kiefer (Föhre), Lärche, Linde.

Nicht immer geeignet sind Harthölzer wie Eiche, Nussbaum, Kirschbaum, Ulme, Ahorn, Buche. Die Ablaugerei behandelt sie speziell.

Möbel mit Metallbeschlägen eignen sich oft nicht. Schlösser solltest du vor dem Ablaugen entfernen.

Furniere und Spanplatten nicht ablaugen

Bring keine Dinge aus furniertem oder anders geleimtem Holz in die Ablaugerei. Sie leiden schwer im Bad.

Manche alten Möbelstücke (von ca. 1920) fallen im Laugenbad auseinander, weil die einzelnen Bauteile bloss geleimt sind.

Welche Anstriche du ablaugen lassen kannst:

• Ölfarben. Farbanstriche bis ca. 1960 bestehen oft aus Ölfarben.

• Schellack/Wachs (diese kannst du auch mit Sprit entfernen).

• Kunstharzlackfarben, Naturharzlackfarben.

• Wasserverdünnbare Alkydharzfarben.

• Leimfarben.

• Bauernmalereifarben auf Ölbasis.

• Nur wenn zwischen Holz und Altanstrich eine Grundierung ist: Dispersionen und wasserverdünnbare Bauernmalereifarbe.

Chemisch gebeiztes Holz wird durch die Lauge gebleicht.

Anstriche, die sich nicht ganz ablaugen lassen

Eine moderne Ablaugerei kann sie zwar entfernen, es bleiben jedoch Pigmentrückstände im Holz:

• Acryllack (Wasser- oder Dispersionslacke) ohne Grundierung. Dazu gehören auch Bauernmalereifarben.

• Nitrolack.

• Diverse Zweikomponenten-Lacke.

Nach dem Ablaugen

Hast du deine Möbel, Fensterläden etc. von der Ablaugerei abgeholt, musst du sie zwei bis drei Wochen trocknen lassen. Sind sie trocken, schleife sie glatt.

Furniertes Holz musst du dort nachleimen, wo sich das Furnier gewölbt hat.

Beize wenn möglich Farben nicht ab.

Abbeizen bedeutet: Farben mit Lösungsmitteln entfernen.

Beizt du Farben selber ab, so belastest du die Umwelt schwer: Die Lösungsmittel verdunsten ungehindert und belasten die Luft und die Ozonhülle der Erde.

Die Lösungsmittel in fast allen Abbeizmitteln sind hochgiftig und enthalten zum grossen Teil Chlorverbindungen.

Überlass das Abbeizen, wenn schon, einer Spezialfirma.

Einige Ablaugereien verwenden dann, wenn die Lauge die Farbe nicht entfernen kann, lösungsmittelhaltige Beizen.

Sie können, weil sie entsprechend eingerichtet

sind und weil ihr Personal ausgebildet ist, mit den Lösungsmitteln relativ umweltschonend umgehen. Zum Beispiel verhindern sie durch eine Trennschicht, dass zuviel Lösungsmittel verdunstet.

Das Holz wachsen, ölen, lasieren, lackieren
Holzböden und -treppen

Von der Umwelt her gesehen unterscheiden sich die Behandlungen von Holzböden und -treppen so:

Versiegeln

• Vorteile:

Versiegeln schützt strapazierte Böden vor einer vorzeitigen Zerstörung. Bei vielbegangenen und der Nässe ausgesetzten Böden ist Versiegeln unumgänglich.

Einfache, umweltschonende Reinigung ist möglich.

Versiegelungen können Jahrzehnte lang halten.

• Nachteile:

Versiegeltes Holz atmet nicht, und der Boden trägt nichts zu einem guten Raumklima bei.

Einzelne Stellen ausbessern ist schwierig. Eine Fachperson kann es eventuell. Oft musst du den ganzen Boden neu versiegeln lassen.

Ölen/Wachsen

• Vorteile:

Das Holz kann noch atmen. Bei Beschädigungen musst du nur die einzelne Stelle erneuern, nicht den ganzen Boden.

• Nachteile:

Der Boden ist empfindlicher. Schonst und schützt du ihn nicht, nimmt er leicht Schaden.

Flecken gehen manchmal nur mit Lösungsmitteln weg und manchmal gar nicht.

Nacharbeiten sind mindestens einmal im Jahr nötig (verbraucht wieder Öl und Wachs).

Roh belassen

In Estrichen und Abstellräumen kommt auch in Frage, dass du einen Holzboden roh belässt.

• Vorteile:

Der Boden atmet.

Schutz und Pflege mit Schmierseife oder Sodalauge genügen.

Du verwendest keine Produkte mit Lösungsmitteln.

• Nachteile:

Der Boden sieht tatsächlich roh belassen aus.

Er nimmt Feuchtigkeit und Schmutz auf.

Gilt für alle Arten, Böden zu behandeln:

Keine Farben

Verwende für Böden keine farbigen Lasuren, deckenden Lacke oder eingefärbten Wachse.

Farbiges Gestalten ist bei Fussböden nicht sinnvoll: Vielbegangene Stellen wären schnell abgelaufen, und du müsstest die ganze Fläche renovieren.

Willst du Farbe auf deinem Holzboden, leg Stückteppiche drauf.

Schutz gegen Schädlinge

ist in Innenräumen für trockene Böden nicht nötig.

Naturprodukte oder konventionelle Produkte für Holz?

Wie für alle anderen Anstriche gibt es auch für die Bodenmittel keine Oekobilanz, die «konventionelle» und «Natur»-Produkte vergleicht. Wir können dir keine Empfehlung geben.

Versiegeln

Versiegeln ist eine schwierige Arbeit. Überlass sie einer Parkettfirma.

Was Versiegeln bewirkt.

Versiegeln heisst: den Boden farblos hart lackieren. Der Lack bildet eine wasser- und schmutzabweisende Schicht.

Ausgeschüttetes Blumenwasser, die feuchte Erde von Kinderschuhen und anderer Schmutz hinterlassen auf einer unbeschädigten Versie-

gelung keine dauerhaften Spuren.

Dafür hilft der Holzboden nicht mehr mit, die Raumfeuchtigkeit zu regulieren.

Ist eine ältere Versiegelung (manchmal erst nach Jahrzehnten) abgelaufen oder sonst beschädigt, dringen Wasser und Schmutz stellenweise wieder ein. Die Versiegelung sieht matt aus und hat vielleicht Kratzer.

Böden aus Weichholz werden durch das Versiegeln nicht härter. Du musst aufpassen, wenn du auf ihnen Möbel verschiebst. Bleistiftabsätze und manchmal auch Strassenschuhe mit Steinchen in der Sohle können die Versiegelung zerstören.

Versiegeln mit Wasserlacken

Verlange von der Parkettfirma, dass sie einen lösungsmittelarmen, wasserverdünnbaren Lack zum Versiegeln verwendet. Das tun die meisten Firmen heute von sich aus.

Reinigen

Einen versiegelten Holzboden wischst und saugst du. Einzelne Flecken wischst du feucht mit Seifenwasser weg.

Du kannst auch den ganzen Boden mit Seifenwasser feucht aufziehen. Tu das jedoch nicht zu oft, da durch feine Risse oder Verletzungen im Lack Wasser ins Holz eindringen kann.

Pflegen, nachbehandeln

Versiegelte Böden musst du mit keinem Mittel pflegen oder nachbehandeln.

Ölen, Wachsen

Was Ölen und Wachsen bewirken.

Öl dringt tiefer ins Holz ein. Wachs bildet eine dünne Schicht auf dem Holz.

Ölen und Wachsen schützen das Holz vor Wasser und auch ein wenig gegen Staub und Schmutz. Alles jedoch weniger gut als das Versiegeln.

Renovieren: Holz

Das Holz kann nach dem Ölen und Wachsen noch atmen und beeinträchtigt das Raumklima nicht.

Öl vergilbt und Wachs dunkelt das Holz etwas. Sie betonen die Maserung.

Gewachsten oder geölten Boden musst du schonen.

Stehendes Wasser kann ins Holz eindringen und bildet Wasserflecken.

Das heisst nicht, dass du jeden Wasserspritzer innert Sekunden wegwischen musst. Wasser macht nicht immer sofort einen Wasserfleck. Oft verdunsten kleine Spritzer, bevor sie ins Holz eindringen.

Du und deine MitbewohnerInnen müsst euch angewöhnen, einzelne Wassertropfen und Wasserlachen auf dem Holzboden direkt wegzuwischen. Ihr solltet ihn auch nicht mit nassen Schuhen betreten.

So ölst du den Holzboden.

Öl kannst du direkt auf das rohe oder frisch abgeschliffene Holz auftragen. Das Holz darf schon mit Öl gestrichen worden sein.

Trag das Öl dünn mit einem Pinsel oder einem Lappen auf das Holz auf. Warte, bis sich das Holz ganz vollgesogen hat, und wisch eventuell überstehendes Öl mit einem Lappen weg, bevor es eintrocknet.

Lass den Boden mindestens einen Tag trocknen. Dann öle ihn ein zweites oder auch drittes Mal.

Leinölfirnis oder Kräuterfirnis darfst du zum Auftragen auf 60 bis 80 Grad erhitzen. Es dringt so besser ins Holz ein. Andere Öle darfst du nicht erhitzen.

Öle für Fussböden

Die meisten Öle (auch die Naturprodukte) sind mit viel Lösungsmitteln verdünnt. Diese entweichen in die Luft und belasten sie. Das ist der Nachteil des Einölens von Böden.

Du belastest die Umwelt am wenigsten, wenn du den Boden nur einmal mit verdünntem Öl behandelst (als Grundierung).

Für die zweite, eventuell die dritte und alle weiteren Nachbehandlungen nimmst du reines

Leinöl oder Leinölfirnis.

Leinöl wird aus Flachssamen gewonnen.

Der Nachteil von reinem Leinöl ist, dass es sehr langsam trocknet. Du musst nach dem Auftragen von Leinöl länger trocknen lassen als bei Ölen mit Lösungsmitteln.

Leinölfirnis ist Leinöl mit Trockenstoffen (Sikkativen).

Kräuterfirnis ist Leinölfirnis mit Auszügen aus Kräutern.

Achtung:

Leinöl und alle Leinölprodukte können sich selbst entzünden. Bewahre darum Lappen und Pinsel, die du zum Ölen brauchst, in einer dicht verschlossenen Blechbüchse auf.

Wie du Holz wachst.

Trage Wachs nicht auf rohes oder frisch abgeschliffenes Holz auf. Zuerst musst du grundieren.

Schon geöltes oder gewachstes Holz darfst du ohne Vorbereitung wachsen.

Grundieren

Grundiere ein- oder zweimal mit einem Bodenöl. Und zwar nass in nass, also ohne Zwischentrocknung.

Lass den Boden nun einen Tag trocknen. Schleife ihn mit Schleifpapier ab.

Wachsen

Hartes Wachs solltest du, damit du es besser verarbeiten kannst, im Wasserbad ein wenig erwärmen. Wachsbalsam darfst du nicht wärmen.

Trag das Wachs ganz dünn auf. Reibe es fest ins Holz ein. Nimm dafür wenn möglich einen Blocher.

Lass die Wachsschicht zwei Tage trocknen.

Dann poliere sie mit einem Blocher, einer Rosshaarbürste oder einem Stofflappen.

Welches Wachs?

Die Wachse belasten die Umwelt etwa gleich wie die Öle. Egal, wie poetisch und natürlich die Namen tönen:

- Flüssige oder weiche Wachse enthalten grosse Anteile von Leinölfirnis und Lösungsmitteln.

- Fast alle Wachse für Holz bestehen nicht nur aus Bienenwachs. Sie enthalten auch Wachs aus Erdöl oder Wachs aus Pflanzen und ausserdem Lösungsmittel und Leinöl. Bienenwachs ist meist ein sehr kleiner Teil in der Zusammensetzung eines Wachses.

Am wenigsten belastest du die Umwelt, wenn du mit hartem Wachs arbeitest. Es enthält weniger Lösungsmittel als weiches Wachs.

Es ist allerdings auch weniger gut zu verteilen als flüssiges oder weiches Wachs. Du kannst die zusätzliche Arbeit der Umwelt zuliebe auf dich nehmen. Verwendest du einen elektrischen Blocher, verminderst du deine Arbeit etwas.

Reinigen und Pflegen von geölten und gewachsten Böden

Reinige den geölten oder gewachsten Boden mit Besen oder Staubsauger.

Damit die Imprägnierung erhalten bleibt, musst du den Boden ab und zu wieder ölen oder wachsen. Je nachdem, wie strapaziert er ist, ein- bis viermal im Jahr. Lass das alte Wachs drauf.

Einen gewachsten Boden kannst du zwischendurch nur nachpolieren, ohne ihn neu zu wachsen.

Du darfst ihn gelegentlich auch mit Seifenwasser feucht (nicht nass) aufziehen. Tu das nur selten. Der Boden wird sonst grau und matt.

Flecken entfernen

Flecken auf gewachstem Weichholz kannst du zuerst mit Schmierseifenwasser abreiben. Schleife sie eventuell mit Schleifpapier oder Stahlwolle ab.

Du kannst versuchen, Flecken mit einem Lösungsmittel zu entfernen. Dann musst du die Stelle nachwachsen.

Der Blocher

Für das Wachsen und Polieren von Holzböden verwendest du am besten einen elektrischen Blocher. Vor allem wenn du in mehreren Zimmern gewachste Holzböden hast.

Blocher bekommst du heute nur noch von Hoover und von Elektrolux (Volta). Sie kosten ungefähr vierhundert bis fünfhundert Franken. Blocher sind stabil und halten lange.

Bevor du einen neuen Blocher kaufst, frage FreundInnen und NachbarInnen, ob sie noch einen haben. Vielleicht braucht eine ihren Blocher nicht mehr, oder ihr könnt ihn teilen.

Weichholzböden roh belassen

Bei Böden aus Weichholz in unbewohnten Räumen kannst du auch eine Behandlung wählen, die die Umwelt wirklich nur minimal belastet.

Du lässt sie roh.

Diese Alternative kommt für Böden in Frage, die nicht glänzen müssen. Zum Beispiel in einer Werkstatt, einem Gang, einem Estrich etc. Im Prinzip sieht ein roher Boden auch in einem Wohnraum nicht schlecht aus. Du machst das Zimmer mit Auslegeteppichen und den Möbeln wohnlich und freundlich.

Pflegen mit Schmierseife

Nimm feste Schmierseife. Reibe mehrmals den ganzen Boden damit ein. Zwischen den Aufträgen musst du gut trocknen lassen. Die Schmierseife imprägniert das Holz ein wenig.

Diese Behandlung kannst du ab und zu wiederholen.

Reinigen kannst du den rohen Boden mit Seifenwasser.

Hartnäckige Flecken schleifst du mit Schleifpapier oder Stahlwolle weg.

Dann reibst du die Stelle wieder mit Schmierseife ein.

Alternative: Sodalauge

Du kannst bei weichen Holzböden sogar auf das Imprägnieren mit Schmierseife verzichten.

Du laugst sie lediglich ab und zu mit Sodalauge ab. Wasche immer mit Wasser nach.

Auch die Sodalauge schützt den Boden vor Wasserflecken: Der Boden ist sozusagen ein einziger riesiger Wasserfleck.

Achte darauf, dass du keine Reste von Sodalauge hast. Für ein Zimmer reichen ein paar Deziliter Lauge. Hast du Resten, so bewahre sie für das nächste Mal auf.

Vertäferungen, Holzbalken, Lamperien, Innentüren

Behandle sie so wenig wie möglich.

Flächen sollen atmen, um ein gutes Raumklima zu schaffen. Sie sollen Feuchtigkeit aufnehmen und wieder abgeben können.

Als Schutz für Türen und Lamperien sind Lacke noch vertretbar.

Für grössere Holzflächen solltest du Lasuren, Öl oder Wachs verwenden.

Lasuren beeinträchtigen das Raumklima viel weniger als Lacke.

Einfärben

Ausser Holzböden kannst du im Prinzip alles Holz auch einfärben. Du kannst es

- beizen und dann klar lasieren, klar lackieren oder ölen und wachsen,
- mit farbigen Ölen, Wachsen und Lasuren durchscheinend einfärben, so dass die Maserung sichtbar bleibt,
- deckend farbig lackieren.

Verzichtest du auf Farben, ersparst du der Umwelt ihre Produktion und spätere Entsorgung.

Holzdecken

und andere Holzflächen an trockenen Stellen kannst du roh lassen.

Es reicht auf jeden Fall, wenn du sie mit Öl oder Wachs vor Staub und Schmutz schützt. Ölen genügt bei Holzdecken und -wänden.

Wachst du solche Flächen, musst du sie höchstens alle paar Jahre nacharbeiten.

Wie du Öle und Wachse ausliest und wie du sie anwendest, steht im Abschnitt «Böden und Treppen».

Harte Wachse kannst du bei Wänden und Decken nicht verwenden. Von Hand geht das Verteilen und Einreiben zu schwer.

Getäferte Wände, Lamperien und Innentüren: wenn möglich lasieren

Viele Holzteile in der Wohnung brauchen auch Schutz vor Nässe. Zum Beispiel: Türen, Lamperien, Täferungen in Kinderzimmer und Küche etc.

Die meisten dieser Holzteile schützt du genügend, wenn du sie lasierst.

Lasuren

Dünnschicht- und Imprägnierlasuren ergeben einen dünnen Film auf der Holzoberfläche. Sie schützen das Holz vor Wasser, Schmutz und Abrieb. Es kann jedoch noch Feuchtigkeit aufnehmen und ausgleichen.

Dickschicht- und Lacklasuren sind fast so dick und dicht wie Lacke.

Farbig lasieren

Farbige Lasuren erhältst du entweder schon fertig gemischt oder als farblose Lasur, die du mit Abtönfarben mischst. In einigen Läden kannst du dir die Lasur nach deinen Wünschen mischen lassen.

Für die Umwelt macht das alles keinen Unterschied. Die Dampfdurchlässigkeit von farbig lasiertem Holz ist so gut wie die von farblos lasiertem.

Je mehr Farbpigmente eine Lasur enthält, desto stärker schützt sie das Holz vor UV-Strahlen und desto weniger rasch dunkelt es nach.

Welche Lasuren?

Wir empfehlen dir, wasserverdünnbare Lasuren zu verwenden. Sie enthalten nur wenig Lösungsmittel.

Sind sie wasserverdünnbar, steht das auf der Packung.

Nimm keine Lasuren mit Wirkstoffen gegen Pilze und Insekten (Fungizide, Insektizide, Biozide). Ausnahme: wenn für das betreffende Holzteil ein solcher Schutz wirklich nötig ist. Wann ein Schutz gegen Pilze etc. nötig ist und wie du erkennst, welche Mittel in einem Produkt drin sind, steht im Abschnitt «Holzschutz».

Vorgehen

Lasiere nur gut trockenes und entfettetes Holz. Grundiere es zuerst mit verdünnter farbloser Lasur. Ist diese trocken, streichst du mit unverdünnter (eventuell farbiger) Lasur.

Welches Holz in Innenräumen du lackieren musst.

Lackieren musst du eine Holzwand, an die zum Beispiel von einem Lavabo Wasser spritzen kann.

Deckend lackieren ist sinnvoll, wenn du einen alten Anstrich überdecken willst. Holz ist ja oft mit bunten Lacken gestrichen: zum Beispiel Türen, Lamperien, Möbel.

Lamperien und Türen kannst du ohnehin ohne Bedenken lackieren. Sie haben auf das Raumklima keinen Einfluss.

Lackiere deckend auch Holz, das nicht mehr schön aussieht, und verlängere so seine Lebensdauer.

Fenster, Vorfenster, Haustüren und Fensterläden

Diese Bauteile musst du gegen Nässe und Sonnenlicht schützen.

Schutz gegen Feuchtigkeit und Nässe

Aus zwei Gründen darf das Holz von Fenstern, Vorfenstern und Haustüren keine Feuchtigkeit aufnehmen:

- Weil sie sich verziehen und nicht mehr richtig schliessen.
- Feuchtes Holz ist für Pilze anfällig. Manche Pilze verfärben das Holz (es vergraut zum Beispiel), manche zerstören es.

Du musst Fenster und Türen sowohl innen wie aussen gleich gut schützen. Aussen sind sie dem Regen und der feuchten Aussenluft ausgesetzt, innen dem Kondenswasser und der feuchten Innenluft, zum Beispiel in Küchen und Badezimmern.

Schutz vor Sonnenlicht

Die Sonne kann das Holz stark aufheizen. Es kann deswegen Risse bekommen, über denen die Lasur reisst und durch die Feuchtigkeit eindringt.

Die UV-Strahlen des Sonnenlichts bleichen das Holz aus.

Schutz vor Schädlingen

Die Gefahr, dass Insekten Fenster, Türen oder Fensterläden befallen, ist sehr klein. Ist ihr Holz jedoch feucht, so ist es anfällig für Pilze.

Verwende wasserverdünnbare Lasuren.

Nimm wenn immer möglich wasserverdünnbare Lasuren, die als für Aussenanstriche geeignet bezeichnet sind. Sie bleiben länger schön und werden weniger leicht rissig als Lacke.

- Klare (farblose) Lacke sind bei Fenstern und Haustüren für die Innenseite geeignet. Sie schützen das Holz vor Feuchtigkeit, jedoch nicht vor dem UV-Licht.
- Fensterläden und die Aussenseiten von Fenstern und Haustüren musst du mit einer deckenden – weissen oder farbigen – Lasur schützen. Sie muss soviel Farbpigmente enthalten, dass sie das UV-Licht vom Holz fernhält.
- Nimmst du eine helle Farbe, so erwärmt sich das Holz etwas weniger rasch als bei dunklen Farben.

Richtig lackieren

Entferne bei jeder zweiten oder dritten Renovation alte Anstriche restlos. Entfernst du sie nicht ganz, so musst du sie gut anschleifen und anlaugen.

Lasuren, die nicht abblättern, kannst du überstreichen.

Die Innenseite von Fenstern und Haustüren muss mindestens so dampfdicht sein wie die Aussenseite.

Am besten trägst du auf der Innenseite eine Schicht Lasur mehr auf oder du lackierst sie.

Streiche nur wirklich trockenes Holz.

Vor dem Streichen solltest du scharfe Kanten mit Schleifpapier abrunden. So ist es einfacher, einen durchgehenden dichten Film aufzutragen.

Streiche möglichst dicht: den Fensterrahmen möglichst dick und satt und den Fensterfalz eher mager.

Leinölkitt oder Acrylkitt musst du überstreichen. Streiche dabei auch einen Streifen auf das Glas. So erreichst du ein Optimum an Dampfdichtigkeit.

Auf Silikonkitt, der bei Doppelverglasungen üblich ist, geht das leider nicht.

Kitt kontrollieren

Zum Renovieren von Fenstern gehört auch immer die Kontrolle vom Kitt.

Dichtet er noch ab? Hat er Sprünge oder bröckelt er sogar schon?

Du kannst einen Glaser mit dem Ersetzen des alten Kitts beauftragen. Für einfachverglaste Fenster eignet sich Leinölkitt sehr gut. Er besteht aus Leinöl und Kreide.

Holzfassaden

UV-Schutz

Für Anstriche aussen braucht die Lasur einen bestimmten Anteil Pigmente. Diese Pigmente schützen das Holz vor dem UV-Licht.

Die farbige Lasur muss ausdrücklich für die Anwendung aussen bestimmt sein.

Über den Holzschutz (vor Schädlingen) bei Fassaden siehe den Abschnitt «Holzschutz».

Möbel

Für die Umwelt kommt es nicht darauf an, ob du Möbel

• klar oder deckend lackierst,

• mit Schellack lackierst,

• sie ölst oder wachst.

Du kannst Holz vor dem Lackieren oder Wachsen mit einer Beize einfärben.

Wenig strapazierte Holzteile (und ganze Möbel) kannst du auch nur beizen.

Beachte: Stühle, Holzbänke und Sessel eignen sich eher für Öl als für Wachs. Reibst du solche Möbel mit Wachs ein, könnte, wenn du drauf sitzt, das warme Wachs an deinen Kleidern kleben. Wachst du sie, so trage den Wachs ganz sparsam auf und poliere ihn gut ein.

Möbel zu lasieren, ist nicht sehr sinnvoll, weil sich die lasierte Oberfläche weniger angenehm anfühlt als eine, die du ölst, wachst oder lackierst.

Tische und Arbeitsflächen in der Küche oder Werkstatt

Diese Tische und Arbeitsflächen sind Flüssigkeiten, Schmutz und Kratzern ausgesetzt.

Du kannst das Holz mit Öl oder anderen Mitteln imprägnieren.

Wachse Arbeitstische nicht. Der Schutz ist ungenügend.

Lackiere sie nicht, weil alle spitzen und scharfen Gegenstände den Lack zerkratzen.

Öle, Wachse und Lacke für Möbel

liest du gleich aus wie die Öle und Wachse für Böden und die Lacke für Fenster. Du wendest sie auch etwa gleich an.

Roh lassen

Massive Harthölzer kannst du gut unbehandelt lassen. Das Tischblatt sollte ziemlich dick sein.

Lass zum Beispiel einen Hartholz-Tisch roh, auf dem ihr Brot schneidet und esst und trinkt. Je nach Verschmutzung solltest du diesen Tisch ab und zu ganz abschleifen.

Reinigen (Wasserflecken oder Schmutz) solltest du die ganze Fläche mit Scheuerpulver.

Arbeitsflächen in der Werkstatt und Tische, auf denen du nicht gerade Lebensmittel rumliegen hast, kannst du zum Imprägnieren auch zwei-, dreimal mit Schmierseife einreiben. Nachbehandeln und reinigen kannst du sie mit Seifenwasser.

Kein Holzschutz

Möbel brauchst du, wie Holz in Innenräumen generell, nicht gegen Holzschädlinge zu schützen.

Holzschutz

Auch in Innenräumen musst du manche Holzteile vorbeugend vor Pilzen und Insektenlarven schützen. Im Prinzip nur Teile,

• die du nicht von Auge kontrollieren kannst,

• die sich nicht leicht auswechseln lassen.

Du musst eventuell Schädlinge bekämpfen (lassen), wenn sie im Holz drin sind.

(Wir sprechen auch in diesem Abschnitt nur von Holzteilen in Innenräumen, da du diese eventuell selber renovierst. Fassadenrenovationen überlässt du in der Regel besser Fachleuten. Oder du lässt dich zumindest von ihnen persönlich beraten.)

Pilze, Schwämme

Bläuepilze und andere holzverfärbende Pilze verfärben das Holz nur, sie zerstören es jedoch nicht.

Schwämme – zum Beispiel der echte Hausschwamm und der Kellerschwamm – zerstören das Holz.

Feuchtes Holz ist durch Pilze gefährdet.

Holzpilze befallen nur Holz, das dauernd feucht ist, also zum Beispiel:

• Zaunpfähle, die in der feuchten Erde stecken.

• Holz unter undichten Dachteilen, an dem bei jedem Regen Wasser entlangläuft.

• Holzkonstruktionen in feuchten Räumen (zum Beispiel Kellern oder Küchen), die nicht richtig hinterlüftet sind. Hinter solchen Fehlkonstruktionen schimmelt mit der Zeit auch das Mauerwerk.

• Lackiertes oder gewachstes Holz, in das durch Risse Feuchtigkeit eingedrungen ist.

Der echte Hausschwamm befällt auch trockenes Holz, wenn er sich vom feuchten Holz nebenan das nötige Wasser holen kann.

Wo Schutz vor Pilzen unnötig ist:

In praktisch allen Räumen, die du im Winter heizt.

In ungeheizten trockenen und gut durchlüfteten Räumen.

Holz, das gelegentlich feucht wird, jedoch gut umlüftet ist und immer wieder austrocknet, ist von Pilzen kaum bedroht.

Gegen Pilze vorbeugen

Gegen Pilzbefall schützt du Holz, indem du es vor Feuchtigkeit schützt.

• Lüfte ungeheizte Räume und feuchte Räume wie Küche und Bad gut.

• Halte in unbewohnten Räumen die Fenster geschlossen, damit es nicht hereinregnen kann.

• Lass Löcher im Dach sofort flicken.

• Lass undichte Wasserleitungen dichten.

• Wachse oder lackiere kein feuchtes Holz. Sonst kann es nicht mehr trocknen. Dünn lasiertes oder geöltes Holz trocknet besser.

Käferlarven

Für Holzteile in einem bestehenden Haus sind bei uns praktisch nur drei Käferarten gefährlich: der Nagekäfer (Klopfkäfer), der Hausbock und der Splintholzkäfer (Parkettkäfer).

Diese Käfer sind sogenannte Trockenholzschädlinge. Sie fliegen zwischen Mai und August und legen ihre Eier in kleine Risse, Ritzen, Löcher und Spalten von trockenem (und auch feuchtem) Holz.

Die Larven dieser Käfer (im Volksmund: Holzwürmer) leben im Holz ein bis zehn Jahre lang. In dieser Zeit fressen sie Kanäle ins Holz. Ist das Holz stark zerfressen, zerfällt es.

Die Holzwespe, ein sogenannter Frischholzschädling, ist praktisch keine Gefahr mehr.

Die Holzlieferanten lassen Bauholz vom Schlagen weg so behandeln (z.B. rasch entrinden oder auch chemisch behandeln), dass Wespen ihre Eier nicht darin ablegen.

Wo Schutz vor Käferlarven unnötig ist:

In glatte und rissfreie Holzoberflächen legen die Käfer kaum Eier ab.

Je älter Holz ist, desto unwahrscheinlicher wird ein Befall. Die Käfer legen ihre Eier lieber in jüngeres Holz. Holz, das achtzig Jahre oder älter ist, ist kaum mehr gefährdet.

Bei Holz, das älter ist als achtzig Jahre, kommt eine Behandlung nur in Frage, wenn lebende Larven darin nachgewiesen sind.

Gegen Käferlarven vorbeugen

Durch Käferlarven gefährdet ist vor allem unbehandeltes junges Holz im Freien und Holz in Innenräumen, das du nicht kontrollieren (nicht von allen Seiten ansehen) kannst.

Kontrolliere das Holz ab und zu.

Kontrolliere alle Holzteile, die nicht chemisch geschützt sind, alle paar Jahre. Worauf du achten musst (Fluglöcher etc.), steht im Abschnitt «Was tun bei Befall».

Holzoberflächen verschliessen

Du verminderst die Gefahr, dass die Käfer ihre Eier ins Holz ablegen, indem du die Oberfläche glättest und alle Risse und Ritzen verschliesst.

Schleif das Holz glatt und imprägniere es mit Öl oder Lasur, auch in den sichtbaren Ritzen und Rissen.

Kontrolliere den Anstrich ab und zu. Findest du neue kleine Risse oder Spalten, dann öle oder lasiere sie bis in die Tiefe nach.

Vorbeugen durch geeignete Konstruktion

Am besten lässt sich gegen Holzschädlinge beim Bauen vorbeugen.

Neubauten sind zwar nicht das Thema dieses Buches. Doch du kannst bei kleineren Renovationen konstruktive Fehler vermeiden.

Bei einem bestehenden Haus kannst du gewisse Fehler vielleicht noch korrigieren lassen.

Belaste jedoch mit einer Änderung die Umwelt nicht stärker als mit dem chemischen Schutz des falsch verbauten Holzes. Vielleicht lohnen sich – für die Umwelt – nicht einmal die Autofahrten, mit denen du Material holst.

Konstruktiver Schutz vor Feuchtigkeit und Pilzen

Falls du Holz selber verbaust:

Kauf und verwende nur gut gelagertes und getrocknetes einheimisches Holz. Bestimmte Schnitte sind für Pilze weniger anfällig (frag eine Fachperson).

Bei Wand- und Deckenverkleidungen:

Sorge für eine gute Hinterlüftung. Lass zwischen Mauer und Verkleidung einen Hohlraum und in den Ecken Lüftungsspalten. Besonders wichtig ist dies in feuchten Räumen wie Keller, Waschküche, Trockenraum, Bad und Küche. Verzichte in solchen Räumen am besten ganz auf Holztäferungen.

Fassadenverkleidungen:

Lass die Verbretterung erst 30 cm über dem Boden beginnen, damit kein Wasser vom Boden ans Holz spritzen kann.

Tropfkanten schützen vor Durchfeuchtung.

Sorge für eine Hinterlüftung.

Holzbalken und Pfosten im Freien

Decke sie von oben ab. Oder schräge sie ab, damit das Wasser abfliessen kann. Oder lasiere sie dick.

Vermeide direkten Kontakt zwischen Holz und Erde. Zaunpfähle und ähnliche Pfosten brauchen eine Imprägnierung mit Tiefenwirkung.

Stützbalken sockelst du mit einem Beton- oder Metallfuss auf.

Anderes:

Stell Holzmöbel nicht in feuchte Räume und nicht direkt auf feuchte Erde. Stell Gartenbänke und -tische unter ein Dach.

Lagere möglichst kein Brennholz mit Rinde, keine Bohnenstangen etc. im Haus. Solches Holz kann Schädlinge einschleppen.

Konstruktiver Holzschutz gegen Insekten

Bei frischem Holz besteht die Gefahr, dass Holzwespen ihre Eier darin abgelegt haben. Normalerweise schützen es die HolzproduzentInnen heute gleich nach dem Fällen, indem sie es entrinden und chemisch behandeln.

Willst du garantiert ungespritztes Holz, musst du es ausdrücklich verlangen. Verlang in diesem Fall wenn möglich Holz, das im Winter gefällt worden ist.

Die Käfer legen ihre Eier eher in Splintholz als in Kernholz.

Chemischer Holzschutz gegen Pilze und Käferlarven

Unnötig ist der chemische Holzschutz:

in bewohnten trockenen Räumen, die du heizt und lüftest. Die Gefahr eines Pilz- oder Käferbefalls ist in solchen Räumen minimal.

In bewohnten Räumen können die Ausdünstungen der Chemikalien deiner Gesundheit schaden.

Welches Holz du vorbeugend mit Chemikalien schützen musst:

• Holzteile, die du nicht vor Feuchtigkeit schützen kannst.

• Alle Holzteile in einem Bau, die du nicht von Auge kontrollieren kannst.

Bei falsch verbautem Holz, das dauernd feucht bleibt, musst du die chemische Behandlung öfter wiederholen, sonst wird es immer wieder von Pilzen befallen.

Besprich den Holzschutz mit einer Fachperson.

Kennst du dich nicht schon genau aus, frag unbedingt einen Fachmann oder eine Fachfrau, welche Holzteile du mit welchem Mittel schützen sollst und ob du die Arbeit selber ausführen kannst.

Eine Fachperson vermitteln dir zum Beispiel:

• das Schweizerische Institut für Baubiologie in Flawil, Telefon 071–83 22 55,

• Lignum, Schweizerische Arbeitsgemeinschaft für das Holz, Zürich, Telefon 01–261 50 57.

Reines Borsalz ist gegenwärtig (vermutlich) das harmloseste Holzschutzmittel.

Reines Borsalz hat den Nachteil, dass Regen es mit der Zeit auswäscht.

Trägst du es selber auf, so ist Borsalz für folgende Holzteile sicher geeignet:

• Solche, die keinem Regen und keinem anderen darüberfliessenden Wasser ausgesetzt sind. Du darfst es auch in Innenräumen einsetzen. Es ist nicht geeignet für Räume, in denen sich Kleinkinder aufhalten (obwohl diese kaum je eine Wand ablecken).

• Beregnete Holzteile, die du nach der Borsalzbehandlung lasierst.

Borsalz ist giftig und der Umgang damit nicht ganz einfach. Bist du AmateurIn, empfehlen wir dir, eine anwendungsbereite Borsalzlösung zu kaufen. Trag sie mit einem Pinsel auf. Oder überlass die Arbeit einer Fachperson.

Andere Salze und ihre Mischungen

Kaufst du Holz, das bereits druckimprägniert ist, so enthält es meist Mischungen von mehreren Salzen (Bor-, Fluor-, Kupfer- und Chromsalze). Diese Mischungen sind wirksamer als reines Borsalz, jedoch auch schädlicher für die Umwelt.

Renovieren: Holzschutz

Lösungsmittelhaltige Holzschutzmittel

Holz, das Wasser ausgesetzt ist, musst du mit Mitteln schützen, die aus Giften gegen Pilze und Insekten bestehen, die in viel organischem Lösungsmittel gelöst sind.

Sie enthalten als Insektizid zum Beispiel Permethrin.

Verwende sie auf keinen Fall in geschlossenen Räumen. Sie dünsten ihre Gifte zum Teil jahrelang aus und können dich krank machen.

Die einzige Alternative zu diesen Mitteln ist, dass du nur sehr harte und widerstandsfähige Holzarten wählst. Diese sind allerdings entsprechend teuer.

Lasuren und Lacke, die Holzschutzmittel enthalten,

erkennst du

• am Lignum-Zeichen mit den Zusätzen Iv oder Ib,

• an Bezeichnungen wie «Holzschutz-Lasur»,

• am Text «In Wohn- und Schlafräumen nicht anwenden, ausgenommen ...».

> In Wohn- und Schlafräumen nicht anwenden, ausgenommen für vorbeugende oder bekämpfende Behandlung von Holzteilen, die der Feuchtigkeit ausgesetzt, bzw. durch Pilz- oder Insektenbefall gefährdet sind.

Von Teeröl raten wir dir ab.

Die Teeröle sind Gemische von zahlreichen Substanzen, von denen einige giftig und krebserregend sein können.

Die alten Eisenbahnschwellen, die du kaufen kannst, wurden mit solchen Mitteln getränkt. Ob sie nach 30 Jahren (bei Wind und Wetter im Freien) für unsere Gesundheit noch gefährlich sind, wissen wir nicht.

Holz im Freien müssen wir ohnehin mit irgend einem Mittel schützen. Da scheint es uns sinnvoller, die alten Schwellen ein paar Jahrzehnte als Zaunpfosten und ähnliches weiterzuverwenden, statt sie zu verbrennen.

Willst du dich mit Holzschutzmitteln genauer befassen?

Dann empfehlen wir dir das neue Buch «Holzschutz ohne Menschenschaden» aus dem Unionsverlag. Es gibt für Berufsleute und Hobby-HandwerkerInnen auf 180 Seiten genaue Ratschläge zu Farben, Lacken und Holzschutzmitteln.

Holzschutz ohne Menschenschaden

Farben, Lacke und Holzschutzmittel anwenden, ohne sich und die Umwelt zu vergiften

Peter Polanyi
René Deubelbeiss
Jürg Weibel
Unionsverlag

Was tun bei Befall mit Holzschädlingen?

Woran du den Befall erkennst:

• Pilze

Einige bilden deutlich sichtbare Körper, von kleinen Knöllchen bis zu metergrossen Belägen oder Schwämmen.

Von anderen siehst du nur Verfärbungen auf dem Holz.

Manche zerstören das Holz innen, bevor du aussen Schäden siehst. Manchmal siehst du Risse quer zur Holzfaser. Manchmal bröckelt das Holz in kleinen Stücken.

• Insektenlarven

Zeichen für fressende Larven sind – wenn du nicht sie selber siehst – helles, lockeres Holzmehl am Boden sowie Nage- und Klopfgeräusche.

Sichtbar sind die Fluglöcher im Holz. Je nach Käfer sind sie 1 bis 2 mm oder 5 bis 6 mm weit.

Die Fluglöcher sagen jedoch nicht mit Sicherheit, ob noch Larven im Holz sind und fressen. Zeig sie einer Fachperson.

Zieh eine Fachperson bei.

Kennst du dich selber nicht gut aus, ziehst du am besten einen Fachmann oder eine Fachfrau bei. Sie können dir sagen, wie weit das Holz angegriffen und eventuell geschwächt ist und was du tun sollst.

Gegen Pilze hilft eventuell,

dass du das Holz trocknen lässt (durch Schutz vor Feuchtigkeit und durch richtiges Heizen und Lüften) und es dann einmal mit Borsalz behandelst.

Beim echten Hausschwamm nützt dieses Vorgehen nichts. Ist Holz im Haus damit befallen, musst du sofort eine Fachperson beiziehen und etwas unternehmen lassen.

Mit Heissluft gegen Insektenlarven

Es gibt Firmen, die einzelne Räume und auch ganze Dachstöcke mit Heissluft so aufheizen können, dass alle Insektenlarven absterben.

Diese Methode kommt nur zum Bekämpfen der Larven (nicht zum Vorbeugen) in Frage.

Sie braucht zwar Heizöl oder Gas (und belastet die Luft), sie hinterlässt dafür keine Gifte im Haus, und es bleibt bewohnbar. Achtung: Die Hitze kann gestrichenes Holz, Täferungen und alte elektrische Leitungen beschädigen.

Zwei Firmen wenden die Heissluftmethode an:

• C.+P. Paberzis, Jfangstrasse 21, 8360 Eschlikon, 073–43 10 52
• Helutec AG, Könizstrasse 294, 3098 Köniz-Bern, 031–53 05 44

Metalle renovieren: Untergründe für den neuen Anstrich vorbereiten

Bevor du Metallteile anstreichst, musst du den Untergrund vorbereiten.

Ist der Untergrund noch in Ordnung und willst du das Metall deckend streichen, dann reicht oft ein Anschleifen der alten Farbschicht.

Entfernen musst du:

• alte Anstriche, die stellenweise abblättern,

• Rost.

Anstriche

Mit Ablaugenlassen und Abschleifen belastest du die Umwelt am wenigsten.

Ablaugen lassen

Ölfarben, Kunstharzlackfarben und Naturharzlackfarben kannst du ablaugen lassen. Informationen zu Ablaugereien findest du im Abschnitt «Holz ablaugen».

Du kannst alle Metalle ablaugen lassen. Ausnahmen: Aluminium, Zink und Metalle mit Plastiküberzug.

Nicht ablaugen lassen kannst du:

Acryllackfarbe, Dispersionslacke, Nitrolack, Polyester-Epoxidharzlack, Hammerschlaggespritztes (zum Beispiel Maschinenteile), einbrennlackierte Farben (zum Beispiel Velo- oder Motorradrahmen).

Bitte beize Farben nicht selber ab.

Du kannst Metallteile mit solchen Anstrichen auch einer Ablaugefirma übergeben, die für ein fachgerechtes Abbeizen eingerichtet ist. Solche Firmen beizen Anstriche so ab, dass möglichst wenig Lösungsmittel in die Luft entweichen.

Verzichte der Umwelt zuliebe darauf, diese Anstriche selber mit einem Lösungsmittel abzubeizen.

Du kannst sie

abschleifen oder sandstrahlen (lassen).

Eisenmetalle kannst du mit Stahlbürste, Stahlwolle, Messingdrahtbürste und Schleifpapier von alten Anstrichen befreien. Spröde Anstriche kannst du vielleicht mit der Kante eines Hammers abschlagen.

Bei weichen Metallen (zum Beispiel Messingbeschlägen von Türen und Möbeln) musst du aufpassen, dass du sie nicht zerkratzt. Verwende Kupfer- oder Messingdrahtbürsten, harte Naturhaarbürsten oder Schleifvlies.

Metallmöbel, Heizkörper, Garagentore, Maschinengehäuse, Veloteile etc. kannst du auch einer Firma zum Sandstrahlen bringen.

Rost

Bevor du Eisenmetalle neu streichst, musst du sie so gut wie möglich vom Rost befreien. (Sie ganz zu entrosten ist allerdings fast unmöglich. Ein bisschen Rost, der von Auge nicht sichtbar ist, bleibt in der Oberfläche meistens zurück.)

Rost entfernst du – wie alte Anstriche – durch Abbürsten oder Abschleifen.

Oder du lässt das Metall sandstrahlen.

Verwende keine sogenannten Rostumwandler.

Es stimmt nicht, dass diese Produkte Rost in eine rostabweisende Schicht verwandeln.

Rostumwandler bestehen aus ätzenden Chemikalien, und sie enthalten stark giftige Stoffe zum Entfetten (giftig für dich und für die Umwelt).

Rostumwandler gibt es nur für Hobbybastler. HandwerkerInnen benützen keine solchen Produkte.

Nicht wegputzen: natürliche Schutzschichten

Kupfer, Messing und nicht eloxiertes Aluminium bleiben nicht lange hell und glänzend.

Vor allem im Freien werden ihre Oberflächen dunkel.

Kupfer wird meist dunkelbraun und setzt an Stellen, wo Wasser drüberläuft, Grünspan an. Aluminium wird mit der Zeit dunkelgrau.

Putze die dunkeln Oberflächen nicht. Sie schützen diese Metalle vor dem Angriff von Wasser und Schadstoffen aus der Luft.

Metalle neu anstreichen

Rostschutz

Metalle, die keinen Rostschutz brauchen

Metallgegenstände für draussen sind meist schon vor Rost geschützt. Zum Beispiel Balkongeländer oder Garagentore.

Ihr Schutz ist ein spezieller Überzug. Oder sie bestehen aus einer speziellen Legierung.

Keinen Rostschutz brauchen Aluminium, Kupfer, Messing und Chromstahl.

Beuge Rost, wo möglich, vor.

Bei vielen Metallgegenständen im Haus kannst du der Umwelt den Rostschutz ersparen:

Metalle, die nie mit Wasser in Berührung kommen, reibst du mit einem Öl oder Fett ein. Das genügt als Schutz gegen die Luftfeuchtigkeit. Rosten sie dennoch, musst du sie mit einem Rostschutzmittel schützen.

Setz Metalle (auch die nicht rostenden) nie unnötig dem Regen aus. Stell dein Velo unter ein Dach. Versorge Werkzeuge und Schubkarre in einem Schopf oder deck sie zumindest mit einer Blache zu.

Welche Metalle brauchen einen Rostschutz?

Alle Eisen- und Stahlgegenstände, die immer draussen sind und die nicht ausdrücklich als rostfrei bezeichnet sind.

Alle Rostschutzmittel belasten die Umwelt.

Früher enthielten Rostschutzmittel fast alle Blei und giftige Verbindungen des Chrom.

Sind auch Blei und Chromaten in den Rostschutzmitteln durch vergleichsweise harmlose Schwermetalle oder andere Metalle ersetzt, sind diese Produkte doch nie harmlos.

Die Herstellung von Rostschutzmitteln verschmutzt die Umwelt ähnlich wie die Metallproduktion:

Viel Strom und Kohle dienen als Brennstoff, Schwermetallstäube werden frei, viel Wasser wird verbraucht, und es fallen giftige Abwässer an. Das verschmutzt Luft, Boden und Gewässer.

Jury Umweltzeichen

Wähle Rostschutzmittel, die wasserverdünnbar sind.

Diese enthalten am wenigsten Lösungsmittel.

Die zweite Wahl sind Rostschutzmittel, die weder Blei noch Chromate oder nur sehr wenig davon enthalten.

Einige solcher Mittel tragen den blauen Engel mit dem Zusatz «weil blei- und chromatarm». Bei Rostschutzmitteln sagt der blaue Engel nichts darüber aus, wieviel Lösungsmittel sie enthalten. Sie enthalten auf jeden Fall andere Metalle oder Schwermetalle (sonst schützen sie nicht vor Rost).

Verwende keine Bleimennige mehr, auch wenn du sie noch in den Gestellen fast aller Farbengeschäfte findest.

Grundierungen

findest du oft mit Bezeichnungen wie «Grundierung mit Rostschutzwirkung». Diese Rostschutzwirkung ist nicht gross.

Du kannst Grundierungen auch auf angerostetes Metall auftragen, wenn du vorher mit Stahlbürste, Schleifpapier oder -maschine den Rost so gut wie möglich entfernt hast.

Metalle lackieren: Du findest auch für Metalle eine grosse Auswahl von wasserverdünnbaren Lacken.

Bodenbeläge auswählen

Welche Bodenbeläge wählst du im Hinblick auf die Umwelt?

Die beste Wahl: der alte Belag

Verwendest du einen bestehenden Bodenbelag weiter, belastest du die Umwelt am wenigsten. Du ersparst ihr die Produktion eines neuen.

Lass den alten Belag ausbessern und reinigen.

Bodenbeläge aus Holz kannst du abschleifen (lassen) und neu wachsen, ölen oder versiegeln.

Bei Linoleum- und Korkböden ist das zum Teil auch möglich (siehe dort).

Böden aus Keramik und Stein kannst du von Bodenlegern ausbessern lassen.

Sind Kunststoffböden stellenweise beschädigt, ist es möglich, neue Stücke einzusetzen.

Lass dich von einem Parkett- oder Bodenleger beraten.

Bist du MieterIn,

reut dich vielleicht der Aufwand der Renovation. Du befürchtest, dass du bald wieder ausziehst und deine Investition verlierst.

Sprich deshalb mit der Liegenschaftsverwaltung ab, dass deine NachfolgerInnen einen Teil deiner Kosten übernehmen müssen (minus die Abschreibung). Oder frag, ob der Vermieter oder die Vermieterin einen Teil deiner Kosten von Anfang an mitübernimmt.

Was ist unter dem sichtbaren Belag?

Willst du einen Belag nicht behalten, dann schau, was darunter ist.

Vielleicht kommt unter einem Kunststoffbelag oder einem Auslegeteppich ein schöner Parkettboden zum Vorschein, den du renovieren (lassen) kannst.

Kannst du einen neuen Belag über den alten verlegen lassen?

Frage deinen Parkett- oder Bodenleger, ob es nötig ist, den alten Bodenbelag rauszureissen.

Alte Holzparkette oder Linoleumbeläge kannst du oft als Untergrund für den neuen Belag behalten.

Das ist für die Umwelt sinnvoll: Du ersparst ihr vorläufig das Entsorgen des alten Untergrundes. Das Entsorgen von altem Baumaterial funktioniert gegenwärtig noch schlecht.

Damit der alte Belag bleiben kann, genügt es oft, beschädigte Stellen mit Zement auszuebnen.

Versiegelungen und Leime

Bitte deinen Bodenleger, beim Verleimen und Versiegeln von Bodenbelägen wasserverdünnbare Produkte zu verwenden. Lies dazu die Einleitung des Kapitels «Renovieren».

Viele (aber nicht alle) Boden- und Teppichverleger benützen schon jetzt die wasserverdünnbaren Produkte.

Teppiche

Für die Umwelt haben Teppiche den grossen Vorteil, dass sie dir helfen, weniger zu heizen. Sie wirken – bei gleicher Temperatur – eher warm als andere Bodenbeläge. Lies dazu im Kapitel «Heizen und Lüften» den Abschnitt über die «Behaglichkeit».

Bei Bodenheizungen hingegen sind Teppiche eher ein Nachteil: Sie vermindern die Strahlungswärme des Bodens. Lies dazu ebenfalls das Kapitel «Heizen und Lüften».

Für die Umwelt ist der Nachteil von Teppichen, dass sie – im Vergleich zu anderen Bodenbelägen – nicht sehr lange halten.

Teppiche auswählen

Im Hinblick auf die Herstellung:

Es gibt keine Oekobilanz über die Herstellung von Teppichen aus verschiedenen Materialien und von verschiedener Herkunft. Wir können dir keine präzise Empfehlung geben.

Im Hinblick auf die Lebensdauer der Teppiche spielen eine Rolle:

• Das Material:

Teppiche aus Kokos- und ähnlichen Fasern vertragen keine Nässe und Feuchtigkeit. Sind sie ihnen ausgesetzt, so riechen sie rasch einmal schlecht und zersetzen sich.

Reine Wollteppiche sind durch Motten gefährdet. Die meisten Wollteppiche sind deswegen mit Mottengift behandelt (eulanisiert). Wollteppiche mit Beimischungen von Kunststofffasern sind weniger gefährdet als reine Wollteppiche.

Restenteppiche sind eine sinnvolle und reizvolle Art, alte Textilien weiter zu verwenden. Du kannst sie kaufen, aus selbst gesammelten Textilresten herstellen lassen oder sogar selber weben.

• Die Rückenbeschichtung:

Kauf lieber einen etwas teureren Teppich, wenn dafür die Rückenbeschichtung aus einem soliden Material ist.

Rückenbeschichtungen von schlechter Qualität (oft aus glattem Schaumstoff) brechen und bröckeln leicht ab. Oft haften sie zu stark an den Klebebändern, mit denen du den Teppich am Boden befestigst. Sie reissen ab, wenn du ihn zum Zügeln ablöst.

Manche Rückenbeschichtungen machen deshalb den ganzen Teppich zur kurzlebigen Wegwerfware.

Im Hinblick auf das Reinigen

Der Nachteil vieler Teppiche ist, dass sie rasch verschmutzen. Manche Teppiche musst du regelmässig shampoonieren. Manchmal musst du einen Stückteppich wegen einem einzelnen Fleck in die chemische Reinigung bringen.

Kauf am besten keinen zu hellen Teppich, auf dem du jedes Fleckchen siehst.

Im Hinblick auf das Entsorgen

Rückenbeschichtungen von Teppichen bestehen zum Teil aus PVC. In vielen heutigen Kehrichtverbrennungsanlagen bildet PVC giftige Stoffe, die in die Umwelt entweichen.

Da die Rückenbeschichtung mit dem Teppich fest verbunden ist, lässt sich dieses PVC nicht rezyklieren.

Wähle wo möglich Stückteppiche.

Stückteppiche sind die Teppiche, die nicht den ganzen Zimmerboden bedecken. In der Fachsprache heissen sie Milieux.

Stückteppiche eignen sich gut für Räume mit einem ansehnlichen Holz- oder Kunststoffbodenbelag.

Du erhöhst mit Stückteppichen die Behaglichkeit an den Stellen, auf denen du viel gehst oder sitzt.

Ihre Vorteile für die Umwelt sind:

- Sie sparen Material.
- Sie beschädigen den Boden nicht, auf den du sie legst (ausser wenn du sie mit Teppichbändern festklebst).
- Du kannst sie ohne weiteres zügeln und wieder verwenden.
- Es gibt viele Stückteppiche, die langlebiger sind als Auslegeteppiche.

Sind dir Stückteppiche zu teuer, kannst du auch aus einem Auslegeteppich ein Stück zuschneiden und umranden lassen (nur in einzelnen Fachgeschäften).

Stückteppiche verlegen

Prüfe, ob der Teppich rutscht oder nicht. Viele Teppiche kannst du ohne Unterlage auf den Boden legen.

Allerdings: geh kein Risiko ein. Besteht auch nur die geringste Rutschgefahr, musst du eine Unterlage aus Kunststoff, Glasfaser oder Filz zwischen Teppich und Boden legen.

Verzichte wenn möglich darauf, den Teppichrand mit einem Teppichband anzukleben. Der Klebstoff beschädigt den Boden und – beim Wegnehmen – manchmal auch den Teppich.

In älteren Häusern sind nicht selten Parkettböden mit Auslegeteppichen oder Kunststoffböden überklebt. Hier ist das Parkett wieder freigelegt, versiegelt und mit Stückteppichen belegt.

Bodenbeläge auswählen

Auslegeteppiche

Teppiche ab der Rolle, die den Zimmerboden von Wand zu Wand bedecken, heissen Auslegeteppiche.

Der Volksmund nennt sie meist Spannteppiche. Spannteppiche sind jedoch nur die Auslegeteppiche, die verspannt sind (siehe weiter unten).

Auslegeteppiche sind – von der Umwelt her gesehen – nur sinnvoll, wenn du wirklich die ganze Bodenfläche decken musst.

Ihre Nachteile für die Umwelt

Viele Auslegeteppiche landen vorzeitig im Abfall. Die Gründe sind zum Beispiel:

• Schlechte Qualität: Manche (billigen) Auslegeteppiche sind nach wenigen Jahren kaputt.

• Zügelst du, passen Auslegeteppiche oft nicht in die neuen Räume (von der Grösse her).

• Deinen NachfolgerInnen in der Wohnung gefällt der Auslegeteppich, den du hinterlässt, aus irgendeinem Grund nicht.

• Auslegeteppiche musst du zumindest dem Rand entlang mit Bändern am Boden festkleben. Löst du sie ab, so musst du die Klebstoffreste der Bänder am Boden mit einem Lösungsmittel wegputzen. Wir müssen jedoch den Verbrauch von Lösungsmitteln massiv einschränken.

Auslegeteppiche verlegen

Auslegeteppiche verlegst du am besten lose und befestigst sie mit Klebebändern.

Teppiche mit Schaumstoffrücken eignen sich zum Verlegen mit Klebebändern. Andere Rückenbeschichtungen haften schlechter am Klebeband.

Damit du einen Auslegeteppich später zügeln kannst, klebst du ihn am besten nur dicht am Rand an. Zerreisst die Klebestelle beim Ablösen, musst du nur den schmalen Randstreifen abschneiden und in den Kehricht geben.

Verspannen

Ist ein Teppich grösser als etwa 22 Quadratmeter, dann genügt das lose Verlegen nicht. Du musst ihn verspannen lassen.

Das bedeutet, dass die Teppichleger den Auslegeteppich den Wänden entlang an Reihen von kleinen Widerhaken anhängen und sie von Wand zu Wand satt anziehen.

Zum Verspannen eignen sich nicht alle Auslegeteppiche. Die Arbeit ist schwierig, und du musst sie von Teppichlegern ausführen lassen.

Verspannte Teppiche lassen sich gut wieder ablösen.

Verzichte bei noch ansehnlichen Parketten oder Kunststoffbelägen auf verspannte Auslegeteppiche: Das Verspannen beschädigt den Wänden entlang den Boden. Es bleiben Reihen von kleinen Löchern zurück.

Lass Auslegeteppiche nicht auf den Boden leimen.

Diese Methode belastet die Umwelt besonders stark:

• Mit dem Leim, mit dem die Teppichleger die ganze Bodenfläche bestreichen müssen.

• Die Teppiche zu zügeln, ist praktisch unmöglich. Beim Ablösen gehen sie meistens kaputt.

• Ein noch heiler und ansehnlicher Kunststoff- oder Korkboden ist nach dem Anleimen eines Teppichs verloren: Der Leim lässt sich später nicht mehr abschleifen, ohne dass der Belag kaputtgeht.

Falls du einen Teppich verleimen lassen musst:

Die meisten Bodenleger verwenden heute Dispersionsleime, die nur wenig Lösungsmittel enthalten. Lass dir vom Bodenleger bestätigen, dass er einen solchen Leim verwendet.

Es gibt Möglichkeiten, den Teppich so zu verleimen, dass er und der Boden beim Ablösen weniger leicht kaputtgehen (Verleimen auf eine spezielle Unterlage oder Ankleben mit einem Klebenetz). Frag deinen Bodenleger, ob eine solche Möglichkeit in Frage kommt.

Holzböden

Holzböden haben für die Umwelt die Vorteile,

• dass sie lange halten,

• dass du sie einige Male renovieren kannst,

• dass sie aus einem nachwachsenden Rohstoff sind

• und dass dieser Rohstoff in unserer Nähe wächst.

Akzeptiere bei Holzböden nur einheimische und europäische Hölzer.

Vielleicht kannst du noch brauchbare Parkettbretter aus Abbruchhäusern kaufen und verlegen lassen.

Linoleum (Inlaid), Kork

Obwohl es nicht üblich ist: Du kannst auch Kork- und Linoleumböden ein bis zwei Mal renovieren lassen und damit ihre Lebensdauer verlängern.

Lass sie abschleifen. Dann versiegle sie mit einem wasserverdünnbaren Lack oder wachse sie ein und erneuere das Wachs ab und zu.

Ein abgeschliffener Korkbelag hat eine andere Farbe als vor der Renovation. Die urprüngliche Farbe kannst du nicht wiederherstellen.

Kunststoffbeläge

Bodenbeläge aus Kunststoff sind meist der billigste Belag für einen Fussboden.

Kunststoffböden erkennst du oft erst auf den zweiten Blick, weil ihre Oberfläche ein anderes Material imitiert: Holz, Keramik, Stein, Marmor, Linoleum oder Kork.

Obwohl die heutigen Kunststoffbeläge meist sehr haltbar sind, raten wir dir, sie wenn möglich nicht zu verwenden.

Sie lassen sich kaum renovieren.

Viele Kunststoffböden landen vorzeitig im Abfall, obwohl ihr Material recht langlebig wäre. Der Grund ist, dass sich Kratzer, Brand- oder andere Flecken kaum mehr entfernen lassen.

Musst du über das Ersetzen eines Kunststoffbodens entscheiden, so verwende ihn wenn möglich weiter.

Lass schadhafte Stellen herausschneiden und ersetzen. Vielleicht kannst du sie auch mit einem Stückteppich oder einem Möbel überdecken.

Der Satz «das Reparieren lohnt sich nicht mehr» gilt bei Kunststoff-Bodenbelägen meist nur für das Portemonnaie. Für die Umwelt lohnt sich das Reparieren allemal.

Viele Kunststoffbeläge sind aus PVC.

Verzichte vorläufig auf Beläge aus PVC. PVC ist zwar sehr haltbar, hat eine relativ unempfindliche Oberfläche und lässt sich leicht pflegen.

Hingegen bereitet es immer noch Probleme beim Entsorgen.

Heute landen alte PVC-Böden meist noch in der Kehrichtverbrennung. Dort ist der Kunststoff (samt seinem Anteil an Erdöl) verschwendet. In den heutigen Kehrichtverbrennungsanlagen bildet sich beim Verbrennen Salzsäure, die zum Teil über die Luft in die Umwelt entweicht.

(Aus PVC sind zum Beispiel das bekannte Novilon und zum Teil die Noppenbeläge, die im Volksmund Pirelli-Böden heissen.)

Theoretisch lässt sich PVC sinnvoll rezyklieren. In der Praxis gibt es die Recycling-Anlagen jedoch nicht.

Keramik- und Steinplatten-Böden

Vor allem für Räume, in denen der Boden manchmal nass wird, sind Keramik- oder Steinfliesen gut geeignet.

Unsinnige Steintranporte

Lässt du einen Steinplattenboden verlegen, so wähle keine Steine, die von weit her importiert sind. Granitplatten aus Brasilien oder Kalksteine aus Indien belasten die Umwelt unnötig mit ihrem Transport.

In der Schweiz und in Europa gibt es unzählige schöne Steinsorten für Bodenbeläge.

Die unsinnigen Steintransporte haben übrigens Tradition: Die Kautschuk-Barone von Manaus (im Zentrum des Amazonas in Brasilien) liessen seinerzeit Marmor- und andere Steinplatten aus Europa heranschiffen, um ihre Häuser und ihr Opernhaus zu bauen.

Verwende vorhandene Fliesenböden weiter.

Verzichte darauf, einen Kunststoffboden über einen Fliesenboden zu verlegen, der noch in Ordnung ist.

Einzelne Fliesen ersetzt dir der Bodenleger. Passt eine Fliese in den Farben nicht genau, so kannst du das wie die Patina beim Leder betrachten: sie zeigt ein Stück Lebensgeschichte des Bodens.

Vielleicht kannst du einen von VorgängerInnen mit Kunststoff überklebten Steinboden wieder freilegen lassen. Der Bodenleger kann auch zähe Klebstoffreste notfalls wegschleifen.

Du sollst keine kalten Füsse bekommen.

Der Nachteil von Steinfliesen ist, dass sie die Behaglichkeit des Raums von den Füssen her vermindern und zum Überheizen anregen.

Leg deshalb an den Stellen, die du regelmässig begehst oder über denen du sitzt, Stückteppiche aus. Im Badezimmer am besten kleine, waschbare Matten.

Wie kannst du die
Umwelt beim
Kaufen von Möbeln
entlasten?

- Du kannst das Abholzen von Tropenwald für deine Möbel ablehnen.
- Du kannst den Transport von Holz aus andern Kontinenten zu uns vermeiden.
- Du kannst alle Umweltbelastungen, die mit dem Herstellen und Entsorgen von Möbeln verbunden sind, vermindern, indem du Möbel wählst, die Jahrzehntelang halten.

Möbel kaufen

Kaufst du Möbel kannst du in zwei Punkten die Umwelt eindeutig entlasten:

- Bei der Herkunft des Holzes von Holzmöbeln
- Bei der Lebensdauer der Möbel

Sonst erfährst du über Möbel in der Regel zu wenig oder gar nichts. Weder woher ihre Materialien stammen, noch wie sie verarbeitet worden sind. Du weisst nicht, wie die HerstellerInnen (vom Rohmaterial bis zum Endprodukt) zum Beispiel die Abfälle entsorgen oder wie sie ihre MitarbeiterInnen entlöhnen und ihre Gesundheit bei der Arbeit schonen.

Aussagen wie zum Beispiel «produziert ohne FCKW» oder «enthält kein Formaldehyd» beziehen sich nur auf eine Einzelheit. Sie sagen nicht, wie ein Möbelstück die Umwelt insgesamt belastet hat.

Du kannst deshalb Möbel – von der Umwelt her gesehen – nicht miteinander vergleichen.

Es sei denn, du interessierst dich so sehr dafür, dass du deine Möbel als Einzelstücke von HandwerkerInnen anfertigen lässt, die dir über jeden Schritt der Herstellung Auskunft geben können.

Beim Möbelholz kommt es auf die Herkunft an

Kauf keine Möbel aus Tropenhölzern.

Das Abholzen der Tropenwälder ist gegenwärtig eine der Umweltkatastrophen, über die du in TV und Zeitungen viel vernimmst. Du findest dazu im Teil «Warum ... sparen» einen Abschnitt «Tropenholz».

Kauf auch sonst kein Holz, das aus andern Kontinenten stammt.

Holz aus Russland oder aus Amerika belastet die Umwelt unnötig mit seinem Transport.

Willst du in diesem Bereich etwas tun,

so frage, bevor du ein Möbel kaufst, wo seine Holzbestandteile herkommen. Kauf nur solche, die aus einheimischem oder europäischem Holz sind.

Verzichte wenn möglich auf ein Möbelstück, wenn du keine Auskunft über das Holz bekommst. Oft hast du leider keine Wahl.

Bezeichnungen für das Herkunftsland (wie «Schweizer Möbel» oder «Französisches Fabrikat») sagen nicht, woher das Holz stammt.

Sie sagen nur, in welchem Land die Möbelfabrik steht, die das Holz verarbeitet hat. Das Holz kann dennoch aus den Tropen oder von sonst irgendwo auf der Welt stammen.

Es gibt genug einheimisches und europäisches Holz.

In unseren Wäldern gibt es vorläufig mehr als genug Holz für Möbel. Wir brauchen viel weniger, als nachwächst.

Wir haben viele eigene schöne Sorten, die für Möbel geeignet sind.

In der Schweiz und in andern europäischen Ländern sind zum Beispiel zuhause:

Ahorn

Akazie

Apfelbaum

Birnbaum

Birke

Buche

Eiche

Esche

Fichte

Kastanie

Kiefer

Kirschbaum

Lärche

Nussbaum

Pappel

Platane

Robinie

Tanne

Ulme

Von manchen Sorten gibt es viel, zum Beispiel Schweizer Buchenholz. Von andern gibt es wenig, zum Beispiel Kirschbaum.

Bio-Möbel aus Holz

Es gibt Möbel aus Holz, das weder im Wald noch in der Sägerei mit Holzschutzmitteln behandelt wurde. Möbel aus solchem Holz nennen sich Bio-Möbel.

Diese Bezeichnung sagt jedoch nichts darüber aus, wie das Möbel die Umwelt insgesamt (und im Vergleich zu andern Möbelstücken) belastet hat.

Möbelgeschäfte und Schreinereien,

die Möbel aus Schweizer Holz verkaufen (oder nach deinen Wünschen herstellen), gibt es in der Schweiz hunderte.

Massivholz-Möbel halten am längsten

Massivholz (Vollholz) ist direkt aus dem Stamm geschnitten.

Massivholz ist stabiler und langlebiger als Span- und Holzfaserplatten.

Massivholz ist auch ohne Lack oder Beschichtung strapazierfähig und ansehnlich.

Praktisch alle Möbel aus Massivholz kannst du reparieren (lassen).

Lagenholz

Lagenholz besteht aus dünn geschnittenen Holzplatten, die übereinander verleimt sind.

Lagenholz sind zum Beispiel Sperrholz-, Furnier-, Tischler- oder Paneelplatten.

Lagenholz ist ähnlich stabil wie Massivholz. Bei Tischplatten hat es dem Massivholz gegenüber sogar einen Vorteil: Lagenholz-Tischplatten verziehen sich weniger.

Der Nachteil von Lagenholz ist die Leimung. Du kannst es nicht ablaugen lassen, weil sich vielleicht der Leim dabei löst.

Löst sich im Laufe der Jahre die oberste, sichtbare Holzschicht ab und verzieht sich, kann eine Reparatur schwierig oder unmöglich werden.

Möbel aus Spanplatten

Unzählige Möbel oder Teile von Möbeln bestehen heute aus Spanplatten.

Spanplatten bestehen aus verleimten kleinen Holzspänen.

Das ist ihr einziger Vorteil für die Umwelt. Kleinere Holzstückchen, verwachsenes oder beschädigtes Holz und Späne finden in Spanplatten noch eine Verwendung.

Die HerstellerInnen erhitzen das nasse Holz zusammen mit Bindemitteln und pressen es zu Platten. Zumindest die sichtbaren Oberflächen von Möbelstücken aus Spanplatten lackieren sie oder überziehen sie mit dünnen Kunststofffolien. Diese imitieren manchmal eine wertvollere Holzart.

Spanplatten sind billiger als Massivholz. Sie sind einfacher zu verarbeiten als Massivholz.

Die Nachteile von Span- und Holzfaserplatten (von der Umwelt her gesehen):

Ihre Lebensdauer ist kürzer als die von Massivholzmöbeln:

Spanplatten sind nicht sehr stabil und brechen (im Vergleich zu Massiv- oder Lagenholz) schnell. Reparieren kannst du Spanplatten praktisch nie.

Achte darauf, dass die Möbel lange halten und dir lange gefallen

Je dauerhafter Möbel sind,

desto weniger belasten sie die Umwelt. Besonders lange halten (logischerweise) Möbel aus stabilen und solide verarbeiteten Materialien.

Du erwartest nicht zuviel, wenn du verlangst, dass Möbel mehrere Generationen lang halten.

Achte beim Kauf darauf, ob sich ein Möbel später einmal auch reparieren lässt.

Bei Möbeln, die mit Stoff bezogen sind, ist es ein Vorteil, wenn du den Stoff abnehmen und waschen kannst.

Möbel, die dir und andern lange gefallen,

finden leicht AbnehmerInnen und landen nicht vorzeitig im Abfall.

Lange gefallen zum Beispiel Möbel, deren Material du das Alter nicht ansiehst. Das sind zum Beispiel Tische mit Natursteinplatten, die Kratzer und Flecken nicht annehmen.

Lange gefallen Holz- und Ledermöbel, die schön altern und denen die Patina einen besonderen Reiz verleiht.

Möbel aus Holz

Möbel enthalten Holz in verschiedenen Formen.

Ein Schrank hat vielleicht sichtbare Aussenwände aus Massivholz, die Hinterwand ist eine Spanplatte und die Schubladen sind aus Holzfaserplatten.

Möblieren

Die Kunststoffbeschichtungen der meisten Spanplatten sind dünn, nicht schlagfest und sehen schnell alt und gebraucht aus.

Die meisten Spanplatten enthalten Formaldehyd

Die Holzspäne der Spanplatten sind meistens mit Formaldehydharz verleimt (Holzfaserplatten nicht).

Ein Teil des Formaldehyds verdunstet. Solange die Platten neu sind mehr, später weniger.

Je nach der Menge, die du in deiner Wohnung abbekommst, kann deine Gesundheit darunter leiden.

Die HerstellerInnen haben in den letzten Jahren Platten entwickelt, die weniger Formaldehyd verdunsten lassen.

Die Platten, die am wenigsten Formaldehyd an die Luft abgeben, sind in der Schweiz als Klasse CH 10 bezeichnet. Schweizer HerstellerInnen produzieren nur noch Platten der Klasse CH 10.

Für Platten, die in der Schweiz hergestellt werden und die zur Klasse CH 10 gehören, vergibt die schweizerische Arbeitsgemeinschaft für das Holz, Lignum, in Zürich, ein Gütezeichen, das so aussieht:

★ LIGNUM CH 10 ★

In Deutschland und der EG tragen solche Platten die Bezeichnung E1.

Die Klasse CH 10 sagt nur etwas darüber aus, wieviel Formaldehyd verdunstet. Sie hat nichts damit zu tun, wieviel von dem Stoff in der Spanplatte enthalten ist.

Beim Entsorgen bereitet das Formaldehyd der Spanplatten keine besonderen Probleme. Es löst sich beim Verbrennen ohne giftige Reste auf.

Was heisst «ohne Formaldehyd»?

Kaufst du Platten mit der Bezeichnung «ohne Formaldehyd», so enthalten sie andere Bindemittel.

Manche Fachleute vertreten die Ansicht, dass auch diese andern Bindemittel der Umwelt und deiner Gesundheit schaden.

Wir betrachten deshalb diese Bindemittel vorläufig nicht als harmlos.

Holzfaserplatten

sind mit Holzleimen gebunden und gefährden deine Gesundheit nicht.

Holzfaserplatten sind nicht so haltbar wie Massiv- oder Lagenholz.

Möbel aus Kunststoff

Zur Dauerhaftigkeit von Kunststoffmöbeln können wir dir keinen Ratschlag geben.

Kunststoffmöbel sind oft modische und kurzlebige Wegwerfprodukte. Viele sind rasch zerkratzt und sehen nach wenigen Jahren oder nach wenigen Monaten schon alt aus. Du kannst sie nicht reparieren lassen.

Das müsste nicht so sein. Es gibt genug haltbare Kunststoffe, die auch gut aussehen. Viele lassen sich (theoretisch) sogar rezyklieren.

Der Preis ist kein sicherer Hinweis auf die Dauerhaftigkeit von Kunststoffmöbeln: Manchmal sieht ein billiger Kunststoff-Stuhl nach zehn Jahren noch anständig aus, hat sich nicht verzogen und ist nicht gerissen.

Metallmöbel sind stabil und halten lang.

Viele Metallmöbel und Metallteile von Möbeln lassen sich gut reparieren. Bring kaputte Stücke zum Beispiel einem Schlosser.

Eine Renovation brauchen ab und zu der Rostschutz und der Lack.

Polstermöbel

Kaufst du ein neues Polstermöbel, achte darauf, dass der Polsterbezug nicht allzu empfindlich auf Flecken ist. Du hast am Möbel vermutlich länger Freude (und behälst es deswegen länger), wenn du die Bezüge aus Stoff abnehmen und waschen kannst.

Polstermöbel kannst du in einer Polsterei renovieren lassen.

Matratzen

Die meisten Matratzen halten 10 bis 15 Jahre. Am längsten halten in der Regel Matratzen mit Federkern.

Die Lebensdauer hängt bei Matratzen auch davon ab, wie du sie pflegst.

Matratzenpflege

Schütze die Matratzen von Kleinkindern (und je nach dem auch von Erwachsenen) durch einen Molton oder sogar ein dichtes Kunststofftuch, das du zwischen Leintuch und Matratze legst.

Stelle deine Matratze gelegentlich tagsüber zum Lüften an die Wand.

Wende sie regelmässig; zum Beispiel immer, wenn du die Bettwäsche wechselst.

Schütze die Matratze vor direktem Sonnenlicht.

Schaumstoffmatratzen

Die meisten in der Schweiz verkauften Matratzen enthalten Schaumstoff. Manche Billigmatratzen bestehen überhaupt nur aus Schaumstoff.

Beim Schaumstoff haben die HerstellerInnen und du eine Wahl in Bezug auf die Umwelt:

Schaumstoff mit einem sogenannten Raumgewicht von über 30 kg (pro Kubikmeter) braucht als Treibmittel beim Schäumen keinen FCKW.

Kaufst du eine Matratze, verlange eine, deren Schaumstoff ein Raumgewicht über 30 hat.

Matratzen aus verschiedenen natürlichen Materialien

Manche HerstellerInnen bieten Matratzen an, die nur aus verschiedenen natürlichen Materialien bestehen.

Die Schichten bestehen aus Naturlatex (aus Kautschuk), Jute, Seide, Baumwolle, Kokos oder Stroh.

Dafür, dass solche Matratzen die Umwelt weniger belasten als andere gibt es für uns keine Hinweise.

Ihre Rohstoffe kommen zum Teil von weit her. Baumwolle ist heute nie speziell umweltschonend produziert und verarbeitet. Latex (auch «Naturlatex») ist fast immer ein Gemisch aus natürlichem und künstlichem Latex. Latex wird auf Temperaturen um 100 Grad erhitzt, was Strom oder Heizöl braucht.

Auch bei diesen Matratzen kommt es für die Umwelt in erster Linie darauf an, dass du sie möglichst lange verwendest.

Futons

Diese flachen (japanischen) Matratzen enthalten nur natürlich gewachsene Fasern. Meist nur Baumwolle. Seltener sind solche mit Schurwolle, Rosshaar oder Kokosfasern.

Wir wissen nicht, ob sie für die Umwelt irgend einen Vorteil bieten.

Damit ein Futon länger hält, darf er tagsüber nicht auf dem Boden liegen bleiben. Du solltest ihn täglich aufschütteln, damit er in der Form bleibt.

Ein Futon darf auf keinen Fall längere Zeit feucht bleiben. Lüfte ihn immer gut.

Hast du eine alte Rosshaarmatratze?

Rosshaarmatratzen sind die einzigen Matratzen, deren Material sich rezyklieren lässt.

Du kannst eine alte Rosshaarmatratze einem Polsteratelier übergeben. Die Fachleute waschen das Rosshaar, zupfen es und arbeiten es zu einer neuen Matratze um.

Rosshaarmatratzen, die über 20 Jahre beschlafen wurden, eignen sich nicht mehr für eine neue Matratze. Polsterateliers können die gewaschenen Haare jedoch noch zum Polstern von Stühlen oder Sofas weiterverwenden.

Kauf keine neue Rosshaarmatratze: das Rosshaar stammt aus Südamerika, Russland und Asien.

Verzichte auf ein Wasserbett.

Es verbraucht dauernd Strom zum Heizen des Wassers.

Ausserdem ist die Gefahr gross, dass du es nur aus einer Laune kaufst und es nach ein paar Jahren wieder loswerden willst.

Beleuchten

Wie kannst du beim Beleuchten deiner Wohnung die Umwelt schonen?

Du kannst beim Beleuchten weniger Strom verbrauchen als bisher.

Stromsparen bedeutet nicht, im Dunkeln zu sitzen ▇▇▇

Ein Minimum an Licht braucht der Mensch

Licht ist wichtig für unser Wohlbefinden. Wenn du bei ungenügendem Licht liest, wirst du schneller müde, und die Konzentration lässt nach.

Ältere Menschen brauchen für die gleiche Seh-Aufgabe mehr Licht als jüngere. Vierzigjährige brauchen doppelt soviel wie Zwanzigjährige. Sechzigjährige brauchen doppelt soviel wie Vierzigjährige.

Grundbeleuchtung und Arbeitslicht

Zu grosse Helligkeits-Kontraste ermüden dich: zum Beispiel wenn du in einem dunklen Raum sitzt und nur ein einziges Licht dein Buch oder deinen Arbeitsplatz beleuchtet.

Hell deine Zimmer mit einem Grundlicht auf. Und beleuchte zumindest deinen Sitz- oder Arbeitsplatz zusätzlich mit einer weiteren Lampe.

Lampen dürfen nicht blenden. Blenden stört das Sehen. Deshalb haben Lampen Schirme, und deshalb ist indirektes Licht so beliebt.

Die Farbe des Lichts

Die Lichtfarben von modernen Lichtquellen sind unseren Bedürfnissen angepasst. Keine dieser Farben hat einen schädlichen Einfluss auf Wohlbefinden oder Gesundheit.

Je nach Lampentyp ist das Licht etwas gelblicher, rötlicher oder bläulicher. Halogenlicht ist eher weiss.

Das Licht vieler Stromsparlampen ist ähnlich wie Glühlampenlicht. Davon allein hängt der Gesamteindruck einer Beleuchtung jedoch nicht ab.

Den Gesamteindruck beeinflusst du auch

• durch die Lampenschirme,

• die Farben der Wände, des Bodens, der Teppiche und der Möbel,

• durch das Spiel von Licht und Schatten.

Es stimmt nicht, dass manche Lampen Tageslicht produzieren. Lampen können echtes Tageslicht nur schlecht imitieren, da es je nach Bewölkung und Stand der Sonne dauernd wechselt. Wie echtes Tageslicht in einem Raum wirkt, hängt davon ab,

• wieviel Licht durch das Fenster eindringt,

• welche Färbung die Fenster und die Vorhänge haben,

• wie der Raum das Licht aufnimmt und verändert.

Einfache Tricks, um bei der ▇▇▇ Beleuchtung Strom zu sparen ▇▇▇

Für diese Aktionen brauchst du nichts zu kaufen und nichts zu installieren. Es genügt, dass du an sie denkst.

Lösche Lichter, die du nicht brauchst.

Lass nicht in einem Raum, den du nicht benützt, Licht brennen. Das konsequente Lichterlöschen führt dazu, dass du manche Lampen ab und zu nur für ganz kurze Zeit einschaltest und damit ihre Lebensdauer verkürzst. Das Löschen lohnt sich dennoch bei allen Lampentypen, auch bei den Stromsparlampen.

Als älterem Leser wird es dir vielleicht komisch vorkommen, dass wir heute das Lichter-

löschen empfehlen müssen. Für dich war das (und ist es vielleicht noch) immer selbstverständlich.

Putze verstaubte Lampenschirme

und reinige verstaubte Leuchten. Staub und Gilb schlucken Licht. Und nicht genutztes Licht ist vergeudeter Strom.

Sonnenlicht nutzen

Nutze das Sonnenlicht gut. Stelle zum Beispiel deinen Arbeitstisch an ein Fenster. Wenn nötig putze die Fenster. Zieh die Vorhänge ganz zurück.

Wähle die richtigen Lampen und Leuchten

Schränk Luxusbeleuchtungen ein.

Vielleicht kannst du die Beleuchtung eines einzelnen Gegenstands (z.B. einer kleinen Statue) auf einzelne Abende beschränken oder ganz darauf verzichten.

Oder du kannst den Gegenstand an einen Platz stellen, wo eine Lampe ihn beleuchtet, die sowieso brennen muss.

Wände hell streichen

Wenn du einen Wohnraum neu streichst oder tapezierst, so wähl helle Farben für Wände und Decken.

Dunkle Wände schlucken Licht. Helle Wände strahlen einen Teil des Lichts zurück.

Von den Lampen und Leuchten, die du in deinem Haushalt verwendest, hängt entscheidend ab,

• wieviel Strom du verbrauchst

• und wieviel du einsparen kannst.

Bei ihrer Auswahl kommt es auf folgendes an:

Die Lampe soll aus dem Strom möglichst viel Licht erzeugen. Die Leuchte soll möglichst wenig Licht verschlucken.

Wie Leuchten helfen, aus dem Strom viel Licht zu machen.

Eine Leuchte wirft auf einen bestimmten Ort mehr oder weniger Licht, je nachdem, wo du sie hinstellst oder hinhängst.

Je nach Standort der Leuchte schlucken oder reflektieren Wände, Decken und Möbel mehr oder weniger Licht.

Es gibt keine feste Regel für die Plazierung von Leuchten. Du findest den besten Platz für jede Leuchte durch Ausprobieren.

Wie viele Leuchten?

Du sollst dich mit deiner Beleuchtung wirklich wohlfühlen. Findest du einen Raum düster oder sonst ungemütlich, dann setze eine oder zwei weitere Leuchten ein. Du kannst auch Ecken beleuchten, die du gar nicht gebraucht, wenn das Zimmer dadurch wohnlicher wird.

Strom sparst du, indem du alle anderen Möglichkeiten ausnützt, die in diesem Kapitel beschrieben sind:

• durch die Wahl der Leuchten und Lampen,

• durch Lichterlöschen (in den Räumen, die du nicht benützt) usw.

Lampenschirme sollen das Licht abblenden, aber nicht unnötig verschlucken.

Bei manchen Lampenschirmen schluckt die Bespannung unnötig viel Licht. Sie durch eine lichtdurchlässigere zu ersetzen, lohnt sich auf jeden Fall. So kannst du mit einer schwächeren Lampe die gleiche Helligkeit erzeugen.

Leuchten mit direktem Licht (nicht abgeblendet) haben weniger Licht-Verlust. Je nachdem, wo du sie einsetzt, können sie jedoch blenden oder wirken einfach ungemütlich.

Vielleicht hast du Zimmer, in denen eine Lampe ohne Schirm sogar gut aussieht. Dafür gibt es keine Regel. Probier es aus.

Willst du mit einem schwachen Licht eine Ecke nur leicht aufhellen, so nimm dafür eine schwache Lampe und einen Schirm, der viel Licht durchlässt. (Nicht eine starke Lampe und einen Schirm, der viel Licht verschluckt.)

In Gesprächen über Beleuchtung entsteht oft Verwirrung, weil gewisse Bezeichnungen nicht für alle dasselbe bedeuten.

Wir verwenden im Umweltkompendium die Ausdrücke der Beleuchtungsfachleute. Wir sprechen von Lampen und Leuchten.

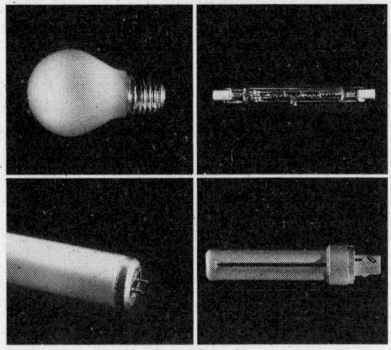

Die Lampe

Die Lampe ist die Lichtquelle. Also die Birne, Kugel oder Röhre, in der ein Glühfaden oder ein Gas leuchtet.

Es gibt für den privaten Haushalt vier Arten von Lampen:

• Stromsparlampen

• die klassischen Leuchtstofflampen

• Halogen-Glühlampen

• Glühlampen

Die Leuchte

Die Leuchte ist die Stütze und die Verkleidung der Lampe. Dazu gehören Lampenschirme, Reflektoren, die Aufhängung, der Fuss usw.

Es gibt z.B. Decken-, Hänge-, Tisch-, Steh- und Wandleuchten.

Stromsparlampen verbrauchen 5x weniger Strom als Glühlampen

> **Wieviel Strom eine Lampe braucht, sagt dir die Wattzahl.**
>
> **Die Wattzahl sagt jedoch nicht, wieviel Licht die Lampe gibt.**

Stromsparlampen heissen auch:

«Energiesparlampen», «Kompaktleuchtstofflampen».

Stromsparlampen machen mehr Licht aus dem Strom als Glühlampen und Halogen-Glühlampen.

Stromsparlampen erzeugen aus einer Kilowattstunde Strom 5mal mehr Licht als Glühlampen.

Das wirkt sich zum Beispiel so aus: Du brauchst mit Glühlampen oder Halogen-Glühlampen 250 Watt, um ein bestimmtes Zimmer zu beleuchten.

Mit Stromsparlampen brauchst du für dasselbe Zimmer nur 50 bis 60 Watt.

Aufwendigere Produktion

Stromsparlampen sind komplizierter gebaut als Glühlampen. Bei der Produktion belasten sie die Umwelt mehr als Glüh- und Halogen-Glühlampen.

Stromsparlampen sind Sondermüll.

Sie enthalten Quecksilber. Du musst sie ins Recycling geben.

Bewahr die Verpackung der Stromsparlampen auf. Gib darin später einmal die ausgebrannten Lampen bei einer Verkaufsstelle ab.

Dennoch: Stromsparlampen belasten die Umwelt weniger.

Du schonst die Umwelt im Endergebnis, wenn du Stromsparlampen statt Glühlampen oder Halogen-Glühlampen verwendest.

Stromsparlampen verbrauchen während ihrer Lebensdauer (je nach Wattzahl) 300 bis 500 Kilowattstunden weniger Strom als Glühlampen, die während der gleichen Dauer gleich viel Licht erzeugen. In diesem Vergleich ist der Strom, den die Produktion und das Recycling der Lampen brauchen, bereits miteingerechnet.

300 Kilowattstunden pro Lampe sind viel.

Stromsparlampen leben länger.

Stromsparlampen brennen etwa 6000 Stunden.

Wenn du sie immer nur für 5 Minuten einschalten würdest, wären sie nach 1000 Stunden ausgebrannt. Wenn du sie meistens etwa 30 Minuten einschaltest, halten sie etwa 3000 Stunden. Bei durchschnittlich 3 Stunden halten sie 6000 Stunden. Bei 10 Stunden durchschnittlicher Brenndauer halten sie gut 8000 Stunden. Im Dauerbetrieb noch länger.

Im Mittel halten Stromsparlampen beim Gebrauch in einem Haushalt etwa 6000 Stunden. Dabei ist eingerechnet, dass du sie ab und zu nur für ein paar Minuten einschaltest. (Das kannst du beim besten Willen nicht ganz vermeiden.)

Im Mittel hält eine Stromsparlampe 6 bis 10 Jahre.

Langfristig die billigsten Lampen

Weil sie viel weniger Strom brauchen und viel länger leben, kosten Stromsparlampen auf die Länge weniger als Glühlampen und Halogen-Glühlampen.

Über das Licht der Stromsparlampen

Das Licht von Stromsparlampen entspricht dem Licht von Glühlampen. Es ist gleich ruhig. Es hat etwa dieselbe Lichtfarbe.

Es stimmt nicht, dass Stromsparlampen flimmern oder dass sie den Augen schaden. Nur beim Einschalten flackert ihr Licht während einigen Sekunden.

Nach dem Einschalten dauert es 1 bis 3 Minuten, bis eine Stromsparlampe ganz hell leuchtet. Während dieser kurzen Zeit wandelt sie den Strom nicht so gut in Licht um wie nachher (jedoch immer noch besser als eine Glühlampe).

Manchmal hörst du sagen, dass Stromsparlampen beim Einschalten besonders viel Strom brauchten. Soviel, dass du sie besser möglichst wenig löschst. Das stimmt nicht.

Erst gegen ihr Lebensende kann das Licht einer Stromsparlampe für immer unruhig werden. Dann ist es auf jeden Fall Zeit, sie auszuwechseln. Sie wandelt von diesem Moment an den Strom nicht mehr so gut in Licht um wie vorher.

Klein und kompakt

Eine Leuchtstoffröhre erzeugt das Licht. Sie enthält (wie die klassischen langen Leuchtstofflampen) ein Gas. Dieses leuchtet auf, wenn Strom hindurchfliesst.

Stromsparlampen sind kleiner und kompakter gebaut als die langen, geraden Leuchtstofflampen:

Bei den Stromsparlampen ist die Leuchtstoffröhre dünner. Sie ist einmal oder zweimal zurückgebogen oder bildet einen Ring.

Bei den kugel- und den zylinderförmigen Stromsparlampen befindet sich die dünne Leuchtstoffröhre im Innern.

Stromsparlampen gibt es von 7 bis 32 Watt.

Eine Stromsparlampe, die 7 Watt verbraucht, erzeugt etwa gleich viel Licht wie eine Glühlampe mit 40 Watt.

Die Stromsparlampe mit 32 Watt entspricht etwa einer Glühlampe mit 150 Watt.

Solche Vergleichszahlen findest du auf den Verpackungen der Stromsparlampen.

Stromsparlampen brauchen ein Vorschaltgerät.

Das Vorschaltgerät begrenzt den Strom, der durch die Leuchtstoffröhre fliesst. Die heutigen Typen bestehen aus einer elektronischen Schaltung.

Stromsparlampen mit fest eingebautem Vorschaltgerät und Schraubsockel

Diese Lampen werden hergestellt, damit du deine Leuchten mit Schraubfassungen weiter verwenden kannst.

Bei diesen Stromsparlampen musst du das Vorschaltgerät mit der defekten Lampe auswechseln, obwohl es noch länger halten würde.

Diese Stromsparlampen gibt es mit dem Gewinde in der normalen Glühlampengrösse: E 27 (das ist ein Edison-Gewinde mit 27 Millimeter Durchmesser).

In Hängeleuchten passen die Kugel und der Ring besonders gut. Die Kugel braucht nicht unbedingt einen Lampenschirm.

Die Lampe mit dem Glaszylinder (Compacta) ersetzt eine 100-Watt-Glühlampe. Sie braucht keinen zusätzlichen Lampenschirm.

Die Lampen, bei denen die Leuchtröhre nicht abgedeckt ist, gibt es in grosser Auswahl (mit verschiedenen Lichtstärken; das Vorschaltgerät ist zum Teil länglich, zum Teil breit).

Du findest für die meisten Leuchten eine passende Stromsparlampe.

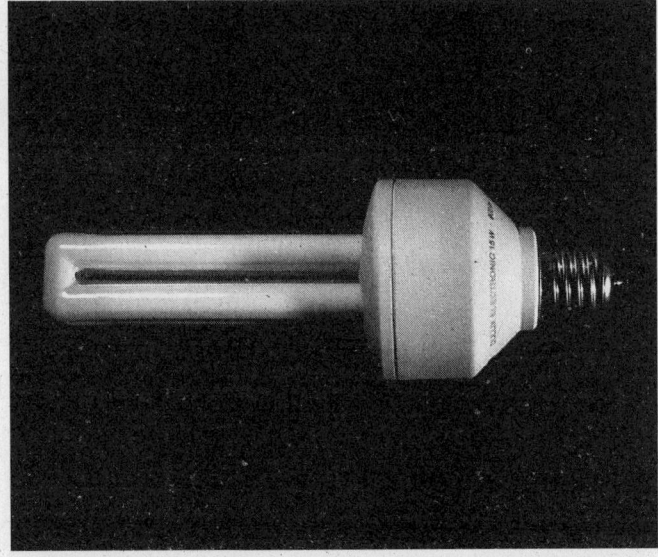

Das Vorschaltgerät steckt im dicken Teil zwischen Schraubsockel und Leuchtröhre.

Die vier Grundtypen von Stromsparlampen

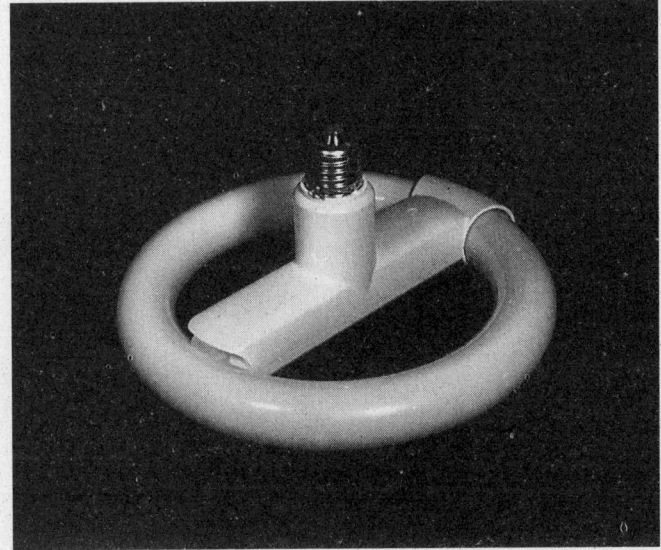

Beleuchten

Vorschaltgeräte mit Schraubsockel (Adapter)

Diese Vorschaltgeräte haben auf einer Seite einen Schraubsockel, der in die normalen Glühlampenfassungen (Gewinde E 27) passt.

Auf der andern Seite haben sie eine Steckfassung für Stromsparlampen mit Stecksockel.

Wenn die Lampe mit Stecksockel kaputt ist, gibst du nur sie ins Recycling.

Auch das Vorschaltgerät nützt sich ab, jedoch langsamer als die Lampen. Es dient dir für eine bis zwei weitere Lampen.

Adapter

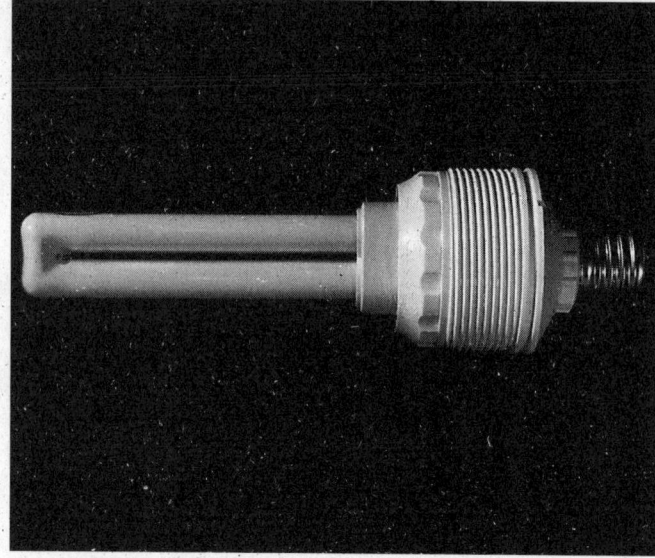

Lampe und Adapter zusammengesteckt

Stromsparlampen mit Stecksockel

Diese Lampen sind für Stromsparleuchten bestimmt. Für Leuchten also, die speziell für Stromsparlampen gebaut sind (einige Modelle siehe Seite 5.36).

Das Vorschaltgerät ist mit dem Stecker kombiniert oder in die Leuchte selber eingebaut.

Wenn die Stromsparlampe kaputtgeht, gibst du nur sie ins Recycling.

Das Vorschaltgerät bleibt in der Leuchte und dient für eine bis zwei weitere Lampen.

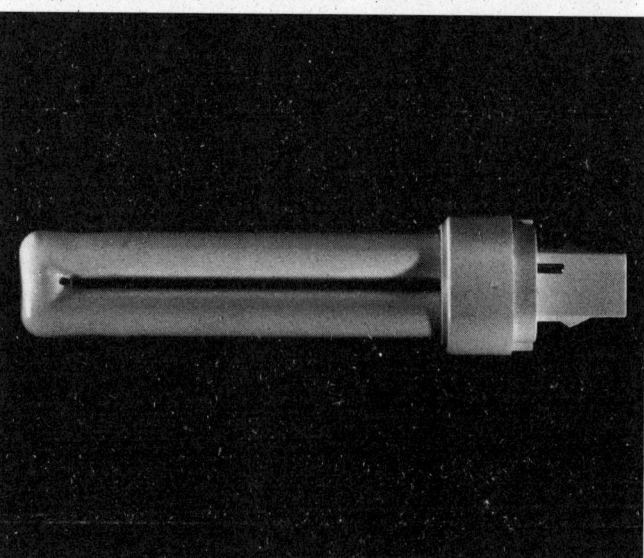

Stromsparlampe mit Stecksockel

Wo sind Stromsparlampen sinnvoll?

Es stimmt nicht, dass Stromsparlampen

• mindéstens 6 und mehr Stunden brennen sollen

• und dass sie nur an ganz wenigen Orten sinnvoll sind.

Du sparst sofort Strom und entlastest die Umwelt, wenn du Glüh- und Halogen-Glühlampen durch Stromsparlampen ersetzt.

Ersetze alle Glüh- und Halogenlampen, die du meistens eine Viertelstunde oder länger einschaltest. Also zum Beispiel die Lampen

• in der Küche

• im Esszimmer

• im Wohnzimmer

• im Schlafzimmer

Es macht nichts, wenn du eine Stromsparlampe gelegentlich nur ganz kurz einschaltest. Dass das manchmal vorkommt, kannst du nicht vermeiden.

Wenn du dich in einem Raum gerade nicht aufhältst, dann lösch auch die Stromsparlampen.

Setz dort keine Stromsparlampen ein, wo du sie immer nur kurz einschaltest.

Eine Stromsparlampe, die immer nur 5 bis 10 Minuten brennt, lebt nur etwa 1000 Stunden. Stromsparlampen gehören deshalb nicht

• an eine Minuterie

• in eine Toilette

• in Abstellkammern

• in Hausgänge

• in die Garage

• in alle Räume, in denen du dich normalerweise nur ganz kurz aufhältst

Bei Temperaturen unter null Grad Celsius sind nicht alle Stromsparlampen als Aussenleuchten geeignet. Frag eventuell den/die VerkäuferIn.

Leuchten für Stromsparlampen

Bestehende Leuchten umbauen

Willst du deinen Haushalt auf Stromsparlampen umstellen, stösst du bei den Leuchten auf Probleme:

Stromsparlampen passen nicht in alle alten Glühlampen-Leuchten. Manchmal ist der Lampenschirm der Leuchte zu kurz, manchmal zu eng.

Oft ist ein Reflektor so konstruiert, dass er das Licht einer Glühlampe gut reflektiert, jedoch nicht das Licht der Stromsparlampe. Der Grund

ist, dass die Stromsparlampe im Reflektor z.B. weiter vorne steht als eine Glühlampe.

In Hängeleuchten und Stehleuchten passt praktisch immer eine Stromsparlampe.

Bei kleinen Tisch-Stehleuchten ist oft der Lampenschirm zu eng oder zu niedrig für eine Stromsparlampe. Diese brauchen einen grösseren Schirm, damit eine Stromsparlampe hineinpasst. Jedoch kommt diese Änderung nur in Frage, wenn die Leuchte dabei standfest bleibt.

Beleuchten

Stromsparleuchten, die du kaufen kannst.

Diese Leuchten sind speziell für Stromsparlampen mit Stecksockeln gebaut. Das Vorschaltgerät ist im Stecker oder in der Leuchte
eingebaut.

Stromsparleuchten sind nicht teuer. Stromsparlampen mit Stecksockel sind halb so teuer
wie solche mit Schraubsockel oder wie ein
Adapter.

Du bekommst sie in Elektrogeschäften und in
Warenhäusern.

Jede Woche kommen neue Modelle auf den
Markt.

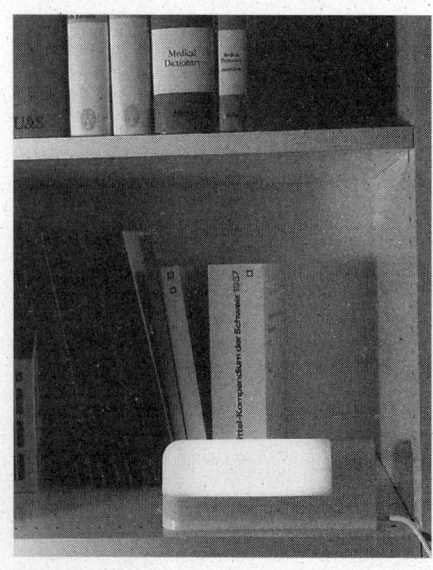

Das Umstellen braucht etwas Zeit und Geduld.

Um deinen Haushalt auf Stromsparlampen umzustellen, brauchst du vermutlich einige Wochen.

- Du musst herausfinden, welche Lampen in deine Leuchten passen.
- Manche Leuchten brauchen einen neuen Lampenschirm.
- Hast du zuwenig Leuchten, in die du Stromsparlampen einsetzen kannst, findest du vielleicht welche in Kellern und Estrichen bei Freunden oder in einer Brockenstube.

Verwende sie jedoch nur, wenn die Isolationen, Stecker, Kabel und Schalter in gutem Zustand sind.

Wenn du noch gar keine Erfahrung mit Stromsparlampen hast, dann fang am besten erst mit einer an. Kauf sie in einem Elektroladen, der eine grosse Auswahl hat.

Bist du nicht sicher, welche Lampe in eine bestimmte Leuchte passt, dann nimm die Leuchte zum Ausprobieren mit in den Laden.

Die Umstellung ist für dich nicht billig. Du wirst für Lampen und - eventuell - neue Lampenschirme 200 bis 500 Franken ausgeben, je nachdem, wie gross dein Haushalt ist.

Wenn du dir zum Geburtstag oder zu einem Fest etwas wünschen darfst, dann könntest du dir eine Stromsparlampe wünschen.

An Stromsparlampen kannst du auch denken, wenn du selber Geschenke machst.

Die klassischen Leuchtstofflampen brauchen noch weniger Strom als Stromsparlampen

Die Leuchtstofflampen heissen bei den meisten SchweizerInnen Neonröhren. Wir verwenden diesen Namen nicht. Neonröhren sind eigentlich nur die farbigen Schriftzüge von Läden und Restaurants (Bar, Jeans-Shop). Als Beleuchtung sind Neonröhren unbrauchbar.

Leuchtstofflampen sind die klassischen, meistens geraden Röhren. Du kennst sie vor allem als Beleuchtung für Büros, Werkstätten und Läden. In Wohnungen siehst du sie oft in Küchen, Waschküchen und Badezimmern.

Die Leuchtstofflampen machen aus dem Strom besonders viel Licht.

Sie verwandeln 22 Prozent des Stroms in Licht. Zum Vergleich: Glühlampen nur 5-7 Prozent, Halogen-Glühlampen nur 8-10 Prozent, Stromsparlampen 15 Prozent.

Leuchtstofflampen leben länger.

Wie bei den Stromsparlampen verlängern lange Einschaltzeiten ihre Lebensdauer.

Sie brennen 2000 bis 8000 Stunden. Bei einer durchschnittlichen Brenndauer von 3 Stunden halten sie etwa 10'000 Stunden (zehnmal länger als eine Glühlampe). Wenn du sie im Schnitt nur 30 Minuten einschaltest, halten sie immer noch etwa 4000 Stunden. Brennen sie im Schnitt nur 5 Minuten, dann leben sie zu kurz.

Gegen Ende ihrer Lebensdauer produzieren die Leuchtstofflampen weniger Licht. Dann solltest du sie auswechseln.

Leuchtstofflampen sind Sondermüll.

Sie enthalten unter anderem Quecksilber.

Gib sie an eine Verkaufsstelle zurück, dann kommt sie ins Recycling.

Alles zusammengerechnet

Leuchtstofflampen sind die umweltfreundlichsten Lampen, die du im Haushalt einsetzen kannst.

Sie sparen gegenüber Glühlampen während ihrer Lebensdauer einige hundert Kilowattstunden Strom. Dabei ist der Strom für die Produktion und das Recycling miteingerechnet.

Leuchtstofflampen brauchen ein Vorschaltgerät und einen Starter.

Das Vorschaltgerät ist immer in der Leuchte (dem Balken) eingebaut.

Der Starter ist ein kleiner, runder Zylinder, der meist sichtbar im Balken steckt. Wenn die Lampe zu lange braucht, bis sie aufleuchtet, ist der Starter kaputt, und du musst ihn ersetzen.

Leuchtstofflampen haben an beiden Enden einen Stecksockel. Sie passen nur in ihre speziellen Fassungen.

Deine Auswahl an Leuchtstofflampen und -leuchten

Leuchtstofflampen gibt es in verschiedenen Längen. Es gibt sie von 18 bis 58 Watt.

Leuchten für Leuchtstofflampen kannst du in allen Elektrogeschäften und in vielen Warenhäusern kaufen.

Verwende im Haushalt wenn möglich auch Leuchtstofflampen.

In den Wohnräumen will niemand Leuchtstofflampen verwenden. Sie erinnern zu stark an Büros und andere Arbeitsplätze. Sie sind gross. Sie lassen sich (mit wenigen Ausnahmen) nicht herumtragen.

Hingegen passen sie manchmal gut in Küchen (über dem Abwaschtrog), Bastelräume, Arbeitszimmer.

Schliess Leuchtstofflampen nicht an eine Minuterie an.

Sie gehören nicht in WCs oder in Hausgänge, wo das Licht immer nur wenige Minuten eingeschaltet ist.

Halogen-Glühlampen fressen viel Strom

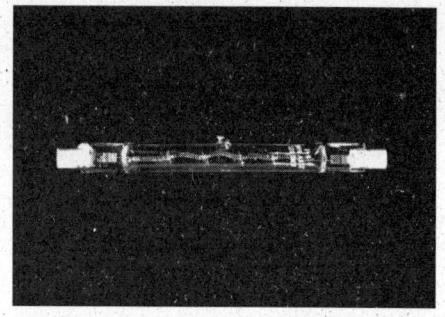

> **Wenn du beim Beleuchten deiner Wohnung konsequent Strom sparen willst, dann ersetze alle Halogen-Glühlampen durch Stromsparlampen.**

Oft hörst du, dass Halogen-Glühlampen Strom sparen. Das ist nicht wahr. Halogen-Glühlampen erzeugen ihr Licht wie Glühlampen durch einen Glühfaden.

Das Besondere an Halogen-Glühlampen ist, dass sie im Vergleich zu Glühlampen viel kleiner sind. Das erlaubt die Konstruktion von kleinen, kompakten Leuchten.

Wenig Licht aus viel Strom

Halogen-Glühlampen wandeln nur 8 bis 10 Prozent des Stroms in Licht um.

Bei den indirekten Leuchten verschlucken Decke und Wände einen Teil des Lichts (je nach Farbe und Verstaubung der Wände).

Ein Vergleich

Mit einer Halogen-Glühlampe von 300 Watt kannst du einen Wohnraum beleuchten.

Mit Stromsparlampen von insgesamt 300 Watt beleuchtest du hingegen 5 Wohnräume.

Kleinspannungs-Halogen-Glühlampen sparen keinen Strom.

Die Umgangssprache nennt diese Lampen oft auch Niedervolt-Halogen-Glühlampen. Sie nutzen den Strom genauso schlecht wie normale Halogen-Glühlampen. Sie brauchen für dieselbe Menge Licht also mehr Strom als Stromsparlampen.

Das Besondere der Niederspannungs-Leuchten liegt in den Konstruktionsmöglichkeiten. Sie können besonders klein und kompakt gebaut sein. Die Lämpchen können auch offen zwischen blanken Drähten aufgehängt werden.

Viele Halogenleuchten sind mit 4 bis 6 Lämpchen zu 50 Watt ausgerüstet. Brennen sie alle, so verbrauchen sie 200 bis 300 Watt.

Wohin mit den Halogenleuchten?

Die SchreiberInnen dieses Buchs wissen, wie weh es tut, seine fast neuen Halogenleuchten aus dem Betrieb zu nehmen.

Du kannst sie in den Räumen weiterverwenden, wo Stromsparlampen nicht sinnvoll sind. Also überall dort, wo du eine Lampe immer nur für ein paar Minuten einschaltest. Zum Beispiel in Hausgängen, Toiletten, Kellern, Estrichen oder Veloräumen.

Umbauen geht meistens nicht.

Da die meisten Halogenleuchten keine Schraubfassung haben, können sie keine Stromsparlampe aufnehmen. Ein Umbau ist meist unmöglich, weil Halogenleuchten zu klein sind, um Stromsparlampen aufzunehmen.

Bitte bau eine Leuchte nur um, wenn du über die Sicherheitsbestimmungen Bescheid weisst.

Abbildung rechts: Bei dieser Halogenleuchte liess sich die Halogenlampenfassung ausbauen und auf einfache Weise durch eine Schraubfassung ersetzen.

Stromspar-schalter und Minuterie

Oft brennt aus Vergesslichkeit eine einzelne Lampe, z.B. im Keller, stundenlang unnötig.

Du kannst an solchen Orten einen einzelnen Stromsparschalter einbauen. Er löscht das Licht automatisch nach einer bestimmten Zeit, die du selber einstellen kannst.

Betrifft das Problem mehrere Lampen, dann lohnt sich der Einbau einer Minuterie (wie in Hauseingängen und Treppenhäusern).

Glühlampen sind billig zu kaufen, kommen die Umwelt jedoch teuer zu stehen

In der Glühlampe erzeugt eine dünne Metallspirale das Licht. Die Spirale glüht auf, wenn Strom durch sie fliesst. Haushalt-Glühlampen haben in der Schweiz eine Schraubfassung.

Die Lichtausbeute ist minim.

Von allen Haushaltlampen sind die Glühlampen die schlimmsten Stromverschwenderinnen. Sie wandeln nur etwa 5 Prozent des Stroms in Licht um.

Zum Vergleich: Halogen-Glühlampen wandeln 8-10 Prozent des Stroms in Licht um, Stromsparlampen 15 Prozent und Leuchtstofflampen 22 Prozent.

Lebensdauer

Glühlampen brennen am kürzesten von allen Haushaltlampen: im Mittel etwa 1000 Stunden.

Für 6000 Stunden Licht brauchst du 5 bis 6 Glühlampen. Für dieselbe Zeit würde eine Stromsparlampe genügen.

Entsorgung

Glühlampen musst du in den Hauskehricht werfen.

Wo sind Glühlampen noch sinnvoll?

Überall, wo du ein Licht meist nur wenige Minuten einschaltest, sind Glühlampen (oder Halogen-Glühlampen) sinnvoll. Zum Beispiel

• im Keller
• im Estrich
• im Hausgang
• im Veloraum

An eine Minuterie solltest du nur Glühlampen (oder Halogen-Glühlampen) anschliessen.

An diesen Orten kannst du auch gut auf einen Lampenschirm verzichten. So strahlt die Lampe wenigstens ein Maximum von ihrem Licht ab.

Wo sind sie nicht mehr sinnvoll?

Ersetze alle Glühlampen, die im Schnitt eine Viertelstunde oder länger brennen, durch eine Stromsparlampe.

Kerzenlicht ist nicht umweltfreundlicher als elektrisches Licht

Bevorzuge Kerzen aus Stearin oder Bienenwachs.

Wenn Kerzen aus Stearin- oder Bienenwachs sind, steht das meist auf der Verpackung.

Stearin ist Palmöl. Bienen bauen aus Wachs die Waben, in denen sie ihren Nachwuchs aufziehen und ihre Honigvorräte einlagern.

Bienenwachs und Palmöl sind Rohstoffe, die auf natürliche Weise immer wieder neu entstehen. Bei der Verarbeitung von Palmöl und von Bienenwachs fallen keine für die Umwelt schädlichen Stoffe an.

Verzichte auf Paraffin- und Ceresinkerzen.

Die meisten Kerzen bestehen aus Paraffin. Paraffin ist ein Nebenprodukt der Erdölverarbeitung. Einige Kerzen bestehen aus Ceresin, das aus Erdwachs gewonnen wird.

Paraffin und Ceresin belasten bei ihrer Produktion die Umwelt. Beim Reinigen und Bleichen von Erdöl bleiben Abfallstoffe übrig, die sich schlecht abbauen lassen.

Nicht kaufen

Es gibt Docht-Leuchten mit einem flüssigen, gefärbten und parfümierten Brennstoff in einem Glasgefäss. Diese Flüssigkeit besteht auch aus Paraffin.

Kerzen produzieren schädliche Abgase.

Beim Verbrennen von Kerzen entstehen Rauchgase und Russe, die beim Menschen Krebs erzeugen können.

Bienenwachs- und Stearin produzieren weniger schädliche Gase als Paraffin und Ceresin.

Bemalte Kerzen produzieren beim Verbrennen noch weitere giftige Stoffe.

Du verminderst die Abgase und den Russ, indem du

• möglichst dicke Kerzen verwendest
• den Docht der Kerze öfters kürzt; wenn du ihn ca. alle 10 Minuten kürzt, reduzierst du die Abgase einer Paraffinkerze auf die einer Bienenwachskerze
• die Kerzenflamme vor Zugluft schützt
• die Kerze nicht ausbläst, sondern den Docht im flüssigen Wachs ertränkst und dann wieder aufrichtest

Kerzen produzieren weniger giftige Abgase als Zigaretten.

Was du beim Heizen und Lüften für die Umwelt tun kannst:

- Du kannst weniger Heizöl oder Gas verbrauchen und damit die Produktion von Abgasen vermindern, die die Luft belasten und zum Treibhauseffekt beitragen.
- Oder du kannst Strom aus Atomkraftwerken sparen.

Wie wir beim Heizen sparen können, ohne zu frieren

1. Indem wir unsere Ansprüche ändern

> Wir sprechen in diesem Kompendium nur über das Heizen in bestehenden Wohnungen. Wir sprechen in erster Linie über die Sparmöglichkeiten, die dir als BewohnerIn sofort zur Verfügung stehen.
>
> Hast du das Glück, ein Haus bauen, umbauen oder gründlich renovieren zu können, so ist nicht dieses Buch, sondern deine Architektin oder dein Architekt für deine Beratung zuständig.

Vor der Heizöl-Schwemme genügte es, wenn unsere Wohnungen 16 bis 18 Grad warm waren. Seitdem haben wir uns an Temperaturen von 22 bis 24 Grad gewöhnt.

Wir (nicht alle, jedoch viele) haben uns daran gewöhnt, uns im Winter im Hause sommerleicht anzuziehen.

Mit den modernen Zentralheizungen haben wir das Heizen praktisch verlernt:

Statt wir selber kontrolliert eine elektronische Steuerung die Wärme. Lassen wir zum Bei-spiel durch einen offenen Fensterflügel dauernd Wärme entweichen, gleicht die Steuerung den Verlust automatisch aus, indem sie mehr heizt.

Vielleicht finden wir die Heizrechnung hoch, die im Sommer kommt. Aber wir spüren den Zusammenhang mit unserer Verschwendung nicht so direkt, dass wir viel daraus lernen würden.

(Müssten wir zum Heizen noch Kohlen aus dem Keller in die Wohnung tragen, würden wir vielleicht besser darauf achten, dass kein Fenster unnötig offensteht.)

Bisher bezahlen die meisten MieterInnen die Heizung nicht nach ihrem persönlichen Verbrauch, sondern anteilsmässig nach dem Wohnraum. Das bremst offenbar die Lust, beim Heizen zu sparen.

Dort, wo die individuelle Abrechnung eingeführt wurde, ist der Verbrauch an Wärme sofort und eindrücklich gesunken.

Da die MieterInnen, die nun sparen, nicht frieren (jedenfalls beklagen sie sich nicht), haben sie offensichtlich Wege gefunden, we-niger zu heizen. Sie entlasten damit nicht nur ihr Budget, sondern auch die Umwelt.

20 Grad genügen praktisch immer.

Sprechen wir von der Wärme eines Raumes, meinen wir damit die Lufttemperatur.

Die höchste Lufttemperatur brauchst du, wenn du dich wenig bewegst, zum Beispiel wenn du lange in einem Sessel sitzt. Dann brauchst du vielleicht bis 20 Grad Lufttemperatur.

Gehst du tagsüber in der Wohnung herum und arbeitest etwas, genügen dir vermutlich schon 17 bis 19 Grad.

Ausnahme: Bist du schon älter, brauchst du möglicherweise eine Lufttemperatur von 21 bis 23 Grad, damit du warm genug hast.

Bist du noch jung und brauchst du mindestens 20 Grad, um nicht zu frieren, solltest du das bei Gelegenheit deiner Ärztin oder deinem Arzt erzählen. Vielleicht ist es für dich normal, vielleicht ist es auch ein Zeichen, dass du etwas für deine Gesundheit tun solltest.

Zieh dich warm an.

Lange Unterwäsche...

...und ein warmer Pullover helfen dir, 10 Prozent Heizung zu sparen.

Läufst du im Winter im T-Shirt in der Wohnung herum, musst du mehr heizen, als wenn du dich warm anziehst.

Passen lange Unterwäsche, Pullover, warme Socken und warme Hausschuhe nicht ganz zu deinem Lebensstil? Der Umwelt ersparen sie jedenfalls leicht fünf bis zehn Prozent des Heizöls (oder womit immer du heizt).

Es ist nicht ungesund, im Haus einen Pullover zu tragen.

Mach die Wohnung behaglich.

Was das bedeutet, erläutern wir im nächsten Kapitel ausführlicher. Auch für die Behaglichkeit musst du – wie bei den Kleidern – vielleicht Zugeständnisse bei deinem Lebensstil machen.

Massnahmen in der Wohnung

Es ist sinnvoll, dass du im Winter richtige Vorhänge (nicht nur dünne Gardinen) hast, die du abends zuziehst. Im Frühjahr kannst du sie ja wieder herunternehmen.

Es kann sich als notwendig erweisen, dass du in manchen Räumen Möbel umstellst.

Kontrolliert heizen kostet etwas.

Willst du beim Heizen die Umwelt so stark wie möglich entlasten, so wird dich das in der ersten Zeit recht viel Aufmerksamkeit, Zeit und Geduld kosten. Zumindest während einem oder zwei Wintern.

Das liegt daran, dass du Wärme und Kälte, die du nicht siehst und die du mit dem Gefühl nicht genau messen kannst, kontrollieren und regeln musst.

Das Regeln ist keineswegs einfach: Auch bei einem gut gesteuerten Heizsystem erzielst du die gewünschte Temperatur in einem Raum nur mit Verzögerung. Bis sie sich eingependelt hat, haben sich die Verhältnisse (zum Beispiel die Aussentemperatur oder die Wärme in den andern Räumen) vielleicht auch schon wieder geändert, und du musst von vorne anfangen.

Wir sagen das nicht, um dich zu entmutigen.

Aber wir wollen dir auch nicht vormachen, umweltschonend zu heizen, sei einfach.

Vielleicht kostet es dich (als Vorleistung) auch Geld: für Vorhänge zum Beispiel, die du noch nicht hast, oder für einen neuen Heizkessel (beziehungsweise einen Anteil an seine Kosten).

2. Indem wir die Behaglichkeit der Wohnung verbessern

Behaglichkeit bedeutet, dass wir ein Zimmer überall als etwa gleichmässig warm empfinden.

Empfinden wir einzelne Stellen als kühl oder zugig, ist der Raum unbehaglich.

Wir können bestimmte Stellen in einem Raum als kühler empfinden, obwohl die Luft dort gleich warm ist wie im übrigen Raum. Wir haben an solchen Stellen das Gefühl, dass es zieht, auch wenn sich die Luft praktisch nicht bewegt.

Das Gefühl von Zug ist jedoch nicht unbegründet: Ist die Luft im Raum wärmer als eine Wand oder ein Fenster, so strömt der Wand entlang kühlere Luft gegen den Boden und vor der Wand steigt wärmere Luft nach oben.

Diese Bewegung ist zwar sehr schwach, und du kannst sie kaum wahrnehmen. Sie genügt jedoch, um das unangenehme Gefühl von Kälte und Zug auszulösen.

Wovon hängt die Behaglichkeit ab?

Von der Temperatur der Wände und Böden

Sind die Oberflächen von Wänden und Böden wärmer als die Luft, dann wirkt der Raum behaglich. Umgekehrt gesagt: sind die Wände kälter als die Luft, wirkt der Raum unbehaglich.

Sind einzelne Wände deutlich kälter als die andern, empfinden wir ihre Nähe als besonders unbehaglich.

Die kältesten Wandflächen sind in den meisten Räumen die Fenster (auch mehrfach verglaste) und die Aussenwände.

In der Nähe von nackten Fenstern kannst du praktisch nur sitzen, wenn die Luft im Raum völlig überheizt ist. Sogar dann hast du immer das Gefühl, dass es zieht.

> **Behaglichkeit spart Heizung.**
>
> In einem behaglichen Raum muss die Luft weniger warm sein, damit du dich wohlfühlst, als in einem unbehaglichen.

Vom Luftzug

Bewegt sich die Luft in einem Raum tatsächlich spürbar oder zieht es geradezu, kommt uns der Raum noch eine Stufe kälter vor.

Vom Material der Oberflächen

Als kühler empfinden wir zum Beispiel Holz- und Steinböden; als wärmer empfinden wir Teppichböden.

Heize die Unbehaglichkeit nicht weg.

Heizen wir nur nach dem Gefühl, heizen wir in der Regel die Luft so lange auf, bis wir auch die kühlsten Stellen eines Zimmer nicht mehr als kühl empfinden.

Das heisst jedoch, dass wir das Zimmer auf 21 bis 23 Grad aufheizen und dafür viel Heizöl, Gas oder Strom verbrauchen.

Es gibt andere Möglichkeiten.

Statt einen Winter lang mehr zu heizen, kannst du mit wenigen einmaligen Massnahmen die Behaglichkeit erhöhen.

Du kannst die Wände warmhalten.

Lass sie nicht zu sehr auskühlen.

Das kann passieren, wenn du während der kältesten Zeit in die Ferien gehst und die Heizung ganz abschaltest. Oder – in einem schlecht isolierten Haus – wenn du regelmässig nur am Abend ein wenig heizt.

Sind die Wände einmal auf etwa 17 Grad oder darunter abgekühlt, hat das vielleicht zur Folge:

• dass du abends und am Wochenende um so mehr heizen musst, um dich wohlzufühlen. Vielleicht sparst du insgesamt nichts ein.

• dass sich die Kälte der Wände bis in die Nachbarwohnung überträgt und ihre Behaglichkeit vermindert. Deine NachbarInnen heizen deswegen vielleicht mehr als sonst nötig.

• dass sich auf den ausgekühlten Wänden Feuchtigkeit niederschlägt und sie deswegen schimmeln, miefen und mit den Jahren bleibenden Schaden nehmen.

Du kannst kalte Böden mit Teppichen bedecken.

Leg Teppiche dort, wo du gehst und sitzt. Bei gleicher Temperatur fühlt sich ein Teppich wärmer an als ein unbedeckter Holz- oder Steinboden.

Mit einem Teppich erhöhst du also die Behaglichkeit, die vom Boden ausgeht, und vermeidest unnötiges Heizen.

Eine zusätzliche einfache Verbesserung: du trägst dicke Socken und warme Hausschuhe.

Du kannst abends Vorhänge vor die Fenster ziehen.

Du verbesserst die Behaglichkeit jedes Raums, wenn du im Winter abends die Läden oder Storen schliesst und Vorhänge vor die Fenster ziehst. Nimm Vorhänge aus einem nicht zu dünnen Stoff.

Die Vorhänge vor den Fenstern und die geschlossenen Läden sind gleichzeitig eine wirksame Dämmung gegen die Abstrahlung von Raumwärme nach aussen (siehe Abschnitt «Wärme nicht unnötig verlieren»).

Achtung: Die Vorhänge dürfen nicht vor Heizkörpern hängen. Sonst heizen diese die Luft hinter dem Vorhang und diese Wärme geht durch das Fensterglas verloren.

Du kannst kalte Wände mit Stoff bedecken.

Musst du aus Platzgründen Sitzplätze in der Nähe einer kalten Wand einrichten, dann bedecke die Wand mit einem Wandbehang oder einem Wandteppich. Er vermindert das Gefühl von Kälte und Zug.

Rück Sitzplätze wenn möglich von kalten Wänden weg.

Du gewinnst Behaglichkeit, wenn du Sitzplätze von einer Aussenwand an eine Innenwand oder in die Mitte des Raumes verlegst:

3. Indem wir richtig lüften

Die Theorie sieht so aus:

Frische Luft ist lebensnotwendig. Wir verbrennen im Körper dauernd den Sauerstoff aus der Luft. Auch Gaskochstellen und Holz-, Öl- oder Gas-Zimmeröfen verbrauchen Sauerstoff.

Damit wir uns wohlfühlen, müssen wir in die bewohnten Zimmer frische, sauerstoffhaltige Luft zuführen.

Dafür genügt es, ein Fenster ab und zu etwa fünf bis zehn Minuten richtig aufzumachen.

Und die Wirklichkeit so:

Wir lüften die meisten Wohnungen mehr, als für die Sauerstoffzufuhr notwendig ist.

Schau dir im Winter einmal Hausfassaden an: Immer wieder siehst du Fenster, die stunden- oder tagelang offenstehen.

Und hältst du dich in älteren Wohnungen und Häusern auf, so spürst du in der Nähe mancher Fenster, dass durch die Fugen nicht bloss ein wenig frische Luft eindringt, sondern vielmehr richtiggehend zieht.

Durch die offenen oder undichten Fenster und Türen lassen wir unnötig warme Luft entweichen.

Zwar kühlt nicht jeder Luftzug die Wohnung ab. Er kann sie jedoch so unbehaglich machen, dass du als Ausgleich zu stark heizt.

Undichte Fenster und Türen

Manchmal genügt es schon, wenn du bei einem Fenster den unteren Rand durch ein zusammengerolltes Tuch auf dem Fensterbrett abdichtest.

Vielleicht musst du jedoch sämtliche Fenster- und Türrahmen mit selbstklebenden Dichtungsbändern abdichten.

Schliesse offene Türen.

Du verminderst den Zug durch undichte Fenster und Aussentüren, wenn du möglichst konsequent auch die Türen im Innern des Hauses schliesst.

Schliess in der Wohnung die Türen von Zimmern, die du längere Zeit nicht benutzt.

Im Haus schliesst du die Windfangtüre im Hauseingang und die Türen vom Treppenhaus zum Keller und zum Estrich. Stehen sie offen, wirkt das Treppenhaus wie ein Kamin und zieht die erwärmte Luft aus dem Gang und den Wohnungen nach oben und durch das Dach nach aussen.

Fühlst du dich ohne häufiges oder sogar dauerndes Lüften unwohl?

Lässt du mit Absicht ein Fenster dauernd offenstehen? Dafür kann es verschiedene Ursachen geben. Einige davon kannst du beheben und das Lüften einschränken.

Sind einzelne Zimmer oder die ganze Wohnung überheizt?

Überheizt du selber deine Wohnung, dann liegt das vielleicht an einzelnen unbehaglichen Räumen oder sogar nur an einzelnen unbehaglichen Stellen.

Die Abhilfe liegt darin, dass du die Behaglichkeit verbesserst, wie weiter vorne beschrieben.

Heizen deine NachbarInnen so stark, dass es bei dir zu warm wird? Dann ist vielleicht ihre Wohnung unbehaglich. In diesem Fall ist Abhilfe nicht einfach. Es ist heikel und oft ganz unmöglich, andern dreinzureden, wenn es um ihre Wohnung geht.

Oder hat das Haus, in dem du wohnst, eine Heizanlage, die es dir unmöglich macht, weniger zu heizen? Das gibt es tatsächlich recht häufig.

Damit du die Wärme der Nachbarn oder der unmöglichen Heizanlage nicht weglüften musst, kannst du das Gegenteil von dem tun, was wir dir am Anfang des Kapitels geraten haben: Du ziehst dich in der Wohnung weniger warm an.

Lüftest du die Wärme weg, die von den Nachbarn oder der ungeeigneten Anlage kommt, so heizen sie vielleicht entsprechend noch stärker.

Ist die Luft in deiner Wohnung schlecht?

Schlecht riechende Luft verleitet zu häufigem Lüften. Und das Lüften zu mehr Heizen.

Umgekehrt: vermeidest du schlechte Gerüche, so musst du letztlich weniger heizen.

Zu häufigerem Lüften führen zum Beispiel abgestandener Tabakrauch, der Mief von alten, schlecht gereinigten Polstermöbeln und Teppichen, Küchengerüche, der Rauch von undichten Holzzimmeröfen.

Auch die Gerüche von Putzmitteln, Parfums, Seifen, Möbelpolituren und ähnlichem können zum Lüften verleiten.

Zwar nehmen wir jeden dieser künstlichen Gerüche für seinen bestimmten Zweck in Kauf oder wünschen ihn sogar. Zum Beispiel melden Hausfrauen durch den Geruch von Putzmitteln sich selber und dem Mann, der heimkommt, dass sie gearbeitet haben. Sichtbar ist das Putzen in einer dauernd sauberen Wohnung ja nicht.

Die Mischung von verschiedenen Putz- und Körperpflege-Düften macht jedoch die Luft für manche MitbewohnerInnen ungeniessbar.

Ist die Luft staubig?

Staubige Luft fühlt sich trocken an. Sie reizt Hals und Lungen. Sie verleitet zu (nutzlosem) Lüften. Sie verleitet dazu, Luftbefeuchter laufen zu lassen.

Zwar lässt sich Staub nicht ganz vermeiden.

Zum Teil kommt staubige Luft jedoch von unseren Putzmethoden. Der Staubsauger bläst kleinste, nicht sichtbare Staubteilchen hinten wieder hinaus und verteilt sie fein im ganzen Raum.

Es hilft, wenn du die Räume ab und zu mit dem Besen wischst und den Staub von den Böden feucht aufziehst.

Schläfst du bei offenem Fenster?

Kannst du (wie viele Menschen) nur gut schlafen, wenn ein Fenster im Schlafzimmer offen ist?

Dann schliess die Schlafzimmertür, damit die Kälte nicht in die andern Zimmer zieht. Und vergiss am Morgen nicht, das Schlafzimmerfenster wieder zu schliessen.

Hast du ein Cheminée?

Schliess die Kaminklappe, wenn du es nicht gerade brauchst. Durch das Kamin zieht sonst unnötigerweise dauernd warme Luft nach oben und hinaus.

Hast du Holz- oder Öl-Zimmeröfen, die du nicht benutzt?

Schliess die Klappe in ihrem Abzugsrohr. Schau bei Holzöfen, dass die Türchen zum Aschenraum und zum Brennraum dicht geschlossen sind. Sonst wirken auch diese Öfen wie ein Kamin.

Was ist mit der Luftfeuchtigkeit?

Egal, was die Werbung sagt: Du brauchst Luft nicht künstlich zu befeuchten.

Die Luft ist um so trockener, je wärmer sie ist.

Ein Gefühl von Trockenheit entsteht auch durch Staub oder Mangel an Sauerstoff.

Dass wir uns im Winter leichter erkälten, kommt davon, dass es Winter ist und kalt. Es kommt davon, dass wir weniger hinausgehen und uns weniger bewegen. Es kommt vielleicht davon, dass wir an den kurzen Tagen weniger Licht bekommen. Es kommt vielleicht davon, dass unsere Stimmung im Winter gedämpfter ist und dass dies unsere Abwehr schwächt.

Es gibt jedoch keinen Hinweis und schon gar keinen Beweis dafür, dass die trockenere Luft uns schadet.

Verwendest du keinen Luftbefeuchter, verbrauchst du weniger Strom.

4. Indem wir nicht unnötig Wärme abstrahlen lassen ■

Von der Wärme, die die Heizkörper in der Wohnung erzeugen, verlierst du bis zu einem Drittel oder mehr (je nach Fenstertyp) durch die Fensterflächen.

Eine der wirksamsten Massnahmen, um weniger zu heizen, ist: Du ziehst abends und immer, wenn du nicht zu Hause bist, vor allen Fenstern dicke Vorhänge. Du schliesst die Fensterläden oder lässt die Storen hinunter.

Hast du Vorfenster, so montierst du sie im Herbst.

Mit diesen einfachen Mitteln verlierst du nur noch halb so viel Wärme durch die Glasflächen wie vorher.

Zieh vor die Fenster Vorhänge...

...und schliesse die Läden oder lass die Storen hinunter.

Auch Glasflächen, die auf den Hausgang gehen, kannst du von innen mit Vorhängen dichten.

5. Indem wir kontrolliert heizen

Hast du die Möglichkeit, so spar Wärme, indem du die Heizung in jedem Raum deiner Wohnung oder deines Hauses einzeln fein regelst.

Verlass dich nicht allein auf zentrale Steuerungen, auf Raumthermostaten oder Thermostatventile an den Heizkörpern.

Regle die Temperatur

• von Auge: mit Thermometern

• und von Hand: indem du das Ventil an jedem Heizkörper (wenn du welche hast) einzeln aufdrehst oder schliesst.

Wie du die Lufttemperatur kontrollierst.

Es ist fast unmöglich, die Wärme der Luft gefühlsmässig richtig zu schätzen. Willst du beim Heizen sparen, musst du Thermometer verwenden.

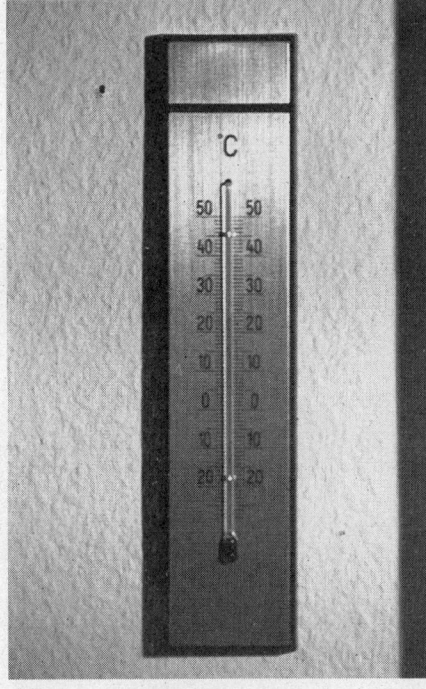

Häng in jedem Raum zwei Thermometer auf. Eines an eine Innenwand (gegen den Gang der Wohnung zu), eines an eine Aussenwand neben ein Fenster.

Die Temperatur an der Aussenwand ist in den meisten Räumen etwa ein bis zwei Grad tiefer als an der Innenwand.

Beträgt der Unterschied zwei Grad oder mehr, wird der Raum unbehaglich. Willst du dich auch in der Nähe der Aussenwand aufhalten

können, verbesserst du die Behaglichkeit wie im 2. Abschnitt dieses Kapitels beschrieben.

Thermometer bekommst du in allen Haushaltgeschäften. Sie zeigen die Wärme etwa auf 1 Grad genau an.

Willst du es ganz genau wissen, so kannst du einzeln geeichte Thermometer kaufen. Sie sind jedoch relativ teuer, und du bekommst sie nur in Spezialgeschäften.

Für den privaten Haushalt spielt eine Ungenauigkeit von 1 Grad jedoch keine Rolle. Begrenze die Lufttemperatur gemäss deinen Thermometern auf 19 Grad. Dann bist du ziemlich sicher, dass sie jedenfalls nicht mehr als 20 Grad beträgt.

Was alles einen Raum miterwärmt.

Dein Körper selbst gibt Wärme in den Raum ab. Im Schlaf etwa 60 Watt. Und bei körperlicher Anstrengung bis zu 600 Watt (das ist immerhin die halbe Heizwärme eines kleinen elektrischen Zimmerofens). Hast du eine grosse Gesellschaft zu Gast, kannst du die Heizung für diese Zeit vielleicht zudrehen.

Alle Lampen produzieren neben dem Licht auch Wärme. Der Eiskasten und der Kochherd geben Wärme ab.

Du kannst warmes Badwasser seine Wärme an den Raum abgeben lassen, bevor du es ablaufen lässt.

Denkst du rechtzeitig zum voraus an alle diese zusätzlichen Heizungen, kannst du vielleicht an manchen Tagen etwas weniger heizen.

Fang im Herbst so spät wie möglich zu heizen an.

Setz, bevor du zum ersten Mal heizt, alle bis hierher erläuterten Massnahmen ein, die dich gegen die Kälte und das Frieren schützen. (Du ziehst dich warm an, verbesserst die Behaglichkeit der Zimmer, kontrollierst die Lüftung und den Zug, ziehst Vorhänge, lässt die Storen herunter, montierst die Vorfenster und so weiter).

Du fängst erst zu heizen an, wenn du trotz dieser Massnahmen kalt bekommst. Und erst, wenn die Temperatur in den Zimmern unter 19 bis 20 Grad sinkt.

Kontrolliert heizen braucht Erfahrung.

Nimmst du dir vor, die Zimmer nicht über eine bestimmte Temperatur zu heizen, wirst du im

ersten und zweiten Winter merken, dass das gar nicht einfach ist.

Es wird dir immer wieder passieren, dass das Thermometer ein bis zwei Grad mehr oder weniger anzeigt, als du dir vorgenommen hast (meistens eher mehr).

Das liegt unter anderem daran,

• dass die Wände und die Luft in einem Raum sich langsam und ungleichmässig erwärmen oder abkühlen,

• dass die Steuerung der Zentralheizung relativ langsam auf Veränderungen der Aussentemperaturen reagiert,

• dass die Thermostatventile an den Heizkörpern nur auf die Temperatur in ihrer nächsten Umgebung, jedoch nicht auf diejenige an der Wand gegenüber reagieren,

• dass sich die Räume der einzelnen Wohnung und des ganzen Hauses gegenseitig und mit Verzögerung beeinflussen.

Bis eine Massnahme sich ausgewirkt hat, können Stunden und sogar Tage vergehen. Solange musst du abwarten, bevor du eine Einstellung erneut änderst.

Bis dahin ist jedoch vielleicht auch die Temperatur ausserhalb des Hauses um mehrere Grade gestiegen oder gesunken, und du kannst mit der Feinregelung von vorne anfangen.

Es ist normal, dass du einen oder zwei Winter experimentieren musst, bis du die Heizung einigermassen im Griff hast.

Notiere wenn möglich den Heizmaterialverbrauch über Jahre hinweg.

Wieviel Heizöl, Gas, Strom oder Holz du sparst, weisst du auch erst nach zwei bis drei Wintern. Es lässt sich ja nicht jeder Winter mit jedem andern vergleichen.

Nimm – falls du sie noch hast – die alten Heizkostenabrechnungen, um den neuen Verbrauch mit dem von früheren Jahren zu vergleichen.

Als MieterIn in einem Mehrfamilienhaus erfährst du erst mit der individuellen Heizkostenabrechnung, wieviel du persönlich sparst.

Spare bitte dennoch sofort soviel Heizung wie möglich. Die Umwelt soll nicht auf unsere individuellen Abrechnungen warten.

Heizen, Lüften

Die einzelnen Heizsysteme

Zentralheizung

Hast du einen Thermostat in der Wohnung?

Du kannst mit dem Thermostat die Temperatur im Raum regeln, in dem er angebracht ist. Benutze ihn, um die Temperatur nach oben zu begrenzen.

Verlass dich jedoch nicht auf den (oder die) Thermostaten allein. Kontrolliere die Temperatur in allen Räumen zusätzlich mit den Wandthermometern.

Regelt der Thermostat die Temperatur nicht fein genug, dann stell die Heizung in den einzelnen Räumen von Hand höher oder tiefer ein.

Die Heizkörper

Entferne alle Verschalungen, Möbel und Vorhänge vor den Heizkörpern. Die Luft muss frei durch sie hindurchströmen können.

Bei Heizkörpern, die an einer Aussenwand (unter einem Fenster) angebracht sind, lohnt es sich, die Wand dahinter mit einer Heizkörperfolie aus Aluminium zu überziehen.

Die Folie strahlt die Wärme in den Raum zurück, die der Heizkörper an die Aussenwand abgibt. Du musst die Folie stets sauber und glänzend halten, sonst verschluckt sie die Wärme, statt sie zurückzustrahlen.

Heizt ein Heizkörper nicht mehr richtig auf oder kannst du das Ventil nicht mehr ganz schliessen, dann lass einen Monteur kommen, der ihn in Ordnung bringt.

Dass der Heizkörper nicht mehr warm wird, liegt oft daran, dass er Luft enthält. Das können ein Hauswart oder eine Hauswartin meist selber in Ordnung bringen.

Bist du im Haus für die Zentralheizung zuständig?

Dann kannst du die Temperaturen für das ganze Haus nach oben begrenzen. Du kannst verhindern, dass ganze Wohnungen oder Räume dauernd überheizt sind.

Damit verhinderst du, dass einzelne MitbewohnerInnen die Temperatur in ihrer Wohnung durch häufiges oder dauerndes Lüften regeln, statt die Heizung niedriger zu stellen.

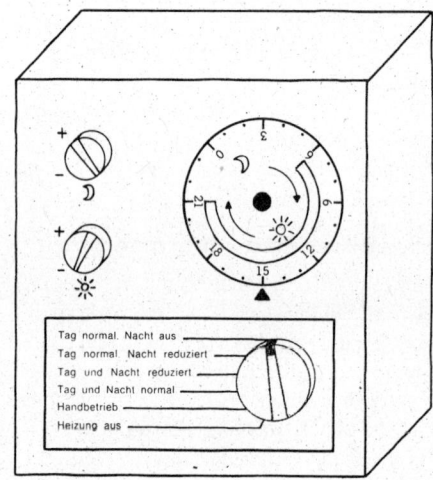

An der Schaltuhr, mit der die meisten Zentralheizungen ausgerüstet sind, findest du einen Knopf für die Tages- und einen für die Nachttemperatur.

Stell die Tagestemperatur um einen bis zwei Striche niedriger ein.

Warte einige Tage, bis sich die Änderung auf die Temperaturen in den einzelnen Wohnungen und Räumen ausgewirkt hat und bis die MitbewohnerInnen ihre Heizkörper neu eingestellt haben. Das tun sie automatisch, falls ihnen zu kühl geworden ist.

Prüfe in deiner eigenen Wohnung: Ist dein Wohnzimmer überheizt, wenn du seine Heizkörper voll aufdrehst? Dann ist die Zentralheizung immer noch zu hoch eingestellt.

Stell die Tagestemperatur an der Steuerung noch einmal einen halben bis einen ganzen Strich tiefer. Warte wieder ein paar Tage. Wiederhol den Vorgang, falls nötig.

In der Nacht

kannst du in den meisten Häusern die Heizung ganz ausschalten oder zumindest tiefer einstellen. Stell dafür den Knopf für die Nachttemperatur auf das Minuszeichen.

Abschalt- und Einschalt-Zeit: Willst du zum Beispiel ab 22 Uhr nicht mehr heizen, dann programmier auf der Schaltuhr das Abschalten (oder das Tieferstellen) auf etwa 19 bis 21 Uhr.

Du musst die richtigen Zeiten für das Abschalten am Abend und das Wiedereinschalten am Morgen durch Ausprobieren herausfinden. Sie hängen vom einzelnen Haus und von der Heizung ab.

Auch bei der Nachttemperatur und der Abschalt- und Einschalt-Zeit musst du ein paar Tage abwarten, wie sich eine Einstellung auswirkt, bevor du erneut etwas änderst.

Wo ist die untere Grenze?

An der unteren Grenze liegst du, wenn einzelne MitbewohnerInnen ihre Zimmer nicht mehr auf 20 Grad erwärmen können. Ältere Menschen brauchen eventuell 21 bis 23 Grad.

Wände dürfen nicht so stark auskühlen, dass sie feucht werden und schimmeln. 16 Grad sind in der Regel das Minimum für die Wärme von Wänden im Wohnbereich.

Fragen lohnt sich.

Heizung zu sparen ist eine der ganz dringenden Umwelt-Aufgaben im privaten Haushalt.

Bist du nicht sicher, was du alles unternehmen kannst, um Heizung zu sparen, dann frag unbedingt die nächste Energieberatungsstelle. Du findest sie im Telefonbuch oder über die Gemeindeverwaltung.

Gut Bescheid wissen auch die Fachleute der Heizungsfirmen und die Kaminfeger.

Musst du für eine Beratung etwas bezahlen, dann lohnt sich das sowohl für dich wie für die Umwelt.

Zimmeröfen

Elektrische Zimmeröfen

Heize möglichst wenig mit elektrischen Zimmeröfen. Heizungen sind kein gutes Einsatzgebiet für Strom. Sie nutzen die Energie schlecht aus, die im Strom steckt.

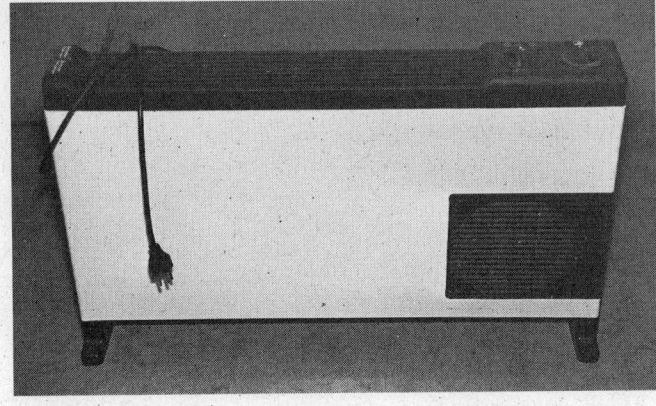

Elektrische Zimmeröfen mit Wärmespeicher nutzen den Strom etwas besser als die alten Öfen mit den glühenden Drähten.

Hast du die Wahl, so heize eher mit einen Gas-Zimmerofen mit Katalysator.

Öl- und Holz-Zimmeröfen

Diese Zimmeröfen (auch neuere Modelle) belasten die Luft stärker mit schädlichen Abgasen als Zentralheizungen und nutzen die Energie ihrer Rohstoffe schlecht aus.

Du kannst versuchen, ihre Wärme etwas besser zu nutzen und die Schadstoffe der Abgase etwas zu vermindern.

Vergrössere den Abzug.

Damit mehr Wärme ins Zimmer abstrahlt (und nicht durch den Kamin ins Freie zieht), kannst du das Abzugrohr verlängern.

Du verlängerst es mit einer zusätzlichen Windung oder durch ein Register.

Frag den Kaminfeger, ob und wieviel du den Abzug vergrössern darfst. Vergrössere ihn nicht nach deinem eigenen Gutdünken. Er darf nicht zu lang oder zu weit werden, sonst verliert er Zug, und das ist gefährlich.

Stell eventuell den Ofen weiter von der Wand weg.

Ein längeres Abzugrohr erlaubt dir, den Ofen ein Stück von der Wand wegzurücken. Vielleicht kannst du so den behaglichen Bereich des Raumes vergrössern und musst weniger stark heizen.

Führ die Luft von aussen zu.

Der Zimmerofen zieht Luft aus dem Zimmer an und verbrennt ihren Sauerstoff. Frische Luft zieht durch die Ritzen von Wänden, Fenstern und Türen in den Raum.

Ist diese Dauerlüftung zu stark, kühlt sie den Raum ab und macht ihn unbehaglich. Das vermeidest du, indem du frische Luft durch ein Rohr von ausserhalb des Hauses direkt in den Ofen ziehen lässt.

Die (neuen) Cheminée-Einbauöfen haben in der Regel einen Anschluss für die Luftzufuhr von aussen. Die meisten älteren Zimmeröfen haben leider keinen solchen Anschluss.

Blech oder Folie an der Wand?

Ein Blech oder eine Metallfolie an der Wand hinter dem Ofen lässt Wärme in den Raum zurückstrahlen, die sonst die Wand erwärmen würde.

Bei einer Innenwand ist das nicht unbedingt ein Vorteil. Vielleicht trägt die warme Wand zur Behaglichkeit der Wohnung bei.

Holz-Zimmeröfen

Für Zimmeröfen ist Holz kein speziell umweltfreundlicher Brennstoff.

Gegenüber Öl und Gas hat es jedoch Vorteile:

• Es fällt als Rohstoff in unseren Wäldern im Moment im Überfluss an.

• Es belastet die Luft nicht mit zusätzlichem Kohlendioxid und trägt deshalb nicht zum Treibhauseffekt bei.

• Es enthält keinen Schwefel und produziert deshalb kein Schwefeldioxid.

Hast du Zeit und Lust auf Arbeit, kannst du dein Holz in vielen Gemeindewäldern selbst zurichten. Diese Arbeit ist für die Umwelt sinnvoll: du trägst eigenhändig ein wenig zur Waldpflege bei, für die es überall an Arbeitskräften fehlt.

Trockne die Meterspälte mindestens einen Sommer lang und die gespaltenen Scheite nochmals einen Sommer.

Bei Holz- und Brennstoff-Handlungen kannst du jederzeit gut getrocknetes Holz kaufen.

Verbrenn kein Bau- oder Möbelholz.

Alte Möbel, altes Bauholz und Spanplatten sind praktisch immer mit Holzschutzmitteln, Lacken, Leimen etc. behandelt. Diese bilden beim Verbrennen zum Teil giftige Gase.

Solches Holz gehört nur in grosse Öfen (zum Beispiel die der Kehrichtverbrennungsanstalten) mit Rauchgasreinigung.

Die meisten Zimmeröfen sind gar nicht für das Verbrennen von Holz konstruiert.

Sie sind eigentlich zum Verbrennen von Kohle und Briketts bestimmt.

Kohle braucht beim Verbrennen Luftzufuhr von unten. Deshalb ist der Boden des Feuerraums ein Rost und hat die Tür zum Aschenraum eine Luftklappe.

Für das Feuern mit Holz ist diese Konstruktion falsch. Bekommt Holzfeuer Zug von unten, werden die Flammen zu wenig heiss. Die Gase (die sich beim Verbrennen aus dem Holz lösen) verbrennen noch unvollständiger als ohnehin in einem Zimmerofen und ziehen als russiger Qualm zum Kamin hinaus.

Deck deshalb in alten Zimmeröfen den Rost mit einer Platte aus Eisen oder Stein ab. Eine Eisenplatte kann dir ein Schlosser nach Mass anfertigen.

Hast du (noch) keine Platte, verbesserst du die Verbrennung ein wenig, indem du die Tür zum Aschenraum und ihre Luftklappe so dicht wie möglich verschliesst.

Auch der Brennraum muss dicht sein. Sonst zieht er durch die Ritzen Luft an, die die Flammen abkühlt, und die Gase verbrennen schlechter.

Der Holzofen kann durch undichte Stellen auch rauchen. Das macht die Luft im Raum stickig und zwingt dich, mehr zu lüften.

So prüfst du, ob der Ofen dicht ist:

Du öffnest (wenn du nicht heizt und der Ofen kalt ist) die Abzugsklappe im Ofenrohr. Du verschliesst die Türchen und Luftklappen von Brennraum und Aschenraum so dicht wie möglich.

Du fährst mit einer brennenden Kerze langsam nahe an allen Fugen, Türrändern und Luftklappen des Ofens entlang. Zieht es die Flamme zum Ofen, ist diese Stelle undicht.

Lass den Ofen von einem Ofensetzer dichten. Dein Kaminfeger kann dir einen nennen.

Wie du mit Holz anfeuerst.

Mach eine Pyramide aus sehr trockenen Spänen. Steck sie mit einer Handvoll lose zerknüllten Papiers (keine Farbdrucke) in Brand.

Sobald die Späne Feuer gefangen haben, legst du dünne Scheite locker darüber. Das Feuer darf nur am Anfang weiss rauchen. Das ist die Restfeuchte des Holzes, die verdampft.

Lass dem Feuer am Anfang viel Luft durch die Brennerraum-Luftklappe. Drossle die Luftzufuhr erst, wenn die Scheite mit langen Flammen brennen. Dann ist das Feuer etwa 300 Grad heiss, und du verbrennst etwa vier Fünftel der Holzmasse.

Noch besser verbrennst du das Holz, wenn du die Luft erst drosselst, wenn es als Holzkohle glüht.

Du verminderst den Verlust von Wärme durch den Kamin nicht, indem du die Luft unten drosselst, sondern indem du im Ofenrohr die Klappe etwas zumachst.

Heize nicht mit Kohle oder Briketts.

Obwohl Zimmeröfen eigentlich für Kohlefeuer konstruiert sind: heize nicht mit Kohlen oder Briketts. Von allen Brennstoffen produzieren sie am meisten Schadstoffe.

Der Smog, der früher in grossen Regionen (zum Beispiel in London und im Ruhrgebiet) die Menschen zu Hunderttausenden sterben liess, war nichts anderes als die Mischung von Kohle-Abgasen mit feuchter Luft.

Heize auch nicht mit Papier und Papierbrikkets. Papier enthält Leime und andere Stoffe, die beim Verbrennen Schadstoffe bilden.

Gas-Zimmeröfen mit Katalysator

Hast du die Wahl, dann heize mit einem Gas-Zimmerofen. Der Gasofen verwandelt seinen Rohstoff besser in Wärme als eine elektrische Zimmerheizung und produziert weniger Luftschadstoffe als Öl- und Holz-Zimmerheizungen.

Du kannst den Gasofen mit Propan- oder Butangas aus Mehrweg-Behältern betreiben. Für die ersten Behälter zahlst du ein Depot. Dann tauschst du die leeren gegen volle aus und zahlst nur noch die Füllung.

Du kannst den Ofen auch an die Erdgasleitung des Hauses anschliessen lassen (wenn es eine hat).

Gas-Zimmeröfen brauchen keinen Kamin. Sie haben eine grosse Katalysatorfläche, die die Abgase auflöst.

Gas-Zimmeröfen brauchen genug Frischluft.

Heize mit den Butan- und Propangas-Zimmeröfen nur Räume, die du ab und zu lüftest. Heize damit kein Schlafzimmer.

So verminderst du die schädlichen Abgase von Öl-Zimmeröfen.

Verbrenne nur Heizöl Extra-Leicht. Es enthält am wenigsten Schwefel. In Kannen bekommst du heute immer dieses Öl geliefert.

Vermeide beim Anzünden Rauch und Russ. Der Kesselboden soll nur gerade angefeuchtet sein, wenn du das Öl anzündest.

Stell die Ölzufuhr so tief, dass die Flamme blau brennt. Ist sie gelb, dann ist sie zu wenig heiss, das Öl verbrennt unvollständig und produziert viel Russ.

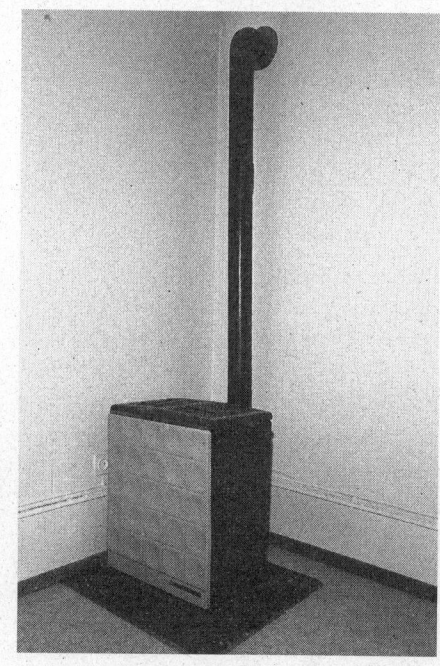

Das Warmwasser

Zentrale Warmwasserversorgung

Je heisser das Warmwasser im Hause ist, desto mehr Heizöl, Gas oder Strom verbraucht es. Der Grund: Es geht mehr Wärme im Speicher und in den Leitungen verloren.

Im Haushalt genügt es, wenn das Wasser etwa 45 bis 50 Grad warm aus den Leitungen kommt.

Falls du gehört hast, dass das Wasser wegen den Bakterien heisser sein sollte: das stimmt für den privaten Haushalt in der Schweiz nicht.

Zirkuliert das Warmwasser

ununterbrochen in den Leitungen (so dass sofort warmes Wasser fliesst, wenn du einen Hahnen öffnest)? Bei diesem System geht in den Leitungen viel Wärme verloren.

Für die Umwelt lohnt es sich, die Zirkulation abzustellen, zumindest in der Nacht mit einer Schaltuhr. Ohne die Zirkulation müssen die MitbewohnerInnen, die am weitesten vom zentralen Boiler entfernt sind, manchmal einen kleinen Moment das Wasser laufen lassen, bis es warm fliesst. Für die Umwelt lohnt sich dieser Aufwand.

Hast du einen Elektroboiler in der Wohnung?

Stell seinen Thermostat so ein, dass das Wasser nicht heisser als 45 bis 50 Grad aus dem Hahnen kommt.

Schalte den Boiler aus, wenn du einen Tag oder länger nicht zu Hause bist. Das Wiederaufheizen braucht weniger Strom als das Durchheizen.

Hast du einen Gas-Durchlauferhitzer?

Brennt seine Zündflamme dauernd, verbraucht sie pro Jahr etwa gleichviel Gas wie das Erhitzen des Wassers.

Für die Umwelt ist es sinnvoll, wenn du die Zündflamme nach dem Gebrauch abstellst. Lass sie jedenfalls nicht brennen, wenn du sie ein paar Stunden oder Tage nicht mehr brauchst.

Durch den Kamin des Durchlauferhitzers zieht (wie durch das Kamin eines Cheminées) dauernd warme Luft aus dem Raum hinaus. Lass von einem Sanitärinstallateur eine Klappe einbauen, die sich automatisch öffnet und schliesst. Bau die Klappe auf keinen Fall selber ein. Funktioniert sie falsch, ist das lebensgefährlich.

Renovieren, Umbauen und Neubauen

Hast du die (finanzielle) Möglichkeit, ein Haus zu renovieren oder gar neu zu bauen, so eröffnen sich dir zahlreiche weitere Möglichkeiten, die Umwelt beim Heizen und bei der Warmwasserversorgung zu entlasten:

• Beim Neubau durch wärmesparendes Baumaterial, geeignete Konstruktionen und moderne Heizanlagen.

• Beim Renovieren durch Isolationen und durch eine neue Heizung.

• Durch Sonnenkollektoren, die Warmwasser erzeugen.

Welche Einrichtungen im konkreten Fall am meisten sparen helfen, können dir Energiefachleute, Heizungsfachleute, deine Architektin oder dein Architekt sagen.

Lass dich auch beraten, wenn du dein Haus oder deine Wohung selber renovieren willst. Es nützt der Umwelt nichts, wenn du zum Beispiel Isolationen am falschen Ort anbringst oder wenn du Isoliermaterial verwendest, das die Umwelt mehr belastet, als es je Heizung sparen hilft.

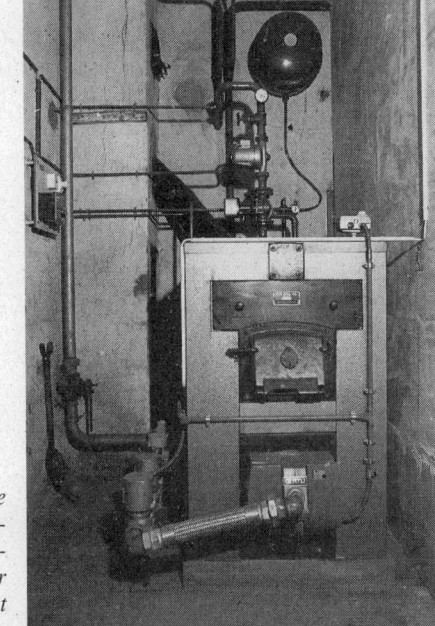

In vielen Häusern würde der Ersatz des (veralteten) Heizkessels den Verbrauch an Heizöl oder Gas sofort um 10 Prozent senken.

Was du in deiner
Freizeit für die
Umwelt tun kannst:

Du kannst:

• für deine Hobbies keine Geräte
  und Maschinen anschaffen,
  die du nicht benutzt,

• weniger Dinge kaufen, die nur
  Ramsch und Gags sind
  und rasch im Abfall landen,

• weniger Batterien verbrauchen,

• weniger Papier verbrauchen,
  und dadurch weniger Holz und Strom
  verbrauchen und weniger Abwässer
  produzieren,

• weniger Sportanlagen beanspruchen,
  die Landschaften zerstören,

• weniger Benzin und Flugbenzin
  verbrauchen, und damit weniger
  Kohlendioxid und andere schädliche
  Abgase produzieren,

• in deinen Ferien nicht andere Menschen
  als billige Arbeitskräfte brauchen
  und nicht zur Zerstörung ihrer Kultur
  und ihrer lokalen Lebensgrundlagen
  beitragen.

Wie du Papier sparen kannst

Die PapierherstellerInnen, Druckereien und Werbeagenturen freuen sich natürlich über alle LeserInnen, die Zeitungen und Zeitschriften kaufen. Die Verlage und Buchhandlungen freuen sich über alle, die Bücher als Geschenke kaufen.

Die Umwelt hat weniger Grund zur Freude. Sie gibt für unseren Papierkonsum Holz, Erdöl und andere Rohstoffe her.

Dafür bekommt sie Schmutz und Gift ins Wasser, in die Luft und in die Böden.

Ein (recht grosser) Teil unseres Papierverbrauchs ist gedankenlose Verschwendung.

Verschwendet sind alle die geschenkten Bücher, die sich die EmpfängerInnen nicht gewünscht haben und die sie nie lesen werden. Verschwendet sind Bücher, die wir uns selber kaufen und nach zehn Seiten zu langweilig zum Lesen finden.

Verschwendet sind alle Zeitungen und Zeitschriften, die wir uninteressiert überfliegen und dann wegwerfen.

Verschwendet sind alle Gratisanzeiger, Prospekte und adressierten Werbesendungen, die wir aus dem Briefkasten direkt in den Kehrichtsack stopfen oder der Altpapiersammlung übergeben.

Gegen diese Verschwendung kannst du einiges tun.

Kauf Bücher gezielter.

Schenke wenn möglich nur Bücher, die sich die zu Beschenkenden ausdrücklich wünschen.

Bevor du dir Bücher aufs Geratewohl kaufst: leihe sie zuerst bei FreundInnen oder bei einer Bibliothek aus. Kaufe sie erst, wenn du weisst, dass du sie jederzeit zur Hand haben willst.

Leih deine Bücher grosszügig aus, damit andere sie nicht unnötig kaufen müssen.

Schreib dir auf, wem du welche Bücher leihst, und scheue dich nicht, sie zurückzuverlangen.

Flohmarkt und Brockenhaus

Auf dem Flohmarkt, im Brockenhaus und in Buchantiquariaten findest du Bücher, Fach- und Kunstzeitschriften. Umsehen lohnt sich auf jeden Fall.

Gib Bücher, die du nicht behalten willst, nicht gleich der Altpapiersammlung.

Für viele findet sich wieder ein(e) InteressentIn. Schenke sie z.B. einem Brockenhaus oder

KollegInnen, die auf Flohmärkten einen Stand haben.

Teile Bücher.

Du wirst zum Beispiel das Umweltkompendium nicht jeden Tag und nicht immer sofort brauchen.

Sag also anderen, dass du es besitzt und dass sie es jederzeit bei dir holen dürfen, um darin zu lesen.

Bei Krimis und Comics ist das Tauschen und Leihen ein alter Brauch. Warum führen wir ihn nicht auch bei Sachbüchern und sogenannt schöner Literatur ein?

Benütze Bibliotheken.

In der Schweiz gibt es viele Bibliotheken mit interessanten und reichhaltigen Büchersammlungen.

• Gemeindebibliotheken
• Städtische Bibliotheken
• Schulbibliotheken
• Gewerbebibliotheken
• Universitätsbibliotheken
• Staatsarchive
• Facharchive
• Museumsbibliotheken
• Vereinsbibliotheken

Du findest z.B. Romane, Erzählungen, Biographien, Kunst- und Fotobücher, Sciencefiction, Nachschlagewerke, Hobbybücher, Kinder- und Jugendbücher, Krimis, Gedichte, Comics und Bücher in anderen Sprachen.

Wenn dein Kind gern und viel liest, dann zeige ihm, wo Bibliotheken sind und wie es sie benützen kann. Schenke ihm einen Mitglieder- oder Benützerausweis.

Auch Tages- und Wochenzeitungen liegen in vielen Bibliotheken auf.

Grosse Bibliotheken und Archive haben Bücher und Zeitschriften zu vielen Spezialgebieten. Bei Zeitschriften musst du möglicherweise einige Tage warten, bis die neueste Ausgabe aufliegt.

Manche Bibliotheken leihen Fachzeitschriften nicht aus. Im Lesesaal kannst du sie jedoch in aller Ruhe lesen und entscheiden, welche Artikel für dich wichtig sind. Diese kopierst du heraus.

In einigen Städten gibt es Lesegesellschaften,

die eine grosse Auswahl – auch an internationalen Zeitungen – haben, die du in ruhigen Lesesälen durchsehen kannst.

Kauf und abonnier weniger Zeitungen und Zeitschriften.

Viele abonnierte Zeitungen und Zeitschriften landen praktisch ungelesen im Altpapier oder im Kehrichtsack, weil du keine Zeit zum Lesen hast.

Abonnier nur, was du wirklich regelmässig liest. Kauf einzelne Exemplare am Kiosk oder im Zeitschriftenladen. Oder lies sie in einer Bibliothek oder im Restaurant zum Kaffee.

Verzichte auf spezielle TV-Programmzeitschriften, wenn du in der Tageszeitung oder in der Wochenzeitschrift eine Fernseh- und Radioübersicht hast. In den meisten Haushalten sind diese Programme doppelt und dreifach vorhanden.

In den meisten Cafés findest du lokale Tageszeitungen und aktuelle Zeitschriften.

Schon jetzt teilen einige Frauen und Männer Zeitungen und Zeitschriften mit Nachbarn, FreundInnen und ArbeitskollegInnen.

Lass Zeitschriften im Zug oder im Restaurant für andere liegen, wenn du sie gelesen hast.

Die meisten Haushalte könnten ihren Altpapierberg leicht auf die Hälfte reduzieren.

Verzichte auf Gratisanzeiger, die du nicht brauchst.

Wir haben nichts gegen Gratisanzeiger. Sie helfen uns, wenn wir z.B. eine Wohnung suchen oder anbieten möchten. Sie sagen uns, welche Veranstaltungen wann stattfinden.

Unnötig ist hingegen, dass jeder Haushalt von jeder Ausgabe ungefragt ein Exemplar bekommt.

Du brauchst keinen Gratisanzeiger, wenn du eine Tageszeitung mit einem ausführlichen lokalen und regionalen Inseratenteil und Veranstaltungskalender abonniert hast.

In vielen Mehrfamilienhäusern würden ein oder zwei Exemplare für das ganze Haus genügen.

Unser Vorschlag: Leg ein Exemplar des Gratisanzeigers im Hausgang auf ein Brett. Wer ihn braucht, holt ihn, schaut nach und legt ihn zurück. Nützlich ist eine kleine Schiefertafel mit Kreide, auf der die BenützerInnen notieren: «Anzeiger bei Müllers».

Damit die VerträgerInnen nicht mehr alle Briefkästen bedienen, müsst ihr gut sichtbar einen Kleber an den Briefkästen anbringen:

«Bitte keine Gratisanzeiger (Titel unbedingt einzeln aufführen) in diesen Briefkasten. Danke.»

Wir brauchen KEINEN

- Baslerstab
- doppelstab
- und andere gratisanzeiger

Wenn das allein nichts nützt, musst du bei den Anzeigern anrufen und ausdrücklich betonen, dass du es mit dem Kleber ernst meinst.

Stoppe die unadressierte Werbung.

Die unadressierte Werbung kannst du heute leicht stoppen. Du klebst einen der folgenden Kleber auf deinen Briefkasten:

Du bekommst diese Kleber für 1 Franken in Bio-Läden, Drittweltläden und Oekoläden. Den Stopp-Kleber bekommst du beim Schweizerischen Konsumentenbund (Telefon 031–22 56 24) und den Keine-Reklame-Kleber beim Konsumentinnenforum (01–252 39 14) für einen Franken.

Die Verteilorganisationen und die Post halten sich meist an diesen Wunsch und verschonen dich mit unadressierten Prospekten und Warenmustern.

STOPP! BITTE KEINE REKLAME IN DIESEN BRIEFKASTEN. DANKE.

SKB SCHWEIZERISCHER KONSUMENTENBUND · KRAMGASSE 58 · POSTFACH · 3000 BERN 7

AUCH IN DIESEN BRIEFKASTEN BITTE KEINE REKLAME

Papier sparen

Der Kampf gegen die adressierte Werbung

Damit du keine unerwünschten adressierten Drucksachen mehr bekommst, musst du mehrere Schritte unternehmen.

Du brauchst ziemlich viel Ausdauer, bis du die Papierflut eingedämmt hast.

Ein Kleber am Briefkasten nützt nichts gegen adressierte Sendungen. Die Post ist verpflichtet, sie zuzustellen.

Erstens: Lass deine Adresse sperren.

Einen Teilerfolg hast du schon, wenn du deine Adresse sperren lässt.

Wenn du noch nicht lange am jetzigen Ort wohnst, lässt du am besten auch die frühere Adresse sperren.

Schreibe den abgebildeten Text (zum Beispiel auf Postkarten) an die angegebenen Empfänger.

An den Schweizerischen Verband für Direktmarketing (SVD), Postfach, 3001 Bern

Datum

Betrifft Robinsonliste

Sehr geehrte Damen und Herren

Ich möchte meine Adresse für Werbung sperren. Ich bitte Sie daher, meine untenstehende Adresse bei allen Ihren Mitgliedern löschen zu lassen. Besten Dank im voraus.

Mit freundlichen Grüssen

Name, Vorname, Strasse und Nr., PLZ und Ort

Der SVD informiert alle ihm angeschlossenen Mitglieder über die Sperrung und schickt dir eine Bestätigung.

An die Fernmeldedirektion Abonnementsdienst Postleitzahl und Ort

Datum

Sehr geehrte Damen und Herren

Ich bitte Sie, meine Adresse für den Verkauf zu Werbezwecken zu sperren. Besten Dank im voraus.

Mit freundlichen Grüssen

Name, Vorname und Adresse

Unterschrift

Im Telefonbuch findest du auf einer der ersten Seiten eine Liste der verschiedenen Fernmeldedirektionen.

An die Einwohnerkontrolle Postleitzahl, Gemeinde

Datum

Sehr geehrte Damen und Herren

Ich bitte Sie, meine Adresse für den Verkauf zu Werbezwecken zu sperren. Besten Dank im voraus.

Mit freundlichen Grüssen

Name, Vorname, Strasse und Nr., PLZ und Ort

Zweitens: Informiere deine Banken, Lieferanten etc.

Banken, Versicherungen, Kreditkarten-Firmen, Buchhandlungen etc., mit denen du regelmässig zu tun hast, legen dir oft zum Kontoauszug, zur Buchrechnung etc. unnötige Prospekte bei.

Rufe sie an und bestehe darauf, dass sie dich nur mit den Auszügen, Rechnungen etc. beliefern, die du benötigst.

Verzichte notfalls auf die Dienste von Firmen, die sich nicht an deinen Wunsch halten.

Drittens: Schick die Sendung zurück.

Die Post ist verpflichtet, alle Sendungen, deren Annahme du verweigerst, zurückzusenden. Sie berechnet das Porto dem Empfänger und nicht dir.

Streiche deine Adresse auf Couverts und Päckchen gut sichtbar durch.

Bringe folgenden Vermerk gut sichtbar beim Absender an:

«Zurück an Absender. Annahme verweigert. Bitte streichen Sie meine Adresse.»

Schreibe es von Hand drauf oder verwende den folgenden Kleber des Schweizerischen Konsumentenbunds:

RESPINTO-REFUSE-ZURUECK

**Favorite cancellare il mio indirizzo
S. v. p. rayez-moi de votre fichier
Bitte meine Adresse streichen**

ACSI   FRC   KF   SKB-FSC

Wenn kein Absender drauf ist, öffnest du das Couvert oder die Schachtel, schreibst die Adresse auf die Verpackung, klebst sie wieder zu und schreibst den Text drauf.

Wirf die unerwünschten Sendungen so beschriftet in einen Briefkasten.

Express unfrankiert zurückschicken nützt nichts.

Die EmpfängerInnen müssen eine unfrankierte Expressendung nicht annehmen und auch das Porto nicht bezahlen. Steht dein Absender nicht drauf, hast du nur der Post Umstände gemacht, ohne dass sich für die Umwelt etwas ändert. Wir empfehlen dir diese Methode nicht.

Ganz kannst du die adressierte Werbung kaum eindämmen.

Deine Adresse steht im Telefonbuch und jedermann/frau kann sie gratis verwenden.

Vielleicht hast du deine Adresse selber schon an einigen Orten hinterlassen. Z.B. hast du an Wettbewerben teilgenommen, Reisen gebucht, mit Kreditkarten bezahlt, Versicherungen abgeschlossen, Zeitschriften und Zeitungen abonniert, bist in einem Verein, hast ein Auto gekauft, auf Rechnung Waren bestellt oder über Versandhandel Waren eingekauft.

Vielleicht haben die PTT oder das Einwohnerkontrollamt deiner Gemeinde deine Adresse schon an verschiedene Firmen verkauft, bevor du sie gesperrt hast.

Deine Adresse ist eine Ware. Sie wird verkauft und vermietet. Manche Firma, die dir etwas Unerwünschtes sendet, weiss nicht, auf welchen verzweigten Wegen deine Adresse bis zu ihr gelangt ist.

Aufgepasst:

Hinter Gratiswettbewerben und besonders günstigen Versandhandels-Angeboten in Zeitungsinseraten steckt manchmal nur eines:

Die AnbieterInnen suchen Adressen von Leuten, die auf schriftliche Werbung eher reagieren als andere.

Bist du einmal in ihrer Kartei, bekommst du regelmässig adressierte Werbesendungen.

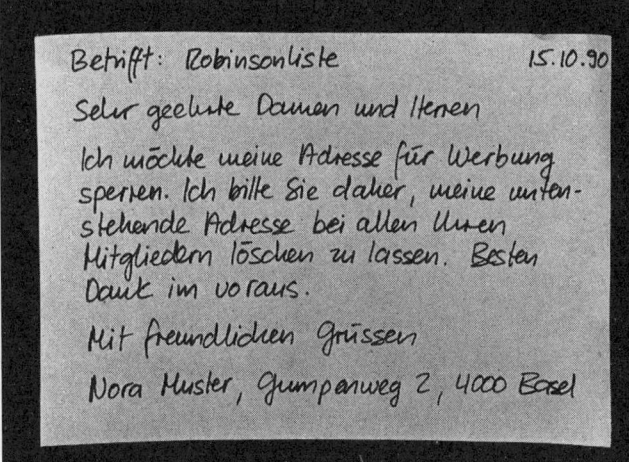

Betrifft: Robinsonliste   15.10.90

Sehr geehrte Damen und Herren

Ich möchte meine Adresse für Werbung
sperren. Ich bitte Sie daher, meine unter-
stehende Adresse bei allen Ihren
Mitgliedern löschen zu lassen. Besten
Dank im voraus.

Mit freundlichen Grüssen

Nora Muster, Gumpenweg 2, 4000 Basel

Adresse sperren: beim Verband für Direktwerbung

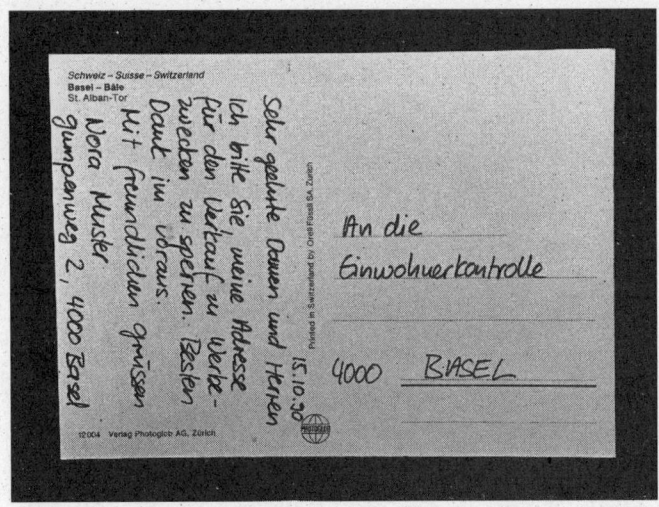

Adresse sperren: bei der Einwohnerkontrolle

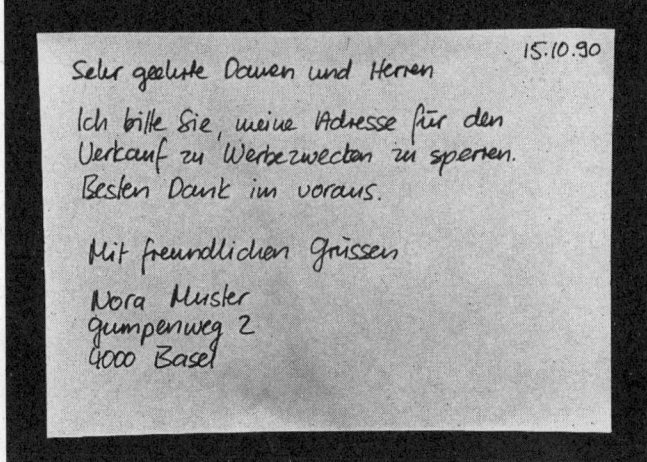

                                           15.10.90

Sehr geehrte Damen und Herren

Ich bitte Sie, meine Adresse für den
Verkauf zu Werbezwecken zu sperren.
Besten Dank im voraus.

Mit freundlichen Grüssen
Nora Muster
Gumpenweg 2
4000 Basel

Adresse sperren: bei der Fernmeldedirektion

Unerwünschte Sendungen zurückschicken

Was kannst du im Heimbüro für die Umwelt tun?

Du kannst

- weniger Strom, Papier, Kunststoffe, Farbstoffe, Lösungsmittel und andere giftige Chemikalien verschwenden,
- statt neuem (weissem) Papier rezykliertes Altpapier verwenden,
- Maschinen und ihr Verbrauchsmaterial einsparen,
- deine Gemeinde von unnötigem Abfall entlasten,
- Kläranlagen und Deponien entlasten.

Im Heimbüro kannst du auch Papier und Karton sparen

Notizpapier

brauchst du eigentlich nie zu kaufen.

Jeder Haushalt bekommt heute genug Papier zugesandt. Legst du einseitig beschriebenes Papier in eine Schachtel, dann hast du immer genug Notizpapier zur Hand.

Im privaten Haushalt (und auch im Geschäft) sind die Notiz-Zettelchen mit dem Kleberand meist überflüssig.

Schreibpapier und Karten

brauchst du vermutlich, wie die meisten LeserInnen, in deinem privaten Haushalt nur wenig. Für Briefe oder Glückwünsche kannst du das Papier verwenden, das dir gefällt.

Falls du willst: es gibt auch schon farbiges Umweltschutzpapier und eine Auswahl von Karten aus Umweltschutzpapier.

Fotokopien

Überleg dir vor dem Kopieren, ob die Kopie wirklich nötig ist. Weitere Ratschläge zum Fotokopieren siehe Seite 6.10.

Am meisten Papier sparst du zu Hause, wenn du weniger Zeitungen und Zeitschriften kaufst und wenn du unerwünschte Zusendungen schon am Briefkasten abwehrst. Informationen dazu siehe im Kapitel «Papier sparen».

Couverts

Du brauchst weniger neue Couverts, wenn du gut erhaltene Briefumschläge nochmals verwendest.

Brauchst du neue Couverts, so sind solche aus Umweltschutzpapier immer geeignet. Couverts aus Umweltschutzpapier gibt es in allen Grössen, mit und ohne Fenster, selbstklebend oder gummiert.

Schulhefte

LehrerInnen und Schulkinder brauchen viel Papier und Hefte. LehrerInnen geben Aufgaben und Texte als Fotokopien massenweise an die Kinder ab.

Für fast alle Zwecke können Kinder (wie die Erwachsenen) Umweltschutzpapier verwenden.

Bekommen deine Kinder Hefte und Fotokopien nicht aus Umweltschutzpapier, so sprich mit den LehrerInnen. Manchmal verträgt das Fotokopiergerät der Schule kein Umweltschutzpapier.

Führst du ein Vereinssekretariat?

Für Rundschreiben und Vereinsnachrichten ist Umweltschutzpapier immer gut geeignet.

Nicht jede Mitteilung braucht ein A4-grosses Blatt und ein Couvert. Oft genügt das Format A5 oder eine Karte.

Was ist Umweltschutzpapier?

Es spart Holz, Wasser, Strom, optische Aufheller, Bleichmittel und andere Chemikalien.

Heute brauchen die HerstellerInnen für fast alle Umweltschutzpapiere 100 Prozent Altpapier. Damit sparen sie das Holz ein, das für neues Papier notwendig gewesen wäre.

Zudem sparen sie auch einen grossen Teil des Stroms, des Wassers und der Chemikalien ein, die sie beim Herstellen von neuem Papier brauchen würden.

Es gibt zwei Sorten von Umweltschutzpapier:

AP- (Original Umweltschutz-)Papier

AP-HerstellerInnen rezyklieren das Altpapier nach der Methode, die die Umwelt am wenigsten belastet: sie bleichen es nicht und färben es nicht neu ein. Dadurch sparen sie Chemikalien.

Sie arbeiten mit einem geschlossenen Wasserkreislauf. Dadurch sparen sie Wasser. Damit das Wasser im Kreislauf nicht fault, müssen sie jedoch Chemikalien beimischen. Insgesamt sparen sie jedoch grosse Mengen an chemischen Hilfsstoffen ein.

Das AP-Papier ist noch nicht für alle Fotokopierer und Druckmaschinen geeignet. Im privaten Haushalt spielt dies jedoch keine Rolle.

Recycling-Papier

Aus Recycling-Papier ist zum Beispiel dieses Umweltkompendium.

Für Recycling-Papier bleichen und entfärben die Herstellerinnen die Altpapiermasse. Diese Methode braucht mehr Wasser, Strom und Chemikalien als die AP-Methode.

Diesem Nachteil steht gegenüber, dass das Recycling-Papier auch für den Druck von Büchern in grösseren Auflagen geeignet ist. Es trägt dazu bei, dass wir Altpapier nicht sinnlos verbrennen müssen.

AP-Papier und Recycling-Papier halten vermutlich mindestens 50 Jahre, bevor sie zerfallen. Das genügt für die meisten Zwecke.

Brauchst du einmal unbedingt Papier, das sich länger aufbewahren lässt, so musst du es in der Papeterie ausdrücklich verlangen: Viele weisse Papiere halten auch nicht länger als 50 Jahre.

Wo kannst du welches Papier einsetzen?

AP = Original-Umweltschutzpapier
R = Recycling-Papier

- Alle Couverts: .... AP
- Briefpapier: .... AP oder R
- Blöcke: .... AP
- Hefte: .... AP
- Karten A6, A5: .... AP
- Karteikarten: .... AP
- Ringordner-Blätter: .. AP
- Endlosformulare: ...... AP
- Kassabücher: .... AP
- Agenden: .... AP
- Quittungsblöcke: ...... AP
- Kopierpapier: AP für kleine Fotokopiergeräte, R für grössere
- Kopiervorlagen: Die beste Qualität erhältst du mit einer weissen Vorlage, oft genügt jedoch auch eine Vorlage auf AP.

Lässt du etwas drucken, dann bestehe bei deinen DruckerInnen darauf, dass sie Recycling-Papier oder sogar AP-Papier verwenden. Willst du selber richtig Bescheid wissen, dann bestelle die Broschüre (mit Papiermustern): «Umweltschutzpapier: Ja, aber welches?» beim Förderverein für Umweltschutzpapier Schweiz, Engelgasse 12a, Postfach 799, 9001 St. Gallen.

Wo bekommst du Umweltschutzpapier?

AP- und Recycling-Papier und -Couverts gibt es heute überall, wo du Papeterieartikel bekommst.

Verpacken

Es gibt zwei Arten von Packpapier.

Verlange immer ausdrücklich das «Swisskraft-Papier». Es ist fast vollständig aus Altpapier hergestellt.

Das andere Packpapier mit dem Namen «Natronkraft» ist zu 100 Prozent aus skandinavischen Hölzern hergestellt.

In vielen Papeterien kennen die VerkäuferInnen den Unterschied leider nicht. Du siehst ihn dem Papier auch kaum an. Oft ist das Papier nur als «Kraftpapier» bezeichnet.

Geschenkverpackungen

Gegenwärtig sind aufwendige Geschenkverpackungen Mode. Die Kunststoffbänder, Glanzfolienschachteln, Kunstblumen, der Strass und die farbigen Papierkleber legen die

Beschenkten nach dem Aufreissen unbeachtet auf die Seite und werfen sie weg.

Manchmal scheint es, als ob die Verpackung wichtiger sei als das Geschenk selber. Das Geschenk ist oft ein nicht besonders origineller Massenartikel. Mit vielen Geschenken können wir gar nichts anfangen – wir haben ja schon so viel. Da ist auch die Freude am Beschenktwerden nicht mehr besonders gross.

Der Umwelt reicht ein normales Geschenkpapier mit einem gezwirbelten Band.

Es gibt bereits hübsche Geschenkpapiere aus Umweltschutzpapier.

Kartonschachteln, Kartoncouverts

Öffnest du alle Schachteln, die in deinem Haushalt eintreffen, sorgfältig und bewahrst

sie auf, wirst du kaum je neue kaufen müssen. Gehen sie dir doch einmal aus, bekommst du in irgendeinem Laden oder Büro bestimmt welche, die sonst fortgeworfen würden.

Verwende alle Schachteln wieder, bis sie auseinanderfallen (das tust du vermutlich schon).

Falls du Schachteln oder Kartoncouverts kaufen musst:

Graukartonschachteln findest du immer seltener. Sie sind aus mindestens 90 Prozent Altpapier hergestellt. Je dunkler das Grau des Kartons ist, desto mehr Altpapier enthält er.

Kaufst du Kartonverpackungen ein, dann achte darauf, dass sie durchgehend dunkelgrau sind. Je heller eine Schicht ist, desto mehr frisches Holz enthält sie.

Schaum-Chips verwendet er einzig aus Bequemlichkeit. Er könnte genausogut altes Zeitungspapier brauchen.

Versandrollen

Alle grauen und braunen Versandrollen sind zum grössten Teil aus Altpapier hergestellt. Jeder Empfänger kann sie wiederverwenden.

Kinder können daraus auch Spielzeug basteln (z.B. Rollbahnen für kleine Bälle).

Gepolsterte Versandbeutel

Die weissen, edlen Versandbeutel mit Luftpolsterung aus Kunststoffmaterial belasten die Umwelt unnötig.

Umweltfreundlicher sind die Beutel aus Altpapier mit Papierpolster. Du bekommst sie in Papeterien unter dem Namen Jiffy-Tüten.

Kaufe keine farbigen oder weissen Kartonschachteln. Bei diesen ist weisses oder farbiges Papier aufgeleimt. Das belastet die Umwelt unnötig (durch den Klebstoff und einen zusätzlichen Produktionsschritt).

Eine Ausnahme: Verschickst du Lebensmittel, so verpacke sie entweder in weissen Karton oder pack sie in der Schachtel in helles Papier ein. Graukarton enthält noch Druckfarbe. Diese gehört nicht in Kontakt mit Lebensmitteln.

Füllmaterial für Pakete

Stopfe die Zwischenräume mit altem Papier aus.

Speziell schmutzempfindliche Gegenstände (und Lebensmittel) kannst du mit unbedrucktem Seidenpapier umhüllen.

Kaufe auf keinen Fall die geschäumten Kunststoff-Chips und -Würmchen. Sie belasten die Umwelt unnötig bei ihrer Produktion und Entsorgung.

Hast du jedoch solche schon zu Hause (aus einem Paket, das du bekommen hast), dann wirf sie nicht weg, sondern verwende sie wenn möglich wieder.

Schickt dir ein Lieferant Pakete mit solchem Füllmaterial, dann tust du etwas für die Umwelt, wenn du ihn anrufst und dich beschwerst. Die

Schnur

Verwende die starke, hübsch bunte Recycling-Schnur statt Hanf- oder Kunstfaser-Schnüren. Du sparst damit wertvolle Rohstoffe und verminderst den Verbrauch an Kunststoffen.

Schreiben

Wir wissen von den meisten Schreibgeräten (noch) nicht,

• wie sie die Umwelt bei der Produktion belasten,

• aus welchen Materialien sie bestehen, was für Farben, Lösungsmittel etc. ihre Flüssigkeiten und Minen enthalten.

Wir wissen es aus folgenden Gründen nicht:

Die Schreibgeräte stammen aus der ganzen Welt.

Wir wissen von den meisten nicht, wer sie herstellt.

Wir können deshalb – bis auf wenige Ausnahmen – nicht sagen, welche Stifte und Schreiber schadstoffarm oder schadstofffrei sind.

Wir empfehlen dir deshalb vorläufig, Schreibgeräte zu wählen, die möglichst wenig Abfall produzieren. Das sind: Füllfedern, Druckblei-

stift und Kugelschreiber mit auswechselbarer Mine, weil sie lange halten.

Füllfedern

sind langlebige Schreibgeräte.

Wähle deine Füllfeder und die Tinte dazu sorgfältig aus.

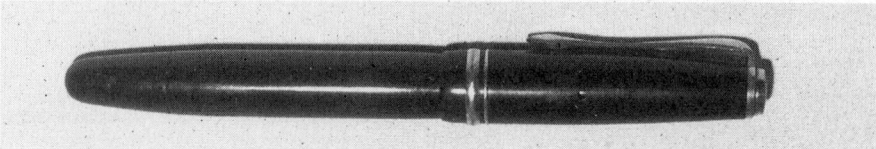

Probier aus, welche Feder dir am besten in der Hand liegt.

Als LinkshänderIn bekommst du Federn, die zum Schreiben mit der linken Hand geformt sind. Je nachdem, wie du links schreibst, kommt für dich jedoch keine Füllfeder in Frage. (Für RechtshänderInnen: weil die Hand die Tinte verwischt).

Verwende möglichst keine Wegwerfpatronen.

Kaufe zu Patronenfüllern einen nachfüllbaren Tank (einen sogenannten Konverter). Benütze in der Regel nur diesen.

Kauf Tinte in einer grösseren Flasche. Füll aus der Flasche ein kleines Tintenfass ab. Aus diesem füllst du deine Feder.

Füll die Feder nicht direkt aus der grossen Flasche. Du verschmutzt sonst die Tinte, und sie zersetzt sich.

Grundsätzlich läuft Königsblau auf dem Papier am besten. Es verstopft die Feder weniger leicht als schwarze oder andersfarbene Tinten.

Tinten belasten die Umwelt nicht weniger als die Flüssigkeit von wasserlöslichen Filzstiften und von Kugelschreibern. Tinten enthalten Konservierungsstoffe, Feuchthaltemittel, Farbstoffe, Bindemittel und weitere Chemikalien.

Kugelschreiber

Schreibst du nicht gerne mit Füllfedern, kaufe dir einen guten Kugelschreiber mit auswechselbarer Mine.

Von Wegwerf-Kugelschreibern und Filzstiften raten wir dir ab.

Verzichte auf alle Wegwerf-Schreiber.

Die Kunststoff- oder Metallhüllen sind Abfall, den du vermeiden kannst.

Auch die meisten nachfüllbaren Filzstifte sind nicht umweltfreundlich. Die Faserspitze ist oft schon nach kurzer Zeit stumpf oder ausgefranst.

Druckbleistifte

Mit einem Druckbleistift (z.B. einem Fixpencil) produzierst du weniger Abfall als mit den umweltfreundlichsten unlackierten Holzbleistiften.

Druckbleistifte gibt es für alle Minenstärken, von ganz fein bis ganz dick, härter oder weicher. Du bekommst sie in jeder Papeterie und in den meisten Warenhäusern.

Beim Druckbleistift verbrauchst du nur die Mine. Einen Minenhalter von guter Qualität kannst du jahrelang bis jahrzehntelang gebrauchen.

Kaufe ihn in einem Geschäft, das eine Garantie gibt und defekte Minenhalter auch zur Reparatur entgegennimmt.

Übrigens: Bleistiftminen enthalten kein Blei, sondern Graphit, Ton und Wachs.

Holzbleistifte

Holz ist zwar ein nachwachsender Rohstoff. Trotzdem ist das Holz von Bleistiften letztlich ebenso unnötiger Abfall wie die Kunststoffhülle des Faserschreibers.

Korrigieren

Mit Durchstreichen und Radieren

belastest du die Umwelt am wenigsten.

Es gibt Radiergummis und Radierstifte für alle Bleistifthärten, für Tinten und für Schreibmaschinen. Du bekommst sie offen in der Papeterie.

Bei den meisten Druckbleistiften steckt ein Radiergummi hinten im Druckknopf.

Wir haben uns – auf Kosten der Umwelt – angewöhnt, nur noch makellose Texte zu verschicken, in denen Korrekturen nicht sichtbar sind.

Wären wir doch nur für die Umwelt so pingelig wie beim Korrigieren von Schreib- und Tippfehlern.

Tintenkiller

Diese trocknen rasch aus. Ihre Hülle ist auch ein Wegwerfartikel. Die Flüssigkeit ist nicht ungiftig. Verzichte lieber darauf.

Weisse Korrekturfarben

Kauf nur noch diejenigen, auf denen «lösungsmittelfrei» steht.

Zum Abdecken von grösseren Flächen kannst du auch wasserlösliches Deckweiss verwenden.

Deckweiss lässt sich mit einem feinen Pinsel beliebig dünn oder dick auftragen. Du musst den Pinsel nachher auswaschen.

Deckweiss bekommst du in Papeterien und in Zeichenbedarfs-Geschäften.

Weisse Abdeck-Klebstreifen

Kaufst du Abdeckstreifen, dann kauf die Rollen ohne den Wegwerfabroller aus Kunststoff.

Markieren

Verwende Chinamarker.

Sie enthalten keine Lösungsmittel.

Mit diesen Markern musst du dir angewöhnen, die Schrift nicht allzu stark zu übermalen. Je nach Farbe decken sie die Schrift zu. Maschinengeschriebenen Text können sie ein wenig verschmieren. Fotokopien, Tinte und gedruck-

kten Text verschmieren sie nicht. Unterstreiche deshalb den Text mit dem Chinamarker oder markiere ihn am Rand.

Verwende keine Wegwerf-Leucht-Marker. Sie enthalten Lösungsmittel und eine (im Vergleich zum Nutzen) aufwendige Kunststoffhülle.

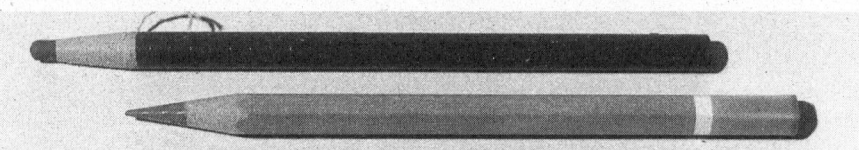

Wie du auf glatten Oberflächen schreibst.

Musst du Materialien beschriften, auf denen Tinte oder Bleistift nicht hält, dann versuche es zunächst mit Ölkreiden, Schulkreiden oder Wachsmalstiften.

Benütze die speziellen wasserfesten Faserschreiber nur, wo wirklich nichts anderes mehr haftet. Im Verhältnis zu dem, was du mit ihnen beschriften kannst, haben sie wie alle Filzstifte eine aufwendige Kunststoffhülle. Sie enthalten andere Lösungsmittel als Wasser.

Schreibmaschinen

Kaufst du eine Schreibmaschine, dann wähle eine,

- in der du Stoff-Farbbänder (Nylon oder Seide)
- oder nachfüllbare Kassetten verwenden kannst.

Neue Schreibmaschinen, die Stoffbänder benötigen, findest leider kaum mehr. Je nachdem, wozu du die Maschine brauchst, genügt dir jedoch eine Occasion.

Stoffbänder

Das Schriftbild von Nylon- und Seidenfarbbändern ist nicht so gestochen scharf wie das von Carbon-Plastic-Bändern.

Der Umwelt sind die Stoffbänder jedoch lieber: Du kannst sie länger verwenden und wieder einfärben lassen.

Wann brauchst du schon eine gestochen scharfe Schrift? Wir haben uns alle längstens an die leicht unscharfen Buchstaben der Matrix-Drucker und der Laser-Drucker gewöhnt.

Nachfüllbare Farbbandkassetten

Viele Carbon-Plastik-Farbbänder kannst du nur einmal brauchen und musst sie dann samt der Kunststoffkassette in den Kehricht werfen.

Zwei HerstellerInnen bieten (bei Redaktionsschluss dieses Kapitels) Systeme an, bei denen du keine Kassetten mehr fortwerfen musst.

Öko 2

Diese Farbbandkassette kannst du öffnen. Du nimmst das verbrauchte Farbband mit der Spule heraus und ersetzt es durch eine neue Spule mit einem frischen Farbband.

AEG Olympia bietet Öko 2 als Packung mit

einem betriebsbereiten Kassettengehäuse und zehn Farbbandspulen zum Auswechseln an. Nach dem elften Aufladen schickst du die Kassette zum Recycling an AEG Olympia.

Oeko-Write

Das Farbband von Pelikan ist von den technischen Elementen der Kassette getrennt. Deshalb musst du einen Adapter kaufen, der alle mechanischen Teile enthält. Du setzt ihn einmal in die Maschine ein. Der Adapter soll dieselbe Lebensdauer wie eine Schreibmaschine haben.

In diesen Adapter setzt du die eigentliche Farbbandkassette ein, die aus einem Träger, dem Farbband und einer Hülle aus Recycling-Karton besteht.

Die verbrauchten Kassetten schickst du im Fünfer-Karton an das Recycling-Zentrum zurück, die Adresse steht auf dem Karton.

Eine Eingliederungswerkstätte im Thurgau zerlegt die gebrauchten Oeko-Write-Kassetten. Den Kunststoffanteil verarbeitet die Polyrecycling AG in Weinfelden zu Granulat, das sie unter anderen auch der Pelikan wieder verkauft.

Mit Ausnahme des Adapters entsteht beim Oeko-Write fast kein Abfall mehr.

Wo du Farbband-Kassetten nachfüllen lassen kannst:

Die Firma Farbax füllt heute schon die Kassetten für zahlreiche Schreibmaschinen- und PC-Drucker mit Carbon- oder Stoffbändern nach.

Ruf bei der Farbax an und sag, was für eine Schreibmaschine oder welchen Drucker du hast. Ist nicht sicher, ob die Farbax die betref-

fenden Kassetten schon nachfüllt, schickst du ihr ein Muster zu. Klappt es, dann sendest du jeweils einige Kassetten aufs Mal ein (spart Verpackung und Porto). Die Farbax braucht fürs Nachfüllen manchmal einige Tage oder zwei bis drei Wochen, da sie eine gewisse Zahl von Kassetten der gleichen Art zusammenkommen lässt.

Adresse: Farbax AG, Riedstrasse 12, 8953 Dietikon, Telefon 01–740 41 51.

Entsorgen von Wegwerfkassetten

Zwei Behindertenwerkstätten entsorgen heute Kassetten, die nicht nachfüllbar sind. Informationen siehe Kapitel «Entsorgen».

Korrekturbänder

Die Korrekturbändchen für Schreibmaschinen sind Einmalgebrauch- und Wegwerfartikel.

Strom sparen

Schalte deine elektrische Schreibmaschine jedesmal aus, wenn du sie verlässt.

Lass die Schreibmaschine reparieren.

Wirf keine Schreibmaschine fort, die sich noch reparieren lässt.

Die Reparatur ist vielleicht teuer im Verhältnis zum Geldwert, den die Maschine noch hat.

Für die Umwelt lohnt sich die Reparatur jedoch sicher: Benützt du die Schreibmaschine weiter, ersparst du der Umwelt die Produktion einer neuen.

Lass die alte Maschine eventuell reparieren, wenn du eine neue kaufst, und schenke sie einer SchülerIn.

Personal Computer, Drucker

Occasiongerät kaufen

Kaufst du ein Occasiongerät, ersparst du der Umwelt die Produktion eines neuen. Occasiongeräte findest du bestimmt mit einem Kleininserat.

Vielleicht ist die Software nicht die neuste. Im Heimbüro kann sie jedoch noch genügen.

Beim Kauf eines neuen PC

Bevorzuge HerstellerInnen, die garantieren, dass sie ausgediente Geräte zurücknehmen und fachgerecht entsorgen lassen.

Mietest du ein Gerät: bevorzuge eine(n) HerstellerIn, die Geräte immer wieder repariert und weitervermietet, bis sie auseinanderfallen.

Beim Verbrauchsmaterial

Es gibt Farbbänder und Laserpatronen, die du nachfüllen lassen kannst. Kaufe Geräte, in die solche Bänder passen.

Verträgt es dein Drucker, so verwende AP- oder Recycling-Papier. Du bekommst es auch als Endlospapier.

Du kannst Endlosformulare manchmal auch auf der Rückseite bedrucken (je nachdem, was auf der Vorderseite war).

Stell den PC ab, wenn du ihn nicht brauchst.

Nimm dir das bisschen Zeit, um ihn immer wieder neu zu laden. Vergiss beim Abschalten nicht, die Daten vom Bildschirm zu speichern.

Du sparst Strom. Das Gerät geht deswegen nicht schneller kaputt. Falls das ein Hersteller behauptet, taugt sein Gerät nicht viel.

Vielleicht musst du das Netzgerät ein wenig früher auswechseln lassen. Der eingesparte Strom macht das jedoch längstens wett.

Fotokopiergeräte

Die Herstellung eines Kopiergeräts verbraucht Rohstoffe, Strom und Chemikalien.

Die Entsorgung der ausgedienten Kopierer belastet die Umwelt. In der Schweiz werden heute zwanzig- bis dreissigtausend Kopiergeräte pro Jahr verschrottet. Ein grosser Teil dieser Geräte landet einfach auf dem Müll.

Brauchst du wirklich ein eigenes Fotokopiergerät?

Günstig kopieren kannst du heute in Kopierzentren, in Shopping Centers, an der Uni, in Bibliotheken, in Papeterien, am Bahnhof, auf der Post usw.

Benützt du solche öffentlichen Geräte, belastest du die Umwelt weniger, als wenn du selber ein Gerät anschaffst. Das öffentliche Gerät teilst du mit vielen anderen.

Eine zweite Art von Teilen: Kennst du einen Mann oder eine Frau, die selber zu Hause oder im Büro einen Kopierer hat? Sie/er kann dir in einzelnen Notfällen abends oder am Wochenende vielleicht aushelfen.

Wenn du ein eigenes Kopiergerät anschaffst:

Vielleicht brauchst du einen eigenen Kopierer, weil du regelmässig dringend und auch abends kopieren musst.

Kaufe oder miete in diesem Fall wenn möglich ein Occasiongerät.

Kaufst du ein neues Gerät, dann soll es auch beidseitig auf Umweltschutzpapier kopieren können.

Die Herstellerfirma muss dir garantieren, dass sie später das Gerät zurücknimmt und fachgerecht entsorgen lässt.

Kauf kein Gerät mit einem Copy-Modul, das sich nicht wiederaufbereiten lässt.

Kaufe keinen Kopierer mit einer Selentrommel. Diese ist giftiger Sonderabfall.

Brauchst du wirklich jede Kopie?

Beim Kopieren brauchst du Strom, Chemikalien, Papier, Kunststoff-Verpackungen.

- Kopiere möglichst doppelseitig, z.B. für die Ablage. Das spart Papier.
- Verkleinere Texte, wenn du dadurch Papier sparen kannst.
- Verwende Recycling-Papier.
- Versuche, ob du in deinem Kopierer AP-Papier einsetzen kannst. Falls nicht, geht auf jeden Fall das Recycling-Papier (siehe Seite 6.7).

Schalte das Kopiergerät aus, wenn du nicht gerade kopierst.

Lass den Kopierer nur laufen, wenn du gerade kopierst. Du sparst Strom ein, wenn du jeweils eine halbe oder anderthalb Minuten wartest, bis der Kopierer betriebsbereit ist. Das Neu-Aufwärmen braucht weniger Strom als das dauernde Laufenlassen.

Das gilt auch für Geräte mit einer sogenannten Spartaste.

Lass die Copy-Module rezyklieren.

Zwei Firmen rezyklieren deine Copy-Module:

- Die Farbax in Wettingen (Adresse siehe Abschnitt Schreibmaschinen) füllt die Copy-Module von Kopiergeräten und die Tonerkassetten von Laserdruckern nach. Sie beschichtet die Oberfläche der Kopiertrommeln bis zu 15mal neu. Die Farbax trägt so massiv dazu bei, den Abfall aus den Kopiergeräten und Laserdruckern zu vermindern.
- Die Walter Rentsch AG in Wallisellen füllt die Kopiermodule von Kopiergeräten zweimal nach. Sie erneuert die Trommeln vorläufig nicht.

Heimbüro

Kleines Bürogerät und Verbrauchsmaterial

Kaufe langlebige, qualitativ gute Büro-Klein-geräte. Verzichte, wo es geht, auf Wegwerf-material. Verzichte auf modische Gags.

- Kaufe metallene Lineale.
- Lass ältere Scheren schleifen.
- Kauf Reissnägel ohne Plastiküberzug.

Ersetze deine bestehenden Artikel erst, wenn sie auseinanderfallen.

Heften

Du wirst kaum sehr viele Heftklammern, Büroklammern und Klebstreifen brauchen. Am besten achtest du darauf, welche Sorte Material du kaufst.

- Kaufe einen stabilen Heftapparat.
- Kaufe die normal verzinkten Büroklammern ohne farbigen Kunststoff- oder Lacküber-zug. Benutze sie immer wieder.
- Plastik-Binderücken kannst du mehrmals verwenden, wenn du sie vorsichtig vom Papier trennst.

Klebstreifen

- Gute Tischabroller für Klebstreifen haben ein Abreissmesser, das du ersetzen lassen kannst.

- Kauf keine Klebstreifen im Wegwerf-Ab-roller.
- Kaufe die Klebstreifen-Rollen offen, d.h. ohne Karton- oder Kunststoffverpackung.

Leim, Kleber

Kauf für das Heimbüro keine Extra-Schnell-Klebstoffe. Sie enthalten giftige Chemikalien.

Ablegen, Sortieren, Ordnen

Was du sparen kannst: jede Menge Kunststof-fe und Farbstoffe.

Kaufe überall, wo du die Wahl hast, Produkte aus Altpapier oder aus massivem Holz.

Du findest heute an allen Orten, die Papeterie-waren verkaufen, eine beachtliche Auswahl an Alternativen zu den Bürogeräten, Ordnern und Karteikästen aus Plastik:

in Oeko-Läden, Drittwelt-Läden, zum Teil in Reformhäusern und Papeterien und sogar in Warenhäusern.

- Ordner aus stabilem Karton, hergestellt aus Altpapier, in verschiedenen Grössen und Brei-ten
- Schnellhefter aus stabilem Karton, herge-stellt aus Altpapier

- Mäppchen mit Sichtfenster aus Original Umweltschutzpapier
- Karteikarten aus Original Umweltschutzpa-pier
- Ordnerregister aus Original Umweltschutz-papier
- Ablagefächer aus stabilem Karton, herge-stellt aus Altpapier
- Karteikästen aus Holz
- Ablagefächer aus Holz

Benütze jedoch alles Material (auch das aus Kunststoffen), das du schon hast, bis es ausein-anderfällt.

Wie kannst du die Umwelt im Bereich der Unterhaltungs-elektronik entlasten?

- Du kannst ihr die Produktion und Entsorgung von Geräten ersparen, die du gar nicht brauchst.
- Du kannst die Produktion und Entsorgung von Geräten aufschieben, indem du die vorhandenen länger benutzt.
- Du kannst Strom sparen.

Fernsehapparat, Videorecorder, Radio, Tonband etc. ■

Zu unserer Freizeit-Kultur gehört, dass wir solche Geräte, meist ohne es zu merken, wie billiges Spielzeug oder geradezu als Wegwerfware behandeln.

Wir wechseln Apparate, die noch gut funktionieren, gegen neue aus, die ein paar technische Spielereien mehr bieten.

Wir kaufen Geräte, wie zum Beispiel Videokameras, aus einer Laune heraus und lassen sie dann praktisch unbenutzt verstauben.

Wir kaufen zweite und sogar dritte Geräte (zum Beispiel bei Radios), anstatt das erste richtig zu nutzen.

Die Geräte belasten die Umwelt.

Für die Umwelt ist es nicht gleichgültig, ob du mehr oder weniger elektronische Geräte kaufst.

Die Geräte verbrauchen bei ihrer Herstellung, für ihre Verpackung, für den Transport und beim Entsorgen Rohstoffe und Strom, und sie produzieren Schadstoffe.

Beim Entsorgen müssten wir die heute anfallenden Geräte eigentlich als Sonderabfall behandeln: Sie bestehen aus Hunderten (je nach Gerät bis zu über 1000) verschiedenen Substanzen, die beim Verbrennen die verschiedensten (Schad-)Stoffe erzeugen.

Darauf hast du im Moment keinen Einfluss. Es gibt keine Möglichkeit, Geräte auszuwählen, die die Umwelt weniger belasten als andere.

Weniger – oder weniger rasch – kaufen entlastet die Umwelt.

Da nun einmal jedes Gerät die Umwelt belastet, kannst du sie nur entlasten, indem du möglichst selten ein neues Gerät kaufst.

Du kaufst weniger neue Geräte, wenn du die Geräte

• nicht aus einer Laune heraus kaufst.

Nicht nur billige, sondern auch recht teure Geräte werden heutzutage manchmal rasch und gedankenlos gekauft.

Im Laden sind wir noch überzeugt, dass wir das Ding unbedingt brauchen. Zu Hause zeigen wir es noch herum und spielen eine Zeitlang damit. Dann bleibt es praktisch unbenutzt irgendwo liegen.

Das passiert zum Beispiel mit Radios, Videokameras, Mini-Fernsehgeräten, Walkmännern, Taschenrechnern und Uhren.

Solche Käufe kannst du vielleicht so vermindern: Du leihst ein gleiches oder ähnliches Gerät zunächst einmal bei FreundInnen aus. Du probierst aus, was du eigentlich damit anfangen kannst. Du kaufst nur selber eines, wenn du nach dem ersten Herumspielen den Spass daran behältst.

Das genügt in vielen Fällen schon, um herauszufinden, dass du zum Beispiel zum Videofilmen weder die Zeit noch Talent hast, dass der Mini-TV eine miese Bildqualität hat oder dass du gar kein zweites Radio brauchst.

Du gibst das Gerät seiner BesitzerIn zurück.

Deine Neugier ist befriedigt. Du weisst jetzt, wie das Gerät funktioniert. Den Spass daran hast du gehabt.

Und die Umwelt ist noch einmal davongekommen.

• mit andern teilst.

Dass du ein Gerät eine Zeitlang wirklich brauchst, ist nicht unbedingt ein Grund, ein neues zu kaufen.

Genauso wie du eines kurzfristig ausleihen kannst, um es auszuprobieren, kannst du es ausleihen, um es richtig zu benutzen.

TV, Radio etc.

Walkmänner und Radios liegen in vielen Haushalten unbenutzt herum. Und fragst du ein wenig herum, findest du auch Fernsehapparate, Videorecorder und Videokameras, deren BesitzerInnen sie gerade nicht brauchen.

Du kannst solche unbenutzten Geräte vielleicht kostenlos ausleihen.

Vielleicht zahlst du – bei teureren Geräten wie Videorecordern – den BesitzerInnen eine kleine Miete. Schliess eine Privathaftpflichtversicherung für den Fall ab, dass du ein teures Gerät (nicht absichtlich) beschädigst.

Für das Teilen von solchen Geräten kannst du dich heute auch mit anderen zusammentun:

ShareCom in Zürich, Basel und Bern

ist eine Genossenschaft, deren Mitglieder sich Geräte und Fahrzeuge gegenseitig zur Verfügung stellen.

Der Vorteil der Genossenschaft ist, dass die Mitglieder gemeinsam über eine grosse Auswahl von Autos, Booten, Kameras, PCs und anderem Material verfügen. Zudem haben sie Erfahrung und klare Regeln, wie das Teilen und Ausleihen am besten funktioniert.

Interessierst du dich, nimm Kontakt auf mit Charles und Doris Nufer, Höhenring 29, 8052 Zürich, Tel. 01–302 83 78

• reparieren lässt.

Du hast dich vielleicht auch schon darüber geärgert, wie schwierig es ist, zum Beispiel einen Kassettenrecorder reparieren zu lassen. Mit Sätzen wie «Es lohnt sich nicht mehr» und «Es kommt teurer als ein neues Gerät» werden wir seit Jahren vom Reparieren-Lassen abgeschreckt.

Tatsächlich hätte oft ein kleiner, unkomplizierter Eingriff genügt, damit ein Gerät wieder in Ordnung gewesen wäre.

In der Redaktion des Umweltkompendiums steht ein Radio-/Kassetten-Recorder, der vor Jahren aus der Werkstatt eines Fachgeschäfts als nicht reparierbar zurückkam. Nur aus Neugier hat seinerzeit ein Mitarbeiter (ein absoluter Laie, was solche Geräte betrifft) das Gehäuse geöffnet und ein offensichtlich lockeres Schräubchen angezogen. Seither läuft das Kassettengerät ohne Probleme. Solche Anekdoten kannst du von allen Seiten hören.

Heute setzen zum Glück wieder mehr Geschäfte darauf, dass das Reparieren nicht nur die Dauerhaftigkeit der Geräte, sondern auch die Treue der KundInnen verbessert.

Wenn das Reparieren manchmal auch recht teuer ist, für die Umwelt lohnt es sich bestimmt.

• auch als Occasionen kaufst.

Brauchst du nicht unbedingt die allerneuesten Geräte, kannst du Occasionen kaufen. Du findest sie durch Kleininserate, Anschlagbretter, Herumfragen und auf Flohmärkten. Vielleicht findest du sogar ein Fachgeschäft, das bereit ist, dir eine Occasion zu verkaufen.

Occasionen kaufen bedeutet bei dieser Art von Produkten oft, dass du vorläufig auf einzelne technische Möglichkeiten verzichtest, die die neuesten Geräte bieten.

Gross ist dieser Verzicht in vielen Fällen nicht. Viele Neuerungen erweisen sich im Alltag als Spielereien und als Lösungen für Probleme, die gar keine sind.

Das gleiche gilt für die Wiedergabequalität von Bild und Ton. Die meisten von uns merken die feinen Unterschiede zwischen älteren und neueren Geräten gar nicht (wir geben es nur nicht zu).

Hast du eine alte Anlage mit verschiedenen Geräten (Tuner, Kassettenspieler, Verstärker etc.), dann kannst du meistens einzelne Komponenten auswechseln oder die Anlage mit einem einzelnen neuen Teil ergänzen. Es ist nicht wahr, dass du immer gleich die ganze Anlage mit allen Geräten ersetzen musst. Auch hier wieder: die kleinen Qualitätsunterschiede, die sich daraus ergeben, bemerkst du vielleicht gar nicht.

• verschenkst, wenn du sie nicht mehr brauchst.

Willst du ein altes Gerät loswerden, das noch funktioniert, dann verschenke es oder verkaufe es so billig, dass du sicher eine AbnehmerIn findest.

Mach eventuell ein Kleininserat in der Lokalzeitung oder stell das Gerät gut sichtbar auf den Sperrmüll und schreibe an, in welchem Zustand es ist.

Der Fernsehapparat

Verzichte auf die 24-Stunden-Bereitschaft.

Sie verbraucht still und leise, jedoch ununterbrochen, Strom. Je nach Gerät 2 bis 20 Watt.

Verzehrt eine moderne Kombination von Fernsehapparat und Videorecorder in Bereitschaftsstellung zum Beispiel 15 Watt pro Stunde, dann verbraucht sie pro Jahr über 100 Kilowattstunden.

Von der Umwelt her gesehen, ist dieser Aufwand reine Verschwendung. Geh bitte jedesmal die drei Schritte, um den Fernseher einzuschalten und auszuschalten.

Lass den Apparat nicht laufen, wenn du nicht schaust.

Es ist hierzulande zwar noch keine Mode, doch in manchen Haushalten läuft der Fernsehapparat tagsüber schon fast ununterbrochen.

Brauchst du Stimmen oder Musik, damit du dich nicht allein fühlst, so lass lieber das Radio laufen. Es braucht weniger Strom.

Zweit- und Drittgeräte

Auch in der Schweiz kommt die Sitte auf, dass mehrere Familienmitglieder einen eigenen Fernsehapparat in ihrem Zimmer haben.

Wir entlasten die Umwelt, wenn wir wie bisher einen Fernsehapparat pro Wohnung miteinander teilen.

Je mehr Apparate im Haushalt herumstehen, desto mehr belasten sie durch ihre Herstellung und später durch ihre Entsorgung die Umwelt.

Videorecorder

Schalte auch beim Videorecorder die Bereitschaftsstellung aus, ausser du hast eine Aufnahme vorprogrammiert.

Bei einigen Recordern löscht das Ausschalten das Datum und die Zeit. Die brauchst du jedoch nur, wenn du eine Aufnahme vorausprogrammierst. Das Neueinstellen kostet dich jedesmal nur eine halbe Minute.

Nimmst du diese kleine Unbequemlichkeit auf dich, sparst du zugunsten der Umwelt leicht 80 Kilowattstunden pro Jahr. Das sind in vielen Haushalten schon drei Prozent des Stromverbrauchs.

Zum Betrachten von gemieteten Kassetten und zum Aufnehmen einer Sendung, die du gerade schaust, brauchst du weder die Bereitschaft noch Datum und Zeit.

Die Bereitschaftsstellung des Videorecorders kostet die Umwelt bei diesem Modell 80 Kilowattstunden pro Jahr.

Radio

Bevor du ein neues Radio kaufst, frage herum, wer dir eine Occasion verkauft oder verschenkt. In unzähligen Haushalten stehen nicht benützte Radios herum.

Kauf ein Radio, das du mit einem Kabel ans Stromnetz anschliessen kannst. Benütze in der Wohnung immer das Kabel, nie Batterien.

Wirf eine Radio-/Kassettenrecorder-Kombination nicht fort, wenn der Recorder kaputt ist. Das Radio lässt sich vielleicht noch lange weiterverwenden.

Kassettenrecorder

Fast niemand braucht ein Doppeltape. Leih dir eins von einem Freund oder einer Freundin aus, wenn du es mal brauchst.

Schliess den Kassettenrecorder zu Hause immer ans Stromnetz an, lass ihn nicht mit Batterien laufen.

Pflege den Tonkopf mit Reinigungskassetten, damit er länger hält.

Kleine Radios, Kassettengeräte, Compact-Disc-Spieler für unterwegs

Wir kaufen diese Geräte meist aus einer Laune heraus und lassen sie nach kurzer Zeit nur noch unbenützt herumliegen.

Hast du Lust auf ein solches Gerät, leih es von einer FreundIn aus.

Schallplatten und Musik-Kassetten

Viele Schallplatten hörst du nur wenige Male und lässt sie dann für immer im Regal verstauben.

Kauf der Umwelt zuliebe auch Platten und Kassetten zurückhaltend. Leih sie lieber bei FreundInnen aus und leih ihnen deine. Mach Kopien auf Kassetten.

Uhren

Seitdem Uhren ein Modeartikel sind, haben viele Menschen schon so viele gekauft, dass sie für die nächsten zwanzig bis dreissig Jahre ausgerüstet sind.

Von der Umwelt her gesehen ist es sinnvoll, wenn wir uns mit einer Uhr zufriedengeben.

Kauf auf jeden Fall keine Wegwerfuhr.

Ob Quarzuhren oder Uhren mit einem mechanischen Werk die Umwelt weniger belasten, wissen wir noch nicht.

- Mechanische Uhren sind bei ihrer Produktion recht aufwendig. Dafür lassen sich die Modelle von guter Qualität jahrzehntelang tragen und im Notfall reparieren.
- Quarzuhren haben den Nachteil, dass sie immer wieder eine neue Batterie brauchen. Ebenso siehst du ihnen nicht an, wie lange sie halten.

Manche billigen Quarzuhren halten nicht einmal so lange wie ihre Batterie. Die tiefen Preise verführen jedoch dazu, alle paar Monate das Modell und das Design zu wechseln.

Kaufst du eine Uhr mit Batterie, dann verlange eine, in die eine Silberoxid-, Luft-/Zink- oder Lithiumzelle passt. Diese Batterien sind weniger giftig als Quecksilber-Knopfzellen.

Besitzt du eine batteriebetriebene Uhr, so behandle sie nicht als Wegwerfware. Benütze sie, solange sie läuft.

Wecker

Kauf einen mechanischen Wecker. Elektrisch betriebene Wecker verbrauchen ununterbrochen Strom ab dem Netz oder von Batterien.

Ein Radiowecker verbraucht leicht 5 Watt pro Stunde. Das sind pro Jahr über 40 Kilowattstunden.

Taschenrechner

Auch Taschenrechner liegen in grosser Zahl unbenutzt in den Haushalten herum. Bevor du einen neuen kaufst, frag im Bekanntenkreis nach einer Occasion.

Zieh Adapter aus dem Stecker, wenn du sie nicht gebrauchst.

Adapter sind Transformer. Solange du sie ans Netz angeschlossen hast, verbrauchen sie Strom, auch wenn du kein Gerät damit betreibst.

Ein kleiner Adapter verbraucht pro Jahr leicht acht Kilowattstunden.

Kauf keine Geräte mit eingebautem Akku.

Der Akku enthält das giftige Schwermetall Cadmium und bereitet beim Entsorgen Probleme.

Batterien, Akkus

Batterien sind Wegwerfartikel. Ihre Herstellung verschlingt viel mehr Strom, als sie im Gebrauch liefern (bis zu 50mal mehr).

Für das bisschen Strom, das sie abgeben, sind Batterien viel Abfall. Bis in der Schweiz eine Entsorgungsanlage für Batterien aufgebaut ist, landen sie in einer Deponie in der ehemaligen DDR.

Willst du die Umwelt von der Produktion und Entsorgung von Batterien entlasten, so kauf möglichst wenig Geräte, Spielzeuge oder Gags, die Batterien benötigen.

Kauf zum Beispiel kein Jojo mit Beleuchtung,

keine Plastik-Taschenlampe in Form eines Eiscornets,

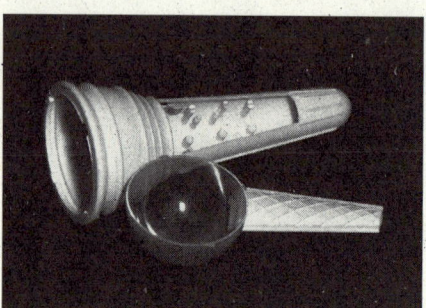

keinen Affen, der trommelt, und keinen Roboter, der mit viel Geräusch herumfährt.

Diese Dinge amüsieren uns oder die Kinder vielleicht ein paar Minuten lang. Für die Umwelt sind sie nur eine unsinnige Belastung. Zudem halten sie meistens nicht einmal so lang wie ihre erste Batterie.

Kauf möglichst nur Geräte, die du zu Hause ans Netz anschliessen kannst.

Gehört beim Kauf kein Netzkabel zum Gerät, so kauf eines extra. Eventuell brauchst du einen Adapter (ein Netzkabel oder einen Stecker mit einem Transformator).

Willst du das Gerät ins Ausland mitnehmen, kaufst du im Elektrofachgeschäft einen Universalstecker.

Für die batteriebetriebenen Geräte, die du schon hast, gilt:

Verwende Einmalbatterien.

Falls du noch die Empfehlung im Ohr hast, wiederaufladbare Batterien (Akkus) zu verwenden: Dieser Ratschlag gilt nicht mehr.

Die heutige Empfehlung lautet: Verwende normale Batterien, die du ersetzt, wenn sie entladen sind.

Die HerstellerInnen produzieren die Haushaltbatterien heute mit sehr wenig Schwermetallen und zum Teil schon ganz frei von Quecksilber und Cadmium.

Vor wenigen Jahren belasteten die Haushaltbatterien in der Schweiz die Umwelt mit etwa fünf Tonnen Quecksilber pro Jahr. Heute sind es nur noch wenige hundert Kilo.

Welche Batterien verwenden?

Für Geräte mit einem Motor (wie zum Beispiel Kassettenrecorder) brauchst du Alkali-Mangan-Batterien. Das hat nichts mit der Umwelt

zu tun, sondern mit der Leistungsfähigkeit der Batterie.

Kauf quecksilberfreie Alkalibatterien.

Für alle anderen Geräte kannst du zwischen den «grünen» Kohle-Zink-Batterien und den quecksilberfreien Alkali-Mangan-Batterien wählen.

Bekommst du in einem Geschäft keine quecksilberfreien Alkali-Batterien, so bekommst du heute zumindest solche mit weniger als 0.025 Prozent Quecksilber.

Von der Umwelt her gesehen, ist es sinnvoll, wenn du Alkali-Batterien verwendest.

Die grünen Kohle-Zink-Batterien sind zwar billiger.

Die Alkali-Mangan-Batterien halten dafür länger.

Alkalibatterien bestehen – im Verhältnis zum Strom, den sie abgeben – aus viel weniger Material als Kohle-Zink-Batterien. Das bedeutet: weniger Verpackung, weniger Transport und weniger Batterien zum Entsorgen.

Bei Kleingeräten, die Knopfbatterien benötigen,

wählst du, falls möglich, Lithium-, Silberoxidoder Luft-Zinkbatterien.

Alle drei Typen belasten die Umwelt weniger als die Quecksilber-Knopfzellen.

Vielleicht brauchst du jedoch eine Grösse, die es nur als Quecksilberzelle gibt. Lass in diesem Fall die Batterie im Fachgeschäft auswechseln. Es kümmert sich darum, dass die alte Batterie ins Recycling kommt. Dieses funktioniert bei Quecksilber-Knopfzellen in der Regel.

Akkus gehören nicht in den Haushalt.

Kauf keine Geräte mit eingebauten Akkus.

Also zum Beispiel keine Rasierapparate, Bohrmaschinen oder Kleinstaubsauger, die aufladbare Batterien enthalten.

Sinnvoll sind Geräte mit eingebauten Akkus nur für bestimmte berufliche Anwendungen. Das klassische Beispiel ist der Nachtwächter, der seine Taschenlampe jeden Abend aus dem Ladegerät nimmt, sie auf dem Rundgang verwendet und am Morgen wieder ins Ladegerät steckt. Sinnvoll sind Bohrmaschinen mit Akku auf dem Bau, wo nicht immer ein Stecker zur Verfügung steht.

Im privaten Haushalt findest du immer einen Stecker, den du mit einem Verlängerungskabel erreichen kannst.

Das Problem der eingebauten Akkus ist, dass sie viel Cadmium enthalten und dass ihre ihre Entsorgung nicht gesichert ist.

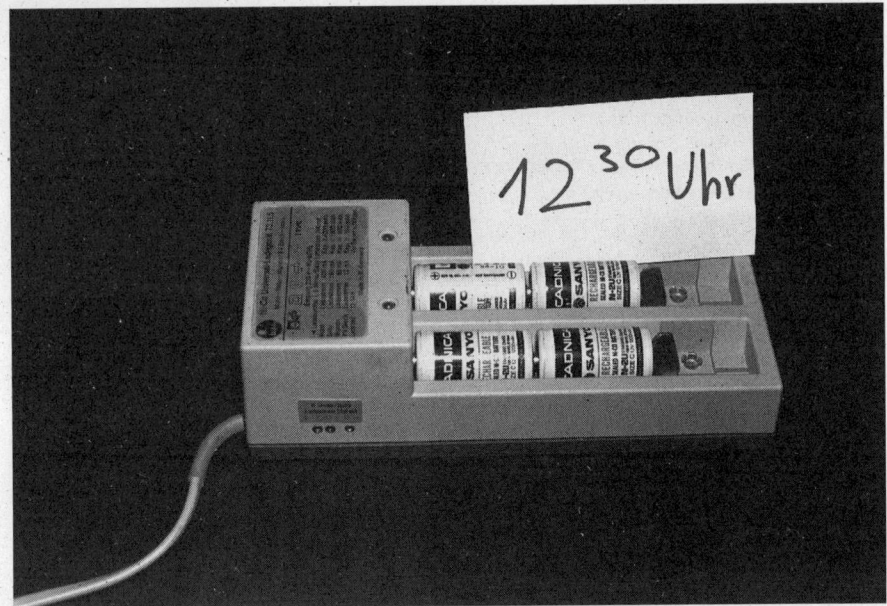

Kauf keine Akkus und kein Ladegerät.

Die wiederaufladbaren Nickel-Cadmium-Batterien (Akkus), die dir in den letzten Jahren noch empfohlen wurden, belasten die Umwelt massiv.

• Sie enthalten grosse Mengen des giftigen Schwermetalls Cadmium. Mit den wenigen verkauften Akkus (nur drei Prozent aller verkauften Batterien) gelangten pro Jahr über 16 Tonnen Cadmium in die Haushalte, dreimal mehr, als alle andern Batterien zusammen an Quecksilber enthielten.

• Sie lassen sich theoretisch zwar rezyklieren, doch funktioniert das Recycling in der Praxis nicht. Für die Akkus aus der Schweiz steht keine Anlage zur Verfügung.

• Da immer noch zwei Drittel aller Batterien im normalen Kehricht landen, landen auch zwei Drittel der giftigen Akkus dort. Das Cadmium gelangt (je nach Verbrennungsanlage) über die Luft und über die Schlacken in die Umwelt.

Hast du bereits Akkus und ein Ladegerät gekauft?

Kannst du mit ihnen umgehen (was die meisten KäuferInnen nicht konnten), dann verwende sie so lange wie möglich weiter.

Lassen sie sich nicht mehr aufladen,

kannst du folgendes probieren:

• Lade den ganzen Satz gemäss den Angaben auf den Akkus auf.
• Halte die Ladezeit ein. Am besten kontrollierst du die Ladezeit, indem du ihr Ende am Ladegerät auf einem Zettel gross notierst.
Oder verwende einen Timer, um das Ladegerät automatisch auszuschalten.

Stell das Ladegerät an einem Ort auf, wo du es nicht vergessen und nicht übersehen kannst.

• Nimm eine Taschenlampe, in die die Akkus passen. Schalte sie ein und lass sie brennen, bis das Licht schwach wird. Das dauert vielleicht eine Stunde. Verpass den Moment nicht, wo das Licht der Lampe nur noch schwach brennt. Es darf nicht ganz verlöschen, sonst sind die Akkus zu stark entladen. Nimm die Akkus vorher heraus.

• Lade die Akkus von neuem auf. Halte die Ladezeit wieder ein.

• Entlade sie wieder mit der Taschenlampe.

Batterien

Wiederhol den Vorgang noch zweimal. Waren die Akkus noch zu retten, so sollten sie jetzt wieder normal funktionieren.

Denk daran, dass Akkus mit einer Ladung nie solange Strom liefern wie eine Alkali-Batterie. Lass Akkus sich möglichst nie ganz entladen und halte die Ladezeit ein.

Funktionieren die Akkus nach dieser Kur immer noch nicht?

Frag vielleicht eine KollegIn, die mit dem Ladegerät und den Akkus besser zu Rande kommt, ob er oder sie dir helfen kann.

Möglicherweise hast du ein Ladegerät gekauft, das nicht zu deinen Akkus passt. Das wäre nicht ungewöhnlich. In den meisten Geschäften hast du zu diesen Geräten keine kompetente Beratung bekommen.

Im Zweifel gibst du die Akkus jetzt an einer Batteriesammelstelle ab. Sie werden zwar vorläufig zwischengelagert statt entsorgt, doch landen sie wenigstens nicht im Kehrricht.

Behalte sie nicht zu Hause, damit sie nicht eine MitbewohnerIn aus Versehen in den Kehrricht gibt.

Wirf das Ladegerät nicht fort.

Vielleicht gelingt es den HerstellerInnen, aufladbare Batterien ohne Cadmium (und ohne andere Gifte) herzustellen. Und vielleicht lassen sich diese in deinem Ladegerät aufladen.

Eine solche Entwicklung würde die Empfehlungen zu Akkus und Batterien noch einmal verändern.

Nebenbei: Daran müssen wir uns in der nächsten Zeit ohnehin gewöhnen: dass Empfehlungen zum Umweltschutz im privaten Haushalt sich völlig ändern, wenn HerstellerInnen ihre Produkte verbessern.

Kohle-Zink-Batterien erkennst du am Buchstaben R mit einer Zahl (die Zahl gibt die Batteriegrösse an).

Die «grünen» Kohle-Zink-Batterien tragen den Zusatz «green» oder eine ähnliche Bezeichnung.

Alkali-Mangan-Batterien erkennst du an den Buchstaben LR mit einer Zahl und an der Bezeichnung Alkaline. Heute sind alle Alkalibatterien zumindest quecksilberarm. Sind sie ganz frei von Quecksilber, steht das auf der Packung.

Nickel-Cadmium-Akkus sind entweder voll angeschrieben oder du erkennst sie an den Buchstaben NiCd.

Kinder brauchen Spiele, Spielzeug und Geschenke

Spielen ist ein wichtiger Teil im Leben eines Kindes. Spielen macht Spass und ist Erholung zugleich. Kinder lernen spielend.

Kinder entdecken im Spiel die Welt und ihre Grenzen.

Kinder brauchen Dinge, die ihnen ganz allein gehören. Sie brauchen Dinge, die zu ihrer Grösse und zu ihrem Verständnis passen.

Sie brauchen ein Stück Welt ohne Stress, ohne grosse Ansprüche und Verpflichtungen (das brauchen nicht nur die Kinder).

Kinder brauchen gleichaltrige SpielgefährtInnen.

Spiele machen jedoch noch mehr Spass und gewinnen an Wert, wenn auch Erwachsene sie manchmal mitspielen.

Ramsch statt Spielzeug

Manche (nicht alle) Kinder bekommen jede Menge Dinge, an denen sie gar keine besondere Freude haben, die ihnen rasch verleiden, die rasch kaputtgehen und im Abfall landen.

Viele Dinge, die Kinder bekommen, zeigen ihnen gleich, wie wir Erwachsenen mit der Welt umgehen: gleichgültig, unüberlegt, lieblos.

Pflicht- und Verlegenheitsgeschenke

Oft bekommen Kinder Geschenke, mit denen ihnen Erwachsene etwa mitteilen: «Ich habe dich nicht vergessen und dir ein Geschenk gekauft. Aber ich weiss nicht, was du gern hast oder was du brauchen kannst. Es ist mir im Moment auch egal. Ich habe jetzt nicht die Zeit, mich dafür zu interessieren.»

Kinder empfinden dies alles nicht bewusst und denken nicht darüber nach.

Zu viele Spielsachen zu besitzen, kann verleiden.

Ein mit Spielzeug vollgestopftes Kinderzimmer bewirkt nicht automatisch, dass das Kind gern und viel spielt.

Im Gegenteil: ein unübersichtlicher Berg von Spielsachen stellt das Kind vor die Qual der Wahl. Oft spielt es mit den Dingen aus diesem Berg gar nicht mehr.

Wer zahlt den Preis für die billigen Spielsachen?

Viel Spielzeug lässt sich nur verkaufen, weil es (relativ) billig ist.

Müssten wir für alle Spielsachen den vollen Preis bezahlen, würden wir uns viele Käufe dreimal überlegen.

Einen Teil des Preises zahlen Menschen: Billige Spielwaren kommen oft aus Ländern, wo Menschen für sehr wenig Lohn arbeiten müssen.

Vielleicht hat ausgerechnet ein Kind, dessen Kindheit durch Kinderarbeit kaputtgeht, das Spielzeug hergestellt, das unser Kind fünf Minuten in den Händen herumdreht und dann in einem Schrank des Kinderzimmers versenkt.

Und schliesslich zahlt die Umwelt einen Teil des Preises: Sie liefert das Erdöl und andere Rohstoffe. Sie bekommt den Abfall und die Schadstoffe, die von der Herstellung bis zur Entsorgung anfallen.

Schenk Spielzeug nicht nach deinen eigenen Vorstellungen und Wünschen.

Wünscht sich deine Tochter eine Eisenbahn oder einen Werkzeugkasten, dann kauf ihr nicht ein Kinderbügelbrett. Möchte dein Sohn mit Puppen spielen, dann schenk ihm eben eine.

Wichtig ist, dass dein Kind gern mit etwas spielt. Unwichtig ist, ob das Spielzeug deinem Bild eines «rechten» Knaben oder Mädchens gerecht wird.

Spielwert für das Kind

Das Interesse der Kinder an manchen Spielsachen hält nicht lange an. Von der Umwelt her gesehen, solltest du einem Kind ein Spielzeug nur schenken, wenn sein Wunsch danach ernsthaft ist und wenn es voraussichtlich längere Zeit immer wieder damit spielen wird.

Die meisten Kinder spielen zum Beispiel mit den kleinen Computerspielen (in der Art von «Affe wirft Kokosnüsse auf Forscher») oder mit ferngesteuerten Autos nur wenige Minuten und rühren sie dann nie mehr an.

Solche Geschenke sind nur für Kinder sinnvoll, die schon gezeigt haben, dass sie Fans davon sind (siehe den Abschnitt «Ausprobieren statt sofort kaufen»). Natürlich weisst du nicht mit Sicherheit, wie lange das Interesse des Kindes anhalten wird. Jedoch merkst du, wenn das Kind von Anfang an kein echtes Interesse an einem Spielzeug hat.

Zum Glück gibt es Spiele und Spielzeug, an denen Kinder (und Erwachsene) seit Generationen immer wieder bleibendes Vergnügen gefunden haben.

Haltbarkeit

Verzichte auf den Kauf von billig gemachtem Ramsch. Spielzeug, das nach kurzen Strapazen auseinanderfällt, belastet die Umwelt unnötig.

Achte darauf, dass Fahrzeuge wie Trottinetts, Dreiräder und Skateboards aus stabilem Material sind. Rollschuhe sollten verstellbar sein, damit das Kind sie länger als ein Jahr brauchen kann.

Spielzeug

Pflege verlängert die Lebensdauer. Schau immer wieder, ob du Occasionen findest. Ein Kind freut sich auch über Dinge, die du selber repariert und neu gestrichen hast. Und es lernt ohne Belehrung etwas über den sorgfältigen Umgang mit Sachen.

Kinder sollen sich Ramsch selber kaufen.

Trotz allem, was wir bis hierher gesagt haben: Ramsch und Wegwerfware gehören vorläufig auch zu unserer Welt, und Kinder sollen auch damit umgehen lernen.

Sie lernen das am besten, wenn sie auch den Preis dafür bezahlen. Unser Vorschlag: lass Kinder Ramsch und Spielzeug mit kleinem Spielwert von ihrem Taschengeld selber kaufen oder zumindest einen rechten Beitrag daran leisten.

Erfahren sie, dass der Ramsch im Verhältnis zu ihrem Budget teuer ist, werden sie sich ihre Käufe dreimal überlegen und oft ganz darauf verzichten.

Sie werden eher für den Vorschlag ansprechbar sein, sich Spielzeug zuerst einmal zu leihen und dann weiter zu sehen.

Und wenn sie den Ramsch kaufen, werden sie damit viel sorgfältiger umgehen, ihn länger brauchen und damit die Umwelt etwas entlasten.

Was heisst sinnvolles Spielzeug?

Selber kaufen lassen, empfehlen wir dir auch für Spielzeug, das du persönlich für sinnlos, schädlich oder unethisch hälst.

Kinder sehen Dinge wie zum Beispiel Waffen oder Plastikmonster oft anders als du. Sie sind in ihrem (beziehungsweise unserem) Alltag damit konfrontiert. Damit eine Zeitlang zu spielen, kann ihnen helfen, Ängste zu überwinden.

Wünschen sie sich solche Dinge, werden sie eines Tages haben, wenn es sein muss hinter deinem Rücken.

Bist du mit solchem Spielzeug nicht einverstanden, so ist es sinnvoll, dass die Kinder sie von ihrem eigenen Geld bezahlen müssen. Das wird sie wenigstens zu einem etwas sorfältigeren Umgang und somit zu einer kleinen Entlastung der Umwelt veranlassen.

Wie erklärst du deine Prinzipien den Verwandten und Freunden?

Es ist ziemlich schwierig und oft unmöglich.

Versuch dennoch der Umwelt zuliebe, die Verwandten und FreundInnen dazu zu bringen, dass auch sie dem Kind keinen Ramsch und keine Verlegenheitsgeschenke mitbringen.

Vielleicht sind sie bereit, sich statt dessen am Kauf – zum Beispiel – eines Velos zu beteiligen und es dem Kind gemeinsam zu schenken.

Ausleihen und ausprobieren statt (sofort) kaufen entlastet die Umwelt

Lass dein Kind die Spielsachen ausprobieren, die es sich wünscht.

Es kann das Spielzeug, das ihm gefällt, bei einem andern Kind zu Hause ausprobieren, das bereits so eines besitzt.

Es kann (oder du kannst für es) ein solches Spielzeug aus einer Ludothek gegen einen bescheidenen Mitgliederbeitrag für 3–4 Wochen mit nach Hause nehmen.

Zeigt sich, dass dein Kind wirklich gern mit diesem Spielzeug spielt, kannst du immer noch eines kaufen.

Ludotheken bieten auch verschiedene Fahrzeuge zum Verleih an.

Familien- und Brettspiele kannst du auch in Bibliotheken ausleihen.

Teilen

Planschbecken, Pingpongtische, Schaukeln, Sandkästen können Kinder mit andern Kindern teilen.

Vielleicht gibt es Kinder, die sogar kleinere Spielsachen ohne Streit miteinander teilen?

Tauschen

Gerade bei Fahrzeugen lohnt es sich, sie aus wirklich stabilem Material zu kaufen. Ist dein Kind aus ihnen herausgewachsen, kannst du sie weitergeben, gegen etwas anderes tauschen oder günstig verkaufen. Das ist zum Beispiel sinnvoll bei Dreirädern, Zweirädern, Trottinetts, Rollschuhen, Skateboards, Handkarren, grösseren Traktoren, Lastwagen, Autos etc.

Tauschen ist unter Kindern bei Comics und Sammelbildchen üblich.

Verschenken

Fällt dir auf, dass dein Kind viele Spielsachen besitzt, mit denen es es nie spielt, frage es, ob es sie wirklich behalten will. Lasse dein Kind entscheiden, welche Sachen es verschenken will.

Verschenke battteriebetriebene Spielsachen nur weiter, wenn ein anderes Kind auch ohne Batterien gern damit spielt.

Wenn du Spielsachen kaufst:

Vermeide Produkte, die nicht lange halten.

Bevorzuge als Material Holz, Leder, Baumwolle oder Leinen bei Bällen, Kuscheltieren, Puppenstuben, Krämerläden, Kinderwerkzeugen, Werkbänken, Eisenbahnen für Kleinkinder, Kasperlipuppen.

Bei diesen Materialien ist es eher möglich, dass du sie später einmal reparieren (lassen) kannst.

Holzspielzeug

bedeutet für die Umwelt nur eine Entlastung, wenn das Holz aus der Schweiz stammt, nicht mit Holzschutzmitteln behandelt und nicht lackiert ist.

Ob bemalte Spielzeuge aus Holz, das von weit her importiert ist, umweltfreundlicher sind als Kunststoffprodukte, wissen wir nicht.

Bei Spielgeräten für im Freien (zum Beispiel Schaukeln oder Sandkastengeräten) haben Kunststoffe den Vorteil, dass sie Wind und Wetter relativ gut überstehen.

Metallspielzeug

Bei grösseren Fahrzeugen hält die Ausführung aus Metall oft am längsten.

Im übrigen siehst du Metallspielzeug leider nicht immer an, ob es wirklich solide ist.

Kunststoff-Spielzeug

Wir lehnen nicht grundsätzlich alle Kunststoffspielzeuge ab. Oft ist die Farbe der Plastikspielwaren anziehend für die Kinder. Die Gefahr, dass sich dein Kind beim Spielen verletzt, ist bei Kunststoffspielsachen oft geringer als bei Metall.

Zu den Kunststoffspielzeugen, mit denen viele Kinder wirklich gern spielen und die stabil sind, gehören zum Beispiel diejenigen von Lego, Duplo, Playmobil, Fisherprice (es gibt jedoch noch andere).

Klassische Spiele,

mit denen Kinder und die ganze Familie gern ihre Zeit verbringen, sind zum Beispiel:

Boule, Boccia

Frisbee

Cricket

Darts

Ping-Pong

Federball

Domino

Kartenspiele: Elfer raus, Uno, Quartette, Jass, Canasta

Brettspiele: Eile mit Weile, Mühle, Leiterlispiel, Gänsespiel, Monopoly

Puzzles

Selber machen statt kaufen

Ermutige dein Kind, wenn es Spielsachen selber bastelt. Kinder spielen auch gern mit Dingen, die nicht perfekt aussehen.

Hilf ihm, falls es das wünscht.

Zeig ihm mal auch etwas von dir aus, zum Beispiel wie du einen Drachen baust.

Selber machen kann es zum Beispiel:

Indianer- und Cowboyutensilien

Zelte, Wigwams

Pfeilbogen, Gewehre und ähnliches

Kasperlipuppen, Marionetten

Reparieren

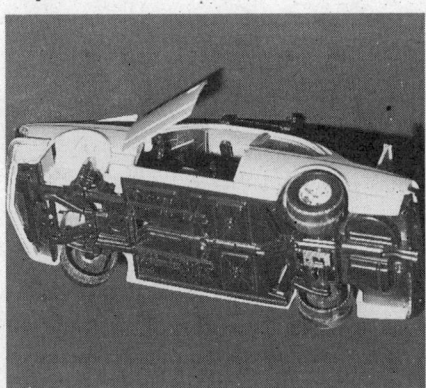

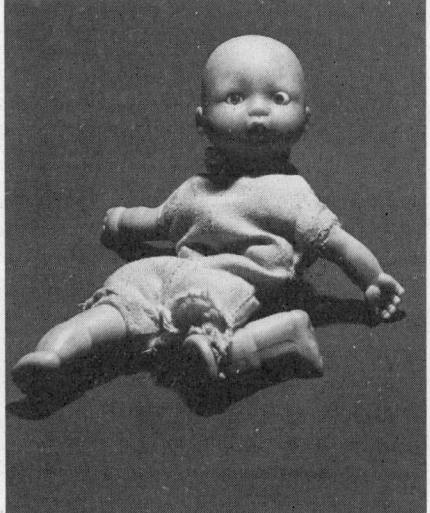

Reparier wenn möglich Spielzeug, das beschädigt ist oder lass es reparieren. Du zeigst dem Kind damit, wieviel dir an der Langlebigkeit von Sachen und damit an der Umwelt liegt.

Zweifelhafte Spielwaren

Kioskwaren

Bei Slimy, Luftballons aus der Tube etc. ist es oft schwer, die genaue Zusammensetzung des Inhalts zu erfahren.

Die Artikel werden zwar auf Speichelfestigkeit und Wanderung der Stoffe untersucht und überwacht, aber von vielen Stoffen ist über die Schädlichkeit für die Umwelt noch zu wenig bekannt.

Kauf keine Artikel, deren Zusammensetzung nicht draufsteht.

Kauf keine batteriebetriebenen Spielzeuge.

Kauf und schenk möglichst keine Spielsachen, die Batterien verbrauchen.

Kauf ferngesteuerte Autos, Flugzeuge, elektronische Musikinstrumente, sprechende und sich bewegende Puppen, Plüschtiere und Roboter nur für Kinder, die ein echtes und dauerhaftes Interesse an solchen Dingen zeigen. Das sind nur wenige Kinder.

Möchte dein Kind solches Spielzeug, leih es zunächst in einer Ludothek aus.

Beim Heimwerken und Basteln kannst du die Umwelt entlasten, soviel du willst

Heimwerken ist nicht nur für dich, sondern auch für die Umwelt viel mehr als ein Zeitvertreib.

Heimwerken ist heute eine der wenigen Gelegenheiten, wo du ganz allein und unabhängig entscheiden kannst, wie umweltfreundlich ein Produkt sein soll. Du kontrollierst das Rohmaterial und verarbeitest es, wie es dir richtig scheint.

Da du keine Gewinne erzielen musst und deine Freizeit einsetzt, kannst du oft Maschinenarbeit durch umweltschonende Handarbeit ersetzen.

Da du Material nicht in riesigen Mengen verarbeiten musst, spielen die Preisunterschiede zwischen umweltschonenderem und belastenderem Material keine so grosse Rolle.

Du kannst nützliche Dinge auf umweltschonende Art selber herstellen.

Bist du ein geschickter Handwerker oder eine Handwerkerin, kannst du viele Dinge für Haus und Garten selber herstellen oder einbauen, die die Umwelt entlasten.

Du kannst zum Beispiel die Elemente für eine Solarstromanlage oder für Solarkollektoren (die warmes Wasser erzeugen) kaufen und selber montieren. Fängst du klein an und erweiterst die Anlage Stück für Stück über Jahre, wird sie erschwinglich.

Du kannst Einrichtungen für Haus und Garten, statt sie zu kaufen, mit einem Minimum an Umweltbelastung selber herstellen.

Für ein Kind kannst du zum Beispiel bauen: seine Wiege, Spielzeuge (von der Rassel bis zum Schaukelpferd), Fahrzeuge, Truhen, Tischchen und andere Möbel.

Dabei hast du es in der Hand, den Verbrauch von Lösungsmitteln, Klebstoffen, Holzschutzmitteln etc. so gering wie möglich zu halten. Du hast die Kontrolle darüber, wohin die (Sonder-)Abfälle gehen.

Beim Werken mit Holz entlastest du die Umwelt zum Beispiel, indem du Schweizer Holz verarbeitest. Du trägst damit etwas zur besseren Pflege unserer Wälder bei.

Du ersparst der Umwelt den weiten Transport von importierten Hölzern und eventuell die Schäden an den Wäldern, aus denen das Holz stammt.

Bei Farben, Lacken, Holzschutzmitteln, Rostentfernern etc. kannst du die wasserverdünnbaren Produkte bevorzugen und Lösungsmittel sparen.

Im Kapitel «Renovieren» findest du ausführlichere Informationen zu diesen Themen (ab Seite 5.1).

Gegenstände reparieren statt wegwerfen.

Als HeimwerkerIn kannst du viele Gegenstände selber reparieren, so dass sie nicht vorzeitig im Abfall landen.

Du kannst schon beim Kaufen von Möbeln und ähnlichem darauf achten, dass sie aus einem Material sind, das sich wenn nötig reparieren lässt. Massivholz und Metalle eignen sich zum Reparieren besonders gut.

Erspare der Umwelt die unnötige Produktion von Maschinen.

Viele Maschinen und Werkzeuge in Heimwerkstätten bleiben praktisch unbenutzt. Zum Beispiel elektrische Sägen, Schleifmaschinen, Hobel, Bohrmaschinen, Schweissgeräte und anderes.

Das liegt daran, dass die Geräte heute (relativ) billig sind, so dass wir sie im Hinblick auf eine bestimmte Arbeit einfach mal kaufen. Dann stellt sich heraus, dass wir diese Arbeit nicht nur zum ersten, sondern auch zum letzten Mal selber ausgeführt haben.

Manchmal sind die Maschinen gutgemeinte, deswegen aber nicht weniger unnütze Geschenke.

So vermeidest du den Kauf von unnötigen Maschinen:

• Durch Ausleihen und Ausprobieren:

Du leihst ein Gerät, wenn du es das erste Mal brauchst, bei einem Kollegen oder einer Kollegin aus. Du merkst beim ersten Gebrauch, ob du mit diesem Gerät gern und gut arbei-

test. Du merkst, ob du Lust hast, weitere solche Arbeiten zu machen. Hast du keine Lust, wirst du auf den Kauf einer eigenen Maschine gern verzichten.

• Durch Handarbeit:

Kannst du eine Maschine, die du nur selten brauchst, nicht durch etwas Handarbeit ersetzen? Eine Schleifmaschine durch etwas Schleifpapier und einen Schleifklotz, eine Hobelmaschine durch einen Handhobel?

• Indem du die Arbeit ausgibst.

Einmalige und seltene Arbeiten kannst du in einer Fachwerkstatt ausführen zu lassen. Sie nutzt ihre Maschinen intensiver als du.

• Indem du deine Maschinen gut pflegst.

Je länger sie halten, desto besser für die Umwelt.

• Indem du auf das neueste Modell verzichtest.

Die Werbung übertreibt gern die Erleichterungen, die ein neues Gerät bringt.

• Indem du ein Occasionsgerät kaufst.

Auch damit trägst du zur Dauerhaftigkeit der Maschinen bei, dass du sie vor dem vorzeitigen Verschrotten rettest.

Du kannst auch den Kauf von unnötigen Maschinen durch andere vermeiden helfen: Leih KollegInnen Maschinen, die du schon besitzt, ohne grosse Umstände aus oder hilf ihnen mit deiner Maschine bei ihrer Arbeit.

Kauf keine Geräte mit eingebautem Akku.

Im Haus und ums Haus herum hast du immer die Möglichkeit, ein Kabel anzuschliessen.

Der Akku enthält eine hohe Menge giftiges Cadmium. Du kannst nicht zum voraus wissen, ob du später da sein wirst, um ihn fachgerecht entsorgen zu lassen.

Photographieren

Bei der Ausrüstung kannst du zwei Systeme meiden, die die Umwelt speziell stark belasten: Sofortbildkameras und Wegwerfkameras.

Sofortbilder: nur für Profis

Von der Umwelt her gesehen, sind Sofortbilder im privaten Haushalt eine unnötige Belastung: Du kannst sie leicht durch normale Photos ersetzen. Das einzige was du verlierst ist das «sofort».

Dafür ersparst du der Umwelt die giftigen Chemikalien, mit denen jedes Sofortbild ausgerüstet ist, die Wegwerfbatterie und die aufwendige Wegwerfverpackung.

Benützt du dennoch eine Sofortbildkamera, dann nimm die Batterien aus der verbrauchten Packung heraus und gib sie in die Batteriesammlung.

Wegwerfkameras

Wegwerfkameras werden dir vor allem noch im Ausland angeboten. In manchen Ländern laufen sogar aufwendige Werbekampagnen dafür.

Hast du die 24 Bilder durchgeknipst, übergibst du die ganze Kamera dem Photolabor.

Dieses wirft die Plastikhülle samt Objektiv, Sucher, Auslöser, Filmtransporträdchen, Bildzählwerk und Filmgehäuse kurzerhand weg.

Wieviel Ausrüstung brauchst du?

Mit Photoausrüstungen belasten wir die Umwelt auf eine ähnliche Weise wie mit der Unterhaltungselektronik, mit Maschinen in der Heimwerkstatt und mit Spielzeugen:

Wir kaufen Apparate und Zusatzausrüstungen, weil sie uns im Moment faszinieren, weil wir sie besser kennen und gebrauchen lernen möchten und weil wir uns vorstellen, was wir damit alles noch machen könnten.

Der Reiz ist jedoch oft bald vorbei. Dann liegen wieder Geräte in Schubladen herum, die die Umwelt mit ihrer Produktion unnötig belastet haben.

Leih die Ausrüstung zuerst aus.

Frag FreundInnen und KollegInnen, ob sie dir einen Photoapparat, ein Blitzgerät, Objektive etc. ausleihen, die dem entsprechen, was du zu kaufen Lust hast.

Oder schliess dich gleich einer Genossenschaft von ShareCom an (Adresse siehe Seite 6.14).

Probier die geliehene Ausrüstung in Ruhe aus. Das Wichtigste hast du mit dem ausgeliehenen Material vielleicht schon erreicht: Du weisst, wie es funktioniert, du hast deine Neugier befriedigt.

Willst du ernsthaft damit arbeiten, kannst du die Ausrüstung immer noch kaufen.

Vergrösserungen sparen

Du verbrauchst weniger Photopapier und entlastest so die Umwelt (und sparst Geld), wenn du nicht jedes Negativ vergrössern lässt.

Gibst du den Film zum Entwickeln, dann lass nicht automatisch alle Bilder vergrössern, sondern mach zunächst nur Archivkopien oder

Archivkopien

eine Blattkopie.

Auf der Blattkopie sind die Negative in ihrem Originalformat drauf (24 x 36 Millimeter beim Normalformat).

Auf den Archivkopien sind die Negativstreifen ein wenig vergrössert. Du erkennst gut, was auf den Bildern drauf ist. Als Übersicht und Erinnerung genügen Archivkopien für die meisten Bilder.

Anhand der Archiv- oder Blattkopien liest du diejenigen Bilder aus, die du verschenken oder selber in ein Album einkleben möchtest, und lässt von ihnen Vergrösserungen machen.

Entwickelst und vergrösserst du selber,

dann geh mit den Photochemikalien sparsam um. Lagere Entwickler, Stoppbad und Fixierflüssigkeit so, dass sie möglichst lange halten.

Beim Wässern lässt du eine gewisse Menge Chemikalien ins Abwasser fliessen. Dies kannst du nicht verhindern.

Sonst gehören Photochemikalien nicht ins Abwasser.

Sammle die gebrauchte Entwicklerflüssigkeit und das Stoppbad in einem Kunststoffbehälter. In einem zweiten sammelst du das Fixierbad.

Wenn die Behälter voll sind, bringst du sie zur Giftsammelstelle oder bringst sie ins Photofachgeschäft, wo du die Chemikalien gekauft hast.

Bring einzelne Filme lieber ins Fachlabor.

Hast du nur einzelne Filme zum Entwickeln und machst du nur wenige Vergrösserungen, ist es für die Umwelt besser, wenn du die Arbeit einem Fachlabor überlässt.

Dieses nützt seine Chemikalien besser aus als du und entsorgt sie fachgerecht.

Malen, Zeichnen

Zum Malen und Zeichnen können wir dir – in Bezug auf die Umwelt – keine Ratschläge geben.

Es gibt keine Oeko-Bilanz, die Farben und andere Produkte miteinander vergleicht.

Aus einzelnen Eigenschaften (wie zum Beispiel, dass Farbstoffe oder Lösungsmittel aus gewachsenen Rohstoffen stammen) lässt sich nicht schliessen, ob bestimmte Produkte die Umwelt insgesamt mehr oder weniger belasten als andere.

Feste feiern

Geschenke müssen nicht unbedingt nützlich sein

Wir machen jedoch zu oft Geschenke nur, weil wir uns dazu verpflichtet fühlen. Die Beschenkten haben oft keine Freude daran. Und die Geschenke landen bald im Abfall.

Der Preis ist zu hoch, den die Umwelt für die Produktion und Entsorgung solcher Geschenke zahlt.

Von der Umwelt her gesehen dürfen wir heute auch mit Geschenken keine Verschwendung mehr treiben.

Verschwendung sind:

• Verlegenheitsgeschenke

Wir verschenken Dinge, mit denen die Beschenkten nichts anfangen können und über die sie sich nicht einmal freuen. Solche Dinge landen zunächst unbeachtet in einem Schrank und später im Abfall.

• Gags

Zum Beispiel ein motorisiertes, eierlegendes Plastikhuhn. Solche Geschenke sind vielleicht beim Auspacken für einen kurzen Moment komisch. Dann rollt das Huhn seinen vorbestimmten Weg in den Abfall.

Oder die tönenden Telegramme der Post: Sie enthalten eine Mini-Elektronik und eine kleine Wegwerfbatterie. Besonders peinlich ist, dass ein Staatsbetrieb diesen Gag vermarktet.

Die Umwelt findet solche Gags schon lange nicht mehr lustig.

• Unsinnige Verpackungen

Geschenke, die praktisch nur aus einer aufwendigen dekorativen Verpackung bestehen, sind gegenwärtig Mode.

• Unsinnig teure Geschenke

Ob Geschenke die Umwelt belasten, hat mit dem Preis zunächst nichts zu tun. Schade ist nur, dass von dem Geld nicht ein Teil für Dinge zur Verfügung steht, die der Umwelt etwas nützen.

Was schenken?

Schenke möglichst Dinge, von denen du sicher weisst, dass die Beschenkten sich darüber freuen. Am besten etwas, das sie sich wünschen.

Statt eines Gegenstands kannst du einen Abend mit Nachtessen und Theaterbesuch schenken.

Je nachdem, wen du beschenken sollst, freut sie oder er sich auch, wenn du zum Beispiel einen Betrag für ein Naturschutzprojekt einzahlst, statt ein Geschenk zu kaufen.

Umweltschonende Produkte

Manche zu Beschenkenden können sich umweltschonende Produkte nicht leisten. Oder sie haben nur noch nicht daran gedacht, sie sich selber zu kaufen.

Das eröffnet dir Möglichkeiten für sinnvolle Geschenke. Bist du nicht sicher, ob die EmpfängerInnen etwas gebrauchen können und sich darüber freuen würden, schenkst du ihnen einen Gutschein mit einer Auswahl.

Umweltschonende Geschenke sind zum Beispiel:

• Eine Stromsparlampe oder -leuchte
• Ein Halbtax-Abo für die Bahn
• Ein Korb mit Früchten und Gemüse aus biologischem Anbau
• Ein Gutschein für eine Füllfeder (auf jeden Fall ein Gutschein, damit die EmpfängerIn eine Füllfeder aussuchen kann, mit der sie gern schreibt).

Allerdings: Verschenke auch umweltfreundliche Dinge nicht unbedacht. Wer schon drei Batterie-Uhren besitzt, braucht keine Solaruhr, sondern alle Jahre eine Batterie.

Weihnachten

Weihnachtsbäume

stammen bei uns zum grössten Teil aus der (vor allem für die Umwelt) notwendigen Waldpflege.

Sie verschaffen den WaldeigentümerInnen einen kleinen zusätzlichen Erlös.

Kauf keine Edeltannenbäumchen aus skandinavischen Plantagen.

Weihnachtsschmuck

Wenn du Weihnachtsschmuck jedes Jahr wieder verwendest, spielt es für die Umwelt keine Rolle, aus welchem Material er ist.

Du kannst den Baum auch mit selbstgemachtem buntem Gebäck und Tannenzapfen schmücken.

Verzichte bitte auf Schnee- und Farbsprays für den Tannenbaum.

Party, Picknick

Verwende kein Wegwerfgeschirr.

Ob aus Karton oder Kunststoff: die Belastung der Umwelt durch die Produktion und die Kehrichtverbrennung steht in keinem Verhältnis zur Kürze des Einsatzes.

Hast du zuwenig Geschirr, kaufst du im Brockenhaus oder auf dem Flohmarkt für wenig Geld Teller, Besteck, Tassen und Gläser.

Zum Picknicken kaufst du einen Satz leichtes Kunststoffgeschirr, das du abwaschen und immer wieder verwenden kannst.

Holzkohlengrill

Verzichte auf die flüssigen und tablettenförmigen Entflammer. Sie belasten die Luft etwa so wie Benzin, das du offen verbrennst. Verwende wenn möglich trockene Holzspäne.

Verbrenn kein Möbel- oder Bauholz. Es enthält meist Resten von Lack und anderen Chemikalien. Solches Holz ist Sonderabfall.

Elektrischer Grill

Kauf keinen elektrischen Grill, wenn du ihn nur gelegentlich für eine Party brauchst.

Dekorationen

Mach Partydekorationen wenn möglich selber. Sammle dafür buntes Papier und anderes Material, das du sonst als Abfall behandeln würdest.

Verzichte, wenn es geht, auf Tischbomben, Wegwerfgirlanden, -tischdecken, -tischdekorationen und Scherzartikel, die du nach dem Fest fortwirfst.

Spare auch bei den Lichtchen, Fähnchen, Lampions, Fackeln und beim Feuerwerk. Ob dein Fest ein Erfolg ist, hängt hoffentlich nicht davon ab, dass es von allem möglichst viel gibt.

Was kannst du beim Sport tun, um die Umwelt nicht unnötig zu belasten?

Du kannst
- Sportarten bevorzugen, die möglichst wenig Kulturland beanspruchen,
- den Lebensraum der wildlebenden Tiere respektieren und sie möglichst wenig stören,
- den Verbrauch von Benzin vermeiden und vermindern,
- den Verbrauch von Sportgeräten und Sportbekleidung vermindern.

Fast alles, was du vom Sport erwartest

Zum Beispiel
- dich selber besser zu spüren,
- in Schwung zu kommen,
- fit und gesund zu werden oder zu bleiben,
- dich im Kampf mit anderen zu messen,
- die Grenzen deiner Leistungsfähigkeit zu messen,
- dich in der Natur zu bewegen
- und anderes,

kannst du durch Sportarten bekommen, die die Umwelt nicht unnötig belasten.

Zum Beispiel durch:
- Aerobic
- Akrobatik
- Badminton
- Bodybuilding
- Bogenschiessen

- Boxen
- Fussball
- Gewichtheben
- Gymnastik
- Handball
- Joggen
- Kanufahren
- Korbball
- Kunstradfahren
- Landhockey
- Leichtathletik
- Reiten
- Rudern
- Schlitteln
- Schlittschuhfahren
- Schwimmen
- Segeln

- Squash
- Surfen
- Tanzen
- Tischtennis
- Tennis
- Turnen
- Velofahren
- Volleyball
- Wandern
- Wasserball

Das Verhalten rund um den Sport

Fahr nicht mit dem Auto zum Sport-platz.

Was du der Umwelt ersparst, wenn du nicht Auto fährst, steht im Kapitel 7.

Sport

Willst du deine Kräfte für den sportlichen Einsatz schonen oder ist der Weg mit dem Velo oder zu Fuss zu lang, so nimm die öffentlichen Verkehrsmittel.

Hast du zuwenig Zeit für den Weg?

Ist dein Leben so gehetzt, dass du auch in der Freizeit keine Zeit und keine Ruhe mehr hast? Dann tust du vielleicht mehr für dich, wenn du eine Denkpause einlegst. Was ist zuviel in deinem Leben? Vielleicht ausgerechnet der Sport? Etwas anderes? Wie kannst du aus deiner Hetze herauskommen?

Musst du ein Sportgerät transportieren?

Vielleicht kannst du auf das Autofahren nicht ganz verzichten, es jedoch wenigstens einschränken:

- Ein Boot kannst du den Sommer über an deinem Lieblingssee oder -fluss deponieren und jeweils mit dem Zug hinfahren.
- Surfbrett oder Deltasegel kannst du mit dem Zug vorausschicken, wenn sie nicht länger als vier Meter sind.
- Es gibt Veloanhänger für das Transportieren von Surfbrettern.
- Du kannst das Surfbrett (oder Skis, Boote und anderes) auch dort mieten, wo du sie brauchst.

Zu Fuss gehen

Fitness muss nicht erst im Sportclub beginnen. Du tust auch etwas für deine Kondition, wenn du den Weg dorthin zu Fuss oder auf dem Velo zurücklegst.

Könntest du nicht schon im Alltag mehr zu Fuss gehen oder velofahren? Könntest du zum Beispiel aus einem Stück des Arbeitswegs einen täglichen kleinen Spaziergang machen?

Gehst du täglich eine Strecke zu Fuss, hält dich das nicht nur körperlich in Form. Gehen beruhigt. Beim Gehen klären sich Gedanken und Stimmungen. Spaziergänge helfen uns nicht nur bei grossem Stress (zum Beispiel nach einem Streit). Spaziergänge lösen auch die alltäglichen kleinen Spannungen und verhindern, dass diese sich zu grossen Problemen auftürmen.

Gehen ist ein gutes Medikament gegen Magengeschwüre, hohen Blutdruck und Muskelverspannungen.

Gehen ist umweltfreundlich. Zum einen, weil du öfters auf das Auto verzichten kannst, wenn du gewohnt bist, zu Fuss zu gehen.

Zum andern – das ist eine persönliche Überzeugung der AutorInnen dieses Buches –, weil

entspannte, ausgeglichene Menschen sich besser in der Welt zurechtfinden und es leichter haben, auf die Umwelt Rücksicht zu nehmen.

Mach nicht jede Sportmode mit.

Wirf keine Sportbekleidung fort, bloss weil die Mode gewechselt hat. Du fährst wegen der Farbe des Overalls nicht besser Ski.

Velojacken, Trainer, Overalls etc. sind heute meist aus Kunstfasern. Ihre Herstellung hat die Umwelt belastet. Brauche sie also so lange wie möglich.

Für viele Sportarten brauchst du eigentlich gar keine spezielle Bekleidung. Ein Baumwoll-Leibchen ist oft genau so gut wie ein Spezialdress aus Kunstfasern.

Sportfeste

Wie für viele andere Feste zahlt die Umwelt auch für manche Sportfeste einen hohen Preis. Wer Lust hat, kommt mit dem Auto. Wegwerfgeschirr und Büchsengetränke sind selbstverständlich.

Ist das Fest einmal in Gang, kannst du daran nichts mehr ändern.

Bist du jedoch an den Vorbereitungen beteiligt, kannst du vielleicht Einfluss darauf nehmen, dass das Fest die Umwelt weniger mit Abfall und Abgasen belastet. Zum Beispiel gibt es als Möglichkeiten:

- Das Eintrittsbillet ist für die An- und Rückfahrt mit den öffentlichen Verkehrsmitteln gültig (frag die SBB und die lokalen Bus- und Trambetriebe).
- Ihr gebt den Teilnehmern, die mit den öffentlichen Verkehrsmitteln anreisen, eine Startgeldreduktion.

Sportgeräte

Sportgeräte, die du nicht kaufst, belasten die Umwelt nicht mit ihrer Produktion und später ihrer Entsorgung.

Du kannst zum Beispiel in folgenden Fällen auf das Kaufen verzichten:

- Wenn dir ein Sport schon nach dem zehnten Training wieder verleidet. Das geschieht oft genug.
- Wenn du FreundInnen hast, von denen du das Gerät ab und zu ausleihen kannst.
- Wenn du das Gerät mit FreundInnen zusammen anschaffst und ihr es teilt.
- Wenn du das Gerät am Ort, wo du den Sport treibst, mieten kannst. Das erspart dir auch das Schleppen, und du musst nicht extra mit

dem Auto fahren, um das Gerät zu transportieren.

Mieten und Ausleihen haben nicht nur für die Umwelt, sondern auch für dich Vorteile: Kaufst du später das Gerät doch selber, so hast du mit ihm schon Erfahrungen sammeln und vielleicht verschiedene Modelle ausprobieren können. Du kannst dir ein Modell anschaffen, das dir wirklich liegt und das du lange Zeit benützen wirst. Das wiederum ist ein Vorteil für die Umwelt.

Kaufe auch gebrauchte Geräte.

Schau die Inserate in Fachzeitschriften nach Angeboten durch. Oder gib selber ein Suchinserat auf.

Lass dir von VerkäuferInnen nichts vormachen. Wie bei andern Produkten sind die neuesten Modelle meist von älteren gar nicht so verschieden. Die Vorteile, die ein neues Gerät gegenüber einem älteren (angeblich) hat, sind oft minim. Der Spass am Sport ist mit einem älteren Gerät nicht kleiner.

Wirf kein Gerät fort, das noch brauchbar ist. Verschenke es an eine(n) AnfängerIn. Oder gib es einem Brockenhaus oder einer sozialen Institution.

Sportanlagen

Bevorzuge öffentliche Anlagen.

Sicher findest du in deiner Nähe ein Sportzentrum, einen Tennisplatz, ein Fitness-Center, ein Schwimmbad oder eine Mehrzweckhalle, die du auch als Nicht-Vereinsmitglied benutzen kannst.

Benutzt du Anlagen und Hallen gemeinsam mit andern, teilt ihr euch

- die Bauten und – später, jedoch sicher einmal – ihre Entsorgung,
- den Strom und das Heizöl für ihre Heizung, Kühlung, Beleuchtung etc.,
- das Wasser, die Chemikalien und alles andere, was sie für ihren Betrieb brauchen.

Öffentliche Sportanlagen haben gegenüber kleinen, privaten Anlagen denselben Vorteil wie öffentliche Verkehrsmittel gegenüber dem Privatauto: Sie sind – in der Regel – viel besser ausgenützt.

Der private Swimmingpool, die Heimsauna und der eigene Kraftraum belasten die Umwelt mehr – es sei denn, du lässt sie von vielen andern mitbenutzen.

Respektiere die Umwelt auch bei den sanften Sportarten

Einerseits schonst du mit allen Sportarten, für die du kein Motorfahrzeug und keine grosse Piste brauchst, die Umwelt.

Andererseits kannst du, gerade weil du nur leicht ausgerüstet bist, auch in entlegenste Stücke Natur eindringen. Dort störst du – ohne dass du es selber merkst – wildlebende Tiere.

Gemeinden legen in Wäldern spezielle Wege an, die der Waldpflege und damit der Umwelt dienen. Diese Wege sind jedoch, auch wenn sie breit und von Forstfahrzeugen befahren sind, keine Spazier- oder Wanderwege. Sie dringen zum Teil tief in den Lebensraum von Wildtieren ein.

Vermeide, wenn immer möglich, diese Wege, und geh stattdessen auf den bezeichneten Wanderwegen.

Wandern

Die «Schweizer Wanderwege» haben für Wanderer die folgenden «goldenen Regeln» aufgestellt:

- Schonen Sie die Landschaft.
- Tragen Sie Sorge zu Blumen und Bäumen.
- Nehmen Sie Rücksicht auf die Tiere.
- Seien Sie beim Entfachen von Feuer vorsichtig.
- Lassen Sie Abfälle nicht liegen (dafür vorgesehene Behälter benützen oder die Abfälle nach Hause mitnehmen).

- Schliessen Sie bei Zaundurchgängen immer wieder das Tor.
- Parkieren Sie Ihr Auto auf den dafür vorgesehenen Parkplätzen.
- Beachten Sie die lokalen Informationen und Hinweise.
- Nehmen Sie Rücksicht auf andere.
- Wege wenn immer möglich nicht verlassen.

Zum Thema Auto parkieren möchten wir hinzufügen: Fahr nicht mit dem Auto zum Wandern.

Mountain Bike

Für Mountain-Bike-FahrerInnen stellt der «Schweizerische Landesverband für Sport» folgende zusätzlichen Regeln auf:

- Mountain-Bike-Fahrer benützen nur bestehende Wege, Strassen und speziell bezeichnete Mountain-Bike-Routen.
- Mountain-Bike-Fahrer meiden schmale Wege, schliessen Gatter und fahren nicht querfeldein.
- Mountain-Bike-Fahrer tragen Sorge zu Pflanzen und Tier.
- Mountain-Bike-Fahrer lassen Wanderern in jedem Fall den Vortritt und nehmen Rücksicht auf sie.

Nach dem Strassenverkehrsgesetz darfst du mit dem Mountain-Bike Fuss- und Wanderwege nicht befahren.

Dafür stellen eine Reihe von Regionen jetzt spezielle Mountain-Bike-Wege zur Verfügung. Zum Beispiel stehen dir in der Region Saignelégier bereits über 150 Kilometer Mountain-Bike-Wege zur Verfügung. Du kannst dort ein Mountain Bike mieten (musst also nicht einmal eines kaufen). Die speziellen Mountain-Bike-Wege der Region sind auf einer Routenkarte eingezeichnet.

In den nächsten Jahren sollen über 60 Kurorte in der Schweiz Mountain-Bike-Wege erhalten.

Orientierungsläufe

Bereitest du einen OL vor, so beachte:

Rennen wir abseits von Wegen durch Wälder, dringen wir in die Schutzräume ein, in die sich die Tiere zurückziehen möchten.

Das ängstigt sie und zwingt sie zur Flucht. Passiert das immer wieder, kostet das die Tiere Kraft, die sie im Winter zum Überleben brauchen. Gestörtes Wild verbeisst nach Fluchten häufiger als sonst junge Bäume. Manche Vögel können nicht mehr brüten.

Schwimmen, Surfen und Bootfahren

Halte dich vom Schilfgürtel und von der Ufervegetation fern. Dort nisten Vögel und laichen zum Beispiel Frösche und Fische.

In Natur- und Landschaftsschutzgebieten treibst du gar keinen Wassersport.

Skifahren ist ein Traum für die FahrerInnen und ein Alptraum für die Natur

Willst du beim Skifahren die Umwelt möglichst wenig belasten?

Du kannst dich an folgende Regeln halten:

- Nur skifahren, wenn eine dicke Schneedecke liegt.
- Nicht auf Kunstschnee fahren.
- Nur auf Pisten und Loipen fahren, nicht abseits.
- Auf Heliskiing, Grasski und Nachtskifahren verzichten.

- Nicht mit dem Auto in die Berge fahren.
- Skis mieten statt kaufen.

Für keinen Sport hat die Natur bisher einen so hohen Preis bezahlt wie für den Volkssport Skifahren.

Für unser Vergnügen haben Bau- und andere Unternehmen zum Beispiel

- Hänge planiert,
- Felsen gesprengt,

- Wälder gerodet,
- die Lebensräume von Tieren zerstört,
- Tal- und Bergstationen von Bahnen aller Art und von Skiliften gebaut,
- Restaurants, Hotels und Ferienwohnungen gebaut.

Als SkifahrerIn musst du dich nicht der Natur anpassen. Die Natur passt sich dir an – unter Zwang.

Viele Anlagen sind nur im Winter im Betrieb.

Treibst du Wintersport, so solltest du Skigebiete auch im Sommer als Ferienorte wählen.

Ein Teil der Wintersportanlagen liegt vom Frühjahr bis zum Herbst oder zumindest in den Übergangsmonaten still. Von der Umwelt her gesehen ist dies eine Verschwendung, die den Preis für dein Wintervergnügen noch erhöht.

Es ist für die Umwelt sinnvoll, wenn du im Sommer die Unterkünfte, Restaurants und Bahnen der Skigebiete nutzt. Und es ist für die Umwelt Verschwendung, wenn du stattdessen mit dem Flugzeug ins Ausland fliegst, zum Beispiel an einen neu erschlossenen Badestrand, dessen Hotels etc. dann im Winter leerstehen.

Im Winter Skipiste, im Sommer eine Art Wüste.

Die Natur hat Jahrhunderte bis Jahrtausende gebraucht, um in Berggebieten wenig Humus, eine Pflanzendecke und einen Baumbestand zu bilden. Ohne den Baumbestand und die – wenn auch mageren – Wiesen hätten sich in den Bergen weder Tiere noch Menschen ansiedeln können.

Dass wir Skipisten anlegen und darauf fahren, hat verheerende Folgen:

- Wo wir roden, tragen Wasser und Wind den Boden ab. Wo die Bäume fehlen, können im Winter Lawinen, im Sommer Erdrutsche niedergehen. Bäche können ihren Lauf ändern und Kulturland und Wohngebiete überschwemmen.

- Der Druck der Pistenfahrzeuge und der FahrerInnen verdichtet die Böden. In verdichtete Böden kann das Wasser nicht mehr gut eindringen. Es läuft oberflächlich ab und verstärkt so die Erosion.

- Raupenfahrzeuge, die Pisten präparieren, haben an manchen Orten die Humus- und Pflanzendecke zerstört. Damit geht Weideland verloren. Und nach kurzer Zeit setzt auch hier die Erosion ein.

Bilder: R. Huber, Documenta Natura

- Die Pistenfahrzeuge und die SkifahrerInnen können die Schneedecke so zusammenpressen, dass eine Eisschicht entsteht. An diesen Stellen kann sich im Frühjahr die Schneeschmelze verzögern. Die in den hohen Lagen ohnehin kurze Zeit, in der die Pflanzen wachsen, blühen und sich vermehren können, wird noch kürzer.

- Liegt wenig Schnee, so rasierst du mit den Skis Pflanzen ab, die etwas aus dem Schnee ragen.

Hässliche Hangverbauungen

Wo die Erosion einsetzt, bleibt den betroffenen Gemeinden nicht viel anderes übrig, als wieder aufzuforsten oder die Hänge mit Verbauungen zu sichern. Die Verbauungen sind meist hässlich. Sie ersetzen die Bäume oder das Niederholz nicht, in denen auch Tiere leben konnten.

Grüne Kosmetik

Einige Skisportorte versuchen, die hässlichen kahlen Stellen im Sommer zu verstecken. Das können sie zum Beispiel so:

Sie kaufen eine Art Nährboden und verteilen ihn auf die Hänge. Sie säen auf dem Kunstboden eine Samenmischung. Damit die Saat hält, kleben sie sie mit einer Art Leim auf dem Kunstboden fest.

Tut das die Gemeinde (oder die für das Skigebiet zuständige Betriebsgesellschaft) rechtzeitig im Jahr, so sieht der Hang während des Sommers schön grün und blumig aus.

Diese Begrünung ist reine Kosmetik. Als Weide ist der Hang im ersten Jahr nach der Begrünung nicht zu gebrauchen. So gut hält die künstliche Decke nicht. Dient der Hang im folgenden Winter wieder als Skipiste, ist die Chance gross, dass die Gemeinde im nächsten Jahr wieder neu begrünen muss. Zudem passen die Pflanzen der Samenmischung nie recht in das lokale Ökosystem und überleben auf die Dauer nicht.

Lärmig rieselt der Kunstschnee.

Wir raten dir, nicht an Orten skifahren zu gehen, die Pisten mit Kunstschnee anlegen.

Schneekanonen brauchen sehr viel Wasser und sehr viel Strom.

Kunstschnee ist kompakter als Naturschnee. Die Pflanzen unter der Schneedecke erhalten zuwenig Luft und ersticken.

Kunstschnee enthält manchmal einen Schneezement aus Stickstoffdünger. Dieser ist Gift für die schneebedeckten Pflanzen.

Fährst du abseits der Pisten Ski, störst du Tiere.

Fährst du durch Wälder, dringst du in die Schutzräume ein, in die sich die Tiere zurückziehen möchten.

Du ängstigst sie und zwingst sie zur Flucht. Passiert das immer wieder, kostet das die Tiere Kraft, die sie im Winter zum Überleben brauchen. Gestörtes Wild verbeisst nach Fluchten häufiger als sonst junge Bäume.

Führt eine präparierte Piste durch den Wald, so verlasse sie nicht.

Halte dich von Wild-Fütterungsplätzen fern.

Gletscherskiing

Einige Orte im Ausland bieten dir Skigebiete auf Gletschern an. Damit der Firnschnee für dich nicht zu hart ist, weichen sie ihn mit Salz auf. Das belastet die Gewässer und an manchen Orten sogar das Trinkwasser.

Grasski

Nimmst du das Angebot einiger Ferienorte an, im Sommer Grasski zu fahren, fährst du ein Stück Boden kaputt, das als Kulturland dienen könnte.

Nachtski

Hier belastest du die Umwelt zusätzlich mit dem Strom, den die Beleuchtung verbraucht.

Das Licht stört die Nachtruhe der Wildtiere.

Ski-Langlauf

Mit Langlauf belastest du die Umwelt relativ wenig, wenn du auf den Loipen bleibst.

Im Gegensatz zum alpinen Skifahren benötigst du keine Skilifte und andere Bahnen. Die Loipen passen sich meistens der Landschaft an, nicht umgekehrt. Du zerstörst also keine Pflanzen und kein Kulturland.

Verlässt du die Loipen, störst du die Tiere auf die gleiche Weise, wie wenn du die alpinen Pisten verlässt.

Wo der Sport aufhört

Motorisierte Sportarten

Auf Autorallye, Motocross, Motorbootfahren, Sportfliegen, Fallschirmspringen und Heli-skiing verzichtest du, wenn dir der Zustand der Umwelt ein Anliegen ist.

Bei diesen Sportarten verbrauchst du Benzin, produzierst du Abgase, machst du Lärm. Du fährst oder fliegst allein oder mit wenigen andern zusammen grosse Maschinen. Ihre Produktion und später ihre Entsorgung belasten die Umwelt.

Mit Motorbooten

trägst du unnötig zur Verschmutzung der Seen und der Luft bei: zum Beispiel durch das Kühlwasser des Motors, die Abgase und die Bootreinigungsmittel.

Unsere Seen sind als Lebensraum für Pflanzen, Tiere und Menschen heute schon schwer geschädigt:

Die Schilfufer, in denen Wassertiere über und unter dem Wasser nisten und Junge aufziehen, sind durch Verbauungen zurückgedrängt. Menschen dringen immer wieder in die Schilf-gebiete ein und stören die Tiere. Die Wasser-verschmutzung ist für viele Tierarten tödlich.

Mit einem eigenen Motorboot privatisierst du ein Stück Ufer für den Anlegeplatz. Für dein Privatvergnügen ist ein Stück natürliches Ufer verbaut.

Golf heute

Entgegen dem äusseren Eindruck ist Golf in der Schweiz bis heute kein grüner Sport.

Die Golfplatz-BetreiberInnen haben bisher

- Kulturland zerstört,

- Landschaften gerodet und planiert,

- Gewässer zugeschüttet.

Golfplätze bestehen zum grössten Teil aus Rasen in Monokultur. Die BetreiberInnen setzen Herbizide und Pestizide ein.

Golfplätze sind nicht mit öffentlichen Ver-kehrsmitteln erreichbar. Die SpielerInnen fahren alle mit dem Auto zu ihrem Sport.

Golf könnte auch anders sein.

Golfplätze könnten die Umwelt auch weniger belasten.

- Die Clubs könnten die Anlagen ohne Che-mikalien pflegen.

- Sie könnten weniger darauf achten, dass die

Plätze wie ein sauber geputztes Wohnzim-mer aussehen, und mehr darauf, dass zu den Anlagen auch wilde Stücke gehören, die Vögeln und anderen Tieren Unterschlupf bieten.

- Sie könnten neue Plätze in Gebieten anlegen, die ökologisch verarmt sind und sie wieder-beleben.

- Sie könnten Golfplätze nur dort anlegen, wo sie durch öffentliche Verkehrsmittel erreich-bar sind. Und sie könnten ihre Mitglieder veranlassen, mit diesen zu fahren statt mit dem Privatwagen.

In der Schweiz gibt es noch keinen solchen Golfplatz. Dass sich Golf und Rücksicht auf die Umwelt nicht ausschliessen, zeigen einzel-ne Plätze in der BRD.

Wir (nicht alle, jedoch viele) belasten in unseren Ferien die Umwelt massiv

Reden wir nicht drum herum: Entlastest du die Umwelt bei den Ferien, bleibt nicht alles beim alten. Du änderst deine Ansprüche. Auf die Erfüllung mancher deiner Wünsche wirst du ersatzlos verzichten müssen.

Je nachdem, wie du bisher Ferien gemacht hast, wirst du zum Beispiel auf das Fliegen und auf das eigene Auto verzichten. Du wirst deine Ferienziele, den Zeitpunkt der Ferien und die Unterkünfte anders auswählen.

Winterferien in den Tropen (mit garantierter Wärme und Sonnenschein) kommen nicht in Frage, wenn du die Umwelt entlasten willst.

Dich umzustellen, wird nicht einfach sein. Du brauchst dazu vielleicht Jahre.

Als Endergebnis bringen dir die Änderungen nicht nur Verzicht, sondern bereichern dich (hoffentlich) auch: Zum Beispiel lernst du das Reisen intensiver geniessen, du siehst und erlebst in den Ferien mehr als vorher, du lernst

deine Ferienorte besser kennen. Im besten Fall wirst du den anfänglichen Verzicht nicht mehr bedauern.

(Zum Thema «Verzichten» findest du im Kapitel «Lebensqualität» einige Überlegungen.)

Bist du bereit, deine Ansprüche zu ändern?

Dann kannst du an vier Punkten ansetzen:

1. beim Ferienort und dem Fahrzeug, mit dem du hinfährst,
2. bei der Art der Unterkunft,
3. beim Zeitpunkt, zu dem du Ferien machst
4. und bei deinem Lebensstil am Ferienort.

Die idealen Ferien bekommst du sowieso nie.

Dass deine Erwartungen nie ganz erfüllt werden, weisst du. In Prospekten sieht vieles traumhaft aus, was sich am Ort als ziemlich gewöhn-

lich und manchmal geradezu als Enttäuschung entpuppt.

Ist der Ferienort tatsächlich traumhaft und stimmt die Wirklichkeit mit dem Prospekt überein?

Deswegen erfüllen die Ferien noch lange nicht alle deine Wünsche. Was du von ihnen hast, hängt auch von dir ab. Es genügt, dass du nicht in Form bist, damit der schönste Ort dir düster vorkommt.

Oft ist das Angebot – wie in Clubs – zwar riesig und vielfältig, aber du kannst von dieser Vielfalt doch nur einen kleinen Teil nutzen.

Ferien erfüllen ohnehin nie alle Wünsche.

Du kannst vielleicht von Anfang an selber die Kompromisse machen, und zwar zugunsten der Umwelt.

Was erwarten wir von den Ferien?

Wir wollen weg von ...

Weg von zu Hause. Weg von den immer gleichen eigenen vier Wänden.

Weg vom Arbeitsstress. Weg aus der Umgebung, die uns daran erinnert.

Weg von den KollegInnen, NachbarInnen.

Weg von Verantwortung, Nachdenken, Problemen jeder Art (wir verschliessen uns auch vor den Problemen, die unsere Gegenwart am Ferienort schafft).

Wir wollen wieder einmal ...

Ausschlafen. Die Siesta machen, die uns sonst jeden Mittag fehlt.

Besonders gut essen. Fremdländische Küche.

Die innere Unruhe ausleben. Reisen. Uns bewegen.

Andere Gesichter sehen. Neue Leute kennenlernen. Einen Freund, eine Freundin finden.

Am Tag am Strand liegen. Nachts in der Discothek feiern.

Schönes, warmes Wetter. Gute Luft.

Nicht selber kochen, nicht selber das Bett machen, nicht selber putzen, waschen etc.

Uns billig verwöhnen lassen.

Kultur erleben oder wenigstens Andeutungen davon: Museen, Ausstellungen, Dörfer, Städte, Bräuche, andere Sprachen.

Vielleicht auch Dinge wie diese: Wir wollen raus aus den Schubladen, in die die andern uns zu Hause stecken. Wir wollen wieder einmal Fremde unter Fremden sein.

Wir wollen auch einmal ...

Kyoto besuchen.

In Kenya baden.

Den Karneval von Rio erleben.

In San Francisco mit dem Tram fahren.

Und so weiter.

Wie die Umwelt für unsere Ferien bezahlt.

Die Regionen, die wir für unsere Ferien benutzen, sind so schön (oder romantisch, lieblich, wild etc.) und gastlich, weil ihre BewohnerInnen sie dazu gemacht haben. Zum Beispiel sind

die schönen Landschaften der schweizerischen Berggebiete

das Werk von Bäuerinnen, Bauern, Hirten und Waldarbeitern. Sie haben die Landschaften in jahrhundertelanger Arbeit geschaffen.

Sie schufen sie natürlich nicht als Kulisse für Touristen, sondern um davon zu leben.

Sie nutzten das Land als Weide und Acker. In den Wäldern schlugen sie Bauholz, und sie pflegten sie als Schutz vor Lawinen. Sie bauten Kanäle und Leitungen zur Bewässerung. Sie trieben mit Bächen Wasserräder an.

Sie lernten während Jahrhunderten, welche Eingriffe die Natur verträgt und wieviel Nutzung sie braucht. Zuviel Vieh auf den Alpweiden erwies sich als ebenso schädlich wie zuwenig. Jede falsche Nutzung verminderte die Erträge eines Gebietes oder machte es sogar für längere Zeit unfruchtbar.

Nicht anders ist es bei einem Stück Wüste

in Nordafrika oder bei einer scheinbar unberührten Strandlandschaft im Indischen Ozean oder einer Lichtung im Regenwald.

Auch wenn wir sie nicht sehen: Es sind fast immer Menschen, die die Landschaften schön und gastlich gemacht haben, die wir als TouristInnen benutzen.

Unberührte Natur ist praktisch nie das Ziel unserer Ferien.

Die meisten von uns fürchten sich eher vor unberührter Natur und finden sich darin nicht zurecht.

Durch Gebiete, die – nach unseren Begriffen – nicht schön und gastlich sind, fahren wir allenfalls mit dem Auto hindurch, sehen verwundert auf die Menschen herab, die dort leben, und sprechen von Unterentwicklung.

Wie wir TouristInnen mit den Menschen und ihrer Umwelt umgehen.

Die Zerstörung, die wir im folgenden beschreiben, trifft Menschen und Natur an fast jedem Ferienort auf der Welt. Manchmal ist die Zerstörung rasch, brutal und für lange Zeit unheilbar. Manchmal ist sie schleichend, dauert Jahrzehnte und lässt sich sogar aufhalten.

An manchen Orten hat die Zerstörung vor Jahrzehnten begonnen, an andern fängt sie heute erst an.

Manche Orte unternehmen alles mögliche, damit die Zerstörung nicht weitergeht. Sie entwickeln einen Tourismus, der sich mit der Umwelt verträgt. Andere Orte stehen gegenwärtig vor unlösbaren Problemen.

Die Zahl der Orte, für die der Tourismus keine grösseren Probleme gebracht hat, ist klein (verglichen mit den andern).

Wir zählen im folgenden einige der schlimmsten Erscheinungen des Tourismus auf. Da sie alles andere als selten sind, ist das durchaus gerechtfertigt.

Wir verjagen und verdrängen Menschen, Tiere und Pflanzen.

Nicht selten beginnt der Tourismus damit, dass Polizei oder Armee Einheimische aus ihren Dörfern, von ihren Böden und von ihren heiligen Stätten vertreiben.

Der Boden, der vorher Einheimischen und manchmal den Dorfgemeinschaften gehörte, wird Privateigentum von auswärtigen UnternehmerInnen.

Diese bestimmen weitgehend, was in der Region von da an läuft. Wichtig sind nur die Touristen, die das Geld bringen. Die Einheimischen zählen wenig. Machen sie nicht mit, werden sie durch auswärtige Arbeitskräfte ersetzt.

Nicht nur die Menschen verdrängen wir. Beim Roden und Planieren, beim Bau von Strassen und Unterkünften, bei der Anlage von Bootshäfen und Tennis- und Golfplätzen verdrängen wir auch Tiere und Pflanzen.

Nicht selten bezahlen TouristInnen für Souvenirs aus Tierhäuten, Zähnen etc. so gute Preise, dass Einheimische gewisse Tiere bis zur Ausrottung jagen.

Zu alldem gehört, dass an vielen Orten der Kehrseite der Ferienwelt keine Beachtung geschenkt wird: Abwässer und Abfälle landen irgendwo in der Landschaft. Es genügt, dass sie ausser unserer Sichtweite bleiben.

Wir zerstören die einheimische Wirtschaft.

Als TouristInnen treiben wir die Preise in die Höhe. Wir fördern Gewerbe, die ausschliesslich von uns abhängig sind, zum Beispiel die Produktion von Souvenirs.

Arbeit, von der die BewohnerInnen früher lebten, wird neben dem Tourismus schwierig oder unmöglich.

Bauern, Bäuerinnen und ViehzüchterInnen können das Land nicht mehr bezahlen, das sie benötigen. Die Arbeitskräfte laufen ihnen in die besser zahlenden Hotels, Restaurants, Souvenirfabriken etc. davon.

Unzähligen Einheimischen bleibt nichts anderes übrig, als die Arbeitsplätze einzunehmen, die der Tourismus für sie vorgesehen hat: sie dürfen uns bedienen, unsere Koffer tragen, unseren Dreck wegputzen, uns herumchauffieren und uns überhaupt jeden Wunsch von den Augen ablesen. An vielen Orten breitet sich die Prostitution aus.

Oft sind die Löhne so schlecht, die Arbeitszeiten so lang und die soziale Sicherheit so gering, dass wir von Sklaverei reden würden, müssten wir zu diesen Bedingungen arbeiten.

Wir verletzen die Gefühle der Menschen.

Unser Auftreten schockiert an vielen Orten die Einheimischen.

Wir respektieren ihre Kultstätten nicht. Wir versuchen, in ihren letzten privaten Winkel einzudringen. Wir begaffen und photographieren sie wie Tiere im Zoo.

Unser Müssiggang steht in scharfem Kontrast zu ihrer harten Arbeit. Unser Befehlston verletzt ihren Stolz. Wie wir (nach ihren Begriffen) mit Geld herumwerfen, steht im Gegensatz zu ihrer von uns geschaffenen Armut.

Viele von uns kümmern sich nicht darum, wenn es das Schamgefühl der Einheimischen verletzt, dass wir nackt am Strand liegen.

Ein riesiger Aufwand für uns – fast keiner für die Einheimischen

Die Einheimischen erleben, dass für uns TouristInnen vieles zur Verfügung steht, was sie selber nicht genug bekommen: Wasser, Elektrizität, Fahrzeuge und Benzin, Telefone, Medikamente und ärztliche Versorgung.

Manchmal wird den Einheimischen etwas Lebensnotwendiges geradezu weggenommen: zum Beispiel Wasser, das sie zum Bewässern brauchen.

Für uns werden Nahrungsmittel mit dem Flugzeug aus dem Ausland eingeflogen und mit Lastwagen zum Ferienzentrum transportiert. Ihnen fehlt jedoch ein Kleinlaster, der ihre landwirtschaftlichen Produkte auf den nächsten Grossmarkt bringt.

Ferien

Aufwendig sind oft unsere Hotels, Bungalows, Ferienhäuser etc. Für deren Finanzierung ist offenbar genug Geld vorhanden. Einheimische würden auf der Bank ausgelacht, wollten sie das Geld für die Erweiterung ihres landwirtschaftlichen Betriebs aufnehmen.

Der Aufwand für unsere Unterkünfte ist um so stossender, als diese an vielen Orten sechs bis acht Monate pro Jahr leerstehen.

Einen Teil des Aufwands, den wir für unsere Erholung treiben, sehen die Einheimischen nicht einmal:

Die Flugplätze, Strassen, Verwaltungsgebäude etc., die nur wegen unseren Ferienreisen gebaut werden und sowohl in ihrem Land wie bei uns die Umwelt belasten. Sie sehen nicht, wieviel Benzin unsere Flugzeuge und Autos als CO_2 in die Luft verpuffen.

Die Folgen

Können Bauern und BäuerInnen, HirtInnen, Waldarbeiter, Fischer, Jäger (je nach Region) ihre Landschaften und ihre Tier- und Pflanzenwelt nicht mehr kultivieren, beginnen diese zu zerfallen.

Bergland vergandet, oder es verarmt unter einer intensiveren Nutzung.

Bergwälder werden ohne Nutzung nicht zu romantischen Naturschutzgebieten. Sie verlieren vielmehr ihre Kraft und werden anfällig für Krankheiten und Parasiten. Stürme zerstören sie leichter. Sie schützen schlechter vor Lawinen.

Eine schöne, scheinbar natürlich gewachsene Oase in der Wüste erweist sich als ein empfindliches kleines Oekosystem von Menschen, Tieren, Pflanzen, Boden, Wasser und Luft. Es zeigt sich, dass dieses Lebenssystem nur solange lebensfähig ist, wie seine BewohnerInnen und BesucherInnen es sorgsam pflegen und nutzen.

Die Folgen des Tourismus sind in vielen Gebieten:

• Land erodiert: Statt grünen Wiesen breitet sich der steinige, erdige Untergrund aus.

• Pflanzen und Tiere ziehen sich zurück, sofern sie das überhaupt können, oder sterben am Ort aus.

• Schmutzige, abstossende Abwässer und Abfalldeponien werden unübersehbar.

• In der ursprünglich schönen Landschaft, die den guten Ruf des Ferienortes begründet hat, breiten sich Siedlungen aus, die sich von Einkaufsstrassen zu Hause kaum unterscheiden.

• Wasser und Strände sind schmutzig und laden nicht mehr zum Baden ein.

• Auch die Menschen verändern sich. Von der alten Gastfreundschaft erleben die TouristInnen nichts mehr. Sie sind nur noch Geldkühe, die von allen so gut gemolken werden, wie es geht. Die Freundlichkeit verkommt nicht selten zur Maske. Die wirkliche Stimmung dahinter ist oft feindselig, abwehrend und verachtend. Die Haltung, mit der wir eine Region erobert und benutzt haben, schlägt nun voll auf uns zurück.

TouristInnen, die eine Region vor dem grossen Umbau erlebt haben, merken manchmal den Unterschied. Sie trauern dem alten Zustand nach und kommen nicht mehr.

Warum merken wir nichts von all dem?

Im Prinzip wollen wir ja gar nichts davon wissen. Ferien sind für die meisten auch Ferien von Problemen. In den Ferien wollen wir nicht nachdenken müssen.

Arrangements sind oft so gestaltet, dass die Ferienreisenden von zu Hause bis zur Ankunft im Feriendorf oder im Hotel ihre eigene Kultur und Lebensweise nicht verlassen.

Vom Zustand vor der Zerstörung einer Region und ihrer Umwelt ist oft gar nichts mehr zu sehen.

Einheimische erzählen uns kaum etwas davon. (TouristInnen verstehen meistens auch die Landessprache nicht.) Die, die vor der Entwicklung gewarnt und sich sogar dagegen gewehrt haben, sind längst verjagt. Vielleicht sitzen sie als unverbesserliche Weltverbesserer im Gefängnis. Vielleicht haben sie auch nur resigniert und schweigen.

Die Einheimischen, die sich mit dem Tourismus arrangieren, um zu überleben, sagen uns bestimmt auch nichts. Vielleicht denken sie selber gar nicht mehr daran, wie es einmal war und wie es eigentlich sein könnte.

Viele Ferienreisende sind an künstliche und hässliche Ferienorte schon gewöhnt und kennen gar nichts anderes. Für sie hört die Umwelt ausserhalb des Clubdorfes oder des touristischen Dorfkerns auf. Und hat ein Ferienort die Zerstörung so übertrieben, dass es selbst die unempfindlichsten Gäste merken, bleiben diese einfach aus. Die Auswahl an andern Orten ist gross genug.

Und wenn wir die Umweltprobleme sehen, die wir als Ferienreisende verursachen?

Dann stehen wir ziemlich hilflos da.

Können wir etwas tun, um die Schäden gutzumachen? Realistisch gesehen nicht. Sowohl unser persönlicher Beitrag zur Zerstörung wie ein eventueller Beitrag zur Verbesserung fallen doch kaum ins Gewicht.

Als Fremde werden wir auch nicht gefragt. Sagen oder unternehmen wir etwas, sind wir kaum etwas anderes als Störenfriede.

Was bleibt, ist:

Wir können versuchen, unsere Ferien so zu verbringen, dass wir möglichst wenig Schaden anrichten.

1. Der Ferienort

Es gibt über Ferienorte und Ferienstil keine Oekobilanzen.

Du kannst nicht in einer Liste nachschauen, an welchem Ferienort du als TouristIn die Umwelt mehr oder weniger belastest.

Doch gibt es allgemeine Überlegungen, die dir helfen, den Schaden zu begrenzen, den du anrichtest.

Das Transportmittel: Flieg nicht in andere Kontinente.

Von der Umwelt her gesehen kommen Ferien in Ländern, die wir nur mit dem Flugzeug erreichen können, nicht mehr in Frage.

Der Hauptgrund dafür ist, dass wir sofort unsere Produktion von Kohlendioxid (CO_2) aus Erdöl vermindern müssen, wo es nur geht.

Das müssen wir, wenn wir den Treibhauseffekt – die Änderung des Klimas auf der ganzen Erde – vermindern wollen.

Beim Flugbenzin für unsere Ferienreisen ist das Sparen von Erdöl einfach. Es genügt, dass wir kein Flugzeug mehr besteigen.

Mach keine Ferien in Billigländern.

Zum Wort Billigländer

Alle gehören zu den Ländern, die wir überheblich als dritte Welt und als unterentwickelt bezeichnen.

Beim Thema Ferien bezeichnen wir sie sinnvollerweise als Billigländer. Der Grund, warum wir sie als Ferienländer wählen, ist ja fast ausschliesslich, dass dort unser Geld viel mehr wert ist als zu Hause. In Billigländern verwandeln sich mittelmässig bezahlte schweizerische Angestellte in reiche Leute.

In Billigländern entspricht der Betrag (in Franken oder Dollar), den du für ein Bier ausgibst, in der Landeswährung für einen grossen Teil der Menschen einem Taglohn.

An den meisten Ferienorten

in Billigländern richtest du als TouristIn viel grössere Schäden an der Umwelt an als in Europa.

Zum Beispiel beutest du in Billigländern Menschen oft recht grausam aus, auch wenn es dir nicht bewusst ist. Hotelpersonal arbeitet oft zu Bedingungen, die du für dich selber als Sklavenarbeit bezeichnen würdest.

Unzählige Hotels verschmutzen, ohne dass du es siehst, die Umwelt durch das Abwasser und den Abfall.

Du verbrauchst Strom, Heizöl, Rohprodukte und Lebensmittel, die den Einheimischen vorenthalten sind. Während du deinen Teller halbvoll abräumen lässt, betteln an der Küchentür Kinder um ein paar Resten.

An vielen Orten wirst du zum Teil mit Lebensmitteln versorgt, die aus andern Ländern (zum Beispiel aus der Schweiz) eingeflogen werden.

Stell dir nicht vor, deine Ferienreise in ein Billigland sei eine Art Entwicklungshilfe. Vom Geld, das du für dein Arrangement zahlst, bekommt das Ferienland nur den kleinsten Teil. Und dieser Teil kommt wiederum nur wenigen Unternehmen zugut.

Verbringst du deine Ferien dennoch in Billigländern,

kannst du für die Umwelt nicht viel tun.

In der Regel musst du mit den Unterkünften, den Tranportmitteln und – zumindest ein Stück weit – dem Lebensstil vorlieb nehmen, die für

dich geschaffen sind, egal, wie sie sich auf die Umwelt auswirken.

Am ehesten kannst du beim Lebensstil noch etwas tun. Die Überlegungen dazu findest du auf Seite 6.38.

Welche Ansprüche kannst du nicht mehr erfüllen,

wenn du auf das Fliegen und auf Billigländer als Ferienziel verzichtest?

• Der garantierte Sonnenschein im Winter fällt weg.

• Das HerrInnenleben mit DienerInnen, die dir jeden Wunsch erfüllen, kannst du dir in Europa nicht leisten.

• Vielleicht fällt weg, dass du an einem Ferienort dabei bist, der in Mode ist.

Ferien in der Schweiz und in Europa

Was dir Reisen in Europa bringt.

Du erreichst alle Ziele auch ohne eigenes Auto und ohne Flugzeug.

Dir stehen zahllose und vielfältige Landschaften, Klimata, Länder und Kulturen offen.

Du kannst die Sprache des besuchten Landes vielleicht schon, oder du kannst sie lernen.

Du kannst deine Ferienorte (mit den Jahren jedenfalls) richtig kennenlernen. Du kannst selber beurteilen, wo du als Gast an einer

gedankenlosen Zerstörung der Umwelt teilnimmst und wo du einen umweltfreundlicheren Tourismus unterstützt.

Lerne (wieder) reisen.

Du erreichst mit Bahn, Schiff und Bus praktisch jeden Ort in Europa innerhalb von einem oder zwei Reisetagen. Mit einem dritten Reisetag erreichst du alle Länder um das Mittelmeergebiet.

Allerdings: Erst wenn du die Reise selber – mit

allen ihren Anstrengungen – als einen Teil der Ferien geniessen kannst, bist du wirklich mobil.

• Reise nicht möglichst schnell. Zwischenhalte machen deine Reisen interessanter. Verbring, wenn du nach Portugal fährst, auf der Hinreise einen Tag in Madrid und auf der Rückreise einen Tag in Bordeaux.

• Nutze alle Hilfen und Annehmlichkeiten, die die Bahnen anbieten: Gepäcktransport, Reservationen, Couchettes, Speisewagen und so weiter (eine ausführliche Darstellung findest du im Teil «Fahren, Transportieren»).

- Mach nicht zweimal im Jahr kurze Ferien, sondern einmal längere. In längeren Ferien musst du so weniger hetzen.

- Damit du zusätzlich ab und zu Abstand von zu Hause bekommst, kannst du verlängerte Wochenenden an Orten verbringen, die du in wenigen Stunden erreichst.

Kommt dir das Reisen mit Bahn und Bus mühsam vor, erinnere dich daran, dass auch das Fliegen eine rechte Plage sein kann (zur reinen Flugzeit kommen die Transfers zu den Flughäfen dazu, das Warten vor und nach dem Check-in, die Verspätungen, das Warten auf das Gepäck etc.).

Benütze am Ferienort Mietwagen und Taxi.

Bist du an einem Ferienort mit schlechten Bus- und Zugverbindungen, so kannst du tageweise ein Auto für einzelne Ausflüge mieten.

Damit belastest du die Umwelt immer noch viel weniger, als wenn du mit dem eigenen Auto gekommen wärst und am Ferienort herumfahren würdest.

Benutz auch Taxis. Machst du – je nach lokalen Gepflogenheiten – einen festen Preis ab, erlebst du keine Überraschungen. An vielen Orten im Ausland sind Taxis ohnehin viel billiger als in der Schweiz.

Du kannst dich mit dem Taxi an einen Ort hinfahren lassen und den Rückweg zu Fuss oder mit dem Bus machen. Mit dem Taxi kannst du auch Stadtrundfahrten nach deinen eigenen Wünschen machen.

Nimm auch an organisierten Tagesausflügen teil.

Viele Ferienorte bieten Tagesausflüge mit Bussen in die Umgebung an.

Diese Ausflüge sind zwar meistens ein Massenbetrieb. Du bist in derselben Situation wie die AusländerInnen, die in zwei Tagen durch die «ganze» Schweiz gefahren werden. Oft sind die Ausflüge mit Besuchen in Souvenirfabriken verbunden.

Dafür lernst du rasch die wichtigsten Touristenziele am Ort kennen und kannst entscheiden, welche Orte du selbständig und in Ruhe noch einmal besuchen willst.

Bist du gebrechlich oder gehbehindert?

Ferien ohne Auto verlangen, dass du gewisse Strecken zu Fuss gehen kannst:

Reisen mit der Bahn sind immer mit Gehen und Treppensteigen verbunden.

Bist du durch das Alter oder sonst behindert, ist das eigene Auto vielleicht das einzige Mittel, an ein Ferienziel zu gelangen.

Du kannst jedoch auch in diesem Fall noch einiges tun, um die Umwelt nicht unnötig zu belasten. Lies dazu im Teil «Fahren, Transportieren» die Kapitel über das Autofahren.

Ein ganz besonderer Ferienort: dein Zuhause

Wir kennen Alleinstehende, Paare und sogar Familien, die aus verschiedenen Gründen manchmal Ferien zu Hause machen. Ein Grund ist zum Beispiel, dass sie sonst nie zum «Wohnen» kommen.

Bleibst du zu Hause, schonst du die Umwelt beträchtlich: Die Hin- und Rückreise zum Ferienort entfällt und du beanspruchst keine zweite Wohnung (neben deiner, die leersteht).

Ferien zu Hause bieten dir

- Distanz vom Arbeitsstress,
- Ausschlafen,
- deinen eigenen Rhythmus ausleben zu können,
- Kultur, wenn du willst,
- Bewegung,
- dass du tun und lassen kannst, was dir gefällt.

Mit Ferien zu Hause fehlen dir jedoch

- der vollkommene Abstand vom Alltag,
- das garantiert sonnige Wetter,
- und dass du dich für wenig Geld verwöhnen lassen kannst.

Für eine Hausfrau (einen Hausmann) sind Ferien zu Hause kaum richtige Ferien. An deinem Arbeitsplatz kannst du keine Ferien machen. Deshalb sind sie bei einer Familie nur
möglich, wenn die ganze Familie einverstanden ist und die Hausfrau oder den Hausmann ganz von ihrer normalen Arbeit entlastet.

Wie du zu Hause Ferien machst.

Auch Ferien zu Hause solltest du vorbereiten, damit es Ferien sind. Zu den Vorbereitungen gehört:

- Du legst dir deine Kleidung zurecht, die du für die Ferienzeit benötigst, und verzichtest darauf, in den Ferien zu waschen.

- Du putzt dein Zuhause vor den Ferien und machst dann nichts.

- Du räumst möglichst alles weg, was dich an die Arbeit erinnert oder direkt mit ihr zu tun hat.

- Du sagst alle festen Termine ab, die dir keinen besonderen Spass machen.

Und dann geht's los:

Mit Verwöhnen:
Du machst dir nur das Frühstück und verpflegst dich sonst kalt oder im Restaurant. Du isst, wozu du Lust hast.

Mit Fast-nichts-Tun:
Du stellst den Liegestuhl auf und liest ein Buch.

Mit FreundInnen Treffen:
Du pflegst Freundschaften und Bekanntschaften, für die du sonst zuwenig Zeit hast. Du triffst dich mit Leuten, die du schon lange nicht mehr gesehen hast. Du unternimmst etwas mit ihnen.

Mit leichter Bewegung:
Du spazierst in ein nahegelegenes Dorf und schlemmst ein Dessert. Du gehst wandern. Du unternimmst einen Tagesausflug mit dem Zug oder dem Velo. Du spielst Badminton oder Frisbee im Park. Du unternimmst einen Stadtbummel.

Mit Kultur:
Du gehst so oft ins Kino, Museum, Konzert oder Theater, wie du Lust hast. Du machst eine Städtereise mit der Bahn.

Ein Beispiel für Ferien in der Schweiz: Braunwald im Sommer

Braunwald im Kanton Glarus ist einer der ruhigen autofreien Ferienorte der Schweiz. Er ist ein attraktiver Ferienort für alt und jung.

Anreise

Braunwald erreichst du bequem mit dem Zug.

An deinem Heimatbahnhof gibst du alles Gepäck auf. Wohnst du in Braunwald in einem Hotel, dann sag am Gepäckschalter, dass Braunwald ein autofreier Ort ist. Dein Gepäck bekommt eine spezielle Etikette, in die du auch den Namen des Hotels einträgst. Das Hotel in Braunwald lässt dein Gepäck am Bahnhof abholen. Kommst du im Hotel an, stehen deine Koffer und Taschen schon im Zimmer.

Wohnst du in einer andern Unterkunft, lässt du dein Gepäck in Braunwald mit einem Elektromobil dorthin bringen.

Unterkünfte

In Braunwald kannst du in der Jugendherberge (die wie alle JH auch Familien aufnimmt), in Ferienwohnungen, in Chalets oder im Hotel wohnen.

Sport

Willst du aktive Ferien machen? Kein Problem in Braunwald.

Wohnst du nicht in einem Hotel mit Tennisplatz, kannst du einen der zwei öffentlichen Tennisplätze mieten.

Es gibt einen Vitaparcours, ein Hallenbad und eine Minigolfanlage.

Wandern, Ausflüge

Rund um Braunwald kannst du wunderbar wandern. Die markierten Wanderwege führen bis auf 2800 Meter über Meer.

Ein bezauberndes Wanderziel ist der Oberblegisee. Er liegt vor einer beeindruckenden Felswand, an der du gute Chancen hast, seltene Gesteine oder Versteinerungen zu finden. Die Wanderung zum Oberblegisee ist ein idealer Tagesausflug für eine Familie.

Eine andere Wanderung führt dich via Chnügrat und Seblengrat auf den kleinen Gumen. Von dort aus gelangst du zum Ortstockhaus, in dem du dich stärken kannst, bevor du den Abstieg nach Braunwald unter die Füsse nimmst.

Braunwald bietet auch nähergelegene Ausflugsziele. In etwa einer Stunde kommst du zum Beispiel zum Restaurant Nussbühl mit seiner herrlichen Aussicht.

Rund um Braunwald stehen dir drei Feuerstellen zum Picknicken zur Verfügung.

Braunwald hat die höchstgelegenen Rosengärten Europas. Diese präsentieren sich von Juli bis September besonders schön. In dieser Zeit kannst du hier 500 Sorten Rosen an 4000 Rosenstöcken blühen sehen.

Information

Vollständige Informationen über Unterkünfte etc. bekommst du beim Kur- und Fremdenverkehrsverein Braunwald, Telefon 058–84 11 08.

Bücher und Reiseführer für Ferien in der Schweiz

«40 Tagesabenteuer Schweiz»

Kombinierte Ausflüge zu wenig bekannten Zielen per Bahn, Schiff und zu Fuss. Werd Verlag/VCS.

«Das grosse Freizeit- und Ferienbuch Schweiz»

Auf Wander-, Velo- und Wasserwegen Natur und Kultur erleben. Verlag Kümmerly und Frey/TCS.

Europa bietet zum Beispiel: Wochenendausflug nach Rom

Verlängere das Wochenende zum Beispiel um den Freitag und reise in der Nacht vom Donnerstag auf den Freitag im Schlafwagen nach Rom.

Am Freitag morgen checkst du in deinem Hotel ein. Du kannst den ganzen Freitag und Samstag und den Sonntagmorgen in Rom geniessen.

Am Sonntag fährst du am Nachmittag um zwei Uhr nach Mailand ab. Du besiehst dir in Ruhe das Land, das du auf der Hinreise in der Nacht durchquert hast.

Am Abend steigst du in Milano in einen Zug in die Schweiz um, isst im Speisewagen und bist gegen Mitternacht zum Beispiel in Zürich. Musst du von hier aus noch weiter, beginnst du die Heimfahrt in Rom eine bis zwei Stunden früher.

Du kannst die Fahrten, den Schlafwagen, den Platz im Speisewagen und das Hotel bequem zum voraus buchen.

2. Die Unterkunft

Für die Umwelt kommt es langfristig sehr darauf an, welche Unterkünfte du wählst. Nach der Wahl ihrer KundInnen entwickeln und erweitern die Tourismus-Unternehmen ihr Angebot.

Unterkünfte, von denen wir dir abraten:

Wohne nicht im Luxushotel:

Je mehr dich ein Hotel verwöhnt und je mehr Schwimmbäder, Fitnessräume, Einkaufsstrassen, 24-Stunden-Barbetrieb etc. es für dich bereitstellt, desto grösser ist der Aufwand für die Umwelt.

Die meisten Luxushotels wechseln die Badetücher jeden Tag, heizen oder kühlen sämtliche Räume, sparen nicht beim Geschirr, das auf den Tisch kommt, putzen mit den üblichen Mitteln, kaufen Essen und Trinken wie üblich ein und so weiter.

In den meisten Hotels hast du keine Kontrolle und keinen Einfluss darauf, wie stark du die Umwelt als Hotelgast belastest.

Kreuzfahrtschiffe sind schwimmende Luxushotels. Auf die Umwelt können sie keine Rücksicht nehmen: Sie sind selber eine vollkommen künstliche Umwelt. Sie müssen sämtliches Essen und Trinken konserviert mitführen. Die meisten entsorgen ihre Abfälle direkt ins Meer.

Bau kein Ferienhaus mehr.

Die zahllosen Ferienhäuser werden für viele Orte zu einem Problem. Die Gemeinden müssen Wasser und Strom zuführen, die Abwasserreinigung und Kehrichtbeseitigung erweitern und Zufahrtsstrassen bauen und unterhalten.

Viele Zweitwohnungen und Ferienhäuser stehen den grössten Teil des Jahres leer. Die Umwelt ist im Verhältnis zur Benutzung der Häuser stark belastet.

Zwar schafft das Baugewerbe an vielen Orten Arbeitsplätze und einen Nebenverdienst für Landwirte. Andererseits nehmen die Ferienhäuser in manchen Gemeinden den Bauern bereits zuviel Land weg.

Manche Ortschaften verstädtern dermassen, dass sie möglicherweise eines Tages für TouristInnen nicht mehr anziehend sind.

Hast du ein Ferienhaus oder eine Ferienwohnung, so vermiete sie.

Vermiete sie so oft und so günstig wie möglich. Vermiete sie auch, wenn du es dir leisten könntest, sie leerstehen zu lassen. Die Gründe für diesen Vorschlag sind:

• Der Mangel an günstigen Ferienwohnungen treibt eine gewisse Zahl von Ferienreisenden ins europäische Ausland und noch weiter zu (Flug-) Reisen in Billigländer.

• Stehen die Ferienhäuser leer, fehlt es auch den Läden und Restaurants am Ort an Arbeit und Verdienst.

• Leerstehende Ferienhäuser und -wohnungen mit ihren geschlossenen Fensterläden machen manche Ferienorte vor allem in der Zwischensaison öde oder geradezu hässlich. Das schreckt Gäste für diese Zeit zusätzlich ab und verstärkt die einseitige Belegung in der Hauptsaison.

Sinnvolle Unterkünfte

Der umweltfreundliche Tourismus der Zukunft stützt die gesamte lokale Wirtschaft, insbesondere auch die Bäuerinnen und Bauern und das lokale Gewerbe. Er nimmt der Landwirtschaft möglichst wenig Land weg.

Er nutzt in erster Linie die vorhandenen Unterkünfte und Anlagen. Er verlangsamt das Bauen von neuen Ferienwohnungen und -häusern und hört damit in zehn oder zwanzig Jahren ganz auf. Dafür fördert er, dass die bestehenden Bauten unterhalten und verbessert werden.

Ferien auf dem Bauernhof

Wohnst du (mit deiner Familie) in den Ferien bei einer Bauernfamilie, so zahlst du den Preis für die Unterkunft direkt an diejenigen, die die Landschaft nutzen und damit schön erhalten.

Essen und Trinken können zum Teil vom Hof selber stammen.

Du lebst relativ einfach. Auch das entlastet die Umwelt.

Die Kinder und sogar die Eltern können vielleicht auf dem Hof mithelfen.

Für viele Kinder ist der Bauernhof geradezu ein Paradies. Soviel Nähe zu Ziegen, Kühen,

Schweinen, Kaninchen, Hühnern, Hunden und Katzen finden sie selten. Stadtkinder begreifen auf dem Bauernhof, woher unser Essen stammt. Sie erleben vielleicht Geburt und Tod von Tieren mit.

Auf dem Bauernhof bist du meist nicht im touristischen Zentrum des Ortes. Vielleicht musst du zum Bus oder zum Dorfkern ein gutes Stück zu Fuss gehen. Lass das eigene Auto der Umwelt zuliebe dennoch zu Hause.

Adressen von Höfen,

die dich als Feriengast empfangen, bekommst du zum Beispiel bei:

• Ferien auf dem Bauernhof
Kontaktstelle für die Bergbevölkerung
Bundesplatz 14
6002 Luzern
Telefon 041–24 62 18

• Verkehrsverband Emmental
Mühligässli 2
3550 Langnau im Emmental
Telefon 035–2 42 52

• Fédération du tourisme rural de la Suisse romande
c/o Office du Tourisme
1530 Payerne
Telefon 037–61 61 61

Ferienwohnungen und Ferienhäuser

Du findest oft sogar noch im letzten Moment eine freie Ferienwohnung oder ein Ferienhaus, wenn du beim Ferienort flexibel bist.

Ferienwohnungen und -häuser haben gegenüber Hotels den Vorteil, dass du die Umwelt nicht unnötig belasten musst.

Du kannst die Heizung selber regulieren, dein Essen nach umweltschonenden Gesichtspunkten einkaufen und kochen (diese Arbeit hast du dann eben), umweltschonend waschen und putzen und keinen unnötigen Abfall produzieren.

Miete auch die etwas weniger beliebten Häuser und Wohnungen, die am Rande des Ortes liegen. Versteif dich nicht darauf, möglichst nahe am Ortskern zu wohnen. Lass dennoch, wenn irgend möglich, dein Auto zu Hause.

Eine neue Art von Hotels

Einzelne Hotels haben damit begonnen, auf die Umwelt in einzelnen Punkten Rücksicht zu nehmen.

- Sie holen dein Gepäck am Bahnhof ab, so dass es dir leichter fällt, ohne Auto zu kommen.
- Du kannst zum Beispiel als Gast selber bestimmen, wie oft das Hotel die Tücher im Badezimmer in die Wäsche gibt.

Allerdings: Andere Hotels belasten die Umwelt vielleicht noch weniger als dasjenige mit der spektakulären Aktion. Die Umweltfreundlichkeit ergibt sich bei einem Hotel (wie auch bei allen Produkten und Dienstleistungen) nicht aus einer einzelnen Eigenschaft.

Andere Unterkünfte

Von diesen wissen wir nicht, wie sehr sie die Umwelt belasten. Bei allen kommt es darauf an, was für einen Lebensstil du in ihnen pflegst.

Mit einem Zelt

und zu Fuss belastest du die Umwelt offensichtlich am wenigsten:

Das Zelt besteht aus wenig Material. Pflegst du es gut, kannst du es jahre- bis jahrzehntelang benützen. Du heizt es nicht und beleuchtest es kaum. Es hat keine eigenen Anschlüsse oder Abflüsse.

Fährst du jedoch – was heute die Regel ist – mit dem Auto zum Zelten, ist schon nicht mehr so klar, ob diese Ferien die Umwelt speziell schonen.

Der Wohnwagen

ist bereits eine richtige kleine Zweitwohnung. Sein Nachteil für die Umwelt ist, dass er zum Reisen nicht ohne Auto auskommt.

Am wenigsten belastest du mit dem Wohnwagen die Umwelt, wenn du ihn als Ferienhaus an einem Ort fest installierst und mit Bahn und Bus hinfährst.

Du kannst deinen Wohnwagen heute mit Solarstrom versorgen und das warme Wasser mit Sonnenlicht erzeugen.

Hausboote

belasten die Umwelt vermutlich etwa so wie Wohnwagen.

3. Der Zeitpunkt der Ferien

Fährst du nicht dann in die Ferien oder ins verlängerte Wochenende, wenn die ganze Welt fährt, trägst du zu einem umweltschonenderen Tourismus bei:

Du hilfst mit, dass wir die bestehenden Anlagen regelmässiger über das ganze Jahr hinweg benutzen.

Besuchen wir einen Ort nur während wenigen Monaten im Jahr, so werden zwangsläufig immer mehr Anlagen und Unterkünfte für diese kurze Zeit gebaut.

Dann muss die Gemeinde auch die unsichtbaren Anlagen (Kläranlagen, Kehrichtentsorgung, Stromversorgung etc.) ausbauen. All das geht unvermeidlich auf Kosten der Umwelt.

Viele Berggemeinden in der Schweiz und im Ausland empfangen den grössten Teil ihrer Gäste im Winter.

Tourismus-Anlagen für den Winter brauchen mehr Platz und grössere Bauten als die Anlagen für den Sommer. Im Sommer stehen die Winteranlagen unbenutzt da. Die Landschaft ist – vor allem über der Baumgrenze – von den Pisten und Bahnen oft recht verschandelt und stösst die Sommergäste ab.

Einige Wintersaisonorte im Ausland sind im Sommer richtige (hässliche) Geisterstädte.

Liegt die Hauptsaison hingegen in den Sommermonaten – wie in den meisten Mittelmeer-

ländern –, tritt als spezielles Problem der Wassermangel auf.

In typischen Sommerferien-Orten stehen manche Hotels und viele Ferienhäuser oft vom Herbst bis in den Frühling leer.

Ganzjährige Arbeitsplätze

Die unregelmässigen Verdienstmöglichkeiten machen manche Orte für die jungen Einheimischen unattraktiv.

Das fördert die Abwanderung vor allem auch aus der Landwirtschaft. Die Vielfalt der Bauernbetriebe nimmt ab. Die bisher noch genutzten und dadurch gepflegten Landschaften verganden und verarmen.

Verteilen sich die Feriengäste besser über das ganze Jahr, werden auch die Verdienstmöglichkeiten regelmässiger. Im besten Fall werden Saisonstellen zu ganzjährigen Arbeitsplätzen.

Damit wächst die Chance, dass junge Einheimische nach ihrer Ausbildung am Ort leben und arbeiten wollen.

Auch die Nebenerwerbsstellen für Bäuerinnen und Bauern können durch eine bessere Verteilung der Saison sicherer und regelmässiger werden.

Nebenbei bemerkt: Befürchtest du, dass der Umweltschutz Arbeitsplätze zerstört und Arbeitslosigkeit schafft? Davon ist überhaupt

keine Rede. Das Gastgewerbe – und vor allem auch ein umweltbewusster Tourismus – bieten für lange Zeit noch jede Menge Arbeitsplätze. Lies dazu auch das Kapitel: «Kostet der Umweltschutz Arbeitsplätze?» im 12. Teil des Kompendiums.

Hast du keine schulpflichtigen Kinder,

so vermeide wenn möglich Ferien in der Schweiz während den Schulferien. Überlass die günstigen Ferienunterkünfte während den Schulferien Familien mit Kindern.

Der Mangel an günstigen Unterkünften in der Schweiz treibt viele Familien in den Ferien ins Ausland.

Das empfinden viele Eltern selber als recht sinnlos, weil die Kinder (vor allem kleine) lange Reisen meist nicht mögen und Ferien an einem Ort in der Nähe genau so toll finden wie Ferien im Ausland.

Orte mit allem, was Kindern Spass macht (zum Beispiel Spielplätze, Schwimmbäder, freiem Auslauf, einem Reitstall mit Ponys) gibt es in der Schweiz genug. Was oft fehlt, sind wirklich nur die Unterkünfte für alle InteressentInnen.

4. Dein Lebensstil am Ferienort

Schone die Umwelt, auch wenn die Einheimischen es nicht tun. Du belastest sie allein durch dein Touristendasein schon genug.

Auch wenn die Ferienunternehmen alle Probleme von dir fernhalten, existieren die Probleme nun einmal, und du kannst sie vergrössern oder vermindern.

Hast du nicht den Beweis für das Gegenteil, so geh davon aus, dass für den Kehricht keine Verbrennung und für das Abwasser keine Kläranlage vorhanden ist.

Respektiere die Kultur und die Traditionen des besuchten Landes.

Sie sind genauso Bestandteil seiner (Um-) Welt wie Tiere, Pflanzen, Boden und Wasser.

Fremd bis du als TouristIn immer, und es ist fast unvermeidbar, dass du dich – ob du es merkst oder nicht – falsch benimmst.

Jedoch kannst du den Schaden etwas begrenzen: Indem du dich zumindest so höflich und respektvoll benimmst, wie es zu Hause auch selbstverständlich ist.

Mach dich vor deiner Reise mit den Besonderheiten des Landes, das du besuchst, so gut wie möglich bekannt. Lies Bücher darüber. Schau am Fernsehen Dokumentarfilme. Lerne die Sprache ein wenig.

Lerne vielleicht schon zu Hause Menschen aus dem Land kennen.

Entblösse dich nicht auf eine Weise, die das Moralempfinden der Einheimischen stört. Es ist geschmack- und rücksichtslos, an Orten nackt zu baden, wo sich die Menschen dafür schämen.

Photographiere Einheimische nicht wie Tiere in einem Zoo. Photographiere nicht aus dem Versteckten. Photographiere, wenn schon, nur dich selber, deine BegleiterInnen und Reisebekanntschaften.

Versuche, überhaupt keinen Photoapparat in die Ferien mitzunehmen. Die meisten Sehenswürdigkeiten findest du auf Postkarten abgebildet.

Essen, Trinken

Mäkele nicht zuviel am einheimischen Essen herum. Iss auch in Restaurants, die von Einheimischen geführt sind. Bevorzuge Gerichte aus der lokalen Jahreszeiten-Küche.

Trink Wasser in heissen Ländern in Form von Tee. Sonst trink einheimisches Flaschenwasser, wenn Flaschenwasser das einzige kontrollierte Trinkwasser ist.

Vor allem für Billigländer gilt: Trink keine importierten Mineralwässer oder Biere. Verzichte auf Milchprodukte und Konserven, die importiert sind.

Souvenirs

Kauf keine Tiere und keine Felle, Hörner, Zähne oder Häute von gefährdeten oder gar geschützten Tieren.

Kauf keine Antiquitäten, keine Kultgegenstände und auch sonst keine Kulturgüter einer Region.

Bedränge keine Privatpersonen, dir ihren persönlichen Schmuck oder Gebrauchsgegenstände zu verkaufen.

Kauf als Souvenirs, wenn schon, Kunsthandwerk aus einheimischen Werkstätten. Aber kauf keine aus dem fernen Osten importierten Souvenirs.

Wasser und Strom sparen

Egal wo du bist: Versuche, Strom und Wasser zu sparen wie zu Hause.

Und verbrauch an Orten, wo die Einheimischen selber schon sorgfältig damit umgehen müssen, so wenig wie überhaupt möglich.

• Strom:

Wähle Unterkünfte ohne Klimaanlage. Oder stell die Klimaanlage konsequent ab. Benutze keinen Tumbler. Lass Licht nicht unnötig brennen.

• Wasser:

Schon im Mittelmeerraum mangelt es an vielen Orten an Wasser, besonders an Trinkwasser.

Das Wasser im Swimmingpool fehlt vielleicht einem Bauern auf dem Feld. Der Wasserverbrauch der TouristInnen kann einen ohnehin mageren Grundwasserspiegel noch mehr absinken lassen.

Auch wenn im Hotel genug Wasser aus der Leitung kommt: Dusche und bade nicht täglich. Dich waschen genügt meistens auch.

Spül auf dem WC nur soviel wie nötig.

Spar Brennholz.

Auch Brennholz kann schon in Mittelmeerländern rar sein. Verwende, wenn du vor der Wahl stehst, möglichst keines.

Lass keinen Abfall herumliegen.

Weder am Strand noch sonstwo.

Nimm Problemabfall, zum Beispiel Batterien, nach Hause zurück.

Gewässer schützen

Wasch Kleider mit einem Minimum an Waschmitteln. An unzähligen Orten gibt es noch keine Kläranlagen.

Verzichte auf motorisierten Wassersport.

Was du beim Fahren, Transportieren und Reisen für die Umwelt tun kannst:

Du kannst:

- der Umwelt die Produktion und das Verschrotten von Autos ersparen,
- weniger Benzin oder Diesel verbrauchen,
- weniger giftige Abgase und Ablagerungen produzieren,
- weniger Altöl produzieren, das entsorgt werden muss,
- die zahlreichen Schäden an der Umwelt vermindern, die mit dem Gebrauch von Erdöl verbunden sind,
- weniger Trinkwasser fürs Wagenwaschen verschwenden,
- den Sondermüll der Waschanlagen vermindern.

Wie du Auto- und Motorradfahrten und Flüge einsparen kannst

Willst du beim Fahren, Reisen und Transportieren etwas für die Umwelt tun, sind die folgenden vier Massnahmen die wirksamsten.

Sie vermindern deine Mobilität in keiner Weise. Sie führen dich nicht zurück auf die Bäume.

Du wechselst lediglich vom Privatauto, vom Motorrad und vom Flugzeug auf Velo, Bahn, Bus, Mietwagen oder Taxi.

Diese belasten die Umwelt weniger als die privaten Autos und Motorräder und die Flugzeuge (siehe Seite 7.35).

1. Fahr nicht mit dem Auto (etc.) Strecken, die du auch mit dem Tram, dem Bus oder der Bahn fahren kannst.

Jeden Tag fahren Hunderttausende mit dem Auto zur Arbeit, obwohl ihnen eine Tram-, Bus- oder Bahnverbindung zur Verfügung steht.

2. Mach mit dem Auto keine Ausflüge.

Jeden Tag – und vor allem am Wochenende – fahren Hunderttausende mit dem Auto oder Motorrad ins Grüne.

Dabei sind gerade in der Schweiz Tausende von schönen Plätzen mit Bahnen, Postautos, Bergbahnen und Schiffen gut zu erreichen.

3. Fahr nicht mit dem Auto (etc). in die Ferien.

Von den Hunderttausenden, die das ganze Jahr hindurch unnötigerweise mit dem Auto zur Arbeit fahren, fahren viele auch mit dem Auto in die Ferien.

Zu ihnen kommen noch eine unbekannte Zahl von Menschen, die während des Arbeitsjahres umweltfreundlich Velo, Bahn und Bus, in die Ferien jedoch mit dem eigenen Auto fahren.

Dabei sind in ganz Europa unzählige schöne Ferienorte mit Bahnen, Bussen und Taxis gut erreichbar.

4. Flieg nicht in die Ferien.

Von allen Transportmitteln belastet das Flugzeug heute die Umwelt am stärksten.

Willst du die Umwelt entlasten,

• verzichte auf Wochenendausflüge mit dem Flugzeug,

• wähle Ferienorte, die du mit Bahn, Schiff oder Bus erreichen kannst.

Dafür gibt es noch weitere Gründe (siehe Kapitel «Ferien»).

Wie entwöhnen wir uns vom Auto?

Weniger autofahren – das sagt sich so leicht. Vielen von uns macht das jedoch Probleme. Das Auto ist für uns mehr als nur ein Transportgerät.

Wir fahren damit, auch wenn uns Bahn und Bus mit guten Verbindungen zur Verfügung stehen.

Überlegungen zu diesem Problem findest du auf Seite 7.12.

Ohne Auto fahren und reisen

Für AnfängerInnen: Wie du mit Velo, Tram, Bus, Bahn und Postauto fährst.

Kennst du das alles bestens und hast du keine Probleme damit, dann überspring dieses Thema einfach.

Bist du jedoch seit jeher mit dem Auto zur Arbeit und in die Ferien gefahren und bist du schon lange nicht mehr in einem Bus oder Zug gesessen, dann sind die folgenden Seiten für dich.

In diesem Kapitel geht es darum, wie du mit den Transportmitteln reist, die die Umwelt weniger belasten als das Auto.

Unter Bahnfahren stellst du dir vielleicht vor: das Schleppen von Koffern, das Gedränge in überfüllten Waggons und das Umsteigen unter Zeitnot. Das alles kommt beim Bahnfahren ja tatsächlich vor.

Nutzt du jedoch die Dienste, die die Bahnen heute anbieten, macht dir das Umsteigen vom Auto auf die Bahn vielleicht weniger Mühe, als du dir jetzt vorstellst.

Vorteile des Velofahrens

Mit dem Velo kannst du von Tür zu Tür fahren...

Vielleicht kannst du deinen Arbeits- oder Schulweg ganz mit dem Velo fahren.

Ist das möglich, dann lass das Auto von jetzt an stehen.

Mit dem Velo bist du wie mit dem Auto unabhängig von Fahrplänen und den Routen von Tram, Bussen und Bahnen.

In der Stadt bist du mit dem Velo nicht viel langsamer als mit den anderen Verkehrsmitteln, manchmal sogar schneller.

... oder bis zur nächsten Station.

Ist ein Weg zu lang für das Velo, dann kannst du vielleicht mit dem Velo von zu Hause bis zur nächsten Bus- oder Bahnstation fahren und dort das Velo abstellen.

Fährst du eine Strecke regelmässig, kannst du an der Station am andern Ende auch ein Velo deponieren (eventuell gegen eine Gebühr), mit dem du von der Station zur Arbeit, Schule etc. fährst.

Du kannst das Velo in Bussen und Bahnen mitnehmen.

Wie das geht, beschreiben wir weiter hinten.

Du kannst etwas transportieren.

Auf dem Gepäckträger, in Körben, Seitentaschen oder in einem Rucksack kannst du auch einmal etwas Kleineres transportieren.

Du kannst mit dem Velo gut in der näheren Umgebung zum Einkaufen fahren.

Du kannst mit dem Velo Ferien machen.

Einrichtungen für VelofahrerInnen

Einstellplätze

Das ist ein StädterInnen-Problem.

Viele Gemeinden und die Bahnen haben in den letzten Jahren neue Velo-Park- und -Einstellplätze eingerichtet.

Es gibt jedoch immer noch zuwenig Einstellplätze, vor allem auch zuwenig überdachte Plätze. Die früher häufigen Schikanen der Polizei gegenüber VelofahrerInnen, die sich ihre Parkplätze zwangsläufig improvisierten, haben abgenommen.

Velospuren und Velowege

An vielen Orten der Schweiz gibt es für Velos einzelne separate Wege oder markierte Velospuren auf den Strassen. Es kommen laufend neue dazu.

Auf Velowegen bist du sicher. Du musst nicht auf der Autostrasse fahren. Die Autos, Motorräder und Lastwagen müssen dich nicht überholen.

Velospuren auf der Strasse sind gelb markiert. AutofahrerInnen müssen dir den vollen Raum dieser Spur lassen. Viele Strassen sind jedoch für VelofahrerInnen immer noch gefährlich.

Postauto, Bahn, Tram und Bus befördern Velos.

Nicht alle befördern Velos, jedoch immer mehr.

Das hilft dir, die Transportmittel, die die Umwelt weniger belasten als das Auto, miteinander zu kombinieren.

Velokarten und Velo-Reiseführer

Für die Schweiz und für immer mehr andere Länder und einzelne Regionen gibt es spezielle Velokarten, Velostadtpläne, Velotourenkarten und Veloreiseführer. Du bekommst sie in

Buchhandlungen, beim VCS und beim TCS.

Wie du mit dem Velo in der Schweiz und in Europa herumreist und Ferien machst, beschreibt der VCS ausführlich und praktisch in seinem kleinen Buch «Mit Velo und Bahn durch Europa».

Velos kannst du mieten.

An vielen Bahnhöfen (in der Schweiz und in anderen Ländern) und bei manchen Velohändlern kannst du Velos mieten.

Bei den Bahnen in der Schweiz mietest du Velos für halbe und ganze Tage und Wochen. Abgeben kannst du das Velo an jeder bedienten Bahnstation. Für 1 Tag kostet ein Kindervelo 9.- Fr., ein normales Velo 15.- Fr. und ein Mountain Bike 24.- Fr. (Preisänderungen vorbehalten).

Organisierte Veloferien

Immer mehr Länder und Regionen bieten Veloferien an. Zu solchen Angeboten gehören Routen, die für Familien mit Kindern geeignet sind, aufgeteilt in gut machbare Tagesetappen. Du buchst alle Unterkünfte der Route entlang zum voraus. Oft gehört dazu, dass euer Gepäck von einer Unterkunft zur andern separat befördert wird.

Einschränkungen

Velo fahren können leider nicht alle. Die Probleme sind:

Velofahren braucht Kraft und Ausdauer.

Viele VelofahrerInnen empfinden eine kurze, ebene Strecke noch nicht als Anstrengung. Längere und steilere Strecken strengen an und verlangen Ausdauer.

Bist du bisher nicht mit dem Velo gefahren, dann baue deine Kraft und Ausdauer behutsam (gemütlich) auf.

Arbeitest du körperlich, ist das Velofahren zur Arbeit für dich vielleicht eine allzu grosse zusätzliche Belastung.

Fehlt dir aus diesem oder anderen Gründen die Kraft zum Velofahren oder sind deine Strekken allzu steil, dann kannst du vielleicht auf ein Mofa (mit Katalysator) umsteigen. Für die Umwelt lohnt sich das auf jeden Fall, wenn du dafür nicht Auto fährst (siehe Seite 7.36).

Du hast vielleicht Angst, Velo zu fahren.

Velofahren ist – je nach Gegend – gefährlich und beängstigend. Gefährdet bist du durch Autos, Lastwagen, Tramschienen.

Du bist verletzlicher als die andern, die in Autos, Bussen oder im Tram sitzen.

Bei Wind und Regen

ist Velofahren eher mühsam und bei Schnee und Eis allzu gefährlich.

Im Sommer kann das Velofahren ein anderes Problem machen: nach der Fahrt an die Arbeit bist du nassgeschwitzt. Deponier für diese Fälle ein Extrahemd oder -T-Shirt an deinem Arbeitsort oder in der Schule oder nimm es in einer Tasche mit.

Velofahren braucht mehr Zeit.

Du bist mit dem Velo natürlich deutlich schneller als zu Fuss.

Gegenüber anderen Fahrzeugen bist du jedoch meistens langsamer. Du brauchst mehr Zeit.

Siehe dazu den Teil 12, «Was kostet es dich, die Umwelt zu respektieren?»

Welches Velo kaufen?

Ob du auch steilere oder längere Strecken fahren kannst, hängt nicht nur von deiner Kraft und Ausdauer ab, sondern auch von deinem Velo.

Holländer, Tourenvelo, Stadtvelo

Der Inbegriff dieses Typs sind (für uns) die alten, robusten und schweren Modelle der Marke Raleigh.

Die neueren Tourenvelos sind leichter (sie sind aus Aluminium) und haben Naben- oder Kettenschaltungen mit 3 bis 5 Gängen. Sie eignen sich eher für die Stadt und die Ebene.

Sportvelo, Rennvelo, Reisevelo

Für hügelige Gegenden sind leichte Velos mit schmalen Rädern ideal, die leicht laufen. Diese Typen haben Kettenschaltungen mit 5, 10 oder mehr Gängen.

Für die gleichen Strecken sind auch Mountain Bikes geeignet. Sie haben breitere Reifen und meistens 18 Gänge.

Velo fahren

ADFC-Ratgeber

Fahrradkauf

*Technik,
Tips und
Fahrradtypen*

ADFC

Tips zum Velo kaufen findest du im Buch «Fahrradkauf», das du beim VCS für 8 Franken bekommst.

Warte dein Velo.

Lass dein Velo regelmässig vom Velomechaniker warten oder mach diese Arbeit selber, wenn du dich auskennst.

Du brauchst weniger Kraft zum Fahren, wenn die Kette gut geölt ist und die Reifen richtig aufgepumpt sind.

Lass dein Velo nicht verrosten. Versorge es zu Hause wenn möglich in einem Velokeller. Oder wenigstens an einem überdachten Platz.

Reparieren, nicht vorzeitig wegwerfen

Jedes Velo ist ein Wertgegenstand. Seine Herstellung hat die Umwelt belastet. Es soll dafür so lange wie möglich fahren.

Wirf auch ein altes Velo nicht fort. Überlass es einer der Velowerkstätten, die aus Teilen von gebrauchten Velos neue Velos zusammensetzen.

Kauf wenn möglich auch ein Occasionvelo oder eben eines aus verschiedenen alten Teilen.

Mit dem Velo im Postauto und im Bus

Auf manchen Strecken nehmen Postautos Velos mit, auf andern nicht. Es hängt davon ab, ob das Postauto dafür eingerichtet ist oder ob im Gepäckabteil Platz für das Velo ist.

Auf wenigen Linien kannst du ein Velo auch unbegleitet (voraus-)schicken, jedoch nicht gratis.

Ruf die Poststelle an, die für die Postautolinie auf deiner Route zuständig ist. Sie sagt dir, was möglich ist. Ihre Telefonnummer steht im Kursbuch beim Fahrplan der Linie.

Mit dem Velo im Tram und im städtischen Bus

Du kannst das Velo auf den Netzen von Zürich, Luzern, Bern und Basel mit einladen.
Bei Platzmangel, also in Stosszeiten, haben jedoch die Menschen gegenüber den Velos Vorrang.

Du löst für das Velo ein separates Billet (1 bis 3 Franken).

Mit Velo und Eisenbahn verreisen

Eine Hülle fürs Velo

Bei den SBB und anderen Bahnen kannst du eine Hülle aus Plastik für dein Velo kaufen. Sie kostet zurzeit 10 Franken.

Sie schützt dein Velo während dem Bahntransport vor Lackschäden und verhindert, dass ein Kabel irgendwo hängenbleibt.

Versicherung

Bei der Gepäckaufgabestelle kannst du dein Velo für den Transport versichern lassen.

Zoll

Überquerst du mit einem neu aussehenden

> Alle Preise, die im Umweltkompendium angegeben sind, galten beim Redaktionsschluss des betreffenden Abschnitts. Sie können sich aufgrund von Tarifänderungen jederzeit ändern.

Velo zum ersten Mal die Landesgrenze, so nimm die Kaufquittung mit. Lass dem Velo vom Zoll eine Zollplombe anhängen. Das erspart dir Verzollungsprobleme bei weiteren Grenzübertritten.

Gruppen am besten vorher anmelden

Wollt ihr mehrere Velos im Zug mitnehmen oder als Reisegepäck aufgeben, sprecht euch frühzeitig (mindestens 48 Stunden vor der Reise) mit der Bahn ab. Dann plant sie die Veloplätze ein und reserviert sie für euch.

In der Schweiz

Als Reisegepäck aufgeben

Du kannst von jedem bedienten Bahnhof aus dein Velo an irgendeinen Bahnhof in der Schweiz als Reisegepäck befördern lassen.

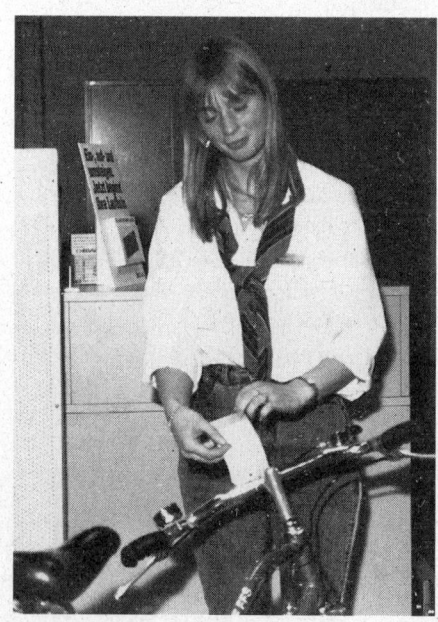

Das kostet 7 Franken, egal, wie lange die Strecke ist.

Zeige bei der Aufgabe des Velos (wie bei der Aufgabe von Koffern) dein Bahnbillet oder dein Abonnement.

Am Gepäckschalter bekommt das Velo eine Etikette angehängt, auf der du noch deine Adresse eintragen musst. Du bekommst einen Beleg, mit dem du am Ziel das Velo auslösen kannst. Um das Ein-, Um- und Ausladen kümmert sich die Bahn.

Erkundige dich bei der Bahnauskunft, wie lange zum voraus du das Velo aufgeben musst, damit es bestimmt am Zielbahnhof ist, wenn du ankommst. Ungefähr gilt folgendes:

Ausserhalb der Ferienzeit

genügt es meistens, wenn du das Velo ungefähr eine halbe Stunde vor der Fahrt (oder früher) am Gepäckschalter abgibst.

Fährst du mit einem Schnellzug oder einem Regionalzug, fährt das Velo, wenn möglich, im gleichen Zug wie du. Musst du umsteigen und sind die Anschlusszeiten knapp, kommt das Velo möglicherweise einen Zug später als du an den Bestimmungsort.

Euro- und Intercity-Züge nehmen keine Velos mit.

In Ferienzeiten

sind die Bahnen mit Velotransporten oft ausgebucht. Gib das Velo mindestens zwei Tage vor deiner Reise auf.

Mit dem Velo direkt in den Zug

In Regionalzügen und einzelnen speziell eingerichteten Bahnen kannst du dein Velo einfach in den Zug mitnehmen.

Voraussetzung ist, dass es im Gepäck- oder Veloabteil genug Platz hat (sonst musst du auf den nächsten Zug warten).

Du löst für das Velo ein Billet (3 Franken). Du hängst ihm eine Adressetikette an. Diese bekommst du am Gepäckschalter oder aus dem Billetautomaten. Du lädst es selber ein und aus.

Bist du nicht sehr kräftig und reist du allein, ist es von Vorteil, wenn dein Velo nicht allzu schwer ist.

BahnbeamtInnen und Mitreisende helfen dir sicher gern beim Ein- und Ausladen. Aber du kannst dich nicht darauf verlassen.

Im Ausland

Als Reisegepäck

An die meisten Bahnhöfe in Europa kannst du dein Velo als Reisegepäck befördern lassen. Erkundige dich rechtzeitig bei den Aufgabestellen über alle eventuellen Probleme.

In Ferienzeiten solltest du dein Velo je nach Ziel 3 Tage bis 1 Woche vor deiner eigenen Reise losschicken.

Eventuell musst du an deinem Zielbahnhof Lagergebühren bezahlen. An nationalen Feiertagen kannst du an manchen Bahnhöfen dein Velo nicht abholen.

Der Rückweg in die Schweiz klappt auch. Allerdings: Du kannst das Velo vom Ausland aus nur an einen Bahnhof in der Schweiz schicken lassen, der in den internationalen Tarifen aufgeführt ist. Das sind etwa 400 (grössere) schweizerische Bahnhöfe. Ist der Bahnhof deines Wohnortes nicht aufgeführt, gibst du den nächsten grösseren an.

Als Handgepäck

In einigen Ländern kannst du dein Velo einfach in den Zug mitnehmen, zum Teil gratis. Du musst das Velo selber in den Gepäckwagen einladen.

Das VCS-Büchlein «Mit Velo und Bahn durch ganz Europa» gibt dir die Details über die einzelnen Länder.

Das Velo auf Fähren und Schiffe mitnehmen

Du kannst dein Velo auch aufs Schiff oder auf Fähren mitnehmen.

Es hat meist genügend Platz für Velos. Sie werden im Laderaum, eventuell zusammen mit den Autos, untergebracht.

Du solltest das Velo ungefähr 1 Stunde vor der Abfahrt zum Verlad abgeben.

Reservieren musst du nur für lange Überfahrten, wenn du eine Kabine zum Schlafen oder Ausruhen brauchst. Das kannst du einem Reisebüro überlassen.

Das Velo ins Flugzeug mitnehmen

Wir empfehlen dir prinzipiell, nicht mit dem Flugzeug in die Ferien zu verreisen.

Es gibt genug Möglichkeiten für Ferien, die die Umwelt weniger belasten.

Nimmst du das Flugzeug und willst du dein Velo mitnehmen, dann ist das bei einigen Fluggesellschaften möglich.

Manchmal zahlst du dafür extra. Manchmal kannst du das Velo in deine 20 kg Freigepäck einrechnen lassen. Das hängt davon ab, wohin du fliegst.

Sag schon beim Buchen, dass du das Velo mitbringst. Die Fluggesellschaft muss den nötigen Frachtraum reservieren.

Lass dir sagen:
• ob und wie du das Velo verpacken musst (Karton, Plastikhülle),
• ob du die Pedale für den Flug abschrauben musst,
• ob du den Lenker in Längsrichtung verdrehen musst,

• ob du aus den Reifen die Luft (nicht alle) rauslassen musst.

Vergiss nicht, das nötige Werkzeug zum Demontieren der Pedale und zum Lösen der Lenkstange mitzunehmen. Probier diese Arbeiten zu Hause aus.

Mit der Bahn fahren

Wir haben in der Schweiz eines der bestausgebauten Bahnnetze der Welt. Im Vergleich zu andern Ländern erreichst du hier erstaunlich viele Ortschaften mit den SBB oder einer der anderen Bahnen.

Mit Umsteigen auf Postauto, Seilbahn, Tram, Bus und Schiff gelangst du zumindest tagsüber in weitere Hunderte von Dörfern und Weilern.

Willst du, dass die Bahn- und Busunternehmen dieses Netz nicht nur erhalten, sondern noch ausbauen, so nutze es, wann immer du die Wahl hast.

Im Ausland

In andern Ländern Europas ist das Bahnnetz z.T. schlechter ausgebaut. Städte jedoch haben meistens eine Bahnverbindung.

Mit Anschlüssen an Fähren oder Schiffe gelangst du übers Wasser (z.B. nach England oder nach Skandinavien)

Mit Zug und Fähre oder Schiff ist es sogar möglich, in andere Kontinente zu reisen.

Mit der Bahn reist du schnell,

Von Bern aus gelangst du zum Beispiel in 1 Std. 10 Minuten nach Zürich, in ca. 5 Stunden nach Paris und in ca. 10 Stunden nach Rom.

Auf die Bahn kannst du dich verlassen. Natürlich ist manchmal ein Zug verspätet.

Unsicherheiten sind: du verpasst den Zug. Oder du verschaust dich auf dem Fahrplan.

sicher

Mit der Bahn verunglücken viel weniger Menschen als auf den Strassen.

und meistens bequem.

Im Zug hast du Hände, Kopf und Augen frei für:

• die vorüberziehende Landschaft
• Gespräche mit Mitreisenden
• das Kennenlernen von Menschen
• Essen, Trinken
• Umherlaufen
• Lesen
• Spielen
• Stricken

In der Bahn kannst du deine Füsse strecken und schlafen.

Du kannst zwischen verschiedenen Abteilen wählen:

z.B. zwischen 1. oder 2. Klasse, Nichtraucher- oder Raucherabteil.

Du darfst im Zug von der 2. in die 1. Klasse wechseln. Du zahlst der Billetteuse oder dem Billetteur einfach den Preisunterschied.

Auf Strecken mit Selbstkontrolle (mit dem Signet des Auges) ist dieser Wechsel nicht möglich.

Speisewagen und Minibar (Wägeli)

Die Minibar verkauft Getränke, Sandwiches, Schokolade, anderes Knabberzeug und Zigaretten.

Im Speisewagen bekommst du Frühstück, Mittagessen, Abendessen, Kaffee und Kuchen.

Telefon im Zug

In Intercity-Zügen hat es zum Teil Telefone, die du bis zu 3 Minuten benützen kannst. Im Fahrplan sind diese Züge mit einem Zeichen (einem Telefon) gekennzeichnet.

Im internationalen Verkehr gibt es Züge mit Couchettes und Schlafwagen.

Für Gesellschaften vermietet die Bahn ganze Wagen.

Die Bahn transportiert dein Gepäck.

Als Handgepäck kannst du so viel mitnehmen, wie über und unter dem Sitz Platz hat.

Zudem transportiert die Bahn dir weitere Gepäckstücke an dein Ziel in der Schweiz oder im Ausland.

Für Kinder

Auf einigen Strecken gibt es für Kinder Extrawagen mit Wickeltisch, Rutschbahn, Spielsachen, Büchern und so weiter.

Bis heute sind es diese Strecken:

• Genf - Bern - Zürich - St. Gallen
• Basel - Bern - Interlaken
• Schaffhausen - Zürich - Chiasso

Du erkennst diese Wagen am Teddybärsignet.

Personenfahrten in der Schweiz

Auskunft und Beratung

Planst du eine Reise selber (nicht mit Hilfe eines Reisebüros), beraten dich die MitarbeiterInnen jeder bedienten Bahnstation gern telefonisch oder persönlich.

Du erhältst Auskunft über:

schnellste Routen, Preise, Ermässigungen, Abfahrts- und Ankunftszeiten, Haltestellen, Umsteigen. Und Angaben zu den Zügen: ob sie einen Speisewagen haben, ob reservieren möglich ist etc.

Für die Organisation einer Gruppenreise lässt du dich am besten frühzeitig und persönlich am Schalter beraten.

Das Kursbuch

Im Kursbuch findest du praktisch alle Informationen, die du für das Planen einer Reise brauchst.

Vorausgesetzt: du weisst, wie mit dem Kursbuch umgehen. Nimm dir die Zeit, es richtig kennenzulernen.

Es gibt 3 Bände:

• Bahnen, Seilbahnen, Schiffe
• Ausland
• Autobusse

Hast du Fragen an einzelne Verkehrsbetriebe (Postautos, Ortsbusse, städtische Trams, Seilbahnen, Schiffe), findest du ihre Telefonnummern in den Kursbüchern.

Preise

Viele AutofahrerInnen denken, dass eine Fahrt im Auto billiger ist als mit der Bahn.

Das stimmt nicht. Es stimmt nicht einmal, wenn drei bis vier Personen zusammen fahren.

Bei den Ermässigungen, die die SBB und andere Bahnen bieten, ist Bahnfahren immer, für jede Strecke und auch für drei oder vier Personen billiger. Voraussetzung: du rechnest beim Auto wirklich alle Kosten ein, zum Beispiel auch die Amortisation, Versicherung etc.

Kinder

Kinder unter 6 Jahren fahren in Begleitung gratis.

Junge von 6 bis 25 Jahren

Von 6 bis 16 Jahren zahlst du für Billets nur die Hälfte.

Vergünstigungen bekommst du auch bei Mehrfahrtenkarten, Streckenabonnementen und beim Generalabonnement.

Familien

Als Familie bekommt ihr am Bahn- oder Postschalter gratis eine Familienkarte. Die Eltern müssen nicht verheiratet sein, jedoch im selben Haushalt leben. Du bekommst die Karte auch als AlleinerziehendeR.

Mit der Familienkarte zahlen jeweils nur die Eltern ein Billet.

Kinder bis 16 fahren gratis mit (auch wenn sie nur mit einem Elternteil reisen).

Ledige Kinder von 16 bis 25 Jahren zahlen in Begleitung eines Elternteils nur ein halbes Billet.

Die Vergünstigungen der Familienkarte könnt ihr mit fast allen andern Fahrausweisen kombinieren. Ausnahmen: Streckenabonnement und Kollektivbillet.

Auch einige Tarif-Verbunde gewähren die Familienermässigungen.

Familienmitglieder zahlen für ein zweites und drittes Generalabonnement weniger (siehe dort).

Behinderte

Bist du sehbehindert, kann dich in der Schweiz und im Ausland eine Person und/oder dein Hund gratis in der Bahn begleiten.

Beziehst du IV, zahlst du für das Generalabonnement weniger.

Den Sehbehinderten- oder Behinderten-Ausweis bekommst du je nach Kanton von der Ausgleichskasse oder vom Regierungs-Statthalteramt.

Senioren

Senioren bekommen das Generalabonnement billiger (Frauen ab 62, Männer ab 65 Jahren). Siehe dort.

Das 1/2-Preis-Abonnement

Das 1/2-Preis-Abonnement zu 110 Franken lohnt sich schnell einmal: du zahlst ein Jahr lang für (fast) jedes Billet innerhalb der Schweiz nur noch die Hälfte.

Für Billets ins Ausland wird das 1/2-Preis-Abo für die Strecke in der Schweiz angerechnet.

Das 1/2-Preis-Abo gilt nicht nur für Einzelbillets. Du kannst es mit Tageskarte, Monatskarte und Mehrfahrtenkarte kombinieren.

Die Tageskarten zum 1/2-Preis-Abonnement

Zum 1/2-Preis-Abonnement gibt es Tageskarten, mit denen du auf fast allen Bahnlinien, auf allen Postautostrecken und mit Bus und Tram von 24 Städten einen Tag lang frei herumfahren kannst (wie mit einem Generalabonnement).

Du kaufst jeweils einen Bogen mit 6 Tageskarten. 6 Karten kosten für die 2. Klasse 170 Franken und für die 1. Klasse 270 Franken.

Tageskarten zum 1/2-Preis-Abonnement lohnen sich ab einer Strecke von 146 km retour, also zum Beispiel Interlaken - Aarau und zurück.

Die Monatskarte zum 1/2-Preis-Abonnement

Zum 1/2-Preis-Abonnement bekommst du Monatskarten (250 Franken für die 2. Klasse, 370 Franken für die 1. Klasse).

Mit der Monatskarte fährst du wie mit einem Generalabonnement einen Monat so oft und so weit, wie du willst, in der Schweiz herum. Sie ist auch für Bus und Tram von 24 Städten gültig.

Die Mehrfahrtenkarte

Für Zugstrecken, die du öfters fährst, gibst es Karten, die für 12 Fahrten in beliebiger Richtung gelten. Sie kosten soviel wie 5 Retourbillets.

Vor der Fahrt musst du sie abstempeln. Du

Bahn fahren

kannst die Karte ausleihen. Du kannst sie auch mit andern zusammen auf der gleichen Fahrt benützen.

Mehrfahrtenkarte plus 1/2-Preis-Abo: du zahlst soviel, wie 6 halbe Retourbillets kosten.

Von 16 bis 25 Jahren zahlst du für Mehrfahrtenkarten nur 65 Prozent des Preises.

Das Streckenabonnement

Fährst du mit dem Zug zur Arbeit oder in die Schule, ist ein Streckenabonnement ideal.

Es gibt solche für 1 Jahr, 1 Monat, 1 Woche und für 1. oder 2. Klasse. Das Streckenabonnement ist auf deinen Namen ausgestellt.

In immer mehr Regionen fährst du mit dem Umwelt- oder Tarif-Verbund-Abonnement am billigsten.

Die Preise werden nach der Anzahl Kilometer deiner Strecke berechnet. Zum Beispiel kosten pro Monat

• 2. Klasse 5 km: 50 Franken

• 2..Klasse 20 km: 105 Franken

• 1. Klasse 20 km: 168 Franken

Am günstigsten ist das Streckenabonnement für 1 Jahr. Es kostet nur soviel wie ein Streckenabo für 8 einzelne Monate («8 Monate zahlen, 12 Monate fahren»).

Für ein Streckenabonnement bekommst du von 6 bis 25 einen Rabatt von 25 Prozent.

Verlierst du dein Jahres-Streckenabonnement, bekommst du einen Ersatz, wenn du den Kaufbeleg vorweisen kannst.

Benötigst du es nicht mehr (z.B. weil du deine Arbeitsstelle gewechselt hast), gibst du es zurück und bekommst einen Teil des Restwertes vergütet.

In vielen Regionen erhältst du dein Streckenabonnement als Verbundabonnement, und es ist auch für städtische Verkehrsbetriebe (Bus, Tram) gültig.

Das Generalabonnement

Reist du sehr oft, lohnt sich für dich vielleicht ein Generalabonnement.

Es kostet:

• 2. Klasse: 2150 Franken

• 1. Klasse: 3150 Franken

Du fährst damit 1 Jahr lang auf allen Linien der SBB und allen Postautolinien. Dazu kommen fast alle Privatbahnen, Schiffe und viele Seilbahnen der Schweiz. Auf wenigen touristischen Bahnen zahlst du mit dem Generalabonnement nur den halben Preis.

In 24 Städten kannst du mit dem General-

abonnement Tram und Bus fahren.

Das Generalabonnement ist persönlich.

Für Zeiten, in denen du das Generalabonnement nicht benützt (15 bis 120 Tage - z.B. weil du krank bist), verlängern die Transportunternehmungen dein Generalabonnement. Du musst es während dieser Zeit am Bahnhof hinterlegen (Gebühr 5 Franken).

Generalabonnemente für ein zweites und drittes Familienmitglied

Hat schon ein Familienmitglied ein Generalabonnement, kostet das zweite: 2. Klasse 1100 Franken, 1. Klasse 1600 Franken.

Das Generalabo für ein drittes Familienmitglied kostet: 2. Klasse 270 Franken, 1. Klasse 1600 Franken.

Ist das dritte Generalabonnement für ein Kind zwischen 6 und 16 Jahren, so kostet es: 2. Klasse 170 Franken (1. Klasse nicht weiter verbilligt).

Kinder zwischen 16 und 25 müssen für diese Vergünstigung ledig sein.

Generalabonnemente für Junge, SeniorInnen und Behinderte

Junge von 16 bis 25 Jahren, IV-BezügerInnen und SeniorInnen bezahlen für ein Generalabonnement:

• 2. Klasse 1400 Franken

• 1. Klasse 2050 Franken.

Das unpersönliche Generalabonnement

Dieses könnt ihr beliebig übertragen. Es kostet für 1 Jahr:

• 2. Klasse 3300 Franken

• 1. Klasse 4850 Franken.

Es ist sinnvoll für Firmen, Vereine, Gemeinden oder irgendeine andere Gruppe. Ihr könnt euch dafür beliebig zusammentun.

Rabatte für Gruppen ab 5 Personen

Reist ihr zu fünft oder mehreren und löst ihr das Billet zusammen, bekommt ihr Rabatt:

• Gruppen bis 24 Erwachsene bekommen 20 Prozent Ermässigung,

• 25 Erwachsene und mehr bekommen 30 Prozent.

Gruppen von Jugendlichen bis 16 Jahre bekommen 65 Prozent, von 16 bis 25 Jahre 50 Prozent Ermässigung.

Ab 16 Personen fährt 1 Person gratis.

Die Gruppenermässigungen könnt ihr mit dem 1/2-Preis-Abonnement kombinieren.

Tarifverbund-Netze

Seit einigen Jahren entstehen in verschiedenen Regionen der Schweiz Tarifverbunde.

In solchen Gebieten kannst du mit 1 Abonnement beliebig mit (fast) allen öffentlichen Transportmitteln frei fahren: mit SBB, Postautos, anderen Bussen und Trams.

1990 gibt es Tarifverbunde schon in folgenden Regionen:

• Basel	• Schaffhausen
• Bern	• Solothurn
• Biel	• St. Gallen
• Fribourg	• Zug
• Genf	• Zürich
• Luzern	

1991 sollen folgen:

• Aargau	• Neuchâtel
• Lausanne	• Olten

Platzreservation in der Schweiz

Du kannst deinen Platz reservieren,

auch telefonisch. Reserviere frühzeitig.

Informierst du dich anhand des Kursbuchs: R bedeutet: Platzreservation innerhalb der Schweiz möglich. [R] bedeutet: Reservationen sind in diesem Zug obligatorisch.

Für Einzelreisende und Gruppen bis 9 Personen kostet die Reservation von einem Sitzplatz für Hin- und Rückfahrt 8 Franken, egal, wie weit du fährst.

Für Gruppen ab 10 Personen reservieren die Bahnen für schweizerische Strecken gratis.

Du kannst auch Speisewagenplätze reservieren. Dafür musst du 2 Tage vor der Abfahrt die Gesellschaft anrufen, die die Speisewagen auf deiner Strecke führt. Erkundige dich beim Bahnhof nach ihrer Telefonnummer oder schau im Kursbuch nach.

Gepäcktransport in der Schweiz

Reisegepäck

Von jedem bedienten Bahnhof der Schweiz aus kannst du Koffer, Taschen, Velos, Kinderwagen, Rollstuhl, Skis und Skischuhe etc. als Reisegepäck befördern lassen. Und zwar an jede bediente Station, für die du selber ein Billet gelöst hast.

Du füllst am Gepäckschalter für jedes Gepäck-

Bahnhof	Telefon
Aarau	22 34 46
Baden	22 78 66
Basel	21 23 45
Bern	60 23 74
Biel	23 11 55
Chur	22 11 25
Fribourg	22 23 34
Genf	32 61 00
Lausanne	42 21 62
Lugano	23 66 91
Luzern	21 32 61
Olten	31 42 42
Schaffhausen	5 16 58
Solothurn	22 45 11
St. Gallen	22 10 21
Thun	22 37 03
Winterthur	22 69 37
Zug	21 39 88
Zürich	245 34 76

stück eine Etikette aus und bindest sie dran. Du erhältst einen Beleg, mit dem du am Ziel dein Gepäck in Empfang nimmst.

Du musst beim Aufgeben dein Bahnbillet oder Abonnement zeigen.

Preise pro 30 Kilo Gepäck, unabhängig von der Distanz (das einzelne Stück darf nicht schwerer als 90 kg sein): 5 bis 7 Franken.

Wie schickst du dein Gepäck an Orte, die keinen Bahnhof haben?

In der Schweiz kannst du dein Gepäck auch für viele Reiseziele aufgeben, die keine Bahnverbindung haben.

Erkundige dich per Telefon oder dann beim Aufgeben, ob das für dein Reiseziel möglich ist.

An Orte, die z.B. mit dem Postauto oder einer Bergbahn erreichbar sind, transportieren dann eben diese Fahrzeuge dein Gepäck. Du nimmst es an der Bergstation oder einer Poststation in Empfang.

Viele Poststationen sind nur zeitweise bedient. Frag schon, wenn du das Gepäck aufgibst, zu welchen Zeiten die Zielstation geöffnet ist.

Verpackungen für Einzelstücke

Einzelne kleinere Gepäckstücke, z.B. Tennisschläger, Bergschuhe, Kinderspiel-

zeug oder Tasche kannst du zusammen in einer Kartonbox aufgeben. Du erhältst diese am Bahnhof für 10 Franken. Die Box zählt als ein Gepäckstück.

Du bekommst auch wiederverwendbare Hüllen für Skis und Skischuhe. Du bezahlst dafür nicht mit Geld, sondern indem du für einen Sponsor Werbung machst.

Gepäckversicherung

Dein Reisegepäck, das nach der Schweiz oder nach dem Ausland geht, kannst du bei der Gepäckaufgabestelle versichern lassen.

Abhol- und Zustelldienst für das Gepäck

Diesen Dienst gibt es (für Reisen in die Schweiz) in folgenden Städten. Er bedient jeweils auch einige der umliegenden Ortschaften:

Du rufst am besten am Vortag deiner Reise an, mindestens jedoch 3 Stunden vorher.

Sag es schon am Telefon, wenn du dein Gepäck von der Bahn versichern lassen möchtest.

Der Abholdienst lässt deine Koffer, Taschen, Skischuhe, Skis etc. bei dir zu Hause von einem Taxi abholen.

Das Abholenlassen von 3 Gepäckstücken kostet zwischen 7 bis 25 Franken, je nach Distanz zum Bahnhof. Für jedes weitere Stück zahlst du noch 1.50 Fr. Dazu kommen die Kosten für den Gepäcktransport mit der Bahn.

Du zahlst die Abholgebühr und die Kosten für den Transport per Bahn zum voraus bei der TaxifahrerIn. Damit hast du dein Gepäck aufgegeben.

Du bekommst einen Empfangsschein, mit dem du am Zielbahnhof dein Gepäck wieder beziehst.

Die Taxifahrten sind für die Umwelt allemal erträglich, wenn du dafür den Hauptteil der Reise mit der Bahn statt mit dem eigenen Auto fährst.

Am Ziel nimmst du (wenn es dort keinen Gepäckzustelldienst hat) am einfachsten wieder ein Taxi.

An einigen Ferienorten in der Schweiz gibt es Hotels, die dein Gepäck am Bahnhof abholen und aufs Zimmer bringen. Der Gepäckdienst der Bahn oder das Hotel selber sagen dir, ob dein Hotel diesen Service anbietet.

Bahn fahren

Rückreise

Damit dein Gepäck nicht vor dem Haus im Regen stehenbleibt, wenn es vor dir ankommt, schickst du es zunächst nur bis zum Bahnhof zurück. Erst wenn du zu Hause bist, rufst du beim Gepäckdienst an und lässt dein Gepäck heimbringen.

Handgepäck

Gepäckwägeli

In vielen Bahnhöfen hat es Wägeli auf den Perrons, mit denen du dein Gepäck innerhalb des Bahnhofsarealsherumfahren kannst.

Gepäckaufbewahrung

Handgepäck kannst du zur Aufbewahrung im Bahnhof abgeben oder – falls vorhanden – in einem Schliessfach aufbewahren.

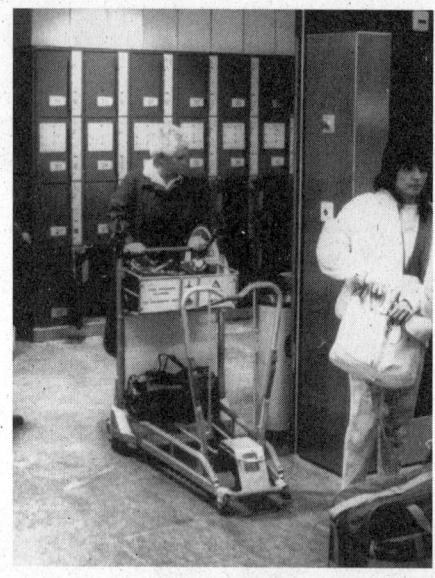

Personenfahrten ins Ausland

Die Vergünstigungen für Bahnfahrten ins Ausland, die wir im folgenden aufführen, sind nur Beispiele.

Die Bahnen und alle Reisebüros können dir eine grosse Auswahl von Städtereisen und anderen Arrangements mit der Bahn anbieten.

Buchst du zusammen mit der Bahnfahrt gleich ein Hotel, bekommst du meist einen besonders günstigen Hotelpreis.

Auskunft und Beratung

Genauere Informationen bekommst du bei den Auskunftstellen der Bahnhöfe und bei den Reisebüros.

Preisvergünstigungen

Kinder

Kinder zahlen in den meisten Ländern nur die Hälfte. Zum Beispiel:

• in Norwegen und Schweden von 4 bis 16 Jahren,

• in Österreich von 6 bis 15 Jahren,

• in andern Ländern von 4 bis 12 Jahren.

Junge bis 26 Jahre

• Einzelbillets:

Bei den SBB, beim SSR und allen Reisebüros bekommst du für Fahrten ins Ausland das günstige Eurotrain-Jugendbillet. Mit diesem kostet zum Beispiel eine Fahrt von Chur nach Avignon und zurück 154 Franken. Mit dem 1/2-Preis-Abonnement wird es noch billiger: du bezahlst für den schweizerischen Teil der Strecke nur die Hälfte.

Eurotrain-Jugendbillets bekommst du für 1500 Zielorte in Europa und in Marokko und für Fahrten mit dem TGV.

• Monats- und 10-Tage-Abonnemente:

Mit dem Interrail kannst du für 400 Franken in ganz Europa einen Monat lang frei Bahn fahren. Willst du auch auf Schiffslinien fahren, kostet das Interrail 470 Franken.

Für 10 Tage kostet das Interrail 370 Franken.

Familien

Eine Familienkarte gibt es für ganz Europa. Sie kostet 10 Franken und ist ein Jahr gültig. Sie heisst Rail Europ Familien.

Ihr müsst, um mit dieser Karte zu fahren, mindestens drei Familienmitglieder sein, darunter eine erwachsene Person.

Mit der Familienkarte zahlen ein Familienmitglied den ganzen und alle anderen den halben Preis.

Über 60jährige

Löst du zusätzlich zu deinem 1/2-Preis- oder Generalabonnement eine Rail-Europ-S-Karte zu 20 Franken, bekommst du auf den meisten Bahnen und Schiffen Europas 30 bis 50 Prozent Ermässigung.

Couchette und Schlafwagen

Hast du eine längere Reise vor dir? Nimm einen Nachtzug und schlafe in einem Liegewagen (Couchette) oder Schlafwagen. Am nächsten Morgen ist das Reiseziel ein Stück näher, und du bist ausgeruht.

Für eine Couchette 2. Klasse (Liegewagen im Sechserabteil) zahlst du zum Billet einen Zuschlag von 21 Franken pro Weg. Nach Belgien, Deutschland, Holland und Österreich fahren Liegewagen 2. Klasse mit Viererabteil. Dort kostet 1 Platz 28 Franken.

In Frankreich und Italien verkehren Liegewagen 1. Klasse (Viererabteil).

Hast du lieber weniger andere Leute im gleichen Abteil, so kannst du einen Schlafwagen nehmen. In diesen gibt es:

• 1. Klasse-Schlafplätze im Einzel- oder im Zweierabteil.

• 2.-Klasse-Schlafplätze im Zweier-oder Dreierabteil.

Reservierst du nicht ein ganzes Abteil, reisen Männer und Frauen in getrennten Schlafwagenabteilen.

Im Schlafwagen zahlst du zum Billet (entweder 1. oder 2. Klasse) einen Zuschlag von 59 bis 206 Franken.

Reservieren kannst du beim Bahnhof (auch telefonisch). Möglichst frühzeitig: für Gruppen mindestens 2 Tage vor der Abreise. Eine Couchette kannst du schon 2 Monate, einen Schlafwagenplatz schon 3 Monate im voraus reservieren.

Reservationen für Fahrten im Ausland

Für EC-Eurocity- und IC-Intercity-Züge kannst du immer reservieren.

In Ferienzeiten sind manche Züge lange voraus ausgebucht. Reserviere frühzeitig (frühestens zwei Monate vor der Fahrt).

Du reservierst bei schweizerischen Bahnen und bei Reisebüros (auch für die Rückfahrt).

Reservation von Speisewagenplätzen

Du kannst auch Speisewagenplätze reservieren. Dafür musst du 2 Tage vor der Abfahrt die Gesellschaft anrufen, die die Speisewagen auf deiner Strecke führt. Erkundige dich beim Bahnhof nach ihrer Telefonnummer.

Gepäcktransport international

Für Reisen ins Ausland musst du selber mit deinem Gepäck und einem gültigen Billet zur Gepäckaufgabe gehen.

Gib dein Gepäck frühzeitig vor der Reise auf, besonders in Ferienzeiten.

Preise pro 30 Kilo Gepäck, unabhängig von der Distanz : 12 Franken. Das einzelne Stück darf nicht schwerer als 90 kg sein.

Über den Velotransport ins Ausland siehe Seite 7.5.

Du kannst dein Gepäck für die Reise versichern lassen.

Gepäck

Du kannst Gepäck bis - je nach Linie - entweder 30 oder 50 Kilo mitnehmen.

Frag an, ob du dein Velo im Autobus mitnehmen darfst (siehe auch "Mit dem Velo ins Postauto, Seite 7.4).

Lass dich beraten, wenn du Reisegepäck mit dem Postauto vorausschicken lassen willst.

Reist dein Gepäck das erste Stück per Bahn, kümmert sie sich auch um seinen Weitertransport im Postauto.

Nach Haltestellen, die nicht durch Personal besetzt sind, kannst du kein Gepäck ohne Begleitung schicken.

Schickst du dein Gepäck an eine Station, die nur zeitweise besetzt ist, dann erkunde dich vorher danach, zu welchen Zeiten du es beziehen kannst.

Ermässigungen

Die meisten Autobusse bieten ähnliche Ermässigungen an wie die Bahnen.

Z.B. kannst du mit dem 1/2-Preis-Abonnement auf allen Postautolinien und den meisten anderen Buslinien zum halben Preis fahren.

Das Generalabonnement gilt auf allen Autobuslinien - ausser wenigen privaten Buslinien.

Für Kinder, Familien und Gruppen ab 5 Personen gibt es spezielle Ermässigungen.

Hast du Probleme mit dem Bus?

Zu den Problemen beim Umsteigen vom privaten Auto auf Bahn, Bus und Tram findest du einige Überlegungen auf Seite 7.12.

Mit Bus und Postauto fahren

In der Schweiz steht dir ein viel dichteres Netz von Autobussen (hier sprechen wir nicht von Stadtbussen, sondern von Überlandbussen) zur Verfügung als in anderen europäischen Ländern.

Die PTT und andere Busunternehmen können viele Buslinien nur führen, wenn wir sie auch benützen.

Du brauchst mehr Zeit, um mit dem Bus zur Arbeit zu fahren, als mit dem Auto. Betrachte das als deinen Beitrag zur Erhaltung des öffentlichen Verkehrsmittels in deiner Region.

Für StädterInnen: mit Bahn und Autobus kannst du Ausflüge machen.

Es gibt unzählige schöne Ziele, die du gut per Bahn und Autobus erreichst. Seen, Aussichtspunkte, abgelegene, stille Ortschaften, Ausgangspunkte für kurze und lange Wanderungen.

Die Bahnen und Postautos bieten dir zahlreiche Ausflüge zu günstigen Pauschalpreisen an.

Auskunft, Beratung

Für alle Fragen, die eine Postauto- oder eine andere Buslinie betreffen, rufst du bei der entsprechenden Poststelle oder beim Busunternehmen an. Die Telefonnummern stehen z.B. im Kursbuch (Band Autobusse) bei den Fahrplänen der einzelnen Linien. Auch bei den Bahnen kannst du fragen.

Du bekommst Auskunft über

- den Fahrplan,
- die verschiedenen Billets, Abonnemente, Ermässigungen,
- die Organisation von Gruppenreisen,
- Handgepäck, Reisegepäck, Transport von Velos.

Reservieren

Seid ihr eine Gruppe von mehr als 5 Personen, meldet ihr euch am besten an und reserviert eure Plätze (vor allem zu Ferien- und Ausflugszeiten). Bei Kursen mit einem [R] musst du auch als Einzelperson deinen Platz zum voraus reservieren.

Schiffe und Bergbahnen

Schiffe und Bergbahnen erreichst du problemlos per Bahn, Bus oder Postauto.

Da unzählige Menschen die Bergbahnen gemeinsam nutzen, belasten sie die Umwelt weniger als private Autos.

Wir finden, dass Schiffahrten auf unseren schönen Seen und Ausflüge in die Berge uns mehr Abwechslung und Erholung bieten als jede Autofahrt.

Hast du Probleme mit den öffentlichen Verkehrsmitteln?

Mit «öffentlichen Verkehrsmitteln» meinen wir immer alle, auch wenn wir nur Bahn und Bus sagen.

Wir haben ein paar AutofahrerInnen gefragt, warum sie weiterhin Strecken mit dem Auto fahren, auf denen sie auch einen Bus oder eine Bahn nehmen könnten.

Wir haben einige leicht zu verstehende, jedoch auch einige überraschende Antworten bekommen.

Dass Menschen auf das Auto angewiesen sind, die weit entfernt von Bahn- und Busstationen wohnen, ist offensichtlich.

Dass es jedoch recht viele gibt, die sich in Bahnen und Bussen unbehaglich fühlen oder geradezu Platzangst bekommen, hätten wir nicht gedacht.

Die häufigsten Probleme sind:

Schlechte Verbindungen

Fahren Bahn oder Bus nur wenige Male pro Tag zu deinem Wohnort? Passt ihr Fahrplan auf keine Weise zu deinen Arbeitszeiten?

Fährt abends kein Postauto von der nächsten Bahnstation zu dir? Oder fährt abends nicht einmal mehr eine Bahn? Gibt's an der nächsten Bahnstation kein Taxi?

Brauchst du zum Einkaufen in der nächsten grösseren Ortschaft samt Hin- und Rückreise einen halben Tag oder mehr?

Sind deine Verbindungen so schlecht, dann bist du zumindest zeitweise auf ein Auto angewiesen. Dennoch kannst du die Umwelt entlasten. Zum Beispiel so:

• Du stellst das Auto bei der nächsten Station ab, die abends noch bedient ist. Von dort aus nimmst du die Bahn.

• Du lässt dich von PartnerInnen oder FreundInnen an der Station abholen.

• Du machst bei einer Autoteilet mit, statt ein eigenes Auto zu kaufen.

• Vielleicht findest du andere, die bei einer erweiterten Autoteilet mitmachen: ihr teilt nicht nur Autos, sondern richtet auch einen Fahrdienst für die Zeiten ein, in denen ihr vom Rest der Welt abgeschnitten seid.

• Wenn du ein Auto kaufst, wählst du eines, das die Umwelt so wenig wie möglich belastet.

Bahn und Bus sind langsamer.

Dauert dein Arbeits- oder Schulweg länger, wenn du nicht mehr mit dem Auto fährst?

Auf längeren Strecken ist die Bahn zumindest gleich schnell wie das Auto und manchmal sogar schneller.

Auf kurzen Strecken bist du mit dem Auto oft schneller als Bahn und Bus, trotz Staus, Rotlichtern und Parkplatzsuche.

Nicht darum, weil das Auto schneller fährt, sondern weil du mit ihm den direktesten Weg fährst, unterwegs nicht an Stationen hältst und weil du nicht umsteigen musst.

Längere Fahrzeiten sind für dich vielleicht ein grosses oder gar unlösbares Problem.

Zeitmangel (oder vermeintlicher Zeitmangel) ist nicht nur für viel Autofahren mitverantwortlich, sondern auch für viele andere Verhalten und für Produkte, die die Umwelt belasten: vom giftigen Sekundenkleber bis zum Büchsenfutter für Hunde.

Wir können dir zum Zeit-Problem keine einfachen und allgemeingültigen Ratschläge geben

Verzichtest du innerhalb von Europa aufs Fliegen,

bist du auf weiten Distanzen mit Bahn, Bus und eventuell Schiff deutlich länger unterwegs.

Sind für dich die längeren Reisen ein Problem, so liegt die Schuld nicht bei den öffentlichen Verkehrsmitteln.

Die Probleme entspringen vielmehr deinen (unseren) Ansprüchen. Du löst sie nur, indem du deine Ansprüche heruntersetzt

Noch mehr planen

Vom Auto auf Bahn und Bus umzusteigen, ist einfacher, wenn du deine Fahrten gut planst.

Planen ist für nicht wenige FahrerInnen offenbar ein Problem.

Für einige, weil es nicht einfach ist, Fahrpläne zu lesen. Für andere, weil die Auskunftstellen chronisch überlastet sind.

Für viele andere, weil ihr Leben ohnehin schon bis zur letzten Minute verplant und geregelt ist.

Einige geniessen das Autofahren schon nur deshalb, weil sie ins Auto sitzen und losfahren

können, wann es ihnen passt.

«Das ist meine einzige Freiheit», haben uns einige AutofahrerInnen gesagt.

Auch für dieses Problem haben wir keine einfachen Tips.

Eine Erfahrung: wir kennen einige AutofahrerInnen, die das eigene Auto aufgaben und dann entdeckten, dass sie gerade damit von ihrer Freiheit ein Stück zurückgewannen.

Gepäck schleppen

Um mit viel Gepäck zu reisen, ist das Auto wirklich bequem.

Bahn und Busse helfen dir jedoch heute immer besser, dein Gepäck ohne grosses Schleppen zu befördern.

Hast du das eigene Auto aufgegeben, nimmst du ein Taxi, wenn du Gepäck oder Einkäufe mitschleppen musst.

Du belastest die Umwelt mit gelegentlichem Taxifahren viel weniger als mit dem eigenen Auto.

Unbehagen in Zug und Bus

Einige AutofahrerInnen ertragen es schlecht, mit andern Menschen in einem Tram- oder Bahnwagen oder in einem Bus eingeschlossen zu fahren.

Manche mögen das Gefühl nicht, dass sie keine Kontrolle über das Fahren haben. Sie sitzen lieber selber am Steuer.

Wir haben AutofahrerInnen getroffen, die durchaus auf das Auto verzichten würden, wenn sie nicht diese Ängste hätten.

Ist dies dein Problem, dann versuche vielleicht, dich langsam an das Bahn- und Busfahren zu gewöhnen. Einer unserer Mitarbeiterinnen hilft es, wenn sie mit einer Person zusammen fährt, die ihre Angst kennt oder die selber darunter leidet. Einen andern konkreten Ratschlag dazu haben wir leider nicht.

Du bist behindert.

Sinnvoll ist das Privatauto für dich, wenn du Bahn und Bus wegen körperlichen Behinderungen nicht benützen kannst.

Auch in dieser Situation kannst noch einiges tun, um die Umwelt nicht unnötig zu belasten. Was, beschreiben wir auf den folgenden Seiten.

Wenn du Auto fahren musst,

hast du die Wahl, ob du die Umwelt damit mehr oder weniger belastest.

Du kannst so fahren, dass du weniger Benzin verbrauchst und weniger Schadstoffe produzierst.

Willst du wissen, wieviel oder wie wenig Benzin du mit deiner Fahrtechnik verbrauchst, führe ein Bordbuch.

Fahre bei möglichst niedrigen Tourenzahlen.

Schalte bei jeder Geschwindigkeit frühzeitig in den höchstmöglichen Gang. Der Motor braucht im vierten Gang bei gleicher Geschwindigkeit nur etwa halb so viel Benzin wie im zweiten.

Zwischengas beim Herunterschalten ist nicht nötig.

Jage den Motor nicht durch Kavalierstarts oder unnötig rasches Beschleunigen in die hohen Drehzahlen.

Gib nicht unnötig Vollgas.

Nimm das Gaspedal immer möglichst frühzeitig zurück.

Bei Vollgas braucht das Auto für dieselbe Leistung mehr Benzin als bei halbem oder dreiviertel Gas.

Vollgas brauchst du praktisch nur beim Überholen, an extremen Steigungen und manchmal in gefährlichen Situationen.

Fahre so langsam und so ruhig wie möglich.

Das folgende gilt für das Fahren über Land und in der Stadt:

Je langsamer, ruhiger und vorausschauender du fährst, desto weniger Benzin braucht dein Auto für dieselbe Strecke und desto weniger Schadstoffe produziert es.

Bei 120 Stundenkilometern braucht das Auto für die gleiche Strecke rund doppelt so viel Benzin wie bei 50 Stundenkilometern.

Jagst du das Auto dauernd hoch und bremst dann wieder scharf, verbrauchst du unnötig Benzin.

Fährst du prinzipiell langsam und ruhig, fällt es dir auch leichter, auf FussgängerInnen, VelofahrerInnen und vor allem auf Kinder Rücksicht zu nehmen.

Tempo 30 in Wohnquartieren finden wir eine gute Idee.

Fährst du langsam und ruhig, machst du mit dem Auto viel weniger Lärm.

Stell den Motor bei jedem Rotlicht und in jedem Stau ab.

Siehst du voraus, dass du mindestens 20 Sekunden anhalten musst, stell den Motor ab. Du sparst damit Benzin ein. Ob du bei 20 Sekunden Halt auch weniger Schadstoffe produzierst, ist nicht klar (bei noch längerem Abstellen sicher).

Stell den Motor im Zweifel lieber einige Male zu oft ab. Stell ihn auch ab, wenn das Auto einen Katalysator hat. Der Katalysator wirkt trotz des Abstellens voll.

Wieder anfahren: Starte den Motor, ohne Gas zu geben. Geht das nicht, musst du die Zündung richtig einstellen lassen.

Vielleicht kannst du in deinem Auto eine Stop-/Startautomatik einbauen lassen. Sie erleichtert dir das Abstellen und Wieder-Anfahren. Frag deinen Garagisten.

Es ist nicht wahr,

dass der Motor beim Wieder-Anfahren soviel Abgase produziert, dass sich das Abstellen nicht lohnt. Den angeblich wissenschaftlichen Beweis für diese Behauptung gibt es nicht (die entsprechenden Zeitungsmeldungen waren falsch oder verdreht).

Es ist auch nicht wahr, dass das Auto wegen des Abstellens rascher kaputtgeht.

Führe möglichst wenig Gewicht mit.

Räume alles, was du nicht brauchst, aus dem Auto.

Je schwerer dein Auto beladen ist, desto mehr Benzin braucht es und desto mehr verschmutzt du die Umwelt.

Vermeide unnötige Gepäckträger und Gepäck auf dem Dach.

Führe Gepäck möglichst im Autoinnern mit. Gepäck auf dem Dach schafft Luftwiderstand. Das Auto braucht mehr Benzin. Montiere Gepäckträger und Skihalter nur für Fahrten, auf denen du sie benötigst. Und vergiss nicht, sie anschliessend wieder abzumontieren.

Tanken und Warten mit Rücksicht auf die Umwelt

Tanke an Tankstellen mit Gas-Rückführung.

Wenn du auftankst, drückt das einlaufende Benzin Luft und Benzingas aus dem Tank. Dieses Gas verschmutzt die Luft (siehe «Warum Lösungsmittel sparen» im 12. Teil), und es enthält das krebserregende Benzol.

Die Benzingesellschaften rüsten ihre Zapfsäulen nun nach und nach mit neuen Tankstutzen aus. Diese saugen das Luft-Benzin-Gemisch auf und führen es in den grossen Benzintank der Tankstelle.

Tanke bleifrei.

Nicht alle, jedoch viele ältere Autos kannst du auch bleifrei fahren. Bei manchen musst du

nur jedes zweite oder dritte Mal verbleites Benzin tanken. Frag deinen Garagisten.

Lass die Abgaswartung und den Service machen.

Lass die Abgaswartung wie vorgeschrieben jährlich machen und gib das Auto so oft in den Service, wie es die Herstellerin empfiehlt.

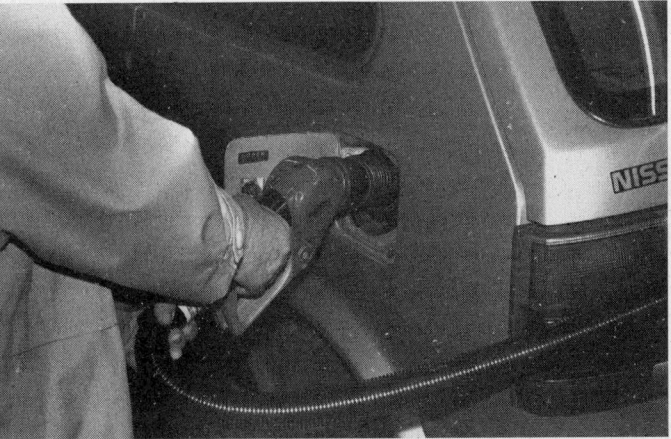

Tankstutzen mit Absaugvorrichtung

Fahrstil, Wartung

Je besser es gewartet ist, desto weniger Benzin verbraucht das Auto und um so weniger Schadstoffe stösst es aus.

Gib den Reifen den richtigen Druck.

Kontrolliere den Reifendruck alle 14 Tage am kalten Reifen.

Haben die Reifen zuwenig Druck, ist der Rollwiderstand grösser. Das Auto verbraucht mehr Benzin. Die Reifen leben weniger lang.

Verwende runderneuerte Reifen.

Runderneuerte (aufgummierte) Reifen entstehen so:

Der innere Kern eines alten Reifens ist meist noch absolut intakt. Der Kern macht den grössten Teil vom Reifen aus. Die HerstellerInnen gummieren solche intakten Kerne mit einem neuen Profil auf.

Diese Erneuerung ist z.B. bei Flugzeug- und Lastwagenreifen seit langem üblich.

Verwendest du runderneuerte Reifen, sparst du pro Reifen etwa 25 l Erdöl für die Produktion eines neuen und belastest die Umwelt nicht mit der unnötigen Entsorgung eines intakten Reifenkerns.

Verwende nur runderneuerte Reifen, die auf der Reifenflanke das Gütesiegel RAL der Reifenerneuerungsfirmen tragen.

Das RAL garantiert dir, dass die erneuerten Reifen genauso fahrsicher und dauerhaft sind wie neue Reifen.

RAL-Reifen erhältst du leider erst in wenigen Garagen. Verlange die aktuelle Liste der VerkäuferInnen beim RVS, Reifengewerbe-Verband der Schweiz, Obstgartenstrasse 19, 8023 Zürich, 01-361 30 60.

Starterbatterien wirklich nie fortwerfen

Die Starterbatterie enthält etwa 11 kg Blei.

Das Recycling von Starterbatterien funktioniert seit langem gut. Jede Garage nimmt sie zurück.

Öl wechseln

Lass das Öl nur von deiner Garage oder einer Tankstelle wechseln. Sie geben das Altöl zur fachgerechten Entsorgung.

Kühlerflüssigkeit mit Frostschutzmittel

Dieses Gemisch ist giftig. Lass es nur durch deine Garage wechseln.

Autowaschen

Wann ist es nötig?

Autokarosserien vertragen heute etwas Schmutz viel besser als früher. Es ist nicht nötig, dass du dein Auto jede Woche waschen lässt.

Sauber sein müssen immer Scheinwerfer, Blink- und Bremslichter, Fenster, Spiegel und Nummernschild. Diese kannst du selber mit etwas verdünntem Brennsprit und Zeitungen oder alten Lumpen putzen.

Lass das Auto möglichst selten waschen.

Autowaschen braucht viel Wasser, Tenside und Lösungsmittel.

Waschen und Wachsen der ganzen Karosserie ist (etwa alle vier Wochen) dann notwendig,

• wenn du auf gesalzenen Strassen fahren musst und dein Wagen deswegen schneller rostet (frag deinen Autohändler, was dein Auto verträgt),

• wenn dein Auto schon älter (über fünf Jahre) oder gar ein Veteran ist.

Für den Innenraum reicht Seifenwasser. Spezielle Kunststoffreiniger brauchst du nicht.

Sonst ist Autowaschen nichts als Kosmetik, für die die Umwelt bezahlt.

Wasch es nicht selber.

Wäschst du das Auto selber, verbrauchst du sehr viel Wasser und lässt die Reiniger in die Kanalisation und je nach Gegend direkt in den Boden laufen.

Lass es in einer (grossen) Waschstrasse waschen.

Die grossen Waschstrassen haben als Vorteile:

Sie verbrauchen weniger Wasser. Die Anlage filtert das Wasser und braucht es mehrmals. Das herausgefilterte Öl und anderer Schmutz kommen in eine fachgerechte Entsorgung. Ein Nachteil: sie geben Fungizide (Pilzbekämpfungsmittel) ins Wasser.

Portalanlagen (die Anlagen, die sich am stillstehenden Auto entlang bewegen) und kleine Waschstrassen haben oft keine Wasserrückgewinnung und keinen Ölabscheider. Willst du eine kleine Anlage benützen, so frag zuerst, wie sie ausgerüstet ist.

Das Scheibenwischer-Wasser

Im Sommer genügt Wasser mit einem Spritzer Abwaschmittel. Gib im Winter einen Viertel Brennsprit dazu.

Lackschäden flicken

Auch wenn es dich mehr kostet: Lass alle Schäden durch deine Garage flicken.

Kauf nicht extra eine Farbspraydose. Du wirst sie kaum aufbrauchen.

Die Garage teilt die Farben (und die Dosen) auf viele Autos auf und braucht sie auf.

Kaufe keine sogenannten Rostumwandler, sie funktionieren nicht (siehe Metall renovieren, im 6. Teil).

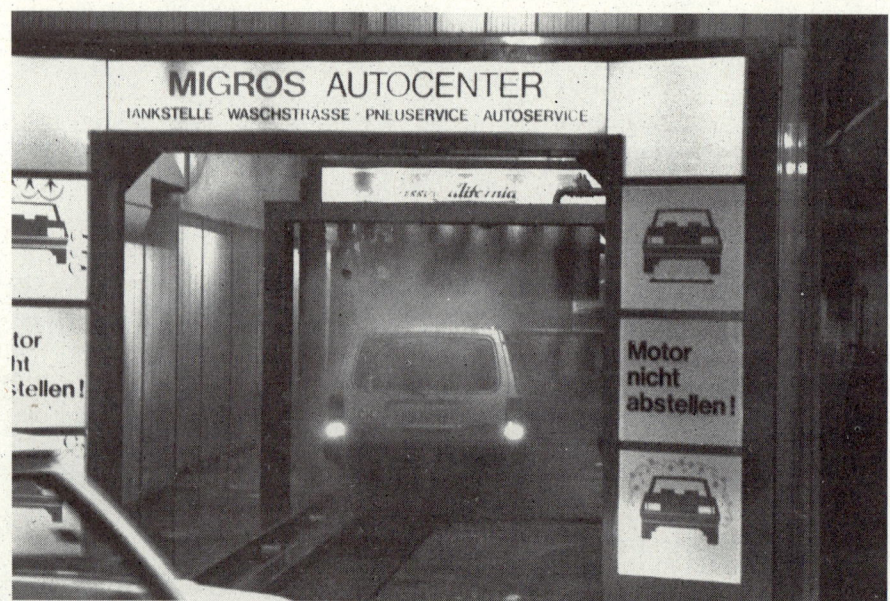

Autos teilen spart Autos

Ihr kommt vielleicht mit weniger Autos aus als bisher – oder als geplant –, wenn ihr Autos gemeinsam nutzt.

Autos teilt ihr, indem ihr

• einander Autos ausleiht,

• Autos gemeinsam besitzt (Car sharing),

• einander im Auto mitnehmt (Car pool),

• Autos mietet.

Ausleihen, gemeinsam besitzen und mieten ermöglichen, dass eine oder mehrere FahrerInnen kein eigenes Auto kaufen müssen. Das erspart der Umwelt die Produktion eines Autos.

Einander mitnehmen bewirkt, dass auf einer Strecke weniger Autos und dafür besser gefüllte fahren. Das spart Benzin. Unter günstigen Umständen können auch hier einzelne TeilnehmerInnen den Kauf eines eigenen Autos sparen.

Auto-TeilerInnen (im Sinne von Car sharing) haben die Erfahrung gemacht, dass sie das Auto (im Vergleich zu vorher) weniger benützen. Als Gründe nennen sie, dass das Auto nicht jederzeit verfügbar ist, dass sie ihre Fahrten besser planen, bewusster fahren und dass sie sich an die öffentlichen Verkehrmittel gewöhnt haben.

Autos einander ausleihen

Hast du kein Auto und bist du nicht täglich auf eines angewiesen, können dir FreundInnen und Bekannte ihres für einzelne Fahrten ausleihen. Z.B. für einen Transport oder für einen Abend in der Stadt, wenn es voraussichtlich spät wird und kein Bus mehr fährt.

Besitzt du ein Auto, kannst du es andern, die keines haben, leihen. Tust du das unkompliziert, werden sie sich auch in Zukunft getrauen, dich darum zu bitten. Und sie können vielleicht darauf verzichten, selber eines zu kaufen.

Woran ihr dabei denken solltet.

Leihst du dir immer wieder Autos aus, dann schliesse eine Haftpflichtversicherung ab, die Schäden an den Autos bezahlt, die du (nicht böswillig) verursachst. Hast du schon eine Haftpflichtversicherung, dann frage die Versicherungsgesellschaft, ob solche Schäden mitversichert sind.

Das Ausleihen geht leichter, wenn du die BesitzerInnen frühzeitig fragst, ob du den Wagen an einem bestimmten Tag benutzen kannst.

Leihst du dir ein Auto nur selten, zahlst du den BesitzerInnen vielleicht nur das Benzin. Oder du lädst sie mal zu einem guten Essen ein.

Leihst du ein Auto öfters aus, könnt ihr ein Kilometergeld vereinbaren. Im Kilometergeld sind dann auch Anteile an anderen Kosten (zum Beispiel Garage, Autowäsche, Versicherung, Amortisation etc.) mit enthalten. Für Kleinwagen beträgt es ca. 50 bis 60 Rappen pro Kilometer, für Elektromobile etwa 1.50 Franken.

Ausleihen ist eine einfache, unbürokratische Art, einander beim Fahren und Transportieren zu helfen.

Eventuell kommt für euch auch das Car sharing, auf gut schweizerdeutsch eine Auto-Teilet, in Frage.

Auto-Teilet – Car sharing

Es gibt vier Formen von Car sharing mit einer vertraglichen Regelung:

• den Mitbenutzungsvertrag (Miete)

• das Miteigentum

• die Genossenschaft

• den Verein

Die Mitbenutzung und das Miteigentum eignen sich vor allem für kleinere TeilnehmerInnen-Gruppen und für das Teilen von einem oder zwei Autos.

Um eine Genossenschaft zu gründen, müsst ihr mindestens sieben GenossenschafterInnen sein. Die Genossenschaft bringt zusätzliche Umtriebe und Kosten für Handelsregistereintrag und ähnliches.

Die Genossenschaft muss eine kaufmännische Buchhaltung führen. Die VerwalterInnen müssen in ihrer Freizeit die Abrechnungen erledigen. Eventuell müsst ihr eine Zentrale (ein Büro mit Telefon) finanzieren.

Die folgenden Musterverträge könnt ihr für eure konkrete Situation abändern, wie ihr wollt. Aber versucht nicht, jeden nur denkbaren Fall im voraus zu regeln. Versucht, in der Organisation einfach zu bleiben.

Mitbenutzungsvertrag (Miete)

Hier bleibt das Auto Eigentum von einem von euch. Die andern können das Auto mitbenutzen. Ihr regelt das Ausleihen in einem Rahmenvertrag.

Dieser kann etwa so lauten wie der Mustervertrag auf Seite 7.16.

Miteigentum

Hier seid ihr mehrere MiteigentümerInnen des Autos.

Entweder schafft ihr ein Auto gemeinsam an. Oder ihr kauft euch bei einem von Euch ins Eigentum an seinem Auto ein. Die andern verkaufen ihre Autos.

Kauft ihr euch bei einem von euch ins Eigentum ein, dann lasst den Wert des Autos von einer neutralen Fachperson schätzen.

Wer nach aussen als HalterIn auftritt (also im Fahrzeugausweis eingetragen ist), spielt keine Rolle.

Ihr regelt das Miteigentum und die Rahmenbedingungen für die Autonutzung in einem Vertrag.

Mustervertrag siehe Seite 7.17.

Auto teilen

Die Genossenschaft

Bei der Genossenschaft gehören die Autos meistens nicht mehr einzelnen Menschen, sondern der Genossenschaft. Ihr erwerbt nicht Eigentum an den Autos, sondern Anteile an der Genossenschaft.

Wir drucken hier keine Genossenschafts- oder Vereinsstatuten ab. Allein nützen sie euch nicht viel.

Ihr braucht dazu auch das Gespräch mit Frauen und Männern, die schon Erfahrung im Gründen und Verwalten einer Auto-Teilet- (Car sharing-) Genossenschaft oder eines Vereins haben.

Wendet euch an eine der folgenden Vereinigungen (vielleicht gibt es auch schon mehr - alle Angaben gültig Februar 1990):

ATG Auto-Teilet-Genossenschaft

Sie hat etwa 150 GenossenschafterInnen und besitzt etwa 16 Autos, davon ein Solarmobil, und ein Motorrad. Sie hat Filialen in Basel, Brugg, Hinwil, Kerns, Kriens/Horw, Luzern, Sarnen, Schwyz, Stans, Wiesendangen.

Kontakt: Conrad Wagner, Stansstaderstrasse 26, 6370 Stans, Tel. 041-61 56 82.

Selbstfahrer-Genossenschaft (Sefage)

Sie hat über 20 GenossenschafterInnen und besitzt 3 Autos. Diese Genossenschaft gibt es seit 1948.

Kontakt: Charles Breitinger, Schimmelstrasse 7, 8003 Zürich, 01-463 01 81.

ShareCom in Zürich, Basel und Bern

Diese hat über 100 GenossenschafterInnen und besitzt 8 Autos und ein Solarmobil.

Kontakt: Charles und Doris Nufer, Höhenring 29, 8052 Zürich, Tel. 01-302 83 78

Autoflott

Autoflott ist eine Genossenschaft, der nur BewohnerInnen der Siedlung Aumatt in Hinterkappelen (Gemeinde Wohlen bei Bern) beitreten können. Ihre Mitglieder sind 9 Familien mit 14 Personen, die die Autos benützen. Sie besitzt 5 Autos, darunter ein Elektromobil.

Kontakt: D. Gerber-Hagmann, Weidweg 68, 3032 Hinterkappelen, Tel. 031-36 21 39, oder E. Stirnemann, Weidweg 26, 3026 Hinterkappelen, Tel. 031-38 17 65.

Die Autogemeinschaft

Sie ist ein Verein, der auch in Hinterkappelen zu Hause ist. Seine Mitglieder sind 6 Familien.

Automietvertrag (Mitbenutzungsvertrag)

(Die Namen sind nur Beispiele.)

Peter Berger als Vermieter und

Nadja Müller und Christoph Suter als MieterInnen

vereinbaren:

1. P. Berger überlässt N. Müller und C. Suter und ihren Angehörigen (Namen nennen) sein Auto (Marke und Nummernschild) mietweise.

2. Die MieterInnen vereinbaren die einzelnen Miettage und -zeiten mit P. Berger rechtzeitig zum voraus oder jederzeit nach Absprache.

3. Wir führen ein Bordbuch. Darin tragen Vermieter und MieterInnen ein: Datum, gefahrene Kilometer, Kilometerstand bei Ende der Fahrt, Auslagen für Benzin und Unterhalt.

4. Für den Unterhalt, die Reparaturen und die Fahrtauglichkeit des Autos ist P. Berger verantwortlich und zuständig.

5. Die MieterInnen sorgen für den nötigen Unterhalt während ihrer Fahrten. Sie teilen P. Berger Störungen und Pannen sofort mit. Bussen zahlt jede(r) selber.

6. Die MieterInnen zahlen P. Berger als Miete ein Kilometergeld, das ihren Anteil an den Selbstkosten von P. Berger voll deckt.

7. Wir rechnen das Kilometergeld jährlich anhand aller angefallenen Kosten aus. Zu diesen gehören

feste Kosten:

- Amortisation
- Kapitalverzinsung
- Steuer
- Versicherungen
- Garagekosten
- Pannenhilfe
- Vorführkosten
- Autobahnvignette und andere Gebühren und Abgaben

und variable Kosten:

- Benzin, Öl
- Reifen
- Service
- Unterhalt und Reparaturen

8. Die MieterInnen bezahlen an P. Berger ihren geschätzten Anteil an den festen Kosten zum voraus.

9. Bei selbstverschuldeten Unfällen trägt der/die VerursacherIn alle Kosten, die nicht durch eine Versicherung gedeckt sind: z.B. Reparaturkosten, Minderwert des Fahrzeugs, Bonusverlust und Selbstbehalt von Versicherungen, bei Totalschaden den gesamten Restwert des Autos. P. Berger entscheidet im Zweifelsfall, ob er das Auto noch reparieren lassen will.

10. Die MieterInnen vermieten das Auto nicht an Dritte.

11. Wir schliessen den Vertrag auf unbestimmte Zeit ab. Wir können ihn jederzeit mit einer Frist von drei Monaten auf ein Monatsende künden.

12. Bei Streitigkeiten um die Bewertung des Autos (z.B. nach einem Unfall) und ähnlichem ziehen wir eine unabhängige Fachperson bei.

Ort und Datum, Unterschriften

Miteigentumsvertrag über ein Auto

Wir (Namen, Adressen) vereinbaren:

1. Wir erwerben gemeinsam das Auto (Marke, Chassisnummer) und folgendes Zubehör (aufzählen), zum Preis von Fr. ...... zu Miteigentum und zum gemeinsamen Gebrauch.

2. Wir zahlen alle den gleichen Anteil am Kaufpreis.

3. Das Auto steht uns allen etwa für gleichviel Zeit zur Verfügung. In der Regel sprechen wir die Benützungszeiten untereinander zum voraus ab. Nach Rücksprache können wir das Auto auch spontan benutzen.

4. An unserer Stelle dürfen folgende Angehörigen und PartnerInnen das Auto benutzen: (Namen aufführen).

5. Wir führen ein Bordbuch. Darin tragen wir ein: Datum, gefahrene Kilometer, Kilometerstand bei Ende der Fahrt, Auslagen für Benzin und Unterhalt, Störungen und Pannen.

6. Während unserer Fahrten sorgen wir für den nötigen Unterhalt des Autos. Störungen und Pannen teilen wir den andern mit. Über grössere Reparaturen (über Fr. ....) entscheiden alle gemeinsam.

7. Die fixen Kosten tragen wir zu gleichen Teilen. Dazu gehören:

- Amortisation
- Kapitalverzinsung
- Steuer
- Versicherungen
- Garagekosten
- Pannenhilfe
- Autobahnvignette, andere Gebühren und Abgaben
- Vorführkosten

8. Die variablen Kosten tragen wir im Verhältnis zu den von uns gefahrenen Kilometern.

Dazu gehören:

- Benzin
- Reifen
- Service
- Unterhalt und Reparaturen

9. Selbstverschuldete Unfall- und Reparaturkosten tragen die VerursacherInnen.

Dazu gehören z.B. Minderwert des Fahrzeugs, Bonusverlust und Selbstbehalt von Versicherungen, bei Totalschaden der gesamte Restwert des Autos. Im Zweifelsfall entscheiden wir alle gemeinsam darüber, ob wir das Auto nach einem Unfall noch reparieren lassen.

10. Bei Verkauf, Pfändung u.ä. des Miteigentumsanteils von einem/r von uns, können die andern verlangen, dass wir den Vertrag sofort auflösen.

11. Bei Streitigkeiten um die Bewertung des Autos (z.B. nach einem Unfall) und ähnlichem ziehen wir eine unabhängige Fachperson bei.

12. Lösen wir den Vertrag auf oder verkaufen wir das Auto, teilen wir den Zeitwert oder den Verkaufserlös zu gleichen Teilen unter uns auf.

13. Wir schliessen den Vertrag auf mindestens ein Jahr ab. Dann können wir ihn jederzeit mit einer Frist von drei Monaten auf ein Monatsende künden.

Ort, Datum, Unterschriften

Sie besitzen 2 Autos.

Kontakt: G. Pestalozzi, Falkenriedweg 14, 3032 Hinterkappelen, Tel. 031-36 06 94.

Beitreten oder selber gründen

Gibt es an eurem Wohnort oder sogar in eurem Quartier schon eine Genossenschaft, könnt ihr die Aufnahme beantragen.

Ihr könnt aber auch eine eigene Genossenschaft, eine Filiale der ATG oder eine Benutzergruppe der ShareCom gründen.

Keine Occasionswagen

Einige Genossenschaften übernehmen nicht die alten Autos der Mitglieder, sondern kaufen neue. Sie gewährleisten damit ein gleiches Fahrverhalten und einen gleichen Standard aller ihrer Fahrzeuge.

Was ihr bei allen Formen des Car sharing auch noch regeln solltet:

Die oben genannten Verträge sind erst der grobe Rahmen für das Teilen eurer Autos.

Im Alltag stellen sich dann praktische Fragen, die ihr mündlich oder schriftlich regeln könnt.

Wo steht das Auto? Wo hängt der Schlüssel? Wo liegt das Reservationsbuch?

Stellt das Auto an einen Ort, den alle MiteigentümerInnen gut erreichen können.

Entweder habt ihr alle einen eigenen Schlüssel für das Auto. Oder - bei mehreren Autos - ihr deponiert die Schlüssel zum Beispiel in einem abschliessbaren Kasten, der allen GenossenschafterInnen zugänglich ist.

Ein Reservationsbuch ist schon bei wenigen TeilnehmerInnen sinnvoll, damit ihr die Termine nicht alle im Kopf behalten müsst. Seid ihr viele und habt ihr mehr als ein Auto, geht es nicht mehr ohne Buch. Das Buch kann z.B. im Schlüsselkasten liegen.

Spontane Fahrten

Als Auto-TeilerInnen könnt ihr ausser zu den reservierten Zeiten auch spontan ein Auto nehmen, wenn es gerade frei ist.

Wer vertritt euch?

Nach aussen (für Versicherungen, Polizei, Steueramt und ähnliches) tritt am besten immer die gleiche Person auf.

Es ist juristisch egal, wessen Name auf dem Fahrzeugausweis aufgeführt ist.

Bordbuch

Ihr braucht es für die Abrechnung unter euch.

Auto teilen

Es liegt im Auto. Nach jeder Fahrt müsst ihr eintragen: die gefahrenen Kilometer, den Kilometerstand, eure Barausgaben für Tanken und Warten, Angaben über Störungen, Beschädigungen etc.

Versicherung

Ihr könnt die Folgenkosten (am eigenen Auto) von selbstverschuldeten Unfällen nur durch eine Voll-/Teilkasko-Versicherung versichern. Manche Privathaftpflicht-Versicherungen decken den Bonus-Verlust des Autohalters. Fragt eure Versicherungsgesellschaft, was eure Police genau deckt.

Der Autowart/die Autowartin

Statt dass alle für das Warten der Autos, die Reservationen und die Verwaltung der Schlüssel zuständig sind, könnt ihr eine Frau oder einen Mann bestimmen, die/der diese Verantwortung übernimmt. Das ist auf jeden Fall bei grösseren Genossenschaften sinnvoll. Die Pflichten, die mit diesem Amt verbunden sind, könnt ihr in einem Reglement festlegen.

Wie findet ihr euch?

Du findest nur PartnerInnen, die mit dir ein Auto teilen, wenn du dich aktiv darum kümmerst.

Es ist leicht möglich, dass gerade deine engen FreundInnen und Verwandten keinen Bedarf oder keine Lust haben. Vielleicht passen eher NachbarInnen oder ArbeitskollegInnen, die du nicht gut kennst oder bisher völlig Unbekannte besser zu dir.

Erzähl möglichst vielen, dass du gern ein Auto teilen möchtest. Dann spricht es sich herum. Mach Anschläge und vielleicht einige Kleininserate.

Fahrgemeinschaften (PendlerInnengemeinschaften)

Fahrgemeinschaften für den Arbeitsweg sind eine alte Idee. In der Schweiz gibt es bisher nur wenige.

Bildest du mit andern eine Fahrgemeinschaft, dann erspart ihr der Umwelt täglich das Benzin von einem bis drei Autos, die auf demselben Weg fahren würden. Verzichtet eine TeilnehmerIn dafür ganz auf ein eigenes Auto, erspart ihr der Umwelt sogar die Produktion eines Autos.

Zusammen zur Arbeit (und zurück) fahren kannst du mit Leuten, die zu ähnlichen Zeiten die gleiche Wegstrecke zurücklegen, auf der es keinen Bus und keine Bahn gibt oder die Verbindungen schlecht sind.

Ihr müsst nicht alle am gleichen Ort wohnen. Ihr könnt eine TeilnehmerIn auch unterwegs mitnehmen.

Hingegen solltet ihr ungefähr in der gleichen Gegend arbeiten und etwa zu denselben Zeiten anfangen und aufhören.

Es ist sinnvoll, wenn die FahrerInnen eine Insassenversicherung abschliessen.

Ihr könnt zum Beispiel im Turnus das Auto stellen und fahren. Fährt immer der- oder dieselbe, können sich die andern am Benzin und an der Versicherung beteiligen.

Kleine Kompromisse

Eventuell klappt für dich nur die Hinfahrt. Für die Rückfahrt nimmst du z.B. Tram, Zug und Postauto.

Ein Hindernis wäre, wenn du zu viele Ansprüche an die spontane Sympathie unter den TeilnehmerInnen stellst. Der Umwelt zuliebe sollten wir lernen, etwas weniger heikel zu sein.

Vielleicht bist du jeweils eine Viertelstunde zu früh bei der Arbeit. Oder du musst am Feierabend noch ein paar Minuten auf deine KollegInnen warten.

PartnerInnensuche

Du musst dich einsetzen, damit eine Fahrgemeinschaft entsteht.

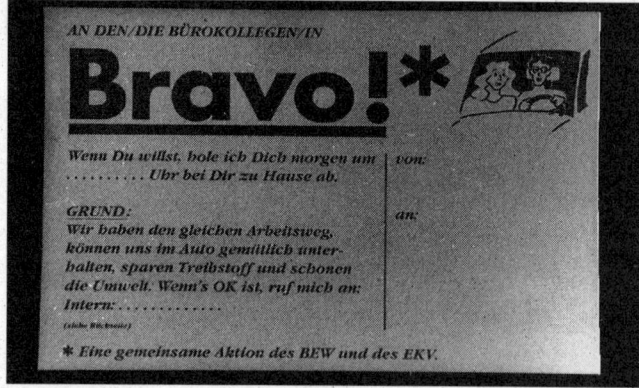

AN DEN/DIE BÜROKOLLEGEN/IN

Bravo!*

Wenn Du willst, hole ich Dich morgen um .... Uhr bei Dir zu Hause ab.

von:

GRUND:
*Wir haben den gleichen Arbeitsweg, können uns im Auto gemütlich unterhalten, sparen Treibstoff und schonen die Umwelt. Wenn's OK ist, ruf mich an:
Intern: ....*

an:

(siehe Rückseite)

★ Eine gemeinsame Aktion des BEW und des EKV.

Je nach Gegend ist rasch klar, wer vom Weg und den Zeiten her zusammenpassen würde.

Du kannst mit vielen Leuten über deinen Wunsch reden, an schwarzen Brettern Anschläge machen und im Lokalblatt ein Kleininserat.

Vielleicht können dir die Gemeinden der Umgebung oder deine ArbeitgeberIn Tips geben, wer den selben Weg hat wie du.

Mit dem Taxi fahren

Steigst du vom Privatauto auf die öffentlichen Transportmittel um, kannst du dir für einzelne Fahrten ein Taxi leisten. Zum Beispiel

• für Fahrten am Abend oder in der Nacht, wenn Bahn, Bus und Tram nicht fahren,

• nach einem Grosseinkauf,

• mit dem Gepäck zum Bahnhof und vom Bahnhof zurück, wenn du verreist,

• wenn du sehr pressiert bist.

Taxifahren entlastet die Umwelt,

weil du das betreffende Auto mit unzähligen andern Passagieren teilst.

Taxis haben den Ruf, teuer zu sein. Für einzelne Fahrten sind sie jedoch sicher billiger als ein eigenes Auto.

Allerdings: wir wünschen uns, dass in den Städten mehr TaxifahrerInnen bei Rotlichtern und in Staus den Motor abstellen.

Mitfahr-zentralen

In der Schweiz gibt es mehrere Mitfahrzentralen.

Die Adressen findest du im alternativen Branchenbuch. Für Behinderte führt der VCS in Herzogenbuchsee eine Mitfahrzentrale.

Die Mitfahrzentralen vermitteln dir Gelegenheiten, günstig mit FahrerInnen zu fahren, die sich dort gemeldet haben. Das Mitfahren ist besonders für die Ferien (längere Strecken), für Fahrten zwischen grossen Städten und ins Ausland interessant.

Allerdings: du musst dich nach dem Angebot richten. Du musst in der Zeit, und auch im Ziel flexibel sein. Am günstigsten ist, wenn du dich nicht auf ein bestimmtes Ziel festgelegt hast.

Du kannst bestimmte Wünsche anmelden und hoffen, dass du Glück hast.

Die Retourfahrt musst du wahrscheinlich selber organisieren.

Fährst du aus irgendeinem Grund eine längere Strecke mit dem Auto, dann melde dich bei einer Mitfahrzentrale, falls du einen Platz frei hast.

Preise

Der Mitfahrzentrale zahlst du etwa 5 bis 25 Franken für die Vermittlung. Der FahrerIn 5 Franken pro 100 km. Nach Berlin kostet es aus der Schweiz etwa 60 bis 70 Franken.

Autostoppen

Die Mitfahrzentrale ist so etwas wie Autostopp mit gesicherter Mitfahrt.

Du kannst auch ganz normal Auto stoppen.

Wähle zum Stoppen einen Platz, an dem FahrerInnen gut anhalten können und niemanden gefährden oder behindern.

Fährst du selber Auto? Dann nimm StopperInnen grosszügig mit, wenn du nicht Angst vor ihnen hast. Hast du nur Angst vor den Kosten nach einem Unfall, dann schliess eine Insassenversicherung ab.

Autos mieten

Kannst du nicht mit Privaten Autos teilen, dann kannst du für einzelne Fahrten eines mieten.

Du entlastest die Umwelt, wenn du kein eigenes Auto kaufst und statt dessen tage- oder halbtageweise eines mietest. Du teilst das gemietete Auto mit vielen andern.

Du hast eine grosse Auswahl von Personen- und Lieferwagen. Nimm das Modell, das am wenigsten Benzin braucht und den Zweck noch erfüllt.

Die Versicherungen schliesst du beim Mieten ab. Meistens kannst du wählen, ob du eine Vollkasko-Versicherung willst oder nicht.

Mieten kannst du ab einem halben oder einem Tag. In der Pauschale für die Zeit ist jeweils auch eine gewisse Anzahl Kilometer inbegriffen. Vor dem Abgeben musst du volltanken.

Mietgebühren übers Wochenende sind meist billiger als unter der Woche.

Meist hast du auch die Möglichkeit, den Wagen in einer anderen Filiale der Autovermietung zurückzugeben.

Reserviere das Auto rechtzeitig.

Elektromobile

An (bis jetzt) wenigen Orten kannst du auch Elektrofahrzeuge mieten: in Basel bei Citysol, in Liestal bei H. Holinger.

Ein Mietauto am Ferienort

Wenn du in Gegenden Ferien machst, die nicht durch Bahn und Bus erschlossen sind, musst du deswegen nicht ein eigenes Auto kaufen oder mit dem eigenen Auto hinfahren.

Du kannst mit der Bahn bis zur nächsten grösseren Ortschaft fahren und dort ein Auto mieten. Reservier dieses rechtzeitig über dein Reisebüro oder das Tourismusbüro am Ferienort.

Was kostet das Mieten?

Lass dir von ein paar Vermietungen ihre Preislisten schicken.

Du wirst sehen, dass die einzelne Miete und das Benzin etwa zwischen 80.- und 150.- Franken pro Tag kosten werden.

Das ist viel billiger, als wenn du wegen wenigen Fahrten ein eigenes Auto kaufst.

Fahr dein altes Auto aus, statt ein neues zu kaufen

Hast du schon ein Auto, behalte es und lass es so lange wie möglich reparieren.

Die meisten Autos, die heute verschrottet werden, könnten (vorsichtig geschätzt) mindestens noch einmal einen Drittel der Kilometerzahl fahren, die sie auf dem Zähler haben.

Fragst du jedoch Garagisten, ob du deinen alten Wagen noch einmal reparieren lassen sollst, werden dir die meisten abraten. Der Grund ist einfach: kaufst du bei ihnen ein neues Auto, verdienen sie viel mehr als an den Reparaturen am alten Auto.

Oft bezahlen sie dir für das alte Auto noch etwas, obwohl sie es dann verschrotten lassen. Die Gutschrift ist eine Form von Rabatt.

Für die Umwelt lohnt sich das Reparieren oft.

Fährt das Auto nach einer Reparatur wieder ein Jahr lang, dann lohnen sich für die Umwelt sowohl die kleinen Reparaturen wie auch der Austausch des Getriebes oder des Motors. Die Gründe dafür sind:

Jedes Auto hat, bevor es einen Meter gefahren ist, die Umwelt belastet. Seine Produktion hat Strom, Erdöl, Erze und anderes gekostet. Zahlreiche Chemikalien sind als Sondermüll angefallen oder direkt in Luft und Wasser gelangt.

Du hast davon nichts gesehen oder gerochen.

Du vernichtest den Wert dieses Umwelt-Aufwandes, sobald du das Auto verschrotten lässt und ein neues kaufst.

Das Verschrotten belastet die Umwelt noch einmal mit Schmutz und Sondermüll. Nur das Metall kommt ins Recycling (siehe 11. Teil «Entsorgen»).

Je rascher die Folge ist, in der du Autos herstellen und verschrotten lässt, desto mehr bezahlt die Umwelt für dein Autofahren.

Das Reparieren lohnt sich bei allen Autotypen.

Die Produktion eines neuen Autos belastet die Umwelt mehr, als ein älteres Auto sie beim Fahren verschmutzt.

Das gilt auch für die grösseren Autos (von deren Neukauf wir dir sonst abraten) und für Diesel-Autos.

Voraussetzung für diese Rechnung ist:

• dass du dein Auto nur fährst, wenn es nicht anders geht,

• dass du dir eine ruhige und sparsame Fahrweise angewöhnst,

• dass du es richtig warten lässt,

• dass du vor allem Vergaser und Zündung optimal einstellen lässt.

Mit Katalysator nachrüsten?

Lässt du in dein altes Auto einen Katalysator einbauen, so wird er nicht gleich gut wirken wie der eingebaute bei einem neuen. Seine Wirkung wird auch rascher abnehmen als bei einem neuen Wagen. Bei manchen Autotypen ist der Nachrüstkatalysator wirkungslos.

Bei einigen Automarken und bestimmten Modellen lohnt sich der Einbau für die Umwelt jedoch.

Lass dich z.B. von einem technischen Zentrum des TCS beraten, ob ein Nachrüst-Katalysator die Schadstoffwerte deines Auto vermindern kann.

Eine allgemeine Empfehlung ist nicht möglich.

Du bezahlst, um die Umwelt zu entlasten.

Dir tut vielleicht weh, was du für die Reparaturen und den (eventuellen) Einbau eines Katalysators bezahlst.

Kannst du es dir irgendwie leisten, dann nimm die Kosten der Umwelt zuliebe in Kauf.

Kauf wenn möglich ein Elektromobil

Der wichtigste Vorteil von Elektromobilen ist: sie brauchen weniger Energie.

Du verbrauchst mit einem Elektromobil pro 100 Kilometer je nach Modell und Fahrweise etwa 4 bis 25 Kilowattstunden.

Das entspricht etwa einem halben bis drei Litern Benzin.

Mit dem Elektromobil verbrauchst du also noch einen Drittel oder sogar nur einen Fünftel der Energie, die du mit einem sparsamen Benziner für eine gleich lange Strecke brauchen würdest.

Pro Jahr brauchst du je nach Modell und Zahl der Kilometer zwischen 500 und 2000 Kilowattstunden.

Sinnvolle Elektromobile

Damit ein Elektromobil so wenig Strom wie möglich braucht, muss es so leicht wie möglich sein. Umgekehrt: je mehr Eigengewicht es schleppt, desto mehr Strom braucht es.

Gegen den Spar-Zweck sind hohe Geschwindigkeiten, spritzige Beschleunigung und spezieller Schutz durch die Karosserie bei Unfällen. Diese Ansprüche schlagen sich in einem höheren Verbrauch von Strom nieder.

Sinnvoller Einsatz

Das Elektromobil belastet die Umwelt zwar viel weniger als ein Auto mit Benzinmotor. Es belastet sie jedoch auch.

Kauf deshalb kein eigenes Elektromobil, wenn du für gelegentliche kurze Fahrten (irgend) ein Auto mit anderen teilen kannst.

Fahr mit dem Elektromobil nur, wenn du weder mit Bahn, Bus noch Velo fahren kannst.

Hast du ein Elektromobil, so leih es grosszügig aus oder teile es von Anfang an mit andern, damit sie kein eigenes kaufen müssen.

Für gelegentliche Fahrten kannst du (bisher erst) in Basel und Liestal ein Elektromobil mieten.

Preis

Der Preis der Elektromobile und der Einkaufspreis in ein Sonnenkraftwerk sind heute noch hoch.

Kaufst du ein Elektromobil, so entlastest du nicht nur die Umwelt. Du förderst und finanzierst auch die Pioniere, die Elektromobile bauen und weiterentwickeln (ohne dabei reich zu werden).

Probleme der Elektromobile

In den meisten Modellen sind der Platz und das Zuladegewicht beschränkt.

Unsicheres Gefühl beim Fahren: ausser dem Larel bietet bei Unfällen kein Elektromobil grossen Schutz. Das ist jedoch weniger das Problem der Elektromobile als das der herkömmlichen Autos. Diese schaffen durch ihre Geschwindigkeit die Gefahr von Unfällen mit schweren Folgen. Temporeduktionen und ver-

antwortlicher Umgang mit Autos machen die Stahlpanzer überflüssig.

Während der Zeit, in der du die Batterien auflädst, ist das Elektromobil blockiert. Batterien mit einer deutlich höheren Leistung, die aber nicht zu schwer sind, sind noch nicht auf dem Markt.

Die heute verfügbaren Batterien beschränken die Reichweite der Elektromobile. Bei sehr warmem oder kaltem Wetter kann ihre Kapazität deutlich vermindert sein. Zudem sind sie massgeblich an den hohen Betriebskosten der Fahrzeuge beteiligt.

Die Bleibatterien lassen sich rezyklieren.

Musst du ein neues Auto kaufen?

Kommt für dich alles bis hierher Besprochene nicht in Frage

- ganz aus dem Auto aussteigen
- teilen
- mitfahren
- Taxi fahren
- mieten
- altes Auto ausfahren

und musst du ein neues Auto kaufen, bleibt dir noch die Wahl zwischen solchen, die die Umwelt mehr und solchen, die sie weniger belasten.

Elektromobil-Salon

Wir führen nur typengeprüfte, in Serie hergestellte Fahrzeuge auf.

mini-el
Dänischer Kabinenroller
3 Räder
Gleichstrom-Motor 36 Volt
Ladegerät eingebaut, mit Netzstecker
Leergewicht: 285 kg
Führerschein: *Kat. F, ab 16 Jahre*
Plätze, Gepäck: *1 erwachsene Person und 1 Kind bis 7 Jahre (Nutzlast total 115 kg)*
Reichweite: *35 bis 70 km*
Höchstgeschwindigkeit: *40 km/h*
Steigvermögen: *15%*
Stromverbrauch pro 100 km: *6 kWh*
Preis: *9990.– Fr.*
Extras: *Kleinkindersitz: 123.– Fr.; Sonnenblende: 58.– Fr. Solarzellen 20 Watt: 1200.– Fr.*

Elektromobil-Salon

Horlacher

Leichtbau-Fahrzeug
Glasfaserverstärkter Kunststoff
3 Räder
Drei-Phasen-Asynchronmotor
Bremsstrom-Rückspeisung
Leergewicht: *280 kg*
Führerschein: *Kat. B*
Plätze, Gepäck: *2 Erwachsene*
(total 140 Kilo)
Reichweite: *60 bis 100 km*
Höchstgeschwindigkeit: *70 km/h*
Steigvermögen: *20%*
Stromverbrauch pro 100 km: *ca. 7 kWh*
Preis: *26'250.– Fr. plus Wust*

Pinguin 4
Euromobil

Rohrrahmen-Konstruktion aus Stahl
Karosserie aus Kunststoff
Gleichstrommotor
Ladegerät eingebaut
Leergewicht: *690 kg*
Führerschein: *Kat. B*
Plätze: *2 Erwachsene*
Gepäck: *bis Gesamtgewicht von 850 kg*
Reichweite: *maximal 90 km*
Höchstgeschwindigkeit: *65 km/h*
Stromverbrauch auf 100 km: *15 kWh*
Preis: *13'990.– Fr.*
Extras:
Elektrische Bremshilfe

Pinguin 7
Family

Französisches Chassis
Asynchron-Motor
Bremsstrom-Rückspeisung
Ladegerät eingebaut
Leergewicht: *670 kg*
Führerschein: *Kat. B*
Plätze: *2 Erwachsene und 2 Kinder*
oder 3 Erwachsene
Reichweite: *70 bis 100 km*
Höchstgeschwindigkeit: *65 km/h*
Stromverbrauch pro 100 km: *10 kWh*
Preis: *22'990.– Fr.*
Extras:
Solarzellen auf Dach 100 W: 1800.– Fr.
Glasdach: ca. 500.– Fr.

Elektromobil-Salon

Solcar 1

*Karosserie aus glasfaserverstärktem
Kunststoff
Alu-Chassis
Asynchronmotor
Bremsstrom-Rückspeisung
Solarzellen 80 Watt*
Leergewicht: *620 kg*
Führerschein: *Kat. B*
Plätze: *2 Erwachsene*
Gepäck: *100 kg*
Reichweite: *65 km*
Höchstgeschwindigkeit: *60 km/h*
Stromverbrauch pro 100 km: *10 kWh*
Preis: *26'000.– Fr.*
Extras:
*Berggang: 1500.– Fr.
Heizung: 1600.– Fr.*

Steyr Diamant

*Polyesterkarosserie auf Gitterrohrrahmen
Asynchron-Drehstrommotor
Bremsstrom-Rückspeisung
Ladegerät eingebaut
Batterieladezeit ca. 5 Std.*
Leergewicht: *660 kg*
Führerschein: *Kat. B*
Plätze: *2 Erwachsene*
Gepäck: *50 kg*
Reichweite: *50 bis 70 km*
Höchstgeschwindigkeit: *65 km/h*
Steigfähigkeit: *15%*
Stromverbrauch pro 100 km: *11 kWh*
Preis: *25'000.– Fr.*
Extras:
Eingebautes Ladegerät: 1600.– Fr.

Elektrofahrzeug STEYR-DIAMANT

Larel

*Umgerüsteter Fiat Panda
Glasfaserverstärkte Stahlblechkarosserie
Permanentmagnetmotor
4-Gang-Synchrongetriebe, Ladegerät
eingebaut, Bremsstrom-Rückspeisung*
Leergewicht: *980 kg*
Führerschein: *Kat. B*
Plätze: *2 Erwachsene/4 Erwachsene*
Gepäck: *20 bis 30 kg*
Reichweite: *30 bis 60 km*
Höchstgeschwindigkeit: *80 km/h*
Steigfähigkeit: *20%*
Stromverbrauch pro 100 km: *ca. 20 kWh*
Preis: *2-Plätzer 34'500.– Fr.,
4-Plätzer 36'500.– Fr.*
Extras: *Propangasheizung: 1600.– Fr.
Autom. Kabeleinzugsrolle: 230.– Fr.*

Elektromobil-Salon

Solec Riva Junior

2 Gleichstrommotoren zu je 2,5 kW
Vorderradantrieb, Ladegerät eingebaut
Karosserie aus Kunststoff
Leergewicht: *550 kg*
Führerschein: *Kat. B*
Plätze, Gepäck: *2 Erwachsene*
(Nutzlast total 300 kg)
Reichweite je nach Batterie: *40 bis 60 km*
Durchschnittsgeschwindigkeit: *55 km/h*
Steigvermögen: *18%*
Stromverbrauch pro 100 km: *10 kWh*
Preis: *Basismodell (mit Batterie 90 Ah für*
40 km Reichweite) 13'950.- Fr.
Extras:
Batterie 110 Ah: 2300.- Fr.
Batterie 160 Ah: 3300.- Fr.
Batterieladegerät mit erhöhter Leistung:
1700.- Fr.
Diverse weitere Extras

VerkäuferInnen von Elektromobilen

Stand Februar 1990, Eigenangaben der HändlerInnen

AMAX
M.J. Schleiss, Vy-Creuse 17, 1196 Gland
Telefon 022–64 31 69
(Pinguin)

Citysol
Wanderstrasse 67, 4054 Basel
Telefon 061–302 77 77
(alle gängigen Solar-Elektromobile, Vermietung und Verkauf)

Citysol (Filiale)
Garage Aura
Solothurnerstrasse 50, 4053 Basel
Telefon 061–35 27 29
(Service, Reparaturen, Ein- und Umbauten für alle Marken)

R. Brühwiler
Hauptstrasse 108, 9430 St. Margarethen
071–71 15 19
(Mini-el)

fridez solar ag
Heiligholzstrasse 56, 4142 Münchenstein
Telefon 061–463 463

Fristensky/Capaul
Kasernenstrasse 37, 7000 Chur
Telefon 081–22 26 26
(Pinguin)

Garage Ullmann
Lagerstrasse 15, 8570 Weinfelden
Telefon 072–22 55 10
(Pinguin)

H. Holinger
Rheinstrasse 17, 4410 Liestal
Telefon 061–921 07 57
(Pinguin, Mini-el, Atmo Alizé)

Horlacher AG
Güterstrasse 9, Postfach, 4313 Möhlin
Telefon 061–88 21 18
(Horlacher)

F. Kaufmann AG
9507 Stettfurt
Telefon 054–53 15 55
(Mini-el, Pinguin)

Larag AG
Toggenburgerstrasse 104, 9500 Wil 1
Telefon 073–25 11 55
(Larel)

Levo Batterien AG
Könizstrasse 8, 3008 Bern
Telefon 031–25 82 02
(Pinguin)

Levo Batterien AG
Vordere Grossmatt 12, 4457 Diegten
Telefon 061–98 22 00
(Pinguin)

Peter Schären
Hertensteinstrasse 41, 6004 Luzern

Telefon 041–52 89 33
(Mini-el, Pinguin)

A. Schlegel
9452 Hinterforst
Telefon 071–75 55 90
(Pinguin)

Max Schneider
9, rue Peillonex, 1225 Chêne-Bourg
Telefon 022–48 73 66
(Pinguin)

Solarmobil-Genossenschaft
Postfach, 8876 Filzbach/GL
Telefon 058–32 18 19
(Solcar)

Solartechnik Eichenberger
Seetalstrasse 217, 5706 Boniswil
Telefon 064–54 35 27
(Pinguin)

Solec AG
Industriestrasse 43, 3052 Zollikofen BE
Telefon 031–57 66 66 und 031–57 62 40

Steyr Schweiz AG
Bernstrasse 117, 3613 Steffisburg
Telefon 033–39 77 55
(Steyr Diamant)

Sunel AG
Saumacherstrasse 16, 8307 Effretikon
Telefon 052–32 32 77
(Pinguin, Mini-el)

Solarstrom für dein Elektromobil oder deinen Haushalt

Produzierst du Solarstrom, tust du etwas für die Umwelt, auch wenn du kein Elektromobil fährst.

Mit dem Elektromobil belastest du die Umwelt schon deutlich weniger als mit einem herkömmlichen Auto.

Du kannst weitergehen und dein Elektromobil zu einem Solarmobil machen: indem du soviel Strom, wie es braucht, durch ein eigenes Sonnenkraftwerk erzeugst oder durch eine Gemeinschaftsanlage erzeugen lässt.

Technisches

Solarzellen erzeugen Strom aus Licht. Sie sind das Grundelement von Sonnenkraftwerken.

Die Lebensdauer der Solarzellen beträgt etwa 20 bis 30 Jahre.

Moderne Solarzellen bringen die Energie, die zu ihrer Fertigung gebraucht wurde, innerhalb von 2 bis 3 Jahren wieder ein.

Solarzellen produzieren keine giftigen Gase (wie Wärmekraftwerke) und keine radioaktiven Abfälle (wie Atomkraftwerke).

Was bedeutet die «Leistung» eines Kraftwerks?

Leistung bedeutet, wieviel Strom ein Kraftwerk produzieren kann.

Mit Leistung ist die Spitzenleistung unter den günstigsten Umständen gemeint.

Ein Sonnenkraftwerk mit 5 Kilowatt Leistung produziert in einer Stunde maximal 5 Kilowattstunden (5 kWh) Strom.

Ist der Himmel bedeckt, produziert das Sonnenkraftwerk weniger, in der Nacht gar keinen Strom.

Netzverbund: Stromtransport im öffentlichen Netz.

Viele Sonnenkraftwerke speisen ihren Strom ganz oder teilweise ins öffentliche Leitungsnetz ein. Du beziehst ihn zu Hause oder sonstwo aus der Steckdose. Diese Transportart heisst Netzverbund.

Du beziehst Strom zu irgendwelchen Zeiten, auch wenn das Sonnenkraftwerk, an dem du beteiligt bist, gerade keinen Strom produziert (zum Beispiel in der Nacht).

Willst du die Solarstrom-Technik kennenlernen?

Das kannst du zum Beispiel mit einem Experimentierkasten. Solche Kästen gibt es bereits von mehreren HerstellerInnen.

Beispiele von Sonnenkraftwerken

In der Schweiz gibt es Sonnenkraftwerke, die etwa 3 bis 100 Kilowatt leisten. Ein Kraftwerk, das 500 Kilowatt leistet, ist im Bau.

Kleinanlagen ohne Anschluss an das Leitungsnetz der Elektrizitätswerke

In der Schweiz gibt es etwa 10'000 solche Anlagen. Sie versorgen zum Beispiel

• SAC-Hütten, Alphütten,

• Weidezäune,

• PTT-Relaisstationen,

• eine Strassenbeleuchtung,

• eine Blinklichtanlage,

• Campingwagen, Schiffe

• und viel anderes.

Die meisten dieser Kleinanlagen leisten etwa 20 bis 2000 Watt. Ihre Sonnenzellen haben eine Fläche von einem halben bis 20 Quadratmetern. Sie speisen aufladbare Batterien.

Sonnenstrom für eine Alphütte

Solarstrom

Kleinanlagen mit Netzanschluss

Diese Anlagen leisten 1 bis 5 Kilowatt. Ihre Sonnenzellen haben eine Fläche von 10 bis 50 Quadratmetern.

Anlagen dieser Grösse können zum Beispiel ein Einfamilienhaus mit Strom versorgen.

Sie speisen den überschüssigen Strom ins öffentliche Netz ein.

Solarzellen-Anlage integriert in die Fassade eines Gebäudes

Gebäude der W. Schmid AG in Glattbrugg. Die Solarzellen bedecken 45 Quadratmeter. Sie produzieren pro Jahr ca. 6000 Kilowattstunden.

Anlage des Elektrizitätswerks des Kantons Thurgau in Amriswil

Das EW des Kantons Thurgau hat diese Anlage auf einem Gebäude des Unterwerks Amriswil installiert. Die Solarzellen der Anlage leisten insgesamt 5,9 Kilowatt. Das EW speist einen Teil des Stroms ins Netz ein, zum Teil speichert es ihn oder verbraucht ihn direkt.

Mit dieser Anlage sammelt das Elektrizitätswerk Erfahrungen über Bau und Betrieb von Sonnenkraftwerken.

Solarparkplatz in Liestal

Beim Bahnhof Liestal hat die ADEV 8 Parkplätze mit Steckdosen und Parkuhren für Elektromobile eingerichtet.

Die SolarfahrerInnen aus der Umgebung steigen am Bahnhof in die Bahn um. Ihre Fahrzeuge laden tagsüber vom Stecker die Batterien auf.

Auf einem Gebäude in der Nähe produzieren Solarzellen etwa 1600 Kilowattstunden pro Jahr, etwa so viel, wie die Elektromobile auf dem Parkplatz beziehen.

Mittelgrosse Anlagen mit Netzanschluss

Diese Anlagen leisten 5 bis 20 Kilowatt. Sie speisen ihren Strom in das öffentliche Netz ein.

Olten

Auf einem Dach eines Werkhofs haben die Städtischen Werke Olten 70 Quadratmeter Solarzellen mit einer Leistung von 9 Kilowatt installiert. Die Anlage gibt jährlich etwa 11'000 Kilowattstunden Strom ans Netz ab.

Damit fahren die 6 Elektrofahrzeuge der Stadt je etwa 10'000 Kilometer pro Jahr.

Rheinfelden

Auf dem Dach des SBB-Güterschuppens am Bahnhof hat die ADEV Solarzellen mit einer Leistung von 9 Kilowatt installiert.

Diese Gemeinschaftsanlage produziert rund 10'000 Kilowattstunden pro Jahr. Diese speist sie ins Netz des Aargauischen Elektrizitätswerks ein.

Anlage der ADEV in Liestal

Die Gemeinschaftsanlage auf dem Dach des Schulhauses Fraumatt leistet 9 Kilowatt. Sie kann pro Jahr etwa 10'000 Kilowattstunden produzieren.

Solarstrom

Grosse Sonnenkraftwerke

Sie leisten 100 bis 1000 Kilowatt und speisen ihren Strom in das
öffentliche Netz ein.

Sonnenkraftwerk an der N 13

*Das zurzeit grösste Sonnenkraftwerk der Schweiz hat die Eidgenos-
senschaft erstellt. Die Anlage hat eine Leistung von 110 Kilowatt. Sie
kann pro Jahr rund 140'000 Kilowattstunden Strom produzieren und
ins Netz einspeisen.*

*Dieses Sonnenkraftwerk produziert genug Strom, um 30 Familien zu
versorgen (die soviel Strom verbrauchen wie eine Familie im
Durchschnitt heute). Die Solarzellen sind auf 830 Metern
Schallschutzwänden der N 13 montiert.*

Im Bau: Sonnenkraftwerk auf dem Mont-Soleil

*Auf dem Mont-Soleil in der Gemeinde St.-Imier bauen mehrere
Unternehmen der Elektrizitätswirtschaft gemeinsam ein Sonnenkraftwerk mit 500 Kilowatt Leistung.*

*Die Anlage dient der Erforschung und Entwicklung von Sonnen-
kraftwerken.*

So beteiligst du dich an einem Sonnenkraftwerk

- Du beteiligst dich an einer Gemeinschaftsanlage, die die ADEV, die Alfa Real, die Vereinigung zur Förderung alternativer Energieanlagen oder eine andere Gesellschaft baut.
- Oder du beziehst von einem Sonnenkraftwerk soviel kWh, wie du brauchst, ohne dich an der Anlage zu beteiligen.

Gemeinschaftsanlagen

Gemeinschaftsanlagen speisen ihren Strom ins öffentliche Leitungsnetz ein (siehe oben: Netzverbund).

Du beziehst den Strom für dein Elektromobil oder für deinen Haushalt nicht direkt vom Sonnenkraftwerk, sondern aus dem öffentlichen Netz.

Wieviel du investierst.

Du beteiligst dich an einem Gemeinschaftsanlage, indem du Anteilscheine kaufst. Dem Betrag, den du investierst, entspricht ein bestimmter Anteil an der Leistung und an der Stromproduktion des Sonnenkraftwerks.

Heute (Februar 1990) sicherst du dir mit 1700 Franken einen Anteil für 100 Watt Leistung eines Sonnenkraftwerks.

Sonnenzellen mit 100 Watt Leistung produzieren pro Jahr zwischen 80 und 150 Kilowattstunden (je nach Wetter).

Für 5000 Jahres-Kilometer eines sehr leichten Elektromobils brauchst du etwa 500 Kilowattstunden Strom. Um diese zu produzieren, musst du einen Anteil von etwa 500 Watt an einem Sonnenkraftwerk erwerben. Dafür bezahlst du etwa 8000.– Fr. Je mehr du investierst, desto tiefer ist dein Preis pro installiertem Watt Leistung.

Solarstrom ist teuer,

Dein Solarstrom ist – verglichen mit dem Strom aus den andern Kraftwerken – nicht billig: die Kilowattstunde kostet dich etwa 1.50 Fr.

Frage die Gesellschaft, über die du dich an einem Sonnenkraftwerk beteiligst, wie sich der Preis im einzelnen errechnet und wie hoch er bei einer bestimmten Anlage ist.

Das am Ort des Sonnenkraftwerks zuständige Elektrizitätswerk bezahlt für den Strom einen ortsüblichen Preis (der deutlich unter dem Preis liegt, zu dem das Sonnenkraftwerk den Strom produziert).

Du bezahlst den Strom, den du aus der Dose beziehst, dem Elektrizitätswerk ebenfalls zum ortsüblichen Tarif.

aber nicht für die Umwelt.

Der Preis, den die Umwelt für dein Autofahren bezahlt, sinkt: du belastest sie nur noch mit der Herstellung des Elektromobils und des Sonnenkraftwerks.

Du verbrauchst jedoch für den Betrieb kein Erdöl, produzierst keine Abgase und insbesondere auch kein Kohlendioxid.

Wie du auch mit weniger Geld zu einer Beteiligung kommst.

Du hast die Möglichkeit, zuerst nur einen kleineren Anteil zu kaufen, sagen wir z.B. von 1200.– Fr.

Du sparst jeden Monat 100.– Fr. und kaufst im nächsten Jahr wieder einen Anteil von 1200.– Fr. Und so weiter.

So erhöhst du deine Eigenproduktion Jahr für Jahr, bis du den Strom für dein Elektromobil oder sogar für deinen ganzen Haushalt selber produzieren lässt.

Was du mit Anteilen machen kannst:

Du kannst deine Anteile an Sonnenkraftwerken an deine Kinder vererben. Oder du kannst die Anteile von Anfang an auf ihren Namen kaufen.

Du kannst Anteile verschenken.

Wie du von einem Sonnenkraftwerk Strom beziehst, ohne einen Anteil zu kaufen.

Mit der ADEV kannst du einen Produktionsvertrag abschliessen.

- Du verpflichtest dich, wärhend fünf oder mehr Jahren jeden Monat einen festen Betrag zu zahlen.
- Die ADEV verpflichtet sich, für dich entsprechend viel Strom zu produzieren.

Die ADEV speist den Strom ins Leitungsnetz eines EW ein, und du beziehst ihn wieder aus irgendeiner Steckdose.

Die Vorteile und Nachteile sind für dich dieselben wie bei einem Leasing-Vertrag:

Du beziehst sofort soviel Solarstrom wie du willst und bezahlst dafür in kleineren monatlichen Raten.

Hast du eine Firma, kannst du diese Kosten als Unkosten verbuchen.

Der Nachteil ist (bei Leasing auch), dass du etwas mehr für deinen Bezug bezahlst und dass du am Kraftwerk keine Beteiligung erwirbst.

Wie du dir ein eigenes kleines Sonnenkraftwerk bauen lässt.

Das ist möglich, wenn du ein eigenes Haus hast oder wenn du als MieterIn deine VermieterInnen für ein solches Projekt gewinnen kannst.

Du brauchst ein Dach oder eine Hausfront, die nach Süden schauen. Andere Gebäude dürfen keine Schatten darauf werfen.

Die Anlage braucht eine minimale Leistung, um den Strom, den du nicht selber verbrauchst, ins Leitungsnetz des EWs einzuspeisen.

Es ist für die Umwelt weniger sinnvoll, wenn du den Strom in Batterien speicherst. Die Gründe:

- Ein Teil des Stroms geht dabei verloren.
- Batterien sind Verschleiss-Geräte und belasten die Umwelt beim Recycling etwas. Batterien sind immer eine Notlösung. Bei Solarstromanlagen haben sie nur einen Sinn, wenn du keinen Anschluss ans Netz eines EWs hast (z.B. in einer Alphütte).

Was das eigene Kraftwerk kostet.

Eine Anlage, die 3 Kilowatt leistet, kostet heute etwa 45'000.– bis 55'000.– Fr., je nach Ort. Je ungünstiger die Sonneneinstrahlung, desto mehr Sonnenzellen braucht deine Anlage.

Mit einer solchen Anlage kannst im Laufe eines Jahres soviel Strom produzieren, wie du für deinen Haushalt brauchst, wenn du gleichzeitig Strom sparst, wo es möglich ist.

Du bezahlst für das eigene Sonnenkraftwerk mehr als für einen Anteil an einer Gemeinschaftsanlage. Dafür gehört es dir.

Die Gemeinschaftsanlage ist unter anderem darum billiger, weil sie grösser ist und weil du die Elektronik mit den andern EigentümerInnen teilst.

Die ADEV bietet dir jedoch auch für die eigene Anlage die Möglichkeit, sie in kleineren Raten zu bezahlen.

Sonnenkraftwerke selber basteln?

Im Prinzip kannst du die Bestandteile für kleinere Sonnenkraftwerke kaufen und sie selber zusammenbauen. Zahlreiche Handelsfirmen bieten das Zubehör schon an.

Bist du jedoch nicht ElektrikerIn oder BastlerIn mit Spezialwissen, dann lässt du dir dein Sonnenkraftwerk am besten von einer Firma mit Erfahrung planen und installieren.

Wer baut Sonnenkraftwerke für private Haushalte?

ADEV
Arbeitsgemeinschaft
für dezentrale Energieversorgung
Postfach 550, 4410 Liestal
Telefon 061–921 94 50
(projektiert und baut auch Gemeinschaftsanlagen)

Alfa Real
Feldeckstrasse 89, 8008 Zürich
Telefon 01–383 02 08
(projektiert und baut auch Gemeinschaftsanlagen)

Alteno AG
Ausserdorf 8, 4438 Langenbruck
Telefon 062–60 16 22

AMAX
M.J. Schleiss
Vy-Creuse 17, 1196 Gland
Telefon 022–64 31 69

S. Anselmi S.A.
Energia Solare
Via Cantonale, 6598 Tenero
Telefon 093–67 35 18

René Brun
Alternative Technik
7015 Tamins
Telefon 081–37 25 37

Calonder Energy AG
Überlandstrasse 9, 8953 Dietikon
Telefon 01–740 99 44
Büro Chur Telefon 081–22 29 29
Büro Locarno Telefon 093–67 26 39

Elwind AG
Postfach 678, 8402 Winterthur
Telefon 052–25 74 44

Hamsol
Solartechnik
Mondacce, 6648 Minusio
Telefon 093–67 39 70

Hewal Sonnenenergie
Vordergasse 38, 7204 Untervaz
Telefon 081–51 56 63

H. Holinger
Photovoltaik
Rheinstrasse 17, 4410 Liestal
Telefon 061–921 07 57

Jenni Energietechnik AG
Lochbachstrasse 22, 3414 Oberburg-Burgdorf
Telefon 034–22 97 77

Meyer Energietechnik
Scheidgasse 30, 3800 Unterseen
Telefon 036–22 89 22

Muntwyler Energietechnik AG
Märitgasse 1
Zollikofen, 3052 Bern
Telefon 031–57 50 63

F. Plattner
Solartechnik
Herrenwaldweg 13, 6048 Horw
Telefon 041–47 21 59

A. Schmid AG
Elektro-Anlagen
3931 Ausserberg
Telefon 028–46 56 04

Solcar
Solarmobil-Genossenschaft
Postfach, 8876 Filzbach GL
Telefon 058–32 18 19
Verein zur Förderung alternativer Energieanlagen

Martin Burkard
Gewerbestrasse 10, 4552 Derendingen
Telefon 065–42 13 43
(projektieren und bauen auch Gemeinschaftsanlagen)

Ch. Turner Solaranlagen
Obere Gasse, 7247 Saas i.Pr.
Telefon 081–54 10 96

Informationen über Solarstrom und seine Anwendung

Infosolar
Dokumentationsstelle für Sonnenenergie
Postfach 311, 5200 Brugg
Telefon 056–41 60 80

Oeko-Zentrum
4438 Langenbruck
Telefon 062–60 14 60

Schweizerische Energiestiftung (SES)
Sihlquai 67, 8005 Zürich
Telefon 01–271 54 64

Schweizerische Vereinigung für Sonnenergie
Belpstrasse 69, 3007 Bern
Telefon 031–45 80 00

Verlag Sonnenenergie
Postfach, 8050 Zürich
Telefon 01–312 09 09

VSE
Verband Schweizerischer Elektrizitätswerke
Bahnhofplatz 3, Postfach 6140, 8023 Zürich
Telefon 01–211 51 91

Informationen und Beratung bekommst du natürlich auch bei den Firmen, die Sonnenkraftwerke bauen.

Wenn du ein herkömmliches Auto kaufst, dann welches?

Zur Erinnerung: wir machen uns hier nur über das Auto für den privaten Haushalt Gedanken.

Wie du das Auto im Berufsleben einsetzt, gehört in andere Bücher. (Die wären auch noch zu schreiben.)

Musst du wirklich einen Benziner kaufen, kannst du einen wählen, der folgende Bedingungen erfüllt:

Geringer Benzinverbrauch

Kauf ein Auto, das im Stadtverkehr weniger als 8 Liter Benzin auf 100 km verbrennt. Ausnahme: brauchst du einen Transporter für mehr als 4 Personen, so sind auch 8 bis 9 Liter noch akzeptabel.

Es gibt schon einige Autos, die noch weniger verbrauchen. Wähle wenn möglich eines von diesen.

Kaufst du eines mit automatischem Getriebe, so frag ausdrücklich, wieviel Benzin diese Ausführung verbraucht. Sie braucht etwas mehr als das entsprechende handgeschaltete Modell.

Verzichte auf Vierradantrieb, wenn es auch ein Zweiradantrieb tut. Der Vierradantrieb braucht mehr Benzin. Allradantrieb bietet nur jenen AutofahrerInnen echte Vorteile, die häufig bei prekären Strassenverhältnissen unterwegs sind. Für StädterInnen ist der Allradantrieb eine Spielerei auf Kosten der Umwelt.

Nicht teurer als 19'900.– Fr.

Gib für ein neues Auto – allen Chichi eingerechnet – nicht mehr als 19'000.- Fr. aus.

Diese Preisgrenze bedeutet nicht, dass teurere Autos die Umwelt mehr belasten als billigere.

Wir setzen die Grenze aus einem andern Grund. Im Umweltschutz fehlt es noch überall an Geld. Hausbesitzer lassen Heizungen nicht erneuern, weil es zuviel kostet. Die Entwicklung der Elektromobile geht schleppend voran, weil Kapital fehlt. Private beteiligen sich noch zu wenig an Sonnenkraftwerken, weil es Geld kostet. Und so weiter.

Darum: Könntest du dir ein teureres Auto leisten, kauf dennoch ein billigeres. Leiste dir mit dem eingesparten Geld etwas, das die Umwelt entlastet. Beteilige dich z.B. an einem Sonnenkraftwerk, kauf Stromspar-Lampen oder Bio-Gemüse.

Keine Metallic-Lackierung

Das Spritzen von Metallic-Lackierungen braucht viel grössere Mengen Lösungsmittel als andere Lackierungen.

Unser Benziner-Mini-Salon

Der folgende kleine Salon zeigt dir eine Auswahl von Modellen, die

- weniger als 8 Liter Benzin auf 100 km brauchen
- und nicht mehr als Fr. 19'990.– kosten.

Du findest darunter Dreitürer, Fünftürer, Kombis und Kleinbusse. Eines dieser Autos wird für deine privaten Fahrten sicher genügen.

Zum Benzinverbrauch

Beim Benzinverbrauch (auf 100 km) haben wir den Stadtwert angegeben.

Diese Werte erreichst du, wenn du das Auto richtig warten lässt und ruhig fährst.

Schadstoffwerte

Wir treffen keine Auswahl nach den Schadstoffwerten der Autos. Mehr Schadstoffe als gesetzlich erlaubt stösst heute kein neues Auto mit Katalysator aus.

Zu den Preisen

Der Preis gilt stets für das billigste Modell.

Der Mini-Salon

Die Angaben stammen aus Prospekten der Importeure und von Händlern. Sie sind für das Umweltkompendium ohne Verbindlichkeit.

Citroën AX 11 RE
Fr. 11'950.–
Benzinverbrauch 7,9 Liter
5 Plätze
3 Türen
5-Gang-Getriebe
4-Zylinder
55 DIN-PS
1124 ccm
Höchstgeschwindigkeit 160 km/h
Leergewicht 665 kg

Daihatsu Charade inj. BTS
Fr. 13'450.–
Benzinverbrauch 5,36 Liter
5 Plätze
3 Türen
5-Gang-Getriebe
3-Zylinder
993 ccm

54 DIN-PS
Leergewicht 735 kg

Daihatsu Cuore
Fr. 11'780.–
Benzinverbrauch 4,83 Liter
4 Plätze
3 Türen
5-Gang-Getriebe
3-Zylinder
846 ccm
43 DIN-PS
Höchstgeschwindigkeit 130 km/h
Leergewicht 610 kg

Fiat Panda 1000 L
Fr. 10'990.–
Benzinverbrauch 6,8 Liter
5 Plätze
3 Türen
5-Gang-Getriebe
4-Zylinder
45 DIN-PS
999 ccm
Höchstgeschwindigkeit 140 km/h
Leergewicht 715 kg

Welche Benziner kaufen?

Unser Benziner-Mini-Salon

Fiat Tipo 1372
Fr. 17'150.–
Benzinverbrauch 7,2 Liter
5 Plätze
5 Türen
5-Gang-Getriebe
4-Zylinder
1372 ccm
70 DIN-PS
Höchstgeschwindigkeit 161 km/h
Leergewicht 990 kg

Honda Civic DX 1.5 i-16
Fr. 17'900.–
Benzinverbrauch 6,4 Liter
5 Plätze
3/5 Türen
5-Gang-Getriebe
4-Zylinder
1493 ccm
94 DIN-PS
Höchstgeschwindigkeit 178 km/h
Leergewicht 870 kg

Lancia Y10 Fire i.e.
Fr. 12'690.–
Benzinverbrauch 6,4 Liter
5 Plätze
3 Türen
5-Gang-Getriebe
4-Zylinder
999 ccm
45 DIN-PS
Höchstgeschwindigkeit 145 km/h
Leergewicht 775 kg

Mazda 121 L
Fr. 12'700.–
Benzinverbrauch 6,0 Liter
5 Plätze
3 Türen
5-Gang-Getriebe
4 Zylinder
55 DIN-PS
1324 ccm
Höchstgeschwindigkeit 160 km/h
Leergewicht 740 kg

Nissan Micra 1,2 L Hatchback
Fr. 12'450.–
Benzinverbrauch 5,9 Liter
5 Plätze
3/5 Türen
5-Gang-Getriebe
4-Zylinder
1235 ccm Hubraum
57 DIN-PS
Höchstgeschwindigkeit 150 km/h
Leergewicht 760 kg

Opel Corsa City 1,3 i PX
Fr. 12'650.–
Benzinverbrauch 7,3 Liter
5 Plätze
3 Türen
5-Gang-Getriebe
4-Zylinder
1296 ccm
Höchstgeschwindigkeit 155 km/h
Leergewicht 800 kg

Peugeot 205 Junior
Fr. 13'895.–
Benzinverbrauch 5,8 Liter
5 Plätze
3 Türen
5-Gang-Getriebe
4-Zylinder
1124 ccm
61 DIN-PS
Höchstgeschwindigkeit 164 km/h
Leergewicht 790 kg

Subaru Justy 4WD 1,2
Fr. 16'390.–
Benzinverbrauch 6,71 Liter
1-2 Liter mehr bei Allradantrieb
5 Plätze
3 Türen
5-Gang-Getriebe und zuschaltbarer
4-Rad-Antrieb
3-Zylinder
67 DIN-PS
1189 ccm
Höchstgeschwindigkeit 152 km/h
Leergewicht 865 kg

Suzuki Swift 1,3 GL
Fr. 14'490.–
Benzinverbrauch 5,7 Liter
5 Plätze
3 Türen
5-Gang-Getriebe
4-Zylinder
1300 ccm Hubraum
71 DIN-PS
Höchstgeschwindigkeit 163 km/h
Leergewicht 780 kg

Toyota Starlet chic 1,3
Fr. 14'190.–
Benzinverbrauch 7,0 Liter
5 Plätze
3 Türen
5-Gang-Getriebe
4-Zylinder
1295 ccm
72 DIN-PS
Höchstgeschwindigkeit 170 km/h
Leergewicht 750 kg

VW Jetta 1300 C
Fr. 19'280.–
Benzinverbrauch 7,7 Liter
5 Plätze
4 Türen
5-Gang-Getriebe
55 DIN-PS
1272 ccm
Höchstgeschwindigkeit 150 km/h
Leergewicht 900 kg

VW Golf 1300 C
Fr. 17'250.–
Benzinverbrauch 7,7 Liter
5 Plätze
3 Türen
5-Gang-Getriebe
55 DIN-PS
1272 ccm
Höchstgeschwindigkeit 151 km/h
Leergewicht 870 kg

VW Polo Fox 1300 Steilheck
Fr. 13'350.–
Benzinverbrauch 7,3 Liter
5 Plätze
3 Türen
5-Gang-Getriebe
55 DIN-PS
1272 ccm
Höchstgeschwindigkeit 153 km/h
Leergewicht 750 kg

Nicht kaufen: Dieselautos

Mit den heutigen Dieselautos belastest du die Umwelt mehr als mit einem Benzinmotor mit Katalysator.

Das Dieselauto braucht zwar weniger (Diesel-) Benzin und produziert etwas weniger Kohlendioxid. Es produziert jedoch mehr und giftigere Kohlenwasserstoffe und zusätzlich Schwefeldioxid und Russ mit unzähligen Stoffen, die möglicherweise Krebs oder andere Krankheiten auslösen.

Lass dich nicht von der Aussage «entspricht US-Norm 83» täuschen. Diese Norm sagt nichts über die Art der Kohlenwasserstoffe, die ein Motor ausstossen darf. Und sie erfasst das Schwefeldioxid überhaupt nicht.

Löst das Dieselauto das Auto mit Benzinmotor ab?

Das könnte in wenigen Jahren schon passieren.

Einige AutoherstellerInnen entwickeln gegenwärtig Dieselmotoren mit Russfiltern und Katalysator.

Modelle mit solchen Motoren werden weniger giftige Gase ausstossen als die heutigen Benzinmotoren. Die besten werden mit weniger als fünf Litern Dieselbenzin pro 100 Kilometern auskommen.

Leider gibt es noch keine in Serie gebauten Personenautos mit solchen Motoren.

Der Katalysator

Der Katalysator ist ein zusätzlicher Topf im Auspuff des Benzinautos.

Der Katalysator ist kein Filter. Die Schadstoffe bleiben nicht in ihm zurück.

Er funktioniert so: die heissen Abgase strömen in diesem Topf an einer Oberfläche vorbei, die mit Platin beschichtet ist.

Durch die Hitze und durch den Kontakt mit dem Platin wandelt sich ein Teil der Abgase (etwa 90 Prozent des Kohlenmonoxids, der Stickoxide und der Kohlenwasserstoffe) sofort in ungiftige Stoffe um. Das Platin bewirkt diese Umwandlung nur, es verändert sich dabei selber nicht.

In neuen Fahrzeugen ist immer der heute wirksamste Typ, ein geregelter Dreiweg-Katalysator, eingebaut.

Katalysatorautos dürfen nur bleifreies Benzin verwenden. Sobald alle Autos mit Katalysatoren fahren, wird das giftige Blei als Schadstoff aus der Luft fast ganz verschwinden.

Der Katalysator vermindert den Ausstoss an Kohlendioxid nicht.

Der Katalysator wirkt erst, wenn er heiss ist.

Damit der Katalysator die Schadstoffe zu 90 Prozent vermindert, muss er an seinem Ausgang mindestens 300 Grad heiss sein.

Diese Temperatur erreicht er je nach Automodell nach 750 bis 2500 Metern Fahrt, d.h. nach ein bis zwei Minuten.

Die Aussentemperatur hat auf das Anspringen des Katalysators praktisch keinen Einfluss.

Motor abstellen

Versuche nicht, den Katalysator möglichst rasch möglichst heiss zu bekommen. Du tust mehr für die Umwelt, wenn du auch nach dem Kaltstart am Morgen den Motor bei Halten ab ca. 20 Sekunden konsequent abstellst.

Ist der Katalysator 300 Grad heiss, kühlt er bei kurzem Motorabstellen nicht mehr ab.

Anders gesagt: stellst du den Motor konsequent ab, so wandelt er dennoch mindestens 90 Prozent der Schadstoffe um.

Benzinverbrauch

Katalysatorautos verbrauchen nicht mehr Benzin als andere.

Bleifreies Benzin gibt es bald überall.

In der Schweiz bekommst du es an allen Tankstellen. In den meisten andern europäischen Ländern findest du es heute auch an genügend Tankstellen. Das Netz wird immer dichter.

Eine «Bleifreikarte» von Europa bekommst du beim VCS und beim TCS.

Willst du jedoch beim Reisen die Umwelt nicht unnötig belasten, dann gibt es für dich überhaupt kein Tankproblem. Dann fährst du nicht mit dem Auto auf lange Reisen.

Recycling

Die Edelmetalle der ausgedienten Katalysatoren von Abbruch- und Unfallautos werden zurückgewonnen. Übrig bleibt Ziegelstaub, der für die Umwelt kein Problem ist.

Mit welchen Schadstoffen belastet Fahren und Transportieren die Umwelt?

Zu was wir Benzin, Diesel und Heizöl verbrennen

(Wir besprechen an dieser Stelle auch die Abgase, die wir beim Heizen produzieren. Benzin, Diesel, Heizöl, Kohle und Holz produzieren die selbe Art von Abgasen. Nur der Anteil der einzelnen Schadstoffe ist von Brenn-stoff zu Brennstoff etwas verschieden.)

Alle unsere Brennstoffe enthalten zahlreiche giftige Stoffe.

Verbrennen wir

• Benzin und Dieselöl in Automotoren,

• Heizöl in Wärmekraftwerken, die Strom erzeugen,

• Heizöl in Heizungen,

• Heizöl in Industrieanlagen zur Wärmeproduktion,

verwandeln wir diese Stoffe unter anderem in giftige Gase.

Katalysatoren können über 90 Prozent der giftigen Gase in ungiftige Stoffe umwandeln.

Schadstoffe

Ein Rest der Giftgase gelangt in die Luft.

Ist von Luftverschmutzung die Rede, so sind immer dieselben Abgase im Gespräch: Kohlenmonoxid, Kohlendioxid, Stickstoffdioxid, Kohlenwasserstoffe, Ozon. Diese werden gemessen, und es ist recht gut bekannt, was sie bewirken.

Bei den Kohlenwasserstoffen ist gerade noch die Gesamtmenge bekannt und die Wirkung von einigen wenigen (wie Benzol).

In Wirklichkeit gehören zu dieser Gruppe Hunderte bis Tausende von nicht erfassten und nicht untersuchten Stoffen.

Ihre Mengen sind zwar zum Teil äusserst gering. Möglicherweise sind jedoch einige von ihnen sehr giftig und belasten die Umwelt langfristig viel stärker als die bekannten und gemessenen Gase.

Uns bleibt nichts anderes übrig, als wenigstens die etwas besser erforschten Gase kurz zu nennen.

Kohlenmonoxid (CO)

Atmest du CO ein, transportiert dein Blut weniger Sauerstoff.

In geringen Mengen macht CO Kopfweh und Schwindel. Bei grossen Mengen erstickst du. (CO ist das Gift, das den Tod herbeiführt, wenn Menschen mit Autoabgasen Selbstmord begehen.)

Bei manchen Autos gelangt CO in den Innenraum. Rauchst du, so atmest du CO ein.

CO ist ein kurzlebiges Gas. Es verbindet sich in der Luft mit Sauerstoff zu Kohlendioxid.

Kohlendioxid (CO_2)

Die Luft enthält CO_2 in einer Menge, die für uns nicht giftig ist (0.03 Prozent).

CO_2 macht in der Natur einen Kreislauf:

• Menschen und Tiere vermehren es. Den Sauerstoff, den wir mit der Luft einatmen, binden wir im Körper mit Kohlenstoff zu CO_2. Dieses atmen wir aus.

• Pflanzen machen das Gegenteil: Sie nehmen CO_2 auf und spalten es in Kohlenstoff und Sauerstoff. Den Sauerstoff geben sie in die Luft ab.

Dieses Hin und Her hat die Menge an CO_2 in der Lufthülle bis vor ungefähr 100 Jahren stets etwa gleich bleiben lassen.

Dann hat der Mensch es geschafft, das Gleichgewicht zu stören:

• Wir haben in grossen Mengen zusätzlich CO_2 produziert. Und zwar indem wir in Heizungen und in Motoren Kohle und Erdöl in grossen Mengen verbrannt haben.

• Der Mensch hat seit Hunderten von Jahren riesige Waldflächen abgeholzt.

Die Pflanzen, die es auf der Erde noch gibt, können nicht mehr alles zusätzliche CO_2 aufnehmen.

Der Anteil an CO_2 in der Lufthülle nimmt nun langsam zu. Ein gewisses Mass an zusätzlichem CO_2 verträgt das Ökosystem Erde. Aber nicht soviel, wie wir heute produzieren.

Was für Folgen ein Anstieg von CO_2 hat, sagten Wissenschafter schon vor 100 Jahren voraus:

Die Lufthülle der Erde speichert mehr Wärme als vorher. Das Klima wird auf der ganzen Erde im Laufe der Zeit wärmer.

Umstritten ist, wieviel wärmer es in welchem Zeitraum werden wird. Es braucht Jahrzehnte oder Jahrhunderte, bis die Erwärmung eindeutig messbar ist.

Eine Klimaveränderung wird langfristig das Gesicht der Erde verändern. Wie bewohnbar und lebenswert sie sein wird, ist eine offene Frage.

Wir finden, dass uns solche Folgen unseres Handelns etwas angehen, auch wenn sie erst in hundert oder zweihundert Jahren eintreten würden.

Automotoren produzieren CO_2, und der Katalysator kann es nicht vermindern. Wärmekraftwerke und Heizungen produzieren CO_2, egal, wie gut ihre Abgase gefiltert sind.

Beim Fahren bedeutet dies: jeder Kilometer, den wir unnötig fahren, belastet die Umwelt ebenso unnötig. Ebenso jede Kilowattstunde Strom, die wir unnötig verbrauchen (siehe im 10. Teil «Warum Strom sparen»).

Stickstoffmonoxid (NO)

Enthält die Luft viel NO, reizt sie die Atemwege.

NO verbindet sich in der Luft rasch mit Sauerstoff zu Stickstoffdioxid.

Stickstoffdioxid (NO_2)

Enthält die Luft viel NO_2, reizt sie die Atemwege. Atmen wir über lange Zeit zuviel NO_2 ein, schädigen wir unsere Lungen bleibend.

Noch empfindlicher als die Lungen von Menschen und Tieren sind viele Pflanzen.

NO_2 trägt zum Waldsterben bei und schädigt landwirtschaftliche Kulturen.

NO_2 trägt zur Ozonbelastung im Sommer und zum Wintersmog bei (siehe weiter unten: Wenn alles zusammenkommt).

Kohlenwasserstoffe

Menschen produzieren viele verschiedene Kohlenwasserstoffe. In riesigen Mengen unter anderem als Lösungsmittel und beim Verbrennen und Verdunstenlassen von Heizöl, Benzin und Diesel.

Einige Kohlenwasserstoffe sind giftig. Einige tragen zum Waldsterben, zum Ozonloch und zu Krebs bei Menschen und Tieren bei.

Von vielen ist nicht bekannt, welche Auswirkungen sie haben. Schaden sie Lebewesen, so lässt sich das kaum je beweisen. Wir müssen uns bemühen, die Zahl und Menge an Kohlenwasserstoffen zu vermindern, mit denen wir die Umwelt belasten.

Die Katalysatoren vermindern den Ausstoss der Automotoren an Kohlenwasserstoffen. 10 Prozent gehen jedoch unverändert in die Luft.

Benzin enthält den giftigen und krebserregenden Kohlenwasserstoff Benzol. Von diesem entweicht ein Teil in die Luft, wenn wir Benzin tanken. Das ist ein Grund, so rasch wie möglich alle Zapfsäulen mit Absaugstutzen für die Gase umzurüsten.

Schwefeldioxid

Dieses Gas geben Heizungen und Dieselfahrzeuge an die Luft ab.

Schwefeldioxid ist einer der Verursacher des Waldsterbens. Es schädigt den Stoffwechsel von Bäumen.

Blei

Nehmen wir Blei auf, verweilt es jahre- und jahrzehntelang in unserem Körper.

Kinder können schon bei ganz geringen Mengen Blei (10 Mikrogramm pro Deziliter Blut) Nerven-, Verhaltens- und Lernstörungen bekommen.

Benzinmotoren, die mit verbleitem Benzin (Super) fahren, geben Blei mit den Abgasen in die Luft ab.

Wenn alles zusammenkommt.

Nicht ein einzelnes der giftigen Gase ist schuld an den Katastrophen, die sich häufen: Waldsterben, Wintersmog, zuviel Ozon im Sommer, Ozonloch in der Lufthülle der Erde, Erkrankungen von Menschen, Tieren und Pflanzen etc.

Alle diese Gase tragen jedoch dazu bei.

Meistens richten nicht allein die ursprünglichen Giftstoffe den Schaden an. Sie verbinden sich miteinander zu neuen Stoffen, die auf ihre eigene Weise Schaden anrichten. Klima und Wetter tragen zu den komplizierten Vorgängen bei.

Auch die ProduzentInnen der Schadstoffe sind fast immer mehrere: Industrie, Haushalte, Gewerbe, Verkehr und manchmal die Natur selber.

Andere Belastungen

Russ

Vor allem Diesel-, jedoch auch Benzinmotoren geben etwas Russ in die Luft ab. Dieser enthält kleine Mengen von unzähligen chemischen Verbindungen. Was diese bewirken (oder schon bewirkt haben), ist nicht bekannt und wird sich kaum je beweisen lassen. Von einigen ist zu vermuten, dass sie z.B. Krebs auslösen könnten.

Je weniger wir unnötig mit Autos fahren, desto weniger belasten wir die Umwelt und uns mit ihrem Russ.

Unkrautvertilger

Um Strassenränder, Tram- und Bahntrassees von Unkraut freizuhalten, setzen viele Gemeinden und Tram- und Bahnbetriebe Unkrautvertilger ein.

Diese belasten die Umwelt auf ihre stille Art (siehe: «Warum Gifte einsparen» im 10. Teil) und gelangen zum Teil sogar in Grundwasserbrunnen, aus denen wir uns mit Trinkwasser versorgen.

Streusalz

Streusalz versalzt Böden und schadet Pflanzen und Tieren.

Verschrottungsabfälle

Siehe im Teil «Entsorgen».

Atommüll

Dieser ist heute mit der Produktion von Strom verbunden.

Zum Vergleich: Wieviel die einzelnen Fahrzeuge die Umwelt belasten

Wählst du zwischen verschiedenen Fahrzeugen, so wählst du auch zwischen verschieden hohem Strom-/Benzin-Verbrauch für deine Fortbewegung.

Die Rangfolge beim Benzin-/Diesel-/Stromverbrauch sieht so aus:

1. Ohne Fahrzeug: zu Fuss gehen.
2. Velo
3. Bahn
4. Tram
5. Elektromobil mit Beteiligung an Solarstrom-Anlage
6. Elektromobil ohne Solarstrom
7. Elektrobusse
8. Mofa
9. Autobusse mit Dieselmotor
10. Personenwagen mit Dieselmotor
11. Personenwagen mit Benzinmotor mit 4 Personen
12. Motorrad
13. Personenwagen mit Benzinmotor mit 1 Person
14. Flugzeug

Bei Bahn, Tram, Autobussen und Flugzeugen ist der Gesamtverbrauch (auch für die Leerkilometer) auf die Kilometer verteilt, die ihre Passagiere zurücklegen.

Rangfolge nach Schadstoff-Produktion

Eine solche Rangliste können wir nicht aufstellen.

Wir können nicht genau wissen, wieviel Schadstoffe die einzelnen Fahrzeuge bei ihrer Herstellung und im Betrieb produzieren.

Bei den Fahrzeugen, die mit Strom fahren, müssten wir einsetzen, wieviel Abgase und giftigen Filterstaub die Erdölkraftwerke und wieviel radioaktiven Abfall Atomkraftwerke produzieren.

In einer Schadstoff-Rangfolge würden die heutigen Dieselbusse auf einen schlechteren Platz rutschen. Sie produzieren deutlich mehr Stickoxide als Autos mit Benzinmotoren und Katalysatoren.

Eine Fahrzeugkategorie für sich: das Velo

Mit dem Velo belastest du die Umwelt garantiert am wenigsten.

Herstellung

Es ist vom Material und der Konstruktion her das bescheidenste Fahrzeug.

Entsprechend gering belastet es die Umwelt bei seiner Herstellung (und später beim Verschrotten).

Betrieb

Mit dem Velo verbrennst du weder Benzin noch Diesel. Du produzierst keine giftigen Abgase.

Das Velo braucht weniger breite und weniger aufwendig gebaute Strassen als das Auto.

Das sind alles gute (Umwelt-) Gründe dafür, wenn immer möglich Velo zu fahren statt Mofa, Auto oder Motorrad.

Bahn

Bahnen belasten – im Verhältnis zu ihrer Transportleistung – die Umwelt von allen Motorfahrzeugen am wenigsten.

Produktion

Die Produktion der Lokomotiven und Wagen verbraucht zwar Strom, Erdöl und Rohstoffe. Es entstehen Sondermüll und Schadstoffe.

Die Lokomotiven und Wagen sind jedoch sehr solide gebaut und halten viel länger als irgend ein Privatauto. Ein Personen-Bahnwagen dient leicht für 3 bis 5 Millionen Kilometer.

Betrieb

Im Betrieb verbrauchen sie viel weniger Strom als (umgerechnet) ein Auto Benzin, um gleichviele Passagiere zu befördern. Das liegt daran: Elektromotoren wandeln den Strom besser in Bewegung um als der Automotor das Benzin. Die Bahn rollt auf ihren Schienen leichter als das Auto auf der Strasse.

Fahrzeuge im Vergleich

Mit der Bahn belastest du die Umwelt durch den Strom, den sie verbraucht. Sie hat Anteil am Atommüll und an den Abgasen aus den Wärmekraftwerken.

(Warum wir auch die Wärmekraftwerke miteinbeziehen, die in der Schweiz fast keine Rolle spielen, steht im Kapitel «Warum Strom sparen» im 10. Teil.)

Tram

Trams belasten die Umwelt etwa gleich wie Bahnen – bis auf einen Punkt: Sie brauchen etwas mehr Strom.

Im Vergleich zum Privatauto nutzen sie ihren Strom jedoch immer noch viel besser als das Auto sein Benzin.

Elektromobil mit Solarstrom

Mit dem Personenauto mit Elektromotor belastest du die Umwelt weniger als mit einem Auto mit Benzin- oder Dieselmotor.

Allerdings muss es einige Bedingungen erfüllen.

Produktion

Das Herstellen eines Elektromobils belastet die Umwelt weniger als die eines herkömmlichen Autos, wenn es weniger kompliziert und leichter gebaut ist.

Es verwendet weniger Stahl als Panzerung. Du verzichtest auf etwas Schutz bei Unfällen.

Es hat keinen Benzinmotor. Dafür kannst du nicht in sieben Sekunden auf Hundert beschleunigen.

Betrieb

Mit dem Elektromobil brauchst du nur etwa einen Fünftel der Energie (in Form von Strom), die heute ein Auto (in Form von Benzin) braucht.

Am wenigsten belastest du die Umwelt mit deinem Elektromobil, wenn du dich an einer Anlage beteiligst, die Solarstrom produziert. Du belastest die Umwelt nur noch mit deinem Anteil an der Verschmutzung bei der Herstellung der Anlage. Diese Belastung ist, auf 20 bis 30 Jahre verteilt, minim.

Elektromobil ohne Solarstrom

Kannst du dir den Solarstrom nicht leisten, so belastest du mit einem Elektromobil die Umwelt immer noch deutlich weniger als mit einem Benzin- oder Dieselauto:

Du verbrauchst auf der selben Strecke fünfmal weniger Strom als (umgerechnet) das Auto Benzin.

Elektrobusse (Trolleybusse)

Trolleybusse brauchen etwas mehr Strom als Tram und kleine Elektromobile.

Das kommt unter anderem daher, dass sie nicht wie das Tram auf Schienen rollen.

Mofa

Kommt Velofahren für dich nicht in Frage, bist du jedoch auf ein eigenes Fahrzeug angewiesen, so wähle wenn möglich das Mofa statt ein Auto.

Dein Mofa fährt immer vollbesetzt, während Autos in der Regel mit mehreren Leerplätzen fahren.

Produktion

Dein Mofa belastet bei der Produktion und beim Verschrotten die Umwelt mehr als ein Velo, aber sicher weniger als ein Auto.

Betrieb

Du brauchst für die selbe Strecke mit einem Mofa weniger Benzin als mit einem Auto. Du produzierst ein bisschen weniger Abgase. (Die neuen Mofas sind mit einem Katalysator ausgerüstet.) Das kommt davon, dass es weniger Eigengewicht herumschleppt als ein Auto.

Du brauchst mit dem Mofa etwas mehr Benzin als (umgerechnet) Strom mit dem Tram, jedoch weniger Benzin als ein Auto für einen Passagier.

Autobusse, Postautos

Produktion

Autobusse belasten die Umwelt bei ihrer Herstellung wie alle Fahrzeuge.

Sie sind jedoch solide gebaut. Die anfängliche Belastung verteilt sich auf eine viel längere Zeit und viel mehr beförderte Personen als bei Privatautos.

Dieselbusse fahren während ihrer Lebensdauer bei den PTT etwa 700'000 bis 1 Million Kilometer.

Betrieb

Mit dem Bus belastest du die Umwelt mit Abgasen, Russ und CO_2 wie ein Lastwagen. Die heutigen Busse produzieren bis 60 mal mehr Stickoxide als ein Personenauto mit Benzinmotor und Katalysator.

Busse wandeln ihren Treibstoff ähnlich schlecht in Bewegung um wie Autos.

Die Belastung teilt sich jedoch auf eine grosse Zahl von Passagieren auf.

Insgesamt belastest du die Umwelt beim Busfahren deutlich weniger als mit einem Privatauto.

Personenautos mit Benzin- oder Dieselmotoren

Produktion

Das Personenauto ist im Verhältnis zu dem, was es an Beförderung leistet, ein kompliziertes und für die Umwelt aufwendig hergestelltes Fahrzeug.

Bis du zum ersten Mal in deinem Auto sitzt, hat es die Umwelt schon massiv belastet. Jedes Teilchen und jeder Quadratzentimeter Farbe hat die Umwelt Rohstoffe, Strom und Erdöl gekostet und hat sie mit Sondermüll, giftigen Abgasen und Abwässern belastet.

Einige (wenige) Autofirmen vermindern die Belastung der Umwelt allmählich.

Doch wenn sie auf dem Minimum angelangt sein werden, zahlt die Umwelt für jedes Auto immer noch einen hohen Preis.

Ein Grund für die aufwendige Produktion ist, dass das Auto einige Wünsche erfüllen muss, die viele KäuferInnen mit der Fortbewegung verbinden:

Es muss in ein paar Sekunden von 0 auf 100 beschleunigen können. Es darf nicht auseinanderfallen, wenn sie durch die Kurven rasen statt zu fahren. Es muss sie bei den folglich häufigen Unfällen schutzen. Es soll zum Prestige der FahrerInnen beitragen.

Betrieb

Dein Auto verschleudert die Energie, die im Benzin steckt, fast vollständig. Weniger als 10 Prozent wandelt es in Bewegung um. Den Rest schlucken der Motor und die übrige Konstruktion. Ein Teil verpufft in die Luft in Form von Wärme und Abgasen.

Um die Grössenordnung der Verschwendung zu zeigen: du brauchst für die selbe Strecke mit dem Auto etwa zehnmal soviel Benzin wie die Bahn (umgerechnet) Strom.

Das herkömmliche Auto ist, gemessen am Elektromobil, ein technischer Neanderthaler.

Unsere Nachfahren werden sich über unsere Intelligenz und Vernunft Gedanken machen: wie konnten wir ein solches Gerät noch benutzen, als das Leben auf dem Planeten durch solche Fehlkonstruktionen (nicht nur bei den Autos) schon bedroht war?

Der Katalysator ändert an der Verschwendung von Benzin nichts. Er vermindert nur die Giftgase, aber auch die nicht auf Null:

Auf einer Ferien-Fahrt von Bern in die Provence und zurück (2000 Kilometer) produzierst du mit einem Auto mit Katalysator etwa: 140 Gramm giftige Kohlenwasserstoffe, 400 g Stickoxide und dreimal soviel Kilo Kohlendioxid wie du Liter Benzin verbrauchst.

Motorrad

Mit einem Motorrad belastest du (trotz seines geringeren Gewichts) die Umwelt im Betrieb etwa gleich wie mit einem Auto.

Da du jedoch meistens allein damit fährst, belastest du die Umwelt beim Fahren im Verhältnis zum Auto noch stärker.

Dazu kommt, dass die FahrerInnen ihr Motorrad praktisch nur für Vergnügungsfahrten einsetzen.

Flugzeug

Von allen Verkehrsmitteln belastet das Flugzeug die Umwelt am meisten.

Produktion

Die Schäden, die das Flugzeug bei seiner Produktion anrichtet, verteilen sich – wie bei Bahn und Bus – auf viele Jahre und viele beförderte Reisende.

Betrieb

In einem Flugzeug brauchst du pro hundert Kilometer etwa gleichviel Benzin und erzeugst gleichviel Abgase, wie wenn du allein in einem Auto ohne Katalysator fahren würdest.

Im Vergleich zur Bahn: Das Flugzeug braucht etwa 20 mal mehr Treibstoff als die Bahn (umgerechnet) Strom.

Wie kannst du die Umwelt beim Pflegen und Waschen von Kleidern entlasten?

Du kannst
- weniger Strom und – wenn deine Waschmaschine ans Gas angeschlossen ist – weniger Gas brauchen,
- weniger Wasser brauchen,
- weniger Waschmittel brauchen,
- weniger Lösungsmittel und FCKW (beim chemisch Reinigen) brauchen,
- Produktion, Transport und Verpackung von Waschmitteln (für deinen Haushalt) vermindern.

Schon beim Kleiderkaufen ans Waschen denken ▬▬▬

> **Worauf es beim Kleiderkaufen sonst noch ankommt, findest du im Teil «Kleider kaufen».**

Wenn es ums Waschen geht, hat von allen Stoffen nur Wolle offensichtliche Vorteile für die Umwelt. Bei allen andern scheinen sich Vorteile und Nachteile etwa die Waage zu halten.

Wolle

Wolle musst du weniger oft waschen als andere Gewebe, weil sie

- Schmutz recht gut abweist,
- kaum riecht, auch wenn sie verschwitzt ist,
- und weil sie sich leicht lüften lässt.

Du musst Wollsachen sozusagen nie bügeln (das spart Strom). Zerknitterte Wollgewebe werden in feuchter Luft wieder glatt.

Du musst Wollmäntel nicht imprägnieren, weil sie Wasser abstossen.

Nachteile der Wolle:

Viele Kleider aus dicken Wollstoffen (z.B. Mäntel und Anzüge) musst du chemisch reinigen lassen. Wolle filzt, wenn du sie nicht richtig pflegst.

Baumwolle

Baumwolle lässt sich gut lüften. Du musst sie deshalb weniger oft waschen als synthetische Gewebe, allerdings öfter als Wolle oder Seide.

Dafür nehmen Baumwollstoffe, je nachdem wie sie behandelt sind, Flecken gut an.

Viele Baumwoll-Kleidungsstücke musst du bügeln, damit sie gut aussehen.

Synthetische Gewebe

Sie stossen Flecken gut ab.

Du kannst sie bei tiefen Temperaturen waschen und sparst so Strom. Mit Seifen-waschmitteln und Seifenflocken lassen sie sich aber schlecht waschen.

Viele knittern kaum. Du musst sie nicht bügeln. Dafür musst du die meisten schon nach einem Tag Tragen waschen, weil sie durchs Schwitzen rasch schlecht riechen.

Seide

Seide riecht kaum, wenn sie verschwitzt ist, und lässt sich gut lüften. Flecken lassen sich gut entfernen.

Jedoch kann auf gewissen Seidenstoffen sogar Wasser Flecken machen.

Viele Seidenkleider sehen nur gut aus, wenn du sie chemisch reinigen und appretieren lässt.

Seide knittert je nach Stoffqualität stark und sieht nur gebügelt schön aus.

Leinen

Leinen lässt sich gut waschen.

Es ist nach dem Waschen jedoch immer stark

Weniger oft waschen

zerknittert und hat seine Form verloren. Du musst es strecken und bügeln.

Bei appretierten Leinenkleidern ist die Appretur nach dem Waschen weg. Stört dich das, musst du sie zum Appretieren in die Reinigung bringen.

Mischgewebe (Naturfaser/Synthetik)

Sie lassen sich meist leichter waschen und behalten ihre Form besser als die Gewebe aus reinen Naturfasern.

Für die Umwelt haben auch sie beim Waschen keine besonderen Vorteile.

Warum nicht so ins Büro?

Der Büro-Anzug mit weissem Hemd und Krawatte schadet der Umwelt mehr als nötig.

Fast alle Anzüge und viele Krawatten musst du chemisch reinigen lassen. Das weisse Hemd musst du (du?) meist schon nach einem Tag waschen.

Willst du die Umwelt entlasten, dann trag auch im Büro farbige Baumwoll- oder Wollhemden mit offenem Kragen.

Du kannst sie zwei bis drei Tage tragen und dazwischen lüften.

Kleine Flecken fallen nicht so peinlich auf wie bei weissen Hemden.

Trag wenn möglich auch Pullover und waschbare Hosen und Westen.

Um weniger oft zu waschen: Kleider schonen, lüften, ausbürsten

Kleider wechseln

Lass deine Kinder zum draussen Spielen besonders robuste und einfache Kleider anziehen. Spielkleider dürfen ruhig schmutzig werden. Wechselkleider oder Spielgarnituren, die sie nur zum draussen Toben anziehen, brauchst du nicht wegen jedes Flecks zu waschen.

Zieh Bürokleider beim Nachhausekommen aus. Lüfte sie und zieh sie noch ein- bis zweimal an. Im Haushalt sind sie unnötig Schmutz und Verschwitzen ausgesetzt.

Trag Schürzen und lass die Kinder Esslätze tragen.

Mit einfachen Mitteln kannst du vermeiden, dass deine Kleider schmutzig werden oder Flecken bekommen und dass du sie zu oft waschen musst:

- mit einer Schürze (beim Kochen und Putzen)
- mit einem alten Hemd (beim Basteln und Malen)
- mit einem Überkleid (beim Heimwerken)
- mit einem Esslatz (für die Kleinen beim Essen)

Übrigens bekommen in manchen japanischen Restaurants auch Erwachsene schöne, grosse Esslätze umgehängt.

Vermeide Deodorant- und Parfumflecken.

Trägst du Seide, Leinen, Kaschmir oder andere empfindliche Stoffe, dann benütz besser kein Deodorant und pass auf, dass kein Parfum auf den Stoff kommt. Manche machen Flekken, z.B. gewisse Deostifte und dunkle, ölige Parfums. Diese Flecken können meistens nur noch die Fachleute der chemischen Reinigung entfernen.

Ausbürsten spart Waschen.

Kinderhosen kannst du – statt sie gleich zu waschen – am Abend feucht ausbürsten und bis zum Morgen trocknen lassen.

Herrenhosen lassen sich ebenfalls ausbürsten. Du kannst die Bürste auch mit Putzessig anfeuchten und dann die Hose ausbürsten. Der Essiggeruch verflüchtigt sich sofort.

Kleider lüften spart Waschen.

Das haben wir bei den einzelnen Fasern schon gesagt: Wolle, Baumwolle und Seide kannst du lüften und deshalb länger tragen, solange sie keine Flecken haben.

Zigarettenrauch in den Kleidern lässt sich über Nacht gut auslüften.

Praktisch zum Lüften sind: die Kleiderstange auf dem Balkon, die Lamellen von Läden, die speziellen Bügelaufhänger für Türen.

Lüften ist vermutlich die wirksamste Massnahme, mit der du Waschen einsparen kannst.

Keine Kleider-Deos

Wünschst du guten Duft in deinem Kleiderschrank, so verwende Lavendelsäckchen oder andere natürliche Parfums. Du kannst auch Seifen, die du im Vorrat hast, oder leere Parfumfläschchen zwischen die Kleider legen. So sparst du Deodorants und sogenannte Lufterfrischer samt ihren Verpackungen und zum Teil bedenklichen Stoffen ein.

Kaufe also nicht:

• Top-Clean Kleiderdeo
• M-Fresh Chic
• Air-fresh Stick up
• Airbal Schrank-fresh
  oder ähnliche Produkte.

Imprägnieren

Am wenigsten belastest du die Umwelt, wenn du deine Mäntel und Jacken nicht imprägnierst, sondern einen Schirm benützt.

Auf hellen Baumwollmänteln bilden sich um Wasserflecken jedoch gern Ringe. Dies vermeidest du durch Imprägnieren.

Wir wissen noch nicht, welche Methode die Umwelt am wenigsten belastet. Kaufe jedenfalls keine Imprägnier-Sprays mit Treibmitteln. Sie belasten die Umwelt durch ihre aufwendige Verpackung.

Selber imprägnieren

• Kleider aus Textilien:

Mäntel, Windjacken, Skianzüge wäschst du und schwingst sie kurz aus. Bade die (noch feuchten) Kleider etwa 20 Minuten in heissem Wasser mit essigsaurer Tonerde (1 Liter Wasser auf 1 Deziliter essigsaure Tonerde). Drück sie aus und häng sie zum Trocknen auf.

• Rucksäcke, Taschen, Schirme:

Besprühe sie aus einem Pumpspray mit einer Mischung von 1 Deziliter Wasser und 3/4 Deziliter essigsaurer Tonerde.

Schütte die Reste deiner Imprägniermischungen nicht ins Abwasser, sondern behalte sie für das nächste Imprägnieren auf.

Imprägnieren in der chemischen Reinigung

Dort tauchen die Fachfrauen/-männer die Kleider in ein grosses Gefäss. Den Rest des Imprägnierbads schütten sie nicht weg, sondern verwenden ihn weiter.

Oder sie imprägnieren die Mäntel und Jacken trocken. Dabei sprühen sie einige Gramm Imprägniermittel gezielt auf das Kleidungsstück.

Über das Imprägnieren von Leder findest du einen Abschnitt im Teil «Abwaschen, Putzen».

Flecken entfernen

Um Waschprobleme zu vermindern: Flecken wenn möglich sofort entfernen

Sofort entfernen hat Vorteile:

Frische Flecken lassen sich meist besser entfernen. Du musst ein sonst noch sauberes Kleidungsstück nicht schon waschen. Entfernst du Flecken sofort, dann kannst du später beim Waschen oft auf eine höhere Temperatur verzichten.

Gewisse Flecken lassen sich nicht auswaschen, jedoch mit einer der im folgenden beschriebenen Methoden entfernen.

Nicht jeder Fleck geht aus.

Wundere dich nicht, wenn du nicht jeden Fleck wegbringst. Sogar Fachleute mit ihren (zum Teil giftigen) Reinigern können nicht jeden Fleck entfernen.

Eingetrocknete Obstflecken zum Beispiel lassen sich aus Naturfasern oft nicht mehr entfernen. Der Fruchtzucker und andere Stoffe der Früchte verbinden sich chemisch fest mit den Fasern.

Farbige Flecken kannst du von dunklen Kleidern nicht wegbleichen. Sonst verschwindet auch gleich die Farbe des Kleiderstoffs.

In schweren Fällen zur Fachfrau

Geht ein Fleck mit keiner der Methoden, die wir im folgenden beschreiben, aus, dann kauf deswegen nicht ein giftiges Fleckenmittel. Die meisten Haushalte brauchen solche Mittel nicht auf. Die Packung (oft eine Spraydose) landet samt dem giftigen Stoff im Mistkübel. Dorthin gehört sie jedoch ebensowenig wie in den Abfluss.

Bring das Wäschestück mit dem hartnäckigen Fleck lieber in eine chemische Reinigung. Dort gehen FleckenspezialistInnen mit den giftigen Mitteln fachgerecht um. Sie arbeiten mit einem Minimum an Mitteln und auf einem speziellen Tisch, der die Dämpfe und Flüssigkeiten zum grössten Teil absaugt und in ein verschlossenes Gefäss leitet.

Können auch sie den Fleck nicht entfernen, weisst du, dass du nichts weiteres probieren musst.

Wirf ein Kleid nicht fort, wenn es nur einen Fleck hat. Du kannst es vielleicht in deiner Freizeit tragen. Oder du versteckst den Fleck unter einem dekorativen Flick.

Flecken, die du erst beim Waschen entfernst, siehe Seite 8.10

Fleckenentfernen zu Hause

Allgemein

Im Prinzip funktioniert das Entfernen so: Du löst den Schmutz mit einem Mittel auf. Du überträgst ihn auf eine saugfähige Unterlage, auf einen Tupflappen. Verwendest du Salz oder Pfeifenerde, saugen diese den Schmutz auf.

Leg also den Stoff mit dem Fleck auf einen sauberen, saugfähigen, weichen Lappen. Tupf ihn mit einem zweiten sauberen Lappen oder einem Wattebausch ab.

Das Mittel gibst du auf den Tupflappen oder direkt auf den Fleck.

Feuchte den Fleck wenn möglich von aussen nach innen an. So verläuft er weniger.

Arbeitest du auf einem Tisch, dann decke diesen noch mit etwas Papier ab, damit du die Platte nicht verschmutzt.

Trockne die gesäuberte Stelle zwischen trockenen, saugfähigen Tüchern.

Hast du den Fleck entfernt, dann bügle wenn möglich die noch feuchte Stelle trocken. Damit vermeidest du Fleckenränder.

Ausprobieren

Probier das Fleckenmittel bei jedem empfindlichen Stoff zuerst an allen Farben des Stoffs aus. Am besten an einer versteckten Stelle, zum Beispiel innen am Saum. Du merkst so rechtzeitig, ob eine der Farben ausbleicht.

Achtung beim Reiben

Manche Baumwoll- oder Seidenstoffe kannst du schon mit wenig Reiben für immer sichtbar beschädigen.

Grossmutters Rezepte

Einige von ihnen findest du in der folgenden Liste wieder. Andere nicht mehr. Viele Stoffe sind heute anders vorbehandelt als früher, und die alten Rezepte funktionieren deshalb nicht mehr.

Sinnvolle Fleckenmittel für zu Hause

Wasser

Viele frische Flecken gehen mit Leitungs- oder Mineralwasser ganz aus.

Andere gehen zwar nicht ganz aus, wenn du jedoch, z.B. unterwegs, kein anderes Mittel hast, vermindert Ausspülen mit Wasser wenigstens die Schmutzmenge auf dem Stoff und erleichtert das spätere Waschen.

Seifenwasser

Ein Seifenstück und Wasser genügen. In Restaurants usw. kannst du auch das flüssige Handwaschmittel beim Lavabo nehmen.

Nach dem Reinigen mit Seifenwasser spülst du die Stelle mit Wasser.

Gallseife

Gallseife löst Fett noch etwas besser als reine Kernseife. Du wendest Gallseife vor allem beim Einweichen und unmittelbar vor dem Waschen an

Du kannst damit auch einzelne frische Flecken entfernen. Du reibst den Stoff mit der Gallseife ein und wäschst ihn dann mit Wasser aus.

Gallseife kannst du unverpackt kaufen. Meide solche mit Plastikhülle.

Sprit

Bei allen Stoffen, denen Waschen nicht guttut, ist Sprit besser als Seifenwasser (sofern Sprit den betreffenden Schmutz lösen kann).

Sprit greift den Stoff nicht an. Er trocknet sofort wieder aus. Der Stoff bleibt schön.

Nimm Alkohol oder Brennsprit. Brennsprit ist Alkohol mit einem Zusatz, der ihn untrinkbar macht.

Wenn möglich nimm Alkohol aus Vergärung von Pflanzen (dieser ist nicht aus Erdöl hergestellt). Verlange in der Drogerie Vergärungs-Alkohol.

Kaufe kein Reinigungsbenzin, da es das krebserregende Benzol enthält (wie anderes Benzin auch).

Gib davon auf den Lappen oder den Watte-bausch und tupfe den Fleck ab. Der Schmutz geht auf die saubere Stoffunterlage und in den Tupflappen über.

Arbeitest du mit Sprit oder ähnlichen Mitteln, dann öffne das Fenster. Die Dämpfe sind weder gesund noch angenehm.

Alkohol ist ein Lösungsmittel. Verwende also nicht zuviel davon. Im Zweifel lässt du einen Fleck lieber von der chemischen Reinigung entfernen.

Sprit kann brennen. Also Achtung mit Zünd-hölzern und Zigaretten.

Kauf nicht wegen eines Farbflecks extra ein Speziallösungsmittel. Es belastet nur unnötig die Umwelt.

Pfeifenerde

Pfeifenerde ist eines der sanftesten Flecken-mittel für Flecken, die Fett enthalten.

Du bekommst sie in jeder Drogerie.

Pfeifenerde empfiehlt sich als erste Methode für viele Flecken auf Stoffen, die du nicht gut waschen kannst.

Dazu brauchst du weiches Wasser. Also destil-liertes Wasser (Drogerie, Supermarkt) oder Regenwasser.

Pfeifenerde verwendest du auf zwei Arten:

Für bestimmte Flecken rührst du aus Pfeifen-erde und weichem Wasser ein weiches Teig-lein an. Dieses trägst du auf den Fleck auf und lässt es gut eintrocknen. Dann hebst du es ab und klopfst und bürstest den Rest aus.

Auf andere Flecken streust du die Pfeifenerde trocken (nicht zu knapp) drauf. Sie saugt den fettigen Schmutz aus dem Stoff.

Salz

Für wasserhaltige Flecken ist gewöhnliches Tafel- oder Kochsalz geeignet.

Streu es reichlich auf den Fleck. Das Salz saugt den Schmutz aus dem Stoff.

Wie du die verschiedenen Flecken aus Stoffen ent-fernst.

Bier

Bierflecken in lauwarmem Wasser auswa-schen. Eventuell in Seifenwasser.

Blut

Frisches Blut sofort mit kaltem Wasser auswa-schen (Wärme verdickt das Blut noch mehr).

Alte Blutflecken einige Stunden in Salzwasser einweichen. Dann waschen.

Bring Samt- und Seidenstoffe mit Blutflecken einer chemischen Reinigung. Die Fachfrau dort entfernt sie gezielt mit Enzymen.

Bohnerwachs, Bodenwachs

Vorsichtig abschaben und mit Alkohol auflö-sen. Dann wie einen Fettfleck behandeln: Gallseife drauf und auswaschen.

Brandflecken

Kannst du mit keiner Methode entfernen (ausser mit der Schere).

Bügelflecken

Die Wasserflecken, die beim Einsprühen des Stoffes vor dem Bügeln entstehen, sind Kalk-flecken. Du kannst sie mit Essig entfernen.

Butter

siehe Fettflecke.

Ei

Frische Flecken mit kaltem Wasser auswa-schen.

Alte Flecken einige Stunden in Salzwasser einweichen und dann waschen.

Erbrochenes

Erbrochenes sofort entfernen, sonst bleibt der Geruch im Gewebe.

Soviel wie möglich abschaben und kalt auswa-schen. Dann mit Seifenwasser waschen.

Farben

Wasserfarben: Frische und eingetrocknete kannst du mit Seifenwasser auswaschen.

Dispersion, Acrylfarben und andere wasser-lösliche Farben: Die frischen Flecken sofort mit Seifenwasser waschen. Eingetrocknete Flecken kannst du nicht mehr entfernen.

Ölfarben, Natur- und Kunstharzlackfarben: Oft lässt sich überhaupt nichts machen. Probiere, solche Flecken sofort mit dem entsprechenden Lösungsmittel aufzulösen, wenn du es zur Hand hast.

Statt extra ein Lösungmittel zu kaufen, bringst du das Kleid am besten sofort (innerhalb einer oder zwei Stunden) einer chemischen Reini-gung (einem Hauptgeschäft, nicht einer Abla-ge). Die Fachfrau dort kann versuchen, den Fleck gezielt zu entfernen. Sie kann verschie-dene Lösungsmittel ausprobieren. Das kostet dich zwar etwas (10 bis 15 Franken), dafür rettest du vielleicht ein wertvolles Kleidungs-stück.

Fett

Frische Flecken mit Sprit entfernen. Reste gehen beim Waschen aus. Oder reichlich Pfei-fenerde trocken draufstreuen. Über Nacht drauflassen.

Alte und hartnäckige Flecken mit Gallseife einreiben und dann waschen.

Fettflecken auf Wollsachen, die du nicht wa-schen (und nicht einweichen) darfst, und auf Leder: zwischen Löschpapier ausbügeln.

Filzstifte

Wasserlösliche: nicht sofort behandeln. 24 Stunden oder länger trocknen lassen. Mit Sprit entfernen. Reste warm mit Seife auswaschen.

Nicht wasserlösliche: Sie gehen nicht aus. Eine chemische Reinigung kann versuchen, die Stelle gezielt zu bleichen.

Früchte

Dunkle Früchte wie z.B. Kirschen: Mit Salz bestreuen. Es saugt den Fleck (oder einen Teil davon) aus dem Stoff. Geht der Fleck mit dem Salz nicht aus, mit Seifenwasser auswaschen, den Stoff 12 Stunden in Milch einlegen (nicht sauer werden lassen), dann waschen.

Helle Früchte wie z.B. Aprikosen: Sofort - je nach Stoff mit Sprit oder mit Seifenwasser - zumindest oberflächlich entfernen. Dann ge-hen solche Flecken beim Waschen bei 60 Grad meistens gut aus.

Gras

Bei Geweben, die es vertragen: Gallseife drauf-geben. Über Nacht einwirken lassen. Dann waschen.

Bei nicht waschbaren Stoffen oder wenn du das Kleid nicht gleich wäschst: Grasflecken mit Sprit zumindest teilweise entfernen.

Eingetrocknete Grasflecken mit Zitronensaft einweichen. Warm auswaschen.

Harz

Ganzes Kleidungsstück ins Tiefkühlfach le-gen und das gefrorene Harz abkratzen.

Oder mit Butter einweichen, Gallseife drauf und auswaschen.

Harzflecken auf heiklen Stoffen lieber von einer Reinigungsfirma entfernen lassen.

Kaffee

Frischen Fleck sofort in kaltem Wasser auswa-schen.

Eingetrocknete Flecken vor dem Waschen einweichen.

Flecken entfernen

Kakao, Schokoladengetränke

Frische Flecken mit Wasser auswaschen.

Eingetrocknete Flecken, vor allem Ovomaltine, musst du einweichen, damit sie beim Waschen mit Seife ausgehen.

Kalk

Kalkflecken entstehen meist beim Waschen. Wenn du sie nicht sofort entfernst, greifen sie das Gewebe an. Auf alten Kalkflecken lagert sich bei jeder weiteren Wäsche wieder Kalk ab.

Zuerst abbürsten. Dann mit Wasser auswaschen. Wenn Wasser nicht genügt, mit stark verdünntem Essig auswaschen.

Karrenschmiere

siehe Teer.

Kaugummi

Das ganze Kleidungsstück ins Tiefkühlfach legen. Den hart gewordenen Kaugummi wegkratzen. Kleine Reste mit Sprit entfernen.

Kerzenwachs

Den Stoff zwischen Löschpapier legen und den Fleck wegbügeln (das Löschpapier saugt das Wachs auf). Mit Seifenwasser waschen.

Bei farbigem Kerzenwachs bleibt oft Farbe im Stoff. Probiere, ob sie mit Sprit ausgeht.

Klebstoff

Wasserlösliche Kleber: Frische Flecken sofort in warmem Wasser lösen. Mit warmem Essig befeuchten und ausspülen.

Weissleimflecken sind nur wasserlöslich, solange sie frisch sind.

Nicht wasserlösliche Kleber: Eine Reinigungsanstalt kann den Fleck vielleicht noch entfernen. Kauf selber kein Lösungsmittel wegen eines solchen Flecks.

Manche Kleber (Zwei-Komponenten-Kleber zum Beispiel) gehen nicht aus.

Konfitüre

Mit Zitronensaft beträufeln. Dann mit lauwarmem Wasser auswaschen. Zuerst an einer versteckten Stelle probieren (der Zitronensaft kann Farben verändern).

Kugelschreiber

Nicht sofort behandeln. Einen Tag trocknen lassen. Dann mit Sprit lösen und mit Seife oder Feinwaschmittel auswaschen.

Flecken von dokumentenechten Kugelschreibern gehen nicht mehr aus.

Laugen

Mit klarem, heissem Wasser sofort auswaschen. Farbige Stoffe sofort mit Essig abtupfen, um die Lauge zu neutralisieren (zuerst testen, ob sie dies vertragen).

Lack

siehe Farben.

Leim

siehe Klebstoff.

Limonade

Sofort mit warmem Wasser oder Seifenwasser auswaschen.

Lippenstift

Mit Sprit oder Alkohol auf einem Wattebausch abtupfen.

Mit Waschen allein gehen die meisten Lippenstiftflecken nicht weg.

In der chemischen Reinigung gehen sie immer aus.

Milch, Rahm

Flecken gehen mit Seifenwasser oder Sprit aus.

Nagellack

Mit Nagellackentferner entfernen. Eventuell noch waschen.

Obst

siehe Früchte.

Öl (alle Sorten)

siehe Fett.

Parfum

Mit Sprit abtupfen.

Oder Pfeifenerde trocken auftragen, ausklopfen oder ausbürsten.

Rahm

siehe Milch.

Randen

Flecken gehen mit Seifenwasser aus.

Regen

Wenn Regen die Appretur eines Kleids aufgelöst hat, musst du es einer Reinigungsfirma zum Appretieren geben (willst du nicht auf die Appretur verzichten).

Bei Seidenstoffen kannst du versuchen, sie halbfeucht neu in Form zu bügeln.

Rost

Mit Zitronensaft beträufeln, bis die Flecken ausgebleicht sind, dann mit Seife waschen.

Zuerst an versteckter Stelle probieren, weil Zitronensaft Farben verändern kann.

Russ

Vorsichtig ausschütteln oder absaugen. Mit Seife waschen.

Genügt das nicht, wie Teer behandeln.

Säurespritzer

Zum Beispiel von Batterien- oder von Essigsäure; Wasch sie sofort mit Wasser und Seife aus. Leg das Stück wenn möglich in Seifenwasser ein.

Wenn du Soda im Haus hast, kannst du etwas davon auf die Spritzer geben und den Stoff dann gleich auswaschen.

Schokolade

Mit warmem Wasser, dem du etwas Sprit beigibst, auswaschen.

Schuhcrème

Einen Schuhmacher oder eine Reinigung fragen.

Kauf kein Lösungsmittel wegen solchen (seltenen) Flecken.

Schweissränder

Mit Pfeifenerdeteig entfernen.

Oder Gallseife auftragen und waschen.

Sirup

Sofort (damit keine Farbe in den Stoff einzieht) mit warmem Wasser auswaschen.

Spinat

Zuerst mit kaltem Wasser auswaschen. Dann mit einer halben rohen Kartoffel abreiben und mit warmem Seifenwasser waschen.

Stempelfarbe

Mit Zitronensaft tränken, ausspülen.

Wenn Zitronensaft nicht genügt, mit Salz probieren.

Sonst geht der Fleck nicht aus.

Stockflecken

Entstehen, wenn Wäsche zu lange feucht liegenbleibt. Der unangenehme Geruch geht fast nicht mehr weg.

Einen Esslöffel Kochsalz und einen Esslöffel Salmiak in Wasser lösen, einige Stunden auf dem Balkon (zugedeckt, sonst gibt es Lichtschäden) einwirken lassen, dann auswaschen.

Stuhl

Mit kaltem oder warmem Wasser ausspülen. Wenn möglich Gallseife auftragen und mit Seife waschen.

Bei empfindlichen Stoffen Pfeifenerdeteig versuchen.

Tabakflecken

Mit Sprit den Fleck wenigstens teilweise entfernen. Dann in klarem Wasser waschen.

Tee (Schwarztee)

Geht mit warmem Wasser aus.

Teer, Asphalt, Karrenschmiere

Den Fleck sofort mit Speiseöl oder Butter etwas lösen. Dann mit Sprit entfernen. Reste wenn möglich mit Gallseife einreiben und auswaschen.

Du kannst auch einen Versuch mit Pfeifenerdeteig machen.

Schöne Stoffe mit solchen Flecken bringst du besser gleich in die chemische Reinigung. Wenn die Hausmethode nicht funktioniert, zieht der Fleck beim Waschen in den Stoff ein und geht nicht mehr aus.

Tinte

Frische Flecken gehen auf manchen Stoffen mit Sprit gut aus (nicht bei allen).

Wäschestücke mit Tintenflecken musst du waschen. Dabei bleichen die Flecken aus, verschwinden jedoch nicht sofort ganz.

Alle anderen Methoden bringen nichts. Eine chemische Reinigung kann versuchen, den Fleck lokal zu bleichen.

Tipp-Ex

Bringst du am besten in eine chemische Reinigung zum Entfernen.

Tomaten

Frische und alte Flecken gehen mit Seifenwasser aus.

Urin

In warmem Seifenwasser einweichen, dann auswaschen.

Unterwäsche immer möglichst bald waschen.

Wachs

siehe Kerzenwachs.

Wagenschmiere

siehe Teer.

Wein

Rotwein: auftupfen. Mit Weisswein auswaschen, falls zur Hand. Sonst reichlich Salz aufstreuen. Dann waschen.

Weisswein: Mit warmem Wasser, eventuell Seifenwasser, auswaschen.

Worauf du beim Kauf einer Waschmaschine achten kannst

Kaufe eine neue Maschine erst, wenn die alte ihren Dienst aufgibt. Das Herstellen einer neuen Maschine und das Entsorgen der alten belastet die Umwelt.

Strom und Wasserverbrauch

Die meisten heutigen Modelle gehen mit Strom und Wasser sparsamer um als die älteren.

Deutlich mehr Strom und z.T. mehr Wasser als die andern verbrauchen die meisten Modelle der Marken BBC-Blomberg, Candy, Cleis, Frigidaire, Furrer, Huwa, Novelan, Querop, Wyss-Mirella, Zenith.

Oeko-Klappe, Umflutsystem usw.

Die meisten Waschmaschinenhersteller bieten heute Geräte mit Bezeichnungen wie Oeko-Waschmaschine (oder einem ähnlichen Namen) an.

Oeko heissen die Maschinen, weil eine Vorrichtung bewirkt, dass kein Waschmittel ungenutzt im Laugensumpf verschwindet (siehe Abbildung).

Bei manchen Maschinen ist diese Vorrichtung eine Oeko-Klappe oder eine Oeko-Schleuse. Andere haben ein besonderes Umflutsystem oder eine Sprühvorrichtung für das Wasser.

Bei den Oeko-Maschinen brauchst du etwa ein Drittel weniger Waschmittel als bei den Maschinen der älteren Generationen.

Maschinen mit einer Oeko-Klappe oder einem Umflutsystem bekommst du zum Beispiel von AEG, Bauknecht, Bosch, Constructa/Novelan, Electrolux, Gehrig, Kenwood, Miele, Siemens, Therma, V-Zug, Wyss-Mirella.

Die Dosierungsangaben vieler Waschmittel gelten heute für Oeko-Waschmaschinen.

Die Energiespartaste (E-Taste)

Mit der Energiespartaste wäscht die Maschine zum Beispiel so lange wie mit einem 60-Grad-Programm, heizt jedoch nur bis 40 Grad auf.

Diese Programme sind für die Umwelt günstig.

Sie waschen länger und damit besser, brauchen jedoch nicht mehr Waschmittel oder Wasser und nur wenig mehr Strom als das kürzere 40-Grad-Programm.

Schleuderdrehzahl

Wenn du auf die Benutzung eines Tumblers angewiesen bist, musst du eine Waschmaschine wählen, mit der du bei mindestens 800 Umdrehungen pro Minute schleudern kannst.

Wenn die Wäsche nicht genug geschleudert ist, braucht der Tumbler noch mehr Strom als sonst.

Waschmaschine / Das Waschwasser

Wenn du alles berücksichtigst:

Z.B. folgende Marken haben Modelle mit einer Oeko-Klappe oder einem Umflutsystem und gleichzeitig einen (nach heutigen Massstäben) normalen Strom- oder Gasverbrauch:

- AEG
- Bauknecht
- Bosch
- Electrolux
- Gehrig
- Kenwood
- Miele
- Siemens
- Therma
- V-Zug

Kauf keine zu grosse Waschmaschine.

Eine 5- oder 6-Kilo-Maschine, die du nie richtig füllen kannst, braucht unnötig viel Strom.

Richtig waschen heisst auch, die Wäsche sorgfältig sortieren. Das ergibt öfters kleinere Füllungen.

Kurzprogramme und Spartaste bringen für die Umwelt nicht viel.

Kurzprogramme brauchen fast gleich viel Wasser, gleich viel Strom und gleich viel Waschmittel wie die entsprechenden Normalprogramme.

Sie waschen nur weniger lang (und damit auch weniger gründlich).

Mit dem Sparprogramm für halbe Füllung braucht die Maschine immer noch 2/3 soviel Wasser und 3/4 soviel Strom wie eine volle Maschine mit normalem Programm.

Lerne deine Maschine gut kennen.

Damit du mit ihr so umweltfreundlich wie möglich waschen kannst, musst du alle Möglichkeiten deiner Maschine kennen.

Wenn du auf einer alten Maschine zu waschen beginnst, für die keine Gebrauchsanweisung mehr vorhanden ist, frage die anderen BenützerInnen.

Bleib am Anfang auch einmal (mit Lektüre) bei jeder Art von Programm dabei und beobachte, wann und wie die Mittel eingespült werden, wie lange die Programme dauern, wie viele Spülgänge sie haben.

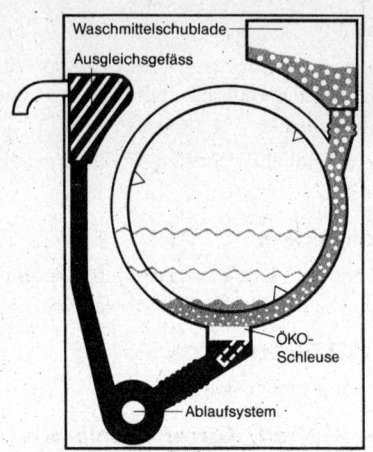

Die Oeko-Klappe

Bei älteren und leider auch noch bei einigen heutigen Modellen bleibt ein Teil des Waschwassers samt Waschmittel nutzlos im Pumpsystem liegen.

Die Oeko-Klappe verhindert bei neuen Maschinen, dass Waschmittel in diesen sogenannten Laugensumpf gerät.

Das Waschwasser:
Du musst wissen, wie hart es ist

Du musst wissen, wie hart das Wasser in deinem Haus ist.

Davon hängt ab, ob du das Wasser zum Waschen enthärten musst und wieviel Waschmittel du brauchst.

Die Härte ist ein Mass dafür, wieviel Kalk und – je nach Gegend – wieviel Magnesium das Wasser enthält.

Frage das Wasserwerk oder die Gemeindeverwaltung.

Rufe an und frage: «Ich wohne in der Soundso-Strasse. Wie hart ist das Wasser hier?» Die genaue Adresse ist wichtig. Die Härte kann je nach Quartier in derselben Gemeinde verschieden sein.

Du bekommst als Antwort eine Angabe in sogenannten französischen Härtegraden. Zum Beispiel: «Ihr Wasser hat 18 Grad.»

Das schreibt man so: 18° fH.

Dann stell noch eine zweite Frage: «Ist das Wasser immer gleich hart oder manchmal weicher oder härter?»

Die zweite Frage musst du stellen, weil an

einigen Orten die Härte ändert, je nachdem woher das Wasserwerk das Wasser gerade bezieht. Zum Beispiel kann die Herkunft einmal See- und einmal Quellwasser sein. Lass dir genau erklären, wann und wie häufig die Härte wechselt.

Häng (für die MitbewohnerInnen) in der Waschküche einen Zettel auf:

UNSER WASSER HAT 18° fH.

(18 französische Härtegrade)

Wir haben mittelhartes Wasser.

Weis nötigenfalls auch auf die möglichen Schwankungen der Härte hin.

Französische Härtegrade

0 bis 15 Grad	= weiches Wasser
16 bis 25 Grad	= mittelhartes Wasser
26 bis 37 Grad	= hartes Wasser
über 38 Grad	= sehr hartes Wasser

Deutsche Härtegrade

Auf einigen importierten Waschmitteln findest du die Härten in deutschen Härtegraden

angegeben.

0 bis 7 Grad	= weiches Wasser
8 bis 14 Grad	= mittelhartes Wasser
15 bis 21 Grad	= hartes Wasser
über 21 Grad	= sehr hartes Wasser

Warum ist die Wasserhärte wichtig?

Von ihr hängt ab, mit welchen Mitteln du waschen kannst.

Weiches Wasser musst du nicht enthärten. Du kannst mit Seife allein waschen. Du musst jedoch einen Deziliter Essig ins letzte Spülwasser geben, damit das Wasser die Seife vollständig ausspült.

Bei mittelhartem Wasser und bei hartem Wasser bis ca. 30° fH kannst du das Wasser enthärten und immer noch Seife als Waschmittel verwenden.

Hast du Wasser über 30° fH, dann brauchst du mehr Enthärter für das Wasser. Mit Seife zu waschen, ist ab dieser Härte schwierig.

Waschen mit Regenwasser

Weiches Wasser bekommst du auch, indem du Regenwasser sammelst.

Wer Regenwasser sammelt, kann die Waschmaschine direkt aus dem Sammelbecken mit Regenwasser versorgen.

Das Waschen mit Regenwasser hat weder für die Wäsche noch für die Waschmaschine Nachteile. Und Angst vor saurem Regen brauchst du nicht zu haben: Seife ist alkalisch und neutralisiert den sauren Regen sofort.

In Oeko-, Bio- oder Buchläden kannst du Anweisungen zum Bau einer Regenwasser-Sammel-Anlage kaufen.

Wasserenthärtungsgeräte

Ab einer Härte von ca. 30° fH ist der Einsatz eines Ionenaustauschers sinnvoll. Also nur in den Hartwassergegenden der Nordschweiz.

Er enthärtet das Waschwasser, bevor es in die Maschine gelangt. Du kannst mit reiner Seife waschen.

Bei Wasser unter 30° fH keinen Ionenaustauscher verwenden!

Du musst ihn regelmässig mit Salz regenerieren (wie bei der Geschirrwaschmaschine). Das Salz gelangt in die Gewässer. Diese Belastung rechtfertigt sich erst, wenn du dafür Waschmittel einsparst.

Ein Ionenaustauscher fürs ganze Haus ist meist überflüssig. Er belastet unnötig die Gewässer mit Salz und dein Trinkwasser mit Natriumionen.

Modelle

Zu einem erschwinglichen Preis gibt es für den privaten Haushalt nur einen Ionenaustauscher. Er heisst Calex und kostet etwas über 500 Franken.

Den Calex schaltest du vor den Spülgängen (mit einem Timer) aus, damit zum Spülen nicht enthärtetes Wasser einläuft. Bevor du ihn in Betrieb nimmst, musst du die entsprechende Zeit für jedes Programm einmal messen.

Probleme des Calex (Stand Oktober 1989)

Calex

Der Schweizer Vertreter schickt dir den Calex zu. Du musst ihn selber anschliessen. Wenn du keine gute HandwerkerIn bist, musst du einen Installateur kommen lassen. Das verteuert das Gerät.

Wenn der Calex einmal nicht funktioniert, gibt es keinen Hausservice. Du musst ihn dem Vertreter zusenden. Oder du kannst dich vom Hersteller telefonisch beraten lassen.

Magnetische Wasseraufbereitungsgeräte entkalken das Wasser nicht.

Warmwasseranschluss

Er ist bei Waschmaschinen – im Gegensatz zu dem, was du vielleicht schon gehört hast – nicht sinnvoll (Ausnahmen siehe weiter unten).

Die Waschgänge müssen mit kaltem oder höchstens lauwarmem Wasser beginnen.

Kaltes Wasser weicht die eiweisshaltigen Verschmutzungen (z.B. Speisen, Blut) auf.

Beginnt das Waschen mit warmem oder heissem Wasser, so verfestigen sich die Eiweissflecken im Gewebe erst recht.

Sinnvoll ist der Warmwasseranschluss jedoch, wenn du das warme Wasser mit Sonnenkollektoren erzeugst. Dann brauchst du eine Automatik, die zuerst kaltes, dann erst warmes Wasser einströmen lässt. Oder du musst konsequent die Wäsche vor dem Waschen kalt einweichen.

Vorbereitungen zum Waschen

Zu welcher Tageszeit waschen?

Du tust etwas für die Umwelt, wenn du für das Waschen gewisse Zeiten meidest.

Wasche wenn möglich nicht zu den Stromverbrauch-Spitzenzeiten. Diese Spitzenzeiten sind eine der Begründungen für unseren Anschluss an in- und ausländische AKWs.

Eine Spitzenzeit ist immer die Mittagszeit (wenn viele elektrisch kochen).

Kleinere und ältere Kläranlagen sind manchmal überlastet. Frage in deiner Gemeinde an, ob und wann das der Fall ist. Vermeide das Waschen zu solchen Zeiten.

Wäsche vorbereiten

Die Wäsche und die Maschine schonen

Vor dem Waschen machst du alle Reissverschlüsse zu, öffnest die Knöpfe (Druckknöpfe schliessen) und leerst die Taschen. Damit schonst du deine Wäsche und die Waschmaschine: weil weniger kleine Teilchen in der Maschine herumgeschleudert werden.

Wenn du genug Zeit hast, kannst du die Taschen auch wenden und den Staub und Schmutz, der sich angesammelt hat, ausbürsten (besonders lohnend bei den Taschen von Sandkastenkindern). Staub und Sand können

Wäsche vorbereiten

während des Waschens den Stoff scheuern und machen so die Taschen schneller kaputt.

Duvet- und Kissenbezüge wendest du, damit die Ecken weniger strapaziert werden.

Plüsch- und Samtstoffe bleiben länger flauschig, wenn du sie mit der falschen Seite nach aussen wäschst.

Flecken vor dem Waschen behandeln

Wenn du Flecken nicht sofort entfernt hast, solltest du es spätestens jetzt, vor dem Waschen, tun.

Ganz besonders schmutzige Stellen (Knie von Kinderjeans, Kragen an hellen Hemden und Blusen, Vorderteile von Kleinkinderpullovern) reibst du mit Gallseife oder mit Kernseife ein.

Lass sie eine bis zwei Stunden einwirken.

Flecken, die beim ersten Waschen nicht ausgehen

Reib sie nochmals mit Gallseife ein und wasch das Kleidungsstück eine Temperaturstufe tiefer. Also nach einer Kochwäsche nochmals bei 60 Grad. Nach einer 60-Grad-Wäsche noch einmal bei 40 Grad.

Einweichen bei stark verschmutzter Wäsche

Wenn du die Wäsche einweichst, kannst du auf die Vorwäsche verzichten.

Stark verschmutzte Baumwollsachen kannst du schon am Vorabend einlegen (z.B. Spielkleider der Kinder).

Weich Wolle höchstens zwei Stunden ein, Seide am besten gar nicht oder höchstens eine Stunde.

Einweichen kannst du mit Seifenflocken oder mit flüssiger Schmierseife. Hartes Wasser enthärtest du zuerst mit Zeolith (siehe Seite 8.13).

Füll die Waschtrommel.

Eine 4-Kilo-Maschine heizt für eine Wäsche bis zu 140 Liter Wasser auf, egal ob sie voll oder leer ist. Wenn du die Trommel nicht füllst, verschwendest du Strom und Wasser.

Alle Haushalte, die bisher mit halb- oder dreiviertelgefüllten Maschinen gewaschen haben, sparen mit gefüllten Maschinen sofort viel Strom (oder Gas) und Wasser.

Bist du nicht sicher, wieviel du in die Maschine füllen darfst, dann wäge einmal 4 (oder je nach Maschine 5 oder 6) Kilo Wäsche.

Kernseifen

Bionatura

Permatin

Held

Blidor

Drogerien und Supermärkte führen auch andere Marken von Kernseife.

Gallseifen

Bionatura

Sonett

Seifenfabrik Lenzburg

Gallseife enthält ausser Kernseife etwas Ochsengalle. Diese löst Fett besonders gut.

Drogerien und Supermärkte führen auch andere Marken von Gallseife.

Held Fleckenseife ist nicht auf unserer Liste, weil sie ein anderes Tensid als Seife enthält.

Was in eine Maschine hineingeht, ohne dass du stark stopfen musst, ist auf jeden Fall nicht zuviel.

Die Maschine wäscht bei ganz voller Maschine nicht schlechter.

Damit du nicht dauernd die Waschmaschine halb gefüllt laufen lassen musst (das ist vor allem für Alleinlebende ein Problem):

• Kauf im Laufe der Zeit genügend (z.B) Hemden zum Wechseln, so dass du nicht wegen wenigen Wäschestücken eine Maschine laufenlassen musst.

• Vermeide Kleidungsstücke, die du separat waschen musst (z.B. ein Paar Jeans, die färben).

Programm wählen

Nicht immer vorwaschen

Du kannst auf das Vorwaschen verzichten:

- wenn die Wäsche nur wenig schmutzig ist,
- bei normal oder stark verschmutzer Wäsche, wenn du sie vor dem Waschen einweichst.

Beim Verzicht auf die Vorwäsche sparst du Strom und brauchst weniger Wasser.

Wenn du aus Zeit- und Platzmangel nicht einweichen kannst, musst du stark verschmutzte Wäsche doch vorwaschen.

Die E-Taste

Sie begrenzt die Temperatur

- bei einem Kochwäsche-Programm auf 60 Grad,
- bei einem 60-Grad-Programm auf 40 Grad.

Du kannst also eine Buntwäsche zwar nur bei 60 Grad, jedoch so lange waschen wie eine Kochwäsche. Und eine 40-Grad-Wäsche dauert so lange wie eine Buntwäsche. Anders gesagt: die E-Taste bietet dir zwei verlängerte Programme für die tieferen Temperaturen.

Diese Programme brauchen etwas mehr Strom, jedoch nicht mehr Waschmittel und nicht mehr Wasser als die kürzeren bei der gleichen Temperatur.

Sie waschen jedoch gründlicher als die kürzeren Programme, weil sie die Wäsche länger in der Lauge bewegen.

Mit den verlängerten Programmen wird leicht bis normal verschmutzte Wäsche auch bei tieferen Temperaturen sauber.

Sparprogramm

Reicht deine Wäsche einmal nicht für eine volle Trommel, wähl das Sparprogramm für halbe Füllung.

Damit sparst du Strom und Wasser (aber nicht die Hälfte, so dass du pro Kilo Wäsche letztlich mehr Strom, Wasser und Waschmittel brauchst als bei einer vollen Füllung).

Kurzprogramme

Ein Kurzprogramm spart nur Zeit. Es spart kein Wasser, kein Waschmittel und fast keinen Strom.

Bei leicht verschmutzter Wäsche kann es genügen. Bei stärker verschmutzter Wäsche wählst du lieber ein normal langes Programm.

Schonwaschgang

Alle Waschmaschinen verbrauchen für Schonwaschgänge mehr Strom und mehr Wasser als für Normalprogramme bei tiefen Temperaturen.

Bei alten Maschinen ist das bis zu fünfmal mehr Wasser und bis zu viermal mehr Strom. Verwende den Schonwaschgang bei solchen Modellen nur, wenn es wirklich nötig ist.

Waschtemperatur wählen

Am meisten Strom verbraucht die Maschine, um das Wasser aufzuheizen. Du sparst deshalb am meisten Strom, wenn du mit möglichst wenig Wasser bei möglichst tiefer Temperatur wäschst.

Versuch, so oft wie möglich bei 40 statt 60 Grad und bei 60 statt 90 Grad zu waschen.

Weniger 90- und 60-Grad-Wäsche

Kochen musst du manchmal Tischtücher, Servietten, Windeln, Berufskleider usw.

Musst du die Wäsche eines Kranken kochen, so sagt es dir die Ärztin oder der Arzt ausdrücklich.

Verzichtest du aufs Kochen der Wäsche, sparst du über ein Drittel Strom.

Nicht auf dem Körper getragene und nicht stark verschmutzte Wäsche kannst du bei 40 statt 60 Grad waschen.

Beachte jedoch:

Hemden mit fettigen Kragen, stark verschwitzte Sachen, Taschentücher und andere Stücke mit Tragspuren werden erst ab 50 Grad richtig sauber.

Bei 40 Grad kannst du sie waschen, wenn du das Programm mit der E-Taste verlängerst.

Die Angaben auf der Pflege-Etikette

Manchmal empfiehlt die Etikette für Baum-

> **E-Taste, Kurzprogramm, Spartaste, Waschen ohne Vorwaschen und Waschen bei 40 statt 60 Grad sind nur Notbehelfe.**
>
> Sie sind sozusagen die technische Reaktion auf unsere Gewohnheit, Kleider jeden Tag zu wechseln, obwohl sie noch kaum verschmutzt sind.
>
> Von der Umwelt her gesehen sollten wir unsere Kleider lüften, sie einen bis drei Tage länger tragen, die Maschine ganz füllen und dann normal vor- und hauptwaschen.
>
> Mit einer vollen Maschine bei 60 Grad vor- und hauptwaschen braucht weniger Strom/Gas, Wasser und Waschmittel als dreimal Hauptwaschen bei 40 Grad.
>
> Ausserdem gibt es weniger Arbeit.

wolle nur chemische Reinigung, obwohl das Gewebe eine 30- oder 40-Grad-Wäsche vertragen würde. Manchmal empfiehlt sie 30 Grad statt 60 Grad.

Der Grund dafür ist meist eine billige Färbung, die bei 30 oder 60 Grad schon ausblutet.

Du kannst solche Sachen dennoch in der Maschine waschen, wenn du sie mit Stücken derselben Farbe zusammen wäschst.

Immer bei 60 Grad waschen darfst du helle und weisse Baumwolle und Leinen. Wasch neue Stücke jedoch beim ersten Mal kalt.

Gute Qualitäten von farbiger Baumwolle (z.B. Schweizer Fabrikate) vertragen ebenfalls 60 Grad (auch wenn 30 Grad draufsteht). Wasch sie jedoch getrennt von der hellen.

Jedoch:

Du kannst ein Kleidungsstück durch zu heisses Waschen ruinieren.

Weisst du nicht, aus welchem Gewebe das Stück ist, dann halte dich auf jeden Fall an die Etikette.

Wasch alles Pflegeleichte nie über 40 Grad, sonst verliert der Stoff Form und Aussehen.

Die Waschmittel
Um Wäsche zu waschen braucht es:

Eine einfache Erklärung der Stoffe in den Waschmitteln findest du ab Seite 8.23

Wasser

(Wer hätte das gedacht?) Schon das Wasser löst einen Teil des Schmutzes: Zucker, Salz, Harnstoff, wasserlösliche Farben.

Das Wasser muss zum Waschen weich sein. In der Schweiz kommt nur in wenigen Regionen weiches Wasser aus Quellen oder Grundwasserbrunnen.

Deshalb brauchen wir in den meisten Gegenden zum Waschen

einen Enthärter

• Beim Waschen mit Seife und Fertigwaschmitteln im Baukastensystem,

• bei Waschtemperaturen ab 60 Grad,

• bei sehr hartem Wasser auch bei tieferen Temperaturen,

• als Bestandteil von bestimmten Fertigwaschmitteln (solchen, die Waschalkalien enthalten).

Härte bedeutet, dass das Wasser etwas Kalk und Magnesium enthält. Diese binden sich, wenn du keinen Enthärter benützt, mit der Seife oder den anderen Tensiden. Sie machen sie so unwirksam. Seife ist besonders härteempfindlich.

Ein Tensid

Die Tenside lösen Schmutz, der nicht wasserlöslich ist.

Sie unterscheiden sich unter anderem darin:

• wie schnell und wie vollständig sie in Kläranlagen abgebaut werden,

• wieviel im Klärschlamm zurückbleibt,

• ob ihre weitere Verwandlung in der Natur (durch Bakterien, Pflanzen und chemische Reaktionen) zu harmlosen, zu giftigen oder zu unbekannten neuen Stoffen führt.

Ein Bleichmittel

Mancher Schmutz färbt helle Stoffe ein und hält jedem Tensid stand.

Oft (aber nicht immer) kannst du solchen Schmutz bleichen.

Essig

Du brauchst ihn fürs letzte Spülwasser, wenn du weiches Wasser hast und mit Seife wäschst.

Wenn du mit Seife wäschst, brauchst du ihn alle drei Monate zum Entkalken der Maschine.

Mehr braucht es nicht.

In den meisten Waschmitteln, die du heute kaufen kannst, sind wirksame und dennoch überflüssige Stoffe drin:

Enzyme, TAED, Polycarboxilate, optische Aufheller, Weichspüler, Parfums, Stellmittel, Lösungsmittel und andere.

So kamen diese Stoffe in die Waschmittel:

Die HerstellerInnen ersetzten (wegen der Kriegswirtschaft vor und während des Zweiten Weltkriegs) die Seife durch andere Tenside.

Diese Tenside lösen den Schmutz weniger gut als Seife. Sie brauchen deshalb weitere Stoffe, die ihre Wirkung verstärken.

Seife wirkt auch als Schmutzträger und Weichmacher. Die meisten Tenside haben diese Wirkung jedoch nicht. Auch deswegen kamen weitere Stoffe in die Waschmittel.

Seife riecht gut. Die neuen Waschmittel rochen schlecht. Also kamen Duftstoffe hinein.

Nach dem Krieg wuchs das Angebot an Kleidern aus Kunstfasern und aus pflegeleichter Baumwolle und Wolle.

Einen Teil dieser Kleider darfst du waschen, jedoch nur bei tiefen Temperaturen. Da die modernen Waschmittel bei tiefen Temperaturen mit vielen Flecken nicht fertigwerden, kamen die Enzyme in die Waschmittel.

Viele weisse Kunstfasern und weisse Baumwolle haben einen weiteren Nachteil: sie vergilben mit der Zeit. Dieses Problem lösten die optischen Aufheller.

Alles aufs Mal

Nach dem Krieg führten die HerstellerInnen die Vollwaschmittel ein. Diese enthalten alle Stoffe, die für irgendeine Wäsche von 30 bis 90 Grad notwendig sein könnten, aufs Mal.

Die Enzyme in den Vollwaschmitteln wirken bei 30 Grad voll; bei 90 Grad sind sie sozusagen Abfall in der Waschlauge. Bei Wäsche ohne Problemflecken sind die Enzyme bei allen Temperaturen unnötig.

Das Bleichmittel hellt Flecken auf, die die Fasern eingefärbt haben. Bei Wäsche ohne solche Flecken ist es nur eine Abwasserbelastung.

Der Enthärter ist in Gegenden mit weichem Wasser (zum Beispiel im Tessin) unnötig.

Wir haben das Waschen verlernt.

Lange Zeit blieb die Verschwendung von Stoffen fast unbemerkt.

Heute ist sie jedoch bekannt. Alle (auch die WaschmittelherstellerInnen) wissen, dass sie nicht so weitergehen darf.

Leider haben wir mit den praktischen modernen Waschmitteln das Waschen verlernt.

Wir müssen die einfachsten Dinge beim Waschen wieder lernen:

• das Wasser zu enthärten,

• Flecken vor dem Waschen mit Seife aufzuweichen,

• Seife und andere Waschmittel richtig zu dosieren,

• zu beurteilen, welche Flecken wirklich eine Bleiche brauchen.

Was wir dir vorschlagen:

Wir schlagen dir in diesem Buch vor,

• bis 30° fH hartem Wasser mit Seife

• und darüber mit bestimmten Fertigmischungen zu waschen.

In beiden Fällen wäschst du mit dem absoluten Minimum an Stoffen.

Mit diesen Methoden zu waschen ist nicht schwieriger als das, was du in einem Haushalt sonst tust. Es braucht nicht mehr Zeit und kostet nicht mehr Kraft.

Es braucht allerdings noch die Kraft, etwas Neues zu lernen, dich umzugewöhnen und bei einem kleinen Misserfolg nicht gleich aufzugeben. Diese (innere) Kraft brauchst jedoch nur am Anfang.

Nach ein paar Wochen hast du dich umgestellt.

Bis ca. 30° fH Wasserhärte kannst du mit dem Seifen-Baukasten waschen

Beim Seifen-Baukasten wäschst du nur mit den nötigen Mitteln.

Du entlastest die Umwelt von zahlreichen überflüssigen Stoffen (von der Produktion bis zur Kläranlage und zum Klärschlamm).

Du wählst die Mittel gezielt aus und setzt sie gezielt ein.

Das heisst: du setzt Enthärter, Bleichmittel und Spülzusatz nur ein, wenn sie wirklich nötig sind. Überflüssige Stoffe (wie z.B. optische Aufheller und Parfum) lässt du weg.

Du wählst unter den angebotenen Mitteln diejenigen, die nach dem heutigen Wissensstand die Umwelt am wenigsten belasten.

Beim Baukasten kaufst du einzeln

- **Zeolith als Enthärter,**
- **Seife als Tensid,**
- **Natriumperborat als Bleichmittel,**
- **Essig als Spülzusatz.**
- **Für spezielle Fälle brauchst du ein Feinwaschmittel.**

Die Gallseife, die du zum Fleckenentfernen vor dem Waschen benützt, haben wir auf Seite 8.10 schon besprochen.

Bei weichem Wasser brauchst du vom Baukasten nur die Seife, den Essig und gelegentlich das Bleichmittel. Der Enthärter ist überflüssig.

Bei mittelhartem Wasser geht das Waschen mit Seife und Enthärter gut.

Ab 30° fH Wasserhärte wird das Waschen mit dem Seife-Baukasten schwierig.

(Hast du so hartes Wasser, nimm ein Fertigwaschmittel, das Seife enthält; siehe Seite 8.18).

Der Enthärter

Mittelhartes und hartes Wasser (über 15° fH) enthärtest du, damit du mit Seife waschen kannst.

Sonst verbindet sich die Seife mit dem Kalk des Wassers zur sogenannten Kalkseife (die kleinen weissen Teilchen, die beim Waschen mit Seife im Wasser schwimmen).

Kalkseife löst Schmutz nicht. Sie kann sich in der Wäsche ablagern und muffeln.

Wir empfehlen dir Enthärter auf Zeolith-Basis.

Zeolith ist mit grösster Wahrscheinlichkeit für Umwelt und Gesundheit unbedenklich.

Andere Enthärter empfehlen wir dir nicht, da sie zusätzlich Polycarboxilate enthalten.

Dosierung

Bei weichem Wasser brauchst du keinen Enthärter.

Halte dich an die Anweisungen auf der Packung. Hat es keine, so dosiere folgendermassen:

Bei mittelhartem und hartem Wasser gibst du in jeden Waschgang 1 bis 2 Esslöffel Enthärter.

Bei sehr hartem Wasser (30° bis 40° fH) gibst du 3 Esslöffel Enthärter in jeden Waschgang.

Gib wenn möglich den Enthärter immer vor der Seife hinein (dann entsteht am wenigsten Kalkseife).

Bianasan-Enthärter

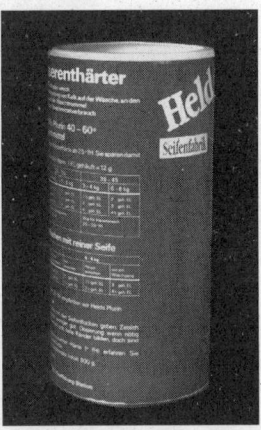

Held-Wasserenthärter

Lavexan-Enthärter (Biodienst)

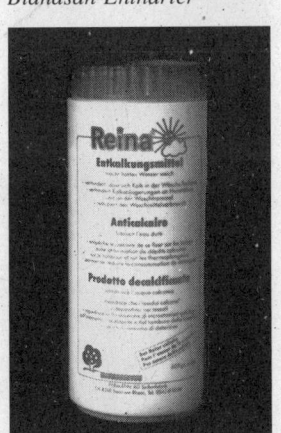

Reina Wasserentkalkungsmittel von Permatin

Sonett-Enthärter

Lavexan und Reina sind reiner Zeolith. Die andern enthalten zusätzlich z.B. Stabilisatoren. Sonett enthält etwas Seife und Alkalien.

Reinen Zeolith findest du manchmal auch in Ökoläden und Drogerien als Hausmarken.

Der Seifen-Baukasten

Die Seife

Seifennadeln, Seifenpulver und hauchdünne Seifenflocken lösen sich in der Maschine am besten auf. Pulver stäubt beim Einfüllen etwas.

Wir haben die bekanntesten Seifen-Marken abgebildet.

Warenhäuser und Supermärkte verkaufen Seifenflocken auch unter anderen Markennamen.

Bevorzuge wenn möglich Seifenflocken ohne Parfum. Seife allein riecht auch gut.

Dosierung

Die folgenden Mengen gelten für alle Waschtemperaturen.

Hauptwaschgang ohne Vorwaschen

40 bis 60 Gramm.

Hauptwaschen mit Vorwaschen

40 bis 60 Gramm zum Vorwaschen.

20 bis 40 Gramm zum Hauptwaschen.

Für eine 4-Kilo-Waschmaschine nimmst du 40 Gramm.

Für 5- bis 6-Kilo-Waschmaschinen nimmst du mehr.

Genauer können wir dir die Dosierung nicht angeben. Sie hängt auch etwas von der Maschine ab.

Nimm nicht zuwenig Seife. Sonst wird die Wäsche nicht sauber. Sie kann Seifenablagerungen bekommen.

Wie abmessen?

So misst du ab: ein gefüllter Joghurtbecher fasst etwa 60 bis 70 Gramm Seifenflocken oder 100 Gramm Seifenpulver.

Wäge auf einer Waage mit feiner Anzeige (z.B. auf einer Briefwaage) ab, wieviel Gramm von deinen Seifenflocken in deinem Messbecher Platz haben, und markiere 40, 50 und 60 Gramm.

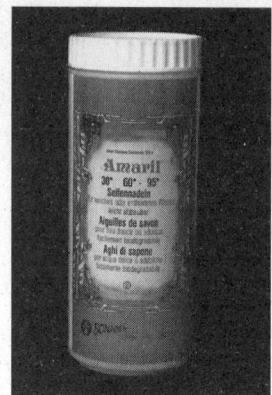

Amaril

Bianas

Biodienst

Bionatura

Blidor

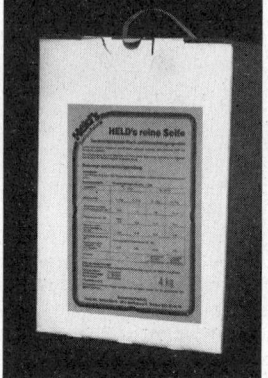

Held

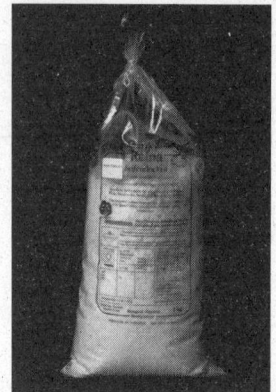

Permatin

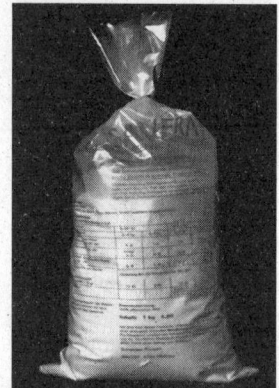

Savera

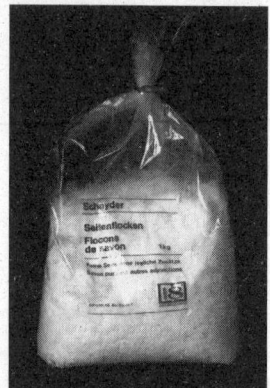

Schnyder

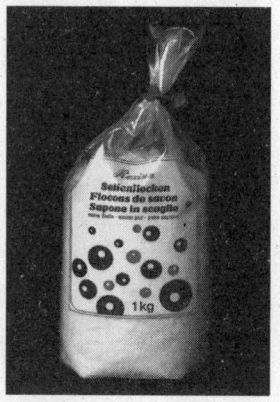

Seifenfabrik Lenzburg

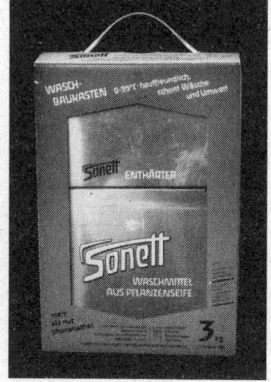

Sonett

Kein Schaum = zuwenig Seife

3 bis 5 Zentimeter Schaum = gerade richtig

Zuviel Schaum = zuviel Seife

Der Schaum zeigt die richtige Dosierung der Seife.

Lies am Schaum ab, ob deine Dosierung stimmt: wenn sich die Seife ganz aufgelöst hat, sollte der Schaum in der Maschine (wenn sie stillsteht) 3 bis 5 cm hoch stehen.

Kein Schaum = zuwenig Seife

Ca. 5 cm Schaum = gerade richtig

Mehr Schaum = zuviel Seife

Schäumt es einmal über, kannst du mit etwas Essig den Schaum abstellen. Das passiert dir sehr wahrscheinlich nur bei den ersten Wäschen mit Seife. Nachher kennst du die richtige Dosierung.

Flocken eventuell auflösen

Verklebt die Seife beim Einspülen in der Schublade oder im Fach, dann nimm einen halben Liter heisses Wasser, lös darin einen Teelöffel Enthärter und anschliessend die Seife auf. Rühr mit einem Schwingbesen.

Reinige auf jeden Fall das Fach immer gut, dann ist die Gefahr kleiner, dass die Seife verklebt.

Achte darauf, dass das Fach nach dem Einspülen der Seife leer ist. Mit dem Spülwasser darf keine Seife mehr in die Maschine gelangen.

Manche Seifen lösen sich (vor allem bei tiefen Temperaturen) schlechter als andere. Hast du dieses Problem, dann wechsle die Marke.

Ein Spezialfall

Hat es in Windeln Rückstände von Salben oder Puder, die Zink enthalten, so können sie mit der Seife zusammen schmierige Klümpchen bilden.

Solche Windeln wäschst du mit flüssiger Schmierseife. Oder du wechselst (falls möglich) die Salbe.

Das Bleichmittel

Seife kann (wie andere Tenside) Verfärbungen und Flecken, die die Fasern eingefärbt haben, nicht herauswaschen.

Aus weisser oder sehr heller Baumwolle, Leinen und Synthetics kannst du solche Flecken oft ausbleichen.

Bleich bunte Gewebe nicht. Du bleichst mit dem Fleck vielleicht auch die Farbe aus.

Gib das Bleichmittel in den Hauptwaschgang.

In der Kochwäsche (über 80 Grad) wirkt das Bleichmittel immer voll.

Es wirkt auch bei 30 bis 60 Grad, wenn du es zuerst in etwas sehr heissem Wasser auflöst.

Wir empfehlen dir als Bleichmittel die folgenden Produkte, die nur Natriumperborat enthalten.

Held
Natriumperborat

Reina, Permatin

Wenn du nur selten etwas bleichst, empfehlen wir dir auch Enka, weil du es in einem 100-Gramm-Beutel kaufen kannst und weil es nur einen überflüssigen Stoff enthält.

Andere Bleichmittel empfehlen wir dir nicht, weil sie zusätzlich unnötige Stoffe enthalten: z.B. optische Aufheller, Enthärter, Tenside, Parfum, Neutralsalze u.a.

Dosierung: 2 Esslöffel

Bei der Kochwäsche gibst du das Bleichmittel in den Hauptwaschgang.

Für die 60-Grad-Wäsche löst du das Mittel zuerst in sehr heissem Wasser auf.

Für die 30-/40-Grad-Wäsche löst du es ebenfalls zuerst in heissem Wasser auf (am besten in kochendem). Gib es in reichlich Wasser und lege die Wäsche ein paar Stunden oder über Nacht darin ein.

Bleichmittel ganz einsparen

Das Bleichmittel ist für die Umwelt nicht unbedenklich.

Bleich nicht gedankenlos jede weisse Wäsche, sondern nur jene, die wirklich hartnäckige Flecken hat oder vergraut ist.

Wenn du

• Flecken sofort entfernst,

• Wäsche einweichst und

• Flecken vor dem Waschen mit Gallseife einreibst,

brauchst du das Bleichmittel nur noch selten.

Der Seifen-Baukasten

Spülzusatz

Essig als Spülzusatz für weiches Wasser

Hast du weiches Wasser, dann gib beim Waschen mit Seife immer einen Deziliter Putzessig ins letzte Spülwasser. So lässt sich die Seife besser ausspülen.

Keinen Essig in über 20 Jahre alte Maschinen

Ganz alte Waschmaschinen haben noch emaillierte Teile. Diesen würde der Essig schaden.

Keine Weichspüler und Wäscheentkalker

Frottee und andere Gewebe können nach dem Waschen mit Seife etwas hart sein (nach dem Waschen mit anderen Tensiden sind sie noch härter).

Nach einer bis zwei Minuten Tragen fühlen sich jedoch praktisch alle Woll- und Baumwollstoffe weich an.

Bei Frotteetüchern und -wäschestücken genügt ein kurzes Zerknüllen, um sie weich zu machen.

Ob dich deine Kinder gern haben, hängt trotz der dummen Fernsehwerbung nicht davon ab, wie weich der Pulli beim Anziehen ist.

Wäscheentkalker und Weichspüler empfehlen wir dir nicht. Sie enthalten zu viele Stoffe, die die Umwelt unnötig belasten.

Eine Ausnahme

Vielleicht hast du einzelne Kleidungsstücke, z.B. einen Jupe aus synthetischem Gewebe, die sich ohne Weichspüler so sehr elektrisch aufladen, dass sie beim Tragen am Körper kleben.

Bade ein solches Stück (nur dieses) etwa nach jeder achten Wäsche in Wasser mit einem normalen Weichspüler und hänge es sofort auf.

Vermeide von jetzt an, solche Kleider zu kaufen.

Benütz auf keinen Fall den Tumbler, um Wäsche weich zu machen. Du verschwendest dabei Strom und strapazierst unnötig die Wäsche.

Feinwaschmittel

Hast du dunkle Feinwäsche bei tiefer Temperatur mit Seife in der Maschine gewaschen, dann haben einzelne Stücke (nicht unbedingt alle) manchmal Waschmittelrückstände. Sie zeigen ganz oder fleckenweise einen staubigen, hellen Belag.

Das liegt oft an der Art des Gewebes. Es hat die Teilchen angezogen. Das Spülwasser konnte sie nicht vollständig ausspülen.

Passiert das regelmässig, dann wasch diese Stücke entweder von Hand mit Seife (von Hand kannst du sie besonders gut ausspülen) oder nimm ein Feinwaschmittel.

Um das Problem zu lösen, braucht es keine optischen Aufheller, keine Enzyme und keine Weichspüler.

Wir empfehlen dir nur Mittel ohne diese Stoffe. Das sind unseres Wissens heute:

• Amaril Wollwaschmittel
• Bionatura Fein- und Wollwaschmittel
• Colorlan (Held's)
• Ecover Woll- und Feinwaschmittel
• Lavawoll (Lavexan)
• Perwoll
• Sonett Wolle-/Seidenwaschmittel
• Vol

(Siehe Abbildungen 30- und 40-Grad-Wäsche, Seite 8.19)

Die meisten dieser Mittel enthalten Stoffe, für die es etwas umweltfreundlichere Alternativen gäbe. Bei einer strengen Auswahl fändest du jedoch möglichweise in deiner Gegend kein einziges empfehlenswertes Mittel.

Wäschst du mit dem Feinwaschmittel, muss du das Wasser nicht enthärten.

Pflege der Waschmaschine

Fast jede Waschmaschine ist zum Waschen mit Seife geeignet.

Leer alle Taschen vor dem Waschen, weil kleine Teilchen, die ins Wasser gelangen, die Pumpe beschädigen oder stören können.

Entkalken

Wenn du mit Seife wäschst, entstehen Kalk-seife-Ablagerungen an den Rändern der Waschtrommel und an den Heizstäben.

Um diese Ablagerungen zu entfernen, musst du die Maschine immer nach 20 bis 30 Mal Waschen entkalken.

Nimm dazu Putzessig.

Wenn du als einzige(r) im Haus mit Seife wäschst, lagert sich beim Waschen mit den andern Waschmitteln harter Kalk an den Heizstäben ab. Von deinem Waschen lagert sich Kalkseife darüber. Um diese gemischten Ablagerungen zu entfernen, brauchst du ein stärkeres Entkalkungsmittel (verlange in der Drogerie ein amidosulphonsäurehaltiges Mittel).

Lass die leere Waschmaschine mit dem 60- oder dem 90-Grad-Programm ohne Vorwaschen laufen und fülle, während das Wasser einläuft, einen Liter Essig ein.

Nach dem Aufheizen stellst du die Maschine für einige Stunden – evtl. über Nacht – ab und lässt erst dann das Programm fertiglaufen. Warmer Essig wirkt besser.

Riecht es beim Waschen schlecht und brenzlig, dann entkalke die Maschine häufiger.

Hat die Trommel einen fettigen Belag, dann füg der nächsten 60-Grad-Wäsche etwas Soda bei.

Waschprobleme mit dem Seifen-Baukasten

Der Seifen-Baukasten ist nicht schlechter als andere Waschmittel.

Dass ein Fleck nicht ausgeht oder dass ein Wäschestück überhaupt nicht sauber wird, passiert bei jedem Waschmittel gelegentlich.

Probleme ergeben sich mit falscher Dosierung, falscher Temperatur, falscher Programmwahl. Gelegentlich ist ein Schmutz besonders hartnäckig.

Mit wem du reden kannst:

Hast du beim Umstellen Probleme, kannst du dich in einer Umweltberatungsstelle deiner Region beraten lassen.

Du kannst auf jeden Fall den Arbeitskreis ökologisches Waschen anrufen.

Möchtest du mehr über diese Art von Waschen wissen, empfehlen wir dir die Schrift:

«Wir stellen um auf Seife»

des Arbeitskreises ökologisches Waschen.

Anschrift:

Arbeitskreis ökologisches Waschen

Postfach 6109

8023 Zürich

Beratungstelefon 01/481 96 95

(Montag bis Freitag 8 bis 11 Uhr)

Sind die optischen Aufheller der alten Waschmittel ausgewaschen, tauchen auf weissen Stücken alte Gelbstiche wieder auf.

Die ersten Male, da du mit Seife wäschst, wird dir vielleicht das gewohnte Parfum der andern Waschmittel fehlen. Du musst dich zuerst wieder an den Geruch von unparfümierten Kleidern gewöhnen.

Wenn die Wäsche nach dem Umstellen auf Seife schlecht riecht.

Riecht deine Wäsche nach einigen Dutzend Waschgängen schlecht, so kommt dieser Geruch meistens von Seifenresten, die in der Wäsche geblieben und ranzig geworden sind.

Zuerst einmal musst du diese Wäsche mit einem Fertigwaschmittel (siehe Seite 8.18) gut auswaschen.

Damit in Zukunft keine Seife im Gewebe bleibt, ist wichtig:

Dosiere die Seife genügend. Nimmst du zuwenig, gibt es die Rückstände.

Spül die Wäsche gut aus.

Gib eventuell ins letzte Spülwasser einen Deziliter Putzessig.

Wenn stark verschmutzte Wäsche nicht sauber wird.

Hast du die besonders schmutzigen Stücke eingeweicht?

Hast du besonders schmutzige Stellen vor dem Waschen mit Gallseife eingerieben?

Hast du vielleicht die Maschine überladen?

Bei heller und weisser Wäsche: Hast du es mit einem Bleichmittel versucht?

Wenn einzelne Flecken hartnäckig bleiben und du auch: bring das Stück in die chemische Reinigung zum Entflecken.

Wenn weisse Wäsche vergraut.

Wasch bunte und weisse Wäsche getrennt.

Wasch die weisse Wäsche zwischendurch auch vor und koch kochechte Stücke gelegentlich.

Verwende genügend Seife und genügend Enthärter. Dosier nicht zu niedrig.

Wenn farbige und dunkle Wäsche immer wieder graue oder weisse Flecken oder einen Belag bekommt.

Ist die Waschmittelschublade nach dem Einspülen der Seife leer? Oder gelangt mit dem Spülmittel noch Seife in die Maschine?

Hast du vielleicht die Maschine überladen?

Bei sehr hartem Wasser: Gib den Enthärter vor der Seife in die Trommel.

Hast du genug Seife verwendet? In der Maschine sollen sich etwa 3 bis 5 cm Schaum bilden.

Hast du die Waschmaschine entkalkt? Entkalke sie nach 20 bis 30 Mal Waschen.

Wenn die Wäsche kleine dunkle Flecken bekommt.

Diese Flecken heissen Seifenläuse. Sie entstehen, wenn du zuwenig Seife zum Waschen nimmst.

Wenn du sie nicht einbügelst, gehen sie in der nächsten Wäsche aus. Sonst erst nach mehreren Wäschen.

Wenn die Wäsche hart wird.

Ist sie wirklich so hart?

Genügen ein paar Minuten Tragen oder kurzes Zerknüllen (bei Frotteesachen) nicht, um sie weicher zu machen?

Schwing die Wäsche ein zusätzliches Mal, damit weniger kalkhaltiges Wasser drinbleibt.

Gib eventuell ein Glas Essig (ca. 1 Deziliter) ins letzte Spülwasser.

Kannst du die Wäsche im Freien aufhängen? Dort wird sie etwas weniger hart.

Der Fertigwaschmittel-Baukasten

Ab 30° fH Wasserhärte: Nimm Fertigwaschmittel, die die Umwelt nicht unnötig belasten.

Seife allein wäscht nur bis ca. 30° fH Wasserhärte problemlos. Bei noch härterem Wasser musst du ihre Wirkung mit anderen Stoffen verstärken.

Theoretisch könntest du selber diese Stoffe (z.B. Soda, andere Tenside) im Baukasten einsetzen.

Es gibt jedoch Fertigmischungen, die diese Stoffe schon enthalten, aber nicht die überflüssigen oder bedenklichen Stoffe der Vollwaschmittel.

Sie enthalten keine Enzyme, keine optischen Aufheller und keine Polycarboxylate. Die meisten enthalten keine nichtionischen Tenside. Sie enthalten auch kein Bleichmittel, ausser die zwei speziellen Koch-/Bleichmittel.

Wir empfehlen dir die folgenden Fertigmischungen bei Wasser mit einer Härte von 30° fH und darüber.

Auch mit diesen Mitteln wäschst du im Baukastensystem.

Dosier diese Waschmittel nach den Packungsangaben. Nimmst du zuwenig, können in der Wäsche Ablagerungen zurückbleiben.

Hast du sehr hartes Wasser, so enthärte es zusätzlich mit Zeolith:

Nimm vom Waschmittel die Hartwasser-Dosierung und füge zum Vorwaschen 2 gestrichene Esslöffel des Enthärters bei, zum Hauptwaschen 3 gestrichene Esslöffel.

Für Wäsche mit bleichbaren Flecken gibst du als Bleichmittel Natriumperborat in den Hauptwaschgang (Zeolith und Natriumperborat siehe Seiten 8.13 und 8.15).

Für alle Temperaturen

Lavexan

Sonett

Lavexan und Sonett sind die einzigen Fertigwaschmittel, die als Tensid ausschliesslich Seife enthalten. Beide enthalten als Bleichmittel Natriumperborat.

Für die 60-Grad-Wäsche

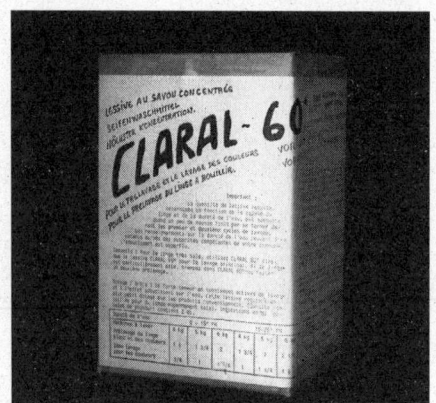

Claral 60°

Plurin (Held)

Nur für weisse Kochwäsche, die du bleichen musst.

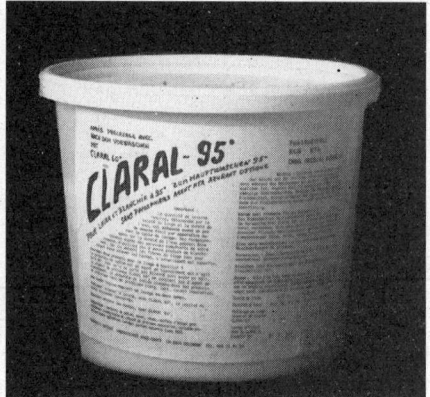

Claral 95°

Held Koch- und Bleichmittel 95°

Für 30- und 40-Grad-Wäsche

Ab 30fH Wasserhärte musst du für Feinwäsche eines dieser Feinwaschmittel nehmen. Bei diesen ist es nicht nötig, dass du das Wasser extra enthärtest.

Lavawoll (Lavexan)

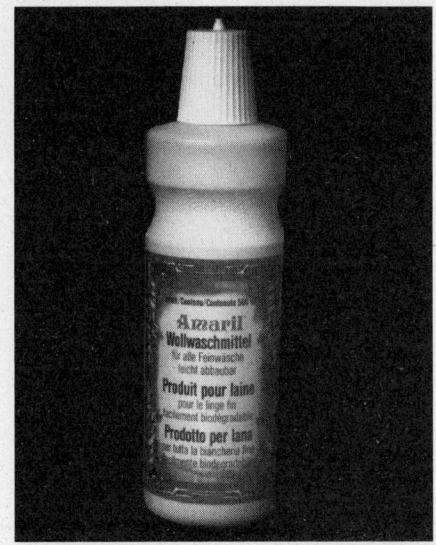

Amaril Wollwaschmittel

Colorlan (Held)

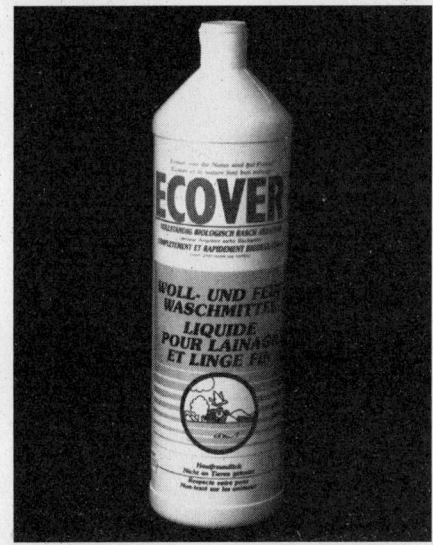

Ecover, Woll- und Feinwaschmittel

Perwoll

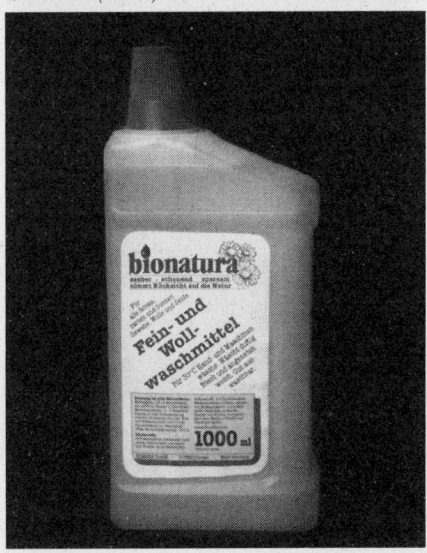

Bionatura Fein- und Wollwaschmittel

Vol

Überflüssig oder bedenklich

Waschmittel usw., die wir nicht empfehlen

Wir zweifeln nicht daran, dass die meisten Mittel, die wir im folgenden nennen, ausgezeichnet Flecken entfernen, Wasser enthärten, Wäsche porentief rein und weisser als weiss waschen, sie bleichen oder weichspülen.

Mit ihnen wird deine Wäsche so, wie im Fernsehen versprochen.

Leider enthalten diese Mittel einen oder mehrere der folgenden Stoffe:

- LAS (das meisteingesetzte anionische Tensid)
- Nichtionische Tenside
- Polycarboxilate
- Enzyme
- Optische Aufheller
- Weichspüler
- Lösungsmittel
- TAED

Viele enthalten zudem Bleichmittel, obwohl sie auch für Buntwäsche bestimmt sind.

Keiner dieser Stoffe ist in der Schweiz verboten, von keinem ist definitiv bewiesen, dass er Schaden anrichtet.

Jeder dieser Stoffe hat jedoch mindestens einen der zwei folgenden Fehler:

- Entweder ist er bei den meisten Arten von Wäsche eine Verschwendung und belastet deshalb unnötig die Umwelt.

  Dass er eine Verschwendung ist, beweisen diejenigen HerstellerInnen, die ihn in ihren Mischungen ersatzlos weglassen.

- Bei den anderen Stoffen wissen wir nicht, wie sie sich nach dem Gebrauch auf die Umwelt auswirken.

Wir haben keine Lust auf spätere Probleme im Stil von Asbest oder DDT. (Beide Produkte galten einst als unbedenklich. In Wirklichkeit waren sie nur nicht richtig erforscht. Erste, berechtigte Bedenken wurden lange abgetan.)

Mehrere Stoffe in den Waschmitteln haben sich in den letzten dreissig Jahren als giftig und sonst schädlich für die Umwelt erwiesen. Die Hersteller mussten sie aus ihren Mischungen entfernen.

Aus diesen Gründen empfehlen wir dir, die folgenden Waschmittel nicht zu kaufen und nicht zu verwenden.

Die Empfehlungen in dieser Ausgabe beruhen auf den Inhaltsstoffen der Waschmittel usw., wie sie im September 1989 auf den Packungen deklariert waren.

Fleckenmittel

(Für das Entfernen der Flecken unmittelbar vor dem Waschen.)

- Bleich- und Entfleckungsmittel von Coop (für Koch- und Buntwäsche)
- Eswa Col Spray (Kleider)
- Eswa Col Roll-on (Kleider)
- Ferana (Entfleckungsmittel)
- Ferana (Entflecken und Weichspülen)
- Jubilee Bio Spray (Kleider)
- Pre-Wash Spray (Flecken in Kleidern)

Verwende keine flüssigen Waschmittel zum Fleckenlösen vor dem Waschen. Sie enthalten Stoffe, die für diesen Zweck unnötig sind.

Gallseife oder Kernseife sind, mit etwas Wasser eingerieben, ausgezeichnete Mittel, um Flecken vor dem Waschen zu lösen.

Enthärter

- Calgon
- Mica

Bleichmittel

- Almacabio Sauerstoffbleiche
- Amaril Bleich- und Entfleckungsmittel
- Bionatura Fleckenentferner
- Coop Bleich- und Entfleckungsmittel
- Ferana
- Javelwasser
- Sunlight Waschkraftverstärker
- Wéwé Entfleckungs- und Bleichmittel
- Spezialmittel: Baby-Weiss

Flüssigwaschmittel

- Ariel
- Chance
- Dixan
- Omo
- Radion
- Teddymat liquid
- Vizir

Woll- und Feinwaschmittel

- Ambra soft
- Angora
- Baby-Weiss
- Coral
- Minil rapide
- Minil Pulver
- Dato
- Génie délicat
- Woolite liquid
- Yvette soft
- Yvette Pulver

60-Grad-Waschmittel

- Coral
- Maga
- Via

Andere UmweltberaterInnen, die sich seit langem für umweltfreundliches Waschen einsetzen, empfehlen auch Via. Es enthält zwar Enzyme, jedoch sonst keine überflüssigen Stoffe.

90-Grad-Waschmittel

- Floris

Vollwaschmittel

- Ajax ABC
- All
- Ariel
- Biancomat
- BioScala
- Dash 3
- Omo
- Persil
- Poly matic
- Protector
- Savo
- Dixan
- Elan
- Filetti
- Lem
- Niaxa
- Sentimat
- Total Futura
- Teddymat

Wie du mit Handwäsche die Umwelt schonst

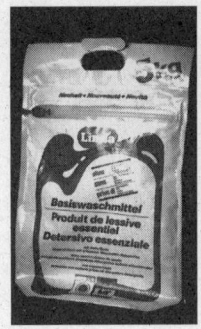

Andere UmweltberaterInnen empfehlen als umweltschonende Fertigwaschmittel auch Linda und Sunlight.

Sunlight enthält zwar Enzyme, und Linda enthält Tenside, deren Wirkung auf die Umwelt zu wenig bekannt sind. Beide Fertigwaschmittel enthalten sonst jedoch keine unnötigen oder bedenklichen Stoffe.

Spülzusätze

Wäsche-Entkalker

• Calgon Wäsche-Enthärter

Weichspüler

• Comfort
• Comfort Concentrat
• Dussa
• Ecover Textil-Weichspüler
• Exelia classique
• Exelia florence
• Exelia exotique
• Ferana
• Floffy
• Lavada douce
• Lenor Superconcentrat
• Lenor Ultra Superconcentrat
• Miodouce fleurette
• Miodouce naturel
• Mollo
• Mollo Super Concentrat
• Quanto
• Quanto Super Concentrat
• Scala
• Sentinell
• Softlan
• Softlan Super Concentrat
• Teddy douce

Du schonst die Umwelt:

• wenn du einzelne Stücke von Hand wäschst, statt eine fast leere Maschine laufen zu lassen,
• wenn du nicht farbechte Stücke von Hand wäschst, anstatt sie in die chemische Reinigung zu bringen,
• wenn du Wollsachen von Hand wäschst, damit sie länger schön bleiben.

Immer wieder gehen Wollsachen ein und filzen, weil wir sie in die Maschine stecken, obwohl sie dazu nicht geeignet sind. (Filzfrei ausgerüstete Wolle darfst du in der Maschine waschen.)

Es lohnt sich für die Umwelt auch, wenn du Wollsachen kaufst, die nicht maschinenecht sind. Maschinenechte Wollsachen sind intensiv chemisch behandelt worden. Und sie lassen sich weniger gut auslüften. Du musst sie häufiger waschen als naturbelassene.

Auch andere feine Gewebe schonst du mit einer Handwäsche mehr als mit dem Schonprogramm deiner Waschmaschine.

Mittel für die Handwäsche

Bei der Handwäsche kannst du gut mit Enthärter (wenn nötig) und Seifenflocken waschen. Praktisch ist auch Schmierseife.

Nimm bei weichem Wasser auf jeden Fall Seifenflocken. Sie sind ideal dafür.

Ob du die Seife richtig dosiert hast, erkennst du wie bei der Maschinenwäsche am Schaum. Das Wasser muss ein wenig schäumen.

Bei weichem Wasser nimmst du Seife allein. Bei mittelhartem bis sehr hartem Wasser gibst du vor der Seife einen Teelöffel Zeolith ins Waschwasser.

Du kannst statt Seife und Enthärter auch die Woll- und Feinwaschmittel verwenden, die wir auf Seite 8.19 angegeben haben.

LAVI hilft von Hand waschen.

Lavi hilft dir Wolle, Seide und andere Feinwäsche waschen. Für Wolle ist es vermutlich die sanfteste Wäsche, die möglich ist.

Lavi ist eine Unterlage, auf die du ein Waschbecken stellst. Sie vibriert rasch und lässt das Becken samt Wäsche und Wasser mitvibrieren.

Der Schmutz löst sich ohne jede Reibung, allein durch das Vibrieren.

Das Gerät braucht wenig Strom.

Als Waschmittel kannst du gut Seifenflocken (und bei härterem Wasser Zeolith) verwenden.

Das Wasser darf für Wolle bis zu 80 Grad heiss sein. Das schadet der Wolle nicht, wenn du sie nicht gleichzeitig reibst.

Dreh nach einigen Minuten die Wäsche von Hand um, so dass das, was oben ist, nach unten zu liegen kommt.

Bei sehr schmutziger Wäsche ist manchmal ein zweites Waschbad nötig.

Normalerweise dauert das Waschen von ca. 2 kg Wäsche inklusive Spülen (auch mit dem Lavi) etwa 20 Minuten.

Du bekommst Lavi bei der Frauchiger Technik AG in Oftringen. Es kostet 259.- Franken (Juli 1989).

Wäschereien

Wenn du darauf angewiesen bist, deine Wäsche auswärts zu waschen:

Alternative Wäschereien, die mit Seifenwaschmitteln waschen, sind in der Schweiz rar.

Selbstbedienungswäschereien

In Waschsalons kannst du deine eigenen Waschmittel verwenden. Frage nach, ob du mit Seifenflocken waschen darfst.

Gemeinsam waschen

Vielleicht hast du Eltern oder Freunde, bei denen du deine Wäsche waschen kannst.

Zusammen waschen ist besonders sinnvoll, wenn du oder andere sonst nicht genug Wäsche für volle Maschinen haben.

Vielleicht musst du dabei das Gefühl überwinden, dass du deine schmutzige Wäsche andern nicht gern zeigst.

Trocknen ohne Strom

Je besser du die Wäsche schleuderst, desto weniger Waschmittelrückstände bleiben zurück und desto schneller trocknet sie.

Im Freien

Die Wäsche im Freien aufzuhängen, hat den Vorteil:

• dass sie (im Sommer) schneller trocknet,

• dass sie durch die Luftbewegung weicher wird,

• dass weisse Textilien von der Sonne gebleicht werden.

Häng bunte Wäsche mit der Innenseite nach aussen auf, damit die Farben nicht so schnell verblassen.

Auf dem Balkon

Hast du keine Möglichkeit, deine Wäsche bei schönem Wetter im Freien aufzuhängen, sind Balkon und Terrasse eine gute Alternative.

Sind sie überdacht, kannst du deine Wäsche auch bei schlechtem Wetter lufttrocknen.

Im Trockenraum

In grossen Mehrfamilienhäusern gibt es häufig Trockenräume, die mit einem strombetriebenen Luftentfeuchter ausgerüstet sind.

Willst du diese Stromverschwendung nicht mitmachen, dann benutze den Trockenraum nicht.

Vielleicht kannst du dich mit den andern MieterInnen verständigen und darfst den Raum länger belegen (ohne den Luftentfeuchter einzuschalten).

Auf dem Estrich und im Keller

Wenn dir ein Estrich oder ein trockener Keller zur Verfügung steht und du nicht zu viele Möbel, Koffer usw. hast, die du dort aufbewahren musst, kannst du dir hier einen privaten kleinen Trockenraum einrichten.

In der Wohnung

Auf einem oder zwei zusammenklappbaren Wäscheständern kannst du mit etwas Geschick sehr viel Wäsche unterbringen.

Praktisch sind Wäscheständer, die du über der Badewanne anbringen kannst.

Tricks, damit du in der Wohnung trocknen kannst (ohne selber ausziehen zu müssen):

• Falte Frottee- und Geschirrtücher und T-Shirts usw. zum Aufhängen einmal zusammen.

• Häng Blusen, Hemden usw. auf Kleiderbügeln ans Schlafzimmerfenster. Das spart oft auch das Bügeln.

• Leg Pullis zwischen Frotteetüchern auf einen lauwarmen Heizkörper.

Beachte

Zum Trocknen eignen sich nur Räume, die etwas warm sind. Das Trocknen darf höchstens 1 bis 2 Tage dauern. Die Räume musst du zwischendurch kurz lüften.

Ist es bei dir unmöglich, Wäsche aufzuhängen, dann musst du eben den Tumbler benützen.

Tumbler usw.

Tumbler, Raumluftentfeuchter und Trockenschränke sind garantiert nicht umweltfreundlich.

Bügeln

Je nachdem wieviel du bisher gebügelt hast, kannst du Arbeit und Strom einsparen.

Viele Dinge musst du überhaupt nicht bügeln:

• weil es niemanden stört, wenn sie ein paar Falten haben (z.B. Handtücher und Geschirrtücher),

• oder weil sie sich beim Tragen von selber glätten (Jeans, Baumwolltrainer, T-Shirts, Sweat-Shirts, Bettwäsche usw.).

Bei vielen Wäschestücken verhinderst du schon beim Aufhängen, dass sie beim Trocknen knittern und aus der Form geraten. Fass z.B. ein Baumwoll-Sweat-Shirt vor dem Aufhängen an den Schultern und schlag es in der Luft ein paarmal glatt.

Viele Gewebe lassen sich besser bügeln, wenn du sie anfeuchtest.

Bügelmittel

Spezielle Bügelmittel sind überflüssig, wenn du schon beim Kleider-Kaufen und -Tragen an die Umwelt denkst. Kauf und trag keine Kleider, die du stärken musst.

Damit fallen die folgenden Spülzusätze und Bügelhilfen weg:

Waschhilfen

• Amidon forme (Migros)

• Esama (Eswa)

• Net (Migros)

• Pretta (Migros)

Bügelmittel

• Amidil (Migros)

• Amidon 77 (Steinfels)

• Stärke 77

• Appretur- und Bügelhilfe (Coop)

• Glättex (Maurer)

• Jubilee (Johnson Wax)

• Nore-Dux (Blattmann)

Pflege des Bügeleisens

Zum Reinigen genügt ein Abwaschmittel. Rückstände von synthetischen Geweben entfernst du am besten, wenn das Eisen noch etwas warm ist.

Inhaltsstoffe der Waschmittel

Früher mischten die Frauen (die Männer wuschen nicht) noch selber Waschmittel aus Seife, Soda, Bleichmittel und anderen Substanzen.

Erst seit der Jahrhundertwende gibt es fertig gemischte Waschmittel zu kaufen.

Die Fertigmischungen enthielten anfangs dieselben Bestandteile, die frau vorher selber mischte. Ab 1950 kamen die neuen Tenside, die optischen Aufheller, die Enzyme und weitere Stoffe dazu.

Aktivatoren

siehe Bleichmittel.

Aufbaustoffe

siehe Builder.

Bleichmittel und Aktivator

Bleichmittel hellen Flecken und Farben auf oder zersetzen sie (je nach Dosierung).

Sie töten auch einige Bakterien mehr ab als die normale Waschlauge. Wegen dieser Wirkung brauchst du sie im Haushalt jedoch nicht. Kaum ist die Wäsche durch deine Hände gegangen, sind wieder Bakterien da. Sterilität gibt es nur in Labors und Operationsräumen. Im Alltag umgeben uns (und leben auf und in uns) Milliarden von Kleinstlebewesen.

In der Schweiz ist Natriumperborat praktisch das einzige Bleichmittel für die Wäsche.

Es wirkt ab 80 Grad voll, ab 60 Grad teilweise. Löst du es zuerst in fast kochendem Wasser auf, wirkt es auch bei tieferen Temperaturen.

Bis vor kurzem enthielten praktisch alle Vollwaschmittel Natriumperborat.

Damit Natriumperborat auch bei 30 bis 80 Grad rasch und voll wirkt, haben viele Hersteller ihren Vollwaschmitteln TAED zugesetzt (als sogenannten Aktivator).

Belastung durch Natriumperborat

Natriumperborat setzt im Wasser Sauerstoff und Borat frei. Der Sauerstoff bleicht die Wäsche. Das Borat geht fast unverändert durch die Kläranlagen und in die Flüsse und Seen.

Hohe Bormengen lassen in manchen Seen das Schilf verschwinden. Dieses ist für die Fische wichtig. Sie laichen dort. Jungfische wachsen in seinem Schutz auf.

Belastung durch TAED

Welche Auswirkungen TAED auf die Umwelt hat, ist heute noch nicht bekannt.

Verschwendung

Sind Natriumperborat und TAED in einem Vollwaschmittel enthalten, dann verschwendest du sie

• bei jeder Buntwäsche

• und bei jeder Weisswäsche ohne hartnäckige Flecken, die du mit dem Vollwaschmittel wäschst.

TAED verschwendest du bei Vollwaschmitteln mit jeder Kochwäsche. Das Bleichmittel wirkt dort auch ohne Aktivator.

Javelwasser

Manche benützen als Bleichmittel immer noch Javelwasser (in einigen andern Ländern ist dies sogar noch die Regel).

Javelwasser ist eine Chlorverbindung. Auf den unnötigen Gebrauch von solchen Stoffen sollten wir verzichten. Sie sind für die Umwelt immer bedenklich.

Builder, Enthärter

Builder heissen auch Enthärter, Komplexbildner, Gerüststoffe, Aufbaustoffe.

Sie wirken je nach Stoff als Wasserenthärter, Schmutzlöser oder Schmutzträger oder als alles zusammen.

Schmutz lösen können die Builder nicht allein, sondern nur in Zusammenarbeit mit einem Tensid.

Phosphate

Natriumtriphosphat ist ein idealer Builder. Es wirkt als Enthärter, Schmutzlöser und Schmutzträger.

Es ist jedoch auch ein Pflanzendünger. In Seen (über-)düngt es die Algen und lässt sie wuchern. Die Algen verzehren den Sauerstoff im Wasser und sterben dann ab. Beim Verfaulen entstehen giftige Stoffe. In solchen Gewässern sterben schliesslich die meisten Pflanzen und Tiere ab.

Deshalb sind Phosphate als Waschmittelbestandteil heute verboten.

Seife

Seife hat ebenfalls alle drei Wirkungen und ist gleichzeitig ein gutes Tensid. Sie ist deshalb bei weichem Wasser als Alleinwaschmittel gut geeignet.

Zeolith

Zeolith (Natriumaluminiumsilikat) ist ein sandähnlicher ungiftiger und unlöslicher Stoff. Er wirkt nur als Enthärter.

96% des Zeoliths werden in der Kläranlage zurückgehalten. Der Rest und der Anteil im Klärschlamm belasten Flüsse, Seen und Böden mit grösster Wahrscheinlichkeit nicht.

Zitrat

Zitrat kann aus gewachsenen Rohstoffen gewonnen werden. Es ist ein naturnaher Stoff.

Es enthärtet Wasser nur bis 60 Grad. Für Kochwäsche kommt es also nicht in Frage.

Zitrat ist gut abbaubar und nicht giftig.

Soda

Soda ist der älteste Wasserenthärter.

Soda macht zudem das Wasser alkalisch, so dass Seife noch besser wirkt. Auf Waschmittelpackungen ist es oft als Waschalkalie bezeichnet.

NTA

NTA (Nitrilotriessigsäure) hat alle drei Wirkungen eines Builders.

NTA ist umstritten. Unter anderem darum, weil es Schwermetalle stark bindet.

Kläranlagen können NTA (vor allem im Winter) nicht ganz abbauen. Es besteht die Befürchtung, dass es in der Kläranlage und im Flussbett Schwermetalle, die sich abgelagert haben, wieder löst und ins Trinkwasser einschleppt.

Schweizerische Untersuchungen der letzten Jahre haben jedoch gezeigt, dass NTA vermutlich kaum ins Grund- und damit ins Trinkwasser gelangt.

Waschmittel dürfen höchstens 5 Prozent NTA enthalten. Immer mehr HerstellerInnen verzichten ganz darauf, NTA zu verwenden.

Polycarboxilate

Viele Wasch- und Enthärtungsmittel enthalten neben Zeolith auch Polycarboxilate. Sie verstärken die Wirkung von Zeolith.

Polycarboxilate sind ungiftig.

Kläranlagen können sie jedoch nicht abbauen.

Inhaltsstoffe

Sie gelangen nach der Kläranlage ins Wasser und in den Klärschlamm.

Was dann aus ihnen wird, ist zuwenig bekannt. Es ist deshalb auch unbekannt, ob und wie sie die Umwelt belasten.

Damit wir nicht eines Tages eine böse Überraschung erleben, empfehlen wir, keine Produkte zu verwenden, die Polycarboxilate enthalten.

EDTA

Auch EDTA (Ethylendiamintetraazetat) unterstützt die Wirkung von Zeolith und stabilisiert das Natriumperborat. Es ist in einigen Wasch- und Putzmitteln enthalten.

Kläranlagen können EDTA nicht abbauen.

EDTA bindet giftige Schwermetalle. Es gelangt ins Grundwasser.

Waschmittel dürfen nur 0,5 Prozent EDTA enthalten. Mit dieser Beschränkung ist das Problem jedoch immer noch nicht unter Kontrolle.

Detergentien

siehe Tenside.

Duftstoffe und Parfums

Im Gegensatz zu reiner Seife haben Vollwaschmittel einen unangenehmen Geruch.

Diesen überdecken die Duftstoffe.

Duftstoffe sind häufig Gemische aus vielen chemischen Verbindungen. Was aus diesen in den Kläranlagen und dann in den Flüssen wird, ist zuwenig bekannt.

Enthärter

siehe Builder.

Enzyme

Enzyme lösen eiweisshaltige Flecken wie Blut oder Milch aus der Wäsche. Sie greifen die Haut an, wenn du von Hand wäschst oder wenn sie nicht ganz aus der Wäsche gespült werden.

Enzyme wirken nur bis 60 Grad. Bei Kochwäsche sind sie unwirksam und überflüssig.

Bei Wäsche ohne besonders problematische Eiweissverschmutzungen sind sie ganz überflüssig.

Im Abwasser belasten die Enzyme die Umwelt nicht. Sie lösen sich schon in der Waschmaschine auf.

Farbstoffe

Waschmittel enthalten Farbstoffe nur, weil sonst alle gleich aussähen. (Die meisten enthalten ohnehin etwa die gleichen Stoffe und waschen etwa gleich gut.)

Sie sind für das Waschen überflüssig und belasten die Umwelt unnötig durch ihre Produktion.

Faserschutzmittel

Faserschutzmittel (Magnesiumsilikate) schützen bei Kochwäsche die Fasern.

Sie sind für die Umwelt unbedenklich.

FCKW (Fluorchlorkohlenwasserstoffe)

Dieses Lösungsmittel verwenden chemische Reinigungen für eine besonders schonende Reinigung.

FCKW tragen zur Zerstörung der Ozonschicht bei.

Bei Produktion, Transport und Anwendung von FCKW entweicht ein Teil in die Luft.

Gerüststoffe

siehe Builder.

Komplexbildner

siehe Builder.

Korrosionsschutzmittel

Silikate, meistens Natriumsilikat, lösen Eiweiss, unterstützen den Enthärter und verhindern, dass Waschmittel die Metallteile der Waschmaschine angreifen.

Sie sind für die Umwelt unbedenklich.

Neutralsalze

siehe Stellmittel.

NTA

siehe Builder.

Optische Aufheller

Sie wandeln unsichtbares ultraviolettes Licht, das auf das Gewebe fällt, in sichtbares blaues Licht um. Dieses mischt sich mit dem Gilb von weissen Geweben. Gelbes und blaues Licht ergibt weisses.

Kläranlagen bauen optische Aufheller nicht ab. Sie gelangen in den Klärschlamm und zum Teil in die Gewässer. Dort zerfallen sie. Es ist jedoch nicht genügend bekannt, wie sich ihre zahlreichen Restverbindungen in der Umwelt verhalten.

Optisch aufgehellte Wäsche kann (je nach Aufhellertyp) an der Sonne vergilben. Du müsstest sie deshalb immer im Schatten oder mit dem Tumbler trocknen.

Parfum

siehe Duftstoffe.

PER, Perchlorethylen

Dieses Lösungsmittel ist in manchen Fleckenmitteln enthalten.

Chemische Reinigungen waschen darin Kleider, Teppiche etc.

PER ist ein Nervengift. In hohen Dosen hat es bei Mäusen (in Versuchen) Leberkrebs erzeugt.

Wie alle Lösungsmittel trägt PER, das in die Luft entweicht, vermutlich zum Waldsterben bei.

In Wasser und Boden baut sich PER schlecht ab. Tiere und Menschen können es über die Nahrung aufnehmen.

Phosphatersatzstoffe

siehe Builder.

Polycarboxilate

siehe Builder.

Schaumregulatoren

siehe Seife.

Schmutzträger

Schmutzträger heissen auch Vergrauungsinhibitoren.

Schmutzträger verhindern, dass sich ausgewaschene Schmutz- und Farbteilchen wieder in der Wäsche ablagern. Damit verhindern sie ein Vergrauen der Wäsche.

Am häufigsten findet sich in den Waschmitteln CMC (Carboxymethylcellulose). Auch Seife und einige Builder wirken als Schmutzträger.

Kläranlagen bauen CMC langsam ab, und es gelangt zum Teil in den Klärschlamm. Es soll für die Umwelt unbedenklich sein.

Andere Schmutzträger werden schneller abgebaut. Jedoch ist nicht genügend bekannt, wie ihre Restverbindungen auf die Umwelt wirken.

Seife

siehe Tenside.

Stellmittel

Stellmittel (Füllstoffe, Neutralsalze) bestehen meist aus Natriumsulfat.

Auch Soda und Kochsalz dienen als Stellmittel. Gewisse Waschmittel enthalten bis zu 50 Prozent Natriumsulfat.

Die Stellmittel belasten die Gewässer unnötig mit viel Salz.

Stellmittel können die Wäsche härter machen. Damit fördern sie auch die Nachfrage nach Weichspülern.

Mit Stellmitteln rieseln Waschpulver besser. Sie erhöhen das Gewicht und das Volumen der Packungen.

Manche Hersteller geben jetzt weniger Stellmittel in die Pulver. Packung und Gewicht vermindern sich, und damit vermindert sich auch die Belastung der Umwelt durch den Transport.

Kaufst du ein konventionelles Waschmittel, so wähle auf jeden Fall eines ohne Stellmittel.

Du erkennst es daran, dass die neue Packung kleiner ist als die alte. Oder an Bezeichnungen wie «kompakt», «konzentriert» etc.

TAED

siehe Bleichmittel.

Tenside

Tenside heissen auch waschaktive Substanzen, Detergentien, oberflächenaktive Stoffe, grenzflächenaktive organische Verbindungen.

Sie lösen den Schmutz aus der Wäsche. Sie sind der wichtigste Bestandteil jedes Waschmittels.

Allen Tensiden gemeinsam sind folgende Probleme:

Wir können zwar wissen, wieviel eine Kläranlage von einem Tensid in welcher Zeit abbaut.

Bei den meisten Tensiden ist jedoch nicht bekannt, was aus den Abbauresten wird.

Wir wissen zuwenig darüber, ob und wie ihre

Abbaureste in den Gewässern und den Böden wirken.

Von einzelnen Tensiden hat man (als sie schon eingesetzt wurden) herausgefunden, dass ihre Abbauprodukte giftig sind. Diese Tenside sind nicht mehr in Waschmitteln.

Seife

Mit Seife bezeichnet frau/man meistens Kern- oder Schmierseife aus Fetten und Ölen von Pflanzen und Tieren.

Seife ist jedoch kein geschützter Begriff. Es gibt auch Neutralseife, die keine Seife enthält.

Die Roh- und Produktionshilfsstoffe für Seife sind zum Teil im Überfluss vorhanden (Kochsalz), zum Teil erneuerbar (Fette und Öle). Zur Produktion von Seife dienen heute auch rezyklierte Lebensmittelöle.

Herstellung und Verbrauch von Seife fügen sich in den Kreislauf der Natur ein.

Seife löst Schmutz und wirkt gleichzeitig als Enthärter (dafür ist sie jedoch zu schade) und als Schmutzträger.

Kläranlagen bauen Seife gut ab. Sie ergibt keine giftigen Folgeprodukte.

Beim Waschen entsteht aus Seife auch ein Teil Kalkseife. Der Kalk aus dem Wasser verbindet sich mit Seife. Die Kalkseife lagert sich in den Kläranlagen im Klärschlamm ab und wird dann (anaerob = ohne Sauerstoff) abgebaut.

Tenside aus Erdöl

Der grösste Teil der heute verwendeten Tenside ist aus Erdöl hergestellt.

Viele von ihnen haben den Vorteil, dass sie gegen die Wasserhärte weniger empfindlich sind als Seife.

Das anionische Tensid LAS

LAS ist das häufigste Tensid in Waschmitteln.

Es zeigt sich heute, dass Reste von LAS in unveränderter Form in die Gewässer und Böden gelangen. Bis zu ihrem vollständigen Abbau vergeht eine längere Zeit.

Es ist nachgewiesen, dass LAS über den Klärschlamm (als Dünger) in kleinen Mengen auch in Pflanzen gelangt. In welcher Form es sich in den Pflanzen befindet, ist unbekannt.

Es gibt besser abbaubare Tenside als LAS.

Nichtionische Tenside

Bei vielen nichtionischen Tensiden ist zu wenig bekannt, wie sich ihre Abbaureste in der Umwelt verhalten.

Kationische Tenside

Sie sind in vielen Weichspülern enthalten. Zum Teil sind sie giftig.

In Kläranlagen bleiben sie im Klärschlamm zurück und gelangen mit ihm als Dünger auf die Böden.

Vergrauungsinhibitoren

siehe Schmutzträger.

Waschaktive Substanzen

siehe Tenside.

Waschalkalien

Waschalkalien sind Soda und Silikate. Sie erhöhen den pH-Wert des Wassers (es wird alkalischer). Dadurch lösen die Tenside den Schmutz besser.

Sie belasten die Umwelt wenig.

Weichspüler

Weichspüler enthalten unter anderem kationische Tenside (siehe dort).

Sie bilden auf den Fasern einen Belag. Dabei machen sie manche Gewebe weniger saugfähig.

Zeolith

siehe Builder.

Chemische Reinigungen

Chemische Reinigungen

Chemische Reinigungen verwenden zwei Umweltgifte:

Perchlorethylen (PER) und Fluorchlorkohlenwasserstoff (FCKW, siehe Seite 8.24).

Die Ausscheidung von PER ins Wasser ist heute unter Kontrolle (durch Bundesgesetze und Überwachung durch die Kantone).

Hingegen geben immer noch alle chemischen Waschanlagen PER oder FCKW an die Luft ab. Das ist auch bei den modernsten Anlagen so.

Wieviel PER und FCKW in die Luft abgehen, ist von Betrieb zu Betrieb verschieden.

Du kannst es vom einzelnen Betrieb im Moment noch nicht wissen. Das sollte sich in den nächsten Jahren ändern.

Der Dachverband der chemischen Reinigungsanstalten wird möglichst viele Betriebe überprüfen. Erst wenn diese Prüfungen vorliegen (mit genauen Zahlen über die Umweltbelastung durch den einzelnen Betrieb), können wir sagen, welche Betriebe wir empfehlen und welche nicht.

Beim heutigen Stand der Dinge raten wir dir, möglichst wenig chemisch reinigen zu lassen.

Kaufe keine Kleider, bei denen von Anfang an klar ist, dass du sie chemisch reinigen lassen musst.

Bei Mänteln und Jacken hast du jedoch keine Wahl. Du musst sie praktisch alle chemisch reinigen lassen.

Fleckenentfernen in der chemischen Reinigung

Kaufe selber keine Lösungsmittel, um Flecken zu entfernen.

Bringe sie lieber für eine gezielte Behandlung in eine chemische Reinigung. Die SpezialistInnen entfernen Flecken mit einem Minimum an Mitteln.

Ein grosser Teil der Dämpfe und Reste wird abgesaugt und in ein verschlossenes Gefäss geführt.

Verlang von der chemischen Reinigung, dass möglichst nur die Flecken entfernt werden und nicht gleich das ganze Kleidungsstück ins Lösungsmittelbad getaucht wird.

Der einzelne Fleck kostet dich dann zwar relativ viel. Dieses Vorgehen ist jedoch umweltfreundlicher.

Was du der Umwelt bei der Wahl deiner Putzmittel ersparen kannst:

- das Produzieren und Entsorgen von Verpackungen,
- unnötige Wirkstoffe, die die Kläranlagen, den Klärschlamm, und in den Gewässern hinter den Kläranlagen die Wassertiere und -pflanzen belasten,
- den Strassentransport des Wassers, das in zahlreichen Putzmitteln enthalten ist, und seine Verpackung.

Putzt du umweltschonend, ist deine Wohnung so sauber wie bisher

Sauberkeit und Hygiene helfen uns, gesund zu bleiben und uns wohlzufühlen.

Deine Wohnung ist sauber und hygienisch, wenn du

- staubsaugst,
- Böden aufziehst und, je nach Belag, eventuell wachst oder ölst
- und die Möbel und Geräte abstaubst und/oder feucht abwäschst,
- die sanitären Einrichtungen mit Wasser und Universalreiniger abwäschst.

Alles, was du zusätzlich versuchst, ist wirkungslos.

Egal, was die Werbung erzählt: Der Kampf gegen Bakterien und andere Kleinlebewesen in der Wohnung ist

- 1. aussichtslos: Milliarden von ihnen besiedeln unsern Körper aussen und innen und unsere gesamte Umwelt. Es ist nicht möglich, sie alle zu vernichten. Desinfektions-

mittel reduzieren ihre Zahl für einen kurzen Moment. Danach ist alles wieder beim alten. Glänzt und duftet ein Gegenstand, heisst das nicht, dass er keimfrei ist.

- 2. unnötig: Die meisten von ihnen sind für uns harmlos. Und gegen die andern schützen uns unsere Haut und unser Immunsystem recht gut.

- 3. vielleicht sogar schädlich: Töten wir mit Desinfektionsmitteln immer wieder einen Teil der Mikroben ab, überleben Stämme, denen die Mittel nichts ausmachen. Dass das nicht gut ist, zeigt sich an den Orten, wo Desinfizieren unumgänglich ist: In unsern Spitälern werden gewisse Stämme von Krankheitserregern nicht nur gegen Antibiotika, sondern auch gegen Desinfektionsmittel resistent.

Was du brauchst, um deine Wohnung zu putzen:

Es sind nur einige wenige Grundstoffe.

Alle (ausser dem Brennsprit und dem Putzessig) kaufst du in einer festen Form. Du verwendest sie pur. Oder du mischst sie zu Hause selber mit Leitungswasser.

Dadurch entlastest du die Umwelt vom unnötigen Strassentransport des Wassers. Und du ersparst ihr die Verpackungen, die dieses Wasser braucht.

Das Zubereiten der Mischungen ist so einfach wie Spiegeleier braten.

Die Hausmittel sind so einfach anzuwenden wie die gekauften.

Sie wirken genausogut wie die fertig gekauften. Und sie sind viel billiger.

Die meisten Rezepte stammen von Lili Schiffhauer, Hausfrau und Hauswirtschaftslehrerin. Sie und zahlreiche Hausfrauen verwenden diese Mittel seit Jahren mit Erfolg.

Putzen

Die Grundstoffe, die in deinen Putzschrank gehören.

Vorbereitungen

Frag bei deiner Gemeinde an, wie hart das Wasser ist, das bei dir aus der Leitung kommt. (Lies dazu bitte im Teil «Kleider waschen» den Abschnitt über die Wasserhärte.) Je nach Wasserhärte brauchst du bei manchen Rezepten einen Enthärter oder nicht.

Fülle deine Putzmittel in leere Kunststoff-Flaschen ab.

Verwende nie leere Getränkeflaschen, damit keine Verwechslungen (durch Kinder) passieren.

Kauf Klebeetiketten und einen wasserfesten Filzstift. Beschrifte die selber gemischten Putzmittel deutlich.

Schmierseife

Du brauchst sie als Reiniger. Du verwendest sie pur oder mit anderen Zutaten gemischt.

Schmierseife putzt stärker und aggressiver als Seifenflocken. Du brauchst sie für Gegenstände, deren Oberfläche nicht allzu empfindlich ist.

Die Gründe, warum wir dir Seife und nicht andere Tenside als (fettlösenden) Reiniger vorschlagen, stehen im Teil «Kleider waschen».

Kauf feste Schmierseife in der Dose.
Nimm für alle Putzarbeiten feste Schmierseife. Verdünne sie während dem Putzen nach Belieben mit Wasser. Bei den im folgenden beschriebenen Rezepten meinen wir mit Schmierseife immer feste Schmierseife.

Stell flüssige Schmierseife selber her.
Putzt du lieber mit flüssiger Schmierseife, stell sie selber her. Nimm
- 1 Liter heisses Wasser,
- 1 Teelöffel Zeolith (nur ab 15° fH Wasserhärte),
- 200 Gramm feste Schmierseife.

Mit einem Schwingbesen löst du zuerst den Zeolith und dann die feste Schmierseife im heissen Wasser auf. Füll die nun flüssige Schmierseife zum Beispiel in eine alte Kunststoff-Flasche.

Seifenflocken

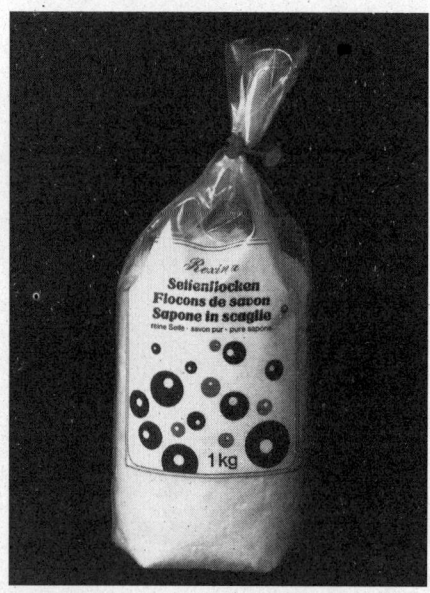

Seifenflocken brauchst du für empfindliche Oberflächen, auf denen Schmierseife zu aggressiv wirkt.

Du verwendest zum Putzen dieselben Seifenflocken wie für das Kleiderwaschen.

Soda

Soda enthärtet das Wasser und verstärkt die Wirkung von Seife.

Soda gibst du zuerst allein in sehr heisses (aber nicht kochendes) Wasser und lässt es 5 Minuten wirken. Nach 5 Minuten ist das Wasser enthärtet. Dann erst gibst du die anderen Zutaten bei.

Willst du eine besonders starke Verschmutzung wegputzen, gibst du etwas mehr Soda ins Wasser, als im Grundrezept steht.

Hast du weiches Wasser, brauchst du das Soda nicht als Wasserenthärter. Du kannst damit jedoch die Wirkung von Seife verstärken.

Kristallsoda bekommst du überall, wo es Putzmittel gibt.

Zeolith

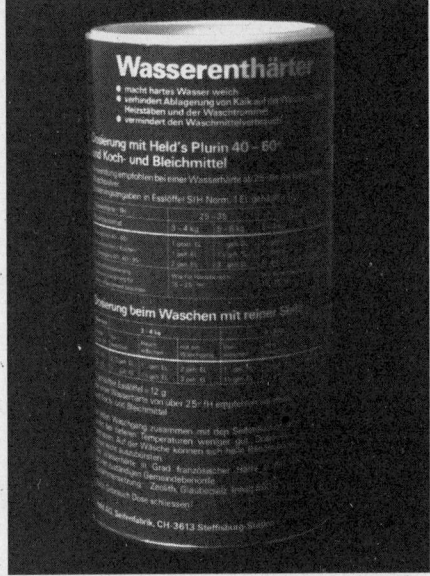

Zeolith enthärtet das Wasser. Er verstärkt jedoch nicht die Wirkung von Seife. Hast du weiches Leitungswasser, brauchst du Zeolith nicht.

Du verwendest Zeolith bei Putzarbeiten, für die Soda und Schmierseife zu aggressiv sind.

Putzessig

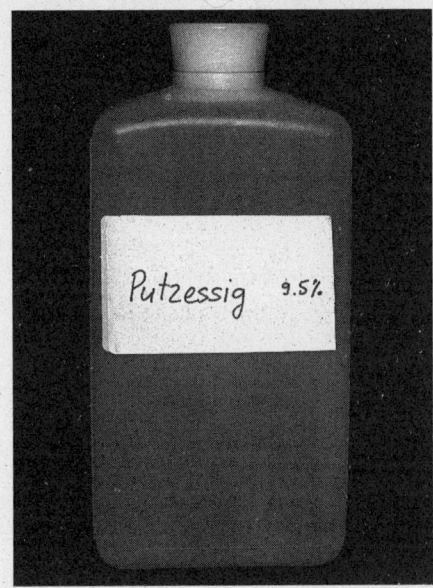

Ihn brauchst du zum Entfernen von Kalk. Putzessig bindet auch Gerüche.

Putzessig kannst du überall kaufen, wo es Putzmittel gibt. In Umweltläden und Drogerien kannst du die leere Flasche wieder auffüllen lassen.

Zitronensäure

Auch Zitronensäure entkalkt. Verwende sie, wenn du Putzessig wegen seines Geruchs nicht magst.

Du erhältst Zitronensäure-Pulver in Drogerien und Apotheken.

Brennsprit

Ihn brauchst du zum Entfetten.

Brennsprit kannst du fast überall kaufen. In Drogerien und Oeko-Läden kannst du die Flasche wieder auffüllen lassen.

Gallseife

Gallseife entfernt hartnäckigere Flecken und Fett.

Du bekommst sie zum Beispiel in Drogerien und Oeko-Läden.

Schlämmkreide

Du brauchst sie als Putzpulver zum Scheuern.

Schlämmkreide ist sehr fein gemahlener Kalk. Du darfst sie auch auf empfindlichen Oberflächen verwenden.

Du bekommst sie in Drogerien und Apotheken.

Universalreiniger

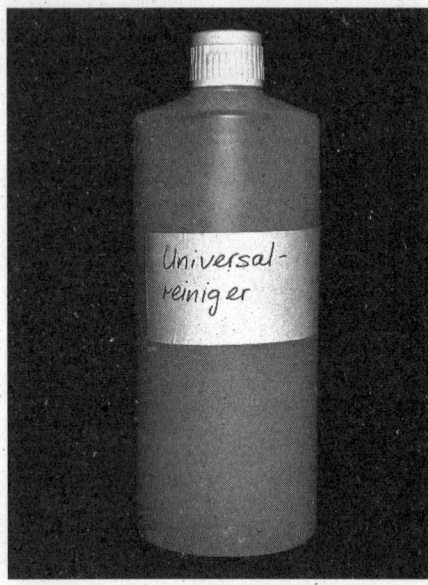

In deinen Putzschrank gehört auch ein Universalreiniger. Stell ihn selber her. Nimm

- 8 Deziliter Wasser
- 1 Esslöffel Soda
- 1 Teelöffel Zitronensäure
- 2 Esslöffel Schmierseife

Bring in einer Pfanne das Wasser zum Kochen und nimm es vom Herd. Rühr mit dem Schwingbesen das Soda dazu. Lass es 5 Minuten ziehen. Gib die Zitronensäure bei. Dann rühre die Schmierseife mit dem Schwingbesen ein. Dein Universalreiniger ist fertig. Füll ihn in eine Kunststoff-Flasche ab und beschrifte ihn deutlich.

Möchtest du den Schmierseifengeruch etwas überdecken, gib einige Tropfen Zitronenöl oder ein anderes ätherisches Öl bei (aus einer Drogerie oder einem Umweltladen).

Putzutensilien

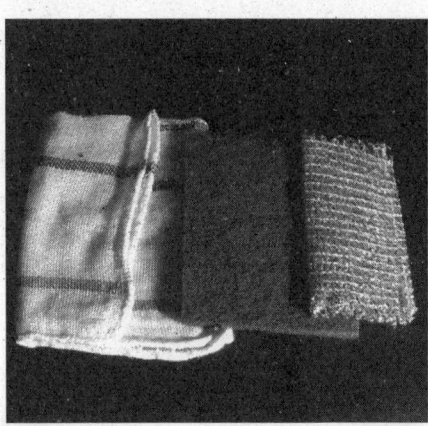

Achte beim Kauf deiner Putzutensilien auf gute Qualität. Kauf keine Wegwerfware. Nimm als Tücher kochfeste Textilien. Achte bei Abwaschbürsten darauf, dass du den Bürstenkopf einzeln ersetzen kannst.

Abwasch-Putzlappen

Sind sie aus kochfester Baumwolle, kannst du sie viel öfter waschen, und sie halten länger als die heute verbreiteten synthetischen Schwammtücher.

Kupferblätze und Metalltampon

Du brauchst sie anstelle von Putzpulver bei stark haftendem Schmutz.

Putzschwämme (Scheuertampons)

Sie sind zum Putzen sehr praktisch.

Sie bestehen zwar aus Kunststoffen und sind schnell verbraucht. Es gibt jedoch keine ähnlichen Utensilien, die die Umwelt schonen würden.

Kauf keine Naturschwämme. Sie sind in manchen Gegenden vom Aussterben bedroht.

Tücher zum Nachtrocknen

Nimm alte T-Shirts und dergleichen aus Baumwolle. Diese kannst du immer wieder waschen.

Haushaltpapier

Kaufe das ungebleichte. Verwende es sparsam und verzichte so oft wie möglich darauf.

Saugglocke

Du brauchst sie zum Entstopfen von Abflüssen (anstelle von giftigen flüssigen Entstopfern und Sanitärreinigern). Du brauchst sie nur selten. Du kannst eine Saugglocke mit mehreren NachbarInnen teilen.

Du erhältst sie in Warenhäusern und Haushaltgeschäften.

Wie du mit diesen Hausmitteln putzt

In der Küche

Oberflächen (zum Beispiel Kombinationen) aus Chromstahl, Granitgestein, Massivholz roh oder geölt, Kunststoffen und andern Materialien

Putze die Kombination mit deinem selber zubereiteten Universalreiniger.

Bei angehocktem Schmutz gibst du etwas Schlämmkreide auf einen Lappen und reibst die Fläche damit ab.

Kalkflecken löst du mit Putzessig ab.

Achtung: Nimm bei Kalkgesteinsarten (Kalkfliesen, Marmor, Travertin und anderen) nur ganz wenig Putzessig und wasche ihn sofort wieder weg. Die Säure greift sonst das Gestein an.

Oberflächen (Abdeckungen, Tische etc.) aus Kunststoff

Diese putzt du mit reinem Wasser oder Wasser mit Universalreiniger.

Achtung: Oberflächen aus Kunststoff imitieren oft andere Materialien.

Kühlschrank, innen

Nimm Wasser mit einem Schuss Putzessig. Putzessig bindet den Geruch. Wasche damit den Kühlschrank aus.

Falls der Kühlschrank stärker verschmutzt ist, putze ihn mit dem Universalreiniger.

Backofen ohne Selbstreinigung

Nimm
- ca. 3 Deziliter heisses Wasser
- 1 Esslöffel Soda
- 1 1/2 Esslöffel Schmierseife

Gib das Soda in heisses Wasser und warte 5 Minuten. Dann rühr die Schmierseife mit dem Schwingbesen dazu.

Reib den noch leicht warmen Backofen mit diesem Mittel ein und lass es einige Stunden einwirken.

Scheuere mit einem Kupferblätz oder Metalltampon die stark beschmutzten Stellen.

Dann wasche den Ofen aus.

Hast du deinen Backofen schon länger nicht mehr gereinigt, ist es möglich, dass du die Prozedur wiederholen musst.

Backofen mit Selbstreiniger

Hier geht es nur darum, die Gerüche zu neutralisieren. Vom Schmutz reinigt er sich selber.

Gib in eine feuerfeste Schüssel oder in ein Metallbecken 1/2 Liter Wasser. Gib 2 Esslöffel Universalreiniger und einen Zitronenschnitz dazu.

Schieb die Schüssel oder das Becken nach dem Backen in den heissen Ofen. Lass es darin, bis der Ofen kalt ist.

Haben sich kleine Schmutzteile gelöst, wasch den Boden mit einem Lappen aus.

Dampfabzüge

Gib in einen Liter warmes Wasser zwei bis drei Deziliter Brennsprit. Ist der Dampfabzug stark verfettet, wende den Brennsprit unverdünnt an.

Wird der Dampfabzug nicht ganz sauber, wasche ihn zusätzlich mit einem Soda-/Schmierseifenwasser.

Das Gitter des Dampfabzugs legst du in warmes Brennspritwasser. Lass das Gitter darin liegen, bis das Fett sich von alleine gelöst hat.

Küchenboden

Siehe den Abschnitt «Böden» auf Seite 9.6.

Fenster:

Siehe unter «Fenster» auf Seite 9.7.

Im Badezimmer und im WC

Chromstahl-Armaturen

Putze Hähnen, Siphons, Haltegriffe in der Badewanne etc. mit Universalreiniger.

Kalk entfernst du mit einem in Putzessig getränkten Lappen. Spüle mit Wasser nach.

Lavabo, Badewanne, Plättli, WC-Schüssel

putzt du mit Universalreiniger, einem Schwamm oder einer weichen Bürste.

Für Kalkflecken gibst du etwas Putzessig auf einen Schwamm oder Lappen und reibst die Fläche damit ab. Spüle mit klarem Wasser nach.

Kalkablagerungen in der Badewanne und im WC, Urinstein im WC

Lege Streifen von WC-Papier auf die Kalkstellen. Tränke sie mit Putzessig. Lass sie einige Stunden (über Nacht) einwirken (Abbildung rechts).

Entferne das Papier, bürste die Stellen und spüle mit klarem Wasser nach. Sind die Beläge schon alt und fest, wiederholst du die Prozedur ein- oder zweimal.

Willst du im WC den mit Wasser gefüllten Syphon entkalken, stosse das Wasser mit der WC-Bürste nach unten weg. Ist nur noch wenig Wasser im Syphon, gibst du Putzessig dazu und lässt ihn über Nacht einwirken. Dann schrubbe mit einer Bürste und spüle mit Wasser nach.

Verstopfungen vermeiden

Du vermeidest das Verstopfen der Abflüsse, indem du keine festen Gegenstände hineinwirfst.

Stelle im Badezimmer/WC einen kleinen Abfalleimer auf.

Entferne Haare des öfteren aus dem Abflusssieb des Lavabos und der Badewanne. Spüle Lebensmittel nicht im WC hinunter.

Verstopfungen beheben

Beim Lavabo verstopfst du zuerst oben den Überlauf z.B. mit einem Abwaschlappen.

Nimm die Saugglocke und stell den Gummistöpsel gerade auf den Ablauf (bei WC und Lavabo), drücke ihn nach unten und ziehe ihn mit einem leichten Ruck wieder hinauf.

Wiederhole diesen Vorgang ein paarmal. Am besten lässt du dir die Technik von einer Person zeigen, die sie schon kennt.

Löst das Stöpseln die Verstopfung bei einem Lavabo nicht? Dann stell einen Kessel unter den Siphon und schraub ihn auf. Probier es nur, du kannst nichts falsch machen. Der Schmutz, der den Siphon verstopft hat, fällt meist von alleine aus dem Ablauf in den Kessel. Lass ein klein wenig Wasser laufen, um den Ablauf auszuspülen. Gib den Schmutz in den Kehricht (und wirf ihn nicht ins WC).

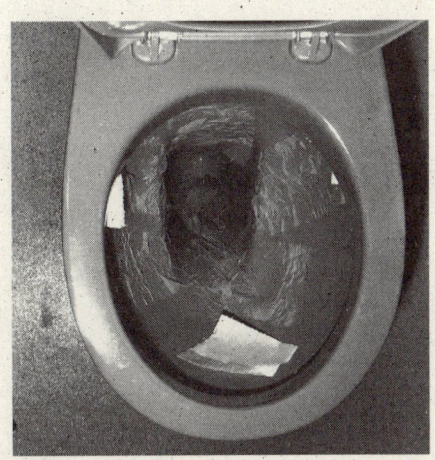

Putzen

Duschvorhang

Willst du Schimmel und Flecken vermeiden, ziehe den Vorhang nach dem Duschen zum Trocknen auseinander. So läuft das Wasser besser ab und verdunstet.

Willst du den Vorhang von Kalkrändern und Stockflecken befreien, lege ihn in

- 10 Liter sehr heisses Wasser
- 1/2 Liter Putzessig
- 2–3 Esslöffel Bleichmittel (siehe den Abschnitt Bleichmittel im Teil «Kleider waschen»)

Der Putzessig entkalkt den Vorhang, und das Bleichmittel bleicht die Stockflecken aus. Farbige Stoffe werden durch das Bleichmittel etwas blasser.

Lass den Vorhang 1–2 Tage in diesem Bad liegen. Dusche ihn danach ab und hänge ihn zum Trocknen auseinandergezogen auf.

Badezimmer-Fenster und -Spiegel

Siehe unter «Fenster/Spiegel».

Badezimmer-Böden:

Siehe nächsten Abschnitt.

Böden

Steinböden (Natur-, Kunst-, Keramikstein)

Nimm

- 5 Liter sehr heisses Wasser
- 1 Esslöffel Soda
- 1/2 Esslöffel Schmierseife

Gib das Soda ins Wasser. Lass es 5 Minuten ziehen. Dann rühr die Schmierseife dazu.

Ziehe damit den Boden auf. Ist der Boden poliert, wische ihn wegen der Gleitgefahr mit klarem Wasser nach. Bei unpolierten Böden ist das Nachwischen unnötig.

PVC- (zum Beispiel Novilon-) Böden

Wasche sie mit Wasser und Universalreiniger auf.

Linoleum

- 5 Liter heisses Wasser
- 1 Esslöffel Zeolith (nur wenn dein Wasser über 15° fH hart ist)
- 1 Esslöffel Seifenflocken

Gib zuerst den Zeolith, dann die Seifenflocken ins Wasser. Verschwinge die Zutaten und ziehe den Boden damit auf. Wasche ihn mit klarem Wasser nach.

Du kannst Linoleum alle 6–8 Monate mit Naturöl oder Naturbodenwachs einreiben und polieren.

Holzböden geölt oder gewachst

Nimm

- 5 Liter heisses Wasser
- 1 Esslöffel Zeolith (nicht bei weichem Wasser)
- 2 Esslöffel Seifenflocken

Gib zuerst den Zeolith, dann die Seifenflocken ins Wasser. Verschwinge die Zutaten und ziehe den Boden damit auf.

Flecken: reibe sie mit Zitronensaft ein. Nach 1-2 Stunden mit Wasser abwaschen. Die behandelte Stelle ist danach etwas heller. Sie dunkelt bald wieder nach. Du kannst die Flecken auch mit Stahlwolle spänen.

Holzböden versiegelt

Nimm warmes Wasser und gib etwas Universalreiniger dazu. Ziehe damit den Boden feucht (nicht nass) auf. Versiegelte Holzböden brauchen keine zusätzliche Pflege.

Holzböden roh

Nimm

- 5 Liter heisses Wasser
- 1 Esslöffel Soda
- 1/2 Esslöffel Schmierseife

Gib das Soda ins heisse Wasser und lass es 5 Minuten ziehen. Danach rühre die Schmierseife darunter.

Ziehe den Boden damit auf. Es ist nicht nötig, den Boden mit klarem Wasser nachzuwaschen.

Flecken: Späne den Boden mit Stahlwolle.

Teppiche auffrischen

Auffrischen ist eine milde Reinigung. Du entfernst vor allem Staub. Der Putzessig frischt die Farben auf.

Stückteppiche

1/2 Liter lauwarmes Wasser

2 Esslöffel Putzessig

Staubsauge oder schüttle den Teppich aus.

Benetze eine alte Kleiderbürste mit dem Essigwasser und schüttle sie dann aus. Du darfst den Teppich nicht wässern.

Bürste den Teppich strichweise damit.

Lass den Teppich trocknen, aber nicht direkt an der Sonne. Dann bürste ihn in der Strichrichtung, so wie die Fasern liegen. (Gewobene Teppiche musst du nicht aufbürsten.)

Auslegeteppiche

2 Liter lauwarmes Wasser

2–4 Esslöffel Putzessig

Putze den Teppich wie unter «Stückteppiche» beschrieben.

Nimm anstelle der Kleiderbürste einen sauberen Besen oder Strupfer.

Lass den Teppich trocknen. Danach saugst du ihn nochmals ab.

Teppiche gründlich reinigen

Stückteppiche

- 1/4 Liter heisses Wasser
- 1/2 Teelöffel Zeolith
- 2 Esslöffel Seifenflocken

Löse den Zeolith im heissen Wasser auf. Dann verschwinge die Seifenflocken im Wasser.

Staubsauge oder schüttle den Teppich aus.

Drücke einen festen, porösen Schwamm (Kotofomschwamm, Drogerie) kräftig im Seifenflockenwasser, so dass Schaum entsteht.

Reinige den Teppich mit leicht kreisenden Bewegungen.

Drück bei Wollteppichen nicht zu kräftig, damit sie nicht verfilzen.

Behandle den Teppich mit einem Putzessigwasser und einem Lappen nach. So entfernst du die Seifenreste.

Lass den Teppich trocknen (nicht direkt an der Sonne).

Auslegeteppiche

- 1/2 Liter heisses Wasser
- 1 Teelöffel Zeolith
- 3 Esslöffel Seifenflocken

Putze den Teppich wie unter «Stückteppiche» beschrieben.

Nachbehandlung: Gib in eine Teppichwaschmaschine warmes Wasser und befreie den Teppich von den Seifenresten. Arbeite auch hier nicht zu nass.

Dann lass den Teppich trocknen, ohne ihn zu betreten (sonst wird er gleich wieder schmutzig).

Teppichwaschmaschinen (Sprühextraktionsgeräte)

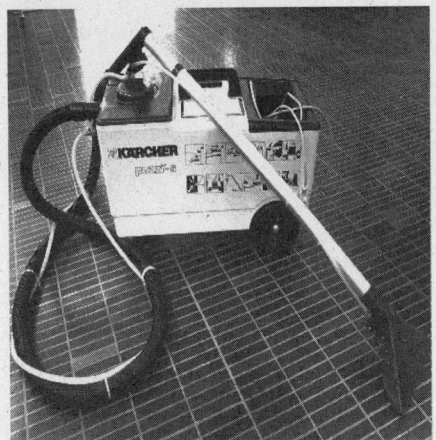

Sie erleichtern dir bei grossen Flächen die Arbeit.

Coop-Filialen vermieten diese Geräte tageweise, ohne dass du gleichzeitig ein Reinigungsmittel dazukaufen musst.

Du erhältst das Gerät auch in der Drogerie. Allerdings musst du da meistens ein Reinigungsmittel dazukaufen. Frag die DrogistIn, ob sie dir das Gerät auch ohne Mittel vermietet.

Die Gebrauchsanweisung bekommst du mit dem Gerät geliefert.

Flecken auf Teppichen

Je frischer ein Fleck ist, desto besser kannst du ihn entfernen.

Entferne feste Substanzen mit einem Löffel oder Messerrücken.

Hast du etwas Flüssiges ausgeleert, tupfe mit einem Tuch oder Haushaltpapier soviel als möglich von der Flüssigkeit weg.

Gib etwas kohlensäurehaltiges Mineralwasser (im Notfall tut es auch gewöhnliches Leitungswasser) auf den Fleck. Lass es einige Minuten einziehen. Dann tupfe dieses wieder heraus.

Tupfen bedeutet: mit dem Lappen auf den Fleck drücken, ohne zu reiben. Arbeite von aussen nach innen.

Durch Reiben vergrösserst du nur den Fleck.

Geht der Fleck mit Mineralwasser oder Leitungswasser nicht weg oder ist er schon eingetrocknet, nimm Gallseife.

Gallseife und warmes Wasser eignen sich für fast jeden Fleck und fast jeden Teppich. Hast du einen sehr empfindlichen Teppich, probiere zuerst an einer unauffälligen Stelle, ob die Farbe nicht beeinträchtigt wird.

Reibe etwas Gallseife an einen feuchten Lappen. Tupfe damit den Fleck ein. Spüle mit klarem, warmem Wasser nach. Tupfe das Wasser mit einem Lappen weg.

Am besten deckst du die behandelte Stelle mit einem Tuch zu, bis sie trocken ist. Sonst passiert es leicht, dass du darauftrittst und die Schuhe Dreckspuren hinterlassen.

Verwende keine Fleckenmittel. Je nach Teppichart riskierst du nur, dass der Fleck noch grösser wird.

Geht der Fleck mit Gallseife nicht weg, musst du eine Teppichreinigungsfirma beiziehen.

Wenn möglich entfernt diese den Fleck gezielt. Bei vielen Teppichen kommt jedoch nur die chemische Reinigung des ganzen Teppichs in Frage.

Fenster und Spiegel

Glas-Schnellreiniger

Diesen kannst du im voraus zubereiten und in deinen Putzschrank stellen.

• 3/4 Liter Wasser
• 1/4 Liter Brennsprit

Fülle diese Mischung in eine Sprühflasche. Benutze sie wie einen gekauften Fensterspray.

Trockne, mit einem Gummischaber, Fensterleder oder wie du es sonst gewohnt bist, nach.

Eingetrocknete Rückstände, zum Beispiel Klebstreifenreste, schabst du mit einer Rasierklinge weg.

Gründliche Glasreinigung

• 1 Liter warmes Wasser
• 1/2 Deziliter Brennsprit

Gib diese Flüssigkeit in ein Becken. Wasche die Scheiben damit ab und trockne sie nach.

Holzwerk um die Fenster

Brennsprit kann die Farbschicht angreifen. Wasche darum die Holzrahmen um die Fenster mit folgender Mixtur:

• 1 Liter heisses Wasser
• 1 Teelöffel Zeolith
• 1 Esslöffel Seifenflocken

Möbel

Holztische roh

Wasch sie mit einem nassen Lappen mit reinem Wasser oder zusätzlich mit etwas Kernseife (Seifenflocken) darauf ab. Du brauchst weder nachzuwaschen noch abzutrocknen.

Flecken streichst du mit Zitronensaft oder Schmierseife ein. Lass sie 1–2 Stunden einwirken. Danach wäschst du sie weg.

Andere Holzmöbel roh

Staube sie nur mit einem feuchten Lappen ab. Mach einmal im Jahr ein Seifenflockenwasser und wasche die Möbel damit ab.

Holzmöbel geölt oder gewachst

Putze sie gleich wie rohe Holzmöbel. Reibe sie zusätzlich ein bis zweimal im Jahr mit Naturöl, Naturwachs oder gewöhnlichem Speiseöl ein.

Holzmöbel lackiert

Staube sie mit einem trockenen oder feuchten Lappen ab. Lackierte Holzmöbel brauchen keine zusätzliche Pflege.

Kunststoff

Reinige Kunststoff mit Wasser und/oder Universalreiniger.

Textile Polster

Siehe unter «Teppichreinigung».

Ledermöbel

Siehe unter «Lederreinigung».

Metalle

Silber

• 2–3 Esslöffel Schlämmkreide
• 3–6 Esslöffel Wasser

Verrühre diese Zutaten zu einem Brei. Reibe mit einem Lappen und dem Brei das Silber blank. Wasch es mit Wasser ab und trockne es.

Kupfer, Messing, Zinn

• 2 Esslöffel Schlämmkreide
• 1 Esslöffel Salz
• Zitronensaft

Gib soviel Zitronensaft bei, dass ein Brei entsteht. Reib mit dem Brei das Metall blank. Wasch es sofort wieder ab.

Neuere Kupfergegenstände sind manchmal mit einem Schutzlack überzogen. Putze sie nur mit Wasser (nicht mit Schlämmkreide, sie kann den Schutzlack beschädigen).

Chromstahl

Putze Chromstahl mit Wasser und Universalreiniger.

Ist der Chromstahl stark verschmutzt, gib auf den Abwaschlappen Schlämmkreide und scheuere den Chromstahl damit. Danach abwaschen und nachtrocknen.

Lederreinigung und -pflege

Die Lederbezeichnungen sind im Teil «Kleider kaufen» erklärt.

Solide Glattleder

Pflegen

Glattleder erhältst du mit Bienenwachsbalsam oder Juchtenglanz geschmeidig und glänzend.

Trag den Bienenwachsbalsam sparsam auf. Bilden sich beim Auftragen fettige Stellen, so erwärme das Leder kurz mit dem Fön. Der Balsam zieht sofort gleichmässig ins Leder ein. Halte den Fön nicht so nahe, dass das Leder heiss wird.

Imprägnieren

Verwende keine Imprägniersprays mit Treibgas. Nimm stattdessen einen Pumpspray, Bienenwachsbalsam oder Juchtenglanz.

Putzen

Ist das Glattleder nur leicht staubig, haftet Erde daran oder sonst etwas, das sich abwaschen lässt, dann reib es mit einem feuchten Lappen ab.

Ist es stark verschmutzt, dann bürste es (nicht zu nass) mit Seifenwasser ab und trockne es mit einem Lappen nach.

Modische Schuhe und ähnliches

Sie haben oft empfindliche Oberflächen.

Du kannst sie nur mit den Mitteln behandeln, die die VerkäuferInnen dir beim Kauf dazu empfehlen.

Lackleder

Lackleder ist mit Kunststoff versiegelt. Du musst es weder imprägnieren noch pflegen.

Zum Putzen reibst du es mit einem feuchten Lappen ab.

Zieh Lacklederschuhe draussen nicht bei Temperaturen unter null Grad an. Lackleder bricht bei dieser Kälte.

Rauhleder

Imprägnieren und pflegen

Verwende nur Mittel aus Pumpspraydosen, keine aus Sprays mit Treibgas.

Behandle Rauhleder nicht mit Bienenwachsbalsam oder Crèmen. Diese Mittel zerstören den Rauhledereffekt und machen die Oberfläche unansehnlich.

Putzen

Am besten für das Leder ist, wenn du die Patina und vielleicht sogar dunkle Stellen (an den Manschetten zum Beispiel) akzeptierst. Sonst:

Bei leichtem Schmutz rauhst du das Rauhleder mit einem neuen Scheuertampon (zum Beispiel Miobrill, Scotch Brite etc.) oder einem Velours-Gummi auf.

Bei stärkerem Schmutz bürstest du das Leder mit Seifenwasser (nicht zu nass). Lass es trocknen und rauhe es dann auf.

Verwendest du zum Aufrauhen eine feine Stahlbürste, so sei vorsichtig. Bürste keine Löcher ins Leder.

Gilt für alle Leder:

Für die Umwelt kommt es darauf an, dass auch Ledersachen möglichst lange halten.

Regelmässig lüften

Leder reagiert empfindlich auf Feuchtigkeit. Bleibt es zu lange feucht oder von der Luft abgeschlossen, fängt es an zu muffeln. Im schlimmsten Fall schimmelt es.

Schuhe werden auch beim Tragen vom Fussschweiss feucht. Wechselst du sie täglich, können sie auslüften, miefen viel länger nicht und halten länger.

Öffne Lederkoffer und -taschen gelegentlich.

Langsam trocknen

Trockne Leder weder an der Sonne noch auf der Heizung. Das Leder wird sonst spröde.

Schuhe trocknest du am besten auf dem Spanner. Sehr nasse Schuhe solltest du mit Zeitungspapier ausstopfen.

Feuchte Lederkleider hängst du über einen breiten Formbügel.

Trocken aufbewahren

Leder solltest du stets an einem trockenen Ort aufbewahren.

Packe Schuhe und Jacken nie für längere Zeit in Plastik ein. Sie können Stockflecken bekommen. Am besten verwendest du als Schutz einen Baumwollsack oder ein Baumwolltuch.

Reinige und pflege die Schuhe, bevor du sie zum Übersommern oder Überwintern wegstellst.

Schuhe lieber zu früh reparieren lassen

Lass Absätze und Sohlen früh genug ersetzen. Ist das Leder einmal beschädigt, wird eine Reparatur aufwendig.

Lederbekleidung

Willst du, dass deine Jacke am Kragen nicht speckig wird, trage Halstücher oder Schals, die du waschen kannst.

Stören dich die (unvermeidlichen) dunklen Stellen an Gesäss, Knien und Ellenbogen, kaufe nur dunkle Lederkleider.

Flecken selber entfernen ist meist nicht möglich.

Mit (Seifen-) Wasser kannst du Flüssigkeiten abwaschen, die frisch auf Leder ausgeschüttet sind.

Bei Fettflecken auf Glatt- und Wildleder kannst du einen Versuch mit Pfeifenerde machen: Streue sie auf den Fettfleck und lass sie ein bis zwei Tage einwirken. Danach bürste das Leder aus. Bei Rückständen bürste das Leder zuerst mit Seifenwasser und dann noch mit klarem Wasser nach.

Sonst ist es für Laien jedoch schwierig, Flecken von Leder zu entfernen. Jedes Leder nimmt Flecken anders an und reagiert anders auf Fleckenmittel. Meistens vergrösserst du den Fleck nur.

Das passiert dir auch mit den speziellen Leder-Fleckenmitteln. Kauf also keines. Es belastet mit seinen Chemikalien und seiner Verpackung bloss die Umwelt.

Bring Ledersachen zum Fleckenentfernen im Zweifel lieber in eine chemische Reinigung, die auf Leder spezialisiert ist. Allerdings: Sogar Fachpersonen können nicht alle Flecken auf Leder entfernen.

Abwaschen

Willst du beim Abwaschen die Umwelt entlasten, gibt es nur eine Massnahme:

Du wäschst von Hand ab.

Du sparst aggressive Abwaschmittel ein.

Wäschst du von Hand ab, leistest du eine Arbeit, die die Geschirrwaschmaschine nicht kann: du reibst und bürstest Schmutz weg, der fester haftet.

Du brauchst beim Abwaschen von Hand deshalb deutlich weniger (und weniger aggressive) Abwaschmittel als für die Geschirrwaschmaschine.

Du brauchst auch kein Regeneriersalz und kein Glanzspülmittel.

Verschwende kein Wasser.

Wäschst du von Hand ab, dann verwende zum Einweichen, Abwaschen und Nachspülen immer das Becken mit Stöpsel.

Wasch nicht unter dem fliessenden Wasser mit offenem Abfluss ab. Du verbrauchst für einen Abwasch sonst leicht über 100 Liter warmes Wasser (statt 30 bis 50 Liter).

Wenn du willst, schlägst du beim Wassersparen von Hand jede Abwaschmaschine. Das schaffst du leicht, weil du Wasser beim Handabwaschen mehrfach verwenden kannst.

Zum Beispiel kannst du nach dem Geschirr im gleichen Wasser noch die Pfannen einweichen. Und mit dem Nachspülwasser reinigst du den Ess- und den Küchentisch sowie die Kombination.

Welches Geschirrspülmittel?

Über die Mittel zum Handabwaschen gibt es keine genaue Oeko-Bilanz.

Kaufst du in der Drogerie oder im Oeko-Laden eines, das du nachfüllen lassen kannst, sparst du Verpackung.

Verwende das Spülmittel sparsam. Dabei hilft, dass du es mit Wasser verdünnst.

Von Hand abwaschen braucht mehr Zeit.

Alleinstehende und Familien mit bis zu drei Personen sparen mit der Maschine nicht sehr viel Zeit.

Ab vier Personen wird der Unterschied jedoch deutlich. Wäschst du von Hand ab, verbringst du pro Tag bis zu einer Stunde mehr mit Abwaschen.

Willst du der Umwelt zuliebe dennoch von Hand abwaschen, sparst du Zeit, wenn du das Geschirr zuerst einweichst und wenn du es nicht abtrocknest.

Beim Abwaschen mit der Maschine

kannst du folgendes zugunsten der Umwelt tun:

Füll die Maschine ganz.

Lass keine halbleere Maschine laufen. Sie braucht gleich viel Strom und Wasser wie eine volle.

Welches Geschirrspülmittel?

Es gibt Mittel ohne Phosphate und ohne Chlor. Sie belasten die Umwelt weniger als die herkömmlichen Mittel, dafür wird das Geschirr nach wenigen Wäschen schon nicht mehr glänzend klar.

Du kannst versuchen, ein umweltschonendes und ein normales Mittel abwechslungsweise zu verwenden.

Kauf keine zu kleine Maschine.

Kleine Maschinen sparen gegenüber den grösseren nicht viel Strom oder Wasser, und sie verbrauchen nicht viel weniger Abwaschmittel.

Hingegen ist die kleine Maschine rasch einmal überlastet, wenn eine oder zwei Personen mehr in den Haushalt einziehen und wenn du ab und zu Gäste hast. Dann musst du sie öfters laufen lassen als eine grössere und verbrauchst deutlich mehr Strom und Wasser.

Kauf eine Maschine, die – für ihre Grösse – möglichst wenig Wasser und Strom verbraucht.

Das Schweizerische Institut für Hauswirtschaft (SIH, Postfach 1225, 5401 Baden, Telefon 056–22 86 08) gibt eine Broschüre heraus, in der alles steht, was dir beim Kauf eines Geschirrspülautomaten hilft.

Du findest darin auch genaue und aktuelle Angaben über eine Reihe von Maschinen (unter anderem ihren Wasser- und Stromverbrauch).

Besonderes

Schoppenflaschen

Babyflaschen kannst du in der Regel normal von Hand waschen und anschliessend gut ausspülen.

Willst du sie desinfizieren, dann koch sie kurz aus. Verwende keine Desinfektionsmittel. Du belastest damit nur unnötig die Umwelt.

Glasvasen

Kleine Blumenvasen mit engem Hals füllst du mit warmem Wasser auf. Dann gibst du 1 Esslöffel Zitronensäure bei. Lass die Vase einige Stunden so stehen.

Gib die Lösung anschliessend in eine Flasche. Du kannst sie ca. 6mal gebrauchen.

Grosse Vasen mit weiter Öffnung legst du mit Zeitungspapier aus. Nimm 2–3 Deziliter des Zitronensäurewassers und giesse es in die Vase. Dreh die Vase, bis das Papier mit dem Wasser überall an den Wänden klebt. So lässt du die Vase über Nacht einweichen. Danach wirfst du das Papier weg und spülst die Vase aus.

Du musst nicht alles bekämpfen, was dein Haus mitbewohnt

Unterscheide zwischen Lästlingen und Schädlingen.

• Lästlinge:

Diese wohnen zwar in deinem Haus. Du magst sie vielleicht nicht, sie sind dir unheimlich oder es graust dich vor ihnen. Sie richten jedoch keinen Schaden an. Lästlingen kannst du vorbeugen und du kannst sie verjagen. Bekämpfe sie jedoch nie mit Gift, du belastest die Umwelt unnötig.

• Schädlinge:

Das sind nur die Tiere, die dir tatsächlich etwas wegfressen oder verunreinigen. Auch gegen sie gibt es vorbeugende Massnahmen und Möglichkeiten, sie zu verjagen. Bekämpfe sie nur mit Gift, wenn andere Methoden versagen. Ist ein Gift notwendig, lässt du es am besten von professionellen SchädlingsbekämpferInnen anwenden.

Wir bezeichnen die verschiedenen kleinen Mitbewohner in diesem Kapitel zwar als Ungeziefer.

Von Natur aus, sind sie das jedoch nicht. Schauen wir die Tiere einmal genauer und in Ruhe an, entdecken wir eine Reihe von interessanten und sogar schönen Tieren. Möchtest du einen solchen liebevolleren Blick auf diese Tiere werfen, empfehlen wir dir ein Buch von Jörg Hess: «Heimliche Untermieter» (Aare-Verlag).

Professionelle Schädlings- bekämpferInnen

Das sind kleine Unternehmen, die sich auf das Vernichten von Ungeziefer, Mäusen und Ratten spezialisiert haben.

Sie kennen die Lebensgewohnheiten der einzelnen Tiere. Sie wissen, wo sie welches Gift anwenden müssen und wieviel davon.

Hast du Ungeziefer in deinem Haus, ruf diese Fachpersonen an. Sie sagen dir gern am Telefon, ob du selber ohne Hilfe etwas unternehmen kannst. Und sie sagen es dir, wenn du besser Hilfe in Anspruch nimmst.

Ruf sie im Zweifel lieber einmal zu früh an.

Im Telefonbuch findest du sie unter den Bezeichnungen SchädlingsbekämpferInnen oder unter Desinfektionsgeschäfte. Du kannst auch bei der Gemeindeverwaltung anfragen, wer in deinem Bezirk zuständig ist.

Bist du MieterIn, frag die HausbesitzerIn, ob sie etwas von den Kosten übernimmt. Ist das ganze Haus befallen, müssen die HausbesitzerInnen in der Regel die ganzen Kosten übernehmen.

Die einzelnen Tiere

Ameisen

Die Ameisenarten, die im Haus vorkommen, sind meistens nur Lästlinge.

Sie bauen sich ihr Nest ausserhalb des Hauses und kommen nur zur Nahrungssuche ins Haus. Sie finden den Weg ins Haus durch Ritzen in Mauern, in Fenster- und Türrahmen, und durch offene Türen.

Hast du eine Ameiseninvasion, kann es zu kleineren Frass-Schäden an Nahrungsmitteln kommen.

Vorbeugen

Halte Räume, in denen du Lebensmittel hast, möglichst sauber.

Lass keine Lebensmittel und Lebensmittelresten herumliegen, speziell keine zuckerhaltigen. Sie locken die Ameisen an.

Wie bekämpfen

Putze den befallenen Raum gründlich und räume offene Nahrungsmittel weg.

Sind erst wenige Ameisen eingedrungen, genügen diese Massnahmen, um den Raum für sie unattraktiv zu machen.

Sind es viele:

Beobachte die Tiere, finde heraus, wo sie ins Innere eindringen. Verschliesse den Zugang, falls möglich, zum Beispiel mit Fensterkitt.

Streue den Ameisenstrassen entlang und am Eintrittsort Steinmehl. Steinmehl bekommst du in Gartencentern und Oekoläden.

Ganz selten sind Holzameisen, die sich im Innern des Hauses einnisten. Genügt das Wegräumen der Lebensmittel nicht, um sie aus dem Wohnbereich zu vertreiben, ziehe eine SchädlingsbekämpferIn bei.

Fliegen

Fliegen sind Lästlinge.

Lebst du in der Stadt und hast du nur wenig Fliegen im Haus, brauchst du gegen sie überhaupt nichts zu tun.

Vorbeugen

Hat es viele Fliegen im Haus:

Hänge vor Türen, die im Sommer viel offen sind, Türvorhänge. Türvorhänge kaufst du in Warenhäusern und Do-it-yourself-Geschäften.

Verschliesse die Fenster, die du am häufigsten öffnest, mit Fliegengittern. Fliegengitter kannst du selber machen, fertig kaufen oder nach Mass anfertigen lassen. Sie halten auch alle anderen fliegenden Insekten fern.

Fliegen kommen durch sonnenbeschienene Fenster ins Innere. Lüftest du jeweils nur auf der Schattenseite, hast du weniger von ihnen im Hausinnern.

Wie bekämpfen

Kauf dir eine Fliegenklatsche.

Hast du im Hausinnern sehr viele Fliegen, kannst du Fliegenpapier (Klebefallen) aufhängen.

Wende gegen Fliegen kein Gift an. Da sie nur Lästlinge sind, ist das nicht nötig. Zudem werden Fliegen gegen Insektengifte schnell resistent.

Flöhe

sind blutsaugende Lästlinge.

Heutzutage belästigt uns nur noch der Tierfloh. Die Menschenflöhe sind beinahe ausgerottet. Die Tierflöhe saugen Menschenblut nur, wenn ihnen gerade kein Tier zur Verfügung steht.

Flöhe werden vor allem durch Hunde und Katzen ins Haus geschleppt. Im Hausinnern leben die Flöhe nicht nur auf den Tieren. Sie halten sich überall am Boden auf und nisten sich hinter Bodenleisten ein.

Flöhe springen etwa bis zur Wade des Menschen hoch.

Du erkennst Flohstiche daran, dass die meisten von der Wade an abwärts und nahe beieinander liegen.

Vorbeugen

musst du nur, wenn du ein Haustier hast, das ins Freie kann.

Ist dein Tier viel im Freien, kannst du ihm ein Flohhalsband anziehen. Diese Bänder leisten vorbeugend gute Dienste. Es kommt gar nicht erst zu einem Befall.

Du kannst das Flohhalsband auch erst einsetzen, wenn das Tier beginnt, sich zu kratzen (dann jedoch sofort, sonst genügt es nicht mehr).

Flohhalsbänder enthalten zwar Gift. Jedoch weniger, als du einsetzen musst, wenn dein Tier und das Hausinnere schon richtig befallen sind.

Flöhe legen ihre Eier einfach auf den Boden. Staubsauge darum auch des öftern die Decken und Lieblingsecken deines Tieres.

Wie bekämpfen

Ob ein Raum schon stark von Flöhen befallen ist, kannst du ganz einfach testen: Stelle dich mit nackten Füssen auf den Boden. Siehst du innerhalb weniger Minuten Flöhe an dein Bein springen, musst du den ganzen Raum entflohen.

Wirklich wirksam vernichten lassen sich Flöhe nur mit Gift. Und auch das ist nicht ganz einfach. Du musst den ganzen Raum (vielleicht sogar mehrere Räume) bis in die letzte Ecke behandeln. Am besten überlässt du diese Arbeit einer Fachperson.

Willst du die Flöhe selber bekämpfen, kauf Pulver und nicht einen Spray. Wende das Pulver genau nach der Gebrauchsanleitung an und staubsauge danach gründlich. Schliesse die Zimmertüre während der Behandlung, sonst flüchten die Flöhe bloss ins nächste Zimmer.

Holzschädlinge

Siehe im Teil «Wohnen» das Kapitel «Holzschutz».

Kakerlaken (Schaben)

Kakerlaken sind Schädlinge.

Sie sind nachtaktiv und Allesfresser. Sie leben in warmen, feuchten Räumen und verstecken sich tagsüber in Ritzen und Spalten. Am meisten kommen sie bei uns in Grossküchen, Warenlagern, Bäckereien etc. vor. In Privathäusern sind sie seltener.

Vorbeugen

Halte Räume trocken und lass Vorräte oder Abfälle nicht offen herumstehen.

Wie bekämpfen

Hat es nur vereinzelte Kakerlaken in deinem Haus, kannst du sie mit Klebstreifen einfangen (sofern es dich nicht vor ihnen graust).

Meistens sind es jedoch viele, und du musst eine Desinfektionsfirma beiziehen. Die SchädlingsbekämpferInnen kennen die Lebensgewohnheiten der Kakerlaken. Darauf kommt es an, um das notwendige Gift gezielt und wirkungsvoll einzusetzen.

Kellerasseln

Kellerasseln sind nicht einmal richtige Lästlinge.

Im Haus triffst du sie meist nur im Keller an. Sie benötigen dunkle, feuchte Unterschlüpfe.

Vorbeugen

Hast du einen feuchten Keller, zum Beispiel mit Naturboden, lass keine morschen Bretter oder Ziegelsteine und dergleichen auf dem Boden liegen. So haben die Asseln keinen Unterschlupf.

Lüfte den Keller regelmässig, damit er trockener wird.

Dann verschwinden die Asseln von alleine ins Freie, wo auch ihr eigentlicher Lebensraum ist.

Wie bekämpfen

Vernichte keine Asseln. Sie verziehen sich von alleine, wenn du ihnen den Unterschlupf wegnimmst.

Kleidermotten

Kleidermotten, beziehungsweise ihre Raupen, sind Schädlinge. Sie fressen Wolle, Pelz oder Federn und zerstören so wertvolle Kleidungsstücke. Auch Mischfasern, die Wolle enthalten, sind gefährdet.

Die Motten und Raupen sind sehr lichtscheu. Darum befallen sie vor allem Textilien, die längere Zeit an einem geschlossenen, dunklen Ort liegen. Auch Teppiche, die unter Möbeln liegen, sind gefährdet.

Vorbeugen

Öffne ab und zu Schränke, in denen du Textilien lagerst. Lüfte die Sachen draussen am Tageslicht und schüttle sie aus. Wasch sie eventuell einmal im Jahr, auch wenn du sie nicht angezogen hast.

Lege mit Lavendel gefüllte Stoffbeutel zwischen Sachen aus Wolle, Mischfasern mit Wolle, Pelz oder Federn.

Staubsauge Wollteppiche besonders auch an denjenigen Stellen, die unter Möbeln liegen. Zieh solche Teppichstücke ab und zu ans Tageslicht.

Wie bekämpfen

Nimm alles heraus, was sich im befallenen Schrank befindet.

Schüttle alle Kleider und Textilien draussen am Tageslicht aus. Wasche die Kleider und Textilien (sofern möglich). Flicke allfällige Frasslöcher vorher.

Staubsauge den Schrank gründlich, um alle Eier, Raupen und Falter zu entfernen. Wechsle den Staubsaugersack aus. Sonst schlüpfen die Motten einfach im Staubsauger aus und finden rasch ihren Weg zu den Textilien zurück.

Gifteinsatz

Mottenmittel sind Gifte.

Verwende sie nur für Kleider, die von Motten tatsächlich gefressen werden. Also für Sachen aus Wolle, Federn, Pelz und für Mischgewebe mit Wolle.

Verwende sie nur dann, wenn du Kleider längere Zeit in dunklen, geschlossenen Schränken unbeaufsichtigt liegenlässt.

Überlass jedoch keine Kleider den Motten zum Frass, nur um kein Gift einzusetzen. Die Produktion eines neuen Pullovers belastet die Umwelt vermutlich mehr als ein sparsam eingesetztes Mottenmittel.

Lebensmittelmotten

Die Raupen der Lebensmittelmotten sind Schädlinge. Sie ernähren sich von trockenen Lebensmitteln. Zum Beispiel Mehl, Mais, Griess, Nüssen, Trockenfrüchten. Sie hinterlassen ein dichtes Netzwerk von Fäden in den Lebensmittelpackungen.

Sind sie zu Faltern geschlüpft, fressen sie nichts mehr.

Vorbeugen

Es kann durchaus sein, dass Eier oder Raupen schon in der Verpackung sind, wenn du sie im Laden kaufst.

Hat es Sichtfenster in der Verpackung, dann schau schon im Laden, ob sich Gespinste darin befinden. Gib befallene Verpackungen an der Kasse ab.

Kauf wenn möglich keine zu grossen Mengen von trockenen Lebensmitteln. So musst im Falle eines Befalls nicht soviel wegwerfen.

Versorge trockene Lebensmittel in gut schliessenden Gläsern. Gut eignen sich Einmachgläser mit Gummidichtung oder mit einem Schraubverschluss.

So verhinderst du das Eindringen von Motten oder, falls schon Eier drin sind, die Weiterverbreitung der Tiere.

Lass im Küchenkasten keine verschütteten Lebensmittel liegen (zum Beispiel Mehl).

Wie bekämpfen

Einen Befall siehst du entweder an den Raupen und deren Gespinsten. Oder du öffnest den Küchenkasten und es fliegen dir Falter entgegen.

Diese Falter zu töten, ist nicht die Lösung des Problems. Meistens sind sie Männchen. Die Weibchen (mit den Eiern im Bauch) sind ausgesprochen flugfaul. Sie flüchten bei Gefahr zu Fuss in dunkle Spalten und Ritzen.

Öffne alle Lebensmittelverpackungen. Durch leichtes Bewegen der Packung siehst du sofort, ob sich Gespinste oder gar Raupen darin befinden.

Wirf befallene Pakete weg. Vergiss nicht, den Mistkübelsack der nächsten Abfuhr mitzugeben. Sonst hast du schnell eine neue Motteninvasion in der Küche.

Staubsauge oder wasche (Wasser genügt) den Küchenkasten gründlich aus. Versuche auch, die Ritzen und Spalten zu reinigen. Falls du staubsaugst, vergiss nicht, anschliessend den Sack auszuwechseln und wegzuwerfen.

Versorge die nicht befallenen oder neuen Lebensmittel wie unter Vorbeugen beschrieben.

Die Raupen befinden sich nicht nur in Lebensmitteln oder im Küchenkasten. Sie kriechen zum Beispiel auch über die Wände an die Zimmerdecke. Du kannst sie leicht mit einem Papiertuch von der Wand nehmen und zerquetschen.

Lebensmittelmotten ganz aus der Küche zu verbannen, ist oft eine langwierige Sache. Vielleicht musst du die Prozedur mehrere Male wiederholen.

Ein Gifteinsatz

ist bei Lebensmittelmotten unsinnig. Du vergiftest nicht nur die Motten, sondern deine ganzen Lebensmittel.

Mäuse

Im Haus kannst du zwei Mäusearten antreffen: die Hausspitzmaus und die Hausmaus.

Hausspitzmäuse sind Nützlinge.

Sie fressen ausschliesslich Insekten, helfen dir also bei der Vernichtung von Ungeziefer.

Sie leben im Haus und im Garten. Willst du sie nicht im Haus, fang sie mit Käfigfallen und lass sie im Garten frei.

Hausmäuse sind Schädlinge.

Sie fressen Lebensmittel und anderes.

Meistens triffst du nur vereinzelte Mäuse an. Es ist aber möglich, dass sie Zwischenböden oder Wandinnenräume bevölkern.

Wie bekämpfen

Gehört deine Katze oder dein Kater zu den MäusefängerInnen (nicht jede Katze maust gern), dann überlass ihr die Mäuse.

Sonst verwende Fallen. Du kannst zwischen den tödlichen Schnappfallen und den Käfigfallen wählen. Stelle die Falle an diejenigen Orte, wo du die meisten Mäusespuren siehst. Erneuere den Köder alle zwei bis drei Tage.

Fallen nützen nichts, wenn eine grössere Mäusekolonie in deinem Haus, in den Zwischenwänden und -böden, lebt. In diesem Fall ziehe eine SchädlingsbekämpferIn zu Hilfe.

Ratten

Ratten im Haus sind Schädlinge.

Da sie Allesfresser sind, benagen und beschädigen sie ausser Lebensmitteln auch andere Sachen.

Sie können Krankheiten übertragen.

Hast du eine oder mehrere Ratten im Haus, lässt das darauf schliessen, dass sie durch die Kanalisation einen Zugang zu deinem Haus gefunden haben.

Wie bekämpfen

Ratten sind gescheite Tiere. Versuch erst gar nicht, sie auf eigene Faust zu fangen oder zu vergiften. Du bewirkst höchstens, dass sie auf Köder nicht mehr hereinfallen und sie einfach liegenlassen.

Ruf, wenn auch nur eine Ratte aufgetaucht ist, eine Schädlingsbekämpfungsfirma.

Silberfischchen

Silberfischchen sind harmlose Mitbewohner.

Sie leben an warmen, feuchten Orten und sind nur im Dunkeln aktiv.

Wie bekämpfen

Bekämpfe Silberfischchen nur, wenn du dich vor ihnen ekelst.

Halte die Zimmer trocken, in denen sie aufgetaucht sind.

Dichte lecke Fugenspälte ab.

Hat es viele Silberfischchen, bestäube zusätzlich einen feuchten Lappen mit Gips. Lege den Lappen in eine Zimmerecke. Die Tiere benutzen ihn als Unterschlupf. Am Morgen schüttelst du den Lappen einfach vor dem Fenster aus.

Spinnen

Spinnen im Haus sind Nützlinge: Sie fressen Insekten, also zum Beispiel Stechmücken.

Die Spinnen, die du hierzulande im Haus antreffen kannst, sind für Menschen völlig harmlos.

Vorbeugen

Willst du keine Spinnen im Haus, so zerstöre ihre Netze.

Stechmücken

Stechmücken sind blutsaugende Lästlinge.

Vorbeugen

Mücken legen ihre Eier in stehendes Wasser. Lass deshalb auf dem Balkon oder im Garten keine Becken etc. mit Wasser herumstehen.

Sicher wirksam sind Fliegengitter vor den Fenstern. So kannst du im Sommer auch abends bei geöffnetem Fenster das Licht brennen lassen.

Fliegengitter kannst du selber machen, fertig kaufen oder nach Mass anfertigen lassen.

Willst du keine Fliegengitter anbringen, schliesse die Fenster abends frühzeitig. Öffne sie in der Nacht erst, wenn im Zimmer kein Licht mehr brennt.

Wie bekämpfen

Stechmückenjagd ist mühselig. Jage sie mit einer Fliegenklatsche oder einem feuchten Lappen.

Vergiss nicht, das Fenster zu schliessen, bevor du auf die Jagd gehst. Sonst nimmt die Jagd kein Ende.

Gifteinsatz

Im Handel gibt es unzählige Anti-Mückenmittel. Alle diese Produkte sind für den Menschen und die Umwelt nicht ungefährlich. Brauche sie nur im Notfall.

Viele Abfälle kannst du vermeiden

In den vorangehenden Teilen des Umweltkompendiums findest du zahlreiche Vorschläge, wie du Abfälle vermeiden kannst.

Du vermeidest sie bei vielen Produkten auf allen Etappen ihres Lebenswegs: von der Rohstoffproduktion über die Verarbeitung und den Transport bis zum Verkauf.

Schlussendlich fällt in deinem Haushalt dennoch eine gewisse Menge an Abfall an. Je nach der Weise, wie du dich ihrer entledigst, belastest du die Umwelt mehr oder weniger.

Deine Abfälle können im Prinzip drei Wege gehen:

Zur Wiederverwendung

Viele fahrtüchtige Autos landen im Schrott, tragbare Kleider im Kehricht und heile Möbel im Sperrmüll.

Geräte, Möbel, Fahrzeuge etc., die du nicht mehr gebrauchst, sind für andere oft noch gut brauchbar.

Verschenkst du Dinge, die noch brauchbar sind, oder verkaufst du sie billig, ersparst du der Umwelt das Herstellen eines entsprechenden neuen Gegenstandes.

Der Weg zur Wiederverwendung führt über Flohmärkte, Brockenhäuser, Second-hand-Läden, Kleiderbörsen, Kleininserate, Anschlagbretter oder über das Herumerzählen und Herumfragen.

Im Kehricht oder im Recycling landen übrigens noch zu viele Joghurt-Gläser und Mehrwegflaschen. Diese sind extra zum Wiederverwenden geschaffen. Sie zu vernichten, belastet die Umwelt unnötig.

Ins Recycling (Verwertung)

Über die Hälfte (gewichtsmässig) unseres Hauskehrichts besteht heutzutage aus Stoffen, die wir nicht verbrennen, sondern verwerten sollten.

Diese Stoffe sind eigentlich gar keine Abfälle. Richtig behandelt, sind sie wertvolle Rohstoffe. Sie lassen sich zu neuen Produkten verarbeiten, wenn auch nicht immer zu denselben wie vorher.

Aus Glas wird wieder Glas. Aus Pflanzenresten wird Komposterde. Aus Altpapier wird Papier, Karton, Katzenstreu, Isolationsmaterial und anderes.

Das Recycling von Stoffen spart – gegenüber der Neuproduktion – unter anderem Strom, Erdöl und Kohle. Es produziert weniger Schadstoffe.

Bei manchen Materialien sind die Einsparungen durch Recycling gross (zum Beispiel bei Papier und Aluminium), bei andern eher bescheiden (zum Beispiel bei Glas und Weissblech). Jedoch lohnen sich auch die bescheidenen Einsparungen für die Umwelt allemal.

Der Weg zum Recycling führt über die Sammelstellen und über die Haussammlungen für die einzelnen Stoffe (Glas, Papier, Aluminium, andere Metalle, Grünabfuhr etc.).

Zur Vernichtung und in die Deponie

Was wir nicht wiederverwenden oder verwerten können, müssen wir wohl oder übel verbrennen und deponieren.

Auch an diesem Punkt kannst du noch beeinflussen, ob du die Umwelt mehr oder weniger belastest.

Viele Abfälle gehören nicht in den Hauskehricht,

weil sie in der Kehrichtverbrennungsanlage Schadstoffe produzieren, die die Luft oder die Schlackendeponien auf gefährliche Weise belasten.

Solche Abfälle sind zum Beispiel alle Farbresten, andere Chemikalien und Batterien.

Diese Sonderabfälle brauchen eine besondere Behandlung in speziellen Anlagen: zum Beispiel Verbrennen bei extrem hohen Temperaturen, Zerlegen in Einzelstoffe, die getrennt entsorgt werden, Lagern in speziell gesicherten Deponien.

Du führst Sonderabfälle der richtigen Behandlung zu, indem du sie in die Verkaufsgeschäfte bringst, aus denen sie stammen (Batterien, Photochemikalien, Leuchtstoffröhren) oder sie der Sonderabfallsammlung der Gemeinde übergibst.

Sortiere deine Abfälle und gib sie am geeigneten Ort ab.

Damit du deine Abfälle auf den geeigneten Weg schicken kannst, musst du sie im Haushalt sortieren. Du musst sie zur richtigen Sammelstelle bringen oder an bestimmten Tagen der Haussammlung übergeben. Das gibt mehr Arbeit als das alte Alles-in-einen-Sack-System.

In Mehrfamilienhäusern könnt ihr euch diese Arbeit erleichtern, wenn ihr die Sammlungen zum Beispiel im Keller gemeinsam betreibt und euch mit Wegbringen abwechselt.
Leben gebrechliche oder behinderte Menschen im Haus (oder in der Nachbarschaft), so nehmt ihnen den Gang zu den Sammelstellen ab.

Bist du gebrechlich oder behindert, so scheue dich nicht, diese Hilfe in Anspruch zu nehmen.

Abfälle aus der Küche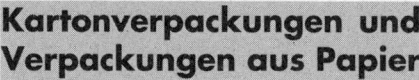

Kompostierbare Küchen- abfälle

Das sind: Rüstabfälle, Kaffeesatz, Teeblätter, Karton-Eierschachteln, verwelkte Schnittblumen, Eierschalen etc.

All diese Abfälle sind Wertstoffe. Kompostier sie, bring sie auf den Quartierkompost oder gib sie der grünen Abfuhr mit.

Auch Speisereste kannst du selber kompostieren oder der Grünabfuhr mitgeben. Auf dem Quartierkompost sind sie meist nicht erwünscht.

Kompostieren siehe Seite 4.23.

Altes Brot und Rüstabfälle kannst du auch als Futter für Kleintiere verwenden.

Gibt es in deiner Nähe einen zoologischen Garten, einen Tierpark oder Pferde, kannst du Brotreste sammeln und dorthin bringen.

Vor allem im Winter sind viele Pferdebesitzer froh, ihren Tieren noch etwas anderes als Hafer und Heu füttern zu können

Speiseöle (pflanzliche und tierische), Fritieröl, Brat- fette

Speiseöle und -fette sind Sonderabfälle.

Wie sammeln?

Sammle Reste von Brat- und Fritieröl in leeren Flaschen.

Mische auf keinen Fall Speiseöl mit Maschinenöl.

Sammle Maschinenöl getrennt (siehe Seite 10.14).

Wohin damit?

Bring das alte Speiseöl zur Altöl-Sammelstelle deiner Gemeinde. Hat die Gemeinde noch keine Sammelstelle, dann frag auf der Verwaltung, wohin du das Speiseöl bringen sollst.

Was geschieht mit dem Speiseöl?

Das Recycling von Speiseölen und -fetten ist möglich und funktioniert. Sie sind ein Rohstoff für Seifen, Salben, Tierfutter und anderes.

Ist nicht sicher, ob das Speiseöl mit Mineralölen (zum Beispiel Schmierölen) verschmutzt ist, verwendet es ein Zementwerk als Heizöl. Oder eine KVA, die mit einer Rauchgas-Waschanlage ausgerüstet ist, verbrennt es.

Bitte nicht

Leer Speiseöl nicht in den Schüttstein, ins Lavabo oder ins WC. In den Abwasserleitungen verklebt das Öl mit anderem Schmutz: das behindert den Abfluss. Das Öl aus dem Abwasser zu entfernen, ist für die Kläranlage eine unnötige zusätzliche Arbeit.

Gib das Speiseöl nicht in den Kehricht; es sei denn, die Gemeinde hat noch keine Sammelstelle. Gib der Kehrichtabfuhr aber nicht mehr als eine Literflasche pro Kehrichtsack mit.

Kartonverpackungen und Verpackungen aus Papier

Wähle beim Einkaufen Produkte, die nicht unnötig verpackt sind.

Sammle alle Verpackungen aus Papier oder Karton, auch wenn sie bedruckt sind.

Gib sie in die Altpapiersammlung (siehe Seite 10.9).

Bitte nicht

Schwarze, dunkelgrüne und sonst dunkelfarbene Verpackungen eignen sich nicht zum Rezyklieren, weil sie die Farbqualität des Recycling-Papiers beeinträchtigen. Du musst sie in den Kehricht geben.

Verbundmaterial (Milch- und Fruchtsafttüten, Butterpapier etc.) gehört nicht in die Altpapiersammlung, sondern in den Kehricht.

Gib auch andere Verpackungen, die Kunststoff-Folie oder Aluminium enthalten, in den Kehrichtsack.

Glas

Vermeide Glasabfälle

Kaufst du statt Einweg- nur noch Mehrwegflaschen und -gläser, ersparst du der Umwelt die Produktion von neuen Flaschen und Gläsern.

Glasabfälle sind ein Wertstoff.

Glas-Sammelcontainer

Wie sammeln?

Nimm die Aluminiumdeckel weg und gib sie sauber ausgekratzt in die Alu-Sammlung. Bleikappen von Weinflaschen sammelst du, bis du eine gewisse Menge beisammen hast, und gibst sie der Metallabfuhr.

Entferne Korken, Kunststoff, Zierbänder und Siegellack. Sie gehören in den Kehricht.

Kronkorken gehören in die Weissblechsammlung.

Wohin damit?

Bring das Glas zu einer Sammelstelle der Gemeinde, und wirf es nach Farben getrennt in die Sammelcontainer.

Auch einige Filialen von Grossverteilern nehmen Einwegflaschen zurück und führen sie dem Recycling zu.

Was geschieht mit dem Altglas?

Das Recycling funktioniert.

Das Altglas fährt mit der Bahn in ein Aufbereitungszentrum. Dort sortieren ArbeiterInnen von Hand einen Teil der Fremdkörper aus.

Eine Anlage zerkleinert das Glas zu Scherben, scheidet Metallteile aus und saugt Papier und Kunststoffteile ab. Auf einem letzten Sortierband folgt eine Endkontrolle von Hand.

Dann fährt der sortierte und gereinigte Glasabfall mit der Bahn weiter in eine Glashütte. Weisse Scherben gehen nach Bülach. Braune gehen nach Wauwil. Grüne oder gemischte gehen nach St-Prex.

Die Glashütten schmelzen die Altglasscherben ein und giessen sie zu neuen Flaschen und Gläsern.

Die Wiederverwertung von Altglas spart

- die Produktion von Rohmaterial (Quarzsand, Jurakalk, Soda, Dolomit, Feldspat, Läuterungs- und Färbstoffen),
- den Transport der Rohstoffe (und somit Diesel und die entsprechende Luftverschmutzung),
- Heizmaterial und Strom beim Schmelzen (Altglas schmilzt bei tieferer Temperatur als die Rohstoffe).

Für die Produktion von grünem Glas setzt die Glashütte 100% Altglas ein. Weiss- und Braunglas mischt sie mit etwas Neuglas.

Bitte nicht

Wirf Altglas nicht (mehr) in den Kehricht oder in die Landschaft.

Der Kehrichtwagen fährt das Glas unnütz in eine Deponie oder in eine Verbrennungsanlage (Verschwendung von Diesel).

In der Verbrennungsanlage versperrt das Glas unnütz Platz. Und schliesslich fährt es wieder unnütz als Teil der Schlacken in eine Deponie.

Weissblechdosen

Weissblechdosen bestehen aus Stahlblech und sind mit Zinn überzogen.

Weissblech und Zinn sind Wertstoffe. Ihre Produktion belastet die Umwelt beträchtlich.

Unzählige Lebensmittel sind unnötigerweise in Weissblechdosen konserviert. Wie du den Kauf solcher Dosenkonserven vermeidest, steht im Kapitel Essen und Trinken.

Vermeidest du den Kauf nicht, so sammle die leeren Dosen.

Wie sammeln?

Sammle alle Konservendosen, auch die bedruckten und die innen lackierten, die Metalldeckel von Konservengläsern und die Kronkorken von Getränken.

Bereite sie so vor:
- Entferne die Etikette so gut wie möglich. Kratz Kronkorken sauber aus.
- Wasche die Dose mit gebrauchtem Abwaschwasser.
- Öffne Deckel und Boden.
- Press die Dose flach, damit sie auf dem

Transport nicht Platz beansprucht (das spart Transporte und schont die Umwelt). Bei manchen Sammelcontainern findest du eine Dosenpresse.
- Prüf die Dose mit einem Magneten. Zieht er sie an, ist sie aus Weissblech. Zieht er sie nicht an, ist sie aus Aluminium. Viele Sammelstellen haben einen Magneten am Sammelcontainer eingebaut.

Glas auf Deponien ist verschwendeter Wertstoff.

Wohin damit?

Bring die Dosen zur Sammelstelle. Presse sie dort und prüf sie mit dem Magneten, falls du es nicht schon zu Hause getan hast.

Was geschieht mit den Dosen?

Das Recycling von Weissblech funktioniert. Bei Industrieabfällen ist es seit langem üblich.

Von der Sammelstelle kommen die Weissblechdosen mit der Bahn zur Elektrozinn AG in Oberrüti. Die Firma trennt das Zinn vom Weissblech

Der Zinn ist Rohstoff für neue Konservendosen oder dient als Lötzinn.

Das Blech kommt als Rohstoff in ein Stahlwerk. Es dient später z.B. zur Herstellung von Bratpfannen, Flachstahl und Rohrleitungen.

Bitte nicht

In die Weissblechsammlung gehören keine
- Dosen mit Farbresten,
- andere verschmutzte Dosen,
- Getränkedosen (sie sind ganz oder teilweise aus Aluminium)
- Spraydosen (sie sind nicht aus reinem Weissblech),
- Kronkorken, die du nicht sauber ausgekratzt hast.

Verschmutzte Dosen, Aluminiumdosen und Weissblechdosen mit Aluminiumdeckel behindern das Weissblechrecycling.

Gib Weissblechdosen nicht in die allgemeine Metallsammlung. Das darin enthaltene Zinn vermindert die Qualität der Stahlschmelze bei der Schrottverwertung.

Sammelcontainer für Weissblech

Weissblech-Dose

Haushaltabfall entsorgen

Aluminium, das ins Recycling gehört.

Aluminium-Container

Verbundverpackungen gehören in den Kehricht.

Aluminium

Aluminiumabfälle sind ein Wertstoff.

Was kannst du sammeln?

• Alles mit dem Alu-Recycling-Signet.

• Grobaluminium. Das sind z.B. Pfannen, Kochtöpfe, Kessel, Kübel, Schöpfkellen, Siebe usw. Entferne Eisen- oder Kunststoffteile.

• Verpackungsaluminium. Das sind Haushaltfolien, Warmhalte-, Tiefkühl- und Schutzfolien, auch bedruckte und farbige, Mayonnaise-, Senf-, Tomatenpüreetuben, Getränke- und Spraydosen, Deckel von Joghurt, Quark, Kaffeerahm-Portionenpackungen, Backformen von Pizza, Kuchen, Fleischkäse etc. Prüf mit einem Magneten, ob es wirklich Aluminium ist: Aluminium ist nicht magnetisch.

Wie sammeln?

Das Aluminium sollte sauber sein. Bevor es ins Recycling kommt, liegt es im Lager eines Altmetallhändlers. Ist es dann mit Essensresten verschmutzt, zieht der Duft Ungeziefer, Mäuse und Ratten an.

Wasch also Joghurtdeckel, Backfolien etc. beim nächsten Abwasch auch noch mit ab.

Senf- und andere Tuben gut ausdrücken. Die Deckel gibst du in den Kehricht.

Entferne bei Spraydosen aus Aluminium Düse und Deckel. Die Dose kommt in die Alu-Sammlung, Düse und Deckel gehören in den Kehricht.

Wohin damit?

In vielen Gemeinden stehen Sammelcontainer.

Auch einige Drogerien und Warenhäuser nehmen Aluminium entgegen.

Wohin geht das gesammelte Aluminium?

Das gesammelte Aluminium fährt in die Metallwerke Refonda AG in Niederglatt im Kanton Zürich.

Das Recycling funktioniert.

Die Refonda sortiert das angelieferte Alt-Aluminium, schmelzt es ein und beliefert damit die Aluminiumgiessereien.

Die Herstellung einer Tonne rezykliertes Aluminium verbraucht eine Tonne gesammeltes Alt-Aluminium und ca. 700 kWh Strom.

Die Herstellung einer Tonne neues Aluminium verbraucht vier Tonnen des Rohstoffs Bauxit und ca. 14 000 kWh Strom.

Das Recycling von Aluminium schont also die Bauxitvorräte und verbraucht 95% weniger Strom als die Produktion von neuem Aluminium.

Beim Recycling von Aluminium fallen auch viel weniger Fluor und andere problematische Stoffe an als bei der Produktion von neuem Aluminium aus Bauxit.

Das Aluminium-Recycling funktioniert zwar. Trotzdem belastet Verpackungsaluminium die Umwelt mehr als Verpackungen ohne Aluminium. Wähle also, wo möglich, Verpackungen ohne Alu.

Bitte nicht

Mit anderen Materialien kombiniertes Aluminium lässt sich nicht wiederverwenden.

Bist du nicht sicher, ob etwas reines Aluminium ist, hilft dir «der Knick»: z.B. Joghurtdeckel aus Aluminium lassen sich knicken - und der Knick bleibt.

Auch mit Reissen findest du heraus, ob etwas reines Aluminium ist oder nicht: ist es Verbundmaterial lässt es sich nur schwer auseinanderreissen, und die Kunststoff-Folie wird sichtbar. Reines Aluminium lässt sich gut reissen.

Suppenbeutel, Butterpapier, Vakuumverpackungen, Kaffeebeutel oder Beutel von Fertigmahlzeiten darfst du nicht der Alu-Sammelstelle geben. Sie bestehen sehr oft aus Alu-Verbundfolie (mit Kunststoff). Du musst sie in den Kehrichtsack werfen.

Kunststoffe

Vermeide Kunststoffabfälle.

Nimm zum Einkaufen eine Stofftasche, ein Einkaufsnetz oder einen Korb. So brauchst du weniger Plastiktaschen.

Kauf keine oder nur sehr wenige Lebensmittel, die in Kunststoff-Folie verpackt sind (Gebäck, Wurst und Fleisch, Früchte etc.).

Entscheide dich wenn immer möglich für eine Alternative: Holz- statt Plastik-Kellen, Steingut- und Glasschüsseln statt Plastikschüsseln.

Nimm zum Spülen und Putzen Mittel, die du im Laden nachfüllen lassen kannst, und kauf nicht jedesmal eine neue Flasche oder Dose aus Kunststoff.

Nicht sammeln

Es gibt kein Recycling für Kunststoffe aus dem Haushalt.

Das Material für Kehrichtsäcke aus Kunststoffabfällen stammt aus Kunststoffabfällen der Industrie.

Abfall aus Kunststoff kannst du nur in den Kehricht geben.

Küchengeräte, Herde etc.

Du vermeidest solchen (zukünftigen) Abfall, indem du nicht unnötig Geräte kaufst.

Wohin mit nicht reparierbaren Geräten?

Es gibt noch keine geordnete Entsorgung.

Bring das Gerät zur Verkaufsstelle zurück. Erkundige dich vorher, was sie damit machen, damit dein Gerät nicht doch auf einer Deponie landet.

Oder nimm das Gerät selber auseinander: Glasteile bringst du zur Glassammelstelle. Metall bringst du der Metallsammelstelle der Gemeinde oder du gibst es der Metallabfuhr mit. Kunststoffteile und alles, was du nicht sauber trennen kannst, musst du in den Kehricht geben.

Was geschieht dann?

Kunststoff landet in der KVA oder auf einer Deponie. Es gibt kein Recycling für Kunststoffe aus dem Haushalt.

Wohin mit Geräten, die du nicht auseinandernehmen kannst?

Gib Geräte mit grossem Metallanteil (z.B. Toaster, Kaffeemaschine) der Metallabfuhr mit oder bring sie zur Gemeinde-Metallsammelstelle. Geräte mit grossem Kunststoff- oder Glasanteil gibst du der Sperrgutabfuhr mit.

Die Geräte, die die Kehrichtabfuhr mitnimmt, landen in der KVA oder auf einer Deponie.

Bitte nicht

Lass keine Batterien im Gerät. Batterien musst du herausnehmen und zur Batteriesammelstelle bringen.

Eisschränke und Tiefkühltruhen

Kühlgeräte enthalten FCKW:

• in der Schaumstoffisolation sind 250 Gramm bis 2,2 Kilogramm.

• Kompressorkühlschränke enthalten FCKW auch als Kühlmittel: 70 bis 150 Gramm, je nach Modell. Davon ist (bei einem gebrauchten Kühlschrank) ein Teil in das Öl des Kompressors übergegangen.

FCKW darf nicht in die Luft entweichen. Er trägt zur Zerstörung der Ozonschicht bei.

Wohin mit ausgedienten Kühlgeräten?

Die zurzeit für die Umwelt beste Lösung:

Du stellst die alten Kühlgeräte in den Keller (oder sonstwohin). Bring sie erst zum Recycling, wenn du Zugang zu einer Firma hast, die den gesamten FCKW entfernen kann und die das Isoliermaterial und das Kompressoröl rezykliert.

Die zweitbeste Lösung:

Hast du keinen Platz für das alte Gerät, bringst du es einer Entsorgungsfirma, die wenigstens den FCKW aus dem Kühlsystem und das Kompressoröl rezyklieren (oder fachgerecht entsorgen) kann.

Diese Firmen geben die Geräte nachher zum Verschrotten. Die Metalle gehen ins Recycling. Die Kunststoffe landen in einer KVA. Der FCKW aus der Isolation geht in die Luft ab.

Der Weg zu diesen Firmen führt über

• HerstellerInnen: Viele entsorgen beim Kauf eines neuen Eiskastens oder einer neuen Tiefkühltruhe das alte Gerät kostenlos, andere verlangen etwas dafür.

• Gemeindesammelstellen: einige Gemeinden übernehmen sogar die Entsorgungskosten.

• Entsorgungsfirmen: vielen Firmen kannst du deinen alten Eisschrank bringen oder ihn abholen lassen.

Für das Entsorgen zahlst du 35 bis 60 Franken.

Bringst du das Gerät nicht selber, zahlst du separat für das Abholen durch die Firma.

Aussichten für eine vollständige Entsorgung der Kühlgeräte:

Im Prinzip funktioniert ein fast vollständiges Recycling von Kühlgeräten. Es will nur noch niemand dafür bezahlen. Gegenwärtig kostet es rund 100 Franken pro Eisschrank oder Tiefkühler. Wird es häufiger benutzt, so wird auch der Preis fallen. Dieses Verfahren bietet die Fonda AG in Rheinfelden an.

Sie gewinnt den FCKW aus dem Kühlsystem, aus dem Kompressoröl und aus dem Isolierschaum zurück und führt sie einem Recycling zu. Die Firma führt auch den Isolierschaum einem Recycling zu. Sie sammelt die Kunststoffteile, bis ein Recycling für sie entwickelt ist. Die Metalle gehen wie üblich ins Metallrecycling.

Bitte nicht

Gib alte Kühlgeräte nicht der Metall- oder Sperrgutabfuhr mit. Sie landen je nach Region direkt in der Verschrottung, und der FCKW geht vollständig in die Luft ab.

Abfälle aus dem Bereich Körperpflege

Seifen, Shampoos, Duschmittel, Körperöle

Je weniger du davon verwendest, um so geringer ist die Belastung für die Umwelt. Die Kläranlage baut die Chemikalien nur teilweise ab.

Vermeide Verpackungen. Kauf offene Seifen. Kauf Shampoos und Duschmittel, die du im Laden nachfüllen lassen kannst.

Reste von Körperpflegeprodukten und die Kunststoff-Flaschen wirfst du in den Kehricht.

Alle Arten von Körperölen übergibst du in der Originalflasche der Altölsammmlung (wie Maschinenöl).

Kosmetika

Du kannst nicht wissen, welche Haarfärbemittel, Haarentfernungsmittel, Schminke etc. Sonderabfall sind.

Bring deshalb alle Resten der Sonderabfall-Sammlung. Dort sortieren die SpezialistInnen den Sonderabfall aus.

Bitte nicht

Schütte Kosmetikabfall nicht ins WC oder einen anderen Ablauf.

Medikamente

Medikamente, Desinfektionsmittel und Quecksilber-Thermometer sind Sonderabfälle.

Bring Medikamente, die du nicht mehr brauchst, Reste von Desinfektionsmitteln und alte Thermometer in eine Apotheke.

Die ApothekerInnen sortieren die zurückgebrachten Medikamente. Jodhaltige, schwermetallhaltige und Zytostatika kommen in eine getrennte Entsorgung.

Noch brauchbare Medikamente, Vitaminpräparate etc. stellen die Apotheken Hilfswerken zur Verfügung.

Zerbrochene Thermometer

Binde das ausgeflossene Quecksilber mit Zinkpulver. Das verfestigte Gemisch füllst du in ein Glasbehältnis und bringst es der Giftsammelstelle.

Versuch, möglichst viel vom Quecksilber zu erwischen. Die Dämpfe sind für Tiere und Menschen schädlich.

Watte, Binden etc.

Wirf Binden, Slipeinlagen und Tampons nicht ins WC.

Sie können den Ablauf und die Kanalisation verstopfen. In der Kläranlage machen sie Extra-Arbeit: rausfischen und in die KVA transportieren.

Stell für Binden und Tampons einen kleinen Kübel mit Deckel ins Badezimmer oder ins WC. Leerst du ihn täglich, entsteht kein unangenehmer Geruch.

Kauf keine Papier- oder Plastik-«Hygienebeutel». WC-Papier erfüllt denselben Zweck.

Papierwindeln

Wirf keine Papierwindeln ins WC.

Stell einen Kübel mit Deckel neben den Wickeltisch und wirf dort die Windeln hinein.

Wickle sie zu einem kleinen «Päckchen» zusammen, damit sie im Kehrichtsack nicht zuviel Platz wegnehmen. Die meisten Papierwindeln haben Klebstellen, mit denen du die «Päckchen» gut verschnüren kannst.

Wattebäusche und Ohrenstäbchen

Wirf sie nicht ins WC, sondern in den Abfalleimer im Badezimmer.

Präservative

Wirf Präservative in den Kehrichtsack.

Verpackungen

Gib Parfum-, Eau-de-Toilette-, Aftershave- und andere Glasflaschen in die Glassammlung (siehe Seite 10.2).

Das Recycling von Kunststoffverpackungen funktioniert nicht, du musst sie in den Kehricht geben.

Verpackungen aus Karton und Papier hingegen kannst du sammeln (siehe Seite 10.9).

Aluminiumverpackungen und -folien (Salben, Intimtüchlein) gehören in die Alu-Sammelstelle (siehe Seite 10.4).

Zahnpastatuben sind zum grössten Teil aus Kunststoff. Wirf sie in den Kehricht.

Spraydosen

Entferne bei Spraydosen aus Aluminium den Kunststoff-Deckel und die Düse. Die Dose gibst du in die Alu-Sammlung. Deckel und Düse wirfst du in den Kehricht.

Spraydosen aus Kunststoff gibst du in den Kehricht.

Die Spraydosen enthalten oft noch etwas Treibmittel, für das es kein Recycling und keine geordnete Entsorgung gibt.

Fön, elektrischer Rasierapparat, Höhensonne etc.

Was du mit Haushaltgeräten tun kannst, steht auf Seite 10.9.

Enthält dein Rasierapparat oder deine elektrische Zahnbürste einen Akku, so bring das Gerät in ein Verkaufsgeschäft zurück.

Der Akku ist Sonderabfall und muss ausgebaut werden. Du kannst ihn vielleicht selber ausbauen und der Batteriesammlung übergeben.

Abfälle aus dem Kleider- und Wäscheschrank

Kleider, Bettwäsche, Haushaltwäsche

Sammle alle Kleider, Stoffresten und alle Bett- und Haushaltwäsche, die du nicht mehr brauchst.

Wohin damit?

Das kannst du einer Kleidersammlung (z.B. Texaid) geben:

- saubere, guterhaltene und tragbare Damen-, Herren- und Kinderkleider
- nicht mehr passende oder ausgediente Bett-, Tisch- und Haushaltwäsche, Gardinen
- gut erhaltene Ledertaschen und Hüte

MitarbeiterInnen der Organisation sortieren die Kleider. Gut erhaltene Kleider gehen in inländische Kleiderstuben (für Bedürftige), in Entwicklungsländer und in den Katastrophenvorrat der Hilfswerke.

Was sich nicht mehr zum Gebrauch eignet, dient der Herstellung von Putzlappen, Wollstoffen, Webteppichen etc.

Webteppiche kannst du auch selber herstellen. Erkundige dich bei einer HandarbeitslehrerIn oder im Bastelgeschäft.

Nicht mehr weiter verwertbare Materialien geben die Kleidersammlungen in die KVA.

Das gehört nicht in die Kleidersammlung:

- defekte Kleidungsstücke
- 100prozentig synthetische Blusen, Kleider, Mäntel, Sportdresses, Skianzüge etc.
- Wollknäuel
- Nylonstrümpfe, -strumpfhosen oder -socken
- Lumpen
- Schuhe
- plastifizierte Kleidung (z.B. gelbe Regenjacken)
- Stoffabfälle, Schnipsel und Fäden

Bring Schuhe, Regenjacken und synthetische Kleider, die noch tragbar sind, dem Roten Kreuz oder einer Brockenstube.

Alles andere kannst du nur in den Kehricht geben.

Stoffresten

Ungefärbte Naturfasern wie Wolle, Leinen und Baumwolle kannst du kompostieren.

Eine Kinderkleider-Börse

Kompostieren siehe Seite 4.23.

Resten von gefärbten Stoffen, von farbiger Wolle und von synthetischen Stoffen eignen sich gut für Bastelarbeiten. Bastelst du selber nicht, gib sie jemandem, der viel bastelt, oder bring sie in eine Schule, einen Kindergarten, ein Kinder- oder ein Tagesheim.

Sonst kannst du sie nur in den Kehricht werfen.

Kinderkleider

Schenk die Kleider jemandem, der kleinere Kinder hat als du und sie gut gebrauchen kann.

Erkundige dich, wo es bei dir in der Nähe einen Second-Hand-Laden für Kinderkleider gibt. Viele Eltern sind froh, wenn sie dort günstig gut erhaltene Kinderkleider kaufen können.

Auch das Rote Kreuz oder eine Brockenstube nehmen noch tragbare Kinderkleider gerne entgegen.

Kaputte Kinderkleider finden vielleicht noch als Stoffresten zum Basteln Verwendung. Sonst kannst du sie nur in den Kehricht geben.

Resten von Kleiderpflegemitteln

Wohin mit Resten von Imprägniermitteln, Schuhcremen, Mottengiften und ähnlichem siehe Seite 10.11.

Abfälle aus dem Garten, von Zimmerpflanzen und Haustieren

Kompostierbare Stoffe

Alle pflanzlichen Abfälle von der Gartenarbeit (Baum- und Heckenschnitt, Laub, Unkraut, Rasenschnitt etc.) sind Wertstoffe. Kompostier sie.

Zierpflanzen, Schnittblumen und die Holzasche vom Cheminée oder vom Grill gehören ebenfalls auf den Kompost.

Auch den Mist von Meerschweinchen, Hamstern, Vögeln, Kaninchen etc. kannst du kompostieren. Ebenso gewisse Sorten von Katzenstreu.

Informationen zum Kompostieren findest du auf Seite 4.23.

Hast du keinen eigenen Kompost, erkundige dich auf der Gemeinde oder bei der Stadtgärtnerei, wo es bei dir in der Nähe einen Quartierkompost gibt.

Einige Gemeinden haben auch eine Grünabfuhr, der du die Gartenabfälle mitgeben kannst.

Pflanzenschutzmittel, Dünger etc.

Pflanzenschutzmittel, Dünger, Mittel zur Schädlingsbekämpfung etc. und ihre Resten sind Sonderabfall. Du darfst sie nicht ins Abwasser schütten oder der Kehrichtabfuhr mitgeben.

Wie du sie sammelst und wohin du sie bringen musst, steht auf Seite 10.11.

Gartengeräte

Rasenmäher, Schaufeln, Harken, Rechen, Baumscheren, Baumsägen usw. nimmst du auseinander und trennst die Materialien: Holz gibst du zum brennbaren Sperrgut, Metall zur Metallabfuhr.

Für Kunststoffe aus dem Haushalt gibt es kein Recycling. Gib kleinere Stücke in den Kehricht, grosse der Sperrgutabfuhr.

Wohin kommt Altmetall?

Die Metallabfuhr bringt es einem Altmetallhändler, der sich um alles weitere kümmert. Ihm kannst du deine Metallabfälle auch direkt bringen.

Stücke, an denen noch viele Holz-, Kunststoff- oder andere Teile dran sind, nimmt der Altmetallhändler nicht an. Die Metallabfuhr muss sie wieder mitnehmen. Dann kommen sie in die KVA oder auf eine Deponie.

Was geschieht damit?

Der Altmetallhändler sortiert die gesammelten Metalle von Hand. Alle Teile, die nicht aus Metall sind, kommen in die KVA oder auf eine Deponie. Die Metallteile sortiert er in Eisenmetalle und Nichteisenmetalle.

Die Eisenmetalle kommen nach dem Zerkleinern in ein Stahlwerk und dienen dort als Rohstoff zur Stahlherstellung.

Die Nichteisenmetalle gehen sortiert als Buntmetalle (Kupfer, Messing, Bronze), Graumetalle (Blei, Zink, Zinn) in die metallverarbeitende Industrie, wo sie als Rohstoffe wieder Verwendung finden.

Glas von Frühbeeten und Treibhäusern

Lös die Metallteile ab und gib sie der Metallabfuhr mit.

Flachglas eignet sich nicht zum Recycling. Gib es der Kehricht- oder der Sperrgutabfuhr mit.

Alte Gartenmöbel

Sind sie noch einigermassen in Schuss: bring sie in die Brockenstube oder verkauf sie auf dem Flohmarkt.

Nimm unbrauchbare Gartenmöbel auseinander. Metallteile gibst du der Metallabfuhr mit oder bringst sie einem Altmetallhändler (siehe Gartengeräte). Kunststoff- und Holzteile gibst du zum brennbaren Sperrgut.

Alte Blumentöpfe und Blumenkisten

Wirf sie nicht gleich weg, vielleicht kann sie noch jemand brauchen. Auch Brockenstuben nehmen sie ab.

Sind sie nicht mehr zu gebrauchen ist, kannst du sie nur der Kehrichtabfuhr mitgeben.

Alte Eternit-Blumenkisten enthalten Asbest. Sie sind Sonderabfall. Es gibt keine geregelte Entsorgung.

Zement- und Gipswasser

kann die Abwasserleitungen verstopfen, und es gehört auch nicht in Dolen oder Bäche.

Lass es in einer Absetzgrube erstarren. Die festen Rückstände gibst du der Sperrgutabfuhr mit.

Abfälle aus dem Freizeitbereich

Papier, Papier- und Kartonverpackungen

Was sammeln und wie?

Karton und Altpapier wie Zeitschriften, Zeitungen, Briefcouverts, Schachteln, bedrucktes und unbedrucktes Geschenkpapier, Verpackungen etc. sind ein Rohstoff für die Produktion von neuem Papier.

Entferne Plastikfolien und Büroklammern. Bostitch-/ Heftklammern und die «Fenster» der Couverts kannst du lassen. Bündle das Papier und verschnüre die Bündel.

Wohin damit?

Die Gemeindeverwaltung kann dir sagen, wer in deiner Gemeinde wann Altpapier abholt.

Viele Gemeinden haben Abfuhrpläne für das ganze Jahr.

Was geschieht mit dem Altpapier?

Altpapier ist ein bedeutender Rohstoff für die Papier- und Kartonproduktion in der Schweiz. Der grösste Teil des Altpapiers dient der Produktion von Karton und Wellpappenrohstoffen. Aus einem Teil wird Recycling- und Umweltschutzpapier.

Fast ein Drittel des schweizerischen Altpapiers geht ins Ausland. Das sind vor allem Zeitungen und Zeitschriften aus Haushaltsammlungen. Sie sind als Rohstoffe weniger gefragt, weil ihre Qualität nicht so gut ist.

Bitte nicht

Wirf Papier nicht in den Kehricht.

Landet das Papier in der KVA, gibt es beim Verbrennen etwas Wärme ab. Dieser Nutzen ist – im Vergleich zum Recycling – jedoch gering.

Kommt das Altpapier zusammen mit dem Kehricht auf eine Deponie, nimmt es dort unnötig Platz weg.

Stell aus Altpapier keine Briketts für den Ofen her.

Das Altpapier hat einen zu hohen Gehalt an Schwermetallen wie Zink, Blei, Cadmium und Quecksilber.

Verbrennst du es, gelangen die Schwermetalle in die Luft.

Ein Tip

Du kannst auch Leute zum Altpapiersammeln

Altpapier gehört in die Altpapiersammlung.

bringen, die eigentlich gar keine Lust dazu haben:

Stell in deinem Mietshaus bei den Briefkästen eine grosse Kiste hin und leg ein paar Zeitungen hinein: nach kurzer Zeit ist sie voll, weil alle MitbewohnerInnen die überflüssige Post, Zeitungen und Zeitschriften hineinlegen.

Bücher

Du kannst alte Telefonbücher auf der Post oder in der Drogerie abgeben. Den Erlös der Sammlung erhält die Schweizer Radio- und Fernsehaktion, die Behinderten, Betagten, Heimen und Schulen gratis Fernseh- und Radioapparate zur Verfügung stellt.

Alte Bücher

kannst du verschenken, in ein Antiquariat oder ins Brockenhaus bringen.

Die Papiersammelkiste im Hauseingang

Kinderbücher

kannst du einem Kinderspital, einem Kinderheim oder einem Tagesheim schenken oder für deine Enkel aufbewahren.

Unansehnliche, zerrissene Bücher

Lässt du sie von einer BuchbinderIn neu binden, tust du am meisten für die Umwelt.

Sonst: Entferne Kunststoffteile und gib das Buch in die Altpapiersammlung.

Spielsachen

Verschenke intakte Spielsachen weiter an jüngere Kinder oder bring sie ins Kinderspital, in ein Tagesheim oder in ein Kinderheim.

Kaputte Spielsachen trennst du nach Material:

- Aluminiumteile in die Alu-Sammlung (siehe Seite 10.4)
- Batterien zur Sammelstelle (siehe Seite 10.11)
- Chemiebaukasten zur Giftsammelstelle
- Glasteile in die Glassammlung (siehe Seite 10.2)

Kunststoffteile kannst du nur in den Kehricht geben.

Hobby- und Freizeitgeräte

Repariere sie wenn möglich und verschenk sie oder bring sie auf einen Flohmarkt oder ins Brockenhaus.

Für Gegenstände aus Kunststoff, zum Beispiel Schallplatten oder Skischuhe aus PVC, gibt es kein Recycling und keine geordnete Entsorgung. Du gibst sie in den Kehricht.

Grössere Hobby- und Freizeitgeräte (z.B. Skis und Kinderfahrzeuge aus Kunststoff) sind Sperrgut.

Wie vorbereiten?

Zerleg die Geräte.

Sortier wiederverwertbare Stoffe aus und übergib sie den entsprechenden Sammlungen:

Aluminium zur Aluminiumsammelstelle (siehe Seite 10.4), Metall in die Metallsammlung, Glasteile in die Glassammlung (siehe Seite 10.2).

Alles andere gibst du in den Kehricht. Grössere Stücke übergibst du der Sperrgutsammlung.

Haushaltabfall entsorgen

Was geschieht mit dem Sperrgut?

Was brennbar ist, kommt in die KVA. Grosse Stücke, die sich nicht zerkleinern lassen und sich deshalb nicht für die KVA eignen, kommen - ob sie brennbar sind oder nicht - auf eine Deponie.

Bitte nicht

Surfbretter enthalten FCKW und sind deshalb Sonderabfall. Es gibt jedoch noch keine geordnete Entsorgung für sie.

Bis es eine geregelte Entsorgung gibt, kannst du sie nur im Keller oder auf dem Estrich aufbewahren (siehe Eisschränke/Tiefkühltruhen, Seite 10.5).

Heim- und Unterhaltungs-elektronik

Elektrogeräte wie Uhren, Rechner, Stereoanlagen, Tonbandgeräte, Schreibmaschinen, CD-Spieler, Radios etc. bestehen aus Metallen, Kunststoffen, Glas, Holz, Edelmetallen und anderen, zum Teil problematischen Stoffen. Sie kommen in den Geräten zu einem grossen Teil als Verbundstoffe vor.

Du kannst nicht herausfinden, was in einem Gerät genau steckt.

Wohin mit alten, kaputten Geräten?

Ein Recycling für die Geräte aus dem privaten Haushalt gibt es (noch) nicht.

Einzige Möglichkeit: das Gerät einem Bastler geben, der es ausschlachtet und die Einzelteile weiterverwendet.

Gib sie dem Fachhandel zurück. Es landen dann zwar viele Geräte auf dem Kehricht. Je mehr Geräte der Handel aber zurückbekommt, um so eher wird er sich um eine geordnete Entsorgung kümmern.

Was passiert mit elektronischen Geräten, die du zum Sperrgut stellst?

Ein Grossteil landet einfach auf dem Schrottplatz oder auf der Deponie, andere Geräte kommen in die KVA.

Auf der Deponie können Chemikalien versickern und so das Grundwasser verschmutzen. Beim Verbrennen werden unbekannte Schadstoffverbindungen frei, die die Luft belasten.

Bitte nicht

Wirf Batterien und Akkus, die noch im Gerät sind, nicht zusammen mit dem Gerät weg. Baue sie aus und gib sie an einer Batterie-Sammelstelle ab (siehe Seite 10.11).

TV und Video

Fernsehgeräte enthalten zum Teil wertvolle und zum Teil problematische Stoffe in geringen Mengen.

Wohin mit alten, kaputten Fernsehern?

Die (vorläufig) beste Möglichkeit:

Bring den kaputten Fernseher einer Firma, die die Geräte in Handarbeit ausschlachtet, die Materialien sortiert und an weitere Entsorgungsbetriebe zur Deponie, Verbrennung bzw. Wiederverwertung weiterleitet.

Folgende Firmen bieten sich dafür an:

- Interrecycling AG, Küsnacht a.R.

  Tel. 041–81 22 23

- Remero AG, Rorschach

  Tel. 071–41 05 06

- Immark AG, Stein am Rhein

  Tel. 054–41 16 15

- AG für umweltgerechte Entsorgung, Regensdorf

  Tel. 01–841 14 66 (Büro)

  Tel. 01–62 45 69 (Warenannahme)

- Röllin Zürich, Transport AG, Regensdorf

  Tel. 01–840 57 57

Die schlechtere Lösung

Gibst du das Gerät der Verkaufsstelle zurück, einem Altmetallhändler oder der Sperrgutabfuhr, weisst du nicht, was weiter mit ihm passiert:

- Die meisten Geräte landen zusammen mit dem Hauskehricht in der KVA oder werden deponiert.

- Andere TV-Apparate gelangen via Altmetallhandel in ein Shredderwerk im Inland oder im Ausland.

- Ausländische Entsorgungsfirmen (v.a. BRD) übernehmen einen Teil der ausgedienten Fernseher und exportieren sie weiter in Ostblock- oder Drittweltstaaten, wo Firmen sie reparieren (tiefere Lohnkosten).

Schreibmaschinen

Eine funktionierende Schreibmaschine kannst du verschenken (Freunden, einer Schule oder einer Bibliothek) oder verkaufen (Anzeige im Supermarkt, Flohmarkt, Gratisinserat).

Ist die Schreibmaschine nicht mehr zu reparieren, gibst du sie der Metallsammlung oder einem Schrotthändler in deiner Nähe (findest du im Telefonbuch oder im Branchenverzeichnis).

Was geschieht mit der alten Maschine?

Das Metall kommt in eine Schmelzfabrik, die neue Metallteile daraus macht.

Alles andere landet auf einer Deponie.

Bitte nicht

Auf keinen Fall gehört deine alte Schreibmaschine in den Kehricht.

Computer

Computer enthalten wertvolle Stoffe (z.B. Edelmetalle) und problematische Stoffe wie Blei, Cadmium, Arsen, Quecksilber, Selen etc.

Auch Laserdrucker enthalten Selen, einen ausgesprochenen Problemstoff.

Es gibt noch kein Recycling für Heim-Computer und -Drucker.

Denk schon beim Kauf an die Entsorgung.

Wähle beim Kauf von Geräten HändlerInnen, die garantieren, dass sie Gerät und Zubehör später zurücknehmen, reparieren und als Occasion weiterverkaufen oder kontrolliert entsorgen.

Verlange genaue Angaben von ihnen, was mit einem alten Gerät passiert und wohin es kommt.

Wenn du schon einen PC hast.

Dieselben Firmen, die TV- und Videogeräte entsorgen, kümmern sich auch um deinen Personal-Computer (siehe oben).

Sie gewinnen die Edelmetalle (Gold, Silber) aus den Geräten zurück. Mit dem Ertrag dekken sie einen Teil der Entsorgungskosten.

Schrott (restliche Metallteile wie z.B. Eisen und Stahl) wandert in den Shredder, anschliessend sortiert man ihn mechanisch (Magnet, Pneumatik) und/oder von Hand.

Wertloses Material, das nicht zur Verbrennung bestimmt ist (z.B. Glas), kommt auf die Deponie.

Was brennbar ist, kommt in die KVA.

Bitte nicht

Du darfst Computer nicht zum Sperrgut stellen.

Landen sie auf der Deponie, können die problematischen Stoffe wie Blei, Cadmium, Quecksilber etc. auslaufen und Böden und Grundwasser belasten.

Landen sie in einer KVA, entstehen beim Verbrennen schädliche Abgase. Nur KVAs mit einer Rauchgasreinigungsanlage verhindern, dass diese Abgase in die Luft gehen. Das sind die Hälfte alles KVAs der Schweiz.

Farbbandkassetten

Ungefähr acht Millionen Schreibmaschinen-Farbbandkassetten, rund 1000 Tonnen, landen in der Schweiz jedes Jahr im Abfall.

Verhindere bereits beim Kauf den Abfall.

Verzichte wenn möglich auf Einweg-Farbbandkassetten und verwende die nachladbare Kassette «Öko 2» von AEG Olympia oder das Farbbandsystem «Oeko-Write» von Pelikan (siehe Teil «Freizeit», Kapitel «Heimbüro»).

Du kannst jetzt auch viele Farbbandkassetten, die du bisher in den Kehricht werfen musstest,

auffüllen lassen. Die Firma Farbax AG hat sich darauf spezialisiert (siehe Teil «Freizeit», Kapitel «Heimbüro»).

Und die anderen Farbbandkassetten?

Zwei Institutionen entsorgen sie. Sie nehmen die Farbbänder aus den Kassetten heraus und entsorgen sie separat. Die Kunststoffkassetten kommen ins Recycling.

Schick ihnen die Kassetten einfach zu. Das Entsorgen kostet 30 bzw. 40 Rappen pro Kassette.

• Murghof, Geschützte Werkstätte, Laubgasse 57, 8503 Frauenfeld. Leg pro Kassette 30 Rappen bei. Bei Beträgen ab Fr. 20.– schickt dir die Werkstätte gern eine Rechnung.

• Eingliederungsstätte und Arbeitszentrum für Behinderte, Schauenburgerstrasse 16, 4410 Liestal. Leg pro Kassette 40 Rappen bei.

Tonermodule

Tonermodule von Tischkopierern und Laserprintern lässt du bei der Firma Farbax rezyklieren (siehe Seite Teil «Freizeit», Kapitel «Heimbüro»).

Batterien

Batterien sind Sonderabfall.

Sammle vorläufig alle Batterien.

1990/91 exportiert die Schweiz eine gewisse Zeit lang ihre alten Batterien noch in die ehemalige DDR. Dort landen sie auf Deponien.

Sammle sie deshalb bei dir daheim in einer alten Blech- oder Kartonschachtel, die du mit etwas Papier auslegst. Läuft einmal eine Batterie aus, fasse sie nicht mit blossen Fingern an.

Wohin damit?

Sobald die DDR-Deponie geschlossen wird, bleiben die Batterien in Lagern in der Schweiz. Sammelst du deine alten Batterien selber, entlastest du die Lager.

Bring deine gesammelten Batterien zu einer Sammelstelle, sobald du hörst, dass die ersten Entsorgungsanlagen in Betrieb sind. Davon erfährst du bestimmt aus der Zeitung und an Radio und TV.

Sammelstellen sind alle Geschäfte, die Batterien verkaufen.

Was geschieht damit?

Die Entsorgungsanlagen werden aus den Batterien Zinn und andere Rohstoffe zurückgewinnen. Was nicht rezyklierbar ist, entsorgen sie in geordneten Deponien.

Bitte wirf keine Batterien in den Kehricht.

Bring Batterien einer Sammelstelle...

...oder sammle sie vorläufig zu Hause in einer Schachtel.

Sonderabfälle aus Werkstatt, Atelier und Dunkelkammer

Sonderabfälle sind:

• Farben, Harze, Lacke, Leime, Lösungsmittel, Verdünner, Säuren, Laugen aus deiner Werkstatt oder vom Basteln,

• Schleifstaub, abgelöste Lack- und Farbschichten, Abbeiz- und Ablaugmittel vom Renovieren,

• Entwickler, Stoppbad und Fixierbad aus deiner Dunkelkammer,

• alle Stoffe mit dir unbekannter Zusammensetzung.

Wie sammeln?

Wichtig: misch die verschiedenen Sonderabfälle nicht miteinander.

Sammle die Resten in der Originalverpackung oder in einem anderen Behältnis, das du gut lesbar beschriftest.

Achte darauf, dass du das Behältnis gut verschliessen kannst, damit die teilweise giftigen oder ätzenden Substanzen nicht auslaufen.

Schliess die Sonderabfälle ein, damit nicht Kinder damit «spielen» und sich verletzen oder vergiften.

Sonderabfälle aus dem Haushalt

Sonderabfall-Sammeltag in einer Gemeinde

Wohin mit den Sonderabfällen?

Sonderabfälle kannst du an folgenden Orten abgeben:

- Verkaufsstelle. Es gibt Geschäfte, die sich weigern, Sonderabfälle von Produkten, die sie verkauft haben, zum Entsorgen zurückzunehmen. Wir empfehlen dir, solche Geschäfte zu meiden.
- Drogerien (in kleinen Mengen)
- VOLG-Filiale
- mobile Sammelstelle
- Sammelstelle der Gemeinde

Deine Gemeinde oder das Gewässerschutzamt deines Kantons kann dir weitere Sammelstellen in deiner Nähe nennen.

Was geschieht damit?

Die zurückgebrachten Sonderabfälle kommen zur kantonalen Sammelstelle, die sie sortiert und zum Entsorgen weiterleitet.

Schütte Sonderabfälle nicht ins WC,

einen anderen Ablauf oder eine Dole,

- weil die Kläranlage sie nicht abbauen kann,
- weil sie die Kläranlage schädigen
- und die Gewässer belasten.

Wirf Sonderabfälle nicht in den Kehricht,

- weil sie entweder auf einer Deponie in den Boden versickern und das Grundwasser verschmutzen
- oder beim Verbrennen in einer KVA giftigen Rauch bilden, der die Luft belastet. Nur die Hälfte der KVAs der Schweiz sind mit einer Rauchgasreinigungsanlage ausgerüstet.

Schütte Sonderabfälle nicht einfach im Freien weg,

- weil sie im Boden versickern und das Grundwasser schädigen
- und weil sie in Bächen, Flüssen und Seen die Lebewesen töten oder zumindest schädigen.

Verbrenne Sonderabfälle nicht selber,

- weil sie beim Verbrennen giftigen Rauch bilden
- und weil sie explodieren und dich verletzen können.

Feuerwerk, Munition und Sprengstoffe

Bring Feuerwerk, das du nicht mehr brauchst, der Verkaufsstelle zurück.

Munition und Sprengstoffe bringst du auf einen Polizeiposten. Die Polizisten leiten sie weiter, z.B. an einen Waffenplatz.

Kompostierbare Bastelabfälle

Das sind Abfälle vom Basteln wie Federn, Holz und Stroh.

Du kannst sie kompostieren, auf den Quartierkompost bringen oder der grünen Abfuhr mitgeben.

Kompostieren siehe Seite 4.23.

Abfälle aus dem Wohnbereich

Möbel

Noch brauchbare

Möbel und Matratzen kannst du vielleicht verschenken. Oder bring sie in eine Brockenstube. Manche Brockenstuben holen die Möbel auch ab. Wertvollere oder besonders schöne Stücke verkaufst du am besten selber auf dem Flohmarkt oder an einer Brocante.

Lass kaputte Möbel wenn möglich reparieren

und verwende sie weiter oder verschenk oder verkauf sie.

Definitiv kaputte Möbel

Nimm sie auseinander: Holz und Kunststoffteile gibst du in den Kehricht, grosse Stücke gibst du der Sperrgutabfuhr.

Trenne Metallteile ab und gib sie in die Metallsammlung.

Kunststoffmöbel

Für Kunststoffe aus dem Haushalt gibt es kein Recycling.

Gib Kunststoffmöbel zum brennbaren Sperrgut.

Glas

Flaschen, Vasen etc. gehören in die Glassammlung (siehe Seite 10.2).

Bitte nicht

Für Flachglas (Fensterscheiben und Spiegel) gibt es kein Recycling. Gib es in den Kehricht.

In der Brockenstube finden deine Möbel wieder KäuferInnen.

Sperrgut-Abfuhr

Leuchtstofflampen, Stromsparlampen

Leuchtstofflampen sind die Stromsparlampen und die Röhren, die du vielleicht als Neonröhren bezeichnest. Sie enthalten Quecksilber und andere Schwermetalle.

Sie sind Sonderabfall.

Wie sammeln?

Sind sie nicht zerbrochen, so achte darauf, dass sie ganz bleiben.

Zerbrechen sie, entweichen das Quecksilber und die anderen gasförmigen Schwermetalle. Zerbricht dir jedoch einmal eine einzelne Lampe, so bist du nicht in Gefahr. In einer Lampe

ist nur wenig Quecksilber, und es verflüchtigt sich rasch.

Wohin damit?

Bring die heilen und auch die zerbrochene Lampen der Sammelstelle der Gemeinde, falls sie eine hat, oder ins Elektrofachgeschäft.

Oder bring sie in den Laden, wo du sie gekauft hast. Auch jedes andere Geschäft, das solche Lampen verkauft, sollte sie zurücknehmen, sammeln und einem Entsorgungsunternehmen übergeben.

Was geschieht mit den Lampen?

Die Sammelstelle legt die Lampen in spezielle, gepolsterte Behälter und übergibt diese einer schweizerischen Entsorgungsfirma, der SM Recycling in Dulliken.

Diese zerlegt die Lampen. Sie saugt das Quecksilber ab und zerlegt die Lampe. Quecksilber, Glas und andere Stoffe gehen ins Recycling. Der Rest (ca. 10 Prozent des Materials) kommt in eine geordnete Deponie.

Haushaltabfall entsorgen

Der Erlös aus dem Recycling deckt die Kosten der Entsorgungsfirmen nicht. Du bezahlst dem Geschäft, das die Lampen entgegennimmt, einen bis zwei Franken pro Lampe.

Bitte nicht

Gib Leuchtstofflampen nicht in den Kehricht.

Glühlampen und Halogenglühlampen

Gib sie in den Kehricht.

Baumaterial, Bauschutt

Sortier Metallteile aus und übergib sie der Metallabfuhr.

Trenn die übrigen Abfälle in solche, die in die Kehrichtverbrennung gehören, solche für die Deponie und solche für die Sonderabfallsammlung. Bring sie selber an den richtigen Ort oder gib für die Mulden die entsprechenden Anweisungen.

Hast du viele Abfälle, bestellst du bei der Muldenzentrale am besten mehrere kleine Mulden, in die du die Abfälle getrennt füllst.

Auf Deponien (nicht in die Verbrennung) gehören:

• Bodenbeläge aus PVC (zum Beispiel Novilon)
• Tapeten und Folien aus PVC
• Fassaden- und Wandverkleidungen aus Eternit. Sie sind Sonderabfall. Sie enthalten Asbest. Es gibt keine andere Entsorgung als das Deponieren und zudecken.
• Flachglas

• Steine, Beton

In die Kehrichtverbrennung müssen (mangels anderer Möglichkeiten):

• Holz
• Bodenbeläge, die nicht aus PVC sind, zum Beispiel Linoleum, Teppiche, Unterlagen
• Holz, Polster, Schaumstoffe und andere Kunststoffe
• Isolationsmaterial
• Schleifstaub von Holz
• Resten von Dispersions-, Kalk- und Silikatfarben

Sonderabfall sind:

• Laugen, Abbeizmittel
• Farben, Lacke
• Schleifstaub mit Farbanteilen
• Verdünner, Pinselreiniger, Pinsel mit Farbresten
• Rostschutzmittel
• Klebstoffe
• Dichtungsmasse
• Holzschutzmittel
• Spachtelmasse
• Alle Chemikalien und Stoffe, von denen du nicht weisst, woraus sie sind
• Alle Behälter der aufgelisteten Stoffe, wenn

In kleineren Mulden kannst du das Baumaterial besser trennen.

sie noch Resten enthalten

Wie du Sonderabfälle sammelst und entsorgst, steht auf Seite 10.11

Reste von Farben etc. kannst du auch der Verkaufsstelle zurückgeben.

Streusalz

Streusalz solltest du besser nicht verwenden. Es schädigt Grundwasser und Pflanzen und verletzt Tiere. Verwende besser Sägemehl oder Splitt.

Hast du noch einen angebrochenen Salzsack, kannst du ihn vielleicht als Regeneriersalz in der Geschirrspülmaschine aufbrauchen. Sonst musst du ihn der Kehrichtabfuhr mitgeben.

Abfälle aus der Garage

Autowaschen

Fahr in eine grosse Autowaschanlage in deiner Nähe (frag in deiner Garage oder schau im Branchentelefonbuch nach).

Die Dolen der Autowaschanlagen sind mit Ölabscheidern ausgerüstet. Das Waschwasser kommt vorgereinigt in die Kanalisation.

Bitte nicht

Wasch dein Auto oder dein Motorrad nicht auf öffentlichem Grund. Erstens läuft das schmutzige Waschwasser direkt in die Kanalisation und belastet Kläranlage und Gewässer, und zweitens ist es verboten.

Altöl (Auto-/Maschinenöl)

Prinzipiell: Mach den Ölwechsel nicht selber, sondern überlass das den SpezialistInnen deiner Garage.

Altes Motorenöl bringst du zu einer Sammelstelle, einer Garage oder einer Autoreparaturwerkstatt. Misch es nicht mit Speiseöl.

Die Hauptmenge kommt in die Verbrennung, nur ein kleiner Teil findet nach einer Aufbereitung als Schmieröl Verwendung.

Beim Verbrennen von Maschinenöl werden Schwefel und Chlor frei. Darum muss die Verbrennungsanlage mit einem geeigneten Filter ausgerüstet sein.

Frag in der Garage oder in der Werkstätte, wo sie das Öl hinbringen und wer es verbrennt.

Batterien

Lässt du die Batterie deines Autos von deinem Garagisten oder deinem Automechaniker wechseln, gibt er sie seinem Lieferant oder einem Altstoffhändler. Alle Batterien- und Akkumulatoren-Verkäufer sind zur Rücknahme verpflichtet.

Die Batterien kommen dann zur Wiederverwertung in ein Altbleiverhüttungswerk: z.B. nach Oerlikon (Accumulatorenfabrik) oder nach Pratteln (Metallum).

Wechselst du die Batterie selber, frag in einer

Garage oder einer Autoreparaturwerkstatt, ob du ihnen die alte Batterie geben kannst. Oft ist es allerdings schwierig, eine Batterie zurückzugeben: die Garagen- oder WerkstattbesitzerIn weigert sich, eine Batterie zurückzunehmen, die du nicht bei ihr gekauft hast. Bring in solchen Fällen die alte Batterie einem Altmetallhändler oder zu einer der 20 Filialen der Accumulatorenfabrik Oerlikon.

Bitte nicht

Du darfst die alte Batterie nicht wegwerfen. Jede nicht wiederverwertete Batterie ist eine enorme Belastung für die Umwelt.

Pneus

Bring alte Reifen wenn möglich einer Garage. Diese gibt sie einer Firma, die Reifen entsorgt. Das geschieht auf verschiedene Weise.

• Im besten Fall bekommen die Reifen eine neue Lauffläche und gehen als «runderneuerte Reifen» in den Verkauf.

• Einige der alten Pneus gehen in Länder, deren Profilvorschriften weniger streng sind als unsere.

• Reifen dienen als Bauelemente zur Hangsicherung.

• Sie sind billiges Heizmaterial in speziellen Anlagen.

• Ein Teil landet in der Kehrichtverbrennung oder auf einer offenen Deponie.

Einzelne Reifen kannst du der Sperrgutabfuhr mitgeben. Die Felgen entfernst du vorher und gibst sie der Metallabfuhr mit.

Bis zu fünf PW-Reifen kannst du direkt zur Verbrennung in die KVA bringen. Tu das aber nur, wenn die KVA mit einer Rauchgaswaschanlage ausgerüstet ist.

Bitte nicht

Verbrenn alte Pneus nicht selber.

Autos und Motorräder

Fahrtüchtige Fahrzeuge

Für die Umwelt ist es zunächst am besten, du fährst mit deinem alten Auto oder Motorrad - auch ohne Katalysator - noch so lange wie möglich, statt ein neues Modell zu kaufen.

Gibst du dein altes Auto einem Händler in Zahlung, landet es vielleicht direkt im Shred-der, auch wenn es noch fahrtüchtig ist.

Verkauf es also lieber direkt einem Käufer, der noch damit fahren will.

Nicht reparierbare Fahrzeuge

Diese kannst du nur zum Verschrotten geben.

Das Shredderwerk zerhackt das Fahrzeug in faustgrosse Stücke. Alle Teile, die nicht aus Metall sind, pulverisiert der Shredder zu Staub. Ventilatoren saugen den Staub ab. Der Staub und alle Nichtmetalle landen auf einer Deponie.

Ein Magnet trennt Eisenteile von Nichteisenmetallen. Die Eisenmetalle kommen als Rohstoff in ein Stahlwerk, die Nichteisenmetalle (Kupfer und andere) zum Recycling in die entsprechenden Metallwerke.

Velos

Kannst du dein altes Velo nicht als Occasion verkaufen oder verschenken, musst du es der Metallabfuhr oder direkt einem Altmetallhändler geben.

Entferne Reifen und andere Teile, die nicht aus Metall sind (Sattel z.B.), und gib sie in den Kehricht oder ins Sperrgut.

Abfälle vom Putzen und Waschen

Putz- und Waschmittel

Lass am besten erst gar keine Resten entstehen: kauf nichts, was du nur für eine einzige kleine Putzarbeit brauchst.

Sammle die Resten von Putzmitteln getrennt und bring sie zur Sonderabfall-Sammelstelle.

Bitte nicht

Resten gehören weder in den Kehricht noch in irgendeinen Abfluss (Spülbecken, Dole, Badewanne oder WC). Sie belasten die Kläranlage und die Gewässer.

Verpackungen

Kunststoffflaschen und -behälter kannst du nur in den Kehricht geben. Es gibt kein Recycling für Kunststoffabfälle aus dem Haushalt.

Glasflaschen etc. bringst du zur Glassammelstelle (siehe Seite 10.2).

Karton- und Papierverpackungen gehören in die Altpapiersammlung (siehe Seite 10.9).

Staubsauger etc.

Verwende sie so lange wie möglich und lass sie wenn nötig reparieren.

Noch funktionierende Geräte, die du nicht mehr brauchen kannst (z.B. Blocher: in der neuen Wohnung hat es nur Spannteppiche und keine Holzböden mehr), verschenkst du, bringst du in die Brockenstube oder verkaufst du (per Inserat oder Zettel im Supermarkt).

Wohin mit nicht reparierbaren Geräten?

Geräte, die du nicht mehr reparieren kannst, und Geräte, für die es kein Zubehör (z.B. Staubsäcke bei alten Staubsaugern) mehr gibt, nimmst du auseinander:

• Metall kommt in die Metallabfuhr oder zum Altmetallhändler.

• Kunststoffteile und alles, was du nicht sauber trennen kannst, gibst du in den Kehricht.

Wohin mit Geräten, die du nicht auseinandernehmen kannst?

Geräte mit grossem Metallanteil gehören in die Metallabfuhr. Geräte mit grossem Kunststoffanteil gibst du der Sperrgutabfuhr mit.

Die Geräte, die die Kehrichtabfuhr mitnimmt, landen in der KVA oder auf einer Deponie.

Bitte nicht

Lass keine Batterien im Gerät. Du musst sie herausnehmen und einer Batteriesammelstelle bringen (siehe Seite 10.11).

Waschmaschinen und Tumbler

Funktioniert die Maschine noch, kannst du sie verkaufen, ins Brockenhaus bringen oder verschenken.

Auch das Fachgeschäft, wo du eine neue Maschine kaufst, nimmt die alte entgegen, überholt sie und verkauft sie als Occasion weiter.

Kaputte Maschinen

Gib kaputte Maschinen der Metallabfuhr mit oder bring sie selber einem Altmetallhändler.

Abfälle gehören auf keinen Fall...

...in Abflüsse wie WC, Lavabo etc.

In die Abflüsse gehört nur das Wasser vom Abwaschen, vom Putzen, vom Duschen und Baden, vom Kochen, vom Spülen, vom Händewaschen, Zähneputzen und von der WC-Benützung.

Nicht in Abflüsse gehören:

die Abfälle vom Gemüse- und Salatrüsten, Essensreste, Salatsaucen, Bratöl, Zigarettenkippen, Ölreste, Farben, Reste von Putz- und Waschmitteln, Haare, Seifenstücke, Binden, Windeln und Tampons, Medikamente, Pflaster, Verbände, der Inhalt vom Katzenkistchen oder der Mist vom Zwergkaninchen, Teeblätter, Inhalt vom Kaffeefilter, Düngemittelreste, Entwickler und anderes aus der Dunkelkammer, Schädlingsbekämpfungsmittel etc.

Feste Gegenstände können die Abwasserrohre verstopfen. Und sie geben in der Kläranlage zusätzliche Arbeit: herausfischen und verbrennen.

Fotoentwickler, Säuren, Düngemittel und andere Chemikalien lassen sich nicht oder nur zum Teil abbauen und schädigen Kläranlage und Gewässer.

...in Dolen

Mit dem Regenwasser gelangt schon genug in die Kläranlage: Autoöl, Papierchen und Kaugummis, Hundekot, Staub, Zigarettenkippen: alles, was sich im Strassengraben so ansammelt.

Halte die Belastung für die Kläranlage und später die Gewässer möglichst klein.

• Wirf unterwegs keine Abfälle (Bonbon- und Glacepapierchen, Papiertaschentücher, Zigaretten, Kaugummis etc.) weg.

• Wasch dein Auto nicht selber, sondern fahr in die Autowaschanlage.

• Schütte keine Reste von Düngemitteln, Farben, Abbeizmitteln, Pflanzenschutzmitteln oder anderen Chemikalien in eine Dole.

...in einen Bach, Fluss oder See

• Wirf beim Spazieren, Wandern oder Picknicken keine Abfälle ins Wasser.

• Pack auf einem Bootsausflug die Reste vom mitgebrachten Essen wieder ein und wirf sie nicht einfach über Bord.

• Wirf keine alten Fahrräder, Motorräder, Autos oder Kinderwagen in einen See oder Fluss.

• Schütte niemals Dünge- oder Pflanzenschutzmittel, Ablaugmittel, Farben oder andere Chemikalien ins Wasser.

...in Wald und Wiesen

Die Abfälle können das Leben im Boden schädigen und Gewässer und Grundwasser verunreinigen.

• Räum beim Wandern und Picknicken alles auf. Brotkrümel darfst du natürlich liegenlassen – da freuen sich Vögel, Mäuse und Ameisen.

• Alte Autos, Motorräder, Velos etc. gehören nicht in den Wald.

• Schütt keine Reste von Dünge- und Pflanzenschutzmitteln, von Ablaugmitteln, Farben und anderen Chemikalien auf die Wiese neben deiner Garage oder Werkstatt.

...ins offene Feuer oder in den Ofen.

Verbrenn niemals selber:

• Autoreifen

• Reste von Dünge- oder Pflanzenschutzmitteln

• Farbreste und andere Reste aus deiner Werkstatt

• andere Chemikalien

• gefärbtes, geleimtes oder mit Holzschutzmitteln behandeltes Holz, also kein Möbel- oder Bauholz, keine Spanplatten

• Zeitungen und Illustrierte (ausser zum Anfeuern)

• unbekannte Stoffe

• Haushaltgeräte jeder Art

• Spraydosen

• Kunststoffe

• Alle Stoffe, die du nicht genau kennst

All das gibt beim Verbrennen giftige Stoffe in die Luft ab:

als Gas, Rauch oder Russ.

Was es braucht, damit der Abfall keine Sorgen mehr macht

Der Kehricht und die Sonderabfälle aus dem Haushalt sind zwar oft schmuddelig und riechen schlecht. Im übrigen sehen sie meist ganz harmlos aus.

Das Aussehen täuscht. Kippen wir Abfälle irgendwohin und überlassen sie sich selber, werden sie lebendig und gefährlich:

• Ein Teil verwest, gärt und produziert Hitze und Gase. Diese können sich entzünden.

• Die Hitze löst aus dem Abfall giftige Stoffe heraus. Diese können sich als Gase, Dampf und Russ in die Luft verflüchtigen oder den Boden verseuchen.

• Auch der Regen und die eigene Nässe des Abfalls lösen aus dem Haufen harmlose wie auch giftige Stoffe heraus. Sie fliessen in den Untergrund und vergiften Grund- und Quellwasser.

• Unter der Hitze und in der Nässe können sich die zahllosen Substanzen des Abfalls unkontrolliert zu neuen und zum Teil sehr giftigen Stoffen verbinden. Auch diese können in die Luft und in den Untergrund entweichen.

Dieses gefährliche Eigenleben des Abfalls müssen wir unter Kontrolle bekommen und stoppen.

Das Ziel ist, den Abfall in harmlose Dämpfe, Gase und feste Stoffe umzuwandeln. Die festen Stoffe sollen sich in Deponien lagern lassen und auch in Jahrzehnten und Jahrhunderten keine Schadstoffe mehr freisetzen.

Von diesem Ziel sind wir noch recht weit entfernt. Die Techniken, es zu erreichen, werden jedoch verbessert.

Der wirksamste und am besten kontrollierbare Weg besteht darin, die Abfälle zu verbrennen und die Asche, die Schlacke und den Staub zu deponieren.

Kehrichtverbrennungsanlagen (KVA)

Vier Fünftel der Abfälle aus den privaten Haushalten der Schweiz verbrennen heute schon in einer KVA.

In der Schweiz gibt es 36 KVAs.

KVAs verbrennen die Abfälle bei 800 bis 1000 Grad.

Was ist Hauskehricht?

In den Kehrichtsäcken finden sich:

1. Stoffe, die wir (vorläufig) nur verbrennen können.

Etwa die Hälfte des Hauskehrichts lässt sich nur verbrennen und dann deponieren. Zum Beispiel

• Kunststoffabfälle,

• verschmutzte Wertstoffe (zum Beispiel Papier), die sich wegen der Verschmutzung nicht rezyklieren lassen,

• Verbundmaterialien, zum Beispiel Milchverpackungen aus Karton, die innen mit Plastik oder Aluminium beschichtet sind,

• relativ harmlose chemische Produkte.

Diese Abfälle machen etwa die Hälfte des Hauskehrichts aus.

2. Wertstoffe, die wir wiederverwerten könnten.

Immer noch enthält der Hauskehricht zahlreiche Stoffe, die sich eigentlich wiederverwenden oder rezyklieren lassen: sauberes Papier, Flaschen, Konservendosen, Getränkedosen,

andere Metalle, Textilien, kompostierbare Küchen- und Gartenabfälle.

Die KVA vernichtet diese Wertstoffe. Ein Teil verbrennt. Der Rest verschmilzt und vermischt sich so, dass er unbrauchbar wird.

3. Sonderabfälle

Der Hauskehricht enthält Stoffe, von denen nach dem Verbrennen in einer KVA giftige Gase, Stäube, Aschen und Schlacken übrigbleiben.

Ein Teil davon, zum Beispiel Farb- und Lackreste, gehört überhaupt nicht in den Kehricht. Wir können diese Stoffe den Verkaufsgeschäften oder einer Sonderabfallsammlung übergeben.

Bei andern Abfällen können wir im privaten Haushalt jedoch gar nicht erkennen, ob sie giftige Stoffe enthalten oder nicht: zum Beispiel bei den Druckfarben auf Verpackungen oder bei Kunststoffen.

Ausser dem Hauskehricht verbrennen die KVAs:

• Bauschutt, Industrie-Abfälle

Der Bauschutt fällt beim Abbruch und bei der Renovation von Häusern an. Er enthält zahllose Stoffe, die wir eigentlich als Sonderabfall entsorgen sollten. Die Menge an Bauschutt ist heute grösser als die Menge des Hauskehrichts.

• Klärschlamm

Klärschlamm ist eigentlich Dünger. Er ist

jedoch unbeliebt, weil bekannt ist, dass er manchmal Schwermetalle enthält. Auch für garantiert unbedenklichen Klärschlamm finden sich wegen seines schlechten Rufs kaum AbnehmerInnen. Deshalb müssen wir ihn zum grössten Teil verbrennen.

Der Sinn der KVAs

Sie vermindern die Abfallmenge.

Zwei Drittel des Kehrichts verflüchtigen sich beim Verbrennen als Wasserdampf und Gas.

Ein Drittel bleibt in Form von Schlacke, Asche und Filterrückständen übrig.

In der Schweiz fallen pro Jahr 600 000 Tonnen Schlacke ohne giftige Stoffe an. Diese Schlacke enthält zwar Schwermetalle, jedoch nur in Spuren und in schwer löslicher Form.

Etwa die Hälfte der Schlacke dient im Strassenbau als Kiesersatz. Die andere Hälfte landet auf Deponien.

Sie vernichten einen Teil der Schadstoffe.

Viele (jedoch nicht alle) schädliche chemische Verbindungen zerfallen in der Hitze der KVA.

Je besser wir schon zu Hause die Sonderabfälle vom Hauskehricht trennen, desto weniger Schadstoffe bleiben in der Schlacke und in den Gasen der KVA übrig.

Sie produzieren ein wenig Wärme.

Siedlungsabfall ist ein schmutziger Brennstoff

Was mit den Abfällen geschieht

mit geringem Heizwert. Vier Tonnen Abfall geben etwa soviel Energie ab wie eine Tonne Heizöl.

Die KVA betreiben mit der Wärme eine Fernheizung oder wandeln sie mit einer Dampfturbine in Strom um.

Die verbrannten Stoffe und Gegenstände sind viel mehr wert als die Wärme aus der Verbrennung.

Stell dir nicht vor, dass es sinnvoll ist, wenn du Papier in den Kehricht wirfst. Der Gewinn von Wärme gleicht den Verlust an Arbeit, Rohstoffen und Energie, die im Papier stecken, nicht aus.

Die Fernheizung und erst recht die Stromerzeugung sind nicht der Zweck der Kehrichtverbrennung.

An der heutigen Überlastung

der KVA sind nicht etwa unbrennbare Stoffe wie Glas schuld.

Der Engpass entsteht vielmehr durch die brennbaren Stoffe wie Papier, Rüstabfälle, Speisereste etc. Je mehr brennbare Stoffe der Kehricht enthält, desto länger braucht er für den Durchgang durch den Brennraum.

Probleme der Kehrichtverbrennung

Von einer Tonne Siedlungsabfall bleiben nach dem Verbrennen rund 330 Kilo übrig.

Das bedeutet, dass die KVA ein Drittel der verbrannten Abfälle wieder wegfahren und deponieren muss. Das kostet die Umwelt Transporte.

Filterasche und Rückstände aus der Rauchgasreinigung

In der Schweiz fallen pro Jahr 40 000 Tonnen Filterasche und 6000 Tonnen Rückstände aus der Rauchgasreinigung an.

Asche und Rückstände enthalten Schadstoffe (zum Beispiel Schwermetalle) in hoher Konzentration. Wir müssen sie als Sonderabfall deponieren. Das tun wir – wie bei anderen Sonderabfällen – vorläufig noch im Ausland.

Diese Deponien sind eine der giftigen Erbschaften, die wir unseren Nachkommen hinterlassen.

Gegenwärtig entwickeln spezialisierte Unternehmen Techniken, mit denen sich diese Stoffe für immer verfestigen lassen.

Zahlreiche Schadstoffe entweichen in die Luft.

Ende 1991 werden (hoffentlich) alle KVAs der Schweiz mit einer sogenannten weitergehenden Rauchgasreinigung ausgerüstet sein.

Bis dahin entweichen aus manchen KVAs noch zahlreiche Schadstoffe als Gase oder feine Staubteilchen in die Luft.

Trotz Rauchgasreinigung entweichen auch in Zukunft kleine Mengen von Schadstoffen, zum Beispiel:

- Schwermetalle wie Zinn, Quecksilber, Blei und Cadmium. Sie stammen vor allem aus alten Batterien, alten Kunststoffen und Farbstoffen. Die meisten Schwermetalle sind hochgiftig.

- Chlorverbindungen. Diese stammen zum Beispiel aus Holzschutzmitteln und PVC. Die Abgase der KVA enthalten viele verschiedene Chlorverbindungen, zum Beispiel Salzsäure. Viele Chlorverbindungen bauen sich in der Umwelt praktisch nicht ab. Einige sind hochgiftig, zum Beispiel das Seveso-Dioxin.

- Staubteilchen. Die Elektrofilter halten den grössten Teil des Staubs zurück. Sehr kleine Teilchen passieren jedoch die Filter. Sie können das Wetter beeinflussen: in hoher Konzentration fördern sie die Nebelbildung.

- Stickoxide. Stickoxide sind sowohl für den Sommer- wie den Wintersmog mit verantwortlich.

- Kohlendioxid (CO_2). Dass wir CO_2 als Schadstoff bezeichnen müssen, ist neu. Im Prinzip ist es ein normaler Bestandteil der Luft und ungiftig. Wir produzieren jedoch zuviel CO_2 aus Erdöl und Kohle und verändern damit langfristig das Klima. Das CO_2 aus den KVAs können wir nur vermindern, indem wir möglichst wenig Abfallstoffe aus Erdöl oder Kohle produzieren: also zum Beispiel möglichst wenig Kunststoffverpackungen. Auch wenn «unschädlich vernichtbar» draufsteht, produzieren sie beim Verbrennen CO_2.

Die meisten chemischen Verbindungen, die durch die Kamine entweichen, kennen wir nicht und können auch ihre Menge nicht genau bestimmen.

Sonderabfall

Sonderabfälle sind die Stoffe, die nicht in eine KVA gehören, weil von ihnen nach dem Verbrennen in der KVA giftige Gase, Stäube, Aschen und Schlacken übrigbleiben.

Diese Reste belasten unsere Luft und machen die Schlackendeponien zu Langzeitproblemen.

Nur Fachpersonen können Sonderabfälle neutralisieren oder zerstören.

Verbrennen

Am wenigsten belasten wir die Umwelt mit Sonderabfällen, wenn wir sie in speziellen Öfen verbrennen.

Im Sonderabfallofen verbrennen die giftigen Abfälle bei rund 1200 Grad Celsius.

Auch nach der Verbrennung der Rauchgase geben die Sonderabfallöfen in kleinen Mengen Gifte (z.B. Dioxine) an die Umwelt ab.

Deponieren

Wir produzieren bedeutend mehr Sonderabfall, als wir in den bestehenden Sonderabfallöfen verbrennen können.

Wir müssen deshalb Sonderabfälle zwischenlagern oder exportieren.

Manche Sonderabfälle lassen sich nur gerade in eine Form bringen, in der die Gifte wenigstens für die nächsten Jahrzehnte kontrolliert deponierbar sind, zum Beispiel:

- Filterasche aus den Kehrichtverbrennungsanlagen
- Rückstände aus der weitergehenden Rauchgasreinigung der KVAs
- Rückstände aus der Reinigung schwermetallhaltiger Abwässer
- Metallhaltige Stäube und Schlämme aus Abluftreinigungen
- Rückstände aus Leuchtstoffröhren oder Batterien.

Rund ein Viertel der Sonderabfälle, die wir in der Schweiz produzieren, exportieren wir, zum Teil in Länder mit nachlässigen Umweltschutzbestimmungen.

Deponien

Geordnete Deponien

Eine geordnete Deponie muss auf einem wasserdichten, festen Untergrund angelegt sein.

Nimmt sie giftige Stoffe (Sonderabfall oder Hauskehricht) auf, muss die Deponie das Sikkerwasser sammeln und einer Kläranlage zuführen.

Nimmt sie Stoffe auf, die verwesen und gären, muss eine Anlage die Abgase absaugen und unschädlich beseitigen. Am besten ist, wenn die Abgase als Brennstoff für eine (Fern-)Heizung eingesetzt werden.

Unkontrollierte Deponien

Obwohl das Gesetz die geordneten Deponien vorschreibt, sind noch wilde Deponien in Betrieb. Immer noch landen darauf pro Jahr rund 84 000 Tonnen Kehricht. Das entspricht etwa drei Prozent aller Haushaltabfälle.

Batterien, Kunststoffe und Kühlschränke bleiben auf wilden Deponien sich selber überlassen. Sie rosten und zersetzen sich und geben dabei alles frei, was in ihnen eingeschlossen war: FCKW, Quecksilber, Blei usw.

Ist der Untergrund der wilden Deponie wasserdurchlässig, können die giftigen Stoffe das Grundwasser unbrauchbar machen.

Bei Regen fliessen aus den wilden Deponien häufig kleine, sehr stark verschmutzte Bäche.

Die deponierten Abfälle gären, setzen Methangas frei, erhitzen sich selber und geraten in Brand. Aus den schwer bekämpfbaren Schwelbränden entweichen häufig giftige Gase.

Alte Deponien

Während Jahrzehnten haben wir Abfälle – auch hochgiftige – in irgendwelche Löcher und Gruben gekippt und zugeschüttet.

Es gibt in der Schweiz Tausende von solchen wilden alten Deponien. Von einem (vermutlich grossen) Teil wissen wir weder, wo sie sich befinden, noch was in ihnen gelagert ist.

Die Entsorgung der gefährlichsten dieser Deponien wird uns noch jahrzehntelang beschäftigen und riesige Mittel verschlingen.

Kläranlagen

In der Schweiz gibt es rund 900 Kläranlagen für die Abwässer aus Haushalten, Gewerbe und Industrie.

Kläranlagen können nicht alle Verunreinigungen aus den Abwässern entfernen.

Altöl, Lösungsmittel und andere Chemikalien, die auch viele Private nach wie vor ins Lavabo, WC oder in Dohlen schütten, durchlaufen die Kläranlagen unverändert und verschmutzen Flüsse, Seen und Grundwasser.

Klärschlamm

Die Stoffe, die die Kläranlagen aus dem Wasser filtern und abbauen, fallen als Klärschlamm an. In der Schweiz sind das pro Tag etwa 12'000 Kubikmeter.

Da der Klärschlamm – wie beim Abschnitt KVA schon gesagt – als Dünger unbeliebt ist, müssen wir ihn zum grössten Teil verbrennen oder deponieren.

Was heisst sparen?

Wir sagen im Umweltkompendium an vielen Stellen: «Wenn du das und das nicht verwendest, sparst du ... (Erdöl, Strom etc.)».

Oft geht es dabei auch um Produkte und Dienstleistungen, denen du gar nicht ansiehst, dass ihre Herstellung Erdöl oder Strom oder was auch immer gebraucht hat.

In diesem Kapitel findest du eine kurze (und längst nicht vollständige) Erläuterung, warum es für die Umwelt darauf ankommt, Rohstoffe oder Produkte zu sparen.

Mit Sparen meinen wir in diesem Buch:

• Rohstoffe oder Produkte nicht kaufen,

• weniger davon verbrauchen,

• sie nicht verschwenden,

• sie besser nutzen.

Sparen bedeutet hier nicht, etwas auf die Seite zu legen oder gar einen Besitz aufzuhäufen. Es geht hier nicht um Dinge, die uns gehören.

Es geht um Güter, über die wir nicht frei verfügen können. Es geht um Güter, die wir der Natur entnehmen. Es geht um Schäden, die wir dabei anrichten oder nicht. Es geht um unsere gemeinsamen Lebensgrundlagen, die wir erhalten oder zerstören.

Gehörst du zu den Menschen, die vom Wohlstand unserer Gesellschaft nicht profitieren? Dann hast du vermutlich auch weniger Möglichkeiten zu sparen. Du bist in diesem Fall von den folgenden Überlegungen weniger betroffen.

Was müssen wir sparen?

1. Alles, mit dem wir selber und direkt die Umwelt schädigen.

Dazu gehören zum Beispiel Heizöl, Benzin, Lösungsmittel, Insektenvertilger und viele Kunststoffe.

Verbrauchst du in deinem privaten Haushalt diese Stoffe, belastest du sofort oder spätestens mit dem Abfall in der Kehrichtverbrennungsanlage die Umwelt mit diversen Schadstoffen.

Zum Beispiel mit Kohlendioxid, mit giftigen chemischen Verbindungen, mit Schwermetallen.

2. Produkte, die aus umweltbelastenden Produktionen stammen.

Viele Produkte sind, wenn sie in unsere Hand gelangen, für die Umwelt recht harmlos. Ihre Produktion hat jedoch Schadstoffe freigesetzt.

Da heute praktisch jede Produktion die Umwelt belastet, bedeutet Sparen in diesem Fall, eine Auswahl zu treffen.

• Wir müssen bei allem sparen, was nicht lebensnotwendig ist. (Es sind viel weniger Produkte lebensnotwendig, als wir verwöhnten MitteleuropäerInnen uns meist vorstellen.

• Bei den notwendigen Produkten ziehen wir wenn möglich dasjenige vor, das bei seiner Produktion die Umwelt weniger belastet hat.

Wir wissen leider bei vielen Produkten (noch) nicht, wie stark oder wie wenig ihre Produktion die Umwelt belastet hat.

3. Produkte, deren Herstellung einen Lebensraum zerstört.

Bei vielen Produkten können wir unmöglich wissen, mit welchen und wievielen Schadstoffen ihre Produktion die Umwelt belastet.

Wir wissen bei ihnen jedoch etwas Anderes: Ihre Herstellung hat einen lebendigen funktionierenden Lebensraum von Menschen, Tieren und Pflanzen zerstört.

• Zum Beispiel einen tropischen Regenwald: Möbel aus Tropenholz.

• oder eine ursprüngliche biologische Landwirtschaft: Orangen, die auf Land wachsen, von dem Kleinbauernfamilien vertrieben worden sind.

4. Produkte, deren Herstellung Menschen kaputt macht.

Umweltfeindlich sind alle Produkte aus Kinderarbeit oder aus Arbeit von Erwachsenen, die damit kaum ihr Überleben sichern können.

Solche Produkte sind auch umweltfeindlich, wenn ihre Produktion selber die Umwelt gar nicht belastet.

Sie belasten die Umwelt indirekt: Die Menschen, die trotz vollem Arbeitseinsatz um ihre nackte Existenz kämpfen, können keine Rücksicht auf die Umwelt nehmen.

Diese Menschen werden vielmehr ihr Überleben auf Kosten der Natur sichern, wenn sie nur Gelegenheit dazu haben. Lies dazu zum Beispiel den Abschnitt «Warum Tropenholz sparen».

Wer soll sparen? Wir hier.

Sparen müssen in allererster Linie wir, die BewohnerInnen und NutzniesserInnen der hochindustrialisierten Staaten. Wir MitteleuropäerInnen

• belasten seit langem diesen Planeten mehr als alle andern Völker dieser Erde,

• haben unsere eigenen Wälder schon vor Generationen gründlich gerodet und lassen, was nachgewachsen ist, zum grossen Teil verkommen.

• haben Flüsse und Meere zu leblosen Kloaken gemacht,

• haben die Chemikalien in die Luft geblasen, die das Ozonloch verursachen,

• haben am meisten Kohle, Erdöl und Erdgas verbrannt und dabei das Kohlendioxid produziert, das den Treibhauseffekt auslösen wird,

• haben zigtausend neue chemische Verbindungen in die Umwelt gesetzt, ohne zu wissen, ob und wie sie auf die Länge das Leben auf der Erde verändern können.

Sparen wir, geht die Umweltbelastung nicht stark zurück.

Sparst du, hoffst du natürlich, dass damit die Umwelt weniger belastet ist.

Realistisch ist vermutlich, dass der Verbrauch, zum Beispiel von Erdöl, etwa gleichbleibt oder sogar noch zunimmt – und damit auch die Kohlendioxidproduktion.

Der Grund dafür ist, dass die Entwicklungsländer einen grossen Nachholbedarf haben.

Insgesamt gewinnt dabei die Umwelt und gewinnen letztlich wir alle (hoffentlich) doch: Leben die Menschen in diesen Ländern besser und sicherer, sind sie weniger gezwungen, ihre letzten Reserven an Natur auszubeuten und zu zerstören.

Haben wir ein persönliches Umweltkonto?

Manchmal hörst du sagen, jeder Mensch habe doch Anrecht, die Umwelt zu belasten. Wir hätten alle sozusagen ein Umweltkonto, das wir aufbrauchen dürften.

Falls es das persönliche Umweltkonto überhaupt gäbe: Wir MitteleuropäerInnen haben unseres längstens überzogen. Wir sind bei der Umwelt dermassen verschuldet, dass wir noch lange daran zurückzahlen müssen.

Warum Erdöl, Erdgas und Kohle sparen

Erdöl verschmutzt Luft, Wasser und Böden beim Fördern und beim Transport.

Die Verschmutzung von Küsten und Meeren bei Unfällen von Erdöltankern ist zwar spektakulär.

Viel stärker belasten wir Luft, Wasser und Böden jedoch beim täglichen Verbrauch von Erdöl und Erdölprodukten.

Ein Teil der Verschmutzung geschieht ausserhalb unserer Sichtweite:

• Beim normalen Fördern auf Bohrinseln im Meer gelangt dauernd Öl ins Meer.

• Bei Pannen und Unfällen sind es jedesmal riesige Mengen.

• Bei fast jedem Umpumpen zwischen Tanks und Transportanlagen verdunstet Öl (oder Erdölprodukte wie Benzin) in die Luft.

• Beim Transportieren (in Pipelines, auf Schiffen, mit Eisenbahntankwagen, mit Camions) gibt es jeden Tag Unfälle, bei denen Öl etc. ins Meer, in den Boden oder ins Grundwasser gelangt und in die Luft verdunstet.

• Noch immer kommt das (kriminelle) Ausspülen von Tankschiffen auf offener See vor.

Erdöl verschmutzt die Luft bei seiner Verarbeitung.

Raffinerien verarbeiten das Erdöl zu Benzin, Diesel, Lösungsmitteln und unzähligen anderen Stoffen. Dabei verdunsten grosse Mengen Gase in die Luft.

Diese Gase sind mitschuld an der Bildung des Ozonlochs und tragen zum Treibhauseffekt bei.

Den Raffinerien entweichen auch chemische Verbindungen, die für Menschen, Tiere und Pflanzen giftig und zum Teil als krebserregend bekannt sind.

Verbrennen wir Benzin, Heizöl etc. wird Kohlendioxid frei.

Erdöl und Kohle sind Stoffe aus Pflanzen und Tieren, die vor Millionen von Jahren im Boden versunken sind. In ihnen ist (natürliches) Kohlendioxid (CO_2) gebunden.

Dieses Kohlendioxid setzen wir frei, wenn wir flüssige oder feste Erdölprodukte wie Heizöl, Benzin, Kunststoffe etc. verbrennen.

Unser Problem ist, dass dieses vor langer Zeit gebundene Kohlendioxid nicht zum heutigen Klima und nicht zum Oekosystem gehört, dem der Mensch angepasst ist. Dass wir es freisetzen, führt voraussichtlich dazu, dass die Lufthülle der Erde sich erwärmt.

Als Folge kann zum Beispiel der Meeresspiegel steigen. Zahlreiche Küstengebiete und Inseln der Erde, würden unter Wasser versinken.

Dummerweise haben wir auf der Erde auch den grössten Teil der Wälder gerodet oder sind gerade noch daran sie roden. Damit haben wir die Pflanzen zerstört, die zumindest einen Teil des CO_2 aus Kohle und Erdöl wieder binden könnten.

Weitere Schadstoffe aus der Erdölverbrennung:

Durch das Verbrennen von Erdölprodukten in Motoren und Heizungen produzieren wir weitere schädliche Stoffe. Kurze Informationen dazu findest du auf den Seiten 7.33 und 7.34.

Warum Kunststoffe sparen

Wir verbrauchen in unseren privaten Haushalten Erdöl auch in fester Form: als Kunststoffe, Plastik.

Kunststoffe wären eigentlich ein sinnvoller Einsatz für Erdöl und Kohle.

Sie sind leicht, zäh, gut einzufärben, beständig gegen Chemikalien, langlebig, wasserdicht, stromisolierend, billig.

Wir könnten sie rezyklieren (einschmelzen und neu formen). Das würde bedeuten, dass das Erdöl, das in ihnen enthalten ist, als Wertstoff immer wieder verwendet würde. Das Kohlendioxid würde nicht (oder nur zu einem geringen Teil) freigesetzt.

Leider

verwenden wir Kunststoffe in den Haushalten in erster Linie als Wegwerfartikel: als Verpackungen, Spielzeuge, Scherzartikel, Wegwerfschreibzeug und sonst als Ramsch.

Grössere Kunststoffgegenstände, wie Möbel oder wie die Gehäuse von Geräten, haben meist den Fehler, dass ihre genaue Zusammensetzung nicht bekannt ist. Auch sie lassen sich deswegen bisher nicht mit einem (wirtschaftlich) vernünftigen Aufwand rezyklieren.

Solange Kunststoffe aus dem Haushalt unweigerlich im Kehricht und in der Verbrennung landen, bereiten sie der Umwelt Probleme.

Kein Kunststoff (aus Erdöl) ist ganz harmlos.

Beim Verbrennen setzt er zumindest Kohlendioxid frei. Die Bezeichnung «unschädlich vernichtbar» ist nach dem heutigen Wissen über den Treibhauseffekt, zu einem schlechten Scherz geworden.

Einige enthalten Schwermetalle.

Seine besonderen Eigenschaften (er ist hart oder weich, wetterbeständig, schlagfest oder was auch immer) bekommt ein Kunststoff meistens durch Zusätze. Oft sind das giftige Schwermetalle. Beim PVC ist es Chlor.

Beim Verbrennen in der Kehrichtverbrennungsanlage gelangen die Schwermetalle in die Luft oder mit den Filterrückständen in Deponien. In jedem Fall sind sie eine ungute Erbschaft für die nachkommenden Generationen.

Chlor verbindet sich beim Verbrennen mit anderen Stoffen zu neuen, zum Teil giftigen und sehr stabilen chemischen Verbindungen, zum Beispiel zu Dioxinen.

Warum Strom sparen

Stell dir bitte nicht vor, dass in deinem Haushalt so etwas wie sauberer Strom aus der Steckdose kommt.

Zwar stammen etwa zwei Drittel des in der Schweiz produzierten Stroms aus Wasserkraftwerken. Etwa ein Drittel stammt aus den schweizerischen Kernkraftwerken. Die Schweiz hat keine eigenen grossen Kohle- oder Erdölkraftwerke.

Aber wir befinden uns mit unseren Kraftwerken nicht auf einer Insel.

Unsere Stromversorgung ist in die europäische Produktion voll integriert. Wir importieren und exportieren dauernd Elektrizität.

Für einen Versorgungs-Notfall verlassen wir uns auf die französischen und deutschen Kraftwerke.

Wir sind somit auch an die lottrigsten französischen Kernkraftwerke, an die CO_2-produzierenden Kohlekraftwerke der BRD und neuerdings an die schmutzigen Braunkohlekraftwerke der ehemaligen DDR angeschlossen.

Wollen wir die Umwelt bei der Stromproduktion entlasten, müssen wir Strom sparen.

Eine Zwischenbemerkung:

Stromsparen heisst nicht auf Strom verzichten.

Leider ist zu wenig bekannt, dass die privaten Haushalte pro Kopf seit drei Jahren weniger Strom verbrauchen. (Bravo.)

Das war möglich, ohne dass wir im Dunkeln gesessen, nur noch kalt gegessen oder im Winter gefroren haben.

Wir haben vielmehr angefangen, den Strom besser einzusetzen. Wir haben etwas weniger Strom verschwendet.

Diese Spar-Reserven haben wir noch lange nicht ausgeschöpft.

Wir können zum Beispiel

• einen Grossteil der Glüh- und Halogenlampen durch Stromsparlampen ersetzen,

• mit elektrischen Heizungen im Winter ein bis drei Grad weniger warm heizen,

• alle kleinen Dauerverbraucher (Bereitschaftsstellung von TV und Video, Adapter im Stecker, Transformer von Halogenlampen etc.) ausschalten,

• beim Kochen die Restwärme der Kochstellen besser ausnützen.

Viele Haushalte können vermutlich mit bis zu einem Drittel weniger Strom auskommen als bisher.

Dazu kommt, dass bei allen Haushaltgeräten, die wir ersetzen, das neue Gerät deutlich weniger Strom verbraucht als das alte.

Ende der Zwischenbemerkung.

Wie belasten nun die einzelnen Arten von Kraftwerken die Umwelt?

Wasserkraftwerke

Die bereits gebauten Wasserkraftwerke belasten die Umwelt nicht mehr sichtbar.

Das ist jedoch kein Grund, sie einfach als sauber zu betrachten. Und erst recht keiner, ihren Strom zu verschwenden.

Die Natur musste, als diese Kraftwerke errichtet wurden, schwerwiegende Eingriffe erleiden.

Wo wir Flüsse gestaut oder Täler unter Wasser gesetzt haben, zerstörten wir oft Gebiete mit einmaliger Tier- und Pflanzenwelt. Diese Verarmung der Natur ist nicht aus der Welt geschafft, nur weil sie schon länger her ist.

Weitere grosse Wasserkraftwerke zu errichten, verbietet sich genau aus diesem Grunde. Unsere Reserven an Natur sind zu knapp geworden.

Eine Möglichkeit ist jedoch, kleine Fluss- und Bachkraftwerke zu fördern. Wo früher eine Mühle ihr Wasserrad oder eine kleine Fabrik ihre eigene Turbine hatte, könnte ein Kleinkraftwerk oft gut hinpassen.

Kernkraftwerke

Aus Kernkraftwerken fällt radioaktiver Abfall an, der während 100'000 Jahren alle Lebewesen bedroht, die mit ihm in Berührung kommen.

Ob die schweizerischen Kraftwerke so besonders sicher sind, wie ihre BetreiberInnen sagen, wissen wir nicht.

In Frankreich erklärte 1990 am Jahrestag des Unfalls von Tschernobyl der für die Sicherheit der AKW zuständige leitende Mitarbeiter der EdF (Electricité de France) am Fernsehen, dass ein grosser Störfall in einem der französischen Atomkraftwerke möglich sei.

Ein Atomkraftwerk hat nach 15 bis 30 Jahren ausgedient. Bis heute ist unbekannt, wie die grossen verstrahlten Bauten sicher entsorgt werden könnten.

Kernkraftwerke benötigen als Energiequelle Uran. Beim Uranabbau gelangen radioaktive Stoffe in Luft, Gewässer und Boden. Die Umgebung der Uranlager wird unbewohnbar. In den USA kämpfen Indianervölker dagegen, dass sie wegen des Uranabbaus noch einmal aus Gebieten vertrieben werden, die ihnen gehören.

Kohlenkraftwerke

In Deutschland sanieren die BetreiberInnen diese Kraftwerke soweit es geht. Die Abgase (Schwefeldioxid, Stickoxide und andere) vermindern sich deutlich.

Nicht vermindern lässt sich jedoch die Produktion des Kohlendioxids, das den Treibhauseffekt erzeugt.

Viele Kohlenkraftwerke nutzen ihre Wärme – wie die AKW – noch ungenügend.

Sonnen- und Windkraftwerke

Leisten diese Kraftwerke in Mitteleuropa je einen wesentlichen Beitrag zur Stromversorgung, werden sie mehr Platz einnehmen als heute.

Die Aufgabe, sie in die Natur einzufügen, ohne diese allzu stark zu belasten, ist noch zu lösen.

Auch ihre Herstellung belastet die Umwelt. Je nach Typ dauert es zwei bis fünf Jahre, bis sie die Energie erzeugt haben, die ihre Herstellung verschlungen hat.

Warum Transporte sparen

Jeder unnötige Transport verbraucht unnötig Erdöl (in Form von Flugbenzin, Diesel oder Benzin) und belastet die Umwelt unnötig mit den Abgasen der Motoren. Einen Blumenstrauss aus Kolumbien in die Schweiz zu bringen, verbraucht zwischen vier und acht Litern Benzin.

Unnötige Transporte erfordern die Produktion von unnötigen Flugzeugen, Lastwagen und Autos. Und den unnötigen Bau oder Ausbau von Flughäfen, Seehäfen und Strassen.

Transporte auf dem Meer verschmutzen das Meer.

Flugzeugtransporte verschmutzen die Luft. Interkontinentale Flüge in grosser Höhe bringen die Schadstoffe zudem in die Nähe der Luftschicht, in der sich das Ozonloch bildet.

Transporte sind ein Bereich, auf den wir auch im privaten Haushalt recht leicht Einfluss nehmen können. Zum Beispiel:

• indem wir Produkte aus der Nähe bevorzugen: Äpfel aus der Schweiz, nicht aus Chile; Holz aus Europa und nicht aus den Tropen etc.

• indem wir feste Produkte den flüssigen vorziehen (feste Schmierseife statt flüssige Putz-

mittel) und damit den unnötigen Transport und die Verpackung von Wasser sparen.

• indem wir Leitungswasser statt Flaschenwasser trinken.

• indem wir Kompaktwaschmittel kaufen (sie enthalten keine unnötige Füllsalz).

• indem wir Ferien in Europa und nicht in andern Kontinenten verbringen.

Warum Tropenholz sparen

Tropenholz produzieren Länder in Süd- und Mittelamerika, Afrika und Asien. Es sind Länder, die bei den reichen Ländern hochverschuldet sind. Sie exportieren das Holz, um Devisen zu bekommen.

Die reichen Länder kaufen Tropenholz vor allem aus drei Gründen:

• Viele Industrieländer haben ihre eigenen Wälder jahrhundertelang gerodet. Sie haben nicht mehr genug Holz für ihren eigenen Gebrauch.

(In der Schweiz haben wir erst im letzten Jahrhundert mit dem Abholzen aufgehört und wieder aufgeforstet. Katastrophale Umweltschäden haben damals zum Umdenken gezwungen. Eines der ersten grossen Bundesgesetze des Schweizerischen Bundestaates war das eidgenössische Forstgesetz.)

• In den Tropenwäldern wachsen noch Bäume mit besonders hartem und strapazierfähigem Holz. Diese Holzqualitäten lassen sich leicht verarbeiten.

• Dieses wertvolle Holz verkaufen uns die verarmten Ländern billig. Es ist – trotz des Aufwands für den Transport – zum Teil billiger als Holz aus unseren eigenen Wäldern.

Was Tropenholz die Umwelt kostet.

Die Tropenländer schlagen für jeden Stamm, den sie schliesslich verkaufen, fünf bis zehn weitere Bäume, bloss weil sie im Wege stehen.

Sie vertreiben die Menschen und rotten ganze Völker aus, die in diesen Wäldern leben.

Sie rotten Tiere und Pflanzen aus, die nur in diesen Wäldern vorkommen.

Das Verschwinden der Wälder verkleinert die grüne Lunge der Erde. Das bedeutet: Der Bestand an Pflanzen, die Kohlendioxid aus der Luft binden, nimmt weiter ab. Das verstärkt den Treibhauseffekt.

Nicht zu vergessen:

Zur Rodung, die für unsere Luxusbedürfnisse stattfindet, kommt in manchen Ländern die Brandrodung durch Einheimische dazu. Auch diese geht uns etwas an, sogar ziemlich direkt:

In den Amazonaswäldern in Brasilien zum Beispiel roden viele Bauern und Bäuerinnen, denen ihr eigenes Land weggenommen wurde. Sie roden verzweifelt den Wald, um Boden für eine neue Existenz zu bekommen.

Ihr Land nahmen ihnen grosse Firmen mit Gewalt oder List weg:

• Zum Beispiel für den Anbau von Orangen, deren Saft wir trinken.

• Zum Beispiel für den Anbau von Zucker, aus dem sie Benzin für Autos herstellen. Sowohl in den Zucker-/Benzin-Firmen wie in den Autofabriken steckt Kapital aus europäischen Ländern.

Das Roden ist in jeder Beziehung nutzlos und schädlich.

Auf dem gerodeten Boden wächst nichts, was den Bauern und BäuerInnen das Leben ermöglichen würde. Sie ziehen in der Regel nach

kurzer Zeit weiter, roden weiteren Wald und versuchen – wiederum nutzlos – etwas anzubauen.

Erosion: Auf dem gerodeten Land schwemmt der Regen die Erde schnell weg. Der Boden bleibt für Jahrzehnte oder für immer unfruchtbar.

Brasilien selber importiert Holz.

Würden die Menschen den Tropenwald gezielt nutzen, würde das viel höhere Erträge bringen als das vollständige Abholzen und Abbrennen. Wirtschaftlich sinnvoll wäre zum Beispiel, nur einzelne Bäume zu schlagen und dafür auch andere der zahllosen Pflanzenarten zu nutzen, zum Beispiel als Heilpflanzen.

Das Umweltkompendium ist ein privates, gemeinnütziges Projekt

Das Nachschlagewerk soll umfassend und detailliert darüber informieren, wie wir in unserem privaten Bereich die Umwelt schonen können.

Die Redaktion soll die neuen Erkenntnisse und die technischen Fortschritte im Umweltschutz verfolgen und das Nachschlagewerk laufend ergänzen und erneuern.

Die Trägerschaft für Redaktion und Verlag ist der «Verein Umweltkompendium».

Der Lenos Verlag Basel ist Mitverleger. Er sichert den Vertrieb des Umweltkompendiums über den Buchhandel.

Der Verein muss einen eventuellen Gewinn an die «Stiftung für das Umweltkompendium» abliefern. Die Stiftung sichert die Kontinuität des Projektes. Sie setzt die Mittel zur Weiterentwicklung des Umweltkompendiums ein.

Dem Stiftungsrat gehören UmweltberaterInnen, VertreterInnen von Behörden und BeraterInnen für juristische und finanzielle Fragen an.

Der Verein und die Stiftung sind unabhängig von wirtschaftlichen Interessen und von Verbänden. Sie sind parteipolitisch neutral.

Die Startfinanzierung

Etwa die Hälfte des Startkapitals haben Privatpersonen und private Institutionen zur Verfügung gestellt:

- als zinsfreie Darlehen,
- als Beiträge à fonds perdu,
- in Form von vorausbezahlten Bücherkäufen,
- durch unentgeltliche Mitarbeit.

Ein Teil stammt aus Subskriptionen, Startbeiträgen und Defizitgarantien der Kantone Aargau, Basel-Land, Basel-Stadt, Bern, St. Gallen, Schaffhausen, Solothurn, Thurgau, Uri, Zürich, des Bundesamtes für Umwelt, Wald und Landschaft und mehrerer Gemeinden.

Die Basler Kantonalbank hat die Finanzierung durch einen Kredit erleichtert.

Von der Drucklegung der ersten Ausgabe an soll sich das Projekt aus den Verkäufen des Buches selber tragen.

Der Verein Umweltkompendium dankt allen privaten und öffentlichen Sponsoren, dass sie dieses Werk durch ihre grosszügige und unkomplizierte Hilfe möglich gemacht haben.

Basel, den 21. November 1990

Ab März 1991 wieder im Handel:

248 Seiten Adressen Informationen Beiträge · Biologische Lebensmittel · Ganzheitliche Medizin · Gesundes Bauen · Natur-Kosmetik · Umweltfreundliche Produkte · Sanfte Technologien

Das Alternative Branchenbuch der Schweiz

Das Alternative Branchenbuch mit über 5000 Adressen ist das umfangreichste Verzeichnis umweltfreundlicher Produkte und Dienstleistungen in der Schweiz.

Du findest darin HerstellerInnen und AnbieterInnen, die oekologische Anliegen ernst nehmen.

Suchst du zum Beispiel naturbelassene Textilien, Freilandeier, HandwerkerInnen mit baubiologischen Kenntnissen, HerstellerInnen von Solaranlagen oder Elektromobilen, bekommst du im Alternativen Branchenbuch eine Vielzahl von Adressen und Tips.

Der redaktionelle Teil bietet aktuelle Informationen über Aktivitäten von Umweltgruppen und Verbänden.

Das Alternative Branchenbuch und das Umweltkompendium ergänzen sich.

Die neue Ausgabe (es ist die zweite) des Alternativen Branchenbuches erscheint im März 1991.

Es wird für Fr. 19.80 in Buchhandlungen, in Bioläden, in Reformhäusern und an Kiosken erhältlich sein.

Direktbestellungen auch an: Alternatives Branchenbuch, Waffenplatzstrasse 50, 8002 Zürich, Telefon 01–202 18 03.

Kommt ein Stichwort auf mehreren aufeinanderfolgenden Seiten vor, ist nur die erste Seite aufgeführt.

Kritik und Vorschläge zuhanden der Redaktion

Einsenden an die   **Redaktion Umweltkompendium**
Hardstrasse 94
4052 Basel

Meine Anregungen:

_____

_____

_____

_____

_____

_____

_____

_____

_____

_____

_____

_____

_____

_____

_____

_____

_____

_____

_____

_____

Meine Anregungen:

_____

_____

_____

_____

_____

_____

_____

_____

_____

_____

_____

_____

_____

_____

_____

Absender

Name _____

Vorname _____

Strasse/Nr. _____

PLZ/Ort _____

Telefon _____